北京大学考古学丛书

李水城 著

多维视野的考古求索

上海古籍出版社

我与考古学(代序)

10多年前,我在《东风西渐:中国西北史前文化之进程》的序言中曾谈到自己是怎么走上考古这条道路的,此不赘述。我们这代人的专业选择大多都有点盲目性,其中既有历史原因,也与这代人的教育背景和生活经历有关。

1978年秋在北大,吕遵谔教授给我们两个年级讲授旧石器考古这门课。记得第一堂课吕先生就打趣说:"考古考古,连蒙带唬,刨坟挖土,一辈子辛苦。"当时听了都哈哈大笑,但真正体味过来已是后事。中文的"古"字,头上若长草,即"苦"字。李零先生戏言:"苦字缓读,用反切法读,就是考古。"可见考古起根就"苦"。以至于每届学生的田野实习都会成为是否选择考古为职业的分水岭。想到英国剑桥大学的著名考古学家格林·丹尼尔(Glyn Daniel)讲过这样的话:"如果考古学不能给人们带来快乐,那它就一钱不值。"[1]可见,考古大有"苦中作乐"的意境!

北京大学四年的本科教育让我学到很多,也明白了考古是什么。毕业后我去四川省博物馆工作了三年,觉得要想深入钻研这门学问还欠点火候,遂报考研究生返回北大。至此,事定,心定。

研究生期间,我去大西北的河西走廊调查了三个多月。翌年又在酒泉祁连山脚下一座小山村挖掘了一处青铜时代的遗址。上述经历让我对考古的"苦"有了更深的体验,可谓"曾经沧海难为水"。

我是69届初中毕业生。这届学生不比老三届。说白了,教育程度也就高小水

---

[1] [英]保罗·巴恩在氏著《考古学的过去与未来》中所引(覃方明译,译林出版社,2013年,前言第1页)。

平,底子很差。好在我喜欢读书,且抓到什么读什么,这个习惯对我日后的研究兴趣影响很大。加之我在北大开的课较杂,对文化人类学、原始艺术、盐业考古、环境考古、冶金考古、农业考古等领域都有兴趣,也做过些研究,其中很多领域都超出自己的专业范畴,为弥补知识上的欠缺,只能抽出大量时间、硬着头皮恶补其他专业的书籍文献。这对拓展自己的视野和知识面大有裨益,本集文字内容也多少反映出这一点。

收入本集的文章绝大多数都有发表。根据内容不同,我将它们归类为七个独立的单元。

第一单元为"学科史及理论方法的思考",收录文章三篇,代表了我对考古学史、科技考古的认识以及对酋邦理论与早期国家形成的一些思考。

第二单元为"西北地区考古",收录文章三篇。大西北是我独立考古作业的起点,也是20世纪80—90年代初期我关注的重点区域。这几篇集中反映了我对甘青地区和新疆东部史前文化的发展脉络及早期东西文化交流的部分认识。

第三单元为"西南地区考古",收录文章四篇。成都是我本科毕业后的第一站,那时成都平原的史前考古还处在空白状态。1993年我参与了三峡库区的考古发掘论证;90年代末涉足成都平原和长江三峡的盐业考古。进入新世纪的头10年,大半时间在成都平原开展区域考古调查,探索史前社会的复杂化进程。这部分文字可以说是对我在巴蜀地区工作的一个小结。

第四单元为"专门考古",收录文章四篇。内容分别涉及彩陶艺术、中国早期的冶铜业、麦类作物的东传及环境考古这四个不同的专业研究领域。

第五单元为"盐业考古",收录文章四篇。盐业考古在中国起步很晚。20世纪90年代长江三峡的考古经历让我对此有所关注,但苦于老虎吃天,无处下嘴。1999年开始与罗泰(Lothar von Falkenhausen)教授合作,领略到这个领域的重要性和巨大的研究潜力。经过20余年的不懈努力,不仅填补了盐业考古在中国的长期空白,建立了一个新的考古分支学科,并以一系列重要考古发现和研究成果缩短了与国外在这个领域的巨大差距。

第六单元为"早期东西文化交流",收录文章四篇。自20世纪80年代介入西北地区考古开始,这个课题就始终萦绕在我的脑际。这几篇文章分别从不同物质的视角讨论了早期东西文化的交互及外来文化对中国古代文化产生的一些影响。

第七单元为"西伯利亚考古",收录的三篇文章都是我的读书笔记。主要是介绍西伯利亚的考古资料和研究背景,以及这一广阔区域与中国西北和北方长城沿线的文化联系。古人云"知己知彼,百战不殆",这也是我写这几篇的初衷。

当初这部文集是作为自选集选编的。感觉就个人言,是对自己从事学术研究的一个总结。就群体而言,77、78这两届学生已是奔七望八的年龄,开始走向人生暮年。今年恰好是这两届学生毕业40周年,母校北京大学还准备在5月校庆期间举办纪念活动。更巧的是,今年是北京大学研究所国学门考古学研究室成立100周年,也是北京大学考古专业建立70周年,这些都是值得纪念的重要历史事件。愿此文集的出版能为上述纪念活动添砖加瓦、锦上添花。

鲁迅先生曾言:"北大是常为新的,改进的运动的先锋,要使中国向着好的,往上的道路走。"(《华盖集·我观北大》)李大钊先生则认为:"只有学术上的发展,值得作大学的纪念,只有学术上的建树,值得'北京大学万万岁'的欢呼。"(《本校成立第二十五年纪念感言》)。这两段话可谓对北大传统的高度概括,也是精神魅力所在。在这里我衷心感谢北大对我的培养,也感念所有教过我的恩师,感谢我的父母、家人以及与我合作共事的国内外师友们,能与他们一路相伴同行到今天,幸甚!

写到这,当年北大合唱团的同学转来美国著名乡村歌手阿兰·杰克逊(Alan Jackson)演唱的《年纪越大》(The Older I Get)这首歌:

年纪越大,想的越多。
每分钟都值得你去认真生活,因为时间转瞬即殁。
年纪越大,看的越透。
钱财乃身外之物,你爱的人才是永恒,这会让你变得富有。
即使有人找到了不老之泉,我也一滴不会品尝。

有趣的是，我感觉自己刚刚步入最佳年华。

……

年纪越大，越应感恩，为我曾经拥有以及我现在的生活。

多好的歌啊，是为序！

李水城

2022 年春于川大望江校区

目　录

我与考古学（代序） / 1

壹　学科史及理论方法的思考

1　考古学发展史的回顾与思考 / 3

2　考古学与现代科学技术 / 23

3　酋邦理论与早期国家形成的研究
　　——《国家和文明的起源：文化演进的过程》读后 / 33

贰　西北地区考古

4　河西地区新见马家窑文化遗存及相关问题 / 43

5　从"过渡类型"遗存到西城驿文化 / 65

6　天山北路墓地一期遗存分析 / 81

叁　西南地区考古

7　世纪回眸：四川史前考古的发展历程 / 95

8　罗家坝遗址史前考古学文化源流蠡测 / 113

9　三峡库区新石器时代考古学文化及其编年 / 121

10 石棺葬的起源与扩散
   ——以中国为例 / 139

肆 专门考古

11 人物舞蹈纹盆
   ——锅庄舞及其他 / 153

12 西北与中原早期冶铜业的区域特征及交互作用 / 165

13 中国境内考古所见早期麦类作物 / 223

14 区域对比：环境与聚落的演进 / 255

伍 盐业考古

15 中国盐业考古 20 年 / 271

16 考古所见制盐遗址与遗物的特征 / 301

17 漫谈制盐陶器：Briquetage / 315

18 中日早期制盐业的比较观察 / 339

陆 早期东西文化交流

19 文化馈赠与文明的成长 / 361

20 新疆所见短柄石棒的来源及功能蠡测 / 377

21 中原所见三代权杖（头）及相关问题的思考 / 391

22 "牛角形器""铜旄"二器考 / 407

柒　西伯利亚考古

23 《西南西伯利亚的红铜时代和早期青铜时代》
　　——跨文化读书笔记 / 423

24 从新疆阿依托汗一号墓地的发现谈阿凡纳谢沃文化 / 439

25 奥库涅夫文化的确立及相关问题思考
　　——跨文化读书笔记 / 467

学科史及理论方法的思考

考古学发展史的回顾与思考

考古学与现代科学技术

酋邦理论与早期国家形成的研究
——《国家和文明的起源:文化演进的过程》读后

1
考古学发展史的回顾与思考

任何一门学科的形成都有一个历史过程,追溯考古学的发展历史,我们发现,无论西方还是东方,都走过一条大致相同的途径,当然,这是就其主流而言,并不否认各自的特殊性和复杂性。在欧洲,最初的考古工作是由一些有闲的鉴赏家进行的。它始于 16 世纪,是文艺复兴运动兴起的学术研究之风的副产品。这一时期的考古学家只能称作收藏家或博物学家。他们对古代文物颇为欣赏,希望能从中再现历史事件的背景和画面。中国的考古学有着更为悠久的历史,早在北宋时期兴起的金石学就已经具备了上述性质。东方的日本,传统上受到中国文化的影响,按日本学者的分析,明治以前亦存在这么一个发展阶段。以此观之,在真正的田野考古学诞生之前,这一学科已经历了漫长的孕育过程,由于这一阶段的考古学尚缺乏科学性,只能称之为古器物学。

一百多年前,世界上还没有人知道地球的年龄,更无人知晓人类的由来,时间之矢在人类的记忆中划出了一大段空白。但人类并不甘心于此,而是竭力从心理上弥补这个缺环,杜撰出各种各样的创世故事,西方的上帝、中国的女娲等超人之物扮演了造物主的角色。1853 年,达尔文(C. R. Darwin)在科学史上迈出了重要的一步,《物种起源》这部划时代的巨著为科学界注入了崭新的血液。此后,人们才逐步勾勒出人类最初的演化史。人工制作的燧石工具与已经灭绝的动物遗骸一起被发现,表明人类在这个星球上存在的时间已相当久远了。此外,早在 1819 年,丹麦考古学家汤姆森(C. J. Thomsen)根据人类物质文化发展的不同阶段,将石器、青铜器、铁器三期的划分法用于组织古物陈列,他们(包括一批优秀的地质学家)为近代田野考古学的诞生作出了巨大贡献。

1871 年在考古学发展史上占有重要的一页。著名的德国考古学家海因利希·施利曼(H. Schliemann)为证实《荷马史诗》中记载的特洛伊战争,赴小亚进行田野发掘,并首次运用了从地质学中引进的地层学方法。这一工作所取得的成果不仅轰动了欧洲,同时也标志着近代田野考古学的诞生。

考古学是一门年轻的学科,但发展速度是惊人的,一百多年来,考古学的研究方法和目标经历了几次更新,不断地充实和完善着考古学的内容。

从特洛伊古城重见天日到20世纪初的三十年中,西方的考古工作主要是重新发掘著名的古遗址,使用标型学和地层学的研究方法。研究对象主要为古器物,根据美学标准和类型学记录其风格的演变,探索不同的文化影响和相互间的作用。如文化的分类、文化的起源、文化与文化之间的关系和相对年代,以及文化是通过交流还是影响而形成的,等等。这种研究工作的基础是对古代器物资料掌握和分析的细致程度,其中器物排队是建立相对年代学的主要方式。这期间,瑞典考古学家蒙特留斯(Oskar Montelius)和英国考古学家皮特利(Flinders Petrie)成就卓著,前者奠定了考古类型学的基础,后者创立了考古学的序列断代思想。总结这一阶段的考古研究方法和手段,我们可以把它看作是考古学发展史的初期阶段。

苏联的地理位置横跨欧亚,但从传统上讲它属于欧洲,应该说苏联考古学的起步时间与西方没有太大的差距。十月革命前,苏联的考古学已有一定规模,但主要局限在对近一千年的考古研究上。在考古学理论和方法上,当时也落后于西方。拉夫顿尼卡斯(V. I. Ravdonikas)曾说:"我们没有蒙特留斯。"十月革命的成功形成了社会主义与资本主义两个阵营。政治上的对立也导致了学术交流的隔绝,故苏联的考古学一直被西方称作是一个"大未知数"。实际上,直至20世纪20年代末,苏联才开始重建方法论体系的工作。从时间上看,与西方所经历的变化基本同步。

20世纪初,甲骨文、汉简和敦煌经卷这三大考古发现使中国传统的金石学研究大大前进了一步。但直到20年代初,以仰韶村的彩陶为标志,田野考古学才被正式引入中国,它比西方晚了整整五十年。旧中国的状况,创业之艰难可想而知,寥若晨星的老一辈考古学家为中国田野考古学的成长洒下了辛勤的汗水。尽管有北京猿人、殷墟、城子崖这些举世瞩目的重大发现,但由于基础薄弱,加上播化论的影响,在很长一段时间里,"中国文化西来说"像一团阴影笼罩着中国考古界。

30 年代初,梁思永划定的安阳后岗三叠层标志着考古地层学在中国的确立。与此同时,李济对殷墟青铜器的研究开始使用类型学方法。40 年代,苏秉琦对宝鸡斗鸡台瓦鬲的类型学研究达到一个新的高度。此外,新石器时代的考古研究有了相应的提高,梁思永关于龙山文化的区域性研究、尹达对仰韶文化和龙山文化的比较研究拓宽了类型学研究的领域。特别是尹达利用有限的材料,正确地分析了仰韶文化与龙山文化的关系,并对齐家文化的年代问题提出了大胆的质疑。随后,夏鼐在甘肃以事实更订了齐家文化的年代。

中国考古学研究的初期阶段应当划在 50 年代末。在此之前,一方面是积累资料,另一方面是使用传统的方法开展研究,而且研究的区域基本限于黄河流域。随着考古资料的不断丰富,人员配备的加强和相应的专业机构的设立,为考古学的发展提供了物质前提。1958 年提出要建立马克思主义的考古学体系,此后,考古学界在研究方法和目标上开始逐步发生相应的转变。

日本在明治维新以后,由于迅速接受并消化了西方科学的先进成分,在考古学上起步的时间比较早。尽管今天日本学者以明治维新为界,以前称旧考古学,以后称新考古学,但在当时却是考古学、古物学混称的。应当承认,当时日本对于考古学的概念是比较明确的。早在 19 世纪末,日本便成立了考古学会,并发行会刊。1916 年,滨田耕作在京都大学讲授考古学,梅原末治则运用考古学来研究历史。随后,古生物学家松本彦七郎首次将地层学引入考古学。这一切都发生在 1912 至 1926 年之间,可见其发展速度极快。从昭和年间到第二次世界大战,其考古工作基本呈停滞状态,但绳纹时代和弥生时代的研究已初具规模。战后,考古学一跃成为社会的宠儿,恢复和发展很快。封闭状态打破,引入自然科学方法。1950 年,日本学者提出考古学研究的六大动向,标志着研究目标的改变。这六个动向是:1. 对绳纹时代早期文化的探讨;2. 原始农耕文化的明确;3. 古代聚落形态的探讨与研究;4. 古坟文化的明确解释(意见不一致);5. 初期佛教文化的阐明;6. 自然科学与考古学的协作。

20 世纪 30 年代,在西方考古学界,传统的研究方法经历了一场猛烈的冲击。近东史前考古的一系列重要发现,使传统的看法面临严峻的挑战,不少新的课题陆续摆到了考古工作者面前,而以往的一套研究方法和手段则显得无能为力。为顺应学科的发展,一批考古工作者希望能从传统的器物研究中解放出来,进而研究古代的生产和使用这些器物的人,研究社会群体中的生活现象。英国著名的考古学家柴尔德(Childe,V. Gordon)在这中间起了开路先锋的作用。他首先开拓了把西亚同欧洲的考古结合起来研究的新领域。也正是由于他的努力,大大推进了史前考古,特别是新石器时代考古的研究。1936年,他在《人类创造自己》这部著作中指出,农业的发明和家畜的饲养是人类发展史上的一次"食物生产的革命"(即"新石器革命")。他认为,由农耕、畜牧而达到食物生产,是人类自掌握用火以来历史上一次"最伟大的经济革命,这场革命唯有近代的工业革命可与之相比"。这个观点的提出为战后有关农耕、家畜饲养和文明起源等问题的讨论研究和发掘奠定了理论和方法论的基础。柴尔德的可贵之处还在于,他不仅对人类的进化充满唯物论的乐观精神,而且坚信马克思主义的方法论是对考古学的最好解释方法。在1936年的一次讲演中,他表达了自己对考古学新目标的重视和希望,初步设想了怎样通过器物得到关于人类文化和社会方面的信息,第一是对原始民族的研究,因为现代人类的生活中积淀有古代生活的影子,从中可以推测和复原古代人类的生活;第二是使用现代社会科学的方法,特别是马克思主义的方法去复原和了解古代人类的文化和生活。柴尔德还预见到,一种新的考古学革命必将到来,即环境给予人类影响的系统研究的考古学必然要出现。总之,柴尔德的一系列富有创见的理论和方法论,标志着考古学开始进入一个新的阶段,即理论研究阶段。鉴于此,他被公认为是20世纪前期最伟大的史前考古学家。柴尔德带动并影响了一大批年轻的考古工作者,即便到今天,对柴尔德的研究仍盛行不衰。

与此同时,美国人类学界也开始向老派的考古研究方式发起挑战。他们所不满的是烦琐的、见物不见人的古器物研究方法。泰勒(W. W. Taylor)在《考古学的研究》这本书中提出,考古学有两个基本的研究途径:第一是分类学和文化起源学的研究;第二是综合性的研究,即把考古发掘中的零散现象有机地联系起来研究。前一种是历史学的研究方法,后一种则是民族学与社会学的研究方法。50年代初,"聚落形态"研究的出现标志着民族学和社会学的研究方法在考古作业上的具体化。

也是在50年代初期,英国学者克拉克(J. G. D. Clark)提出将细致的考古发掘工作与其他自然科学手段和实验室科学结合起来,尽量采用各种不同的科学方式进行综合研究,以详细反映古代居民的生产和生活。他认为文化谱系、分类的研究不仅不是主要方面,也没什么意义,主要强调对经济基础的研究。

西方考古学界总的趋势是,从30年代开始,希望考古学有一个新的方向,即从对器物的研究转变到对人的研究上来,把出土的遗迹和遗物提示给我们的古代生活情况、自然环境和社会制度进行推测和复原,从而进一步研究了解社会进化的一般规律。50年代以后,考古研究方法的主流则是:第一,详细的考古发掘和有关学科的合作导致了对古代文化生态学的研究,即从器物研究复原古代人类生活;第二,聚落形态的研究,即将人类的活动从空间作彼此有机联系的结构研究和社会群体之间关系的研究。由于研究方法和目标的改进,大大提高了考古学研究的深度和广度,"二战"后考古学研究达到了一个前所未有的高峰,主要反映在以下几个方面。

(1)近东史前考古的重大突破有三。其一,前陶新石器遗址的发现填补了中石器到最早的乡村遗址之间的空白(如以欧洲的中石器概念为标准,近东地区不存在典型的中石器遗存。最新研究成果认为,以纳吐夫文化为代表的所谓中石器阶段在年代上属更新世晚期,故有人将其重新命名为"后旧石器时代"文化)。前陶新石器时期已出现农耕和家畜饲养,已有定居点,但无陶器。这一发现以事实修正了传统的新石器时代定义(至少在西亚各地和爱琴海地区是如此)。其二,农业起源的重大突破。早在20世纪初,就有人提出"绿洲假设"。这种观点认为,由于更新世的结束,发生了世界性的气候变化,使近东变为干燥的草原地区。干燥迫使人群和动物聚集到当时的湖泊、河流和沼泽等有水的绿洲地带,所以首先在这样一些地方出现了农业。因为在绿洲周围生长着各种植物,随着人口的增长,动物类食物来源的减少,人们必然要逐步学会种植植物,在自觉或不自觉中迈出了谷物种植的第一步。柴尔德对此说亦持赞同态度,并认为最早的农业应产生在尼罗河谷地。但是,1926年的发现证实,野生小麦的原生地不是在绿洲地带,而是在西亚的高原,遂有"原生说"的出台。美国学者布雷斯特德（J. H. Breasted）又提出了西南亚山丘侧面的"新月地带"是农业起源地的理论（即从波斯湾起，经扎格罗斯山、安那托利亚高原至巴勒斯坦的纳吐夫山为止的一条弧状地带）。后经多年的考古发掘和研究证实了这一说法。美国近东考古学专家布列伍德（R. H. Braidwood）经多年研究认为，西亚地区的农业产生于公元前9000~前7000年之间，它是家畜饲养的发展和野生谷物采集实践的结果。而栽培植物和饲养家畜的潜在地点应在山麓高地和山间谷地这样一些"天然居住地带"。尽管上述观点随着新的考古发现而不时加以修正，但所有这些成就都是空前的。其三，文明的起源和国家的产生。柴尔德首先利用近东的考古材料得出国家和文明的产生在考古学上的标志就是城市的出现，并将此喻为人类发展史上的第二次大革命。但60年代，美国学者阿丹斯（R. M. Adams）通过近东与中美洲的比较研究，突破了上述结论。阿丹斯的主要论点为：第一，城市的出现是一个突出的社会过程。这个过程更多地反映人际之间相互关系的变化，而不是人与环境之间关系的变化。柴尔德则强调人与客观环境的矛盾。第二，文明的出现同真正的城市出现是有距离的。如古埃及、中美洲的玛雅文明和美索不达米亚地区的考古发现都证实了这一点。并非如柴尔德所言，文明化就是城市化。

（2）聚落形态研究的出现。40年代末由美国学者威利（G. C. Willey）提出。它是当时在考古学中引入民族学和社会学方法的直接产物。它最先出现在美国是有其客观原因的：第一，美国考古的主要势力范围在中美洲，这一地区的古代遗址大都裸露于地表，而且保存有完好的布局，这为聚落形态研究提供了客观基础。第二，考古学在美国置于人类学之内，致使社会学、民族学的研究方法和对象均可在考古学研究中应用，聚落形态恰恰最适合利用这种研究方法。

聚落形态一词来源于地理学，它的一些概念和定义也主要借用于人文地理和民族学。追溯其源，早在19世纪，美国民族学家摩尔根（L. H. Morgan）的《美洲土著的房屋和家庭生活》一书可谓其鼻祖。但长期以来，一直没有明确的概念和定义。1950年，威利给它下的定义是："聚落形态是人们将其所居住的地点加以整理的方式。它依据房屋布局以及属于社会集团生活建筑性质的布置，这些聚落反映自然环境和建造者的水平以及社会控制的各种制度,聚落形态在很大程度上是社会环境的产物。"聚落形态所要研究的是,人类(包括史前和现代)怎样把他们自己与自然环境、自然资源结合起来,造成在空间上的分布。威利认为聚落形态有三种:一是单个建筑,包括房屋、作坊、谷仓、宗教建筑等;二是在一个聚落里各个单位建筑间的关系;三是聚落与聚落间在一个较大的面积里彼此之间在空间上的关系。由此可见,聚落形态的考古研究提供了把考古出土的遗迹、遗物当作人类社会活动和文化活动研究具体作业的一个框架。由于它不是从孤立的遗迹、遗物入手,故一出现,便很快为考古学界所接受,长期以来,一直是西方考古学研究中的一个热门。当然,对聚落考古的认识也不尽一致,这些年来也时有争论,如60年代初,加拿大学者特里格尔(B. G. Trigger)给它重新下的定义是:"利用考古资料对社会关系进行研究。"美国哈佛大学人类学系的张光直教授则认为,聚落形态的研究不仅仅只强调环境和生态的作用,还应反映政治、经济、宗教和社会的其他功能。他认为聚落形态的研究属于考古学中高层次的方法论。总之,聚落形态的研究范围很广,直至今天也很难下结论,但它的出现,无疑为考古学研究开拓了一个新的领域。

(3)环境考古学的出现。早在"二战"前,柴尔德就预见到它必然要出现。"二战"后,环境考古学的产生是考古学与自然科学手段相结合的产物。其中古植物学、古动物学在考古研究中的运用起了关键作用。正是由于环境考古学的出现,使日后的考古学,特别是史前考古学研究上的一系列重大突破成为可能。例如,关于西亚农业起源地的问题,随着20世纪50年代以来孢子花粉断代分析技术在考古研究中的运用,证明西亚的气候在公元前9000年左右并不像今天这般干旱,西亚属于一种冷燥的草原环境。这有力地支持了"原生地说"的假设。此外,经过对巴勒斯坦地区十个史前遗址的土壤情况调查、分析,表明多数原始农耕遗址并非起源于可耕地占多数的地区,而是起源于最适合放牧的地区。这就进一步证实,农业最初的发明并不是为了解决人类的食物来源,而是为了增加家畜的饲料而产生的。当然,自然环境的变迁、人口的增加也是不可忽视的因素。同样,中美洲和中国这两个农业栽培中心的研究成果也与环境考古、植物学的研究密切相关。聚落形态研究的出现也是人们重视人类与环境和资源关系的结果。总之,如果不是细致地搜集遗址中的动植物遗骸和孢子花粉以再现当时的生态环境,就不可能全面反映古代居民的生产和生活的重要内容。随着研究水平的提高和手段的进一步完备,环境考古学必将显示出更大的威力。

(4) 碳十四测定年代法的发明和运用。随着原子物理学的发展,考古学中测定年代的技术日益完备。碳十四测定年代法可以说是诸多技术中最重要的一种。1946年,美国化学家利比(W. F. Libby)发现,任何一块古代人类的遗骨、人类留下的有机物残骸或木炭,都可通过其所含的放射性碳素的数量推断它的年代。利比测出,碳十四的半衰期为5 568年。任何有机质,只要它不超过4万年,都可在实验室用这种方法测定其年代。后来,科学家在分析已知生长年代的树木年轮的碳含量时进一步发现,尽管碳十四表明的年代应该与年轮的年代一致,但二者往往有误差。利用碳十四断代越是早于公元前1000年,其估计值越低于实际的太阳年。于是,科学家们将活树与枯树相同年轮的部分放在一起,建立了树木年轮表,以校正碳十四断代的误差。美国亚利桑那大学的弗格森博士(Dr. J. Fergusson)利用加利福尼亚白山的刺果松(Pinus Longaeva)制成了可上溯到8 500多年的年轮表,他希望这一成果最终上溯到10 000年。碳十四测年技术对考古界产生的影响是极其深远的,完全可以看作是考古年代学上的一场革命,它的重要意义不仅仅在于改变或推翻对一些原有文明的年代认识,而且意味着对那些早期并无任何文字记载的史前文明在时间上有了更为准确的认识。

20世纪20年代末,苏联也掀起了一股对传统考古学研究方法的批评运动。新一代的考古工作者试图通过对考古资料社会价值的研究,为马克思主义的历史观服务。他们指责过去的考古研究是"经验爬行主义",指责器物形态学研究是先入为主的偏见,是"单纯器物观"。蒙特留斯的类型学被斥责为产生拜物教、产生以生物学观点解释历史的资产阶级进化论。新一代的考古工作者认为,传统的考古学研究方法限制人们科学地分析考古资料,将古代遗产与现实社会完全割裂开来,以至于看不到产生物质的经济基础是历史发展的决定因素。在上述思潮的冲击下,考古学在苏联很长一段时间被改为"物质文化史"。今天的苏联学者在总结这一阶段的经验时指出,这些新的理论是尖锐的思想意识斗争的产物。当时试图以考古资料来论证马克思主义关于前阶级社会的理论,论证摩尔根的观点,以至于将所有社会、文化的变化都归结为社会经济的发展,特别是生产力发展的结果。实际上是把马克思主义庸俗化了。这种新方法仅仅是简单地从古代生产工具的遗物、遗迹去直接推断上层建筑的情况,包括社会关系、思想意识等等,这也导致了对考古资料的解释有僵硬和概念化的倾向。但是,今天苏联考古界也承认,尽管这类新理论过于简单化,但毕竟还是对某些方面的研究起到了一些积极的作用,如文化面貌的突变,社会发展的内在原因,生产技术发展对社会、文化发展的影响,物质文化如何反映社会关系等一系列问题。由于强调物质文化反映社会关系,所以在考察普通的古代遗物及其组合、遗址的布局时,工作是十分认真的。但总的说起来,苏联考古界认为上述新理论抹杀民族性,否定民族迁徙,从而限制了苏联考古学的发展,因此上述新理论在50年代初受到批判。

30年代中期以后,苏联的考古研究已反映出新的特点。20年代末以来产生的新理论逐渐淡化,而描述性的实验研究较为盛行,"考古学"的名称也开始恢复。至30年代末,随着资料的大量积累,对古代俄国边疆地区的研究加强了。以往那种忽视文化的多样性,将考古材料纳入大一统的死框框行不通了,旧观点的改变势在必行。对于在分析考古资料的方法论上出现的一些新认识,苏联考古界认为,由于战争和冷战威胁着民族生存,导致民族意识的增长,从而刺激学术领域开始认真研究民族起源问题(区分民族差异和民族特征,以探索不同民族的起源)。民族性、民族迁徙、文化的连续性和传播、同化等概念再度受到重视。

50年代以来,苏联的考古研究不断有所变化,这主要反映在采用新的数学方法处理丰富的考古资料,注意力进一步集中于考古研究的客观性和方法论等问题上,研究范围逐步扩展到涉及人类起源和社会起源这样一些重大问题上,包括思想和语言的起源,艺术的起源以及文明的本质和起源等。考古学理论研究再度受到重视,有关生产方式和从猿到人的飞跃等问题的讨论也十分热烈。学术界的思想进一步解放,对西方非马克思主义的理论也有了客观评价。

苏联学者认为,当代苏联考古界已形成七个不同的派别,它们以不同的研究方式把历史唯物主义的基本原理运用于考古学。如"历史考古学派"以复原历史为己任,主张没有必要建立与历史学相区别的考古学专门理论,因为考古学仅仅是历史学的一个分支而已。"民族考古学派"主张考古学文化与民族集团是完全等同的,相似的文化就具有民族意义。这一派在分析文化特征方面有所建树。"社会考古学派"虽然源于历史考古学派,但广泛运用了国外的考古经验。如柴尔德等人的"文化唯物主义"等,甚至还使用了"新考古学"的概念。"描述考古学派"的出现与电子计算机技术的引入密切相关,它把对考古资料的精确描述放在首位,在具体资料的基础上揭示事物的客观趋向。这一派促进了考古学的方法论和系统分析的发展,将一系列科学技术引入考古界。"技术考古学派"广泛运用岩石学、金相学、树木学等自然科学方法,主要成果反映在研究石器制作、古代冶金和古陶瓷方面。"生态考古学派"认为古代社会及生产是一个与环境发生作用的能动的单一体系,探索它们的相互作用是复原人类历史的关键性步骤。此派热衷于与地质学合作,并关注地貌学、古生物学和气象学的成果。"系统理论考古学派"的主旨是寻求建立一个广泛的理论体系,这个体系以严密合理的方法,把古代遗物的形态特征、组合关系及演变原因与这些遗物所反映的古代生活、古代社会的经济结构和思想体系联结起来。这就要求考古工作者首先必须如实报道考古资料,包括细微的特征,然后建立一个多阶段的研究程序,用以解释考古资料所必需的概念、原则。此派坚持古代社会研究必须严格地按一个多阶段程序进行,考古学包括这个程序的很多,但却不是全部。而上述六个学派都片面地夸大了这个程序的某一阶段,且以偏概全。"系统理论考古学派"必须揭示这个多阶段程序的结构,并确定各阶段在整个程序中的位置。这也就是系统理论考古学热衷于考古理论研究的原因。"系统理论考古学派"强调,当代历史研究的关键是对各种来源的资料进行综合研究,它至多包括两个步骤:第一步是学科内的,要求建立考古学体系,解决考古资料的零散性;第二步是学科间的,要求克服考古资料的片面性。

总之,尽管苏联考古学的研究目标也经历了30年代的那场变革,但它所走的道路与西方有很大不同,这有意识形态方面的原因。苏联学术界受社会结构和政治影响的色彩很浓,在学术研究领域有随政治因素波动的现象。他们也承认,由于在哲学上强调一元论,提倡考古学方法论的一致性,坚持历史唯物主义的基本原理成为一条法规,但忽视了社会学的研究,甚至以历史唯物主义代替社会学,这一现象本身就是违反马克思主义原理的,而且对于考古学研究方法的多样化也是不利的。再者,在苏联,考古学属于历史学的分支,由于以教条主义的方式将"历史"绝对化,对考古学的研究形成了束缚。他们也意识到,考古学历史化所付出的代价就是在一定程度上或整个地丧失学科的专门性,因而主张建立考古学的研究历史的方法,但这并不意味着考古学要摆脱历史学,或抛弃历史研究的方法论。存在的问题是,由于强调历史研究的方法而忽视原始考古资料;不注重器物形制的研究导致相对年代学的不健全;缺乏横向研究的思想方法,这一切导致了考古学所复原的历史仅仅是一些粗线条的轮廓。尽管存在上述不足,还是应该看到,苏联是一个很重视理论研究的国度,在考古学研究的理论和方法上,不仅有自己的特色,而且取得了一系列的成果。此外,以上所谈到的七个考古学派的形成,表明其研究方法和手段已日臻完善,并呈现多元的研究学派。这些颇值得我国考古学界引起重视。

前面我们已将中国考古学发展的初期阶段划到20世纪50年代末。此时考古资料的积累已初具规模,不少新的文化(类型)被发现并被命名。黄河水库考古队的大规模工作大大地丰富了仰韶文化的内涵,庙底沟遗址的发掘从地层上给仰韶文化和龙山文化的年代关系下了结论,这些为60年代的一系列讨论奠定了基础。1952年,北京大学历史系开设考古专业,专业人才的培养步入正轨。同一年,《考古》杂志(当时称《考古通讯》)创刊,这预示着考古研究一个新局面的到来。然而,突出的标志是1958年发生在北京大学考古专业的那场争论,它与20年代末苏联考古界的情况十分相似,年轻的大学生们指责类型学是搞烦琐哲学的伪科学,公开对这种见物不见人的研究方式表示不满,进而提出要在中国建立马克思主义的考古学体系的口号。缘此,随后才有了考古学规划、建立考古学会的设想,强调要努力学习马克思主义理论,并运用于实际的考古工作中。诚然,这场争论带有那个特定时代的偏激和简单化的印记,在批判资产阶级少慢差废工作作风的口号下,导致当时的工作潦草、粗率,使不少内涵丰富的遗址失去了原有的重要价值,这是不能原谅的。但是,此次争论也产生了一定的积极意义,即探索考古学研究新方法、新途径的可能性。它也使一些思想敏锐的学者开始注意考古现象所反映的一些社会问题。以苏秉琦先生为例,他对考古类型学的研究作出了重要贡献,1958年却被当作资产阶级类型学的代言人受到批判,这也促使他对考古学的理论方法进行了深思。在此之前,他主要运用类型学进行文化分期以确立相对年代序列,此后,他的研究逐步转入对考古现象与社会性质及民族文化的关系方面。另外,60年代开始的一系列讨论,当与这场争论不无关系,这里并不完全认为当时的争论导致了中国考古学研究方向的转变,而是强调,这种转变是考古学研究发展变化之必然。然而我们也应看到,在考古学研究目标的转变上,中国不如西方来得那么明显,而且缺乏理论和方法论上的阐释。它以缓慢的速度向前迈进,经十年浩劫的延误,至"文革"之后才最终完成。

60年代,中国考古界集中讨论了仰韶文化的社会性质、半坡类型和庙底沟类型的关系等问题,活跃了当时的学术气氛,并开始涉及一些考古学理论和方法,表明中国考古学的研究目标在发生相应的转变。尽管这次讨论并未取得大的突破,但通过讨论,为后来学科的发展打下了基础,也初步形成了新石器时代考古研究的不同派别。回顾起来所不足的是,由于教条主义和语录游戏的影响,在对考古资料的解释和引述经典著作时,奉行实用主义,各取所需,争论双方都自称在坚持马克思主义的原理。这表明我们迫切需要建立专门的考古学理论体系。另外一点是简单化,以为分出母系、父系社会,问题就解决了,实际上这是一个远远没有解决的理论问题。总之,中国考古学研究目标的转变是缓慢的,它表现在如下诸方面。

(1)学科的基础工作薄弱,尚处于进一步积累资料阶段。50年代的大规模发掘提出了不少问题,如仰韶文化的分期和类型问题,龙山文化的类型问题,但这仅仅局限于黄河流域,而且限于中原地区。尽管陆续发现了一些新的考古学文化,如长江中游的大溪文化、屈家岭文化、青莲岗文化,黄河下游的大汶口文化,辽河流域的红山文化及东南沿海一线的几何印纹陶文化等,但对它们的文化内涵、性质尚不十分清楚,所以一般都同中原的仰韶文化或龙山文化挂钩,受播化论影响,强调"中原中心"。由于基本的文化发展序列还不清楚,对于新石器时代文化的起源、文化的形式、文化之间的相互关系等问题的讨论还不具备条件。在这种情况下,强求从对器物的研究跃进到研究器物背后的人和社会是不适宜的。此外,还谈不到将自然科学的方法和手段引入考古界,社会学久已被搁置,民族学与考古学的结合还很生硬,所以中国不可能像西方考古界那样在研究方向上迅速转变。同样,对类型学、地层学,理解也是如此,许多基础性的工作要靠类型学、地层学来完成,但由于研究力量、研究水平的极大不平衡,实际上迫切需要加强对这一基础理论的研究,同时也存在一个逐步完善和规范化的过程。

(2) 受政治的影响,与外部世界的长期隔绝,极大地阻碍了研究工作的正常进行。新中国成立初期,举国上下照抄照搬苏联经验,考古界同样不例外,但当时毕竟还能得到"网开一面"的信息。60年代后,连这张网也收了起来,考古界基本处于封闭状态。一方面是理论信息的闭塞,另一方面是我们的学术研究缺乏横向比较的目光,即便有了这方面的信息,也未必给予重视。如像柴尔德这样有代表性的人物,长期以来也未予理睬,他的一部重要著作《人类创造自己》,50年代已有中译本,但在考古界却鲜为人知。另一个奇怪的现象是,西方考古重要发现及理论研究的文章往往不是由考古界,而是由世界史领域介绍的。时至今日,这个现象略有改变,当然这并不是说考古界要垄断这个业务,但透过它能反映出一种不正常的现象。

(3) 考古学研究与自然科学技术方法的脱节也限制了考古研究水平的提高。考古学研究中的一系列突破往往与自然科学方法或其他学科的辅助分不开,而我们在这方面的工作恰恰是不得力的。以碳十四断代法为例,早在50年代中期,夏鼐先生就在新创刊的《考古通讯》中撰文介绍,但到建立实验室拿出成果已是十几年以后了,真正有效地利用和开展这项工作,则是70年代的事。至于其他自然科学的手段和方法,也仅仅是这些年才陆续开始,或刚刚提到议事日程上来。

(4) 轻视理论问题的研究。长期以来,考古界存在一种重实际轻理论的不良倾向。且好大喜功,能挖出宝就行,挖完后,研究工作也跟不上去,这无疑是一种巨大的浪费,甚至可以说是变相的破坏行为。一个学科的发展,需要理论上的扶持和带动,而资料的堆砌和积累并不代表学科的进步。这也是中国考古学研究目标转变缓慢的又一个重要原因。近几年,这一现象的严重后果已逐步显示出来,并引起部分考古工作者的注意。

从另一个角度看,类似前面谈到的苏联考古学历史化现象,我们也同样存在。我们承认考古学与历史学是目的相同、实践有别的,但不能把考古学仅仅看作一个"资料库",或者"铁锹装备的历史学"。总之,这个问题比较复杂,可能最终要涉及学科的归属问题,起码史前考古学是这样的。同样,这也涉及专门的考古学理论体系的建设问题。

"文革"期间,考古学研究处于停滞状态。但在这个大动荡的年代里,仍有一些不甘寂寞的学者,冷静地思考着,他们后来构成了这个学科的中坚力量。

"文革"以后,中国考古学大大向前迈了一步。政治气氛逐步好转,使得学术空气变得相应自由了。旧的机构开始恢复,新的机构逐步建立。这时期进行的一系列讨论,涉及考古学文化的概念、考古学文化与民族的关系、民族与国家的关系、古代国家与现代国家的概念等。专题研究的兴起丰富了考古学研究的内容,如史前房屋建筑、中国稻作农业的起源、早期的冶金术、生产工具的发展变化及石器微痕研究等等。各种年代测定技术的使用互相印证,推动着研究工作的深入。

地方考古力量崛起,他们办起了刊物,主持考古发掘和研究,打破了原来由中央一统的框框,活跃了争鸣的气氛。新的考古发现不断冲击"中原中心说"。实际情况表明,中国早期文化的起源呈现多元的色彩,发展极不平衡,这反映在同一时期文化发展的不平衡和一个文化发展过程中的不平衡两个方面。黄河流域、长江流域和长城以北广大地区的远古文化共同构成了中国早期的文明曙光。

区系类型理论的建立构成了中国考古学的基础理论框架,它标志着中国古文化发展谱系的初步确立。作为一种方法论,区系类型学以马克思主义的社会发展观为指导,总结过去,确立学科建设目标为出发点,其主旨在于最终了解中国这个统一的多民族国家是如何形成的。

这一时期重要的发现和研究有如下一些:新石器时代早期文化的发现和研究,其中包括对中石器时代的探索;中国文明的产生和国家的形成,包括对早期铜器的起源问题、城市出现的标志的讨论,以及夏文化的讨论等等。一些老问题的研究也大大前进了一步,如仰韶文化、龙山时代的区、系研究。这些问题的解决,将大大充实中国早期文明的内容。中国新石器至青铜时代彩陶的综合研究,以事实证明"彩陶文化西来说"的荒谬,并从年代上排比出含有彩陶因素的史前文化不断西渐的过程。此期讨论的内容还涉及陶器的起源、早期陶器的制作方法及形态、中国华南地区的前农业文明、母权制的私有观念和形式、私有制的起源及中国的军事民主制时代等等。边疆地区的考古工作得到进一步关注。总之,研究的内容和方法趋于多样化、细致化和深入化。

实验室研究和计算机技术的引入对新一代考古工作者更具有吸引力,这表现在石器的模拟制作和运用计算机分析处理墓葬资料并进行分期等方面。仰韶文化彩陶和龙山文化蛋壳陶试制成功,并用以解释当时的生产力水平、制作技术、程序和材料来源等等。

涉及考古学基础理论的研究得到了很大加强。80年代以来,不少著名学者就考古类型学和地层学进行了详细的阐释,尽管看法并不完全一致,但都认识到统一这些基本问题的看法将对提高我国考古学研究水平具有重要的指导意义。近年来,又有"文化因素分析法"的提出,已有学者运用这种方法对某一遗址进行分析研究,取得了可喜的成果。它要求分析一个考古遗址内部所包含的不同文化因素,以识别其文化属性,进而确立它在考古文化谱系中的位置。所谓"不同文化因素"是指那些源自不同的考古学文化、互相有别的特征。采用定性、定量分析,并强调这种比较首先要在同一时期的不同文化之中进行。目前对这一方法的认识并不一致,有的认为它是高于类型学的,有的认为它是类型学的一部分,有的则认为它是同一问题的两种说法。问题是,文化因素分析法能否构成一个独立的理论(方法论),或者说它仅仅是一种手段而已。实际上,这一方法已体现在许多已有的类型学分析之中,看来,它应该是对考古类型学的补充和延伸。

开放政策为学术交流的正常化提供了可能。我们的考古文章中已不仅仅出现马克思、恩格斯、摩尔根等人的名字,我们已开始熟悉一大批对考古学的发展颇有贡献的学者,从戈登·柴尔德到路易斯·宾弗德(L. R. Binford)。环境考古学、浮选法、聚落形态、新考古学、水下考古、计算机技术等新内容我们已不再陌生,并开始加强对它们的研究,或尝试着在考古作业中加以实践。

开天辟地头一回,我们有了新的立法——文物保护法。尽管在执行中尚不尽如人意。但随着机构的健全,一系列相应的政策的出台、制度的建立,一切都在向着正规化迈进。国家文物局举办了考古领队训练班,只有经过这个训练班的学习和考核,才有资格主持考古工地的发掘工作,这将进一步提高和保障我们田野考古工作的水平和质量。

一批思想敏锐的学者已开始考虑一些具有世界性意义的理论问题,如考古学的基本理论是什么?考古学应不应该有专门的理论体系?考古学基本理论是否就是类型学和地层学?考古学与历史学到底是什么关系?把考古学,特别是史前考古学限定在社会科学——历史学的范畴之内是否合适?考古学的特点仅仅是以实物为特征吗?考古学作为历史学发展到一定阶段的产物,是否可划为古代史研究的高级阶段?是否可以将考古类型学、地层学视为考古学研究的低层次阶段,而将"新考古学"划为高层次阶段呢?

还要看到我们的不足,它表现为考古学内部的封闭现象,互相之间封锁资料、研究周期过长,以及片面强调类型学,以至于将其概念化或图解化的倾向。要承认我们研究领域的色彩还比较单一,虽然在研究的风格上已形成了不同的派别,但均缺乏理论和方法论的说明。此外,我们至今还缺少一部完整的考古学教科书。

尽管如此,我们可以毫不夸张地说,中国考古学正在赶超世界先进水平。回顾考古学的发展史,我们有过大的落差和反复,但终究以后来者的姿态引起世界的注意,正如英国著名的考古学史专家丹尼尔(Glyn Daniel)所言:"对于中国重要性的新认识,将是考古学在未来几十年中关键性的进展。"我们要进一步关注国外考古学的研究动向,吸取有益的养分,并立足于保持我们自己的特色。要认识到孤立绝不会导致领先,要加倍努力,使中国的考古学研究也达到"黄金时代"。

60年代,英美考古学界又有一股新的潮流,这就是"新考古学"的出现。有人称它是对传统考古学研究的又一次反叛。该派的代表人物是美国新墨西哥大学的宾弗德和英国剑桥大学的克拉克(David Clarke)。基于对传统考古学提出的假设和观点感到不满,新考古学确立了他们的目标,即考古学不再是只求再现过去的情况和简单地说明以往发生的事情,还要进一步弄清事物变化的来龙去脉。为此,就需要为考古学制订更为明确的理论体系,对旧的观点提出怀疑。如果目标是要弄清楚事物变化的来龙去脉,那么对世界某一地区的研究,即可为理解另一地区发生的情况提供极有价值的线索。因为,"新考古学"不以种族为中心,至少避免以种族为中心,进而通过历史文化生活和社会生活的变化去了解和掌握人类历史发展科学性的一般法则。"新考古学"认为,考古学应致力于研究文化发展的过程,即研究人类文化是如何和为何发生变化的。必须更加仔细地考虑如何从出土物中看到各种差异和变化。这就是说,"新考古学"必须有更好的理论和更好的方法,用以解释考古发现的问题。"新考古学"力图理解事情变化的原因,这意味着考古工作者要像自然科学家理解自然界那样来建立自己的理论,然后再对这种理论加以检验,或用考古发现来论证。"新考古学"十分注意更仔细地研究文物古迹是如何形成的——我们发掘的遗址和其中的文物究竟为什么处在我们找到它的地方。"民族考古学"这门新的学科分支的兴起正是为了研究这个问题,它需要研究者前往那些今天在生活方式上依然类似我们所研究的史前社会或古代社会的地方去体验生活,研究那些当今的文物古迹是如何出现在今天那样一个地方的。缘此,宾弗德认为,要了解那些早已消失的狩猎民族的遗址,最好的办法是亲自到今天狩猎民族生活的地方,仔细研究其有考古价值的东西,他选择了阿拉斯加爱斯基摩人的一个部落。纽约市立大学莱曼学院的考古学教授克莱默(Carot Kramer)则选择了伊朗高原的一个古老村庄。他们生活在那里,观察这样的部落、村庄是如何生活并遗弃废物的。西方考古界对他们的举动给予了很高的评价。

美国亚利桑那大学的拉思杰教授(William Rathje)运用"新考古学"的研究方法,领导了"垃圾清理计划"的运动,以研究该地区居民抛弃废物的情况。他们把废物从垃圾箱里收集起来,在实验室加以研究。这项计划旨在说明一点,他们认为考古学的各种技术对于研究古代和现代各个时期、各个地方的人类社会物质文明都有用处。在当代考古工作者的心目中,不应再有什么"原始"文化和"现代"文化之分。现代的和古代的狩猎民族和城市居民一样令人感兴趣,他们都是人类丰富多彩的文化的一部分。可见"新考古学"不仅认为自己是考古学家,而且更是民族学家和社会学家,实际上,他们也正是这样做的。

"新考古学"的观点在西方考古界尽管众说不一,但持肯定态度的学者则给予高度评价,他们认为宾弗德的巨大成就在于他认为,为了理解过去,仅仅靠发掘古代文物,并根据自己对这些文物的印象写一些直觉性的报告是远远不够的。剑桥大学迪斯尼讲座著名考古学教授伦福儒(Colin Renfrew)认为:"从许多方面来说,考古学中最激动人心的新发展并非那些在实验室取得的新成就,亦非那些在完善测定年代的方法或研究早期社会环境方面取得的成功,而是在于视野方面和理论基础方面发生的变化。"他认为,"新考古学"比传统考古学要乐观,因为许多传统考古学者认为无法通过考古学了解古代社会结构和宗教生活。"新考古学"则主张,必须建立一种健全的理论,使考古学不仅能阐明饮食和技术等方面的情况,而且也能阐明有关社会结构和宗教生活等方面的资料。传统考古学常常从文化"扩散"的角度来解释事物,即重大的进步,只发生在一两个地区,然后逐步扩散到边远和野蛮地区,这是一种殖民主义观点。"新考古学"认为,要了解所发生的变化,就必须懂得所研究的地区发生变化的过程,必须研究社会结构、人口发展,以及经济和技术等方面的变化。相互间的交流、新思想的输入,可能或确实在这一过程中发挥了作用,但不一定占主导地位。伦福儒表示,如果仅仅把注意力集中于本国,那就是沙文主义。考古学使我们有可能把每个国家的早期历史看作是整个人类更大范围的历史之一部分。"新考古学"要求更好地理解人类文化的多样性、它的现在和过去。正是由于科学给我们带来了一系列的新技术,由于"新考古学"的严谨和自觉性,我们可以比较容易地做到这一点。

不难看出,"新考古学"的研究目标与20世纪50年代以来的考古学基本相同,但在观念和方法上又有新变化。它的理论来源主要有三方面:第一是柴尔德的文化唯物主义;第二是格林汉姆·克拉克的文化生态学;第三是系统论,这是"新考古学"的理论基础。宾弗德认为,各种遗物的现象都互相有联系,反映生产技术的东西也可能反映社会和宗教,它们有联系,而发现这个联系则需要各种手段。基于此,"新考古学"的研究程序也很有特点:第一是产生一些假说,这些假说有不同的来源;第二是形成实验这些假说的前提;第三是在考古作业中进行实验,如能证明这些假说,则表明假说是正确的,否则反之。这种以结论先于资料的做法,西方考古界也认识到是对考古遗址的一种破坏,尽管它在实际工作中很少使用或不用。张光直认为:"考古学有它一定的程序,即首先把发掘的材料整理出来在有一个非常坚实的年代学基础后,再去做比较抽象的社会科学法则性的研究,这是一个比较完满的研究方法。"

总之,"新考古学"的研究目标在英美考古学界,尤其是年轻一代中很受欢迎,并成为研究领域的焦点,所以,我们很有必要加强对它的了解和认识。我们前面在介绍苏联考古界的现状时提到,他们的社会考古学派在研究方法中使用了"新考古学"的概念,但苏联考古界对"新考古学"基本持否定态度,认为它并不是一种复原古代社会的严密方法,而是一种"社会考古学"。但实际上,他们的系统理论考古学派强调文化发展的阶段性,与"新考古学"的"过程论"就很有些相似的成分。目前我国考古界对"新考古学"的介绍还很不充分,了解也是肤浅的,褒贬不一,也可能在某些观念上我们与他们还有差距。但它在西方考古界如此热门,也并非毫无道理可言。相信随着研究范围的扩大,在增进了解的基础上,会给"新考古学"一个客观评价的。此处我们暂将"新考古学"作为考古学发展史上第二阶段中的一个新派别,不另设一新的阶段。

当代众多学科不断分支演化,知识不断增殖,即便是专业人员对此亦应接不暇,但在知识的背后探索新的方法、新的理论,愈益引起人们的重视。迅速、广泛地接收新的信息,并将之消化、利用,对每个学科的进步都是有积极意义的,考古学当不例外。

1986年8月定稿于四川绵阳

初刊于《庆祝苏秉琦考古五十五年论文集》,文物出版社,1989年

2 考古学与现代科学技术

考古学是利用人类活动遗留下来的实物遗存,通过一定的手段和方法研究古代社会及相关知识的科学。有人形象地把考古学比喻成一本厚厚的倒着看的书,它的大部分内容都埋在地下,要想看懂它还真不是件容易的事。英国有位著名的考古学家说过,"考古学一直被广泛认为是有记载的历史的延伸。对于有文字记载的时代来说,它被认为是有益的补充,是对书面叙述的某种形象说明。对于没有文字记载的史前期来说,它能隐约地再现过去的情况,是正规历史记录粗糙的版本"。考古学自诞生以来走过了漫长的发展历程,经历了翻天覆地的变化。一百多年以前,那些早期的考古发掘可谓与盗墓人的水平不相上下,而在科学高度发展的今天,考古学家正在成为利用"法医学技术"研究人类历史的专家。这一重大的变革当是以一系列科学技术为后盾的。

回顾历史,19世纪中叶是个沸腾而辉煌的年代。能量守恒、万有引力定律、细胞学说、进化论、科学社会主义,这些体现人类智慧的伟大发现均集中产生在这一时期。无独有偶,真正意义上的近代田野考古学也于此时出现在欧洲。它的出现体现了那个时代的人们在寻找一种新的关于宇宙均衡的理论、在"重定基本原理方向"这一时代变革精神。考古学是古物学和地质学相结合的产物,这似乎预示着从它诞生的那一刻起,便注定要与自然科学结下不解之缘。

20世纪初,已有人开始在考古学研究中运用一些自然科学技术。如利用黏土纹泥的沉积来计算遗址形成的年代,利用岩石学的原理论证史前巨石建筑材料的原产地等。第二次世界大战以后,随着人类科学技术的飞速发展,不断地有一些自然科学方法被引入考古界,其中对考古学影响最大的当首推碳十四测年技术。

1946年,美国物理学家利比发现,宇宙外层空间的次级中子流不断轰击大气并产生出放射性碳。其原理是,地球上活着的生物在生长期间均需要不断地从大气中吸收放射性碳,这导致生物体内所含的碳十四比度始终与大气中的碳十四一致。可生物一旦死亡,其体内积淀的碳十四便以一定的速度（5 730±40 年）衰变分解,根据这一原理,通过测量古代遗址中保存下来的木炭、骨骼、贝壳等有机物残骸所含的碳十四比度,便可确定它们死亡的年代,由此便可直接或间接地得到标本所在地层和遗迹单位的年代。试想,如果我们检测一座史前房屋的年代,其精确度可达到建造这座房屋所用木材被砍伐的年份,就能感到这是何等了不起的成就。碳十四测年技术对考古学产生的影响是巨大而深远的,它不仅改变和修正了对一些原有古代文明的不确切认识,还意味着对那些无任何文字记载的文化在时间上有了明确的解说。特别是它几乎不受地理条件、气候和人文因素的影响,利于进行广泛的比较研究,故它在考古学研究中被誉为"放射性碳素革命"。该发明还使利比荣获 1960 年度的诺贝尔化学奖。英国一位考古学家曾风趣地说,利比是"**第一个在考古学领域摘取诺贝尔奖的人**"。

碳十四测年技术也有一定的误差,但可以通过树木年轮校准图校正。树木树轮学与碳十四技术的结合为考古学研究不断地提供客观的时间标尺,对一万年以内的标本,所测时间精度可达 50 年,这是目前任何别的测年技术远远无法企及的。

近年来,碳十四测年又发展出了"串级加速器高能质谱技术",该技术不是消极地等待碳十四原子的衰变,而是直接计算样品中碳十四的原子数。其优点在于,所需样品仅为常规用量的千分之一,这极大地拓展了碳十四样品的应用范围;最大可测年限扩展至 75 000 年;大大缩短了测试时间,提高了效率;并可同时进行碳的稳定同位素分析。但该测试设备价格昂贵,技术要求复杂。目前世界上仅有少数几个国家有能力进行研究和测试,中国的原子能研究所和北京大学技术物理系、考古学系已开始对标本进行检测,并取得了可喜的成果。该设备无疑将使碳十四测年技术如虎添翼。

考古学中使用自然科学方法进行测年的技术还有许多,如热释光法、古地磁法、骨化石含氟量断代法、钾-氩法、裂变径迹法、氨基酸外消旋法、黑曜石水合法、铀系法等。其中绝大多数都是利用放射性物质含量的测定换算出标本的绝对年代。其应用范围和检测对象可通过表一反映出来。

表一　各种年代检测方法及测年范围

方　　法	材　　料	时间范围	备　　注
树木年轮学	木材	0 至 7 000 年	
碳十四	有机物(木材、骨骼)贝壳等	0 至 40 000 年	
铀-钍比	石笋、骨骼、贝壳	10 000 至 250 000 年	
热释光法	陶瓷、火成岩(石英、砂岩、花岗岩)、石笋	0 至数十万年	
电子磁旋共振	石笋、骨骼	1 000 至数百万年	研制中
裂变径迹法	火成玻璃、富铀物质	0 至数十万年	
钾-氩氨基酸	火山幼虫、骨骼	1 000 至十亿年	研制中

(此表引自《信使》(联合国教科文组织)1985 年 9 月,总第 63 期)

田野考古学的一项重要工作是寻找和发现古遗址并确定它的位置和范围,传统的方法是凭借肉眼和经验来寻找,今天的考古学家已开始利用远程探测技术进行勘探,如航空摄影、遥感技术、红外线摄影及地球物理勘测等先进技术。

航空摄影是使用飞机、飞艇、气球等飞行物从空中向地面摄影。通过对照片的分析、判读,寻找并确定古遗址的方位和形状,该技术主要用于考古调查和勘测。20 世纪初,英国皇家陆军用气球从空中对一座古代石柱群进行拍摄,照片以全新的角度展现了古迹的全景,令人眼界一新。第一次世界大战中,航空摄影在搜集敌方情报的同时也发现了不少文物古迹。如英军在美索不达米亚上空执行任务时意外地发现了一些古遗址和古代城市,因为在空中胶片能敏感地捕捉到土壤的颜色和地貌的细微差别,使许多在地面凭肉眼无法辨识的遗迹特征在航片上清晰地显示出来。即使有些遗迹已深埋地下,由于遗迹与周围的土壤结构不同,能影响到地表植物生长的疏茂,加之光线在早晚不同时间中的变化,使地表不易发现的遗迹以阴影的形式在航片上准确地显现出来。特别是对那些大面积的遗址、被湮没的古代城市、沙漠中的废墟等勘测效果最佳。缘此,航空摄影的潜力很快便显露出来,并成为考古勘测的重要手段。以至于有人说:"为了做一名考古学家,人应该变成一只鸟。"在西方,如果一名考古工作者不能识别航片提供的信息便会被认为是训练不够全面。总之,航空摄影对考古学同望远镜对天文学所起的作用是一样的。它不仅分辨率高,周期短,且省时省力省经济,有利于考古学家在发掘之前便能了解遗址的概貌,以便统筹安排工作。

遥感技术是20世纪50年代兴起的,它利用装在飞机、飞船上的设施"感知"肉眼或常规摄影无法捕捉的图像进行探测。目前该技术在考古学中的应用还处于开发和积累经验的阶段。美国曾在新墨西哥州的查科峡谷进行遥感考古,是将最新的空中遥感技术和遥感信息解释技术应用于考古学的全面实验,积累了经验,并有新的发现。意大利曾利用红外线技术在威尼斯湾潟湖岛上发现了古典时代的赫拉克利亚遗址,是利用不同性质的土壤在散热、吸热方面产生差异的原理而实现的。国内华东师范大学地理系与镇江市博物馆合作,运用遥感技术勘测商周时期的台形遗址和土墩墓,亦有所收获。总之,遥感技术的参与无疑会影响到将来考古勘测的执行方式。

1946年,英国人阿特金森率先使用电子技术在泰晤士河畔勘探古代遗址。60年代,美军在越战中曾使用电子探测技术寻找越军的地下武器库。这一方法很快被引入考古界。该技术没有任何破坏性,目前,国外已广泛使用电探技术寻找被埋在地下的城墙、大型的砖石建筑和金属遗物。使用这种技术勘探时,让电流通过打入地下的两根电极测量土壤内电阻的变化寻找古代的遗迹和遗物。80年代,美国和瑞典的技术人员研制出一种车载雷达,它能记录下埋在泥炭层之类土壤中深达四米的建筑遗迹。地质雷达是利用电磁波进行探测的仪器,它是为绘制地质结构图而研制的,也可用于考古。该仪器将电磁波从地面装置发射到地下,在穿过土壤的过程中,如遇到两种不同介质的界面时,部分电磁波便折射回来,其余的电磁波则继续通向更深的地层,通过测量信号折射回来的时间,可测出不同的土层、岩层和古物的埋藏位置。反射的信号显示在一个阴极射线管和一个圆形记录器上,可连续不断地提供地下土壤的纵剖面图,并通过计算机进行处理。

水下考古是战后新兴的考古分支学科,它包括水下考古调查、勘测和发掘,是田野考古向水域的延伸。历史上由于地震、火山喷发、海啸等自然灾变,使一些位于水边的村落、城市、港口乃至整座岛屿刹那间沉入水中。再有,人类很早便发明了造船和航海,数千年来,在一些航线上沉没了大量的古代舰船,有大量的遗物沉没到水底。所以有人说:"古代世界藏品最丰富的博物馆位于地中海的海底,但这座博物馆肯定是无法涉足的。"1942年,水下呼吸器的发明奠定了水下考古的新纪元。今天,考古工作者不仅已涉足水下,而且开始把水下的遗物科学地搬运到地面上来。水下考古除了发掘水下遗址,打捞沉船和水下文物外,也研究古代的造船术、航海史和海上交通、海外贸易等。近年来,水下考古的工作范围已扩展到陆地上的河流湖泊中。水下考古需要一系列的技术保障系统,首先要保证人能在水下有较长的工作时间,要有水下摄影、绘图和记录等设备,要有清除污泥的装置、定位标志和应急的救护设施,这些都需要高科技的支持。在一些发达国家,水下考古已较为普及。近年来,我国也建立了专门的水下考古机构,正式开展了这方面的培训和作业,并取得了可喜的收获。

30年代,英国著名的考古学家柴尔德曾预言,一种强调环境给予人类影响的系统的考古学研究必然要出现。这就是环境考古学。它是环境科学与考古学结合的产物,其研究手段主要是地球科学的各种知识。如第四纪地质地貌学、古动物学、古植物学、物候学、土壤学、古气候学等。50年代以来,随着一系列自然科学方法的导入,环境考古迅速成为一种综合研究方法,并在史前考古研究中取得一系列重大的突破。如农业的起源、不同农业区域的形成、农作物种类的分布、动物的驯化等。环境考古的重要性还表现在对古遗址生态的复原以了解当时人类的生产和生活;环境与气候变化对人类文化的影响;环境与人类的起源和体质变化的关系,人类活动对生态环境的反作用等。长远地看,随着学科的发展和技术手段的不断完善,考古学中许多重大学术课题的解决均有赖于环境考古学的支持。

考古动物学是一门边缘学科。其研究内容包括动物分类、鉴定科属、年龄、性别、种群大小及动物的分布和迁徙等。它通过对古遗址中动物骨骼的收集,研究当时人类与动物之间的关系,如家畜驯化的种类、途径和规模,狩猎的对象和季节性,屠宰方式等。通过这些方面的研究达到复原遗址的生态环境和动物种群的目的。

对那些季节性迁徙的动物、候鸟和洄游鱼类骨骼的研究可证实某些聚落遗址的季节性使用问题;对旧石器遗址中动物化石种群的组合、绝灭种与现生种的更替是确定遗址相对年代的基础;通过对昆虫化石的研究可间接地了解史前人类居住条件的某些信息。

植物考古学是古植物学与考古学相结合的产物。其研究内容包括与人类活动直接相关、被人类根据不同需要而利用的植物;以及与人类活动间接相关,并影响到人类社会生活形态的自然环境。植物考古学的研究基本不涉及生产工具、灌溉设施、农业技术、家畜、家禽和水产养殖等内容。植物考古学的研究对象有三大类:第一是各种植物遗骸;第二是孢子花粉;第三是植物硅体细胞。植物考古学的目的是,复原古代的生态环境,探索人类食物生产的变化与发展,其中尤为关心的是人类对植物的栽培和驯化的历史。通过对古代遗址中与人类活动有关的植物遗骸的收集,研究当时人们的食物结构,农业的有无、农作物的种类,从而达到复原遗址生态环境的目的。其研究手段有孢子花粉分析、浮选法、灰像法和碳十三检测等。浮选法在考古界已应用了较长时间,它是将古遗址中的堆积物取样在水或氯化锌溶液中冲洗浸泡,使植物类遗骸漂浮于液体表面,达到富集筛选的目的。由于年代久远,遗址中大量有机类植物遗骸已朽烂、炭化,失去了原有形态,不易识别。

孢子花粉分析是环境考古学的重要内容,孢粉相当于植物的精子,它产生于植物的雄花花囊中,其外壁极坚固,可在土壤中保持百万年之久。孢粉的大小、形状代表着植物的不同科属。一般而言,遗址中孢粉的分布可反映当时植被的基本面貌和人类利用植物的情况。孢粉分析技术在考古学研究中的重要性显示在以下三方面:1. 了解古代的自然环境,人类文化与周围环境的关系;2. 了解古代人类文化的发展状况,如农作物的起源和扩散等;3. 确定遗址各文化层及地层的年代。然而,孢粉分析也有其弱点,因为植物的花粉必须借助某种运动形式才能达到与雌花相会的目的,绝大部分有性生殖类的花粉都采取风播的运动形式,这势必造成花粉的传播距离长、散布范围广。对确定其是否为原生带来很大困难。另外,在鉴定上也仅能达到属的水平。所以,该技术对原始农作物研究的作用有限。近年来,植物考古学家发现,许多植物在生长时从土壤中汲取硅元素,并将硅填充到叶、茎、果实的细胞中,这些细胞又转化为蛋白石体,这种石化的植物细胞体被称作"植硅体细胞"。

所谓的"灰像法"[1]研究即根据存在于植物细胞壁中的二氧化硅骨架化学性质稳定、耐酸碱、耐高温、在植物形体破坏后仍保持原状的原理,通过显微镜观察植物朽灰图像以鉴定其种属。植物死亡后,植硅体细胞是组成土壤中蛋白石颗粒的最主要成分。早在20世纪初,曾有人试图用植硅体细胞研究早期农作物并复原古代植被。但是,一种植物可产生十几、几十乃至上百种硅体细胞,而某种类型的植硅体细胞又会同时存在于几十、几百乃至上千种植物的体内。如此庞杂的关系使研究者望而生畏。缘此,弄清植硅体细胞与植物种属之间的对应关系遂成为植物考古学研究的关键环节。据目前的研究成果,草本植物的硅体细胞分类比较顺利,已进入寻找与植物种属相对应的、有识别意义的硅体标样阶段,进展很快,已有学者将此运用到考古学研究中,并有重大突破。如使用植硅体细胞对日本古代遗址中稻米的研究;对中美洲史前遗址中玉米的研究;对土耳其青铜时代小麦的研究等。虽然仅仅是开始,但植硅体细胞所具有的对植物种属的鉴别,尤其是对植物种一级的可鉴别性令植物考古学家深受鼓舞。有人预言,不远的将来,许多有关农业起源的疑难课题将在植硅体细胞的研究中得以解决。与孢粉分析相比,植硅体细胞可基本如实地反映遗址的原生植被。弱点是,有些植物不具备从土壤中汲取硅元素的能力,也不产生硅体细胞,如一些薯类植物。再有,木本植物硅体细胞的分类和识别难度还比较大。有趣的是,孢粉分析技术恰恰长于木本而弱于草本。因此在研究中,植硅体细胞研究与孢粉分析可优势互补。植硅体细胞的研究将有可能成为植物考古学中最有发展前途的方法。

人的机体是由其摄取的食物通过生化过程转化而成长的。科学地提取和分析古代的人类遗骨,可获取当时人类的食物结构信息。碳十三分析技术便是了解古代人类食物结构的有效途径,因为人和动物都直接或间接地摄食植物,其体内的$\delta 13$必然依赖食物中的$\delta 13$值,并在吸收过程中产生一定的同位素分离效应。通过

---

[1] 早期植硅石研究的一种说法。

对人和动物骨骼中 δ13 的测定可了解当时人们的食谱和动物的摄食习性。可再现古代农作物的种类、品种的变更时代、动物的驯养、不同阶层的人在食物种类上的差异、生产和消费上的其他信息等。

土壤分析是环境考古学的重要环节,通过对土壤中矿物成分、化学成分和物理性质等方面的分析,可了解古代气候的变化。对土壤的酸碱度和结构的分析,可得知古代农业和生产的规模。国外考古界广泛使用土壤含磷量的分析技术以确定古遗址的位置和范围,因为骨骼的主要成分是磷酸钙,在古遗址和古墓地范围内的土壤中一般含磷量要明显偏高。

今天,只有经过人类学家鉴定的考古材料才是完整的。运用体质人类学的方法研究古代人体骨骼标本已成为考古学研究的一项重要内容。通过一系列的检测可确定人骨所代表的人种、性别和年龄,还可进一步了解当时人类群体的婚姻形态、人口组成、两性比例、劳动分工、平均寿命、死者的身份地位,以及群体的迁徙、生活习俗等细节。一些难得的骨骼人工畸形、骨创伤、古病理资料可提供给我们有关当时人们的风俗习惯、宗教仪式、战争、武器及地方病史等重要信息。通过对牙齿的珐琅质分析可了解死者生前的饮食状况、疾病和年龄。利用头骨复原技术还可再现某些历史人物和不同民族的真实相貌。

瑞典科学家曾成功地从一具 4 500 年前古埃及的一岁儿童木乃伊身上提取并自体复制出一个脱氧核糖核酸样品,这一生命的重要分子携带有决定活生物体性质的遗传指令。它的排列顺序可使我们清楚地了解人与人之间在遗传上是否有相同之处,由此亦可了解古埃及皇室成员之间的关系,说明古埃及人的迁徙情况。

德国的约瑟夫·里德富尔教授说:"没有化学的方法,今天的考古学研究可能会一事无成。"他本人曾使用化学方法发现科林斯人使用的陶器中装有鸦片;古罗马贵妇使用硫化铅、赭石、铁、铜和氧化锰等矿物颜料制成的化妆品;古罗马的酒中掺有树脂;古埃及人的食物中含沙,因此他们的牙齿磨损很严重。日本人还利用残存脂肪酸分析复原古代的生活环境,在古遗址中出土的陶器、兽骨、石器和墓葬填土中均残留有部分脂肪类生物成分,尽管是微量的,但状态仍稳定,如将其与现生动植物所固有的脂肪结构比较可甄别出遗址中存在过的动植物种类。从生物化学的角度达到复原遗址环境的目的。其应用价值表现在可确认一些陶器、石器的用途,碎骨所代表的动物、墓葬区域的范围等。如能发现粪便类化石,还可了解当时人们的食物构成、性别、营养和健康状况等。

运用各种自然科学的鉴定分析技术已成为考古研究中复原古代人类物质文化的重要手段。如对金属类文物的金相分析,青铜器中铅同位素比值分析等来了解古代的冶金工艺,探明原材料的产地,检验其真伪等。总之,在考古学中分析技术的应用范围极广,几乎每种新的分析技术均大有作为。一般传统的湿化学分析精度高,适用于文物主要成分的分析。缺点是取样多、操作烦琐、周期长。采用物理学方法作成分分析时,取样少,速度快。在现代分析技术中占很大的优势。其中有些方法完全没有破坏性,特别适合于对那些珍贵的古代文物进行检测。

在考古发掘中,有相当一部分古代遗物在出土时已破损、变形或朽坏。为能复原这些珍贵的文物,以便研究和展出,需要有一系列专门的技术。更有不少保留至今的地面文物,由于日晒雨淋,风吹氧化,将毁于一旦。为使这些珍贵的人类遗产能长久地保存下去,除使用传统的手工技巧保护外,更多地需要现代科技手段的支持。正因为如此,许多国家都设有专门的文物保护技术研究机构。

随着学科的发展,考古学也不断在开辟新领域,像地震考古、水文考古这些交叉学科不仅在研究历史,同时也服务于现实。地震考古是利用考古实物资料结合文献研究地震历史的科学。我国有浩如烟海的古代文献,各地拥有大量的县志、家谱,加上历代保留下来的石刻碑记,及一大批历经地震劫难保存至今的古代建筑,为我们用现代科技手段研究历史上地震的时间、震中位置、破坏程度、震前预兆等有关参数提供了宝贵的资料。水文考古也是利用考古实物资料结合历史文献研究内陆地表水的运动变化、人类与水体之关系及各种水文资料的科学。最初它的出现是为长江水利工程建设提供历史资料而创立。60年代前后曾组织人员在长江上游及干、支流进行了数次有关历史上洪水灾害的调查,在沿江两岸收集了大量与历史上洪水有关的岩刻、碑记、古遗址和古建筑,参考文献核实了数百处历史上有关洪水和枯水期的题刻群,如著名的四川涪陵白鹤梁石鱼及题刻群。这些文物为今天的水利建设、防洪防汛工作提供了极有价值的资料。

此外，计算机与数学知识对考古工作者开辟的前景也是无限的。如利用计算机能在短期内通过模拟对数据进行复杂的处理，可对古墓葬和陶器进行分期研究。还可用之进行考古资料的高速编目和记录等。

现代考古学的基本特点就是它的多学科交叉，今天，在考古学家周围已聚集了一批来自不同学科的专家，在他们的合作与主动参与下，考古学正在利用自然科学的方法，力图对残存在各类遗物上的种种痕迹做出合理的判断和解释，并尽可能从更多的角度提取人类历史档案中的种种信息，利用最新的科学技术重现人类往昔的生活、环境、经济和技术。从某种意义上说，现代考古学正在成为一个多学科作业的汇合点，考古学家那种挥锹挖掘的传统形象将彻底被改变。当然这也是由考古学科本身所具有的特殊性决定的。需要说明的是，考古学家并不是万金油，但随着学科的发展，考古学家必须要努力去了解和掌握更多其他学科的知识，这也是时代的要求。近四十年来，考古学以一种技术革命的姿态被载入史册，而且必将会以更加惊人的步伐走向科学的明天。但这一切并不意味着像某些人所想象的那样，考古学已成为一门自然科学，考古学家也将成为自然科学家。事实上，今天的考古学家只是多学科研究队伍中的一员，他们仍在潜心研究两百万年以来的人类社会和人类文化，仍在研究人类社会的发展史，而非自然史。

1993年初定稿于北大46楼

初刊于《文物天地》，1994年6期/1995年1期

3

酋邦理论与早期国家形成的研究

——《国家和文明的起源：文化演进的过程》读后

今年五月到访复旦大学，上海古籍出版社的编辑特意来见我，提起他们将出版的一套西方考古学与人类学译著，近期即将付梓[1]的有《国家和文明的起源：文化演进的过程》(*Origins of the State and Civilization: The Process of Cultural Evolution*)一书，这一举措对于考古学界和史学界来说是个期待已久的好消息。说起来，国内学界对塞维斯(Service E. R.)这位美国人类学家并不陌生，20世纪90年代国内考古界曾有过一场文明起源的大讨论，热议酋邦这一特殊的社会形态，而酋邦理论的集大成者即塞维斯先生。

塞维斯的大作分为四部分。第一编"政府的起源"，为考察"国家"和"文明"的含义提供基础：介绍酋邦的概念、相关理论、平等社会与权力制度化等背景。第二编为"现代原始国家"，介绍一组民族志的研究案例，如南非的祖鲁、乌干达的安科拉、西非诸王国、切罗基印第安人和波利尼西亚。第三编为"古代文明的起源"，包括中美洲、秘鲁美索不达米亚、埃及、印度河流域和中国。作者强调，很难从考古资料确定社会发展阶段，希望能通过历史学和民族学研究思考文明演进中有关起源、阶段、类型及因果等问题。第四编为"结论"。最后是有关文献及索引等。

塞维斯将人类社会政治组织的演进模式归纳出新的认识，即人类社会经历了"游群(Band)、部落(Tribe)、酋邦(Chiefdom)和国家(State)"这四个发展阶段。鉴

---

[1] 本文写于2019年，目前该丛书已全部付梓，其他还包括：[英]科林·伦福儒和保罗·巴恩《考古学：理论、方法与实践》；[英]希安·琼斯《族属的考古：构建古今的身份》；[美]戈登·威利《聚落与历史重建：秘鲁维鲁河谷的史前聚落形态》；[美]肯特·弗兰纳利《圭拉那魁兹：墨西哥瓦哈卡的古代期觅食与早期农业》。

于酋邦是世界上所有原始文明走向早期国家的必由之路,为深入了解这一理论产生的背景,这里有必要回顾一下有关研究的历史。

20世纪中叶,西方学术界对酋邦社会还不是很了解,尽管这种相对复杂的社会形态遍布于世界各地,但人类学界并未将其看作一种独特的社会形态。1955年,美国学者奥博格(K. Oberg)将中美洲低地部落社会视为酋邦,并提出"同姓部落、氏族部落、酋邦、国家、城市国家和帝国"的演进序列,此说可谓开启了酋邦研究的先河。

美国著名人类学家斯图尔特(Steward J. H.)将酋邦定义为"由多部落聚合而成的较大政治单位"。并将酋邦分为"神权型"和"军事型"。不过,如何划分酋邦与早期国家仍是个难题。

1962年,塞维斯定义酋邦为"具有一种永久性协调机制的再分配社会"。他认为酋邦产生的动力主要有两个,一个是需要将分散的劳力组织起来从事大规模生产,另一个是定居社会生态环境的多样性导致的经济生产专门化。酋邦等级制的诞生源于协调区域性专门化经济再分配的需求,但这种分配等级制基本上围绕着资助贵族阶层及政治活动的背景运转。

1972年,肯特·佛兰纳瑞(Flannery K. V.)利用民族学和考古资料论证酋邦与国家的区别。他认为酋邦标志世袭不平等的出现。在酋邦社会,人的血统有等级,高贵和贫贱与生俱来。酋长不仅意味着出身高贵,也是神的化身,这一特殊身份有助于使其权力合法化。酋邦常以繁缛的祭祀获取民众支持并接受供品。国家则是强大的政体,拥有高度集中的政府和专门的统治阶层,已基本脱离标志简单社会的那种血缘关系。国家是高度等级制的,居住方式常基于职业专门化而非血缘和亲姻关系。国家拥有强大的经济结构,但大部分被上层人物控制,他们也是高官产生的阶层。国家可以发动战争、招募士兵、征收赋税、强索供品。

1975年,塞维斯正式提出了"游群、部落、酋邦和国家"这一社会演进的新进化论模式,取代了古典进化论所倡导的"蒙昧、野蛮和文明"三段论。塞维斯将酋邦置于平均主义社会和强制性国家之间,世袭制使其具有一种贵族社会性质,但还没有出现武力压迫的政府机构和法律机制,也缺乏由国家行使权力的垄断和制裁能力。酋邦社会依赖宗教管理,属于神权型社会,酋长具有调定权而非统治权,通过宗教仪式行使权力并使民众臣服[1]。

1981年,罗伯特·卡内罗(Carneiro R. L.)将酋邦定义为"由一个最高首长永久控制下的多聚落和多社会群体组成的自治政治单位"。这种超聚落社会机构是迈向国家的基础。虽然酋长地位很高,但权力有限。酋邦有两个层级,而国家至少拥有三个层级,即国王、地方行政长官和聚落首领。卡内罗还列举了考古学分辨酋邦的四项标准:1. 存在大型建筑物,其规模和所需劳力超出单一聚落人口所能胜任的程度;2. 存在数量少于聚落的祭祀中心,显示超越聚落自治的社会结构;3. 存在特殊地位的人物,如随葬品丰富的酋长大墓;4. 存在结构上大于一般村社的聚落中心。

1970年代,蒂莫西·厄尔(Earle T. K.)通过对夏威夷土著社会的研究提出复杂酋邦的概念:1. 酋长与平民之间在等级上完全隔离;2. 领导权特殊化;3. 地区等级分化日趋明显。塞维斯认为,夏威夷是仅次于国家层面的复杂酋邦的最好例证。

1987年,厄尔进而提出,酋邦是一种进化社会类型,是原始平等社会和官僚国家之间的桥梁。酋邦社会形态差异很大,包括神权型、军事型和热带森林型。还可划分为集团型和个体型;阶层型(straitified)和等级型(ranked);简单型和复杂型。厄尔认为,最好将酋邦定义为一种地域组织,拥有集中决策等级制以协调一批聚落,规模从千人到几万人不等。酋邦是一种经济上集中和再分配的社会,贵族阶层通过生产资料和财富交换控制经济和劳力。象征、认知和意识形态的发展标志酋邦已进入文明的最早阶段,其物质表现为:1. 营造纪念性建筑,如英国的巨石阵、密西西比的土墩群和夏威夷神庙。2. 贵族墓有大量珍贵的随葬品,而且往往是舶来品,以显示他们对神秘知识和权力的拥有;3. 武力象征,酋长墓常随葬武器,以表现尊严和由武力主导的宇宙秩序。

1991年,克里斯蒂安森(K. Kristiansen)指出,酋邦是介于部落和国家间差异极大的社会形态。他在酋邦的纵向发展层次上划分出一个作为国家结构雏形的"阶层社会",这种复杂酋邦已具备早期国家特征,但仍缺乏完善的官僚体制。在横向

---

[1] Elman R. Service (1975). *Origins of the State and Civilization: Process of Cultural Evolution*, New York: W. W. Norton & Company.

变异的层次上他定义了两种酋邦：一种立足于控制生存资料生产的常规经济（staple finance），另一类立足于奢侈品生产的财富经济（wealth finance）。两类经济并非相互排斥，而是以各种方式结合在一起。

1989年，佛兰纳瑞指出，虽然酋邦具有早期国家赖以形成的世袭和等级结构，但只有极少数酋邦才能演进到国家。他深信，世界上最早的国家就形成于酋邦"轮回"的动力环境，孤立的酋邦不可能转变为国家。他和马库斯（Marcus J.）还指出，由于酋邦社会的凝聚机制无法控制距离较远的民众，故酋长总是尽可能地将人口集中在自己居住的周围。只有极少数最高层级的酋邦能制服和吞并周边的大型酋邦，在这个进程中，武力征服的作用不可忽视。

综上所述，酋邦的性质可归纳为：1. 酋邦并非铁板一块的社会形态，而是差异极大、形态各异的复杂社会。简单酋邦与部落社会相差无几，高级酋邦则很像早期国家。2. 酋邦的发展表现为"轮回"的兴衰过程，并非所有酋邦都能演进到国家。3. 酋邦的发展和国家起源的动力不仅仅是塞维斯提出的劳力集中和经济多样化导致再分配机制的复杂化，还应考虑卡内罗提出的冲突和战争动力说。酋邦和国家的关键区别有三点：1. 是否存在官僚政府机构；2. 是否拥有合法的武力；3. 社会凝聚机制的血缘关系是否被地缘关系所取代。

既然塞维斯所确立的酋邦标准是放之四海而皆准的，而且被看作是具有普遍意义和科学依据的，那么，将这个标准对照中国的案例加以检验，并运用该理论研究中国的古代社会又会怎样？其中，有一种意见是简单地对号入座，认为既然酋邦不同于原始部落社会，也不同于希腊罗马的典型奴隶社会，应该就是原始社会-奴隶制国家过渡的形态。中国史书中记载的"邑君、邑长、王、侯"等就应该就是大大小小的酋长。中国南方地区的南越国、夜郎国、昆明国等也应属于酋邦性质。甚至有学者将酋邦与"部落联盟""亚细亚生产方式国家""奴隶制"混淆起来。另一种意见认为，酋邦很难与中国发现的考古遗存对号入座，这一理论并不适用于中国。按照多线进化理论，世界各地诸文明古国的演进历程应该是多种多样的，未必都经过酋邦社会发展而来。

对于上述歧见，有学者指出，一个重要原因可能在于对酋邦概念产生的学术背景及内涵缺乏全面了解。另一原因可能是我国研究文明和早期国家的学者多为历史学家和考古学家,而西方学者多为文化人类学家和有人类学背景的考古学家。中西学科的理论和方法存在较大差异,偏好证经补史的中国学者不免将文化人类学的抽象概念混同于具体研究对象,产生酋邦概念不适用于中国材料的疑虑[1]。

中国考古界普遍注意到酋邦理论是在20世纪90年代,当时甚至有酋邦理论的大部头专著出版,但塞维斯的著作尚无译本,加之国内文化人类学的长期断层,对酋邦理论的背景、内涵和性质缺乏足够了解,因此在接下来的讨论中有过不少曲解,甚至引发歧见。不过,酋邦在人类社会的发展进程中到底占有怎样的位置,目前还缺少研究,看法也很难一致。由此想到张光直先生的一段话,他说,在将西方的法则运用到中国史实上的时候,需要做一些重要工作,看看有多少是适用的,有多少是不适用的。他还指出,在中国古代文明和国家起源阶段,血缘关系不但未被地缘关系所取代,反而更为强化,因此三代和西周前期应当划入酋邦还是划入国家? 成为中国国家探源值得深究的问题。

前不久,罗泰(Lothar von Falkenhausen)在其《宗子维城》这部大作的"引论"中有一段话,可以说很好地回应了张先生的疑问。他说:在前文写"青铜时代晚期中国由世袭制政权向集权帝国转变"这么一句话时,我其实已经接受了从游团(群)经部落、酋邦到国家、帝国这样一个政治进化的理论模式。现在美国的大量考古学工作都是想在世界不同地理区域追寻这样一个发展序列。对中国来说,一个不可否认的事实是,在秦统一前的五千年历史发展中,社会结构早已复杂化了,而周代中国则代表高度发达的"国家级社会"。再将"孔子时代"的中国的社会形态简单地比附于社会政治进化的理想类型显然是毫无必要的。相反,我想要强调两点。首先,在中国青铜时代晚期,"国家级社会"呈现出多种多样的形式;我感兴趣的是这些具体的不同的社会形态,它们随时代变迁而发生的变化,还有其中的组成成员和团体之间的关系——而不是把"国家级社会"作为一个抽象概念来看待,也不是机械地决定一个具体的社会是否符合那个概念。

---

[1] 陈淳:《如何用新进化论探讨文明和国家起源问题》,[美]埃尔曼·塞维斯著,龚辛、郭璐莎、陈力子译,陈淳审校:《国家与文明的起源——文化演进的过程》(中文版序),上海古籍出版社,2019年。

或许中国文明的产生确有其与众不同之处。如张光直先生所言"根据中国上古史,我们可以清楚、有力地揭示人类历史变迁的新的法则。这种法则很可能代表全世界大部分地区文化连续体的变化法则。因此,在建立全世界都适用的法则时,我们不但要使用西方的历史经验,也尤其要使用中国的历史经验"[1]。中国文明是透过政治权力的作用而建立的,这种模式和以西方经验建立的文明起源模式有着显著不同而独树一帜,并因此确立了中国文明研究的重要地位。

总之,中国考古学需借助人类学理论比较和思考的案例还有很多。按照酋邦理论,"良渚"和"红山"这类以制玉闻名的古文化是否可看作是"神权型酋邦"?这一时期是否还有"军事型酋邦"的存在?这里不妨参考1984年赖特(Wright H. T.)提出的酋邦"轮回"概念,即复杂酋邦社会经过一段时间的扩张,大多分解为简单酋邦,或者由于周边社会的竞争、传染病、人口失衡、歉收、领导不力或继承等因素引发整体性的崩溃。因此,并非所有复杂的酋邦都能演变为国家。酋邦"轮回"的概念不仅成为这种社会形态的一个主要特点,也为解释无数失落的文明遗留的悬念预设了伏笔。由此联想,中国史前时期的"良渚""红山""陶寺""石家河""西朱封""石峁"以及其他犹如满天星斗的"万国小邦",它们究竟遇到了怎样的天灾人祸,或停滞不前,或倒退衰落,或灰飞烟灭。为何独有被严文明先生称之为重瓣花朵腹心的中原能一枝独秀,以博大的胸怀吸纳百川之精华,最终让二里头文化在豫西-晋南执牛耳,矗立起夏代的青铜大纛。

依本人多年在北大考古系开设"文化人类学"课程的切身体会,我希望中国考古学能更多地引入一些文化人类学的理论和观察思考问题的方法。由于历史的原因、文化的差异,乃至学科建制的不同,我们很难用同一标准来衡量西方的文化人类学与中国考古学。我们的思维模式先是被王朝延续的史学观所铸造,后来又被西方文化人类学的"古典单线进化论"所左右,批判者与被批判者使用同一逻辑相互批驳,过分相信自己把握了真理可以解释一切,实际上缺少一种对不同事物采取不同思维方式的理解态度。而文化人类学训练缺失的短板也使得我们在思考问题

---

[1] 张光直:《中国古代史在世界史上的重要性》,《考古学专题六讲》,文物出版社,1986年,24页。

时每每把自己孤立在一个小圈子里,缺乏一种宏观比较的方法,难以进行大跨度、大范围的文明进程比较,很难把中国文明摆在一个恰当的位置。为弥补上述缺陷,应该加强并提倡文化人类学整体性和相对比较性的研究方法。

正像张光直先生很早就主张的:"今天念中国的考古不是念中国的材料便行了。每个考古学者都至少要对世界史前史和上古史有基本的了解,而且对这个以外至少某一个地区有真正深入的了解。比较的知识,不但是获取和掌握世界史一般原则所必须有的,而且是要真正了解自己所必须有的。"[1]

早在1932年,英国考古学家兰达利·麦克维在谈到地质学、生物学对考古学的贡献时,特别指出考古学是受到人类学恩惠的:"没有人类学,考古学是单眼的和近视的,有了它,就有了历史,考古学家才能从推理上以及通过类比去重建早期人类的历史。"必须承认,西方考古学在其发展过程中有大量的理论和概念是从文化人类学中引进或加以改造利用的。而中国考古学所欠缺的恰恰是理论的建设。正如有学者指出的:"至少中国考古学存在不同程度上学科理论的'贫乏'、方法的'滞后'、术语'共识'的'缺失'等问题。长期以来,我们一些考古学者把方法与理论混为一谈,把一个世纪前已经出现并应用的考古学基本学术概念,视为新的'学说'、新的'理论'、新的'方法'。我们的一些考古学研究还处于对考古学资料的'描述'阶段,人们只是在津津有味地陈述'是什么',很少探索'为什么'。对于诸如家庭、家族、氏族、族、族群、民族、国家等不同学科的基本学术概念,缺少'共识性'、使用'随意性'是较为普遍存在的学术现象。"[2]要改变上述现象,加强文化人类学的训练非常必要。

本文行将截稿时,收到加州大学洛杉矶分校李旻教授的新作《早期中国的社会记忆与国家形成》(Social Memory and State Formation in Early China),这是一本利用文化人类学理论探讨早期中国形成及发展的著作[3]。作者借用南美洲秘鲁古

---

[1] 张光直:《要是有个青年考古工作者来问道》,《考古人类学随笔》,生活·读书·新知三联书店,1999年,127页。
[2] 刘庆柱:《外国考古学研究译丛》总序,《国家与文明的起源——文化演进的过程》,上海古籍出版社,2019年。
[3] 本书有关内容以《重返夏墟:社会记忆与经典的发生》缩写版形式发表在《考古学报》2017年3期。

国高地文化与低地文化的发展关系[1],创造出"低地龙山"和"高地龙山"的新概念,构思新颖,写作大胆,有不少富有创意之举。尽管其宏观性的总结还有值得商榷之处,却不失为在探索社会复杂化和早期国家的方法上迈出了探索性的一步。可见,有关这一领域的研究还有很大的空间值得探索。

最后,摘引塞维斯在其《序言》中的几段话,或许有助于读者深入领会作者在本书中强调的重点和结论。

"我认同普遍的准则,将文明兴起等同于国家起源,而国家起源则由基于武力的压迫控制来定义。我一直相信,这一'国家'的定义能有效适用于一些现代原始社会。"

"压迫性武力的国家概念对于定义古代文明不怎么有用。它不能说明文明的起源,也不是判断文明的一个标准。"

"本人研究并不确认普遍认可的将文明等同于城市化的结论。我发现城市对于古代文明的发展并非必要,甚至并不与其发展紧密关联。"

"有关国家是压迫性机构的历来看法是,国家起源与保护和管理私人财富有关。"

"政府的起源基本在于集中领导权的制度化,在其行政管理功能的发展中成长为一种世袭的贵族统治。"

"历史上所知的诸多'原始社会'和六个主要古老文明,都是从酋邦(等级制)社会发展而来的,而酋邦本身是从分节(平等)社会发展而来的。"

我相信,随着塞维斯这部大作中文版的面世,将对近些年来中国考古界围绕"社会复杂化""文明探源"以及"早期中国"开展的讨论起到积极的推动,也期待上海古籍出版社能有更多的人类学译著精品面世。

2019年8月定稿于加拿大

初刊于《文汇学人》,2019年11月8日

---

[1] 秘鲁的高地文化和低地文化的发展关系在塞维斯的书中被作为酋邦研究的案例之一。

西北地区考古

河西地区新见马家窑文化遗存及相关问题

从"过渡类型"遗存到西城驿文化

天山北路墓地一期遗存分析

4
河西地区新见马家窑文化遗存及相关问题

河西走廊位于我国甘肃省的西北部,又名甘肃走廊。其地理范围东南迄自甘肃省天祝藏族自治县的乌鞘岭西北坡,西北止于疏勒河下游的安西、敦煌,区域内所辖县、市20个,占地405亿亩,面积约相当于一个浙江省。

河西走廊地势狭长,东西绵延1 000公里,南北宽数十至百公里,是通往中亚腹地的咽喉,自古即为东西方之间文化交流、经贸往来的重要通道,也是以中原为轴心的华夏文明向中国西部、中亚乃至更远的西方进行文化传播的必由之路,地理位置十分重要。

河西走廊地处青藏高原与蒙古高原之间,走廊南侧为南山山脉和祁连山脉,为昆仑山脉向东的延伸,自西北向东南绵延,终止于兰州附近;北侧有统称北山的一系列山脉(自西北向东南依次为北山、合黎山、龙首山等)。走廊内大部分地区海拔1 000~1 500米。其中,南山山脉发育有现代冰川,是河西地区天然的"高山水库",境内河流均发源于南山,向北内流。自西向东的主要河流有:党河、疏勒河、北大河、黑河(弱水)、石羊河。

由于走廊内不同区域间环境差异较大,可根据水、热、土壤和植被环境等将这一地理范围划分为东南部、中部、西部和祁连山—阿尔金山地四个亚区。也有人根据南山山脉走势,将走廊分为东、中、西三段,自然水系也依此分为东、中、西三部分。如果考虑南山山脉北侧斜面与沙漠之间的地形、气候、雨量、植被景观等综合指数,还可将河西分为雨量略多、植物易生长的东部和雨量稀少、气候极干燥的西部两大块。本文即持后一标准,以甘肃张掖为界,将走廊分为东西两大区(图一)。

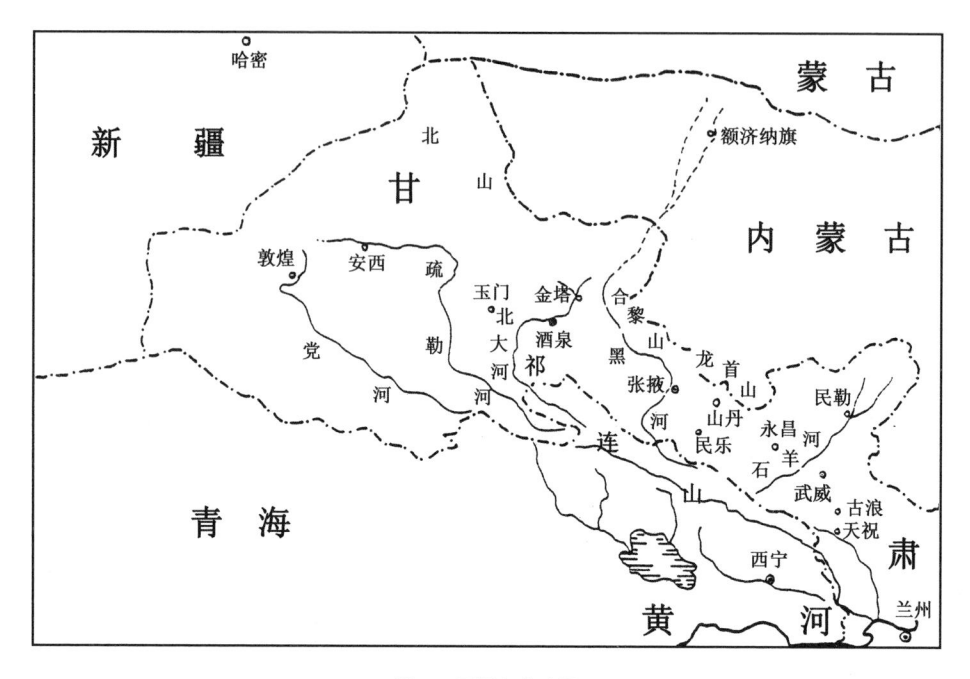

图一　河西走廊略图

一、以往的考古发现及其收获

19世纪末20世纪初,中国有三项闻名世界的重大考古发现。三大发现是指清光绪二十五年(1899年)发现的商代甲骨文,清光绪二十七年(1901年)发现的敦煌莫高窟藏经洞和清光绪三十三年(1907年)发现的敦煌汉简。其中,后两项就发生在河西走廊,这些发现奠定了该地区在中国历史、考古、敦煌学、简牍学和中西文化交流史等研究领域的重要地位。

河西地区的田野考古工作最早可追溯到20世纪20年代。1923年春,瑞典地质学家安特生博士(Dr. J. G. Andersson)前往中国西北的甘、青两省进行调查。途中,他派助手前往凉州(今甘肃武威市)调查和搜集文物,在镇番县(今民勤县)沙井子收集到一批文物。1924年8月,安特生前往沙井发掘[1]。同时,他还在沙井

---

[1]［瑞典］安特生:《甘肃考古记》,乐森璕译,《地质专报》甲种第五号,1925年;J. G. Andersson (1934). *Children of the Yellow Earth*, London.

以西的三角城(现属金昌市)调查并发现了少量马家窑文化马厂类型的彩陶[1]，这是在河西走廊首次发现的新石器时代遗物。

1948年,受中国地质调查所委派,裴文中先生前往甘肃、青海进行考古学、地质学调查。在河西东段的武威海藏寺一带采集到马厂类型的彩陶片和齐家文化遗物,在民勤、永昌等地发现沙井文化遗物[2]。大致与此同时,在走廊中段的山丹县四坝滩遗址出土一批四坝文化遗物,其中还包括2件马厂类型的彩陶壶[3]。

50~60年代初,河西地区的考古工作主要围绕当地的基本建设展开,考古发现集中在兰新铁路沿线的天祝、古浪、武威、永昌、张掖、酒泉、玉门等地,出土遗物包括新石器时代晚期的马家窑文化、齐家文化、青铜时代的董家台类型[4]和骟马文化遗存[5]。由于绝大多数遗址是工程部门在修筑兰新铁路时发现的,文物部门抢救出的遗物十分有限,资料也很零散。

60~70年代,考古工作者开始在河西进行主动发掘。其中,比较重要的新石器时代遗址有：武威皇娘娘台齐家文化遗址[6]、永昌鸳鸯池半山—马厂墓地[7]等,它们为建立河西地区史前文化的发展序列及早晚年代关系奠定了基础。

二、新的考古发现及文化特征

(一) 马家窑类型

1986年9月~1987年1月,北京大学考古学系、甘肃省文物考古研究所在河西

---

[1] J. G. Andersson (1943). Researches into the Prehistory of the Chinese, *BMFEA*. No.15, Stockholm.
[2] 裴文中：《中国西北甘肃走廊和青海地区的考古调查》,《裴文中史前考古学论文集》,文物出版社,1987年,256~273页。
[3] 安志敏：《甘肃山丹四坝滩新石器时代遗址》,《考古学报》,1957年3期,7~16页。
[4] 李水城：《论董家台类型及相关问题》,《考古学研究(三)》,科学出版社,1997年,95~102页。
[5] 甘肃省博物馆：《甘肃古文化遗存》,《考古学报》,1960年2期,11~52页。
[6] 甘肃省博物馆：《甘肃武威皇娘娘台遗址发掘报告》,《考古学报》,1960年2期,53~71页;甘肃省博物馆：《武威皇娘娘台遗址第四次发掘》,《考古学报》,1978年4期,421~448页。
[7] 甘肃省博物馆文物工作队、武威地区文物普查队：《永昌鸳鸯池新石器时代墓地的发掘》,《考古》,1974年5期,299~308页;甘肃省博物馆文物工作队、武威地区文物普查队：《甘肃永昌鸳鸯池新石器时代墓地》,《考古学报》,1982年2期,199~227页。

走廊进行了一次大范围的考古调查,其中不乏重要发现,使我们对河西地区史前文化的内涵和地位有了不同于以往的新认识。在此调查基础上,1987年夏,北京大学考古学系、甘肃省文物考古研究所联合对酒泉干骨崖等遗址进行了发掘。其中,以照壁滩遗址[1]的发现最为重要。

照壁滩位于酒泉市东南60公里的祁连山北麓,丰乐河东岸台地上,这里曾辟为耕地,由于水源缺乏,试掘时已沦为荒滩。遗址地表偶尔可见散落的陶片,断崖上可见耕土下出露很薄的文化层,包含物主要为陶片和石器。所获遗物分两类,一类属马家窑文化马家窑类型,另一类属马家窑文化马厂类型。

马家窑类型的陶器(片)分泥质和夹砂陶。泥质陶,质地细腻,颜色为橙黄或橙红,器表打磨光滑;有较多彩陶,均绘黑色彩,流行平行条带、斜竖条带、弧线、弧边三角、圆圈(内填十字)等构成的几何纹样,特征是线条宽大饱满,格调粗犷,内彩发达,构图有规律,花纹分上下两组,一般下面一组绘一周粗大的锯齿,上面一组绘连续弧线、弧边三角、圆圈组成的几何纹,有的插绘动物类象生纹。可辨器类有大口曲腹盆、卷缘盆、钵、瓶等。夹砂陶胎内羼较多的石英砂粒,质地粗糙,器表拍印散乱的绳纹和带状附加堆纹,可辨器形多为深腹罐、瓮类器,个体一般较大(图二)。

在照壁滩遗址发现以前,考古界认为马家窑类型的分布西界未超出甘肃武威。1976年,甘肃省文物工作队在发掘永昌三角城沙井文化遗址时,在城外蛤蟆墩沙井墓地以西的旷野上曾采集到少量马家窑类型遗物,有陶刀、彩陶片等[2]。证实马家窑类型的居民已进入阿拉善台地南缘。酒泉照壁滩遗址的发现将马家窑类型的分布从武威向西推进了近400公里,大大超越了传统的认识,这是迄今为止在河西走廊西段发现的唯一一处马家窑类型遗址,具有十分重要的学术意义。

河西地区马家窑类型遗存在武威左近相对集中,数量不多,文化面貌与酒泉照

---

[1] 甘肃省文物考古研究所、北京大学考古文博学院:《河西走廊史前考古调查报告》,文物出版社,2011年。

[2] 甘肃省文物考古研究所:《永昌三角城与蛤蟆墩沙井文化遗存》附录,《考古学报》,1990年2期,233~234页。

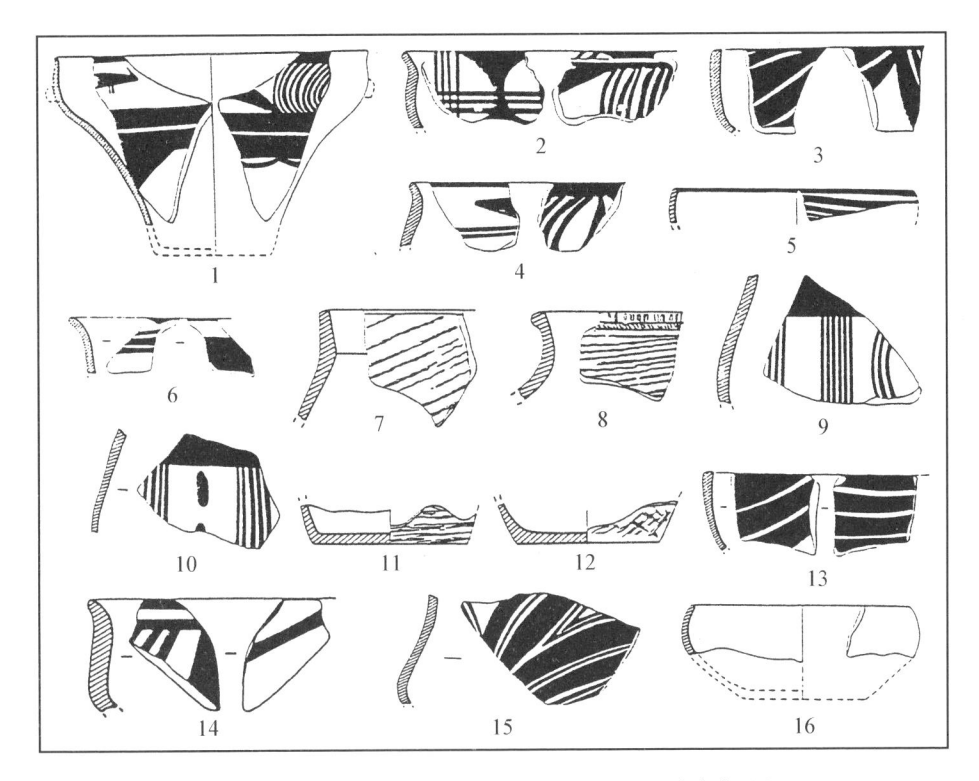

图二　河西走廊西部(酒泉照壁滩遗址)马家窑文化马家窑类型陶器

1. 彩陶深腹盆(JFZ-2-002);2.3.6.14. 彩陶盆口沿(JFZ-1-001、1-006、1-007、2-014);4.5.13. 彩陶钵(JFZ-1-005、2-008、1-004);7.8.11.12. 夹砂罐(JFZ-2-035、2-034、2-049、2-052);9.10.15. 彩陶片(JFZ-2-003、2-004、1-003);16. 敛口钵(JFZ-1-015)

壁滩遗址大同小异,彩陶多由黑彩宽带构成饱满粗犷的纹样。80年代在武威市区以南的五坝山发掘一座马家窑类型墓葬[1],随葬品全部为彩陶,器类有大口曲腹盆、双耳壶、侈沿罐、长颈瓶等。其他遗址点采集品也多为此类风格的彩陶(图三,下)。

上述遗存与以兰州小坪子[2]为代表的遗存接近,应处在同一历史阶段,即马

---

[1] 甘肃省文物考古研究所:《武威塔儿湾新石器时代遗址及五坝山墓葬发掘简报》,《考古与文物》,2004年3期,8~11页。
[2] 严文明:《甘肃彩陶的源流》,《文物》,1978年10期,62~76页;严文明、张万仓:《雁儿湾和西坡》,苏秉琦主编:《考古学文化论集(三)》,文物出版社,1993年,12~31页。

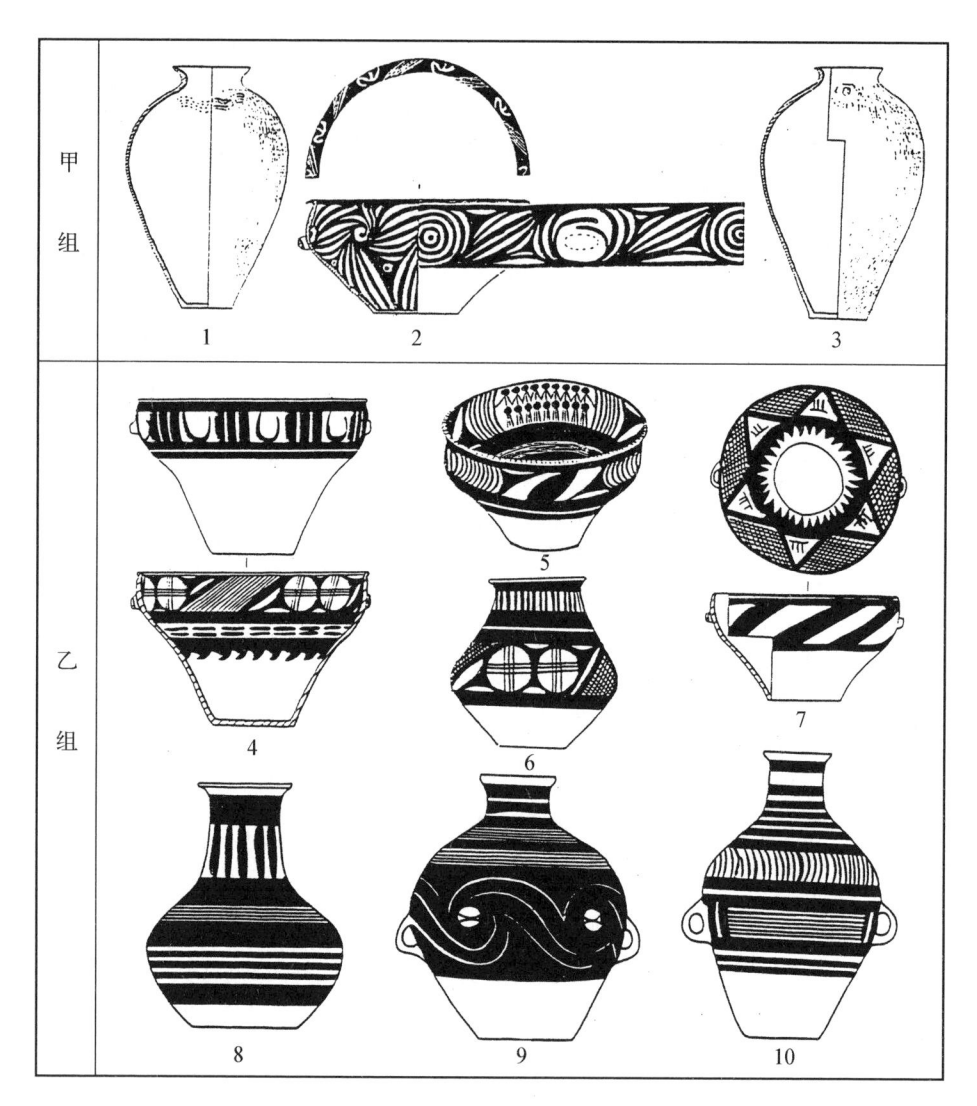

图三　河西走廊东部(武威)马家窑文化马家窑类型陶器

1.3. 小口瓮(塔 F101∶5、F101∶4);2. 彩陶盆(塔 F102∶2);4.5.7. 彩陶深腹盆(五 M1∶3、磨采、五 M1∶2);6. 彩陶罐(五 M1∶1);8. 细颈彩陶瓶(五采);9. 小口彩陶壶(王采);10. 双耳彩陶瓶(五 M1∶4)　(塔=塔儿湾;五=五坝山;磨=磨嘴子;王=王景寨)

家窑类型的末期,推测其绝对年代在距今 4 700 年左右。马家窑文化半山类型出现的绝对年代为距今 4 650 年,而小坪子期为马家窑文化马家窑类型的最晚阶段,故推测其绝对年代为距今 4 700 年左右。

河西地区新见马家窑类型遗存盛行一种大口曲腹盆,特征为窄沿,腹部高深,口径与腹径之比多在3∶2之间。最大腹径处设一对贯耳或捏塑盲耳,下腹弧曲内敛。此类陶盆多绘彩,外彩绘于上腹部,流行横竖线、斜带、鱼钩、连续弧线、弧边三角纹,内彩发达,画面下层绘大锯齿纹,上层绘连续弧线、弧边三角、圆圈、网格等几何纹,偶见穿插有舞蹈人物或动物纹。此类器皿在其他地区不见,应为河西马家窑类型偏晚阶段的特有因素。另外,在河西还发现一些较特殊的彩陶纹样,如民勤芨芨槽遗址采集的泥质橙黄陶深腹大口器残片,器表绘宽大的黑褐彩直线、弧线纹,酒泉照壁滩遗址也有类似彩陶片,这些因素很可能也是河西马家窑类型特有的。

1992年,甘肃省文物考古研究所在武威杂木河沿岸塔儿湾遗址西夏瓷窑以下层位中发现一处马家窑类型的聚落,清理出平地起建的房屋和储物用窖穴,出土彩陶盆、夹砂瓮、夹砂罐等器皿。特点是彩陶盆缘面较宽,腹部较浅,口径与腹径之比为2∶1左右。腹最大径处设贯耳一对。器表绘黑彩,盆缘绘弧三角、细线、圆圈卵点、勾连纹,外壁绘弧曲线螺旋纹间弧边三角纹;内彩满绘密集的同心圆或叶片状旋涡纹。夹砂陶为器形较大的瓮类器,肩腹部满饰绳纹,流行在肩部捏塑几何泥条附加堆纹[1](图三,上)。经比较,塔儿湾彩陶盆(F102∶2)所绘内彩旋涡状花瓣纹与陇西吕家坪[2]喇叭口尖底彩陶瓶、东乡林家[3]小口长颈瓶(H20∶201)花纹相似,外彩花纹与东乡林家小口长颈壶(F21∶5)肩部花纹雷同;另一件彩陶盆(F102∶1)所绘内彩同心圆纹也是河湟地区马家窑类型常见的样式。依此估计塔儿湾马家窑文化遗址的年代应与东乡林家和陇西吕家坪遗址靠近。此类遗存在河西走廊东段有一定分布。塔儿湾下层遗存与五坝山和照壁滩为代表的遗存有明显差异,它们应分属于马家窑类型的早晚不同阶段。塔儿湾代表河西马家窑类型早

---

[1] 甘肃省文物考古研究所:《武威塔儿湾新石器时代遗址及五坝山墓葬发掘简报》,《考古与文物》,2004年3期,8~11页。
[2] 张学正等:《谈马家窑、半山、马厂类型的分期和相互关系》,《中国考古学会第一次年会论文集》,文物出版社,1980年,50~71页;甘肃省博物馆、甘肃省文物工作队:《甘肃彩陶》,文物出版社,1979年。
[3] 甘肃省文物工作队等:《甘肃东乡林家遗址发掘报告》,《考古学集刊(4)》,中国社会科学出版社,1984年,111~161页。

期,本文暂称其为河西马家窑类型甲组,酒泉照壁滩和五坝山作为河西马家窑类型的晚期,本文暂称其为河西马家窑类型乙组(图三)。

(二) 半山类型

半山类型遗存在河西地区为数极少。经正式发掘的遗址仅永昌鸳鸯池一处,也仅仅发现7座半山墓葬。在鸳鸯池墓地发现两组打破关系,均系马厂墓打破半山墓,首次提供了半山早于马厂的层位依据[1]。另在武威一带零星出有半山时期的彩陶,如武威四坝乡半截墩滩[2]、古浪朵家梁[3]等。

河西地区半山类型的陶器质地、色泽与马家窑类型相似,器类较简单,有双耳罐、单耳瓶、大口罐、小口瓮、盂等,彩陶普遍绘黑红复彩,器领和颈部流行锯齿纹、错落三角纹、网纹等,腹部图案多为四分式,每两组图案交汇处绘竖列的黑彩齿带间以红彩竖条带纹,常见菱形网格纹,少量旋涡纹、齿带纹。夹砂陶均为红色陶,特点是器表多素面无纹,或在肩腹部饰四组细泥条堆纹(图四)。从目前发现看,河西地区半山类型的分布西界仅达永昌县。根据对彩陶花纹的研究,河西地区半山类型遗存的年代大都偏晚[4],与兰州土古台遗址[5]接近。

(三) 马厂类型

马厂类型遗址在河西地区数量陡增至近50处,空间覆盖走廊境内的10个县、市(附表)。经正式发掘的遗址有永昌鸳鸯池、古浪老城[6]、高家滩[7],另在酒泉

---

[1] 甘肃省博物馆文物工作队、武威地区文物普查队:《永昌鸳鸯池新石器时代墓地的发掘》,《考古》,1974年5期,299~308页;甘肃省博物馆文物工作队、武威地区文物普查队:《甘肃永昌鸳鸯池新石器时代墓地》,《考古学报》,1982年2期,199~227页。
[2] 标本藏武威市文庙博物馆。
[3] 张朋川:《中国彩陶图谱》,文物出版社,1990年,图722。
[4] 李水城:《半山与马厂彩陶研究》,北京大学出版社,1998年。
[5] 甘肃省博物馆、兰州市文化馆:《兰州土谷台半山马厂文化墓地》,《考古学报》,1983年2期,191~218页。
[6] 武威地区博物馆:《甘肃古浪县老城新石器时代遗址试掘简报》,《考古与文物》,1983年3期,1~4页。
[7] 武威地区博物馆:《古浪县高家滩新石器时代遗址试掘简报》,《考古与文物》,1983年3期,5~7页。

图四　河西走廊马家窑文化半山类型陶器

1. 单耳彩陶罐(鸳 M72∶2);2. 双耳素陶罐(鸳 M72∶5);3.4. 双耳彩陶罐(鸳 M188∶1、1981 年武威半截墩滩采);5. 腹耳彩陶瓮(古浪朵家梁采)　(鸳=鸳鸯池遗址)

照壁滩和高苜蓿地也有少量试掘。经初步分析,可将河西地区的马厂类型遗存归纳为如下 3 组。

甲组：以山丹四坝滩所出彩陶瓶、彩陶盆为代表(图五,上左)。1959 年,安志敏撰文介绍了山丹培黎学校1948年发现的一批遗物[1]，内有2件马厂类型单耳长颈彩陶瓶，特征为小口、细长颈，颈下置单小耳，最大腹径偏下位置捏塑突纽，器表施红衣、绘黑彩，颈部绘横条纹，腹部绘粗细不等的折线纹。"路易·艾黎博物馆"收藏1件双耳大口彩陶盆[2]，器表施红衣，绘黑彩菱形网格纹。以上三器的形态、花纹均具马厂类型早期风格，此类器形及花纹在河湟地区常见，如单耳长颈瓶在青海乐都柳湾遗址[3]十分普遍；双耳大口盆在青海民和阳山遗址[4]出土率甚高。

乙组：以永昌鸳鸯池遗址为代表。该址清理的180多座马厂墓以不规则长方形竖穴土圹为主，均未使用葬具，葬式以单人仰身直肢葬为主，另有一定数量的合葬、屈肢葬、二次葬和瓮棺葬，墓主头向多朝东南。随葬器物中，彩陶约占陶器总量的50%。泥质陶器表略经打磨，施红衣或黄白色陶衣；夹砂陶以素面居多，部分装饰细泥条附加堆纹。器类有双耳罐、单耳罐、小口瓮、单把杯、敞口盆、盂、钵、鸭形壶、盘、长颈瓶等。乙组陶器多在器口和腹部使用盲鼻、突纽一类附件，器颈以下和耳面上常戳印圆形小凹窝（图五，上右）。彩陶流行黑彩，花纹特点可归纳为：（1）用略粗的凹凸"几"、"X"、回形、折线等几何粗线勾勒画面骨架，空白处绘纤细的网格纹，构图层次分明；（2）用略粗的线条绘复线（或三线）折线纹，呈"W"字样，构图简洁，线条疏朗；（3）绘相背的大三角纹，形若列列山峰及水中倒影；（4）盆、钵、盘类大口器多内外绘彩，外彩纹样简洁，盛行"八卦"复线垂弧纹；内彩常绘复线菱形网格纹、折弧线纹、星形纹等。乙组石器有三类，第一类为磨制品，如斧、锛、凿、刀等；第二类为细石器，主要为石叶，可镶嵌、粘接于骨柄内构成复合工具，如骨梗刀、匕首等；第三类为打制石器，为数不多，有刮削器、石核等[5]。乙组遗存多数集中在武威、永昌一带，在高台县以远也有所见[6]。

---

[1] 安志敏：《甘肃山丹四坝滩新石器时代遗址》，《考古学报》，1957年3期，7~16页。
[2] 藏山丹县"路易·艾黎博物馆"，出土地点不详。
[3] 青海省文物管理处考古队、中国社会科学院考古研究所：《青海柳湾》，文物出版社，1984年。
[4] 青海省文物考古研究所：《民和阳山》，文物出版社，1990年。
[5] 甘肃省博物馆文物工作队、武威地区文物普查队：《永昌鸳鸯池新石器时代墓地的发掘》，《考古》，1974年5期，299~308页；甘肃省博物馆文物工作队、武威地区文物普查队：《甘肃永昌鸳鸯池新石器时代墓地》，《考古学报》，1982年2期，199~227页。
[6] 甘肃省文物考古研究所、北京大学考古文博学院：《河西走廊史前考古调查报告》，文物出版社，2011年。

| 甲组 | 乙组 |

| 丙组 | | |

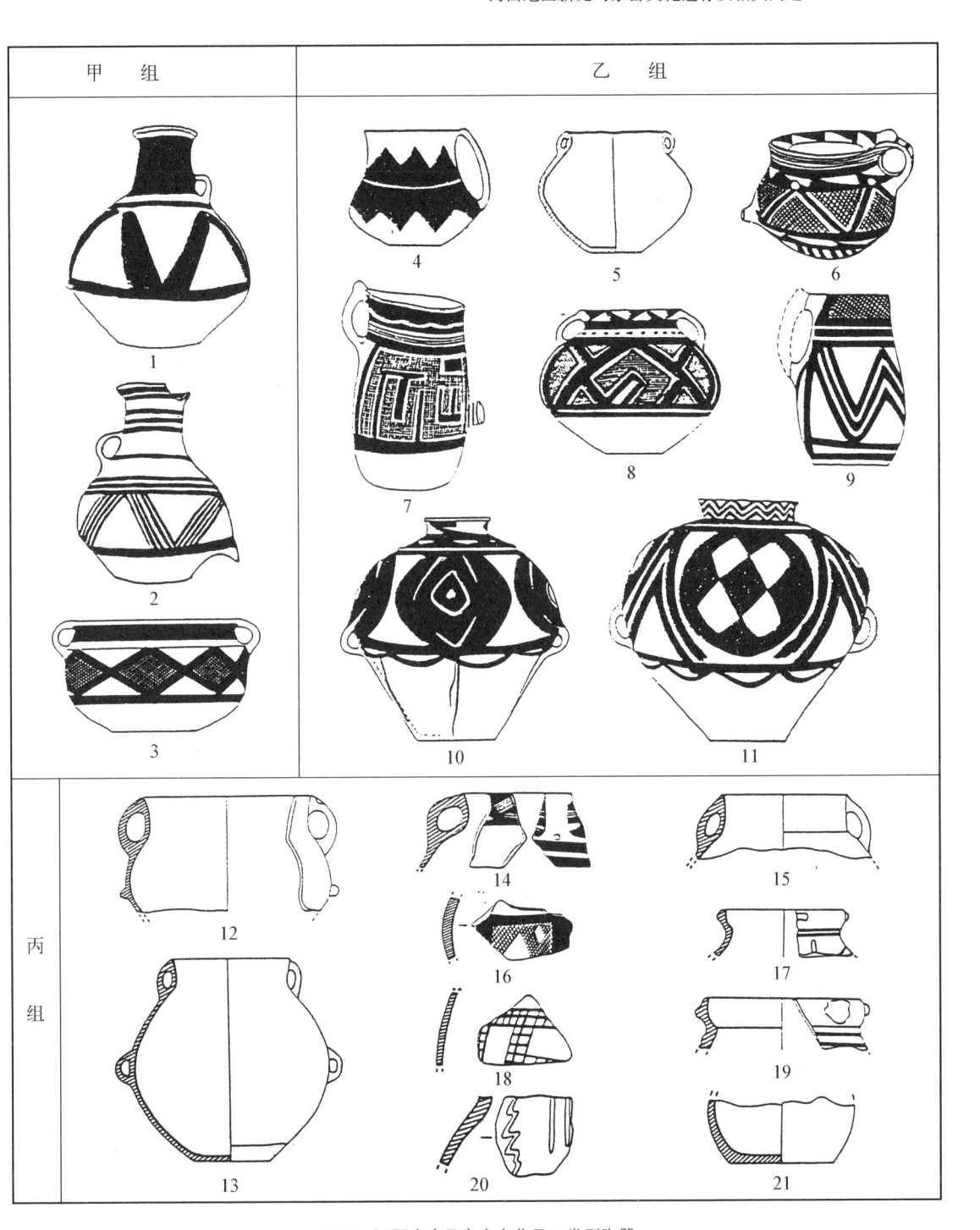

图五 河西走廊马家窑文化马厂类型陶器

1.2. 单耳彩陶瓶(山丹四坝滩采);3. 双耳彩陶盆(藏山丹博物馆);4. 单耳彩陶罐(鸳M44:3);5. 双耳素陶罐(鸳M4:6);6. 单耳带嘴彩陶罐(鸳M168:8);7. 单把彩陶杯(鸳M99:?);8. 双耳彩陶罐(鸳M44:?);9. 单把彩陶杯(古浪老城86GL-003);10.11. 腹耳彩陶瓮(磨嘴子86WM-009、鸳M44:1);12.15. 双耳素陶罐(酒泉高苜蓿地JG-Ⅱ-019、Ⅰ-001);13. 四耳瓮(酒泉高苜蓿地JG-Ⅱ-050);14.16.18. 彩陶片(酒泉高苜蓿地JG-Ⅱ-009、Ⅱ-004、Ⅱ-007);17.19.20. 夹砂罐片(酒泉高苜蓿地JG-Ⅱ-037;酒泉照壁滩JFZ-Ⅰ-024、Ⅰ-025);21. 罐底(酒泉高苜蓿地JG-Ⅱ-038)(鸳=鸳鸯池)

在乙组分布范围内,以武威磨嘴子为代表的遗存显示出某些另类因素,这里单把杯、盂、敞口盆等乙组流行器少见;彩陶也少见用略粗的线条勾勒画面骨架,再填充细线网格的纹样;流行双重或多重套合的四大圆圈纹,在圆圈内绘反向对称的弧线,个性较突出[1]。另外在走廊东端的古浪老城遗址发现竖穴长方形马厂墓葬,墓主仰身屈肢,头向南[2]。这些差异是地域因素还是时间因素造成的,还有待于更多的发现来认识。

丙组:以酒泉高苜蓿地、照壁滩遗址[3]为代表。早在50年代就在酒泉下河清发现过马厂时期的遗物,但未有详细报道[4]。80年代中期酒泉试掘所获资料不很丰富,能够复原的器物很少。其特征是,陶器以红陶为主,泥质陶器表略经打磨,彩陶比例不高,器表施红衣,绘黑彩,花纹多为直线网格纹,与乙组那种用略粗的线条勾勒画面骨架、再填充细线网格的彩陶风格类似,但构图简约,未见内彩。夹砂陶分红色、红褐色、灰褐色几种,腹部流行装饰两股一组的细泥条堆纹,其间穿插刻划水波纹。器类以双耳罐最多,其他还有钵、瓮等。丙组陶器常见一种夹砂灰褐色或灰色小罐,器形偏小、折沿、矮领,口沿内面普遍凹弧,口沿外贴塑组式盲耳,很有特点。此外,丙组陶器亦多见在器颈下、耳面上戳印圆形凹窝,器口外、腹部多捏塑盲纽、乳突类附件(图五,下)。

(四) 过渡类型遗存

距今4 000年前后,河西地区的史前文化开始向青铜时代转变,逐渐进入后马厂阶段。鉴于这一阶段的遗存具有承上启下的中介性质,故暂称其为过渡类型遗存。

最初,我们是通过对武威皇娘娘台遗址彩陶的分析提出过渡类型概念的[5]。

---

[1] 甘肃省博物馆:《甘肃武威郭家庄和磨嘴子遗址调查记》,《考古》,1959年11期,583~584页;甘肃省文物考古研究所、北京大学考古文博学院:《河西走廊史前考古调查报告》,文物出版社,2011年。

[2] 甘肃省文物考古研究所、北京大学考古文博学院:《河西走廊史前考古调查报告》。

[3] 同上注。

[4] 甘肃省博物馆:《甘肃古文化遗存》,《考古学报》,1960年2期,11~52页。

[5] 李水城:《四坝文化研究》,苏秉琦主编:《考古学文化论集(三)》,80~121页。

图六 河西走廊过渡类型遗存

1.4.6.7.10~12.彩陶双耳罐(武威皇娘娘台 57M1;山丹采：A-115;金塔二道梁采：87JE-044;87酒泉干骨崖 T14②：1;金塔砖沙窝 JZ-002;金塔砖沙窝 JZ-003;武威采);2.5.素陶双耳罐(山丹采：A-114;金塔二道梁采：87JE-025);3.单耳彩陶罐(金塔二道梁采：87JE-048);8.彩陶片(87酒泉干骨崖 T14②：2);9.双耳盆(金塔缸缸洼采：87JG-066)

皇娘娘台是典型的齐家文化遗址,所出彩陶分两类:甲组绘红彩,数量不多,为齐家文化特有的传统器形和花纹;乙组绘黑彩,有红衣,数量亦不多,其器形、花纹靠近河西马厂类型,但又表现出某些独特风格,此类即过渡类型彩陶。现有资料显示,偏早阶段的过渡类型接近马厂类型,偏晚阶段已显露出早期四坝文化的特征。显然,此类遗存处在马厂类型向四坝文化的转型时期。1987年,在酒泉干骨崖遗址第14探方发现两层堆积,上层为四坝文化,下文化层所出彩陶片与皇娘娘台乙组彩陶特征接近,从地层关系上进一步印证了过渡类型的相对年代[1]。

目前已发现过渡类型遗存的地点有:山丹四坝滩,酒泉干骨崖、西河滩,金塔榆树井、二道梁、缸缸洼[2]等。其中,山丹四坝滩、酒泉干骨崖和西河滩、金塔榆树井所出遗物与皇娘娘台乙组A群接近;金塔二道梁、缸缸洼遗址所出彩陶与皇娘娘台乙组B群类似。

过渡类型遗存的陶器以红陶为主,泥质陶器表略经打磨,彩陶施红衣,绘黑彩,花纹构图较有规律,一般在器领、颈部绘菱形网格、倒三角网格纹,腹部绘几何网格纹、编织纹、粗细线斜条带纹等;夹砂陶以素面为多。器类主要有双耳罐、单耳罐以及双耳盆、瓮等。罐类器腹部流行乳突装饰,器颈以下、器耳面上常戳印圆形小凹窝,这些特征在河西马厂类型乙组、丙组中广泛存在,后又被四坝文化继承(图六)。

(五) 西高疙瘩滩遗存

西高疙瘩滩遗址位于酒泉市丰乐河西岸,1987年夏发现并作过小规模试掘。出土物主要为陶器、石器。依制作工艺可将石器分为三类:第一类为打制品,有手斧、盘状器、砍砸器、石刀等。手斧一般个体较大,柄部略细,有的作亚腰形。盘状器数量很多,多数一面保留砾石皮,沿周边打制修整出刃部。第二类为磨制石器,为数不多,有穿孔小石斧等。第三类为细小石器,石质较差,器类有刮削器、尖状器、石片等。陶器以橙黄色居多,也有橙红、灰褐及个别的黑灰陶,泥质陶胎内普遍

---

[1] 甘肃省文物考古研究所、北京大学考古文博学院:《酒泉干骨崖》,文物出版社,2016年。
[2] 以上各遗址材料参见李水城:《四坝文化研究》,苏秉琦主编:《考古学文化论集(三)》,80~121页。

掺有细砂,常见器类有单把大口杯、双耳罐、单耳罐及腹耳壶、器盖、瓮等,素面为主,少量在肩腹部装饰细泥条堆纹(蛇纹)。再就是罐、杯类器腹部常捏塑突纽、盲鼻。彩陶很少,绘紫红彩或黑褐彩,构图简洁、疏朗,多见横条带纹、垂弧纹等(图七)[1]。

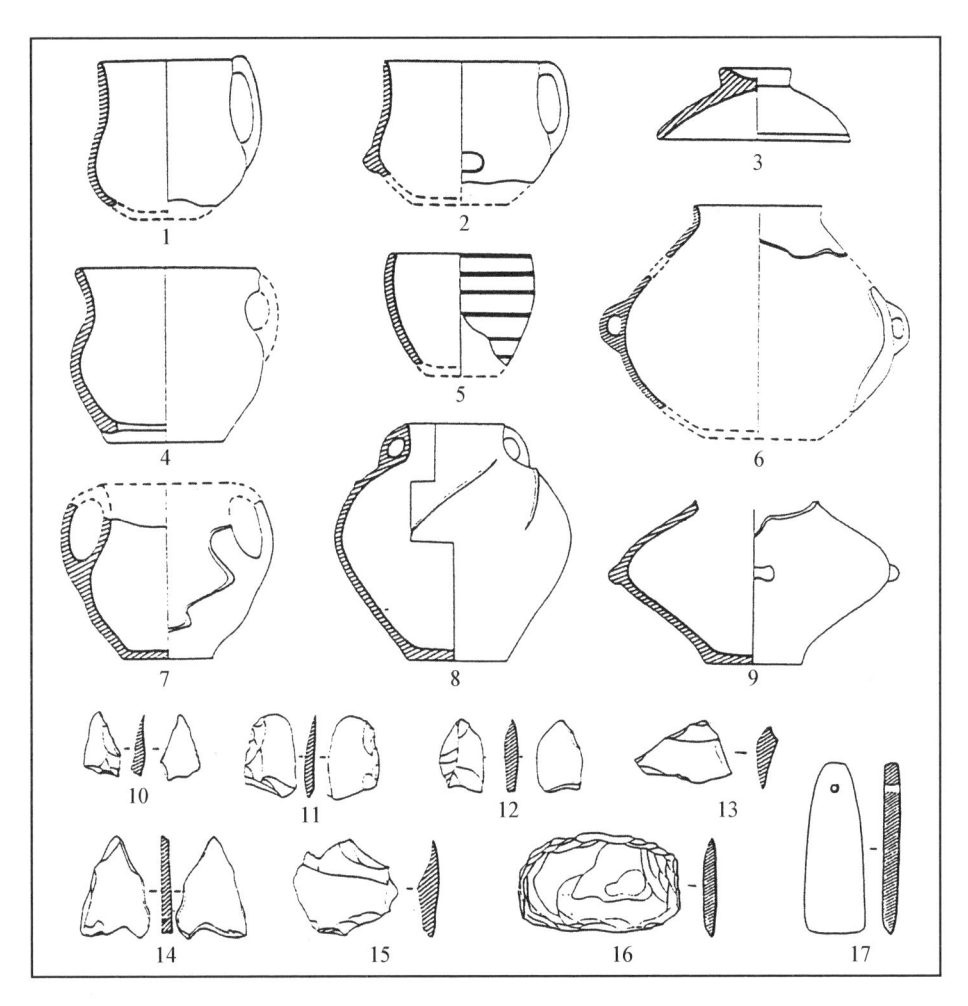

图七 酒泉丰乐高疙瘩滩遗址出土遗物

1.2.4. 单把杯(JJXG-Ⅰ-024、022、012);3. 器盖(JJXG-Ⅰ-013);5. 彩陶杯(JJXG-Ⅰ-018);6. 腹耳壶(JJXG-Ⅰ-014);7.8. 双耳罐(JJXG-Ⅰ-017、016);9. 鼓腹罐(JJXG-Ⅰ-028);10~15. 细小石器(JJXG-Ⅰ-065、069、064、074、073、068);16. 石刀坯(JJXG-Ⅰ-009);17. 穿孔磨石(JJXG-Ⅰ-010)

---

[1] 甘肃省文物考古研究所、北京大学考古文博学院:《河西走廊史前考古调查报告》。

西高疙瘩滩组遗存以往在河西地区鲜有发现,其文化面貌与河西马厂类型和过渡类型遗存既有相似成分,又存在某些差异,对其性质的判断还有待于更多的发现。1986年,我们在走廊西部的金塔县北部沙漠中曾清理一座残墓(?),出土陶器中有1件四耳彩陶罐,器表绘紫红彩垂弧纹[1],与西高疙瘩滩遗址的彩陶风格类似,有可能属于同类遗存。

三、相关问题讨论

(一)河西走廊马家窑文化的发展谱系

在河西走廊境内,尽管马家窑文化不同时期的遗存分布很不均衡,但三个类型的遗存在河西均有发现,表明该区域内马家窑文化的发展序列与河湟地区基本一致。

目前,在河西发现马家窑类型遗址有10余处。走廊东段的武威地区9处,民勤和永昌两县各1处,走廊西段的酒泉仅1处。半山类型遗址仅见于永昌以东地区。马厂时期遗址数量大幅上升,但总量仍然是东部高出西部(见附表)。

河西地区的马家窑文化源于河湟地区。武威塔儿湾遗址的发现证实,马家窑文化进入河西的初始年代大致在马家窑类型的王保保组[2]阶段,其绝对年代大致在公元前三千纪初。马家窑文化进入河西的途径不外乎三条:一是从兰州向西,跨黄河进入永登,沿庄浪河上溯,越乌鞘岭入武威。二是从兰州红古区向西北,沿湟水大通河上溯,折入永登庄浪河谷地,与第一条路线殊途而同归。三是从兰州以北的景泰县沿古浪峡西行,至古浪、武威。马家窑文化进入河西走廊以后,先在武威站稳脚跟,再向北、向西拓展生存空间。大约在马家窑类型晚期的小坪子阶段,西进至走廊西段的酒泉地区。

从出土资料比较,走廊东段的马家窑类型风格与兰州左近和青海东部的文化面貌接近,这大概与两地空间位置毗邻、仍能保持频繁接触有关。永昌以西的

---

[1] 甘肃省文物考古研究所、北京大学考古文博学院:《河西走廊史前考古调查报告》。
[2] 严文明:《甘肃彩陶的源流》,《文物》,1978年10期,62~76页;严文明、张万仓:《雁儿湾和西坡》,苏秉琦主编:《考古学文化论集(三)》,12~31页。

马家窑文化则显示出一定差异,一是遗址数量少;二是年代偏晚,未见武威塔儿湾一类年代较早的遗存;三是彩陶中出现个别的动物类花纹,暗示走廊西部马家窑类型居民所从事的经济活动有所变化,畜牧业经济(包括狩猎经济)的比重有所增加。

半山类型遗存在河西地区很少发现。或许与基础工作薄弱有关。特别是河西所见半山类型遗存均属于晚期阶段,如何解释这一现象,还有待于工作的深入。

马厂类型阶段,河西地区的遗址数量攀升,反映出这一时期人口规模不断扩大。其中,以甲组的年代最早,但此类遗存目前仅见于山丹,显得十分孤立。河西马厂甲组和乙组中少量绘黑红复彩花纹的彩陶时代接近,对这两类遗存的关系还需琢磨。乙组遗存为河西马厂的主流,其本身亦存在早晚之别。丙组遗存仅见于走廊西部,可确定是马厂晚期的遗留。从社会原因考察,河西马厂遗址的大幅增加可能与齐家文化大量涌入河湟地区有因果关系[1]。距今4 000年前后,河西地区的马厂类型逐渐演变为过渡类型遗存。

这里我们暂将酒泉西高疙瘩滩遗址视为一个例外,该址出有较多的素陶大口单把杯,在河西马家窑文化和过渡类型遗存中未曾发现。彩陶数量不多,纹样较特殊。从现有资料分析,西高疙瘩滩遗址与河西马厂类型、过渡类型遗存存在一些差异,三者之间的关系还不是很清楚。初步认识是,西高疙瘩滩遗址的年代不可能早于马家窑类型,也不可能属于四坝文化,更不像是晚于四坝文化的遗存。从河西地区已知的考古学文化谱系观察,特别是考虑到该址所出陶器形态、质地与河西马厂类型有相似因素,因此它极有可能是与马厂类型晚期或过渡类型处在同一阶段的遗存,其性质还有待于进一步确认。

距今4 000年前后,当河湟地区马家窑文化全面衰落之时,河西地区的史前文化也经历了一场剧烈变革。在民乐东灰山遗址个别四坝文化墓中随葬有马厂类型陶器,如82号墓(M82∶5)、180号墓(M180∶3)所出双耳彩陶罐的器形、花纹与永昌鸳鸯池马厂墓所出同类器几乎无别。224号墓(M224∶5)所出双耳彩陶盆也与

---

[1] 李水城:《半山与马厂彩陶研究》,北京大学出版社,1998年。

马厂时期同类器有明显的渊源关系[1],同类器皿在金塔缸缸洼过渡类型遗址也有发现[2]。

(二) 地理环境与文化的关系

这是一个涉及面很广的大课题,限于篇幅,本文仅就河西地区现有的史前考古遗址资料分析这一区域内古代文化与地理环境的关系。

河西走廊的地势由东向西、自南而北倾斜,多数地区的海拔高程在 1 000~1 500 米之间。走廊南侧的祁连山脉有大量的纵谷发育,山前形成大片倾斜冲积平原,这些溪谷和冲积平原为人类提供了良好的生存环境,也是史前人类活动的重要场所,考古发现的史前—青铜时代遗址大多位于山前平原和河谷两岸。走廊北侧的北山山脉与山地海拔为 1 500~2 500 米,生态环境较差,多为寸草不生的童山,不利于人类生存,仅在一些山间小盆地和河谷两侧分布有少量遗址。河西地区马家窑文化空间分布的差异与当地的环境状况密切相关。河西走廊属于干燥性气候区,这里降雨量稀少,热量丰实,干燥系数大。走廊区域环境以东西部差异最大,以东段的武威为例,南部为山区和山间盆地,海拔 2 200~2 400 米;中段为绿洲,地势平坦,海拔 1 500~1 800 米;北部为腾格里沙漠,海拔 1 500~1 600 米。绿洲范围内年均气温 7.7℃,全年无霜期 167 天,年降水量 174 毫米,蒸发量高达 2 113 毫米,是降水的 12.1 倍。这一气候指数与兰州以西的永登县相差无几,所不同的仅仅是降水量略低,蒸发量偏高。再看走廊西段的酒泉市,其南段沿山前地带分布着少量的小块绿洲和大片戈壁,海拔高程 1 400~2 000 米;中段为绿洲,地势平坦,海拔 1 400~1 500 米;北段为比高 100 余米的残丘。这里年均气温 6.9℃,全年无霜期 153 天,年降水量 82 毫米,蒸发量高达 2 191 毫米,是降水的 26.7 倍。走廊西段的气候、土壤、植被、环境等因素明显劣于东段,这应是走廊内东西部文化发展不平衡的主要原因。

---

[1] 甘肃省文物考古研究所、吉林大学北方考古研究室:《民乐东灰山考古——四坝文化墓地的揭示与研究》,科学出版社,1998 年。
[2] 甘肃省文物考古研究所调查资料,标本藏金塔县文管所。

(三) 早期中西文化交流

河西走廊在早期中西文化交流领域曾扮演过重要角色[1]。近年来,新的考古发现亦证实了这一点。

第一,酒泉照壁滩遗址的发现,证实马家窑文化在公元前三千纪上半叶已进入酒泉地区。由此有理由推测,马家窑文化居民有可能沿此通道继续向西,进入疏勒河流域。如果马家窑文化进入疏勒河流域,势必要对新疆东部的原始文化构成直接影响。尽管我们还不能肯定马家窑类型居民已殖民新疆,但到了马厂阶段,这一可能已大大加强。从这一角度审视,我们或许可以把照壁滩遗址看作是中原系统的原始文化,马家窑文化应系仰韶文化进入西北地区的变体,故言其为中原系统原始文化伸向中亚腹地的一只触角,其潜在意义不容低估。

第二,酒泉西高疙瘩滩遗址所出素陶大口单把杯在河西地区罕见,似代表着一种新的另类因素。我们注意到,新疆东部一些青铜时代遗址发现有类似的单把杯(或形态类似的单耳罐),二者之间是一种什么关系,应予以注意。目前,限于可比资料太少,不便作更多的推测。

第三,20世纪80年代中期以来,在走廊中段的民乐东灰山遗址数次发现了炭化普通小麦。经植物学家、遗传学家鉴定,系人工栽培作物[2]。碳十四测定这批小麦的年代范围在距今5 000~4 500年之间。有关这批小麦有三批碳十四检测数据:

1. (遗址黑炭土)公元前3050±159年(树轮校正)[3]。

2. (炭化枝干)公元前2800±?(未经树轮校正)。距今4 740±155年(树轮校正值),1990年中国科学院地理研究所王一曼同志采样,并交北京大学考古系实验室检测[4]。

---

[1] 水城:《三下河西——河西史前考古调查发掘记》,《文物天地》,1990年6期,5~9页;李水城:《从考古发现看公元前二千纪东西方文化的碰撞与交流》,《新疆文物》,1999年1期,53~65页。
[2] 李璠等:《甘肃省民乐县东灰山新石器遗址古农业遗存新发现》,《农业考古》,1989年1期,56~69页。
[3] 同上注。
[4] 王一曼:《东灰山遗址的环境意义与河西走廊史前文化兴衰》,《西北干旱地区全新世环境变迁与人类文明兴衰》,地质出版社,1992年,99~109页。

3.（炭化小麦）公元前2280±250年（未经树轮校正），这一年代恰好落在马家窑类型范围内。目前，对这批小麦的归属还有不同认识[1]，但随着照壁滩遗址的发现，有线索推测这批小麦的主人属于马家窑文化居民。这一发现提供了早期中西文化交流的重要证据，驯化地理学和植物栽培学的研究证明，小麦原产于西亚一带[2]。目前中国内地发现时间最早的小麦标本为河南洛阳皂角树遗址，年代不超过公元前2000年[3]。民乐东灰山所出炭化小麦当是循西亚—中亚—新疆—甘肃河西走廊这一贸易通道流转传播而来。

四、简短的结语

河西走廊东接陇山与中原腹地连通，西邻新疆、中亚，北与蒙古接壤，南隔祁连山与青海毗邻。自古以来，这里在中西文化交流史上就占有举足轻重的地位。自汉张骞凿空西域，河西在东西方文化交流、贸易往来方面的地位愈益突出。但是，河西这一重要通道的出现并非如史书记载得那么晚，从以上介绍不难看出，这一贸易通道滥觞于久远的原始社会末期。

1998年定稿于北京大学蔚秀园15楼寓所

初刊于《苏秉琦与当代中国考古学》，科学出版社，2001年

---

[1] 李璠等：《甘肃省民乐县东灰山新石器遗址古农业遗存新发现》，《农业考古》，1989年1期，56~69页；甘肃省文物考古研究所、吉林大学北方考古研究室：《民乐东灰山考古——四坝文化墓地的揭示与研究》；张忠培：《东灰山墓地研究》，《中国文化研究所学报》N.S.No.6，1997年，288~323页。

[2] 日知：《关于新石器革命》，《世界古代史论丛》（第一集），生活·读书·新知三联书店，1982年，52页。

[3] 洛阳市文物工作队编：《洛阳皂角树——1992~1993年洛阳皂角树二里头文化聚落遗址发掘报告》，科学出版社，2002年，126~127页。

附表：甘肃河西走廊的马家窑文化遗址

文 化	地 理 位 置	遗 址 名 称	备 注
马家窑类型	武威金沙乡 古城乡 古城乡 新华乡 东河乡 下双乡 九墩乡 中路乡 民勤薛百乡 金昌双湾乡 酒泉丰乐乡	郭家庄 五坝山 塔儿湾 磨嘴子 王景寨 瓦罐滩 小泉塌墩 磨庄子 黄蒿井 蛤蟆墩西 照壁滩	
半山类型	武威四坝乡 古浪胡家边乡 永昌河西堡镇	半截墩滩 朵家梁 鸳鸯池	1974年出土
马厂类型	天祝东坪乡 古浪黑松驿乡 黑松驿乡 定宁镇 ？ 裴家营乡 裴家营乡 土门镇 武威金羊乡 武威新华乡 新华乡 新华乡 南营乡 长城乡 ？ ？ 六坝乡？ 吴家井乡 吴家井乡 长城乡 长城乡 庙山乡 庙山乡 庙山乡 庙山乡 庙山乡 张义乡	罗家湾 谷家坪滩 小坡 定宁寨 大坡 老城 高家滩 青石湾子 海藏寺 磨嘴子 茂林山 寺底下 青嘴湾子 头墩营 王家台 李家新庄 六坝坪 七星村 七星六队 桦杨墩滩 北湾 小崖子疙瘩 鱼儿山 陈家疙瘩 纱帽山 毛家头山 小洪沟	青海—红古交界处 出大型尖底器

（续表）

文　化	地 理 位 置	遗 址 名 称	备　　注
马厂类型	金昌双湾乡 永昌河西堡 永宁堡 焦家庄乡 东寨乡 东寨乡 毛卜喇乡 北海子乡 山丹四坝乡 民乐六坝乡 李寨乡 张掖乌江乡 高台红崖子乡 酒泉丰乐乡 下河清乡	三角城 鸳鸯池 乱墩子滩 圃园庄 风垄庄 北山湾子 新队下安门 马家山湾 四坝滩 东灰山 西灰山 下崖子 六洋村 高苜蓿地 下河清	
过渡类型	武威金羊乡 山丹四坝乡 酒泉丰乐乡 丰乐乡 清水乡 金塔大庄子乡 大庄子乡 金塔乡 金塔乡	皇娘娘台 四坝滩 干骨崖 西高疙瘩滩 西河滩 缸缸洼 二道梁子 榆树井 砖沙窝	

5
从"过渡类型"遗存到西城驿文化[1]

一

1986年,我们在甘肃河西走廊进行的史前考古调查过程中,发现一种内涵较独特的遗存。最早是在金塔县文化馆见到2件无论造型,还是彩绘花纹都很别致的彩陶罐,乍看很像是马厂文化的东西,又有点四坝文化的味道,但却很难确认其归属。随后我们在酒泉干骨崖遗址调查时采集到一批泥质红陶、橘红陶或橘黄陶残片,器类多为双耳罐、单耳罐和小口壶等。彩陶较多,流行黑彩几何纹,颜料不显浓稠,花纹笔触较流畅,特点是同样兼有马厂文化和四坝文化的某些特征。总体看来,此类遗存自身特点突出,类似遗物在酒泉市博物馆、山丹县博物馆也有少量藏品。在1987年进行的文物普查中,相继在酒泉西河滩、金塔二道梁和缸缸洼等地也发现有类似遗存[2]。鉴于考古资料匮乏,加之缺少地层关系和共存证据,对于如何确定此类遗存的性质、归属和年代,一时难作决断,只好暂时将其归入马厂文化晚期。

1987年夏,我们在酒泉干骨崖墓地进行发掘,又有一些新发现。最重要的是在该墓地南区T14内发现了此类遗存与四坝文化之间的地层叠压关系,对解开此类遗存的谜团具有决定性的意义。

T14的堆积很简单,从上到下共分四层(图一)。

第一层:表土或现代扰土,厚0.20米左右。土色灰,泛黑,质地较坚硬,内含较

---

[1] 本文得到国家哲学社会科学重大项目"早期东西文化交流研究"(项目号:12&ZD151)资助。
[2] 甘肃省文物考古研究所、北京大学考古文博学院:《河西走廊史前考古调查报告》,文物出版社,2011年。

图一 南墓区 T14 北壁剖面图

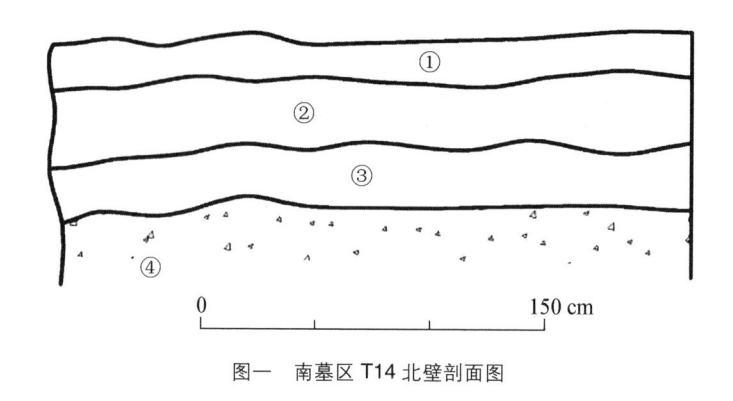

多细碎砂砾和少量陶片。

第二层：含较多砂砾的灰褐色土，厚 0.35~0.50 米。质地较坚硬，包含遗物不多，主要为陶片。

第三层：含较多砂砾的灰褐色土，厚约 0.40 米。质地较坚硬，与第二层差异不是很大。包含物主要为少量的石器和碎陶片。

第四层：疑为生土，质地坚硬，颜色与第三层接近。包含物多为个体稍大的角砾，无任何遗物。

T14 第二层出土遗物多为夹砂红褐陶、灰褐陶、灰陶和少量的泥质红陶。彩陶的特点是器表施紫红色、黄白色陶衣，绘黑彩横竖条带几何纹。彩绘颜料显得浓稠，画面线条滞涩，不甚流畅。夹砂素陶装饰简单，个别饰压印纹等。可辨器类多为双耳罐、筒形罐盖、器盖、方盒、大口罐、瓮等（图二）。

T14 第三层所出遗物以夹砂红陶、红褐陶为主，部分橙黄陶、橙红陶和灰褐陶。彩陶多施红衣或红褐衣，主要绘黑彩，极个别红彩。花纹流行横竖线、斜线组成的条带或网格纹。所用颜料不显浓稠，画面线条流畅。夹砂陶分为夹细砂、夹粗砂两类，部分施细绳纹、篮纹、压印纹、附加堆纹等。可辨器类主要为双耳罐、堆纹口罐、小口罐、瓮等（图三）。

T14 第二层所出遗物属于典型的四坝文化；第三层所出遗物与地表采集的那种新的遗存相同，应属同类性质。考虑到第三层出土物与以永昌鸳鸯池为代表的河西马厂文化有相似之处，但又有所区别，估计其年代要晚于后者。

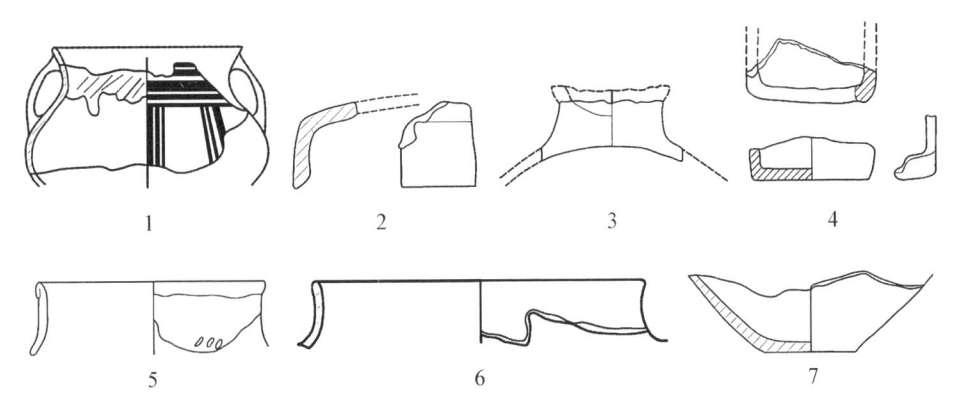

图二 T14第二层出土的四坝文化陶片

1. 双耳罐(T14上:9);2. 筒形罐器盖(T14上:1);3. 器盖(T14上:8);4. 陶方盒(T14上:2);5.6. 罐口(T14上:4、6);7. 罐底(T14上:3)

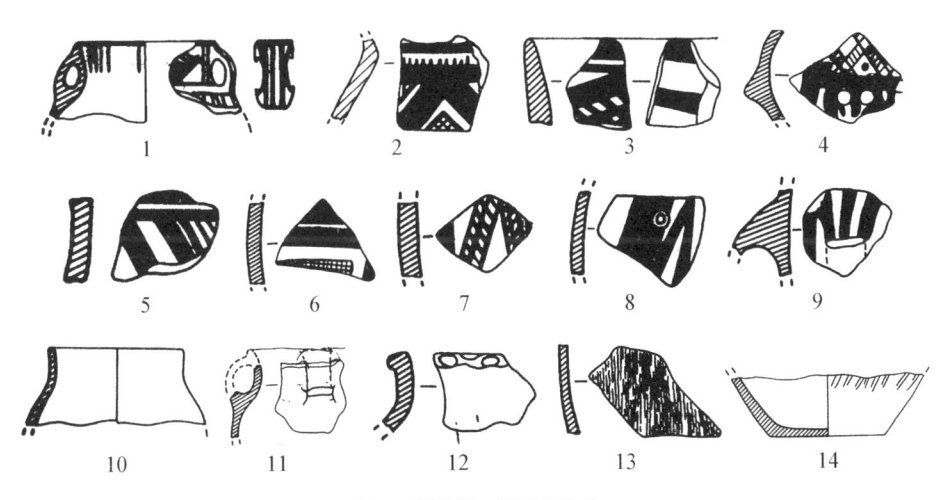

图三 T14第三层出土陶片

1~4. 彩陶罐(87JG T14下:1、2、10、19);5~9. 彩陶片(87JG T14下:3、20、25、33、27);10.11. 罐口(87JG T14下:35、37);12~14. 纹饰陶片(87JG T14下:40、13、41)

特别是所出遗物中还混杂个别施篮纹、绳纹的陶片,疑是齐家文化的东西,可见它们之间存在联系。以上诸点中,最重要的是从地层上解决了此类新遗存的年代早于四坝文化,晚于河西地区的马厂文化,所在位置恰好处在这两支史前文化之间,具有承上启下的过渡性质。有鉴于此,我们认为应将干骨崖T14

第三层代表的遗存作为一个独立的文化发展阶段,并建议暂命名为"过渡类型"遗存[1]。同时希望,一旦日后发现有内涵更加丰富、性质单纯的遗址,再进行调整并给予新的文化命名。

二

"过渡类型"遗存在河西走廊史前文化的发展序列上占有重要位置。但学界至今对其缺乏深入的了解,以至于时常有人将其与马厂文化或齐家文化混为一谈。因此很有必要对此类遗存展开进一步讨论。可喜的是,自 20 世纪 90 年代以来,在河西走廊及周边地区不断有一些新发现,极大地充实了"过渡类型"的内涵[2]。特别重要的是还发现有内涵单纯的"过渡类型"遗址和墓葬,为深入探讨"过渡类型"的性质、年代、分布以及与周边其他考古学文化的关系提供了重要资料。在行将讨论之前,有必要对历史上的重要发现做一粗略的梳理。

1957 年,在甘肃武威皇娘娘台墓地首次发现了"过渡类型"彩陶,器类全部为彩陶双耳罐[3]。发掘者当时已注意到此类遗存带有马厂文化的某些特征,但却将其看作是齐家文化来源于马厂文化的佐证[4]。1975 年,甘肃省对皇娘娘台遗址做了第四次挖掘,在 M30、M31、M32 和 M47 等齐家文化墓内再次出土少量的"过渡类型"彩陶,但仍延续了以往的解释[5]。20 世纪 80 年代,我们通过对皇娘娘台墓地所出彩陶进行深入分析,认为该址的彩陶可分为两组。甲组属于齐家文化,特点是用红彩绘制画面疏朗的几何纹;乙组属于"过渡类型",特点是用黑彩绘画较繁缛的几何纹。从器形和花纹的变化看,还可将后者再分成两群:"A"群接近河西

---

[1] 李水城:《四坝文化研究》,苏秉琦主编:《考古学文化论集(三)》,文物出版社,1993,80~121 页;李水城:《河西地区新见马家窑文化遗存及相关问题》,宿白主编:《苏秉琦与当代中国考古学》,科学出版社,2001 年,121~135 页。
[2] 甘肃省文物考古研究所、北京大学考古文博学院:《河西走廊史前考古调查报告》。
[3] 甘肃省博物馆:《甘肃武威皇娘娘台遗址发掘报告》,《考古学报》,1960 年 2 期,53 页。
[4] 中国社会科学院考古研究所编:《新中国的考古发现与研究》,文物出版社,1984 年,122 页。
[5] 甘肃省博物馆:《武威皇娘娘台遗址第四次发掘》,《考古学报》,1978 年 4 期,421 页。

地区的马厂文化;"B"群接近四坝文化[1]。这一研究首次揭示出齐家文化墓地共存"过渡类型"彩陶的特殊现象。

这以后,再次发现"过渡类型"遗存是在20世纪的80年代末至90年代初。考古工作者在新疆哈密发现一座史前墓地,清理古墓700余座,出土大批遗物[2]。据最初发表的资料可知有两组性质不同的遗存[3]。其甲组与四坝文化基本相同;乙组则以造型奇特的贯耳直腹圜底罐为代表,器表满绘黑彩折线、水波等几何纹,为以往所不见的新内容[4]。直到1999年,《新疆文物古迹大观》方才披露该墓地M550随葬的1件彩陶双耳罐[5]。此器大概就是早前有学者指出的所谓马厂文化的陶器[6]。实际上这是一件典型的"过渡类型"彩陶。后来,新疆学者对该墓地进行分期,也披露出更多的"过渡类型"材料[7]。从而证实天山北路墓地包含有三组性质不同的文化遗存。其中,年代最早的以M550所出"过渡类型"彩陶为代表;其次才是前面所提到的甲、乙两组遗存[8]。已知"过渡类型"早于甲组(四坝文化),但与贯耳直腹圜底罐为代表的乙组遗存关系不明。

2000年,在甘肃敦煌南湖林场东南的西土沟调查发现一批遗址。在编号乙的

---

[1] 李水城:《四坝文化研究》,苏秉琦主编:《考古学文化论集(三)》,80~121页;李水城:《河西地区新见马家窑文化遗存及相关问题》,宿白主编:《苏秉琦与当代中国考古学》,121~135页。

[2] 该墓地位于哈密林场办事处和雅满苏矿驻哈密采购供应站院内,曾命名"林雅墓地"。后因在墓地上方修建了一条名为天山北路的干道,遂改名为"天山北路墓地"。

[3] 哈密文物志编纂组:《哈密文物志》,新疆人民出版社,1993年;哈密地区文物管理所、博物馆编:《哈密古代文明》,新疆美术摄影出版社,1997年。

[4] 李水城:《从考古发现看公元前二千纪东西方文化的碰撞与交流》,北京大学中国传统文化研究中心编:《文化的馈赠——汉学研究国际会议论文集》(考古学卷),北京大学出版社,2000年,256~270页。

[5] 新疆维吾尔自治区文物事业管理局、新疆维吾尔自治区文物考古研究所等:《新疆文物古迹大观》,新疆美术摄影出版社,1999年,112页,图版0261。

[6] 水涛:《新疆青铜时代诸文化的比较研究》,北京大学中国传统文化研究中心《国学研究》(第一卷),1994年,447~490页。

[7] 吕恩国、常喜恩、王炳华:《新疆青铜时代考古文化浅论》,宿白主编:《苏秉琦与当代中国考古学》,172~193页。

[8] 李水城:《天山北路墓地一期遗存分析》,《俞伟超先生纪念文集·学术卷》,文物出版社,2009年,193~202页。

地点采集有少量的"过渡类型"彩陶残片。特点是器表施黄白色陶衣,绘黑彩几何纹,器领(颈)以下位置等距离戳印圆形小凹窝,器腹最大径处捏制乳突[1]。这是在敦煌境内首次发现史前时期的彩陶,同时也证实"过渡类型"的分布已进入敦煌。至于这批遗物到底出自墓葬还是遗址,是否还有其他遗物共存,简报均未交代。

2001年,西北大学等单位在瓜州(原安西县)潘家庄发掘了3座史前时期的墓葬(编号M1、M2、M3)。墓穴均作不规则圆角窄长条状的竖穴土坑形制,墓主头向北(偏东或偏西),葬式较杂,三座墓分别为仰身直肢、乱骨葬和上肢扰乱葬。随葬组合包括彩陶双耳罐、素面双耳罐、单耳罐、石器及小件装饰等。其中,双耳罐分小口瘦高型和大口矮胖型,通体绘黑彩几何纹。夹砂陶以素面为主,常见将器口外侧加厚或施附加堆纹者;肩部贴塑疏朗的细泥条折线纹,器腹最大径捏制乳突(图四)[2]。潘家庄的发现非常重要,这是在河西走廊首次发现内涵单纯的"过渡类型"墓葬和随葬组合,填补了以往的空白,极大地丰富了"过渡类型"的内涵,对于深化了解此类遗存具有重要价值。

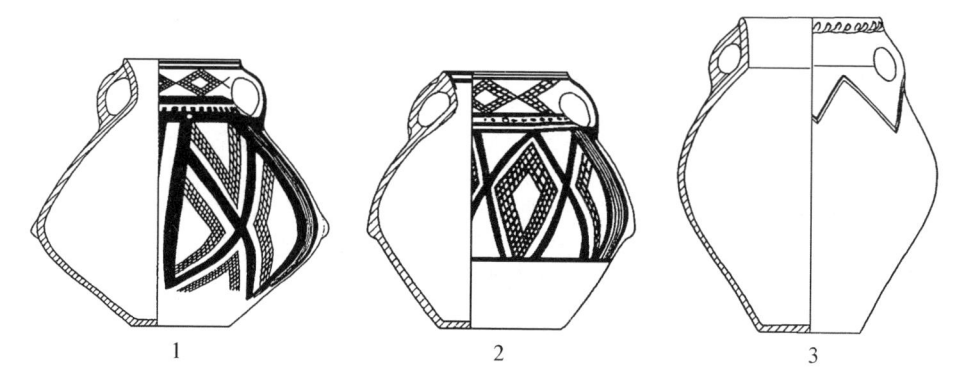

图四 甘肃瓜州潘家庄 M2 随葬陶器组合

---

[1] 西北大学考古系、甘肃省文物考古研究所、敦煌市博物馆:《甘肃敦煌西土沟遗址调查试掘简报》,《考古与文物》,2004年3期,3~7页。
[2] 西北大学考古专业、甘肃省文物考古研究所、安西县博物馆:《甘肃安西潘家庄遗址调查试掘》,《文物》,2003年1期,65~72页。

1987 年曾在酒泉西河滩遗址采集到少量"过渡类型"彩陶片[1]。2003~2004 年,甘肃省文物考古研究所等单位对该址作了正式发掘,清理出房屋、窖穴、陶窑、畜栏、墓葬等一大批遗迹,出土遗物包括"过渡类型"的彩陶双耳罐、单耳罐,齐家文化的双耳尊及篮纹、绳纹、方格纹陶片等[2]。这一发现再次证实了"过渡类型"与齐家文化有共存关系。

2004 年,在内蒙古阿拉善左旗西北约 290 公里外、力吉苏木一处名为苏宏图的地方发现一座史前遗址。2007 年[3]和 2011 年[4]分别作了复查,采集遗物中有部分"过渡类型"的泥质或夹细砂橙黄陶、红陶和橙红陶彩陶片(图五)。这一发现将"过渡类型"的分布面向北推进到了中蒙边界附近。

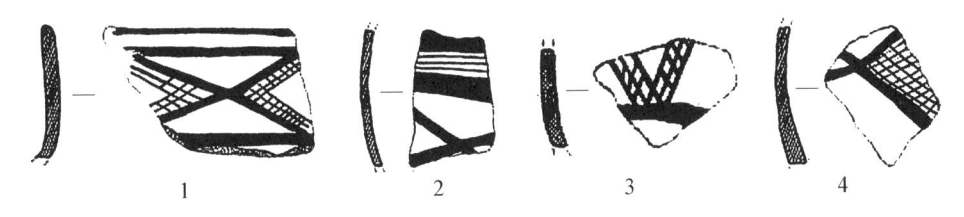

图五　内蒙古阿拉善盟苏红图遗址采集"过渡类型"彩陶片

1. 彩陶罐(SC2386);2~4. 彩陶片(SC2388、SC2389、SC2387)

2006 年,青海省文物考古研究所在祁连山南侧的大通河上游发掘了长宁遗址,从发表的有限资料可知,该址出土物与武威皇娘娘台墓地非常接近,属于典型的齐家文化。在该址 F7、H43 和 H76 等单位出土少量"过渡类型"的彩陶双耳罐和双耳盆,这是继皇娘娘台、西河滩之后再次发现"过渡类型"与齐家文化有共存关

---

[1] 甘肃省文物考古研究所、北京大学考古文博学院:《河西走廊史前考古调查报告》。
[2] 甘肃省文物考古研究所:《酒泉西河滩新石器晚期——青铜时代遗址》,国家文物局主编:《2004 中国主要考古发现》,文物出版社,2005 年,44~47 页。
[3] 赵明辉、傲云格日勒、巴戈那:《内蒙古阿拉善左旗苏红图发现大型细石器制作场》,《中国文物报》2007 年 8 月 1 日 002 版。
[4] 北京大学考古文博学院、内蒙古阿拉善盟博物馆:《内蒙古阿拉善左旗苏红图遗址调查简报》,《考古与文物》,2016 年 1 期,3~8 页。

系,并证实"过渡类型"的文化因素已经进入祁连山南麓的青海境内[1]。

2009年,甘肃省文物考古研究所在民乐县六坝镇五坝村发掘了一座史前墓地,清理新石器时代晚期墓葬53座。其中包括一批"过渡类型"墓葬。从简报发表资料可知,此地的"过渡类型"墓葬可分两类:一类性质单一。以M26为例,这座竖穴土坑墓随葬组合为单一的"过渡类型"彩陶(图六:左)。另一类性质较杂。以M47为例,这座竖穴偏洞室墓的随葬陶器以"过渡类型"为主,但还共存1件典型的齐家文化双大耳罐[2]。五坝村的"过渡类型"墓均行仰身直肢葬,墓主头朝南(图六:右)[3]。

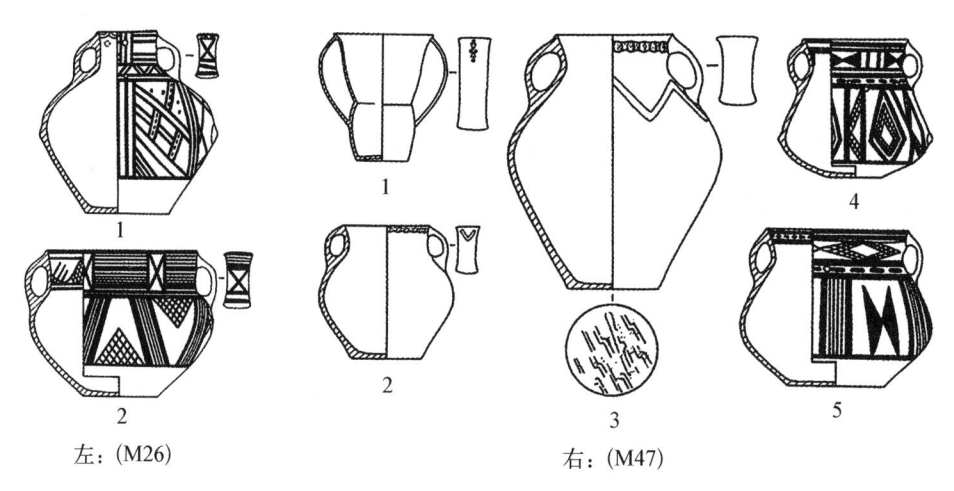

左:(M26)　　　　　　　　　　　　　　右:(M47)

图六　甘肃民乐五坝村M26、M47随葬陶器组合

(引自《甘肃民乐五坝史前墓地发掘简报》)

20世纪40年代,夏鼐、裴文中两位先生先后在张掖西城驿附近的黑水国做过考察,并采集到个别早期遗物[4]。1992年,在黑水国南城西侧沙丘中终于找到了

---

[1] 青海省文物考古研究所:《青海大通长宁遗址》,国家文物局主编:《2006年中国重要考古发现》,文物出版社,2007年,27页。
[2] 民乐五坝村发掘简报将M47定为齐家文化,但此墓随葬的6件陶器中有5件属于"过渡类型",仅有1件齐家文化的双大耳罐。此墓应属"过渡类型"遗存。
[3] 甘肃省文物考古研究所、张掖市文物保护研究所、民乐县博物馆:《甘肃民乐五坝史前墓地发掘简报》,《考古与文物》,2012年4期。
[4] 甘肃省文物考古研究所、北京大学考古文博学院:《河西走廊史前考古调查报告》。

这座消失多年的遗址,并陆续采集到细石器、打制磨制石器、彩陶片、冶炼矿渣、铜矿石、小件铜器等遗物[1]。2007年夏,甘肃省文物考古研究所、北京大学考古文博学院等单位曾调查该址,采集有"过渡类型"、齐家文化和四坝文化的遗物[2]。2010年至今,甘肃省文物考古研究所等单位对该址进行了连续发掘,其重要发现有:第一,清理出不同形制的地面建筑和土坯建筑,特别是后者为首次发现。第二,出土一批与冶炼有关的遗存,如铜矿石、炼渣、石范、冶炼炉壁残块、石鼓风管及小件铜器等,显示出当时已掌握了采矿和冶炼铜金属的工艺。第三,发现有大麦、小麦、粟、黍等人工栽培的粮食作物,对了解当时的农业生产、作物品种及经济形态提供了重要资料[3]。

除上述发现以外,在酒泉三奇堡[4]、肃南菠萝台子[5]也发现有"过渡类型"的彩陶;在古浪、玉门等地还有一些零星采集品[6]。

三

"过渡类型"发表的资料并不多。为能准确把握此类遗存的性质和特征,本文重点选择了文化性质单一的遗址和墓葬资料,试就"过渡类型"的文化内涵、属性、特征、分布、年代以及来源和去向做深入的考察。

"过渡类型"的石器、骨器和小件装饰在瓜州(原安西县)潘家庄和民乐五坝村等地有发现。其中,石器分三类:第一类为细石器,所见有石叶、石镞、刮削器、尖

---

[1] 吴正科:《丝路古城黑水国》,甘肃人民出版社,2008年。
[2] 甘肃省文物考古研究所、北京大学考古文博学院:《河西走廊史前考古调查报告》,文物出版社,2011年。
[3] 王辉、陈国科:《甘肃张掖西城驿遗址》,国家文物局主编:《2011年中国重要考古发现》,文物出版社,2012年,20~23页。
[4] 酒泉市博物馆藏品,本人于2008年参观所见。
[5] 张掖市文物管理局:《张掖文物》,甘肃人民出版社,2009年,48页。
[6] 1990年,我们在葫芦河流域开展环境考古调查时,在甘肃静宁县文管所的库房内发现1件"过渡类型"彩陶双耳罐,其形态与武威皇娘娘台墓所出一致。据该所工作人员介绍,此器是在兰州东侧的甘草店收购的,估计很可能是从河西走廊外流出来的。

状器、小石片、石核等。第二类为磨制石器,主要有圆角长方形穿孔石刀、石斧、权杖头等。第三类为打制石器,如带柄石斧、盘状器等。骨器所见有匕、锥、齿状器等。在民乐五坝村还发现有随葬羊距骨和两侧出齿的鞋底状"骨牌"。随葬羊距骨的现象在整个北亚和中亚地区都很流行,鞋底状"骨牌"的功能和用途不明。在潘家庄墓地出有绿松石和各类小珠子组成的串饰[1]。

"过渡类型"的陶器均为手制,器类包括双耳罐、单耳罐、四耳罐、豆、壶、双耳盆、带嘴罐和陶瓮等。素陶有泥质和夹砂之分,后者做工较粗,装饰也很简单,常见将器口外缘加厚或饰附加堆纹;肩部贴塑泥条折线堆纹;器耳施压印、刻划纹;器腹最大径处捏制乳突;部分器底压印席纹。彩陶数量较多,以泥质红陶或橙红陶为主,器表经打磨,施红衣或黄白衣,绘黑彩(个别红彩),画面构图极富规律性。如彩陶罐器领部通常绘菱形网格、倒三角网格或对三角纹,部分大口双耳罐或双耳盆领部绘"X"纹并间隔横条带纹;器口内彩绘折线纹或弧边三角纹;肩部流行连续点状纹或梳齿纹;腹部主花纹两分结构,流行粗细复合线纹、菱形网格纹、棋盘格纹等,空白处填补"X"、对三角、折线或"蜥蜴"纹。器耳多绘"X"、横竖条带或交叉粗疏网格纹。内彩仅见于豆盘内,绘有连续菱格、三角折线、棋盘格、网格折线等组合纹样,画面十分繁缛。另外还有一个突出特点是,常常在彩陶罐类器的颈下、器耳上下、豆盘周边等距离地戳印用于镶嵌的圆形小凹窝。

在张掖、金塔、酒泉等地的"过渡类型"遗址多次发现与采矿和金属冶炼有关的遗物。如西城驿遗址就出土有铜矿石、炼渣、炼炉壁残块、石范、石鼓风管及铜刀、锥子、铜泡、铜环、铜条等小件工具或饰物。可见当时已掌握了从矿石开采、选矿、冶炼、铸造、锻造等一整套的金属制造技术,并很有可能形成了具有一定专业化分工的产业链和相当的产业规模。

"过渡类型"墓葬发现不多,所见多为圆角长方形竖穴土坑形制,个别竖穴偏洞室结构,东西向排列,葬式分为仰身直肢、上肢扰乱葬和乱骨葬。同一墓地内的墓主头向一致(朝北,或朝南)。在酒泉西河滩、张掖西城邑等地发掘清理的房屋分

---

[1] 这些"骨珠"的质地未做检测,估计并非骨质,而是用某种特殊材料烧制的"料珠"一类。

方形、长方形和圆形,结构分半地穴、平地起建和土坯搭建三种,显示出较为稳定的生活聚落形态。

在张掖西城驿遗址出有相当数量的大麦、小麦、粟、黍等人工栽培作物籽粒,可见此时河西走廊一方面在延续传统的粟、黍类旱地作物种植,另一方面随着麦类作物的引入,对原有的作物品种产生一定的冲击,麦类作物的种植比例会加大,并逐渐取代前者。考古出土的动物骨骼显示,当地牛、羊等反刍类食草动物逐渐增多。在酒泉西河滩还发掘出有占地面积较大的牲畜围栏,可见其畜养业比重有加大的趋势。

"过渡类型"的分布范围广阔,现有遗址点的四至已波及大西北四个省区。其范围东起甘肃古浪县,西抵新疆哈密市,北至内蒙古阿拉善左旗,南达青海大通县。其分布核心区则在河西走廊,特别是张掖以西地区。有趣的是,目前所知文化性质单一的"过渡类型"遗址仅分布在酒泉以西,如瓜州(潘家庄墓地)、敦煌(西土沟乙地点)及新疆维吾尔自治区的哈密(天山北路墓地)。在酒泉以东,"过渡类型"往往与齐家文化发生共存。如有些齐家文化的墓葬(甘肃武威皇娘娘台)或遗址(青海大通长宁)中出有少量"过渡类型"的彩陶;有的"过渡类型"墓葬则出现个别齐家文化的典型器(甘肃民乐五坝村)。

"过渡类型"的前身为河西马厂文化。二者的共性不仅显示在丧葬习俗等方面,也更多地表现在陶器组合、器形和装饰上,甚至不少细节元素都很一致,如器颈下和器耳上下戳印圆形小凹窝、器腹捏制乳突等。相较于河湟地区,河西马厂文化的变异幅度较大,区域色彩更加浓郁,其分布西界也似乎止步于酒泉一线[1]。我们曾将河西地区的马厂文化分成三组:甲组特征与河湟地区相同,年代也早,但在河西走廊罕见。乙组以永昌鸳鸯池、武威磨嘴子、张掖西闸、高台直沟沿等遗址为代表;丙组以酒泉高苜蓿地、西高疙瘩滩遗址为代表[2]。看来,乙、丙两组之间应存在早晚承继关系,最终经"过渡类型"遗存演变为四坝文化。

---

[1] 截至目前,在酒泉、金塔以西尚未发现典型的马厂文化遗址。
[2] 李水城:《河西地区新见马家窑文化遗存及相关问题》,宿白主编:《苏秉琦与当代中国考古学》,121~135页。

20世纪80年代,我们曾就皇娘娘台墓地发现的"过渡类型"彩陶做过讨论。认为其"A"群特征接近河西马厂文化,"B"群接近四坝文化,此论至今看来仍大致不谬,但还需要进一步完善。通过梳理近年来的考古新发现并加以比较研究,可将"过渡类型"遗存分为三组。

第一组:以甘肃酒泉三奇堡、武威皇娘娘台等地出土彩陶为代表,所见主要为彩陶双耳罐。特点是造型略显矮胖,器口大小适中,彩陶花纹已形成"过渡类型"特有的风格,如器领绘连续菱格纹,器腹用粗线条等量分割画面,再用纤细的几何线条绘制"Π"形网格纹、菱格纹、粗细条带纹等(图七:上)。

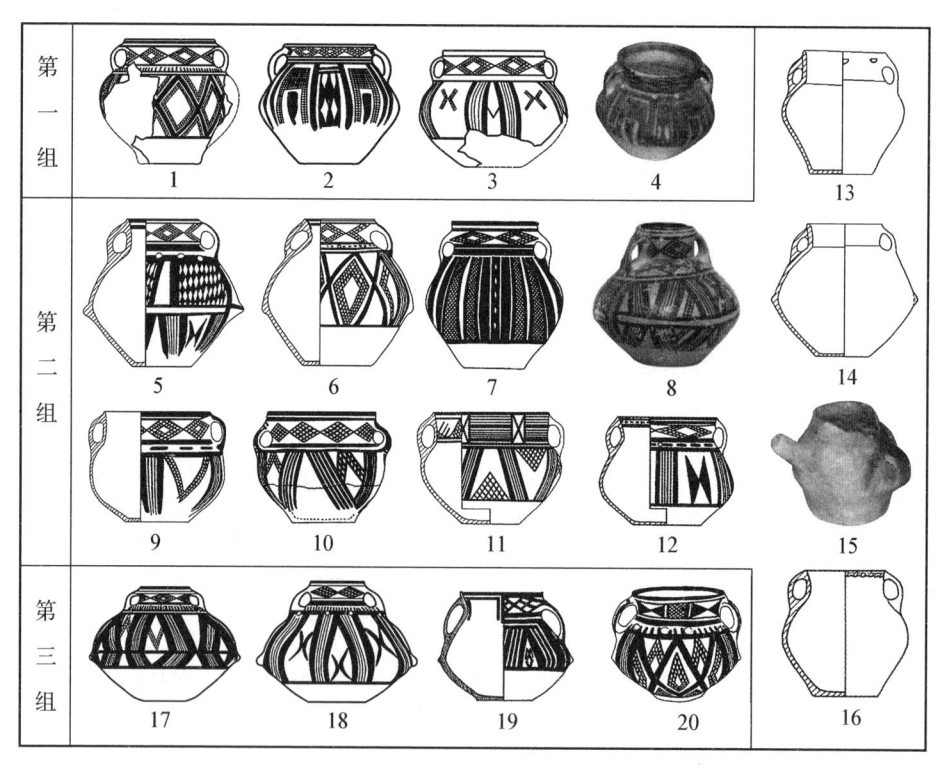

图七 "过渡类型"陶器分组

第一组:1~3. 武威皇娘娘台(M6、57M1、M6);4. 酒泉三奇堡(采);第二组:5.6.9.13.14. 瓜州潘家庄(M1:1,M2:2、M3:2、M3:1、M3:4);7.10. 金塔砖沙窝(JZH－A003、JZH－A002);8 玉门采;11.12.15.16. 民乐五坝村(M26:2,M47:4,采,M47:1);第三组:17~19. 武威皇娘娘台(采、采,M30:2);20. 哈密天山北路(M550)

第二组：以甘肃瓜州潘家庄、敦煌西土沟、酒泉干骨崖、金塔榆树井（砖沙窝）、张掖西城驿、民乐五坝村、内蒙古阿拉善苏红图、新疆哈密天山北路等遗址为代表，武威皇娘娘台、青海大通长宁等齐家文化遗址也有少量发现。本组的特征是，瘦高型彩陶罐器腹最大径常捏制乳突；腹部花纹两分或四分，个别还分上下层。继续沿用粗线条勾勒画面主体结构，再用纤细的几何线条绘并列竖线、相向粗细斜线、菱形网格、折线网格等。素面陶有双耳罐、单耳罐、敞口罐、带嘴罐等，装饰简单，主要有附加堆纹、折线蛇形堆纹、压印纹等（图七：中）。

第三组：以武威皇娘娘台墓地出土及采集的部分彩陶为代表，哈密天山北路墓地也有所见。本组的特点是，彩陶罐折腹明显，器腹最大径捏制乳突；腹部花纹两分或四分，沿用粗线条勾勒主纹样，再用细线条绘相向的粗细斜线、菱形网格、折线网格，空白处用折线网格、X、菱格、简化蜥蜴纹等补白（图七：下）。

以上三组中的第一组还保留有河西马厂文化的元素，但"过渡类型"的雏形已然铸就，系"过渡类型"早期。第二组完全摆脱了河西马厂文化的藩篱，为"过渡类型"的主流和中期阶段。第三组已显露出四坝文化某些特征，是为"过渡类型"的晚期。以上三组遗存清晰地显示出"过渡类型"的演变轨迹，以及它与河西马厂文化和四坝文化的早晚承继关系。

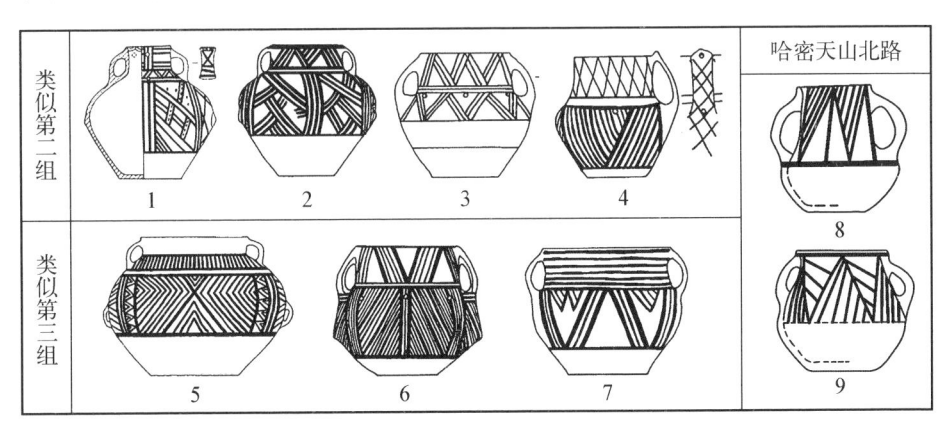

图八 "过渡类型"细线几何纹彩陶

1. 民乐五坝村（M26∶1）；2~4. 金塔二道梁（JE044、JE045、JE048）；5. 金塔缸缸洼（JG052）；6.7. 金塔二道梁（JE046、JE047）；8.9. 哈密天山北路

在"过渡类型"遗存中还有一类与上述三组彩陶风格迥异的花纹。特点是全部采用纤细的几何线条绘画折线、横线、网格、编织、垂弧等纹样。通过对其器形和花纹的观察,此类中的偏早者可归入前述第二组,如民乐五坝村 M26 两件彩陶的共存关系可佐证。偏晚者可归入前述第三组,其器形和花纹与四坝文化接近。此类风格的彩陶多见于民乐、张掖、酒泉和金塔等地,在哈密天山北路也有发现,但所绘细线三角斜线、叶脉纹与河西地区不同,地方色彩更为突出(图八)。

四

"过渡类型"的分布空间广阔,延续时间也较长,加之其文化面貌与河西走廊以往所见任何一支考古学文化均不同,已经具备了命名为新的考古学文化的条件。

综合考虑,在现有"过渡类型"遗址中,甘肃张掖西城驿发现的遗迹、遗物最为丰富、全面,包括有生活聚落、不同结构的房屋建筑、窖穴、陶窑、墓葬以及一大批陶器、骨器、石器、装饰品、铜矿石和冶炼金属遗物、铜器、各类粮食籽粒、动物骨骼等,具有充分的代表性。为此,本文特别建议,将以"西城驿文化"这一新的命名取代"过渡类型"的旧称。

西城驿文化集中分布在甘肃河西走廊,并向四处蔓延扩散。其中,向西的一支已进入新疆东部的哈密市;向北远达内蒙古阿拉善左旗北部边境;往南,其文化因素渗透到青海大通一带。可谓继河西马厂文化之后,分布范围跨越西北四个省区、颇具影响力的一支新考古学文化。

西城驿文化的确立对于构建河西走廊及周边地区的史前文化序列具有非常重要的意义。研究表明,最早进入河西走廊的是马家窑文化,其在河西分布的西界止步于酒泉。继之而起的是半山文化和以永昌鸳鸯池、武威磨嘴子为代表的河西马厂文化,前者的分布西界在民乐,后者亦未超越酒泉。西城驿文化兴起后,进一步向西、向北发展,分布空间大大超前。也就在这个时期,齐家文化西进河西走廊,亦止步于酒泉、金塔一线,再西则不见其踪迹。有意思的是,在张掖以东,西城驿文化与齐家文化接触频繁,常见你中有我、我中有你的共存现象。这也恰好表明,正是由于两者长期共存和交互,才共同孕育出了四坝文化。

以往我们将西城驿文化的年代估计在距今4 000年上下,这主要出于如下推理:已知四坝文化出现在公元前1950年,如其源自西城驿文化,那么,前者的年代上限即为后者的年代下限。也就是说,西城驿文化在公元前1950年左右演变为四坝文化。同理,已知马厂文化于公元前2300年形成,估计它在经历了150年左右发展为西城驿文化。那么,后者应出现在公元前2150~前2100年之间。依此,西城驿文化的年代跨度大致应在公元前2100前后~前1950年。以上仅为假想年代,其真实年代还应以日后检测的科学数据为准。

在河西走廊的张掖、酒泉、金塔等地的西城驿文化遗址曾多次发现与采矿和冶金有关的遗存,如西城驿遗址就出有铜矿石、炼渣、石范、炼炉壁残块、鼓风管、铜器小件等冶炼遗迹、遗物,显示出该文化的社会发展阶段已进入青铜时代早期。根据上述发现,再联想到河西走廊地下蕴藏的矿产资源,有理由得出这样一个认识,即西城驿文化很有可能代表了中国西部系统掌握了采矿和金属冶炼制造业的一个特殊群体,并在走廊西部形成了早期的"冶金中心",而且有可能还是相关产品的"贸易中心"和集散地。或许正是因为存在这样一个中心,对于齐家文化有强大的吸引力,促使其迫不及待地西进,并与西城驿文化建立了密切的联系。在这个交互进程中,齐家文化还将从西城驿文化习得的冶金术和相关产品扩散东传,在早期东西文化交流的大潮中扮演了重要角色。西城驿文化之后,这个"冶金中心"和技术体系自然而然地传给了四坝文化,后者又将其发展到更高水准。

西城驿文化所在的河西走廊、东疆及内蒙古西北部这个广阔区域恰好位于东西交往之要冲,向西可达西域、中亚乃至遥远的西亚、欧洲;向东穿越陇山即为中原大地;向北出阿勒泰进入俄罗斯南西伯利亚,穿越蒙古戈壁可北上外贝加尔;向南出祁连山扁都口可达河湟谷地。掌控这条重要的地理通衢对于西城驿文化的发展具有重要的战略意义,也因此成就了它在早期东西文化交流中的关键角色。现有的考古发现和研究证实,中原与西方最早接触的时间可追溯到公元前3000年以前(仰韶晚期至马家窑文化阶段),但最初的一千年进程十分缓慢、规模也很有限。待进入公元前三千纪末,即西城驿文化形成之后,东西方的文化交往规模加大、速度加快,最明显的证据就是这一时期冶金术、麦类作物、反刍食草类动物等一系列文化特质的东传和引入。

西城驿文化与齐家文化共存的现象还涉及一个值得思考的问题。此类现象多见于中原地区以外的边陲,内地罕见。按照常规,同时期的考古学文化分别占有各自的领地,早晚变化显示为线性发展关系。有趣的是,西城驿文化与齐家文化既有共享的地域,也拥有各自的独立空间。类似案例还有河湟地区的唐汪文化,它既与辛店文化共存,也常常出没于卡约文化,三者又分属不同的考古学文化。如何诠释此类文化现象?是不同的群体之间发生了融合?抑或是相互之间存在陶器的贸易?抑或其他?……这类特殊的现象为我们认识中原核心区域以外边远地区的史前文化发展提供了另类的演进模式,或许这恰好验证了文化人类学中的新进化论和文化生态学所倡导的"多线进化"理论是普遍存在的历史规律。

2014年春初稿,夏定稿于北京蓝旗营

初刊于《早期丝绸之路暨早期秦文化国际学术研讨会论文集》,甘肃省文物考古研究所、北京大学考古文博学院、中国国家博物馆综合考古部、陕西省考古研究院、西北大学文化遗产学院编,文物出版社,2014年,9~21页。

6
天山北路墓地[1]一期遗存分析

长期以来,有关新疆史前文化的研究相对薄弱。近年来一些新的考古发现为进一步探讨新疆的史前文化提供了可能。在切入正题之前,我们有必要对这个地区以往有关的考古发现和研究作简要的回顾。

新疆的考古工作可追溯到19世纪末叶。但早期的工作几乎全部被外国探险家、旅行家所垄断。直至20世纪二三十年代,才开始有个别中国学者涉足新疆的考古。其中,比较重要的工作有两项:一次是1927年,中(国)瑞(典)西北科学考察团前往新疆,考察团成员黄文弼、袁复礼、丁道衡分别在哈密、吐鲁番和天山北路一带进行调查,发现一批细石器遗址和含有彩陶的遗址[2]。另一次是1933年,杨钟健博士随中(国)法(国)科学考察团前往哈密、吐鲁番、阿克苏等地调查,沿途发现了哈密三道岭子、七角井子等遗址[3]。

1942年,裴文中先生通过对上述几位学者调查资料的研究,将新疆地区的史前文化作了如下归纳:

1. 细石器时代文化。可细分为两支:一支由哈密西北行至乌鲁木齐;另一支由哈密南行,经罗布淖尔至且末附近。

2. 彩陶文化。其分布状况似与细石器时代文化相同。

3. 砾石文化。分布于阿克苏一带,风格比较独特。

4. 旧石器文化。在新疆仅发现一些似为旧石器时代的石器,但对其文化面貌

---

[1] 所谓"天山北路"是指哈密市区内一条新修建的主干道。该墓地原名"林雅墓地"或"雅林办墓地",地点位于哈密市火车站附近。

[2] 裴文中:《新疆之史前考古》,《中央亚细亚》(创刊号),1942年,34~39页。

[3] Teilhad de Chardin, P. (1940). *On the Preduhable Exisisance World-Wide sub-Arctic Sheet of Human Culture at the Dawn of the Neolithic*. Bull. Geol-Soceity China, Vol.XIX, pp 333~339.

毫无所知。

随后,裴先生对新疆地区的原始文化作了下面的总结:"第一,安特生等谓中国之彩陶文化来自西方;但李济等则谓此彩陶文化发源于中国之中原(豫、陕、甘),当为土著文化,并非由外界传布而来。若就现在所知,新疆彩陶文化分布及产物而论,李氏之说,似较近于事实,其理由有二:1. 新疆之彩陶文化,当为中原彩陶文化之西支,由中原而流传至于西陲。2. 彩陶文化同时发现于天山南北,似由哈密而分南北二支,故其传布之途径,按地理而论,似由甘肃而来,至哈密后,为天山所阻,而分向南北。反之,若此种文化由西而来,则由地理上观之,或只限于天山北路,未必能至天山南路。第二,关于新疆的细石器工业。在中国本部,其地域甚为鲜明,即只限于长城以北,南则为彩陶文化……但在新疆,若布格曼(Bergman)氏之观察无误,则细石器工业与彩陶文化分布之地域,似大致略同。其解释当不出二途:1. 细石器工业在内蒙古首先发达,传至新疆,因地理关系,而与彩陶文化混处一地,但不同时;或细石器工业在先,彩陶文化居后。2. 细石器文化发祥于天山北路,一支由哈密而入内蒙,一支再转置天山南路。"[1]

裴先生的看法对日后新疆地区的史前文化研究产生了很大影响。直至20世纪80年代,国内学术界仍坚持类似的看法,即将新疆地区的"新石器时代文化"归为三类:第一类是以出土大量细石器为特征的"新石器文化"。以哈密三道岭、七角井子,吐鲁番阿斯塔那、雅尔湖,乌鲁木齐柴窝堡等遗址作为代表。第二类是以比较大型的磨制石器为主要特征的"新石器文化"。主要发现在南疆的喀什、阿克苏一带,其文化内涵表现为既有石器,也有陶器,个别地点甚至有小件红铜器。第三类是以彩陶为主要特征的"新石器文化"。此类遗存在新疆境内分布广泛,文化面貌并不单纯,其年代下限可达秦汉时期[2]。

20世纪80年代中期前后,随着考古发现材料的增多,国内学术界开始检讨和反思新疆的史前文化及其内涵。有学者认为:"新疆地区史前文化的基本面貌仍然是非常模糊不清的,基本框架亦未形成……迄今为止,新疆境内真正像样的、准确

---

[1] 裴文中:《新疆之史前考古》,《中央亚细亚》(创刊号),34~39页。
[2] 穆舜英、王明哲、王炳华:《建国以来新疆考古的主要收获》,新疆社会科学院考古所编:《新疆考古三十年》,新疆人民出版社,1983年,1~24页。

的新石器时代文化尚未发现,但这并不等于说这里没有新石器时代文化。根据这里的青铜时代文化和其周围其他地区新石器时代文化的存在情况,可以推断,新疆地区的新石器时代文化当存在于公元前 2000 年以前,它们的发现和确定仅仅是个工作深度和时间问题。"[1]前不久,新疆的学者指出:"根据现有的考古资料,新疆史前考古文化划分为旧石器时代、细石器时代、金属时代三个大的发展阶段,比较符合新疆考古发现的实际。总之,石器时代考古文化的发现和研究是新疆考古亟待加强的一个薄弱环节。"[2]上述说法的潜台词是,尽管可以将新疆的史前文化划分出若干不同时代,但目前还不具备实际意义。因为,在现有的考古资料中尚未发现可以确切认为是新石器时代的文化遗存。

本文的重点是分析新疆东部哈密市天山北路墓地一期遗存的文化内涵。需要说明的是,鉴于该墓地发表的资料非常有限,本文只能在现有资料的基础上运用比较的方法做初步的讨论。

1999 年,新疆文物事业管理局和自治区文物考古研究所编辑出版了《新疆文物古迹大观》一书,披露了哈密天山北路墓地出土的部分资料。其中,引起我巨大兴趣的是该墓地 550 号墓随葬的 1 件双耳彩陶罐。此器形态为:斜直矮领、双大耳、折腹、平底,腹部最大径两侧对称地捏塑一对乳突;器表施黄白色陶衣,绘黑色彩。领部绘横线对三角网格纹和短竖条带纹,腹部绘菱格条带纹,空白处填补菱形纹、折线网格纹和竖条纹。此器另一细节特征是,在器颈部等距离戳印(自外向内)八个圆形小凹窝[3](图一)。

图一　天山北路墓地 M550 出土的双耳彩陶罐

---

[1] 陈戈:《新疆史前文化》,联合国教科文组织、中国社会科学院考古研究所编:《十世纪前的丝绸之路和东西文化交流》,新世界出版社,1996 年,291~303 页。
[2] 张玉忠:《新疆考古述略》,《考古》,2002 年 6 期,5 页。
[3] 新疆维吾尔自治区文物事业管理局、新疆维吾尔自治区文物考古研究所等:《新疆文物古迹大观》,新疆美术摄影出版社,1999 年,112 页,图版 0261。

在新疆,此类风格的彩陶系首次发现,这对于探索新疆东部地区的史前文化具有重要价值。它传递出这样几个信息:首先,它以实物证实,具有此类风格的彩陶存在于新疆东部,其绝对年代可以早到新石器时代末叶,但这却是目前新疆所知年代最早的史前遗物;其次,此类风格的彩陶与在甘肃河西走廊西部发现的一些文化遗存有密切的联系。

2001年,吕恩国、常喜恩、王炳华三位先生联名发表了《新疆青铜时代考古文化浅论》一文(以下简称吕文),比较全面地介绍了新疆近年来的考古新发现,特别是对哈密天山北路墓地的出土遗物进行了分期。有意思的是,前面提到的那件双耳彩陶罐(M550)恰恰被吕文排在天山北路墓地的第一期,也是最早的一期。吕文同时还报道了该墓地第一期其他12件陶器和7件铜器。依照他们的判断,天山北路墓地整个都属于青铜时代,因为从第一期到第四期都发现有铜器[1]。

鉴于吕文未能介绍他们对这座墓地分期的方法和依据,加之背景资料匮乏,我们很难通过此文了解到该墓地更多的细节。比如:不同时段的墓葬在形制结构上是否有差异?墓葬之间是否有叠压打破关系?不同时段墓葬的随葬品组合及其变化?等等。因此,本文只能在吕文披露的有限资料基础上,试对该墓地的第一期遗存做初步的分析。我们以为,天山北路墓地一期遗存的内涵并不单纯,大致可以分出三组性质不同的文化因素(图二)。

第一组:

以天山北路第一期M550所出彩陶双耳罐为代表(吕文图一一,3)。另外包括与此器同时期的其他几件陶器。具体有红陶双耳乳突素面罐(吕文图一一,5、8);红陶单耳高领罐(吕文图一一,6)、双耳带嘴罐(吕文图一一,12)和另一件彩陶双耳罐(吕文图一一,7)。

将这些器物归为一组,是基于它们的质地、造型、花纹装饰等方面与甘肃河西走廊发现的"过渡类型"[2]遗存非常类似,有的甚至相同。如吕文图一一,

---

[1] 吕恩国、常喜恩、王炳华:《新疆青铜时代考古文化浅论》,宿白主编:《苏秉琦与当代中国考古学》,科学出版社,2001年,172~193页。
[2] 有关"过渡类型"遗存的内涵见本文集《从"过渡类型"遗存到西城驿文化》。

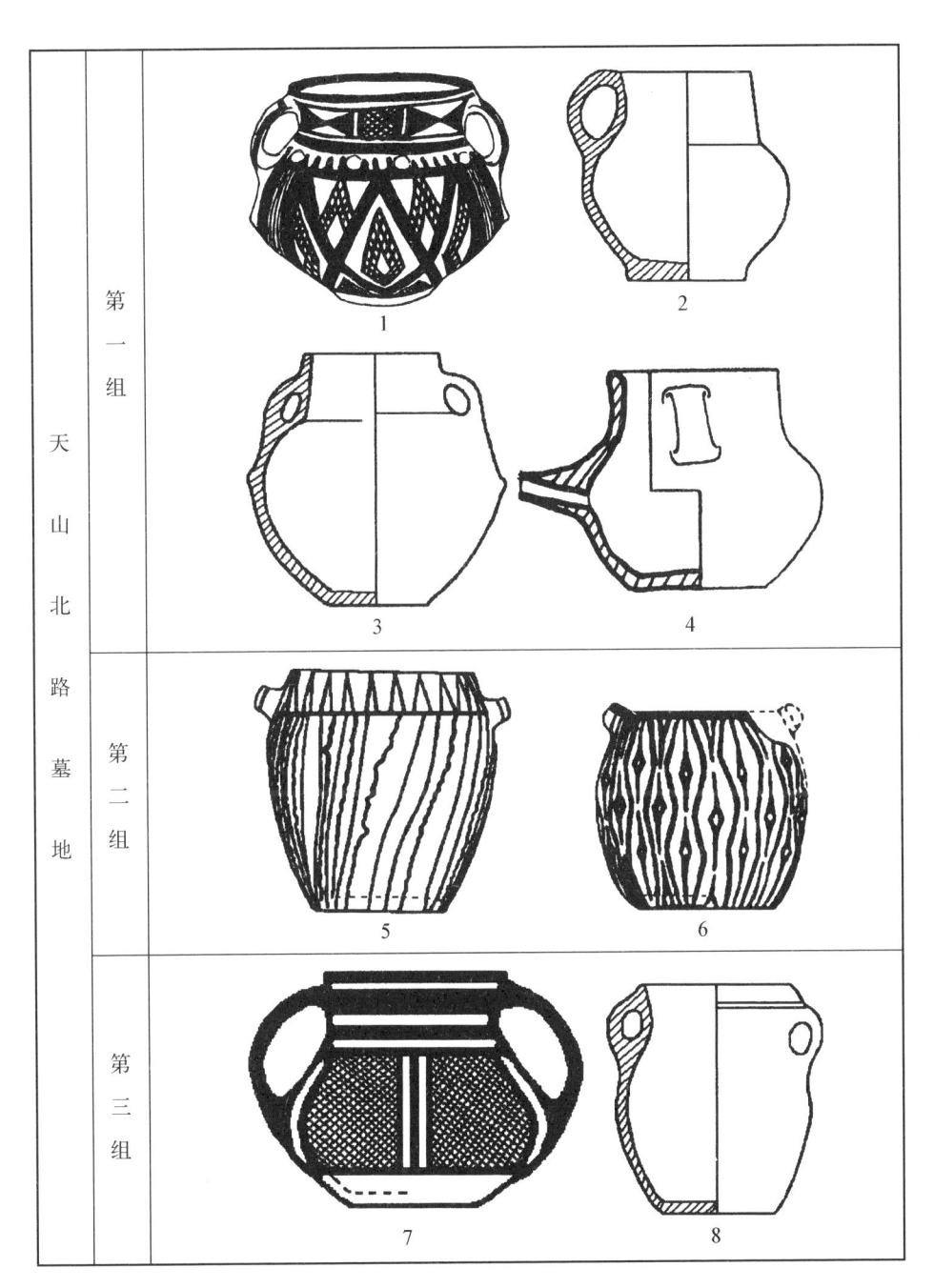

图二　天山北路第一期遗存文化因素分析

1.7. 双耳彩陶罐；2. 单耳素陶罐；3.8. 双耳素陶罐；4. 双耳带嘴陶罐；5.6. 双贯耳彩陶罐（吕文未披露遗物出土单位；特此说明）

3(M550)双耳彩陶罐(图二,1)与甘肃武威皇娘娘台墓地所出双耳彩陶罐(皇M30∶2)器形相同[1](图三,1),且都在折腹位置捏塑乳突一对;腹部绘制的菱形网格纹与甘肃安西潘家庄墓地 M2 随葬的 2 件双耳彩陶罐(M2∶1、2)纹样基本一致[2](图三,5、6);领部纹样与潘家庄 M3 随葬双耳彩陶罐(M3∶2)口缘内彩相近,不同的是前者在每组纹样间填加了一组网格纹(图三,4)。双方的共性甚至可具体到某些细节上,如器颈部绘制的横线齿带纹和压印圆形小凹窝等。同样,吕文第一期的双耳红陶素罐(吕文图一一,5、8)器形与安西潘家庄(M3∶4)发现的同类器完全一致,包括腹部最大径位置捏塑乳突的作风(图三,3)。另有一件单耳红

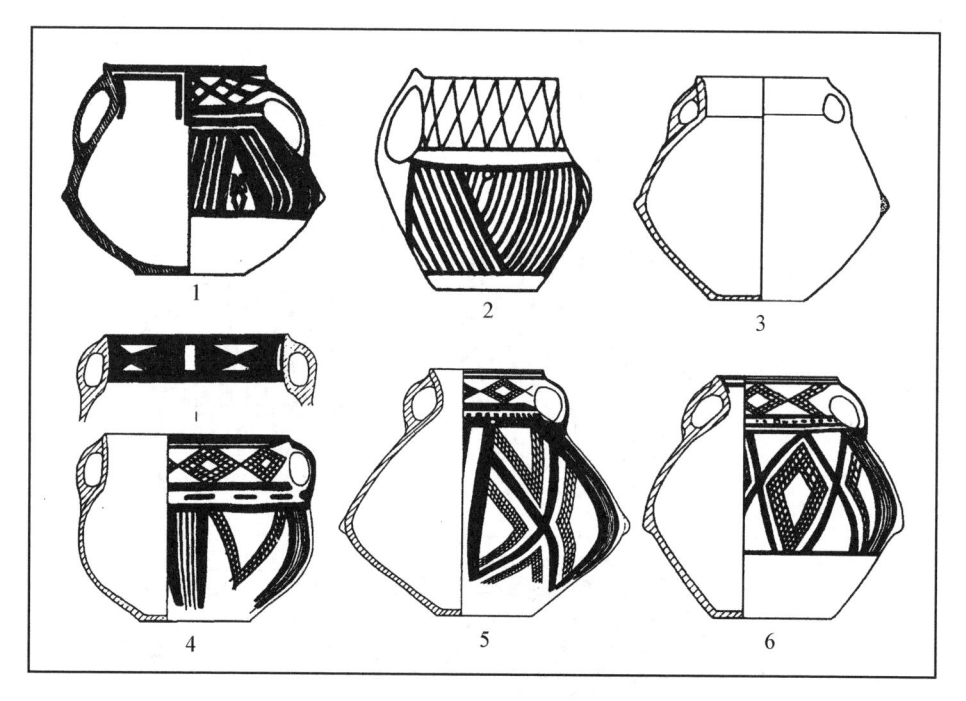

图三 河西走廊地区"过渡类型"陶器

1. 双耳彩陶罐(武威皇娘娘台 M30∶2);2. 单耳彩陶罐(金塔二道梁 87JE∶048);3. 双耳罐(安西潘家庄 M3∶4);4~6. 双耳彩陶罐(安西潘家庄 M3∶2、M2∶1、M2∶2)

---

[1] 甘肃省博物馆:《武威皇娘娘台遗址第四次发掘》,《考古学报》,1978 年 4 期,421 页。
[2] 西北大学考古专业、甘肃省文物考古研究所、安西县博物馆:《甘肃安西潘家庄遗址调查试掘》,《文物》,2003 年 1 期,65~72 页。

陶罐(吕文图一一,6)的器形与甘肃金塔二道梁采集单耳彩陶罐(87JE：048)接近[1](图三,2)。双耳带嘴罐(吕文图一一,12)与甘肃永昌鸳鸯池墓地晚期的同类器(M168：8)[2]形制接近,所不同的是没有彩绘。

"过渡类型"的遗存早在1957年甘肃武威皇娘娘台遗址[3]就有发现。1975年再次发掘时,在M30、M31和M32等墓又有新的发现[4]。在武威及周边地区也有一些采集或发掘品。据目前掌握的资料,"过渡类型"遗存主要见于甘肃河西走廊,特别是张掖以西地区(图四)。在河西走廊东段和湟水上游一带,在齐家文化的个别墓葬内有零星发现。一般来说,河西走廊西面的"过渡类型"遗址相对比较单纯。这似乎暗示,此类遗存的分布中心在河西走廊西段,年代应与齐家文化大致同时。

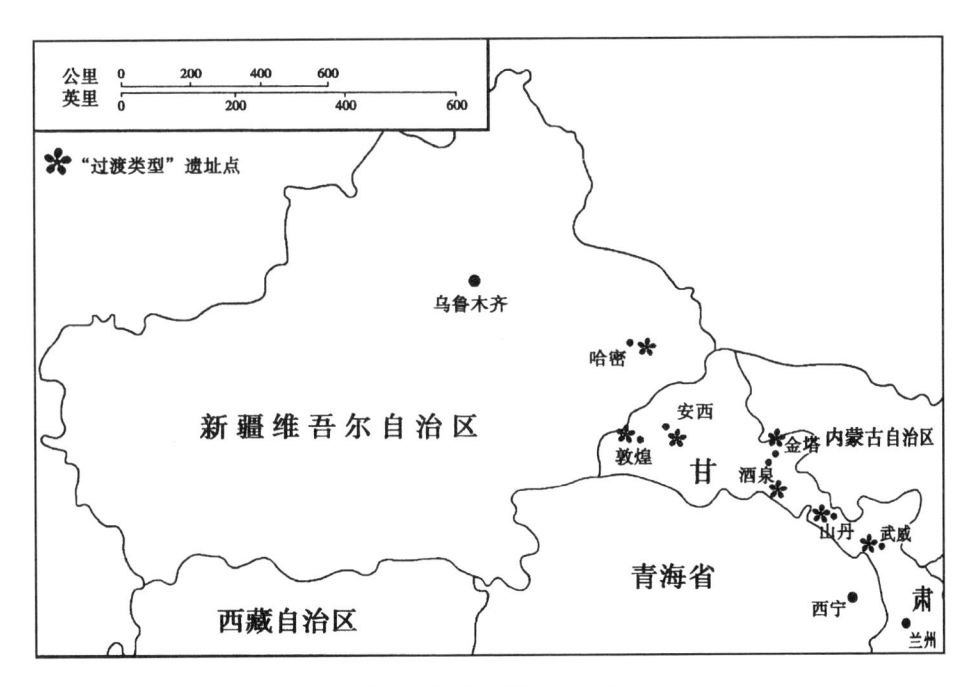

图四 "过渡类型"遗存分布示意图

---

[1] 甘肃省文物考古研究所1987年调查资料。
[2] 甘肃省博物馆文物工作队、武威地区文物普查队：《甘肃永昌鸳鸯池新石器时代墓地》,《考古学报》,1982年2期,199~227页。
[3] 甘肃省博物馆：《甘肃武威皇娘娘台遗址发掘报告》,《考古学报》,1960年2期,53页。
[4] 甘肃省博物馆：《武威皇娘娘台遗址第四次发掘》,《考古学报》,1978年4期,421页。

第二组：

以天山北路第一期 2 件绘有黑彩水波纹和折线纹的贯耳彩陶罐为代表(吕文图一一,9、11)。此类遗存以往在新疆(包括新疆以外的其他地区)从未见过。归入这组的陶器全部为造型比较独特的罐类器[1]。根据比高差异分为两类：一类为双贯耳罐,器耳横置在器口外两侧,或呈水平状、低于器口,或向上倾斜、双耳外端高出器口,耳孔细小、上下贯通。双贯耳罐有高低之分,高者超过 15 厘米,桶状造型,或器口内敛,鼓腹,平底;或为大敞口,直桶或斜直桶腹,平底。低者仅 10 厘米左右,敛口,鼓腹,平底。另一类为单耳罐,形态大小均接近双贯耳罐中的偏矮者,不同的是器口外一侧置桥形单耳[2]。目前所看到的该组陶器几乎全部绘彩,构图别致,流行通体满绘的几何形横列水波纹、竖列折线菱格纹、竖条带纹等(图二,5、6)。

除吕文外,该组彩陶在其他出版物也偶有所见。如《新疆文物古迹大观》一书发表了天山北路第 221 号墓出土的一件彩陶,筒状鼓腹,双贯耳,器口略内敛,平底,通体满绘横列水波纹,器高 16.8、口径 9.3、底径 6.6 厘米[3](图五,1)。

目前,我们尚不清楚第二组因素在天山北路墓地第一期究竟占多大比重,它们是否与其他组别的陶器有共存,抑或全部为单一性质;再有,除彩陶外,有无共存的素面陶,其特征如何。在吕文所划分的天山北路第二期中已没有此类因素的存在,是否这组遗存全部都属于第一期? 等等,有关这些细节的问题还有待进一步了解。

1998 年,我曾就这组遗存做过一些分析,认为成因不外乎存在两种可能：1. 外来因素。并推测其源头可能在新疆北部的阿勒泰或俄罗斯南西伯利亚一带。2. 本地因素。即新疆东部哈密地区的土著遗留。目前,我仍倾向于前一种看法[4]。根

---

[1] 即以往称之为"乙组"或"B 组"的彩陶。
[2] 新疆维吾尔自治区文物事业管理局、新疆维吾尔自治区文物考古研究所等：《新疆文物古迹大观》,新疆美术摄影出版社,1999 年,112 页,图版 0262。
[3] 同注[2]。
[4] 李水城：《从考古发现看公元前二千纪东西方文化的碰撞与交流》,《文化的馈赠——汉学研究国际会议论文集》(考古学卷),北京大学出版社,2000 年,256~270 页;Li Shuicheng(2002). (转下页)

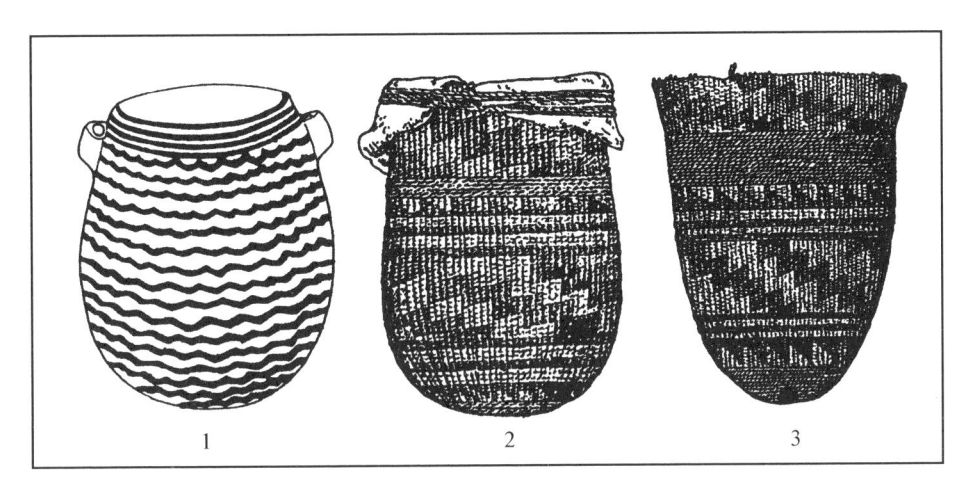

图五　天山北路墓地出土贯耳彩陶罐和小河墓地出土的草编小篓

1. 贯耳彩陶罐(天山北路 M221);2.3. 草编小篓(小河 MC:22、MC:24)

据是,20世纪70年代以来,在阿勒泰一带曾发现个别状若橄榄的圜底深腹陶罐和形制类似的石容器,如以切木尔切克 M16[1]为代表的遗存。类似遗物后来在奇台县坎儿子遗址[2]也有零星发现。不同的是,北面发现的这些陶器绝无绘彩者,也不见贯耳作风。

最近,新疆文物考古研究所发掘了罗布泊附近的小河墓地[3],据简报发表的资料,所有的墓葬均没有陶器,大多数墓内随葬草编小篓。这样的草编小篓在孔雀河古墓沟墓地也有发现[4](图五,2、3)。有趣的是,这些草篓的造型与图二第二

(接上页)Interaction between Northwest China and Central Asia during the Second Millennium B. C: An Archaeological Perspective, Ancient Interactions: East and West in Eurasian, pp.171~180. edited by Katie Boyle, Colin Renfrew & Marsha Levine. McDonald Institute Monographs, University of Cambridge, UK.

[1] 新疆社会科学院考古研究所:《新疆克尔木齐古墓群发掘简报》,《文物》,1981年1期,23~32页。

[2] 奇台县文化馆:《新疆奇台发现的石器时代遗址与古墓》,《考古学集刊(2)》,中国社会科学出版社,1982年,22~24页。

[3] 新疆文物考古研究所:《2002年小河墓地考古调查与发掘报告》,《新疆文物》,2003年2期,8~64页。

[4] 王炳华:《孔雀河古墓沟发掘及其初步研究》,《新疆社会科学》,1983年1期,117~128页。

组的贯耳罐颇有几分相似,而草篓上编织的花纹样式则与分布在乌拉尔山以东的安德罗诺沃(Anderonovo)文化的陶器纹样接近。参考体质人类学家的研究成果,与小河墓地文化面貌相同的古墓沟墓地,其人种特征与南西伯利亚的阿凡纳谢沃(Afanacevo)文化和安德罗诺沃文化相同[1]。若将上述线索一一相联,可知天山北路墓地第二组文化因素的陶器与小河等墓地的草篓类似,古墓沟、小河墓地的居民与阿勒泰、南西伯利亚的古代居民有亲缘性,这一线性关系非常值得玩味!

需要强调的一点是,目前,有关天山北路墓地第二组文化因素的性质和来源问题还都停留在猜测阶段。

第三组:

以吕文图一一,4网格纹双大耳彩陶罐(图二,7)和吕文图一一,10双耳素面罐(图二,8)为代表。本组文化特征明显归属四坝文化。这件彩陶双大耳罐的造型和花纹图案有着早期四坝文化的显著特征,包括矮胖的造型、器颈部绘制的横条带纹、腹部左右对称的方块网格纹等,类似器物在玉门火烧沟墓地就有出土。类似双耳素面罐的器形在安西鹰窝树墓地也有采集品(图六)。

除上述三组因素外,在吕文划分的第一期遗存中,剩余陶器(吕文图二,9~13)大多可在河西走廊找到对应的器类,或属于"过渡类型"遗存,或属于四坝文化。目前,由于不了解这些陶器的共存关系,暂不讨论其归属问题,但总体看,这些陶器大致不会超出以上三组文化因素的范畴。

通过上述比较分析,可得出如下几点初步认识。

1. 吕文划分的天山北路墓地第一期遗存的陶器实质上包含有三种不同性质的文化因素,它们之间应该有早晚之别。

2. 第一组文化因素是新疆东部目前唯一可确认属于新石器时代晚期的文化遗存,绝对年代约当公元前2000年。此类遗存与分布在甘肃河西走廊的"过渡类型"

---

[1] 韩康信:《新疆古代居民种族人类学研究》,《丝绸之路古代居民种族人类学研究》,新疆人民出版社,1993年,1~32页。

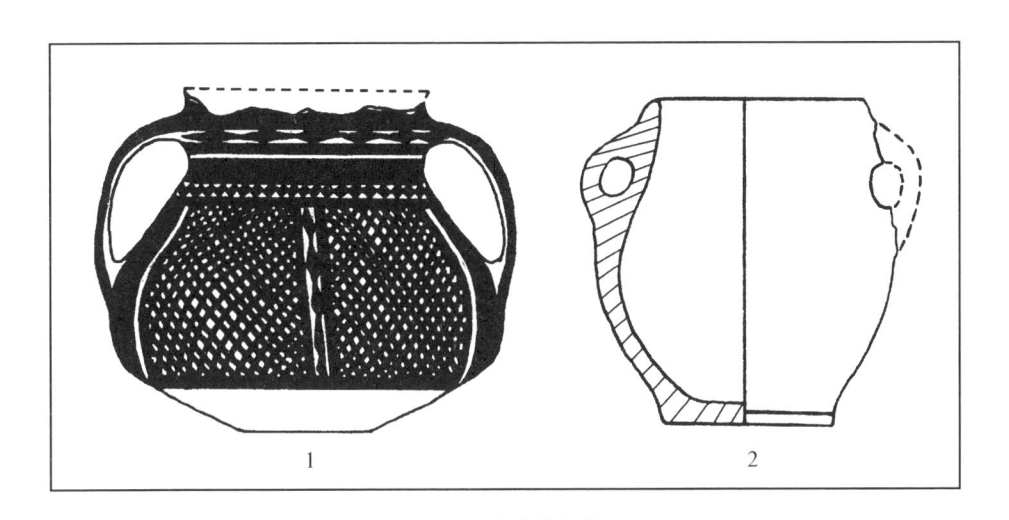

图六　四坝文化陶器

1. 双耳彩陶罐（火烧沟 M153∶2）；2. 双耳素面罐（安西鹰窝树86AY-Ⅰ-018）

遗存一致。它们出现在新疆东部，意义重大，不仅证实了新疆东部史前文化的存在，也表明这类史前遗存来自东面的河西走廊地区。循此线索，或许可进一步追踪此类遗存的分布，以及对当地古文化产生的后续影响。

3. 第二组文化因素属于新内容。此类因素的来源尚不确定，有可能是"外来"的，也有可能是"土著"。若为前者，可能会在人种体质形态上有所显露，这还有赖体质人类学家的研究证实。若为后者，目前尚未露出任何端倪。总之，第二组因素的发现对深入探索新疆东部地区的古文化，以及早期东西方文化交流、民族迁徙等一系列重要课题有重要价值。我曾做过下列推测："大约在公元前二千纪初，居住在河西走廊西段的东亚蒙古人不满足当地狭窄的生存空间，他们中的一部分居民越过茫茫戈壁，历经磨难，进入哈密绿洲。与此同时，有部分生活在南西伯利亚及周边的高加索人越过阿尔泰山、或沿额尔齐斯河谷流转进入新疆阿勒泰草原，也有部分继续南下，进入新疆东部。来自两个不同方向的不同人种在哈密地区接触并产生了文化交融。迄今为止，在河西走廊西部不见高加索人种分布，反观蒙古人民共和国境内青铜时代人种空间分布的格局，有理由推测，河西走廊东亚蒙古人种西迁哈密这一事件本身很可能在某种程度上遏制了高加索人种的东进。"[1]今天回过头来再审视这个问题,看来这种来自不同方向的殖民现象不仅存在,而且出现时间可以上溯到更早的新石器时代末期。

4. 第三组文化因素属于典型的四坝文化。假如我们看到哈密天山北路墓地第二期的陶器基本以四坝文化为主的事实,可进一步印证新疆东部与河西走廊的文化联系不仅密切,而且维系的时间相当久远。

以上几点中,以"过渡类型"遗存的出现最为重要。它以实物证明,从新石器时代末期始,自中原内地形成的文化扩张趋势影响深远,不仅强烈地影响到西北甘肃地区,甚至波及更为偏远的新疆东部。具体表现是,在距今4000年以前,河西走廊开始有部分土著居民向新疆东部迁徙,并将其文化植入这一地区,这一人口流动的大潮持续到日后的青铜时代,乃至更晚的历史时期。纵观整个西域的开发史,如此的民族迁徙、文化融合现象可谓历久不衰,一方面与人口压力或某些天灾人祸的出现有关,另一方面也折射出人类本身所固有的开发与征服未知区域的本能和欲望。

2000年8月初稿于哈佛大学,2006年4月定稿于剑桥大学
初刊于《俞伟超先生纪念文集》,文物出版社,2009年,193~202页

补记:2007年夏,我在乌鲁木齐幸会新疆维吾尔自治区博物馆的王博先生。他告诉我,哈密天山北路墓地的人骨经过检测,证实多数墓主为东亚蒙古人种,也有少量高加索人种。

2007年7月初补记于北京蓝旗营小区

---

[1] 李水城:《从考古发现看公元前二千纪东西方文化的碰撞与交流》,《文化的馈赠——汉学研究国际会议论文集》(考古学卷),266页。

西南地区考古

世纪回眸：四川史前考古的发展历程

罗家坝遗址史前考古学文化源流蠡测

三峡库区新石器时代考古学文化及其编年

石棺葬的起源与扩散
——以中国为例

7

世纪回眸:四川史前考古的发展历程[1]

迄今为止,如果将西方人最早在四川进行的考古活动计算在内[2],四川的考古已走过了整整一世纪,作为一个局部区域,四川在构成整个中国考古学发展史上地位是不容忽略的。愿借此机会,对近百年来四川的考古工作及相关研究做概略地回顾与思考。

一

地处中国大西南的四川省是我国考古出现较早的地区之一。但是,最早进入四川进行考古的几乎全都是外国人,而且不少是以传播宗教为目的传教士,这个现象也可以说是近现代田野考古学最初传入中国的一个缩影。

据郑德坤所记,最早在四川进行考古的西方人可追溯到19世纪末叶。如英国人巴伯(Baber, C. E.)就曾在重庆附近发现并采购到石器制品[3]。1909~1917年,法国人维克多·谢阁兰(Victor Segalen)[4]先后以海军见习译员、医生、客座教

---

[1] 本项研究得到美国Henry Luce基金、Wenner-Gren基金资助。
[2] 说明:其一,本文的"四川"仍沿用传统概念,其范围包括今天的四川省和已独立建市的重庆市。其二,本文的"考古"特指史前时期的新石器时代。
[3] Cheng Te-k'un 郑德坤 (1946). An Ancient History of Szechwan(四川古代文化史), *Journal of the West China Border Research Society* [i.e. Huaxi Bianjiang yanjiu xuehui zazhi 华西边疆研究学会杂志] 16A, pp.1~14.
[4] 维克多·谢阁兰(1878~1919),法国著名诗人、作家、汉学家和考古学家,也是医生和民族学者,一生与中国结下深厚渊源,并因书写中国负有盛名。他作为法国海军军医,长期旅居和多次游历中国,对中国悠久的历史文化有深入体察,并以此创作了大量取材于中国的诗歌、散文和小说,因此享有"法国的中国诗人"之美誉。

授、考古学家等身份三度来华,时间长达近七年。其间,他除了在北京等地外,还曾前往黄土高原、青藏高原、四川盆地、长江流域等地,有过两次为期各半年的观光旅行和考古,足迹遍及大半个中国,通过对一些古代遗址进行实地考察,撰写了多部中国古代陵墓建筑和雕塑艺术的论著(图一)。

图一　维克多·谢阁兰在四川发掘古墓前与当地县长合影

1909 年,美国人戴谦和博士(Daniel Sheets Dye)[1]来华,先后担任成都华西协和大学物理系、数理系教授和理学院院长。此人从 1914 年起收集古物,至 1931

---

[1] 戴谦和(Daniel Sheets Dye),1888 年生于美国俄亥俄州,美国顿利生大学科学博士。1909 年在四川成都任华西协和大学物理学教授,为该校初创元老之一,曾五次出任该校理学院院长。后在华西协和大学创立"华西边疆研究学会"(创始人还包括美国人类学家、医学家和地理学家),1949 年离华。

年,所藏古物已达6千余件[1]。1922年,他在华西协和大学博物馆建立了"华西边疆研究学会"(the West China Border Research Society),并开始出版《华西边疆研究学会杂志》(Journal of the West China Border Research Society),内容涉及诸多学科领域。

1925~1926年,美国纽约自然历史博物馆考古部主任纳尔逊(N. C. Nelson)在长江上游的四川、云南等地进行科学考察,沿途采集到近2万件石器,其中还有个别的彩陶片[2]。后来,纳尔逊将这批文物分别转交北京的燕京大学和美国的芝加哥自然历史博物馆收藏。

1931~1932年,美国学者包罗士(Gordon T. Bowles)和埃德加(J. Huston Edgar)曾一起在西康一带做过考古调查并采集到一些石制品,并分别撰文对考察的路线和收获加以介绍。[3] 1989年,四川大学教授童恩正曾撰文介绍了收藏在川大博物馆的两件手斧,据称就是他们考察时采集的。[4]

1931年,在四川汉州(今广汉市)福音堂传教的英国牧师董笃宜(V. H. Donnithorne)[5]得到一批出自月亮湾遗址的石器和玉器[6],他认为很有科学研究价值,遂建议地方政府出面保护这座遗址,制止农民滥挖,以免造成进一步破坏。

---

[1] Dye, Daniel S. (1924). Data on West China Artifacts(中国西部的文物资料). *Journal of the West China Border Research Society* [i.e. Huaxi Bianjiang yanjiu xuehui zazhi 华西边疆研究学会杂志] 2, pp.63~73. — (1930-31), Some Ancient Circles, Squares, Angles and Curves in Earth and in Stone in Szechwan, China(中国四川一些古石器). *Journal of the West China Border Research Society* [i.e. Huaxi Bianjiang yanjiu xuehui zazhi 华西边疆研究学会杂志] 4, pp.97~105.

[2] Nelson, Nels C. (n.d. 1), Central Asiatic Expedition of the American Museum of Natural History to the Yangtse River, Nov. 6, 1925 to April 6, 1926. New York: American Museum of Natural History; —(n.d. 2), Journal of the Central Asiatic Expedition to the Yangtse River Gorges Region. New York: American Museum of Natural History.

[3] Bowles, G.T. (1933). A preliminary report of Archaeological Investigation on the Sino-Tibetan Border of Szechwan. *Bulletin of the Geological Society of China*, vol. 13, no.1(1933), pp.119-141; Edgar, J.H. (1934). Prehistotic Remains in Hsikang on Eastern Tibet. *Jurnal of the west china Border Society*, vol. 6, (1933-34), pp.51-61.

[4] 童恩正:《西藏高原上的手斧》,《考古》,1989年9期。

[5] 董笃宜(V. H. Donnithorne)牧师,毕业于英国剑桥大学,曾在四川汉州福音堂传教,对广汉三星堆遗址的发现和保护有所贡献。

[6] 应系1929年春在广汉南兴(即"中兴场")燕姓农家附近"月亮湾"水田所出。

随后,他还通过在成都华西协和大学任职的戴谦和博士将这批文物捐赠给博物馆收藏。这年,他还先后陪同华西协和大学的戴谦和、葛维汉两位教授前往月亮湾遗址考察。

1933年秋,时任华西协和大学博物馆馆长的葛维汉博士(Daivid Crockett Graham)[1]在征得四川省教育厅批准后,率领一支由中外学者组成的考古队前往汉州,采用较规范的方法发掘了月亮湾遗址。两个多月下来,出土玉、石、陶器600

图二 葛维汉(右一)在广汉月亮湾遗址发掘

---

[1] 葛维汉(David Crockett Graham, 1882~1962),美国阿肯色州人,在惠特曼学院和戈尔伯特罗特斯特神学院获学士学位。1911年来华,在四川传教。1920年在芝加哥大学获宗教心理学硕士学位。1927年以《四川省的宗教》获芝加哥大学博士学位。后前往哈佛大学学习考古学。1932年任成都华西协和大学博物馆馆长、人类学教授,讲授考古学、文化人类学等课程。葛维汉曾任美国文化人类学会会员、民俗学会会员、远东研究所成员、皇家地理学会会员和美国纽约动物学会终生会员。在任华西协和大学博物馆馆长期间,他曾多次前往川西北进行考古和人类学考察,发表一大批报告。在四川期间还主持过汉墓、邛窑、琉璃厂窑的发掘,购入大量民俗文物和民间工艺品,大大充实了华西博物馆的收藏。1962年在美国去世。

余件[1]。这项工作也拉开了川西平原田野考古发掘的序幕(图二)。

1922年,叶常青牧师在岷江上游的威州[2]调查采集一批史前遗物,其中包括个别的彩陶片[3](图三)。1936年,李济之先生看到这批遗物后说:"我可以确认它们中的一半属新石器时代,剩下一半也可能属新石器时代。"1937年,瑞典地质学家安特生(J. G. Andersson)再次来华,应葛维汉之邀,经成都前往川西高原的打箭炉(今康定)考察。他也看了这批遗物,在肯定其属性为新石器时代的同时也指出,其中的彩陶片与他在甘肃某地的发掘品非常相似[4]。

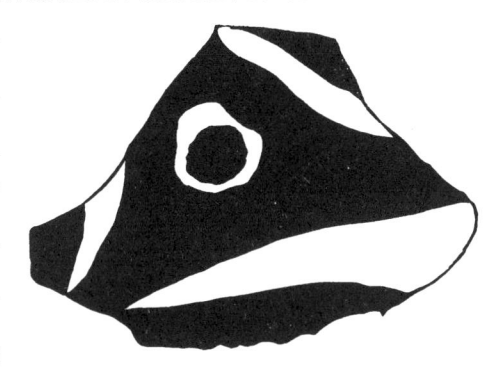

图三 1922年威州姜维城遗址采集彩陶片

1939年,葛维汉博士陪同英国作家Schuyler V. R. Cammann去理番(今理县)游历,再次采集到彩陶片,后交由华西大学博物馆收藏[5]。1942年,林铭均随同华西协和大学中国文化研究所主任闻宥前往川西北考察,在威州师范学校后山上的姜维城遗址采集到一批陶片,包括彩陶(19)、红色素陶(46)、绳纹红陶(25)、灰陶(106)等。其中,彩陶均为红陶,绘黑彩。林氏认为这些彩陶花纹与仰韶文化接

---

[1] Graham, David C. (1933–34). A Preliminary Report of the Hanchou Excavation(汉州发掘简报). *Journal of the West China Border Research Society* [i.e. Huaxi Bianjiang yanjiu xuehui zazhi 华西边疆研究学会杂志] 6, pp.114~131; ——(1935), A Late Neolithic Culture in Szechwan Province(四川新石器时代晚期文化). *Journal of the West China Border Research Society* [i.e. Huaxi Bianjiang yanjiu xuehui zazhi 华西边疆研究学会杂志] 7, pp.90~97;另见:林铭均:《汉州古代遗物的发现及其发掘》,《说文月刊》,三卷七期,1942年。

[2] 威州,又名新保关,当时属理番县管辖,即今四川汶川县。

[3] 经葛维汉确认,叶长青牧师发现彩陶片的地点也在威州姜维城。见:Graham, David C. (1938). Neolithic Sherds from Wei Chow(出自威州的新石器时代陶片). *Journal of the West China Border Research Society* [i.e. Huaxi Bianjiang yanjiu xuehui zazhi 华西边疆研究学会杂志] 10, p.229.

[4] Graham, David C. (1938). Neolithic Sherds from Wei Chow(出自威州的新石器时代陶片). *Journal of the West China Border Research Society* [i.e. Huaxi Bianjiang yanjiu xuehui zazhi 华西边疆研究学会杂志] 10, p.229.

[5] 这批采集品未见报道,参见林铭均:《四川威州彩陶发现记》,《说文月刊》4卷合订本,1944年,7页。

近,并进而推测:"威州所出陶片,与山西、河南、陕西出土诸器,颇有相似之点,为同一系统之物。故四川与中原文化必早已接触。其文化系由河南而陕西,沿渭水与汉水而进入甘肃南部,然后进入四川,循岷江流域而南下。又理番双耳陶罐显受甘肃陶器之影响,故四川似亦曾接收西北文化,其路线为溯洮河上行而达于岷江。"[1]此外,林氏还提到,1942年,曾有人在沱江(杂谷脑河古称沱水)流域的佳山寨[2]附近发现并采集到新石器时代石器。

1949年以前,四川的考古工作绝大部分操控在西方人手中,且大多数是伴随着传教、游历等活动的副产品,没什么学术目的,鲜有正规的调查和发掘,所获资料也多采自地表,内涵较杂,所采石器和陶片大多都被视为史前时期的遗留。1942年,郑德坤将华西博物馆所藏的部分早期遗物进行了排比分析,试图寻找其时代特征和文化关联[3]。这项工作揭开了四川史前考古研究的序幕。但囿于资料,四川的史前文化依旧笼罩在迷雾之中。

二

1949年以后的很长一段时间,四川的考古工作基本都是配合基本建设的副产品。其中,比较重要的史前考古发现有如下一批。

1. 随着三峡水库建设的论证提上议事日程,20世纪50年代末开始了在川东地区的考古调查,发现了忠县瞀井沟、巫山县双堰塘等早期遗址[4]。随后,在三峡水库淹

---

[1] 林铭均:《四川威州彩陶发现记》,《说文月刊》4卷合订本,1944年,7~11页。
[2] 此"佳山寨"应即日后发现的理县"箭山寨"遗址。
[3] Cheng Te-k'un 郑德坤 (1942). The Lithic Industries of Prehistoric Szechwan The prehistoric lithic culture of Sichuan (四川史前石器文化). *Jounal of the West China Border Research Society* [i.e. Huaxi Bianjiang yanjiu xuehui zazhi 华西边疆研究学会杂志] 14A, pp.1~16.
[4] 袁明森、庞有林:《四川忠县发现新石器时代遗址》,《考古通讯》,1958年5期,31~32页;四川省博物馆:《四川省长江三峡水库考古调查简报》,《考古》,1959年8期,398~403页;四川省博物馆:《川东长江沿岸新石器时代遗址调查简报》,《考古》,1959年8期,393~397页,403页。

没区发掘了巫山大溪[1]、忠县瀶井沟[2]等遗址,出土了一批史前时期的重要文物。

2. 20世纪50年代末至60年代,四川省文物管理委员会、四川大学历史系等单位在川西北的茂县、理县和汶川等地开展考古调查,再次发现含彩陶因素的史前遗存[3]。

3. 20世纪70年代以后,四川的考古工作扩展到川东小三峡流域、重庆周边、大渡河流域、青衣江流域和西昌的安宁河谷地等,并有一系列新发现。

截止于1984年,四川的史前考古有了较大改观。根据新的发现,有学者将四川的原始文化分成七个类型,进而归纳为不同系统的三个区域考古学文化:即"三峡地区的大溪文化""川西山区的新石器文化"和"早期巴蜀文化"[4]。上述观点大体代表了这一时期的认识水平。

归纳40年代末到80年代前期四川史前考古的特点,首先,这一时期发现的史前遗址均位于远离成都平原的边缘地区;其次,其性质多为外来文化或受外力影响混杂的次生文化。如大溪文化来自三峡以东的长江中游地区;岷江上游含彩陶因素的遗存来自甘肃南部。再次,有部分遗址的绝对年代明显偏晚,如忠县瀶井沟以尖底杯为代表的遗存已晚至青铜时代,礼州遗址的年代属于新石器,但绝对年代应在公元前二千纪中叶前后。至于四川的中心——成都平原的史前文化究竟是个什么样子,依旧是个大未知数。

三

1984年,国家文物局在成都召开了全国第一届考古工作汇报会。在这次会上,

---

[1] 四川长江流域文物保护委员会文物考古队:《四川巫山大溪新石器时代遗址发掘》,《文物》,1961年11期,15~21、60页;四川省博物馆:《巫山大溪遗址第三次发掘》,《考古学报》,1981年4期,461页。

[2] 四川省长江流域文物保护委员会文物考古队:《四川忠县瀶井沟遗址的试掘》,《文物》,1962年8期,416~417页。

[3] 四川省文物管理委员会:《四川茂汶羌族自治县考古调查》,《考古》,1959年9期;四川大学历史系考古教研组:《四川理县汶川县考古调查简报》,《考古》,1965年2期,614~618页。

[4] 赵殿增:《四川原始文化类型初探》,《中国考古学会第三次年会论文集》,文物出版社,1983年,115~120页。

苏秉琦先生指出:"成都与广汉有时间跨度相同的阶段,约从五千年到三千年,上下可以串起来,成系统,有特征。"[1]这次会议及苏先生的讲话对四川的考古产生了巨大的推动作用,并成为一个重要的转折点。此后,四川的考古工作逐步转入正轨,进入良性发展时期。

20世纪80年代后期,在四川周边的山地和丘陵地带新发现一批史前遗址。其中,最早的一波发现几乎全都集中在四川东北部的嘉陵江流域(包括其支流渠江和涪江)。经正式发掘的遗址有:绵阳边堆山[2],广元中子铺[3]、张家坡[4]、邓家坪[5],巴中月亮崖[6],通江擂鼓寨[7],宣汉罗家坝[8],阆中蓝家坝,南充淄佛寺等。这些遗址面积都不大,堆积也不丰厚。出土物不多,比较突出的特点是流行一种压印花边口的深腹陶罐,显示出较独特的地域风格。另一特点是,即凡地理位置靠北的遗址年代均偏早。如广元一带发现的几处遗址年代在距今7 000~5 000年;通江、巴中、绵阳及位置更南的遗址年代在距今5 000~4 500年[9]。可见这个区域的史前文化应来自北面陇南的白龙江流域和陕南的汉水上游,进入嘉陵江及支流河谷后,顺势而下,最终与长江沿岸的原始文化发生接触和互动。

第二波的考古发现集中在川东南地区,其背景是为配合三峡水库淹没区地下文物

---

[1] 苏秉琦:《西南地区考古:在四川广汉三星堆遗址考古座谈会上的讲话》,《华人·龙的传人·中国人——考古寻根记》,辽宁大学出版社,1994年,16页。

[2] 何志国:《绵阳发掘边堆山新石器时代遗址》,《四川文物》,1990年2期,21页;中国社会科学院考古研究所四川工作队:《四川绵阳市边堆山新石器时代遗址调查简报》,《考古》,1990年4期,307~313页。

[3] 中国社会科学院考古研究所四川工作队:《四川广元市中子铺细石器遗存》,《考古》,1991年4期,289~299页。

[4] 中国社会科学院考古研究所四川工作队、四川省广元市文物管理所:《四川广元市张家坡新石器时代遗址的调查与试掘》,《考古》,1991年9期,774~780页。

[5] 王仁湘、叶茂林:《四川盆地北缘新石器时代考古新收获》,李绍明、林向、赵殿增主编:《三星堆与巴蜀文化》,巴蜀书社,1993年,257~265页。

[6] 雷雨、陈德安:《巴中月亮岩和通江擂鼓寨遗址调查简报》,《四川文物》,1991年6期,52~55页。

[7] 四川省文物考古研究所、通江县文物管理所:《通江县擂鼓寨遗址试掘报告》,四川省文物考古研究所编:《四川考古报告集》,文物出版社,1998年,41~58页。

[8] 四川省文物考古研究所、达州地区文物管理所、宣汉县文物管理所:《四川宣汉罗家坝遗址2003年发掘简报》,《文物》,2004年9期,34~47页。

[9] 同注[5]。

保护而展开的大规模抢救性发掘。自20世纪90年代初开始,前后历经十余年,在三峡库区范围内调查发掘了大批史前遗址。其中重要的有:巫山魏家梁子[1]、奉节老官庙[2]、万州苏和坪[3]、忠县哨棚嘴[4]、中坝[5]、丰都玉溪坪[6]等。研究表明,此区域内年代偏早的史前文化来自长江中游,包括城背溪文化、大溪文化和屈家岭文化。但这些外来文化分布较为零星,影响有限。距今5000年前后,哨棚嘴文化[7]开始成为三峡地区的主流。该文化亦风行压印花边口沿的陶罐类组合,整体风格与嘉陵江流域接近,年代也相若(距今5000~4500年)。哨棚嘴文化的后继者为中坝文化,其绝对年代的下限已进入夏纪年[8]。

第三波考古发现集中在川西北高原。按空间区域还可分为两个亚区:一个在岷江上游,已发掘的重要遗址有:茂县营盘山[9]、波西[10]、白水寨[11]、沙乌

---

[1] 中国社会科学院考古研究所长江三峡考古工作队:《四川巫山县魏家梁子遗址的发掘》,《考古》,1996年8期,1~18页。

[2] 吉林大学考古学系:《四川奉节老关庙遗址第一、二次发掘》,《江汉考古》,1999年3期,7~13页;吉林大学考古学系、四川省文物考古研究所:《奉节县老关庙遗址第三次发掘》,四川省文物考古研究所编:《四川考古报告集》,文物出版社,1998年,11~40页。

[3] 重庆市文物考古研究所等:《万州苏和坪遗址第二次发掘报告》,重庆市文物局、重庆市移民局编:《重庆库区考古报告集(2000卷·下)》,科学出版社,2007年,605~708页。

[4] 北京大学考古文博学院三峡考古队等:《忠县干井沟遗址群哨棚嘴遗址发掘简报》,重庆市文物局、重庆市移民局编:《重庆库区考古报告集(1997卷)》,科学出版社,2001年,610~657页;北京大学考古学研究中心等:《忠县哨棚嘴遗址发掘报告》,重庆市文物局、重庆市移民局编:《重庆库区考古报告集(1999卷)》,科学出版社,2006年,530~643页。

[5] 四川省文物考古研究所等:《忠县中坝遗址Ⅱ区发掘简报》,重庆市文物局、重庆市移民局编:《重庆库区考古报告集(1998卷)》,科学出版社,2003年,605~648页;四川省文物考古研究所等:《忠县中坝遗址1999年度发掘简报》,重庆市文物局、重庆市移民局编:《重庆库区考古报告集(2000卷·下)》,964~1042页。

[6] 资料藏于重庆市文物考古研究所。

[7] 也有学者将"哨棚嘴文化"称为"玉溪坪文化"。

[8] 李水城:《三峡地区的新石器考古学文化及其编年》,王巍编:《中国考古学会第十三次年会论文集》(2010),文物出版社,2011年,38~52页。

[9] 成都市文物考古研究所等:《四川茂县营盘山遗址试掘报告》,《成都考古发现》(2000),科学出版社,2002年,1~77页。

[10] 成都市文物考古研究所等:《四川茂县波西遗址2002年的试掘》,《成都考古发现》(2004),科学出版社,2006年,1~12页。

[11] 成都市文物考古研究所等:《四川茂县白水寨及下关子遗址调查简报》,《成都考古发现》(2005),科学出版社,2007年,8~14页。

都[1]，汶川姜维城[2]，理县箭山寨[3]等。其文化性质分为三组：第一组以波西遗址为代表，内涵与仰韶文化晚期(石岭下类型)相同，年代在距今5 000年前；第二组以营盘山遗址为代表，为典型的马家窑文化，距今5 000~4 600年；第三组以白水寨遗址为代表，文化面貌较独特，应为在当地形成的晚于马家窑文化的新遗存，年代上限在距今4 500年左右。另一亚区在大渡河流域，已发掘的重要遗址有：金川刘家寨[4]、马尔康哈休[5]、孔龙村[6]，丹巴罕额依[7]，汉源狮子山[8]、麦坪[9]，石棉三星[10]等。这个区域的文化性质亦分三组：第一组以刘家寨遗址和哈休遗址为代表，为典型的马家窑文化，距今5 000~4 600年；第二组以麦坪遗址为代表，文化面貌独特，系马家窑文化在当地的后续变体，年代上限为距今4 500~4 000年；第三组以罕额依遗址早期为代表，年代为距今4 000年上下。整体看，川

---

[1] 成都市文物考古研究所等：《四川茂县白水寨和沙乌都遗址2006年调查简报》，《四川文物》，2007年6期，3~12页。

[2] 四川省文物考古研究所等：《四川汶川县姜维城新石器时代遗址发掘报告》，《四川文物》2004年(增刊)，63~91页。

[3] 成都市文物考古研究所等：《四川理县箭山寨遗址2000年的调查》，《成都考古发现》(2005)，科学出版社，2007年，15~24页。

[4] 国家文物局主编：《四川金川刘家寨新石器时代遗址》，《2012中国重要考古发现》，文物出版社，2013年，32~35页。

[5] 阿坝藏族羌族自治州文物管理所等：《四川马尔康县哈休遗址调查简报》，《四川文物》，2007年4期，8~15页；阿坝藏族羌族自治州文物管理所等：《四川马尔康县哈休遗址2006年的试掘》，《南方民族考古》第六辑，科学出版社，2010年，295~374页。

[6] 成都市文物考古研究所等：《四川马尔康县孔龙村遗址调查简报》，《成都考古发现》(2005)，41~50页。

[7] 四川省文物考古研究所等：《丹巴县中路乡罕额依遗址发掘简报》，《四川考古报告集》，文物出版社，1998年，59~77页。

[8] 中国社会科学院考古研究所四川工作队：《四川汉源县大树乡两处古遗址的调查》，《考古》，1991年5期，383~389页；四川省文物考古研究院：《大渡河瀑布沟水电站淹没区文物调查简报》，《四川文物》，2008年1期，3~15页。

[9] 中国社会科学院考古研究所等：《四川汉源县麦坪村、麻家山遗址试掘简报》，《四川文物》，2006年2期，3~19页；四川省文物考古研究院等：《四川汉源县麦坪新石器时代遗址2007年的发掘》，《考古》，2008年7期，11~19页；四川省文物考古研究院等：《四川汉源县麦坪遗址2006年第二次发掘简报》，《四川文物》，2012年4期，3~16页；四川省文物考古研究院等：《四川汉源县麦坪遗址2008年发掘简报》，《考古》，2011年9期，15~32页。

[10] 四川省文物考古研究院等：《四川石棉三星遗址发掘简报》，《四川文物》，2008年6期，3~25页。

西北地区的史前文化可分成前后两个阶段,早段是从甘肃南部沿青藏高原东麓进入川西北的仰韶晚期文化和马家窑文化。其中,有部分马家窑文化的因素南下到大渡河中游。晚段为马家窑文化的后续变体,以茂县白水寨遗址和汉源麦坪遗址为代表,但二者又有区别,其后续影响分别波及成都平原和更南面的安宁河谷以及长江三峡地区。

第四波考古发现集中在川西南的雅砻江下游,已发掘的重要遗址有:西昌横栏山[1]、马鞍山[2]、棲木沟[3]、营盘山[4]等。所见遗物流行造型各异的罐类器皿,尤以口缘外侧贴塑附加堆纹的喇叭口罐为最,年代距今4500~4000年,下限有可能更晚。此类遗存集中分布在安宁河谷,有学者建议以"横栏山文化"命名[5]。

同前一阶段类似,上述史前遗址的分布也集中在成都平原外围的川西高原和丘陵地带,按遗址所在空间位置及河流水系,可将其整合为五个文化交互圈。第一是"川东北文化圈"。以嘉陵江流域为中心,北起广元,南止于合川,东接渠江,西倚涪江。第二是"渝东——三峡文化圈"。以川东南长江沿岸为中心,西起宜宾,东至巫峡,包括长江南北两岸的若干支流河谷。第三是"川西北文化圈"。东起岷江上游,西至大渡河上游,北依阿坝草原,南抵丹巴—小金—都江堰一线。第四是"大渡河中游文化圈",即以汉源为轴心的大渡河中游地区。第五是"安宁河谷文化圈",指以西昌为中心的川西南地区(图四)。

---

[1] 西昌市文物管理所:《四川西昌市横栏山新石器时代遗址调查》,《考古》,1998年2期,5~9页;成都市文物考古研究所等:《四川西昌市大兴横栏山遗址调查试掘简报》,《成都考古发现》(2004),科学出版社,2006年,20~38页。
[2] 成都市文物考古研究所等:《四川西昌市经久乡马鞍山遗址调查试掘简报》,《成都考古发现》(2005),科学出版社,2007年,88~113页。
[3] 四川省文物考古研究院等:《凉山州西昌市棲木沟遗址试掘简报》,《四川文物》,2006年1期,13~20页。
[4] 成都市文物考古研究所等:《四川西昌市营盘山遗址发掘简报》,《成都考古发现》(2005),62~87页。
[5] 江章华:《安宁河流域考古学文化试析》,《四川文物》,2007年5期,3~11页。

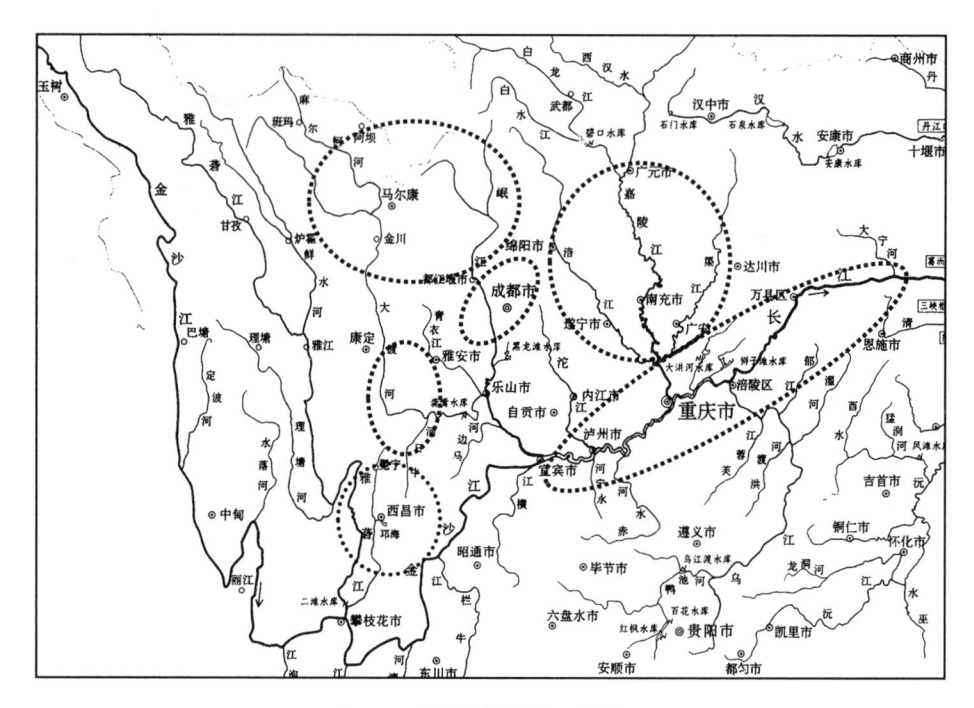

图四　四川史前文化的交互作用圈

四

　　由岷江冲积扇构成的成都平原恰好被这五个文化交互作用圈所环绕。20 世纪 80 年代初,四川省文物考古研究所在挖掘广汉三星堆遗址时,发现了文化面貌独特的第一期遗存。经碳十四检测,年代距今 4 600~4 500 年(树轮校正值),这是成都平原首次发现的新石器时代晚期遗存。遗憾的是,1987 年刊布的发掘报告[1]对此期文化内涵介绍极为概略,而且几乎没发表什么遗物资料,极不应该地冲淡了这一重要发现。随着三星堆祭祀坑公布的惊世大发现,第一期遗存的重要意义很快就在大量怪诞的青铜人面、青铜神树、金杖和玉器的耀眼光环之下被淹

---

[1] 四川省文物管理委员会、四川省博物馆、广汉县文化馆:《广汉三星堆遗址》,《考古学报》,1987 年 2 期,227~254 页。

没了。

成都平原史前考古的最大转机出现在 1995 年。这年,在新津县龙马古城发现了宝墩遗址。经发掘证实这是一座龙山时代的古城,遂被命名为"宝墩文化"[1]。宝墩遗址所出生产工具以石器为主,石器材质普遍较好,磨制较精,器类以斧、锛、凿为主,也有少量刀、镞和钺。生活用具主要为陶器,分为泥质和夹砂两类,以泥条盘筑和慢轮修整为主,泥质灰白陶、灰黄陶为主,也有少量泥质褐陶。夹砂陶多灰色,少量褐色。流行平底器和圈足器,典型器有绳纹花边口罐、敞口圈足尊、喇叭口高领罐、平底尊、盆、壶及少量的豆、筒形罐等。器表装饰多见水波划纹、戳印纹、瓦棱纹、弦纹,特别是口唇部位常戳印锯齿状花边[2]。上述特征与广汉三星堆第一期遗存和绵阳边堆山遗址非常接近。

继宝墩古城发现后,很快又在成都平原找到了另外七座古城。它们是:温江鱼凫古城[3]、郫县古城[4]、都江堰芒城[5]、崇州双河古城[6]、紫竹古城[7]、大邑盐店古城、高山古城[8](图五)。这批古城年代略有早晚,整体文化面貌与宝墩

---

[1] 成都市文物考古工作队、四川联合大学考古研究室、新津县文管所:《四川新津县宝墩遗址的调查与试掘》,《考古》,1997 年 1 期,40~52 页;中日联合考古调查队:《四川新津县宝墩遗址 1996 年发掘简报》,《考古》,1998 年 1 期,29~50 页。

[2] 成都市文物考古研究所、四川大学历史系考古教研室、早稻田大学长江流域文化研究所:《宝墩遗址:新津宝墩遗址发掘和研究》,2000 年。

[3] 成都市文物考古工作队、四川联合大学考古教研室、温江县文物所:《四川省温江县鱼凫村遗址调查与试掘》,《文物》,1998 年 12 期,38~56 页;李明斌、陈云洪:《温江县鱼凫村遗址 1999 年度发掘》,《成都考古发现》(2001),科学出版社,2003 年,40~53 页。

[4] 成都市文物考古工作队、郫县博物馆:《四川省郫县古城遗址调查与试掘》,《文物》,1999 年 1 期,32~42 页;成都市文物考古研究所、郫县博物馆:《四川省郫县古城遗址 1998~1999 年度发掘收获》,《成都考古发现》(1999),科学出版社,2001 年,29~39 页。

[5] 成都市文物考古工作队、都江堰市文物局:《四川都江堰市芒城遗址调查与试掘》,《考古》,1999 年 7 期,14~27 页;中日联合考古调查队:《都江堰市芒城遗址 1998 年度发掘工作简报》,《成都考古发现》(1999),科学出版社,2001 年,54~98 页;中日联合考古调查队:《都江堰市芒城遗址 1999 年度发掘工作简报》,《成都考古发现》(1999),科学出版社,2001 年,99~126 页。

[6] 成都市文物考古研究所等:《四川崇州市双河史前城址试掘简报》,《考古》,2002 年 11 期,3~19 页。

[7] 成都市文物考古研究所、中国社会科学院考古研究所四川队:《崇州市紫竹古城》,中国考古学会编:《中国考古学年鉴(2001)》,文物出版社,2002 年,281 页。

[8] 成都市文物考古研究所、大邑县文物管理所:《大邑县盐店和高山新石器时代古城遗址》,中国考古学会编:《中国考古学年鉴(2004)》,文物出版社,2005 年,353~354 页。

相同,应属同一时期的遗留,年代上限在距今 4 600～4 500 年,下限已进入夏纪年。这一系列重大发现不仅填补了成都平原史前考古的长期空白,也彻底扭转了学界的传统认识,四川的史前考古一跃而进入鼎盛发展时期。

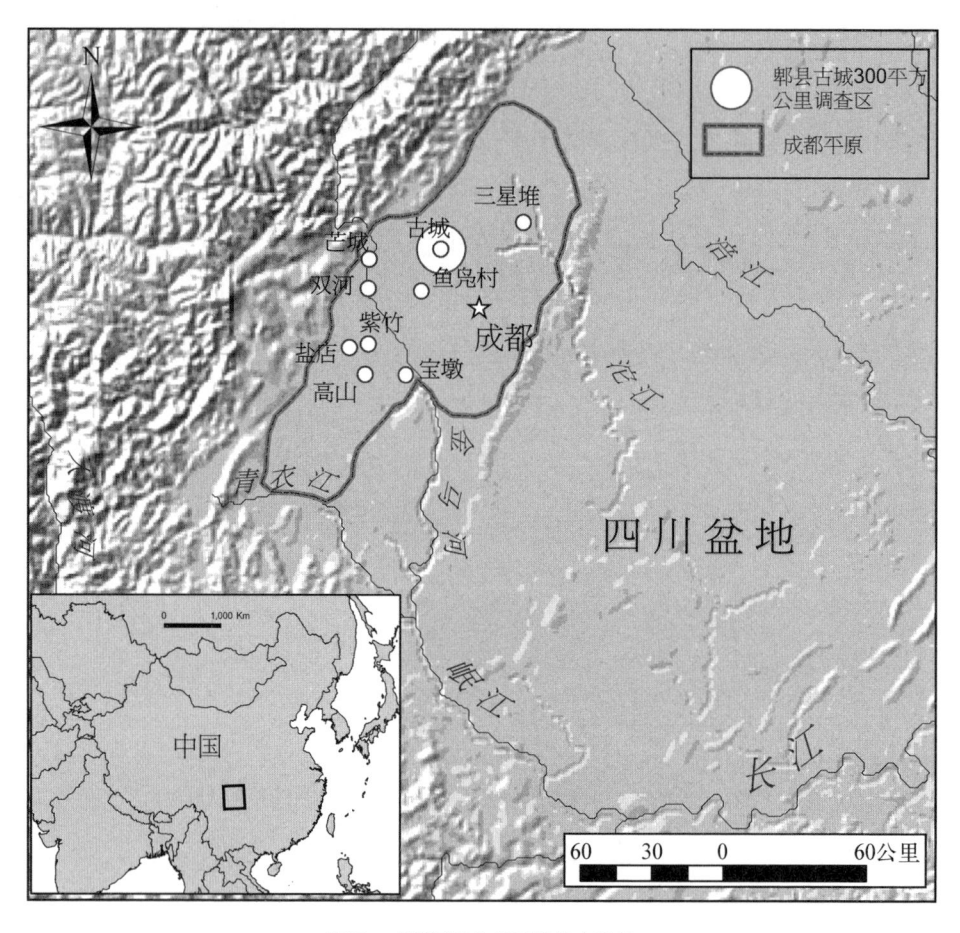

图五　成都平原史前时期的古城址

五

综上所述,根据一个世纪以来的考古发现和研究,可对四川地区的史前文化发展历程做如下几点归纳:

第一，四川的史前文化经历了一个"三部曲"式的发展过程。第一阶段在距今5 000年前，来自不同方向的外来文化分别进入川西高原、嘉陵江河谷、长江三峡地区；第二阶段在距今5 000~4 500年，来自不同方向的考古学文化在各地蔓延、扩散，并逐渐向着具有本地特色的区域考古学文化演变；第三阶段为距今4 500年以降，开始形成不同区域的考古学文化。其中，进入什邡一带的外来文化通过不断交互碰撞产生了宝墩文化，并全面进驻成都平原。这种由外来文化主导形成的"次生型文化"发展模式与中原地区的"原生型"发展模式有本质上的差别，或可看作"西北模式"的另类表现。这个案例再次印证了不同地区的考古学文化有着各自不同的演进模式。

第二，宝墩文化内涵的多元特点暗示它是周边不同原始文化频繁互动的结果，对此学界已有共识。前不久，什邡桂圆桥遗址发现的地层关系为追溯宝墩文化的源头和地点提供了线索。桂圆桥遗址早期不见彩陶，但有着鲜明的马家窑文化特征；晚期则属于典型的宝墩文化[1]。从空间看，什邡的地理位置相当重要，其西北依龙门山系，山背后即马家窑文化分布的岷江上游。东北的浅山丘陵区分布有绵阳边堆山遗址，后者所出陶器之形态、质地、色泽和花纹与宝墩近似，而且年代更早。其东南为广汉和成都平原，三星堆第一期遗存的年代上限为距今4 600年，恰好是宝墩文化的滥觞期。以上考古发现表明，公元前三千纪前半叶，来自岷江上游和涪江流域（嘉陵江水系）的史前文化在什邡一带碰撞、融合，共同孕育出了宝墩文化。在后来，来自长江三峡的史前文化也曾北上影响成都平原。这一格局曾长期左右了四川的历史发展进程，从三星堆文化到十二桥文化莫不如此。即便到了东周时期，秦、楚也从未停止对巴、蜀的觊觎，并分别从南北两侧对其实施文化渗透和军事征服。

第三，为何直到距今4 500年前后才有史前文化进入成都平原？这恐怕与当地的水系和环境密切相关。四川西部为青藏高原东麓，东北有秦巴山地，东南是低洼

---

[1] 四川省文物考古研究院、德阳市博物馆、什邡市博物馆：《四川什邡桂圆桥新石器时代遗址发掘简报》，《文物》，2013年9期，4~12页。

的盆地。这种西北高东南低的地势造成四川境内所有河流均自北向南流入长江。其中,岷江在都江堰山口倾泻而出,大量河水涌入低洼的成都平原,使其成为河湖水网密布的泽国,这或许是早期入川的外来文化难以进入成都平原的根本原因。推测在距今4 500年前后,曾发生过一次大的气候干冷事件,导致河水流量骤减,成都平原洼地的水位下降,宝墩文化的先民开始占据出露的高地,定居下来。随即,人们也开始了漫长的适应与治水工程,其中就包括为躲避水患而营建的大型公共防洪工程,宝墩文化八座古城的先后出现即可为证。这个征服自然、战胜自然的过程持续了两千余年,直至蜀守李冰完成都江堰水利工程,成都平原才最终成为"水旱从人,不知饥馑"的天府之国。

第四,四川史前文化演进揭示了北方黄河流域与南方长江流域考古学文化对接与交互的历程,这条南北通道的开凿对华夏文明的发展与扩散具有深远的影响。随着这条联结西北与西南的"半月形边地文化传播带"的出现,不仅带动了源源不断的民族迁徙和经贸文化往来,也将悠久的中华文明输送到遥远的川、滇、黔边地,其辐射力甚至跨越了国界,远及东南亚、甚至南亚地区。对此,苏秉琦先生曾有一段精彩的总结:"四川是西南地区的重点,在古文化古城古国发展中处于领先地位。同时,四川地区的古文化与汉中、关中、江汉以至东南亚,四面八方都有关系。从西南地区看,巴蜀是龙头,从中国和东南亚关系看,四川又是东南亚的龙头。所以,要从长远的角度制定规划我们的工作任务。"[1]

谨以此文祝贺徐光冀先生八十寿辰!

后记:1982年我本科毕业,因故改派至四川博物馆。离校之前,严文明先生嘱咐我这样一段话(大意):"四川的新石器文化至今不清楚,你去了以后要从一点一滴做起,坚持下去,必有收获。"惭愧的是,在成都三年我没参与任何与史前考古有关的事。1985年重返北大,研究兴趣也随之转向西北。1993年,我率队前往三峡

---

[1] 苏秉琦:《西南地区考古:在四川广汉三星堆遗址考古座谈会上的讲话》,《华人·龙的传人·中国人——考古寻根记》,16页。

参与忠县的考古。进入21世纪,又连续多年在四川郫县开展区域考古国际合作调查,遂重新关注四川的史前考古,此文即这一期间的断续思考。限于篇幅,难免混杂务虚的成分。在此抛砖引玉,望界内同行予以批评指正。

2015年岁首定稿于北京蓝旗营寓所

初刊于《庆贺徐光冀先生八十华诞论文集》,科学出版社,2015年

8
罗家坝遗址史前考古学文化源流蠡测

一

相对于国内其他省区，川渝地区史前遗址的发现相对滞后。直至20世纪80年代以前，正式发掘的新石器时代遗址仅有巫山大溪和西昌礼州两处。进入80年代以后，随着广汉三星堆遗址一期文化的发现，才在空间上填补了成都平原史前文化的空白。进入90年代，三峡水库淹没区地下文物大规模的抢救发掘和成都平原多座史前城址的发现，使得川渝境内的史前文化终于浮出了水面，相关工作和研究逐步走入正轨。

2014年，我将川渝地区的史前文化整合为五个文化交互圈。即：（1）"川东北文化圈"。以嘉陵江流域为中心，北起广元，在合川接纳渠江、涪江两大支流，南下注入长江。（2）"渝东—三峡文化圈"。以川东南的长江沿线为中心，西起宜宾，东至巫峡，涵盖长江南北两岸的诸多支流河谷。（3）"川西北文化圈"。东起岷江上游，西至大渡河上游，北依阿坝草原，南抵丹巴—小金—都江堰一线。（4）"大渡河文化圈"，特指以汉源为轴心的大渡河中游河段。（5）"安宁河文化圈"。指以西昌为中心的四川西南部地区（图一）[1]。

在以上五个文化交互圈中，我始终认为，"川东北文化圈"所在的嘉陵江流域（含沿线支流）在沟通南北文化交往的历史进程中占据了重要位置，可谓探索川渝地区史前考古和文化交互的关键地区之一。可惜，该流域的考古工作一直薄弱，其

---

[1] 李水城：《世纪回眸：四川史前考古的发展历程》，《庆贺徐光冀先生八十华诞论文集》，科学出版社，2015年，40~42页。

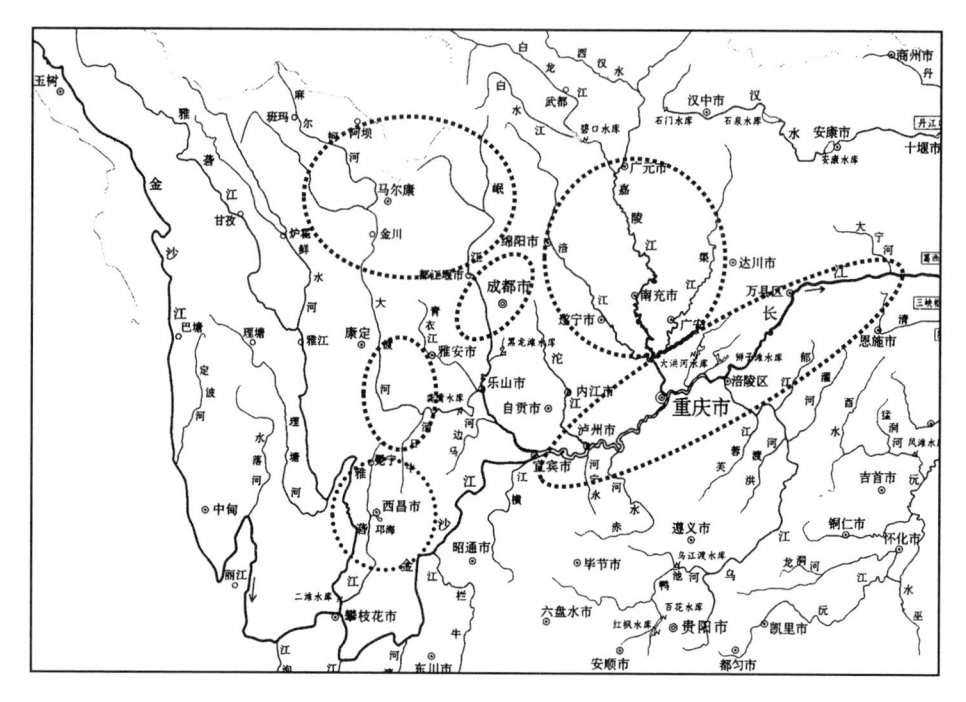

图一　川渝地区史前文化交互作用圈

重要性没有得到应有的重视。

先说说嘉陵江,此江因陕西凤县嘉陵谷得名,古称阆水、渝水。发源地有二:一在陕西凤县凉水泉沟,另一在甘肃天水齐寿山,东西两源在陕西略阳两河口汇合,以下河段开始称嘉陵江。南流至广元昭化又与白龙江汇合后,经苍溪、阆中、南部、蓬安、南充、武胜、合川等地,是为中游。在合川再接纳渠江、涪江两大支流,至重庆汇入长江。嘉陵江源起甘陕,东临湖北,西依成都平原,南下重庆,其流域范围几乎占去四川省半壁江山。在宝成铁路和成渝铁路尚未开通之前,一直是连接南北两地的黄金水道,其所发挥的通衢以及南北经贸文化交流的重要作用可上溯至远古时期。

二

嘉陵江流域的考古工作可追溯到 20 世纪 80 年代,也有一些较重要的发现。已做过考古发掘的史前遗址有：绵阳边堆山[1]，广元中子铺[2]、张家坡[3]、邓家坪[4]、鲁家坟、巴中月亮崖[5]、通江擂鼓寨[6]、安家坝、阆中蓝家坝、彭城坝、宣汉罗家坝[7]、渠县城坝、南充淄佛寺等[8]。发掘资料显示，嘉陵江流域的史前遗址面积都不很大，堆积亦不丰厚，加之发掘面积有限，出土物不多，所见陶器均系残片，鲜有复原或能看出完整器形者。总之，由于出土资料残缺、数量稀少，加之研究的薄弱，该流域的史前文化面貌长期处在一种扑朔迷离的状态。

1999、2003和2007年，四川省文物考古研究院等单位先后三次对宣汉罗家坝遗址进行发掘，发现这是一处地层堆积厚、文化内涵丰富的遗址，包含有新石器时代晚期、东周和汉代等不同历史阶段的遗留。但前三次的发掘主要集中于东周时期的巴人墓葬，仅有少量史前遗存发现[9]。2016年对罗家坝进行第四次发掘，终于找到了新石器时代的丰富堆积，出土一批重要的遗迹和遗物，在很多方面具有填补空白的价值，标志着嘉陵江流域的史前考古出现转机，并有重要突破。

罗家坝遗址坐落在嘉陵江支流渠江的二级支流——后河左岸一级阶地上，面积为120万平方米。出土史前遗物主要为石器和陶器。石器分打制、磨制和细石器三类。打制石器包括砍砸器、刮削器、石片、盘状器；磨制石器有石斧、石锛、尖状器和石砧；细石器有燧石石叶、石片和石核等。后者系在川东渠江流域的首次发

---

[1] 何志国：《绵阳发掘边堆山新石器时代遗址》，《四川文物》，1990年2期；中国社会科学院考古研究所四川工作队：《四川绵阳市边堆山新石器时代遗址调查简报》，《考古》，1990年4期。
[2] 中国社会科学院考古研究所四川工作队：《四川广元市中子铺细石器遗存》，《考古》，1991年4期。
[3] 中国社会科学院考古研究所四川工作队、四川省广元市文物管理所：《四川广元市张家坡新石器时代遗址的调查与试掘》，《考古》，1991年9期。
[4] 王仁湘、叶茂林：《四川盆地北缘新石器时代考古新收获》，李绍明、林向、赵殿增主编：《三星堆与巴蜀文化》，巴蜀书社，1993年，257~265页。
[5] 雷雨、陈德安：《巴中月亮岩和通江擂鼓寨遗址调查简报》，《四川文物》，1991年6期。
[6] 四川省文物考古研究所、通江县文物管理所：《通江县擂鼓寨遗址试掘报告》，四川省文物考古研究所编：《四川考古报告集》，文物出版社，1998年，41~58页。
[7] 四川省文物考古研究所等：《四川宣汉罗家坝遗址2003年发掘简报》，《文物》，2004年9期。
[8] 其他遗址未注明者，资料未发表。
[9] 四川省文物考古研究院等编著：《宣汉罗家坝》，文物出版社，2015年，16~25页。

现,调查表明,制作这些细石器的燧石原料就产自当地。

罗家坝遗址出土的陶器以夹砂质地为主,分为夹粗砂陶和夹细砂陶两类。陶色以灰色、褐色或灰褐色为主,少量红色或黑色。器物造型以平底器为主,有个别圈足器。器类组合较简单。最具代表性的典型器为侈口宽折沿深腹夹砂罐,也有的呈外侈口、折沿稍窄的样式。特点是口唇部常捺压浅的齿状花边,领部转折处堆塑附加堆纹,器表流行交错绳纹,腹部绳纹之上堆塑数匝附加堆纹。其他还有戳印纹、篦点纹、弦纹、瓦棱纹等。泥质陶主要为表皮灰黑色、内胎红褐色,大多素面无纹,器类有喇叭口罐、折腹盆和敛口钵等。年代检测结果显示,罗家坝史前遗存的年代为距今5 300~4 000年。

更为惊喜的是,在罗家坝遗址与巴文化学术研讨会上了解到,四川省文物考古研究院罗家坝发掘团队已开始对2016年的发掘资料进行整理,对该遗址的史前遗存做了初步的分期研究,上述工作为探索川东地区新石器时代的考古学文化序列构筑了基础,将大大推进嘉陵江流域的史前文化研究。

罗家坝遗址的重要收获是出土并复原了一批陶器,器类基本组合由侈口宽折沿深腹夹砂罐、泥质陶钵、盆、喇叭口罐、豆等构成,包括一些石器和前所未见的细石器等,其中很多在嘉陵江流域已往的考古发掘中为仅见。其特殊贡献还在于,以该遗址出土遗物为样本,特别是以侈口宽折沿深腹夹砂罐为代表的遗存,可将嘉陵江流域以往发掘的其他史前遗址的资料有机地串联起来,让我们得以窥探到嘉陵江流域史前文化的基本风貌。整合结果表明,罗家坝遗址出土的这组遗物代表了公元前三千纪(距今5 000~4 000年)嘉陵江流域史前文化的基本构成。证实这是一支分布在整个嘉陵江流域、在空间上呈现出极大共性的考古学文化综合体,类似因素北可上溯至陕西南部,向南延伸到渝东三峡[1],波及范围远达鄂西北地区(图二)[2]。

---

[1] 重庆市文物考古所等:《巫山大溪遗址勘探发掘报告》,重庆市文物局、重庆市移民局编:《重庆库区考古报告集(2000卷)》,科学出版社,2007年,425~480页。

[2] 陈伯桢、傅罗文:《四川盆地及邻近地区的新石器考古》,李水城、罗泰主编:《中国盐业考古:长江上游古代盐业与景观考古的初步研究》(一),科学出版社,2006年,182~254页。

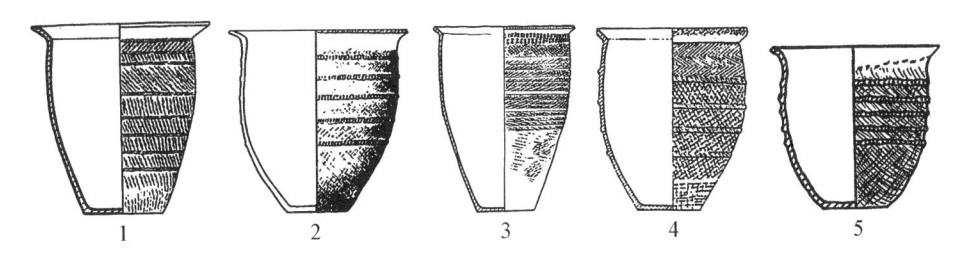

图二 嘉陵江流域、陕南和三峡出土侈口宽折沿深腹夹砂罐

1. 西乡李家村 60W3∶2;2. 宣汉罗家坝 2016;3. 重庆;4. 忠县中坝 H283∶2;5. 宜昌中堡岛 H21∶2

三

罗家坝遗址的发掘收获为进一步探讨嘉陵江流域史前文化的来源、去向及与周边地区的文化关系提供了可能。

（一）嘉陵江流域史前文化的来源

此前,已有学者就嘉陵江流域上游段的史前遗址年代做过初步的归纳,并提出如下的阶段划分。第一段：广元中子铺遗址早期（距今7 000~6 000年）。物质遗存主要表现为细石器,也有少量火候低、质地松软的夹砂绳纹红褐陶片。第二段：广元中子铺遗址晚期——张家坡遗址（距今6 000~5 500年）。物质遗存主要为夹砂灰褐色绳纹陶片,伴出少量细小石器和磨制石器。第三段：广元邓家坪遗址（距今5 000~4 500年）。文化特征与张家坡遗址接近。第四段：绵阳边堆山遗址（距今5 000~4 500年）。物质遗存为夹砂灰褐陶和泥质灰陶,以及打制和磨制石器[1]。

依照上述年代排序,可知嘉陵江流域年代最早的史前遗址在广元附近,偏晚的遗址则分布在中游以下河段。由此引出的问题是,中子铺遗址早期遗物以细石器

---

[1] 王仁湘、叶茂林：《四川盆地北缘新石器时代考古新收获》,李绍明、林向、赵殿增主编：《三星堆与巴蜀文化》,257~265页。

为主,共存陶片极为破碎,器形组合均不清楚,文化性质不明。根据已知的考古学文化分布,广元一带很难成为至今未知的某个考古学文化的策源地。那么,以中子铺为代表的早期遗存的源头应在哪里? 从地缘角度出发,最有可能的地点就是陕西南部,而且中子铺遗址的发掘者也有这方面的暗示[1]。

陕西南部已知史前文化的发展序列为:以西乡李家村为代表的老官台文化晚期(距今7 000~6 500年)—以南郑龙岗寺为代表的仰韶文化早期(半坡类型,距今6 500~6 000年)—仰韶文化中期(庙底沟类型,距今6 000~5 500年)。此后阶段的文化面貌不详,随即进入龙山文化(距今4 500~4 000年)。

我们注意到,陕南有很多史前遗址在仰韶文化中期之后即被龙山文化的地层叠压,几乎无例外地缺失仰韶文化晚期(距今5 500~5 000年)和庙底沟二期文化(距今5 000~4 500年)。但这近乎上千年的"文化断层"在逻辑上完全讲不通。我们认为,所谓的"文化断层"很可能反映了仰韶文化核心区以外在仰韶文化晚期阶段出现的"文化变异"现象。如在陇山左近,进入大地湾四期(仰韶文化晚期)逐渐演变出石岭下类型,继而发展为马家窑文化;在黄河中游的郑洛以东地区,演变出大司空村类型;在内蒙古中南部—河套地区,演变出海生不浪文化,继而发展为老虎山文化。估计陕南在庙底沟类型之后也出现了类似变动,由于变化大,加之出土资料不多,这类遗存统一被归入"龙山文化",如西乡李家村[2]、红岩坝[3]、南郑龙岗寺[4]、城固宝山[5]等遗址即有此类因素。

仔细观察,陕南此类"龙山文化"的特点为:以夹砂褐陶为主,泥质陶多黑皮红胎,器类主要有深腹夹砂罐、喇叭口罐、敛口深腹钵、豆、盘、盆,器表多饰交错绳纹、附加堆纹、篮纹等。其中,深腹夹砂罐的器型和附加堆纹的装饰明显带有仰韶文化

---

[1] 发掘者提到,在中子铺遗址发现有尖锥足陶片,即暗指与陕南西乡李家村的老官台文化有关。
[2] 陕西省考古研究所、陕西省安康水电站库区考古队:《陕南考古报告集》,三秦出版社,1994年,38~40页。
[3] 陕西省考古研究所汉水考古队:《陕西西乡红岩坝新石器时代遗址调查与试掘》,《考古与文物》,1982年5期。
[4] 陕西省考古研究所:《龙岗寺——新石器时代遗址发掘报告》,文物出版社,1990年,48~53页。
[5] 西北大学文博学院:《城固宝山——1998年发掘报告》,文物出版社,2002年,11~24页。

晚期到庙底沟二期文化的特征,年代应在距今 5 000 年上下。有意思的是,上述特征恰恰显示出了与嘉陵江流域以罗家坝为代表的史前遗存强烈的一致性,显然,嘉陵江流域史前文化的源头很可能与此类文化因素有关[1]。它最早在陕南形成,然后顺江而下,最先到达广元地区,继而向南扩散到整个嘉陵江流域。

(二) 与渝东三峡的文化关系

渝东三峡境内的史前文化以哨棚嘴文化[2]为代表。该文化的陶器质地、形态、组合都表现出与罗家坝遗址有很大的相似性,这也为探讨哨棚嘴文化的来源提供了空间。现有考古发现表明,哨棚嘴文化很有可能是嘉陵江流域史前文化南下扩散的产物,至少不能排除嘉陵江流域的史前文化对三峡地区产生的强烈影响。

以往,学术界在谈及哨棚嘴文化的来源时,常常以该文化的侈口宽折沿夹砂深腹罐为对象,认为此类器型和装饰应来自西北地区的马家窑文化。问题是,从川西北岷江上游沿青藏高原东麓南下三峡这一路可谓艰险备至,至今缺少此类因素传播的确凿证据。罗家坝遗址的发掘和相关证据表明,此类因素的传播很可能走了一条更为便捷的途径,即嘉陵江水系。

近年来,在贵州遵义等地陆续发现有以侈口宽折沿夹砂深腹罐为代表的史前遗存,可见此类因素向南已影响至黔西北地区。

(三) 与成都平原史前文化的关系

嘉陵江流域与成都平原存在长期的横向交往,这一点毋庸置疑。联想到绵阳边堆山遗址所出陶器形态、质地、色泽和花纹与成都平原的史前文化更为接近,年代亦早,暗示作为嘉陵江东侧支流的涪江在东西横向文化交互进程中扮演了某种中介角色。什邡桂圆桥遗址[3]的发掘从地层关系上证实,马家窑文化与三星堆一

---

[1] 李水城:《世纪回眸:四川史前考古的发展历程》,《庆贺徐光冀先生八十华诞论文集》,40~42 页。
[2] 北京大学考古学研究中心等:《忠县哨棚嘴遗址发掘报告》,重庆市文物局、重庆市移民局编:《重庆库区考古报告集(1999)》,科学出版社,2006 年,530~643 页。
[3] 四川省文物考古研究院等:《四川什邡桂圆桥新石器时代遗址发掘简报》,《文物》,2013 年 9 期。

期和宝墩文化存在早晚叠压关系,显示出自川西北南下的史前文化与涪江流域的原始文化曾在什邡一带相遇,进而碰撞出了成都平原的史前文化。稍晚,来自南面长江三峡的古文化也曾给予成都平原以一定程度的影响[1]。

(四) 嘉陵江流域史前文化的去向

嘉陵江流域和成都平原早在史前时期就形成了风格迥异的地域文化,其年代下限都延续到了距今 3 700 年左右。此后,经过一段不太明朗的时期,约为中原商代晚期,各自发展进入青铜时代。一个在嘉陵江流域和三峡地区发展出巴文化,另一个在川西平原发展为蜀文化。

作为四川东部的水上交通要道,嘉陵江长期扮演了沟通南北族群迁徙、经贸往来和文化交流的重要角色,特别是在早期巴文化的形成与发展过程中,有着突出的贡献。

2017 年 11 月 26 日初稿于宣汉,12 月 31 日定稿于海南

初刊于《四川文物》,2018 年 3 期

---

[1] 李水城:《世纪回眸:四川史前考古的发展历程》,《庆贺徐光冀先生八十华诞论文集》,40~42 页。

9
三峡库区新石器时代考古学文化及其编年

三峡地区最早的考古工作是在西方学者和传教士打着探险和传教的旗号下出现的。1925年,由纳尔逊(N. C. Nelson)率领的美国自然历史博物馆中亚探险队前往长江流域进行综合考察,在巫峡至瞿塘峡一带采集到史前石器和陶片,并发现鱼骨渣等遗迹[1]。其中就包括后来著名的巫山大溪遗址。

20世纪50年代,随着国家高层对三峡水库建设表露出浓厚的兴趣,三峡考古也首次被提上了议事日程。当时四川省博物馆等单位在峡区组织了一些考古调查和试掘[2],遂有学者提出"长江沿岸区—瞀井沟类型"[3]的文化命名。由于三峡地区绝大部分遗址缺乏科学考古发掘的依据,此类文化命名很快便烟消云散了。

20世纪90年代初,三峡工程立项上马,由此拉开了"长江三峡工程淹没及迁建区地下文物考古发掘"(以下简称"三峡库区考古"[4])的大幕。这也是世界上规模最大、历时最久、参与人数最多的一次配合基建工程的抢救性考古发掘。在全国文物考古工作者的精诚合作和大力支持下,这场耗时十年的跨世纪文物大抢救终于落下帷幕,并取得了丰硕的成果[5]。如今,如火如荼的考古发掘已偃旗息鼓,

---

[1] N. C. Nelson (1932). Archaeological Reconnaissance in the Yangtze River Gorges. *Natural History of Central Asia*, Vol.I, pp.542~49, Chester A. Reeds, PhD., *Editor*, The American Museum of Natural History, Henry Fairfield Osborn, *President*, NEW YORK.
[2] 四川省博物馆:《川东长江沿岸新石器时代遗址调查简报》,《考古》,1959年8期,393~397、403页;四川省博物馆:《四川省长江三峡水库考古调查简报》,《考古》,1959年8期,398~403页;四川长江流域保护委员会文物考古队:《四川巫山大溪新石器时代遗址发掘记略》,《文物》,1961年11期,15~21页。
[3] 赵殿增:《四川原始文化类型初探》,《中国考古学会第三次年会论文集》,文物出版社,1984年,115~120页。
[4] 三峡库区专指修建三峡水电站将淹没的渝东至三峡大坝所在地海拔175米以下的广大河谷地带。
[5] 王川平:《三峡文物大抢救》,《文物天地》,2003年6期,4~5页。

如何消化十年来累积的巨量发掘资料？如何进行有序的整理、分析和研究？大量历史之谜能否被一一破解？怎样做到最大限度地复原三峡库区悠久的历史和文化风貌？这将是下一步考古工作者面临的长期任务，其难度和复杂性将不亚于十年考古大会战。面对这一系列的挑战，需要我们的考古工作者认真总结经验，达成共识，为做好下一步工作奠定基础，这也是本文写作的初衷之一。

需要说明的是，本文讨论的时空范围仅指涉三峡库区（渝东至巫峡段）新石器时代的考古学文化。

回顾历史，三峡库区考古经历了两个大的阶段。第一阶段始于20世纪90年代初至1997年，目的是为三峡库区的考古做好前期准备，并对该区域内已经发现的地下文物进行保护发掘论证。这个阶段发现的新石器时代遗址为数不多，其中，最为重要的有如下三例。

1. 魏家梁子遗址——"魏家梁子文化"

该址位于巫山县长江支流大宁河流域。1994年，由中国社会科学院考古研究所进行发掘。遗址的文化堆积分三层。下层以夹细砂陶为主，绳纹占大宗，另有少量方格纹、划纹；器类组合有各种形态的深腹罐、盆、钵、高圈足器、盘等。中层以夹砂褐陶和灰黑陶为主，纹饰和器类与下层类似。上层以红陶为主，器表多饰方格纹，器类以高领罐、长颈罐、侈口罐为主，另有筒形罐、钵、盆、盘和圈足器等。上述遗存进一步被整合为早（下层、中层）、晚（上层）两期。发掘者认为，魏家梁子遗存揭示了巫山县，乃至整个川东和三峡地区一个新的新石器时代晚期文化，有重要学术价值，遂提出"魏家梁子文化"的命名[1]。该址采集5个碳十四检测样本，但检测数据没一个超过公元前2000年[2]。发掘者估计该址的年代为屈家岭文化到石

---

[1] 吴耀利：《巫山县魏家梁子新石器时代遗址》，《中国考古学年鉴（1995）》，文物出版社，1997年，216~217页；中国社会科学院考古研究所长江三峡考古工作队：《四川巫山县魏家梁子遗址的发掘》，《考古》，1996年8期，1~18页；吴耀利、丛德新：《试论魏家梁子文化》，《考古》，1996年8期，19~26页。

[2] 中国社会科学院考古研究所考古科技实验研究中心：《放射性碳素测定年代报告（二三）》，《考古》，1996年7期，68~69页。

家河文化。

2. 老关庙遗址——"老关庙文化"

该址位于奉节县瞿塘峡西口、长江北岸与草堂河之间的三角台地上。吉林大学考古系于1993年末至1994年上半年先后2次进行发掘[1]。首次发掘出土文物主要为夹砂红陶片,器表饰成组的细绳纹,口沿施按压纹;器形以鬲[2]、罐为主。发掘者认为,此类遗存为三峡库区首次发现,对其年代、文化面貌及性质还有待于进一步的发现与研究[3]。第二次发掘分出5组不同的遗存。其中最早一组被认为属于新石器时代,余皆属于青铜时代[4]。1995年,吉林大学对该址进行第三次发掘,将老关庙遗址分作上下两层。上层以海拔176米以下区域探方①②③层堆积为代表,系严重扰乱层。下层仅见于海拔176米以上区域。其中,第④层属于原生堆积,出土物以红褐陶为主,按质地分粗砂、细砂两类,泥质陶极少。器类除去夹砂平底罐类器外,还有一定比例的尖底器。第⑤层为(次)生土。发掘者认为此次发掘有3项突破,一是首次发现原生文化堆积;二是采集到一批碳十四检测样本[5];三是新出土遗物为全面认识老关庙下层遗存创造了条件。鉴于后者在整个瞿塘峡及以西地区有一定代表性,遂建议命名"老关庙文化"或"老关庙下层文化"。后来,发掘者参照比对了忠县中坝遗址的地层及其出土物,认为"老关庙下层文化"的年代至迟不晚于夏商。但第三次发掘清理了一座墓葬(M1),此墓打破老

---

[1] 第一、第二次发掘资料于1999年发表。见吉林大学考古学系:《四川奉节老关庙遗址第一、二次发掘》,《江汉考古》,1999年3期,7~13页。

[2] 最初一段,曾将该址所出花边口尖底缸的器底误认为是鬲足。

[3] 吉林大学考古系:《三峡水库淹没区奉节县考古调查和试掘》,《中国考古学年鉴(1994)》,文物出版社,1997年,261~262页。

[4] 吉林大学考古系:《奉节县三峡工程库区新石器时代及青铜时代遗址》,《中国考古学年鉴(1995)》,217~218页。

[5] 这批标本有两个经中国社会科学院考古研究所考古科技研究中心检测。1. 木炭,1995年采自遗址探方1④层,原编号:95SFLT1④。检测标本号:ZK2889,检测年代为:公元前6544~6382年;2. 木炭,1995年采自遗址探方4④层,原编号:95SFLT4④。检测标本号:ZK2890,检测年代为:公元1210~1418年。由于上述检测数据相差达数千年,故鲜有人提及。见中国社会科学院考古研究所考古科技实验研究中心:《放射性碳素测定年代报告(二三)》,《考古》,1996年7期,69页。

关庙遗址下文化层,年代被认定相当于石家河文化早期(或龙山时代早期[1]),并由此进一步推断"老关庙下层文化"的年代相当于中原"仰韶时代"的中晚期、最迟不晚于龙山时代早期。发掘者认为,三峡库区的"老关庙下层文化"存在空间差异,如西部灰褐陶和网格纹较多,竖绳纹和交叉绳纹少;东部灰褐陶少,绳纹复杂多样,并独具戳印纹、篮纹和阴弦纹等特征。但作者同时也表示,在"材料少、认识有限的前提下探讨文化性质问题似为时过早"[2]。

3. 哨棚嘴遗址——"哨棚嘴一期类型"

该址位于忠县𣲗井河入长江河口西南岸的三角台地上,又名石坝地、何家院子。遗址所在台地与河北面的崖脚遗址相望,南为选溪沟,沟南即瓦渣地遗址。哨棚嘴遗址发现于20世纪50年代末,曾有过试掘。1993年11月,四川省文物考古研究所和北京大学考古系再次试掘,地点选在紧临长江岸边的台地尖岬上,出土物有商周时期的鬲、灯座形器、豆、小平底罐、尖底盏、羊角尖底杯等,上层有少量汉代至南朝或更晚阶段的遗物[3]。

1994年2~5月,北京大学三峡考古队在𣲗井沟口一带挖掘了哨棚嘴[4]、瓦渣地[5]等遗址。在哨棚嘴和瓦渣地首次发现新石器时代晚期堆积,初步领略到三峡库区巫峡以西地段土著文化的面貌。该址所出陶器以夹砂质地为主,胎内普遍掺

---

[1] 注意:老关庙第三次发掘者将石家河文化和龙山早期的起始年代定在公元前3000年。见赵宾福:《考古发掘资料的真实性和客观性不容怀疑——就重庆老关庙遗址地层关系等问题与孙华先生商榷》,《考古与文物》,2004年增刊,235~241页。

[2] 吉林大学考古学系、四川省文物考古研究所:《奉节县老关庙遗址第三次发掘》,四川省文物考古研究所编:《四川考古报告集》,文物出版社,1998年,11~40页;赵宾福、王鲁茂:《老关庙下层文化初论》,四川省文物考古研究所编:《四川考古论文集》,文物出版社,1996年,44~56页。

[3] 此次发掘资料未发表,标本藏忠县文管所。1993年12月,北京大学李伯谦、赵化成和李水城曾两次前往该址考察。此次发掘部分出土标本经允许被北大硕士研究生王鑫在毕业论文中使用。见王鑫:《忠县𣲗井沟遗址群哨棚嘴遗址分析——兼论川东地区的新石器文化及早期青铜文化》,四川省文物考古研究所编:《四川省考古论文集》,19~43页。

[4] 此次发掘资料未发表,标本藏忠县文管所。其中部分出土标本见王鑫文。另见李水城:《忠县哨棚嘴新石器时代及商周汉代遗址》,《中国考古学年鉴(1995)》,218~219页。

[5] 资料未发表,标本藏忠县文管所。其中部分出土标本见王鑫文。另见李水城:《忠县瓦渣地新石器时代商周至南朝遗址及明代墓地》,《中国考古学年鉴(1995)》,219页。

有粗石英砂粒,以黄褐、灰褐、灰黑色陶为主,器表色泽斑驳,器身上部、下部、表、里颜色不一,流行水平箍带状附加堆纹和滚压的绳纹,或由后者交错构成菱格纹。在不同时段,绳纹的密度、粗细有所变化,但总的趋向是由细转粗、菱格逐渐变大。另一个突出特征是,罐类器的口缘常常捺印、捏制花边。泥质陶仅见黑皮陶和灰陶,器表打磨光滑,常施瓦棱纹。器类组合比较简单,以深腹筒形罐为主,另有钵、碗、盆、豆等。此类遗存的整体作风与四川广元、绵阳、通江、巴中等地新石器晚期遗存有相似性,但也存在一定差异。鉴于此类遗存系初次发现,尚需时间进一步加深认识,发掘者建议暂称其为"哨棚嘴一期类型",年代估计为距今5 000年前后到龙山文化之间[1]。这主要是考虑到该址出土的深腹筒形罐和装饰格调与距今5 000年前后的仰韶文化晚期、庙底沟二期及马家窑文化的某些因素接近。

以上为三峡库区考古第一阶段发现的新石器时代遗址及初步认识。限于当时的条件,加之所有资料均未发表,对于这批资料的文化性质、内涵和年代都还缺乏实质性了解。为此,1994年三峡库区考古发掘结束以后,上述三家单位主持发掘者曾有过简单的接触[2]。大家都意识到这批材料非常重要,完全可以作为三峡库区新石器晚期阶段的代表,但在缺乏深入比较的前提下,也只能暂时从各自发掘资料出发,各自表述对三峡库区新石器文化的理解。

三峡库区考古的第二阶段以1997年重庆举办三峡水库淹没区地下文物保护与考古发掘协议签约大会为起点,截止于2003年库区海拔135米高程蓄水。这一期间,来自全国20余省市、90余所院校的数千名专业工作者先后来到三峡库区,展开了一场声势浩大的考古发掘。这期间,重要考古发现层出不穷,新的资料犹如滚雪球般急剧增加,令人应接不暇。其中,新发现的新石器时代遗址在时间和空间上大大增加,并出现一些新的文化命名,现择要介绍如下。

---

[1] 国务院三峡工程建设委员会办公室、国家文物局编:《长江三峡工程淹没区及迁建区文物古迹保护规划报告》重庆卷(下册),中国三峡出版社,2010年,508页。
[2] 1994年5月,中国社会科学院考古研究所三峡考古工作队结束在巫山的发掘后,杨虎先生率全体队员到忠县中学北京大学三峡考古队驻地参观,并一起探讨了哨棚嘴一期遗存的有关问题。后来,在北京举办的三峡工程淹没区考古发掘汇报会上,三家单位的发掘者曾再次会晤。

1. 玉溪遗址——"玉溪下层遗存""玉溪上层遗存"

该址位于丰都高家镇长江岸边一级阶地上。1999 年发掘，文化堆积分上下两层。下层遗物与分布在鄂西地区的城背溪文化一致，年代距今 8 000～7 000 年，发掘者建议暂称其为"玉溪下层遗存"。玉溪上层堆积出土物不是很多，包括打制、磨制石器和陶片等。经初步分析，发掘者将上层遗存分作两组：A 组以红陶钵、敛口钵、盆等为代表，文化面貌与巫峡以东地段的大溪文化非常接近；B 组以饰斜向划纹、绳切纹的深腹筒形罐、钵等遗物为代表，具有三峡库区早期土著文化特征。根据上层堆积及出土遗物的面貌，发掘者主张，可将后面一组归入"玉溪坪文化"范畴，年代略早于"巫山大溪遗址第四期 B 组遗存"和"哨棚嘴一期类型"[1]。

2. 哨棚嘴遗址——"哨棚嘴文化"

1997—2001 年，北京大学考古学系对哨棚嘴遗址进行大规模发掘。当年即出土大批新石器时代晚期的遗存。鉴于"哨棚嘴一期类型"具有相对独立的文化面貌，发掘者遂提出，可以该址作为三峡库区龙山时代及以前阶段新石器文化的代表，正式命名为"哨棚嘴文化"。年代推测为公元前 3000～2200 年[2]。1998 年发现更早的文化堆积。其中，第一期、第二期为以往历次发掘所未见。第一期以双唇小口长颈壶为代表，年代约当大溪文化或仰韶文化晚期；第二期以喇叭口长颈壶为代表，并共存个别典型的屈家岭文化彩陶圈足壶，可证其年代与屈家岭文化同时；第三期与 1997 年以前发掘的"哨棚嘴一期类型"特征相同，时代约当屈家岭文化的晚期到石家河文化早期。鉴于上述新的发现，发掘者建议重新命名"哨棚嘴一期文化、哨棚嘴二期文化和哨棚嘴三期文化"。

---

[1] 报告未发表，资料引自邹后曦、袁东山：《重庆峡江地区的新石器文化》，重庆市文物局、重庆市移民局编：《重庆·2001 三峡文物保护学术研讨会论文集》，长江三峡工程文物保护项目报告丁种第一号，科学出版社，2003 年，17～40 页。

[2] 北京大学考古文博学院三峡考古队等：《忠县干井沟遗址群哨棚嘴遗址发掘简报》，重庆市文物局、重庆市移民局编：《重庆库区考古报告集（1997）》，长江三峡工程文物保护项目报告甲种第一号，科学出版社，2001 年，610～657 页。

有学者将1998年的发掘收获归纳为：1.哨棚嘴遗址的新发现完整构建了渝东峡江地区从"玉溪文化"到"哨棚嘴一期文化"—"哨棚嘴二期文化"—"哨棚嘴三期文化"的发展序列；2."玉溪-哨棚嘴文化系统"自身特色传统鲜明，有理由相信它很可能是巴人先民所创造，或可称之为"先巴文化"[1]。

3. 玉溪坪遗址——"玉溪坪文化"

该址位于丰都龙孔乡长江岸边一级阶地上。1994年作过试掘。2001年正式发掘。玉溪坪遗址堆积分为三个阶段。第一段以夹石英砂红褐陶为主，器表饰绳纹、水平箍带状附加堆纹及交错绳纹构成的菱格纹，器类组合包括深腹筒形罐、喇叭口长颈壶、卷沿罐和敛口钵等，年代估计较"大溪遗址第四期B组"和"哨棚嘴一期文化"稍晚。第二段泥质陶数量略有增加，器类仍以侈口深腹筒形罐、喇叭口长颈壶为主，装饰除了与第一期相同者外，成组的刻划菱格纹、折线、水波纹开始流行；泥质黑皮陶流行饰瓦棱纹。第二段的年代与万州苏和坪遗址靠近，相当于屈家岭文化阶段。第三段泥质陶比例继续攀升，器类以大口深腹罐为主，另有高领长颈壶、钵、碗、高圈足器等；刻划成组的菱格纹、折线纹和水波纹更加流行，新出现在器表贴塑小泥饼。其年代仍未超出屈家岭文化阶段。鉴于玉溪坪遗址的发现非常重要，发掘者曾建议以该址三个阶段遗存为代表，命名为"玉溪坪文化"，总的年代框架在距今5 000～4 600年[2]，即大溪文化晚期到石家河文化之前这一阶段。

4. 大溪遗址——"大溪文化""大溪遗址第四期B组""大溪遗址第五期"

大溪遗址位于巫山县瞿塘峡东侧长江三级阶地上。该址发现很早，并有过多次调查发掘。其中，2000年度的发掘收获颇丰，并有新的重要发现。此次发掘的堆积分为五期。第一至第三期属于典型的大溪文化；第四期A、B两组为同时期共存

---

[1] 北京大学考古学研究中心等：《忠县哨棚嘴遗址发掘报告》，重庆市文物局、重庆市移民局编：《重庆库区考古报告集(1999)》，长江三峡工程文物保护项目报告甲种第六号，科学出版社，2006年，530～643页。

[2] 同上注。

的两类遗存。其中,A 组属于典型的大溪文化,B 组出土物不多,以黑陶、黑灰陶和褐陶为主,器类有夹砂深腹筒形罐、双唇小口长颈壶、喇叭口长颈壶、钵、盆等,器表饰线纹、绳纹及同类纹样构成的菱格纹,整体面貌与"哨棚嘴一期类型"相同。根据陶质、器形和装饰差异,发掘者将 B 组再细分成早、晚两段。早段泥质陶略多,器表饰线纹、细绳纹;晚段以夹砂陶为主,绳纹变粗。大溪遗址第五期陶器以饰粗绳纹及同类纹样构成的大菱格纹为主,器物口缘普遍捺印花边,不同的是此期出现大量夹砂红陶、红褐陶花边口尖底缸,此类遗存亦见于老关庙遗址下层和中坝遗址早期。发掘者认为,大溪遗址第五期是在第四期 B 组基础上发展起来的,属于"哨棚嘴文化"的最晚阶段[1],年代处于新石器时代末期,下限已进入夏代早期。2000年发掘的重要收获是,首次从层位上确立了"大溪文化"→"哨棚嘴文化"→"老关庙文化"的年代早晚关系[2]。

5. 中坝遗址——"中坝文化"

中坝遗址位于忠县佑溪村㽏井河岸台地上。该址于 20 世纪 50 年代末被发现,并有过试掘。1990 年四川省文物考古研究所再次试掘,在下层堆积中发现有年代偏早的遗物[3],特征与"哨棚嘴一期类型"接近[4]。1993~1994 年,北京大学三峡考古队曾数次前往该址调查,并采集有遗物[5]。1997 年,四川省文物考古研究所正式发掘,至 2002 年结束。在该址新石器时代的地层内发现房屋、墓葬、涂泥坑池、龙窑(灶)、沟等一批遗迹和大量陶器及动物骨骼、鱼骨等。中坝新石器时代

---

[1] 重庆市文物考古所、重庆市文物局、巫山县文物管理所:《巫山大溪遗址勘探发掘报告》,重庆市文物局、重庆市移民局编:《重庆库区考古报告集(2000)》上,长江三峡工程文物保护项目报告甲种第八号,科学出版社,2007 年,425~480 页。

[2] 邹后曦、白九江:《巫山大溪遗址历次发掘与分期》,重庆市文物局、重庆市移民局编:《重庆·2001三峡文物保护学术研讨会论文集》,长江三峡工程文物保护项目报告丁种第一号,41~50 页。

[3] 中坝 1990 年发掘资料未正式发表,参见巴家云:《忠县中坝遗址新石器时代晚期及商周遗址》,《中国考古学年鉴(1991)》,文物出版社,1992 年,272 页。

[4] 1993~1994 年,我在忠县主持发掘期间,曾在文管所数次观摩中坝遗址出土的早期陶片。后经同意,北大研究生王鑫在其毕业论文中引用了少量该址出土的早期资料。

[5] 国务院三峡工程建设委员会办公室、国家文物局编:《长江三峡工程淹没区及迁建区文物古迹保护规划报告》重庆卷(下册),509 页。

遗物除了有与"哨棚嘴一期类型"相似的器类外,还出土了数量很大的厚唇花边口尖底(或小平底)缸残片。这在大溪遗址第五期和奉节老关庙遗址下层也有发现。发掘者将中坝新石器时代遗存分为早、中、晚三期,并披露在该址发现"哨棚嘴一期类型"被"老关庙下层"叠压的层位关系[1]。发掘者另在1999年发掘简报中介绍了8个碳十四检测数据,其绝对年代范围为距今4 500~4 000年[2]。

除上述遗址外,在三峡库区发现新石器时代遗存的重要遗址还有万州苏和坪[3]、巫山锁龙[4]等,其文化面貌与"哨棚嘴一期类型"和"玉溪坪中晚期"大体接近,年代相若,此不赘。

以上便是三峡库区新石器时代的重要发现及初步认识。本文即是在以往研究基础上,通过对现有考古资料的重新整合,对三峡库区新石器时代考古学文化的发展谱系和编年试作如下归纳。

1997年,在奉节鱼腹浦遗址第3~4层(距地表深5米)发掘出土一块陶片(编号FY0944)。这块陶片胎内掺有粗石英砂粒,黄褐色,器表饰较粗的绳纹。经对陶片出土层位采集的碳十四样本检测,结果为距今7 650±110年(未经树轮校正)[5]。由此可证,至少在距今8 000年前后,三峡库区已存在能够制作陶器的土著群体。

1999年发现的"玉溪下层遗存"内涵与长江中游的城背溪文化面貌基本一致,

---

[1] 四川省文物考古研究所等:《忠县中坝遗址Ⅱ区发掘简报》,重庆市文物局、重庆市移民局编:《重庆库区考古报告集(1998)》,长江三峡工程文物保护项目报告甲种第三号,科学出版社,2003年,605~648页。

[2] 四川省文物考古研究所等:《忠县中坝遗址1999年度发掘简报》,重庆市文物局、重庆市移民局编:《重庆库区考古报告集(2000·下)》,长江三峡工程文物保护项目报告甲种第八号,964~1042页。

[3] 重庆市文物考古研究所等:《万州苏和坪遗址第二次发掘报告》,重庆市文物局、重庆市移民局编:《重庆库区考古报告集(2000·下)》,长江三峡工程文物保护项目报告甲种第八号,605~708页。

[4] 成都市文物考古工作队、巫山县文物管理所:《巫山锁龙遗址发掘简报》,重庆市文物局、重庆市移民局编:《重庆库区考古报告集(1997)》,长江三峡工程文物保护项目报告甲种第一号,1~30页;成都市文物考古工作队:《巫山锁龙遗址发掘简报》,重庆市文物局、重庆市移民局编:《重庆库区考古报告集(1998)》,长江三峡工程文物保护项目报告甲种第三号,1~18页。

[5] 重庆市文物局编:《三峡文物珍存:三峡工程重庆库区地下文物卷》,燕山出版社,2003年,13~14页。

绝对年代应在距今8 000~7 000年。另在巫山欧家老屋遗址发现了相当于城背溪文化晚期的遗存[1]。可知这一时期来自巫峡以东的文化因素已上溯到渝东地区。但总体观察,这个阶段的遗存在三峡库区的分布很零星。

2000年巫山大溪遗址的发掘表明,该址第一期至第四期A组遗存属于典型的大溪文化,其年代跨越了大溪文化从早到晚的各个时段。另在巫山人民医院[2]、欧家老屋等地也发现有大溪文化的遗留。特别是在三峡以西的丰都玉溪遗址上层发现少量与大溪文化陶器非常相似的因素,显示大溪文化向西渗透的能力较前一时期有所加强。另一方面,2000年发现的大溪遗址第四期B组遗存与"哨棚嘴文化"第一期内涵相同,如二者共有双唇口长颈壶、喇叭口长颈壶、深腹筒形罐、盆、钵等器类,流行饰细绳纹及同类纹样组成的小菱格纹。进一步的分析表明,大溪遗址第四期B组遗存早段与"哨棚嘴文化"第一期早段相近;B组遗存晚段与"哨棚嘴文化"第一期晚段一致;如前者共有双唇小口长颈壶,后者共有喇叭口长颈壶等现象[3]。上述遗存可作为三峡库区新石器时代土著文化第一期,具体可以哨棚嘴遗址第一期和大溪遗址第四期B组遗存为代表。另据大溪遗址第四期的层位和共存关系,可确认这个阶段处于大溪文化的晚期。有研究者指出,玉溪遗址上层略早于大溪遗址第四期B组遗存[4],它是否代表了更早一段的遗留?由于玉溪遗址的发掘资料尚未刊布,还不清楚其特征,但这种可能性是存在的。

接"哨棚嘴文化"第一期晚段的是"哨棚嘴文化"第二期。后者早段的典型器组合有花边口筒形罐、折沿瘦腹罐、内折敛口钵、厚胎圜底缸、喇叭口长颈壶等,器表装饰与前一阶段相同,代表了三峡库区新石器时代土著文化的第二期。参照大溪遗址第四期B组遗存的地层关系,可知其相对年代位于大溪文化末期到屈家岭文化初期。有学者指出,玉溪坪遗址第一期稍晚于大溪遗址第四期B组遗存,可并入此期。

---

[1] 重庆市文物局编:《三峡文物珍存:三峡工程重庆库区地下文物卷》,27~29页。
[2] 同上,30~31页。
[3] 是否存在这样的演变关系尚不明,本文暂从此说。
[4] 邹后曦、袁东山:《重庆峡江地区的新石器文化》,重庆市文物局、重庆市移民局编:《重庆·2001三峡文物保护学术研讨会论文集》,长江三峡工程文物保护项目报告丁种第一号,17~40页。

"哨棚嘴文化"第二期晚段典型器组合有花边折沿深腹罐、卷沿深腹罐、敛口钵、折沿钵、小口高领瓮等，器表装饰没有明显改变。本段是为三峡库区新石器时代土著文化第三期。在哨棚嘴遗址第二期晚段共存有屈家岭文化典型的彩陶圈足壶，可证二者年代同时。属于本段的重要遗存还有玉溪坪遗址第二期。

与"哨棚嘴文化"第二期晚段相衔接的是"哨棚嘴文化"第三期的早段和中段。这两段文化面貌接近，可合并构成三峡库区新石器时代土著文化的第四期。本期的典型器组合有折沿深腹罐、花边口深腹筒形罐、折沿盆、卷沿盆、高领瓮、敛口钵、器盖等。除去陶器的形态变化外，最明显的变化是开始流行压印粗绳纹或同类纹样组成的中菱格纹、大菱格纹，还有篦划纹、篮纹等新纹样。特别是这个阶段粗疏的粗绳纹在其他遗址比较少见，1994年在忠县罗家桥遗址曾采集到完全相同的遗物[1]。总体看，从哨棚嘴遗址第三期开始，变化较前一时期加大，以至于显得有些突兀，其间是否存在缺环？暂存疑。可归入这一时期的重要遗存有丰都玉溪坪遗址第三期、云阳大地坪遗址[2]、万州苏和坪遗址[3]、巫山魏家梁子遗址早期（该址的最下层）[4]等。本期相对年代处于屈家岭文化晚期，其下限可能已进入石家河文化早期。

再接下来为"哨棚嘴文化"第三期晚段，其突出变化是出现大批盘口造型的罐类器，器口外缘饰篦划水波纹带、压印纹带，可谓这一阶段的典型作风。本期典型器组合有盘口罐、鼓腹罐、折沿深腹罐、器盖等，装饰上仍流行粗绳纹及同类纹样构成的大菱格纹。另在中坝遗址也发现较多的盘口罐一类器皿，饰粗绳纹及大菱格纹，与哨棚嘴遗址第三期晚段的特征相同。但不同的是，在中坝遗址共存有数量巨大的厚唇花边口尖底（小平底）缸残片，为哨棚嘴遗址第三期晚段所不见。可归入本期的遗址还有老关庙遗址下层、巫山大溪遗址第五期、巫山锁龙

---

[1] 1994年调查采集资料，现藏忠县文物管理所。
[2] 重庆市文物局编：《三峡文物珍存：三峡工程重庆库区地下文物卷》，41~43页。
[3] 同上，46~47页。
[4] 该址下层可能混有个别晚期因素，如方格纹等。

遗址和魏家梁子遗址中晚期等。由以上遗址共同组成三峡库区新石器时代土著文化第五期[1]，本期的年代相当于石家河文化阶段，但其下限已进入中原地区的夏代纪年范围。

综上所述，可将上述分期结果与巫峡以东的考古学文化相呼应，将三峡库区新石器时代文化发展谱系归纳为表一：

表一　三峡库区新石器时代考古学文化分期

巫峡以西的文化系统				巫峡以东的文化系统		
文化	期	遗址		遗址	期	文化
		奉节鱼腹浦陶片				
				玉溪下层	早	城背溪文化
				欧家老屋	晚	
?文化				大溪文化	一	大溪文化（大溪遗址）
				大溪文化	二	
		玉溪上层B		玉溪上层A	大溪文化三	
哨棚嘴文化	一	哨棚嘴一期	早	大溪文化四A		屈家岭文化
			晚	大溪文化四B		
	二	哨棚嘴二期早		玉溪坪一期		
	三	哨棚嘴二期晚		玉溪坪二期		
	四	哨棚嘴三期	早	玉溪坪三期		
			中	屈家岭彩陶圈足壶		
中坝文化?		哨棚嘴三期晚		中坝	早	石家河文化
					中	
					晚	

---

[1] 本段内容还可进一步细化，但哨棚嘴文化第三期晚段资料已不具备这方面的作业空间。中坝遗址的分期可以弥补这一点。

鉴于目前考古资料的限制,以上重新整合得出的三峡库区新石器文化发展谱系只能是粗线条的,有关结论,特别是某些细节还有待于日后的进一步检验、修正、补充和完善。最后有三点需要说明：1) 鉴于玉溪遗址上层资料发表资料有限,发掘者认为其年代略早于哨棚嘴文化第一期,本文对此表示认同,也为下一步的深入讨论预留了空间。2) 中坝遗址的简报部分披露了该址早期阶段的新石器时代遗存,仅就目前所见资料而言,本文认为将其排在三峡库区新石器时代土著文化第五期比较合适。若该址存在更早阶段的遗留,完全可以纳入哨棚嘴文化相应的阶段,并不影响本文建立的上述架构。3) 中坝遗址的正式发掘长达5年,发掘面积很大,其重要性在整个三峡库区考古中有目共睹。鉴于哨棚嘴遗址第三期晚段遗存资料相对单薄,属于此段的典型遗址则非中坝莫属。此外,中坝的发掘者也作过分期研究,这里就不画蛇添足了。

最后,就上述文化编年框架以及三峡库区考古研究中存在的若干问题和现象表达一些初步的看法。

1) 关于文化命名

经大致搜索,有关三峡库区新石器时代考古学文化的命名很多。具体有如："潜井沟文化""魏家梁子文化""老关庙下层文化""老关庙文化""哨棚嘴文化""哨棚嘴一期文化""哨棚嘴二期文化""哨棚嘴三期文化""哨棚嘴-老关庙文化""玉溪坪文化""中坝文化""羊子岩文化""先巴文化""东部宝墩文化"等等,除上述文化,还有"潜井沟口类型""哨棚嘴一期类型""原哨棚嘴一期类型""玉溪上层类型"等一批名号,可谓繁复之至。且不说外界,即便是考古界的业内人士,恐怕也没有多少人能弄清楚其所指？本文并无责怪上述命名之意,毕竟这是在特定时期、特定地点出现的一种特殊乱象。由于三峡库区考古工期要求紧迫、遗址多、"战线"长、发掘规模大、参与单位之多可谓空前绝后,且水平参差不齐,这也使得考古发掘工作非常的不从容,乃至过度追求速度和面积,未能把握好科学、周密、有序、细致的工作原则。加之考古发掘资料本身的残缺、零散,又无足够时间充分消化材料或进行广泛的互动交流,致使发掘者在解读各自的考古资料时难免带有主观性和片面性,以及不完全归纳逻辑本身缺陷导致的不确定性。这种犹如瞎子摸象般的认识也集中体现在了三峡库区的考古学文化命名上。如今,三峡库区大规模的考古发掘已结束近十年,上述文化命名的混乱显然很不利于下一步的整理研究,这个问题已经到了非解决不可的地步。

遵照考古学文化命名原则,同时结合三峡库区的考古发现,本文更倾向于将三峡库区的土著文化命名为"哨棚嘴文化"。原因如下:1)在三峡库区,哨棚嘴遗址发现时间最早;2)该址先后作过5次发掘,而且发掘面积较大;3)该址文化堆积深厚,特别是新石器晚期的堆积丰富,层位清晰,保存较好,出土遗物数量大,门类全,足以构成完整的文化发展序列;4)以该址为代表的新石器晚期遗存在三峡库区有着广泛的分布;5)哨棚嘴遗址所在位置处于三峡库区的中心,在瀼井河口周围长江沿岸100万平方米范围内集中了6处较大型的遗址,而且都有新石器时代的文化堆积,如此规模的遗址群在三峡库区内十分罕见。

"哨棚嘴文化"共分四期,其年代大致处于大溪文化末期到石家河文化以前这一范围,总的时间跨度与鄂西和江汉平原的屈家岭文化共始终,绝对年代估计为公元前四千纪后半叶到公元前2500年或稍晚。

据现有资料,以玉溪上层为代表的遗存早于"哨棚嘴文化"。但这一阶段的遗存与哨棚嘴文化存在一定的渊源关系,其年代相当于大溪文化,此处暂以玉溪上层遗存B组称之。

"哨棚嘴文化"之后,还有个相当于龙山时代的文化阶段。若以资料的丰富程度和代表性而言,则非忠县中坝遗址早期阶段莫属。鉴于目前已有"中坝文化"的称谓,其年代恰好与龙山时代吻合,唯下限略有超出,已跨入中原夏代纪年的范围。但这里需要特别指出,本文对所谓"中坝文化"的认同只是权宜之计。对此持保留意见的根据是,假若剔除掉中坝遗址早期阶段数量巨大的厚唇花边口尖底(小平底)缸因素,该址并无必要另外命名一文化。有关这一话题,我们将另文予以表述。

如此,三峡库区的新石器文化大体经历了四个大的发展阶段。即"城背溪文化—(大溪文化)/玉溪上层遗存B组—(屈家岭文化)/哨棚嘴文化—(石家河文化)/中坝文化"。

2)有关绝对年代的问题

三峡库区新石器时代文化的年代大多是通过器物形态学的比较得到的。迄今为止,有关这个地区的年代学资料异常匮乏,结果也不尽如人意。如:巫山魏家梁子遗址送检的 5 个样本,结果没有一个超过公元前 2000 年。再如:老关庙遗址下层送检的 2 个样本,结果竟相差数千年。究竟是哪个方面的问题? 一时还说不清楚。目前,只有中坝遗址的检测结果还比较理想。该址送检了 8 个新石器晚期的系列样本,检测年代(经树轮校正)在 1σ 误差范围内最早为公元前 2470~前 2200 年之间,最晚在公元前 1950~前 1750 年之间。由此可将中坝遗址早期的年代范围卡在公元前 2500~前 1750 年之间,上限为龙山时代的起始,下限已进入夏代。这也是将中坝遗址排在三峡库区新石器时代土著文化第五期的根据所在。

尽管目前得到的碳十四年代检测数据还很少,但我们对此充满信心,随着更多遗址的年代检测数据发表,三峡库区新石器时代文化的绝对年代序列也将浮出水面。

3) 文化的内涵与外延

此前,不少学者的研究涉及三峡库区新石器时代考古学文化的内涵与外延问题。诸家见解不一,乃至于产生较大分歧。三峡库区考古学文化命名的纷杂多少也与对该区域考古学文化内涵的不同解读有关。在文化的外延方面,学者们的理解也有很大差异。狭义者将"哨棚嘴文化"视为三峡库区内的土著遗留,宽泛的解读则将"哨棚嘴文化"无限地扩展,甚至可涵盖除成都平原以外四川境内所有区域内的新石器时代晚期文化。

我们认为,最好是在狭义的框架下将"哨棚嘴文化"看作是三峡库区内的土著文化,继而再通过比较研究探索该文化的源流及其与周边其他地区考古学文化的关系。

4) 特殊遗址与遗物的功能

在中坝遗址早期出土大量的花边口厚唇尖底缸,其比例占到同时期陶器总量的近 70%。目前,出有此类器皿的遗址还有巫山大溪遗址第五期和奉节老关庙遗址下层。现有的研究表明,此类造型特殊、且极不实用的器皿是当时专门用于制盐的器具,而中坝遗址恰恰是三峡地区最重要的一处制盐遗址。由于花边口厚唇尖底缸在制盐时为一次性使用,用量非常之巨大[1],故至今尚无一件可复原者。使

---

[1] 这里仅仅是中坝遗址的统计资料,其余两处遗址尖底缸所占比例还不清楚。

用功能上的特殊使得此类器皿的制造非常草率,形态变化幅度也不很明显。若将此类器皿与一般日用陶器混同分析,并将分析结果与不出此类器皿的非制盐遗址作比较,势必产生某种混乱。为此我们建议在进行陶器比较研究时,最好将此类特殊的因素剔除掉,集中精力考察同类的日常生活用具,这样才能准确把握陶器的发展变化,也有利于确定其文化属性。

另一问题是,根据对世界其他地区制盐遗址的研究,此类专用制盐器皿往往随着盐业贸易被输送到其他非产盐地区。但这并不难区分。一般来说,此类专用制盐器皿在制盐遗址会大量,甚至超量存在。在非产盐地则出现得非常零星,二者的出现频率大相径庭。

5) 小结

三峡库区 20 年来的考古发现证明,这一地区迈入新石器时代的门槛并不算晚。即便不考虑鱼腹浦遗址出土的那块陶片,距今 7 000 年前,来自鄂西的城背溪文化已零星进驻渝东地区的河谷地带[1]。此后,东部的大溪文化和屈家岭文化长期与三峡地区存在文化交互。从理论上看,在大溪文化时期,三峡库区内的土著文化已经掌控了渝东至巫峡一线,或许正是由于这些土著文化的存在,才在一定程度上遏制了大溪文化、屈家岭文化规模性地逆流而上。

若换一角度,三峡库区狭窄的地理空间和有限的资源毕竟不同于广阔的平原河谷,有限的供养力只能使当地的土著群体保持一种小规模的生存方式,并长期经营以渔猎—采集为主的生产生活方式,不易产生或形成具有一定群体规模的大型聚落。大溪遗址的发掘证实,居住在当地的大溪文化居民也转而从事渔猎为主的经济形态,与同时期江汉平原的族群形成了鲜明对照,特殊的环境与资源使然。早在 20 世纪 80 年代初我们就有这样的认识[2]。

约当公元前四千纪后半叶,在渝东至巫峡段河谷兴起了哨棚嘴文化。该文化

---

[1] 邹后曦、袁东山:《重庆峡江地区的新石器文化》,重庆市文物局、重庆市移民局编:《重庆·2001 三峡文物保护学术研讨会论文集》,长江三峡工程文物保护项目报告丁种第一号,17~40 页。

[2] 李水城:《大溪遗址出土文物掇拾》,《四川省博物馆古代文物资料选辑》,四川省博物馆,1983 年,2~6 页。

是从当地起源,还是从外面迁徙而来？若是后者,它究竟来自何方？这是一个值得深究的问题。根据我们对三峡地区景观环境的理解,古往今来此地就占据了黄金水道的交通便利,却很难成为古代文明的起源地,这一点已被大量的考古发现所证实。如此,哨棚嘴文化的根只能从外部寻找。三峡库区内发现的史前文化除有部分因素来自巫峡以东的西陵峡至鄂西地区外,更多的因素似乎来自西北一带的丘陵山地,而后者又与陕西南部及川西北—岷江上游的原始文化有着千丝万缕的联系[1],而后者的文化因素在哨棚嘴文化的陶器和装饰上亦有程度不同的体现[2]。大约到了大溪文化晚期,哨棚嘴文化已羽翼丰满,具备了向巫峡以东扩展的实力,大溪遗址第四期B组遗存的出现充分印证了这一点。到大溪遗址第五期,巫峡附近已被哨棚嘴文化控制,其文化因素更是向东扩散到西陵峡至宜昌一带的屈家岭文化之内。至此,来自不同方向的文化互动日趋频繁,这也为日后巴人在三峡地区的出场拉开了序幕。

哨棚嘴文化为何在公元前四千纪后半叶脱颖而出,这与澄井沟河谷盐业资源的开发和利用有非常密切的关系。中坝遗址的发掘证明,距今4 500年左右,澄井河谷内的制盐产业已形成规模,盐的生产和贸易为当地带来丰厚的利润,也为哨棚嘴文化的崛起和向东扩张提供了强大的活力和经济后盾。这一结论已经被三峡库区的考古发现和研究所证明。而三峡地区日后的发展则长期仰仗着盐业资源和黄金水道的优势,从远古一直走向了近现代。

后记：谨以此文献给敬爱的老师俞伟超先生！

2010年11月初稿,2011年3月定稿于北京蓝旗营

初刊于《中国考古学年会第十三次年会论文集》,文物出版社,2011年

---

[1] 四川省文物考古研究所等：《四川汶川县姜维澄新石器时代遗址发掘报告》,《四川文物》,2004年增刊,63~91页；成都市文物考古研究所等：《四川茂县波西遗址2002年的试掘》,《成都考古发现(2004)》,成都文物考古研究所编,科学出版社,2006年,1~12页。

[2] 江章华：《岷江上游新石器时代遗存新发现的几点思考》,郝跃南主编：《三星堆与长江文明》,四川文艺出版社,2005年,200~205页。

10
石棺葬的起源与扩散
——以中国为例

一

死亡,这是一个长期困扰人类的古老哲学命题。古往今来,人类也因此创造出各种各样的丧葬规则和礼俗,并形成了丰富多彩的丧葬文化。

最早有意识为死者举办丧礼的行为出现在旧石器时代晚期。考古发现,尼安德特人(Homo Neanderthalensis)[1]已出现为死去亲人举办葬礼,并将随葬品(食物、工具、饰物等)放入墓穴,甚至在尸体上摆放鲜花、抛洒赤铁矿粉[2]。与尼人共存了很久的解剖学上的现代人(Anatomically Modern Humans)[3]在距今13万年前出现在非洲[4]。在地中海东岸利万特(Levant)[5]的 Qafzeh 洞穴发掘出一批

---

[1] 尼安德特人于1848年首次发现于直布罗陀。1856年在德国杜塞尔多夫的尼安德特河谷一座山洞内再次发现。1864年由威廉·金(Willian king)命名。尼人曾被归入早期智人范畴,主要分布在欧洲、西亚及中亚。后来的研究认为尼人属于人类进化系统的旁支,距今2万年前后灭绝。近年来通过 DNA 的研究,认为尼人与现代人曾有一定程度的交融。
[2] A. Leroi-Gourhan (1975). The flowers found with Shanidar IV, a Neanderthal burial in Iraq. *Science* 190, pp. 562~564; Solecki, R. Shanidar (1971). *The First Flower People*. New York: Knopf; Hovers, E., S. Ilani, O. Bar-Yosef, and B. Vandermeersch (2003). An early case of color symbolism: ochre use by early modern humans in Qafzeh Cave. *Current Anthropology* 44, pp.491~522.
[3] 20世纪在地中海东岸的卡迈勒山(Mount Camel)发现距今9万年前的晚期智人(现代人),其体质形态与尼人明显不同,但二者长期共存。见: D. A. E. Garrod and D. M. A. Bate. (1937). *The Stone Age of Mount Carmel*. Vol.1. Oxford: Clarendon Press.
[4] 新的考古发现表明,现代人在距今13万年以前出现在非洲。见: Tim D. White et al.(2003). Pleistocene Homo sapiens from middle Awash, Ethiopia. *Nature*. Vol.423, Iss. 6941, p.742; J Desmond Clark et al. (2003). Stratigraphic, chronological and behavioural contexts of Pleistocene Home spaiens from Middle Awash, Ethiopia. *Nature*. Vol.423, Iss. 6941, p.747.
[5] 黎凡特(levant)是个地理概念,其范围包括地中海东岸的以色列、黎巴嫩和叙利亚的沿海一带。

距今 10 万年左右的现代人墓葬,也显示出了进步的丧葬行为[1]。

进入新石器时代以后,人类的丧葬方式日趋复杂且规范化,并逐渐形成不同的地域特色和族群差异。总体上看,在一般的河谷平原,长期实行土葬,后来逐渐出现木制棺椁葬具。但在有些丘陵山地,由于生活空间的狭窄或土地资源匮乏,人们不得不在山崖凿挖墓穴或开采石材营建墓穴。可见,人类的丧葬方式和墓葬结构一方面要受到固有传统文化的制约,另一方面也与他们各自生活区域的环境和资源有着密切关系。

二

石棺葬[2]是一种独特的墓葬形式。中国境内的石棺葬主要分布在长城沿线自东北向西北再折向西南这条弧状地带上。据考古发现,最早的石棺葬出现在两个地区,一个是东北的辽河上游(辽西、内蒙古东南部及河北北部),另一个是西北的黄河上游(甘肃和青海)。

东北地区最早的石棺葬出现在兴隆洼文化,在内蒙古林西白音长汗遗址发现有少量典型的石棺葬。其制作程序是先挖长方形土坑,再在墓底铺石板(也有的不铺),在墓坑四壁贴立石板,上盖石板。年代为距今 8 000~7 000 年[3]。在红山文化(距今 5 000 年前)中发现有石棺葬。有学者将红山文化的墓葬分为甲、乙、丙三类。甲类为竖穴土坑葬,乙类为土坑石棺葬,丙类为积石石棺葬,三类墓大致呈现出递进的早晚关系[4]。实际上,红山文化的石棺葬为数不多,石棺结构也较特殊,

---

[1] H. P. Schwarcz, R. Grun, B. Vandermeersch, O. Baryosef, H. Valladas, and E. Tchernov. (1998). ESR dates for the hominid burial Site of Qafzeh in Israel. *Journal of Human Evolution* 17, pp.733~737.

[2] 一般而言,正宗的石棺是用数块板岩插立或嵌在挖好的长方形土圹四壁,底面不铺石板(也有例外),墓顶用数块石板封盖。也有用石块垒砌的墓穴被称作石棺葬。本文所提及的石棺葬主要指前者。

[3] 内蒙古自治区文物考古研究所编著:《白音长汗——新石器时代遗址发掘报告》,科学出版社,2004 年。

[4] 华玉冰、杨荣昌:《红山文化墓葬剖析》,吉林大学考古系编:《青果集——吉林大学考古系建系十周年纪念文集》,知识出版社,1998 年,35~43 页。

有石棺也有石椁，甚至在墓上还有大量积石。在辽宁西部凌源和建平两县交界处的牛河梁遗址发现有 10 余处大型的积石冢群。每座积石冢的中心用石块或石板垒砌大墓，周围分散着小型的石棺葬，特点是大量积石，很多用石板层层叠砌而成[1]。夏家店下层文化（距今 4 100~3 500 年）也有用石板垒砌的石棺葬，但数量也不很多[2]。夏家店上层文化（距今 3 000 年前后）时期，石棺葬开始流行[3]。与此同时，在东北吉（林）长（春）地区、辽东和冀北也常见石棺葬。可见，整个东北亚地区石棺葬的流行以及在墓上大量堆放石块的习俗或许就是在兴隆洼和红山文化的背景下逐渐扩散开来的。

西北地区的石棺葬始见于马家窑文化（距今 5 300~4 600 年），出现时间与红山文化大体同时。在黄河上游的青海同德县宗日墓地发掘出 21 座有石质葬具的墓。其中，石棺葬 8 座。特点是在墓穴中央用石板拼筑长方形石棺，无底板，墓顶加盖石板（或不加封盖）。另发现少量用石板构建的石椁，内置木棺；还发现有用石板木板混建的墓穴。宗日墓地共发掘墓葬 341 座，可见石棺葬仅占其中的很小一部分。发掘者称，这批石棺葬在墓地中未显示任何特殊之处，也不像是某个特殊群体所为[4]。

稍晚，在甘肃景泰县张家台发现一处半山文化（距今 4 600~4 300 年）墓地，共发掘 22 座墓，近一半为石棺葬。另有一座木板与石板混建的墓穴，余皆土坑葬[5]。同时期的石棺葬也见于兰州焦家庄和十里店遗址，由于破坏严重，结构、数量均不详[6]。进入青铜时代，在青海和甘肃境内的湟水流域发现有零星的辛店文

---

[1] 朝阳市文化局、辽宁省文物考古研究所：《牛河梁遗址》，学苑出版社，2004 年，27~69 页。
[2] 安志敏：《唐山石棺墓及其相关的遗物》，《考古学报》，1954 年 7 期。
[3] 辽宁省昭乌达盟文物工作站等：《宁城县南山根的石椁墓》，《考古学报》，1973 年 2 期；中国社会科学院考古研究所内蒙工作队：《宁城南山根遗址发掘报告》，《考古学报》，1975 年 1 期。
[4] 格桑本：《宗日墓地石棺葬的问题》，格桑本、陈洪海主编：《宗日遗址文物精粹论述选集》，四川科学技术出版社，1999 年，13~17 页。
[5] 甘肃省博物馆：《甘肃景泰张家台新石器时代的墓葬》，《考古》，1976 年 3 期。
[6] 甘肃省博物馆文物工作队：《甘肃兰州焦家庄和十里店的半山陶器》，《考古》，1980 年 1 期。

化(距今 3 600~2 600 年)石棺葬[1]。在青海刚察县砖瓦厂发掘一处卡约文化(距今 3 555~2 690 年)墓地,有石棺葬 21 座[2]。前不久,在甘肃临潭县磨沟遗址发现一座石棺葬,无任何随葬品,从出土层位看,属寺洼文化(距今 3 300~2 500 年)的可能性较大[3]。

现有的考古发现表明,东北与西北两个地区的早期石棺葬似乎不大可能存在文化上的源流关系,它们是独立起源的。特别是两地的石棺葬在各自文化中所占比例并不突出,并非所在区域丧葬文化的主流。

三

后来的石棺葬主要流行于中国西南的广大丘陵山地。大约在商周之际,在四川西北部的岷江上游出现了典型的石棺葬。这种特殊结构的墓也被称作"版岩葬""石板葬(墓)"或"石室葬(墓)"。由于石棺葬大多分布在海拔较高的河谷山地,自然条件相对较差,加之与内地关山阻隔,很快便成为一种具有强烈边地色彩的文化特质。石棺葬普遍随葬一种造型特殊的双大耳罐,特点是宽銎大耳,罐腹部流行左右对称的螺旋状磨压暗纹,形状颇似长有大角的羊头;也有的在罐腹部用浅浮雕手法捏塑牛头纹;个别甚至用绿松石珠或小铜泡镶嵌组成类似纹样。石棺葬随葬的铜器以武器、工具和小件装饰品为主,器类和造型显露出浓郁的北方草原色彩。

有鉴于上述种种,学术界对石棺葬的来源和族属很早就指向西北地区的氐羌民族。早年郑德坤先生在论及岷江上游的石棺葬时,便将其视为"理番文化",并认为这是一种中原、草地混合型文化。为此他指出:"就其(理番文化)遗物内容而言,此种文化与甘肃文化最相近。理番陶器形制原以中原制度为本,然其显为外来

---

[1] 高东陆、吴平:《青海境内发现的石棺葬》,《青海考古学会会刊》,1984 年 6 期;甘肃省文物考古研究所:《兰州红古下海石——新石器时代遗址发掘报告》,科学出版社,2008 年,165~168 页。
[2] 王武:《青海刚察县卡约文化墓地发掘简报》,《青海文物》,1990 年 4 期。
[3] 2011 年 8 月在甘肃临潭县磨沟墓地参观所见。

影响者,即与甘肃陶器之特质相同。理番陶形共20类,其与甘肃陶形完全相同者居其半……带耳陶器为甘肃作品之特色,而理番亦以此为特质。理番铜器以匈奴或斯西安工业品为主,甘肃铜器亦非例外,然西宁寺洼[1]出土之连珠盾饰、铜钮略作三角形之甲裙鳞版,均为版岩葬遗物之特著者。他如贝币及绿松石珠之发现,亦可见两地文化之接近不仅限于陶器铜器而已。理番位处甘肃洮河流域之南,山连地接,其文化内容之相近故非偶然。"[2]

郑氏的看法颇有代表性。尽管当时的考古发现很少,但已有考古学家敏锐地捕捉到川西南地区石棺葬与甘肃南部之间存在文化联系。1947年,裴文中先生将其在甘肃礼县长道镇所获一件双大耳马鞍口灰陶罐视为安佛拉(Amphora)[3]与寺洼文化混合物,并断其为汉代以晚的东西[4]。夏鼐先生认为那件陶器与临洮寺洼山遗址所出陶器近似,与岷江上游理番文化石棺葬所出双大耳罐更为密切[5]。还有学者指出,石棺葬中的双大耳罐尚保留着齐家文化的色彩[6]。

1970年代,冯汉骥、童恩正先生撰文明确指出:"石棺葬中最为普遍的和最有特征的陶器双耳罐,似与甘、青或陕西地区的同类陶罐有一定的历史渊源。如陕西客省庄二期文化中的双耳罐,青海都兰县诺木洪搭里他里哈遗址所出的Ⅰ式双耳罐与此地的Ⅰ式双耳罐均已十分近似,而三地所出的单耳罐亦大致相同。特别是Ⅲ式双耳罐口沿俯视成尖核桃形,平视成马鞍形,而椭圆形之马鞍口式双耳罐则为寺洼文化的典型陶器之一……又此地的高颈罐,与寺洼山和客省庄二期文化中所出的同类陶罐也十分相似……石棺葬的建造者所表现的文化,其中虽杂有很大一部分汉族的东西,其带有极清晰的北方草原地区文化的色彩,也是极为明显的。所

---

[1] 作者此处所指应为分布在青海的卡约文化,当时曾一度将其混同于寺洼文化。
[2] Cheng Te-'kun(郑德坤)(1946). The Slate Tomb Culture of Li-Fan. *Harvard Journal of Asiatic Studies*, vol.9, p.64.
[3] 安佛拉(Amphora)一词系希腊文,特指古希腊时代的大耳陶罐一类器皿。后引入中国考古界,亦泛指大耳陶罐,有时也特指齐家文化的双大耳罐。
[4] 裴文中:《甘肃史前考古报告》,《裴文中史前考古学论文集》,文物出版社,1987年,224页。
[5] 夏鼐:《临洮寺洼山发掘记》,《中国考古学报》第四册,商务印书馆,1949年,71~137页。
[6] 凌曼立:《四川理番县佳山寨史前拾遗》插图五,《考古人类学刊》,1963年21—22期合刊,台湾大学,80~121页。

以,他们可能原系青海、甘肃东南部的一种部族,大约在战国或秦汉之际,因种种原因而南下留居于此。"[1]

1986年,童恩正先生撰写了《试论我国从东北至西南的边地半月形文化传播带》一文。此文专辟章节论述石棺葬,并着重指出:"就现有资料而言,发现的石棺葬以西北地区最早,西南次之,东北又次之。这三个大区虽然相隔甚远,但石棺的结构却惊人的相似。我们似有理由可以推测,石棺原为黄河上游某一氐羌系统的民族(其中以氐族的可能性较大)所采用的一种葬具,以后才传播到'西南夷'和东北的'胡'、'戎'诸民族中去的。"[2]

四

老一辈学者对石棺葬的来源和族属所作推论是正确的。但是,限于当时的考古发现,很多认识还只能停留在假说的层面。最近20余年来,随着考古新资料的增加和研究的深入,有关石棺葬源流的线索也渐渐浮出了水面。

1990年以来,四川省考古工作者加强了在岷江上游、川北草原及大渡河流域的考古工作,并有一系列重要发现,使得这一区域自史前到历史时期的文化发展脉络逐渐变得清晰起来。

近十余年,在川西北的茂县波西遗址[3]、汶川姜维城遗址[4]、马尔康市哈休遗址[5]都发现了以小口尖底瓶为代表的仰韶中晚期(石岭下阶段)遗存,可证中原系统的原始文化已涉足西南地区。马家窑文化的遗址在岷江上游屡屡被

---

[1] 冯汉骥、童恩正:《岷江上游的石棺葬》,《考古学报》,1973年2期。
[2] 童恩正:《试论我国从东北至西南的边地半月形文化传播带》,文物出版社编辑部编:《文物与考古论集》,文物出版社,1986年,23页。
[3] 成都市文物考古研究所:《四川茂县波西遗址2002年的试掘》,成都文物考古研究所编著:《成都考古发现2004》,科学出版社,2006年,1~12页。
[4] 四川省文物考古研究所等:《四川汶川县姜维城新石器时代遗址发掘报告》,《四川文物》,2004年增刊。
[5] 阿坝藏族羌族自治州文物管理所等:《四川马尔康县哈休遗址2006年的试掘》,四川大学博物馆等编:《南方民族考古》第6辑,科学出版社,2010年,295~374页。

发现,如茂县营盘山就发掘出规模可观的马家窑文化聚落遗址。[1] 特别是在更南面的大渡河流域也发现了马家窑文化的身影[2]。在下一阶段,有少量齐家文化的遗存现身于岷江上游[3]和川北草原[4],但规模和影响似乎相对有限。20世纪70年代,在茂县发现一批石棺葬,随葬有灰陶或灰皮陶双大耳罐、篦式豆、单大耳罐、长颈壶(罐)等,这批陶器无论是造型还是质地均带有明显的寺洼文化作风,与甘肃南部早期寺洼文化的随葬陶器异常接近,年代或可早到晚商或商周之际[5]。前不久,同样的石棺葬及其随葬品在茂县营盘山再次被发现[6]。

上述考古发现证实,从甘肃南部经川西北折向西南的这条历史大通道早在公元前四千纪便已凿通,并持续到晚近的历史时期。而此通道的出现与川西北石棺葬的起源和传播有着密切的因果关系。以下细节可进一步说明这一点。

其一,体质人类学。郑德坤先生曾提及"版岩葬"出土人类颅骨的长宽指数为七三强,显系长颅型,与瑞典学者安特生(J. G. Andesson)在甘肃所获的人骨颇为相似[7]。这一现象提醒我们今后需要加强两地的体质人类学比较研究。

其二,火葬。在理县子达砦曾发现少量火葬墓(SZM202、SZM203),特点是在棺内遗留有零碎烧黑之残骨,系经火烧后再行埋葬者[8]。类似的火葬习俗在甘肃南部的齐家文化和寺洼文化墓地均有发现。前者如临潭县磨沟齐家—寺洼文化墓

---

[1] 成都市文物考古研究所等:《四川茂县营盘山遗址试掘报告》,成都市文物考古研究所编著:《成都考古发现2000》,科学出版社,2002年,1~77页。
[2] 马继贤:《汉源县狮子山新石器时代遗址》,中国考古学会编:《中国考古学年鉴(1991)》,文物出版社,1992年,270~271页。
[3] 在岷江上游的考古调查采集资料中有个别齐家文化的双大耳罐残片。资料藏于成都文物考古研究所。
[4] 在若尔盖发现有典型的齐家文化墓葬,资料藏于四川大学。
[5] 茂汶羌族自治县文化馆:《四川茂汶营盘山的石棺葬》,《考古》,1981年5期。后成都文物考古研究所再次在该址发掘一批石棺葬,资料现藏该所。
[6] 这批出土遗物现藏于成都文物考古研究所。
[7] Cheng Te-'kun(郑德坤)(1946). The Slate Tomb Culture of Li-Fan. *Harvard Journal of Asiatic Studies*, vol.9, p.64.
[8] 冯汉骥、童恩正:《岷江上游的石棺葬》,《考古学报》,1973年2期。

地,那里的火葬墓形式多样。有的将骨灰装入陶器,埋在墓口上方一角,再用石板将陶器圈围起来;有的用石板制成微型石棺,将骨灰放置其内;有的开挖小型圆角长方形墓穴,将若干存放骨灰的陶器集中放入墓穴,再用石板圈围;还有的将骨灰播撒在偏洞室墓穴内,外侧摆放随葬陶器,形同一般的土葬墓形式[1]。后者如临洮寺洼山墓地,将尸骨焚烧后装入陶器,再埋进墓穴[2]。需要说明的是,无论在甘南还是川西北地区,火葬的数量在墓地内都只占少数,它们很可能是对某些非正常死亡者实施的特殊处理方式。值得注意的是,临潭磨沟墓地的火葬墓普遍采用小型石棺葬的形式。

其三,白石崇拜。在四川茂县别立、勒石两座墓地均发现有随葬白石的现象。如别立 M17 墓主头部两侧各放置一堆白云石碎块;别立 M9 将白石碎块撒在墓主棺下的生土上。又如勒石 M3 墓主头前放置较大的石块;勒石 M14 随葬 2 件陶罐内盛放有数粒白云石块[3]。随葬白石(或石块)的现象也常见于甘南一带的齐家文化或寺洼文化。20 世纪 70 年代,在广河齐家坪墓地发掘 100 余座墓葬。其中,有超过 1/5 的墓随葬砸碎的小白石块,少者数 10 块,最多达 200 余块。这些碎石一般放在墓主腰际或肘部内侧,也有的放在身体下或头部左右[4]。在临潭磨沟齐家文化墓地,此类碎石多放置在墓主骨盆部位,少量放在头部左右,或撒在墓道中[5]。在临洮寺洼山,也发现个别墓主身体下放置砾石块,应属此类习俗的孑遗[6]。川西北石棺葬随葬白石的习俗应源自甘南。其实,很早就有学者注意到这个现象,并将其与羌人的"白石崇拜"挂钩。

其四,陶器。川西北石棺葬随葬陶器数量不多,种类也相对单调。如年代偏早的石棺葬主要随葬双大耳罐、簋式豆、单大耳罐、长颈壶(罐)等,大多素面无纹,格

---

[1] 笔者在临潭磨沟遗址参观所见。
[2] 夏鼐:《临洮寺洼山发掘记》,《中国考古学报》第四册,71~137 页。
[3] 蒋宣忠:《四川茂汶别立、勒石村的石棺葬》,文物编辑委员会编:《文物资料丛刊》9,文物出版社,1985 年,85 页。
[4] 齐家坪墓地的发掘资料正在整理,这些碎白石块均未经鉴定,不知是否为白云石。
[5] 该墓地发掘者钱耀鹏教授见告。
[6] 夏鼐:《临洮寺洼山发掘记》,《中国考古学报》第四册,71~137 页。

调素雅,造型和器类组合与甘南一带早期寺洼文化的随葬陶器相近。稍晚,川西北石棺葬部分随葬的双大耳罐在器腹磨压螺旋盘曲大羊角暗纹,奇特的造型和纹样遂成为川西北石棺葬中最富代表性的元素,如普遍采用流线型宽錾大耳,器口侧视略微向内凹、俯视椭圆形或菱形(即核桃形),部分晚期的双大耳罐器口折成近90°夹角,颈部流行磨压竖条暗纹,腹部磨压盘曲螺旋大羊角暗纹或捏塑牛头纹。再有,石棺葬中随葬的陶器常见刻划"文字"或"符号"现象,这也是甘南和陇南地区寺洼文化陶器的普遍特征。

其五,铜器。川西北石棺葬随葬铜器以武器、工具和小件装饰为主。包括铜戈、铜刀、铜斧、铜矛、铜鞲、铜扣、铜管等,上述器类在甘南一带的寺洼文化中也很常见,且造型接近。

其六,骨器。川西北石棺葬流行随葬一种骨管,有的表面刻划简单几何纹,管内常常装入骨针,此即北方草原地区早在新石器时代就广为流行的骨针筒,后来亦常见于甘青地区的四坝文化、齐家文化、卡约文化和寺洼文化中。

五

以上现象不难得出下列结论:即川西北石棺葬的出现与中国西北地区的史前和青铜文化的不断南下有密切的关系。

自公元前四千纪始,中原地区史前文化大规模扩张,不断对周边地区的文化施加影响。约当公元前四千纪下半叶,分布在陇山以西的仰韶中晚期文化中有部分沿青藏高原东麓迁入岷江上游和川北草原。到了马家窑文化时期,已基本掌控了川西北地区,并以此为基地,继续沿龙门山脉的东缘向大渡河流域渗透。目前,有关这一文化迁徙的背景还不清楚,但气候与环境的改变及人口压力可能是其中的重要诱因。这一事件的后果不仅加速了宝墩文化在成都平原的形成,也将黄河流域的文化输往长江流域。所不同的是,进入川西北地区的马家窑文化并未像西北那样演变到半山—马厂文化,而是将其文化元素融入当地的史前文化,对成都平原及西南一带的原始文化产生了深远的影响。

此后,有个别齐家文化遗存现身于岷江上游和川北草原,但并未显示出扩展其势力范围的意图,而是借助这一南北通道,扮演着某种文化中介的角色。公元前二千纪下半叶,部分来自甘南的寺洼文化人继续向地广人稀的岷江上游寻求发展空间,茂县石棺葬所出带有寺洼文化风格的陶器即可为证。

截至目前,在川西北一带尚未发现仰韶中晚期(石岭下类型)文化、马家窑文化的墓葬,也不知此时是否存在石棺葬的习俗。齐家文化的墓葬尽管有个别发现,但形制亦不清楚。如此,茂县随葬有早期寺洼文化陶器风格的石棺葬就成为当地最早的石棺葬代表,其年代大致相当于中原地区的晚商或商周之际。此后,随着这批外来移民在川西北地区扎下根,势力不断坐大,石棺葬这一文化特质相继传入四川境内的青衣江、大渡河、雅砻江一带,进而持续地影响到西南地区的广阔丘陵山地,并沿着南北向的河谷传播到金沙江上游、滇西北、藏东、黔中和黔中南等地。时至今日,此葬俗在西南某些偏远地区仍可见到[1]。

六

以上对石棺葬的来源以及此类文化特质在西南地区的扩散过程进行了梳理,并论述了石棺葬与中国西北地区的文化联系。需要指出的是,这其间还有一些值得深度思考的问题。

首先,石棺葬在中国西北地区并非丧葬文化主流,在甘南一带亦较少见,为何到了川西北方得以光大,成为一种流传甚广的丧葬习俗?对此最符合逻辑的解释是,既然川西北地区的居民是由不断来自西北的移民组成的,石棺葬又率先出现于马家窑文化,那么,古老的西北氐羌民族将此葬俗引入川西北便是一件很自然的事情。另一方面,这些外来移民一旦在岷江上游的高山深谷内落脚,很快便发现当地

---

[1] 李飞:《试论贵州地区"石棺葬"的分区与年代》,《考古与文物》,2011年4期。

盛产的页岩和片麻岩非常适合于制作石棺,而且为此耗费的工力也较之砍伐林木、制作木棺要便利许多;加上石料较之有机木材更为坚固耐用,多个方面的优势使得石棺葬很快成为一种定制而普及开来。

其次,石棺葬中有部分随葬的双大耳罐器腹和器耳捏塑有乳钉或乳突,此类装饰鲜见于甘肃南部的齐家文化或寺洼文化,当另有来源。考虑到分布在河湟地区的卡约文化双耳罐流行捏塑乳钉或乳突的现象,此类元素或许来自北面的青海地区。联想到大渡河上游的麻尔柯河即源于青海,循此河谷上溯可达青海班玛县,由此继续向北即可通往黄河上游;四川西部的雅砻江经河渠县可通往青海玉树地区。显然,青海与川西北发生直接的文化接触是可能的。

第三,经比较可知,分布在岷江上游、川北草原到青衣江、大渡河、雅砻江及滇西北、藏东这一广阔范围的石棺葬普遍随葬磨压螺旋盘曲羊角暗纹或捏塑牛头纹双大耳罐,此类元素起源于岷江上游,逐步向西南一带扩散,并呈现越往南时代越晚的趋势,不同时期的文化面貌呈现出明显的差异。

第四,童恩正先生曾指出,金沙江流域的云南元谋大墩子[1]、永仁菜园子[2]等遗址发现的部分石棺葬年代或可早到商代(当地为新石器时代)[3]。对此又作何解释?我们也注意到,这批石棺葬的年代确实年代较早,它们与川西北地区的石棺葬显然不是一个系统,这些石棺葬在西南地区的文化发展进程中扮演了什么角色?这是下一步需要关注的重要课题。这一事例的另一个启示在于,西南地区石棺葬的起源并非一元;元谋和永仁的石棺葬当属另一文化圈,族属亦有差别。最近,在大渡河流域也发现了年代早到新石器时代晚期的石棺葬,文化面貌也很独特[4]。上述现象再次印证了"不同民族可以使用同一文化,同一民族亦可接受或

---

[1] 姜础:《云南元谋大墩子新石器时代遗址石棺墓清理简报》,《云南文物》,1994 年 9 期。

[2] 楚雄彝族自治州文管所、云南省博物馆文物队:《云南永仁永定镇石板墓清理简报》,《文物》,1986 年 7 期。

[3] 童恩正:《试论我国从东北至西南的边地半月形文化传播带》,文物出版社编辑部编:《文物与考古论集》,23 页。

[4] 刘化石:《麦坪遗址石棺葬遗存的初步分析》,《中日共同开展西南地区北方谱系青铜器及石棺葬研究合作学术研讨会论文纲要》,四川省文物考古研究院、日本九州大学,2011 年 9 月,成都,44 页。

使用不同的文化"的理论同样适用于石棺葬文化。

谨以此文献给童恩正先生！并纪念他撰写的《试论我国从东北至西南的边地半月形文化传播带》一文发表25周年。

2011年10月定稿于北京蓝旗营

初刊于《四川文物》,2011年12期

肆

专门考古

人物舞蹈纹盆
——锅庄舞及其他

西北与中原早期冶铜业的区域特征及交互作用

中国境内考古所见早期麦类作物

区域对比：环境与聚落的演进

11

人物舞蹈纹盆
——锅庄舞及其他[1]

一

1973年,青海省工作者在大通县上孙家寨遗址甲区发掘第20号汉墓时,在墓道西侧清理出一座被严重破坏的马家窑类型[2]墓葬(编号M384)[3],随葬品中有几件彩陶盆,其中破损较严重的一件在器表内外绘黑彩花纹,口沿为弧边三角、弧线和斜线,外腹壁绘三股平行线和折钩纹,器内壁绘舞蹈人物三组,每组五人,其中,两组画面完整,另一组残存二人。舞蹈人面向一致,相互手拉手,每人脑后有一下垂的"发辫",胯部斜刺出一短线,靠外侧两人的外手臂均绘成双线,似表示手掌。在每组舞蹈画面之间绘弧线、梭形叶纹。舞蹈画面简洁,线条明快,笔法酣畅。透过静止的画面,仍能让今人感受到远古舞蹈艺术家击节踏歌、肢体扭动时强烈的节奏感(图一)。

图一 青海大通上孙家寨遗址M384出土人物舞蹈纹盆

---

[1] 该项研究得到国家教委人文社科"九五"博士点重点项目资助(项目批准号:96JBZ780001)。
[2] 马家窑文化含马家窑、半山、马厂三种类型,马家窑类型属于该文化的早期阶段。
[3] 青海省文物管理处考古队:《青海大通县上孙家寨出土的舞蹈纹彩陶盆》,《文物》,1978年3期。

据《诗经·大序》记:"情动于中而形于言。言之不足,故嗟叹之。嗟叹之不足,故永歌之。永歌之不足,不知手之舞之足之蹈之也。"这段话形象地道出了人类最初歌舞之由来。但史前时期的舞蹈到底是什么样,以往只能依靠古代文献中的片言只语来揣摩、想象,这件彩绘舞蹈纹盆的出土,极为难得地再现了5 000年前我国西北地区先民们载歌载舞的动人画面。故一经刊布,便引起了学术界的极大关注。

无独有偶,18年后,即1991年春天,甘肃武威市在文物检查过程中,在市区以南的新华乡磨嘴子遗址采集到一批残破的彩陶片,返回室内整理时,发现这些彩片属于同一个体,遂多次前往该址,反复寻找缺失的残片,功夫不负有心人,最终使这件陶器大体得以复原。难能可贵的是,这是一件彩陶盆,盆内壁绘有两组手拉手的舞蹈人物,每组九人。舞蹈画面之间和盆外壁绘弧线、弧边三角、梭形叶纹。构图比较简单,舞者头、腹部用圆球来表现,肢体、胸部为简单的线条,下肢绘长短一致的三股竖线,应是对舞蹈人所穿服饰的抽象化描绘。由于舞蹈人物增多,排列紧凑,加之几何图形化的处理手法,使画中人物形态略显僵硬,动态感随之削弱[1]。与上孙家寨舞蹈纹不同的是,舞蹈者脑后没有下垂的"发辫"(图二)。

图二 甘肃武威磨嘴子遗址采集人物舞蹈纹盆

1995年,青海省文物考古研究所在黄河上游的同德县发掘了宗日遗址[2]。这是迄今为止在黄河上游地区发掘规模最大、地理位置最西、出土文物也最丰富的一处马家窑文化遗址。在该址第157号墓内再次发现一件彩绘舞蹈纹盆,盆沿面绘对齿、斜线,器腹外壁绘三股平行线及两个相交而成的折钩,宛若水面翻

---

[1] 孙寿岭:《舞蹈纹彩陶盆》,《中国文物报》,1993年5月30日,第三版;启星:《舞蹈纹彩陶盆说》,《中国文物报》,1993年6月6日,第三版。

[2] 该址最初以兔儿滩命名。见高东陆:《同德巴沟乡兔儿滩马家窑文化半山类型遗址发掘记》,载《青海考古学会会刊》(7),1985年,43~47页。1995年经正式发掘,后更名为宗日遗址。

起的一排浪花。盆内壁所绘舞蹈人物分两组,每组人物数量不同,一组 11 人,另一组 13 人,比较特殊。舞蹈画面之间的纹样与前几件大致相同。舞蹈人的形象与磨嘴子所出接近,唯四肢、胸部线条略粗,下肢大多简化为稍粗的单线,少数绘双线[1]。尽管舞蹈人数更多,但画面处理得比较活泼,给人一种优雅飘逸的舞蹈意境(图三)。宗日遗址共清理了新石器时代晚期的墓葬 180 余座,其中有些属半山类型和齐家文化,目前尚不清楚到底有多少座墓属于马家窑类型,但可以肯定这是迄今所见最大的一处马家窑类型墓地。该墓地仅出此一件人物舞蹈纹盆,足以说明此类彩陶盆在当时应属极贵重、特殊之物。

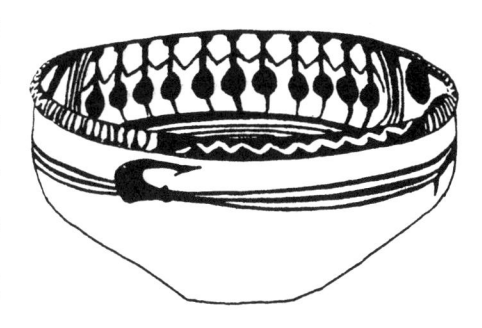

图三　青海同德宗日遗址 M157 出土人物舞蹈纹盆

前不久在日本出版的一本书中披露一件新的舞蹈纹盆[2],这是目前所见马家窑类型舞蹈纹盆中画面最精彩的一件。此器为细泥橙黄陶,通高 11.5、口径 34 厘米,大敞口,宽沿,弧腹较浅,上腹捏塑鸡冠状器耳一对,平底。器表打磨光滑,绘黑色彩,外腹壁绘密集的流动水波,其间穿插零星的卵点,盆沿绘细密的网格。盆内壁绘舞蹈人物,推测画面应为三组,每组五人,互相手拉手作舞蹈状。其人物构图与上孙家寨所出接近,舞者头部为圆形,但脑后无"发辫",躯体略粗肥,肩宽腹瘦,形体健美,胯部突起一短斜线,四肢纤细,末端略加粗,以表现手、足。舞蹈画面之间绘弧线、弧边三角纹。从构图、运笔可明显看出,彩绘者的绘画技巧极其娴熟,画面处理相当出色,舞蹈者的形态描绘颇具写意画的笔法,寥寥数笔,准确地表达出舞者的神态、肢体的摆动和舞步的运动方向。左侧二人头部偏向右方,其体态、舞姿也作相应的扭曲,双腿交错,以左腿为重心,右腿甩向左前方。右侧二人面部、体态则向左略微倾斜,下肢动作与左侧二人恰好相反,

---

[1] 宗日遗址发掘队:《青海宗日遗址有重要发现》,《中国文物报》,1995 年 9 月 14 日,第一版。
[2] [日]山本正之等:《中国のタイル:悠久の陶・塼史》,Inaxギセラリー企画委员会,1994 年。

图四　日本藏马家窑文化人物舞蹈纹盆

以此烘托并强化了中心领舞者的突出地位,画面所表达的舞蹈语言相当丰富、准确。该作品不仅让我们形象地观赏到五千年前"舞蹈艺术家"那幽雅美妙、整齐划一的翩翩舞姿,而且能感受到原始社会欢快、浓烈的部落节日气氛(图四)。

上述 4 件彩陶盆中,以大通上孙家寨、同德宗日所出两件造型相同,时代应大体接近。从《中国文物报》发表的材料看,宗日墓地所出彩陶多数与马家窑类型王保保组一致,可作为判断其时代的参考。流失日本的舞蹈纹盆沿面较宽,大口,浅腹,内外腹壁所绘花纹极具马家窑类型雁儿湾组风格。武威磨嘴子所出彩盆腹部高深,下腹内敛,内外壁所绘花纹与上孙家寨、宗日彩陶盆接近,唯线条宽大粗犷,是为马家窑类型小坪子组的特征。据严文明先生研究,马家窑类型的雁儿湾组要早于王保保组,小坪子组的时代最晚[1],据此可推定上述彩陶盆的时间早晚。有趣的是,上述彩陶盆时间的早晚与其出土的空间位置呈正向对应,如流失日本一件时代应最早,其器形、花纹也与兰州左近的同时期遗物相同;上孙家寨、宗日所出两件时代居中,其造型多流行于青海东部地区;磨嘴子一件最晚,此种深腹造型的彩陶盆为甘肃河西走廊地区马家窑类型所特有,在武威至酒泉一线均有发现。这一现象表明,舞蹈纹盆很可能是在马家窑类型中期首先出现在兰州左近一带,随后逐渐西移,流行于青海东部湟水上游、黄河上游地区,晚期进入甘肃河西走廊。这一趋向正好同马家窑类型中晚期开始向西北迁徙、拓展的格局相呼应。

自马家窑类型以降,舞蹈纹曾一度销声匿迹,无论在半山类型,还是在马厂类型中,至今尚未有此类题材的遗物发现。但是,在马厂类型以后,这一艺术形式却再度出现在四坝文化中。1987 年,北京大学考古学系与甘肃省文物考古研究所在河西走廊西部的酒泉市发掘了干骨崖遗址,这是一个包含墓地和生活居址的遗址

---

[1] 严文明:《甘肃彩陶的源流》,《文物》,1978 年 10 期。

群,属四坝文化。在该址发掘品中有多件绘有人物舞蹈纹的彩陶器和彩陶残片。四坝文化的舞蹈纹样造型略有改变,有的画面还保持着写实的传统,构图精细,用瓜子形表示舞者头部,瘦长的躯干、细腰,双手交于腹部,下身着曳地长裙。三人为一组,围绕器腹共有六组(图五:1)。也有的画面人物数量很多,舞蹈者排列紧凑,不分组,围绕器腹一周(图五:2)。还有的造型进一步简化,采用叠置的几何三角构图,表现舞者的头部和身体(图五:3)。不同的是,四坝文化中盆类器皿数量不多,内彩也极为少见,所见舞蹈纹多绘在陶罐腹部[1]。

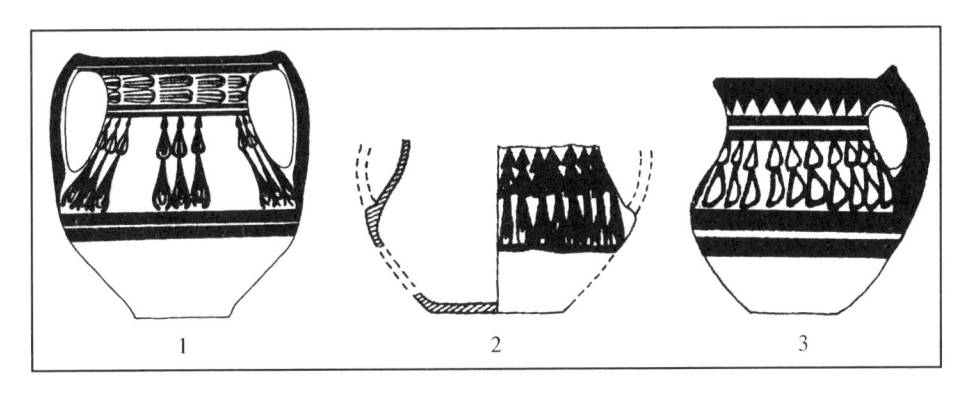

图五 甘肃酒泉干骨崖遗址出土人物舞蹈纹彩陶片

1. M40:2;2. 87JFS-130;3. M48:4

舞蹈纹在四坝文化中的再现,说明这一艺术表现形式在我国西北地区的远古文化中有着顽强的生命活力。这种画面在彩陶花纹中反复出现,形象地再现了我国西北地区远古先民精神生活的一个侧面,暗示居住在那里的氐羌民族很早就能歌善舞,这一传统经久不衰,一直保持到今天。

二

自上孙家寨舞蹈纹彩盆出土后,便引发了考古学家、艺术史家对画面中舞蹈者

---

[1] 甘肃省文物考古研究所、北京大学考古文博学院:《酒泉干骨崖》,文物出版社,2016年。

的服饰、发式及其所反映内容的浓厚兴趣,联想到《尚书·益稷》中"击石拊石,百兽率舞"的记载,一般都认为这是史前时期,人们在劳动之余,身着兽皮服装,模仿鸟兽动作的舞蹈活动,藉以表现狩猎、农牧业生产或祭祀、膜拜神灵,或追忆祖先的功绩[1]。也有学者认为,"此类画面实际上是对某种图腾祭礼仪式的形象记录,参加的人围成一圈、翩翩起舞,人们围绕的空间恰好是容器本身的空间。对这个空间我们一无所知,它是一个有趣的、也许永远不会有标准答案的谜。但有一点是肯定的,即这个空间里有着它自己一种特殊的神秘性,它是不应该用一种世俗的食物去填满的。因为被图腾的祭礼舞蹈所围绕的只有两种东西才有这种资格,一种是图腾本身,另一种是像现在一样:虚空"[2]。其言外之意不外乎绘有此类画面的器物当有着特殊的功能。

研究者多将画中舞者脑后下垂之物视为"辫发",而将下体突出的短线认定是穿着模仿野兽服装的"尾饰"[3],也有学者认为是男性生殖器,用以强化以男性为本位的社会结构。更有人提出,甘青地区远古氐羌族无束发习俗,而行"披发",舞者下体突出的短线应为"生殖器官保护带"[4]。之所以出现上述种种不同的认识,除了研究者站在不同的角度,参考不同的资料外,最主要的是材料太少,仅仅看到了上孙家寨一件器物。现在有了上述的新发现,我们可将这4件舞蹈纹盆依构图分为两类,一类以上孙家寨和流失日本的为代表,人物比较写实;另一类以磨嘴子、宗日所出为代表,构图已颇为几何图形化。假若换个角度,以画中人物的细部特征为标准,可将前一类视为男性形象——舞者肩宽体阔,有着倒三角的雄健身躯和外露的男性生殖器;而第二类很可能表现的是女性形象,舞者身体纤细,肩部瘦削,下腹和臀部厚实丰满,此种造型与欧洲发现的一批旧石器时代晚期的女性裸体雕像"维纳斯"有着惊人的相似,带有明显的"丰产巫术"痕迹,表现出对人类繁衍、兴旺的美好憧憬。

---

[1] 金维诺:《舞蹈纹陶盆与原始乐舞》,《文物》,1978年3期。
[2] 朱狄:《原始文化研究》,生活·读书·新知三联书店,1988年,534页。
[3] 金维诺:《舞蹈纹陶盆与原始乐舞》,《文物》,1978年3期。
[4] 王克林:《彩陶盆舞蹈图案辨析》,《考古与文物》,1986年3期。

舞蹈纹的构图差异从另一角度说明：彩陶花纹的创作并不因循所谓"简单—复杂—再简单"的固定演变模式，在上述同属王保保组的两件彩盆中，一件构图较写实，一件较为图形化。即使到了四坝文化时期，舞蹈纹的构图（包括其他动物类花纹）依然是"写实"与"抽象"两种形式并存。总之，史前时期的艺术表现形式是丰富的，彩陶花纹的创作也是如此，在构图上除具有时代特征外，也有艺术表现手法上的共时性和多元性[1]。

三

大约在距今3 500年以后，舞蹈纹这一艺术表现形式在西北地区再未出现。但是，作为一种固有的民族传统，这种手拉手的圆圈舞则在我国西部地区得以长期保留，这就是今天在西北、西南一带仍广泛流行，被藏、羌、彝等民族称之为"锅庄"的舞蹈。

"锅庄"是藏民多年形成的古老习俗，藏民称"卓"或"果卓"，"锅庄"为其俗称，意为"圆圈舞"。另一说法是，因为这种舞蹈多在房屋内火塘边或围绕火塘的地方举行，因以得名。"锅庄"舞舞姿粗犷、热情、豪放，动作矫健、有力，是藏民最喜欢的舞蹈。每逢节庆之日，人们身着五颜六色的盛装，云集于广场、草坝、火塘边，搭起帐篷，摆上酥油茶、青稞酒和丰盛的食品。舞时不分男女老幼，在一位长者引领下，男女分为两列，围成一圈，相互牵手拉袍、弯腰垂首。领舞的长者在舞队前方手摇串铃，引歌领舞，伴着串铃清脆的节奏，时而变换舞步，时而变换队形，边歌边舞，热烈场面此起彼伏，一浪高过一浪，直至通宵达旦。藏族"锅庄"的地区风格突出，分为三种，一种流行在农区（如西藏昌都、川西一带），一种流行于牧区（如藏北、青海、川西等地），两种形式接近，均从慢板逐渐演进到快板。男女拉手走圈，轮班唱歌，伴和舞蹈，侧身拧腰，越跳越快，在热烈的气氛中结束。第三种流行于林区（如西藏工布地区），亦分慢板、快板两大段，节奏感很强。由于工布人除农业外也兼营

---

[1] 李水城：《半山马厂彩陶研究》，北京大学出版社，1998年。

狩猎-采集经济，故在舞蹈中还穿插着模拟狩猎的射箭步和飞鸟动作。"锅庄"舞极富感染力，舞蹈服装考究，舞者披红挂绿、穿金戴银，是少男少女充分展示自己、寻找心上人的良机，也是展示家庭财富的好机会。

羌人素有跳"锅庄"习俗，称之为"洒朗"，形式与藏人"锅庄"接近，在室内锅庄旁进行。通常由慢速、快速两段构成，无乐器伴奏，以歌声协调，舞时众人手拉手载歌载舞。羌人"锅庄"分两种，一是"喜事锅庄"，在节日、婚嫁或劳动之余进行，由能歌善舞的老者带头，男女相对，各成一列，拉手而舞，男女一唱一答，边舞边唱。进入快板时，男女交换位置，众人拉手相继从别人腋下钻过，穿梭不止，动作随歌声节奏加快而至高潮。舞时往往多达数十人，亦通宵达旦进行。二是"忧事锅庄"，在丧礼后进行，一般选在室外的空旷之处，舞者均为死者亲朋。男前女后，拉手成弧形或圆形，舞时气氛低沉，动作沉稳、缓慢，以表达对死者的颂扬和怀念。

在我国，不少民族在欢庆节日时都有跳"锅庄"舞的习俗，如彝、摩梭、傈僳、怒族等，舞蹈时均手拉手成圆圈状，边舞边唱，有的甚至边舞边饮酒。

通过对现代"锅庄"舞的了解，将有助于我们深化对新石器时代舞蹈纹及所反映内容的理解，并做出更加接近历史真实的诠释。

四

"锅庄"舞与马家窑类型舞蹈纹的渊源关系还可从人种学和考古学文化上得到印证。目前，学术界对藏族人的起源有种种不同意见，如氐羌说、鲜卑说、"神猴与罗刹女后裔说"、印度说等，但影响最大的当属氐羌说，我国古代文献中也早有这方面的记载。如《旧唐书·吐蕃传》记："吐蕃在长安之西八千里，本汉西羌之地也。其种落莫知所出也。"《新唐书·吐蕃传》记："吐蕃本西羌属，盖百有五十种，散处河、湟、江、岷间，有发羌、唐旄等，然未始与中国通。"近年来，根据新的考古发现材料并结合文献史料，继而又有"当地土著与氐羌融合说"的新看法流行[1]。

---

[1] 霍巍：《西藏古代墓葬制度史》，四川人民出版社，1995年。

当然,从区系类型学说的观点看,西藏发现的几支考古学文化若与外界有交往,最有可能的交流孔道当在西北甘青地区。

近年来,新的考古发现及体质人类学的研究成果对上述推测予以支持,中外体质人类学家的研究证明,现代藏族分为两个基本的人种类型,一为"武士型"(也称"藏族 B 型"或"卡姆型"),一为"祭司型"(也称"藏族 A 型")。这两个不同种系在地理分布上有着明显差异,"藏族 B 型"多分布在与云南、四川毗邻的藏东昌都地区,头骨粗壮,属中长颅型,身材高大。"藏族 A 型"主要分布在与尼泊尔、锡金邻近的南藏地区,属短颅型,面型明显低狭,较粗壮,身材略矮。目前,尽管在西藏考古发现的体质人类学材料比较少,但现有材料是支持上述结论的[1]。

早在 1928 年,加拿大解剖学家步达生(Black, Davidson)通过对甘肃、河南采集的新石器时代晚期人骨的研究,曾经暗示现代藏人与中国西北地区的远古居民可能存在体质形态上的联系[2]。近年来新的考古发现支持这一看法,如韩康信先生通过研究新疆哈密焉不拉克墓地出土的人骨,认为该墓地的人种包括欧洲人种和蒙古人种两大支系,而后者占有明显优势。特别是这批蒙古人种的综合特征恰恰与现代藏族的卡姆型头骨表现出强烈的一致性。由此可见,与现代藏族很接近,甚至带有某些不分化性质的古代居民在公元前 10 世纪前后曾经生活在我国的西北地区[3]。其次是张君先生对青海湟中县李家山墓地卡约文化人骨所作的研究,该址人骨 13 项变量的聚类和主成分分析显示,李家山组人骨与现代藏族 B 组有很近的形态学联系,与现代藏族 A 组却存在较大距离[4]。以上研究结果说明,藏东地区的古代居民与甘青地区有着比较直接的人种学联系,现代藏族中某些人种因素应源于古代西北地区的氐羌民族[5]。

有趣的是,考古研究证实,无论是新疆哈密的焉不拉克墓地,还是青海湟中的

---

[1] 林一璞:《西藏塔工林芝村发现的古代人类遗骸》,《古脊椎动物与古人类》,1961 年 3 期。
[2] [加]步达生著,裴文中译:《甘肃河南晚新石器时代及甘肃史前后期之人类头骨与现代华北及其他人种之比较》,《中国古生物志丁种》第六号第一册,农商部地质调查所,1928 年。
[3] 韩康信:《新疆哈密焉不拉克古墓人骨种系成分研究》,《考古学报》,1990 年 3 期。
[4] 张君:《青海李家山卡约文化墓地人骨种系研究》,《考古学报》,1993 年 3 期。
[5] 韩康信、张君:《藏族体质人类学特征及其种族源》,《文博》,1991 年 6 期。

李家山墓地,它们均与马家窑文化有着藕断丝连的历史渊源关系。分布在中国西北甘青地区的马家窑文化(含马家窑、半山、马厂三个类型)历来被认为是氐羌民族最早的文化遗存,随着时间的推移,该文化不断有分支向西北迁徙,大约在距今4 000年以降,甘肃河西走廊的马家窑文化马厂类型演变为青铜时代早期的四坝文化。四坝文化继续向西迁徙,其中有一支到达东疆哈密盆地,成为后来焉不拉克文化中的一支重要因素[1],直接参与了中亚一带多民族的文化角逐。青海湟中李家山墓地属卡约文化,从文化谱系推算,该文化的前身为齐家文化,在河湟地区,马家窑文化与齐家文化无疑有着千丝万缕的联系。

以上我们从马家窑文化、四坝文化的舞蹈纹联想到羌人、藏人喜爱的"锅庄"舞,从"锅庄"舞的分布地域和舞蹈形式、内容联想到藏族的人种类型及其与氐羌民族在历史、文化上源远流长的联系,经过细致的梳理,五千年的光阴犹如一根时断时续的线,将远古的文物与扑朔迷离、支离破碎的历史和现代社会中的西部民族风情一一缀合起来,或许这其中联想的色彩太过强烈,历史跳跃感也太大,甚至难免有附会之嫌,但却并非毫无关系。其实,正如"锅庄"这一舞蹈形式随着西羌民族

图六　西北地区民间剪纸艺术"五道娃娃"

[1] 在焉不拉克文化中有部分彩陶与四坝文化有渊源关系。

的代代繁衍顽强地延续到今天一样,舞蹈纹这一艺术形式也跨越了时空,顽强地存活下来,这就是我们今天在西北黄土高原上仍能看到的一种剪纸艺术形式——"五道娃娃"(图六)。在西北地区民间百姓的精神观念中,这些手拉手的小娃娃有着驱邪、挡鬼、招魂等象征含义,他们是生命的保护神,将他们贴在明亮的窗户上,即为有着实用功能的巫术活动[1]。这其中积淀了数千年间多少古老的精神观念,历史在这里似乎凝固了,并获得永生。

初刊于《文物天地》,1998 年 1 期

---

[1] 靳之林:《中华民族的保护神与繁衍之神——抓髻娃娃》,中国社会科学出版社,1989 年,60 页。

12
西北与中原早期冶铜业的区域特征及交互作用

有关中国早期金属文明起源的讨论是近年来学术界的一个热点,讨论的焦点一般集中在中国冶铜业到底是本土起源,还是外来影响的产物。19世纪70年代,西方一位著名的冶金史专家认为,人类发现并利用铜金属始于公元前6000年的安纳托利亚(Anatolia)地区。在进入真正的锡青铜时代以前,曾有很长一段时间使用红铜和砷铜。后来,以安纳托利亚为中心的金属文明向各地传播,公元前2000年左右,金属冶炼技术经由高加索或伊朗传入中国[1]。但是,根据后来中国的考古发现,这一推论在时间上与史实还存在一定差距,早在马家窑文化(公元前3000年)时期,中国已经出现了少量的铜器。

地处远东的黄河文明素以发达的青铜冶炼术著称于世。在中原内地,自夏代进入青铜时代以后,发展速度很快,到商代晚期至西周前期,黄河文明的青铜文明已发展到巅峰状态。但根据碳十四数据,以二里头遗址为代表的夏文化在年代上最早仅上溯至公元前19世纪[2]。向前追溯,早期的金属冶炼中心似乎并不在中原大地,而是在西北一隅的甘肃、青海和新疆地区。那里不仅发现了目前所知年代最早的合金青铜,也是早期铜器发现数量最多的地区。如此,中原与西北在文化传统上到底是什么关系?这几个地区在冶金术方面是否有着不同的渊源并拥有各自的技术系统?它们在冶金术领域是否存在互动?鉴于中国的大西北与中亚地区一直存在某种程度的接触,那么,冶金术在这中间到底扮演了何种角色?这是本文将要探讨的问题。

---

[1] Tylecote R. F. (1976). *A History of Metallurgy*, London:The Metals Society, p.11.
[2] 仇士华等:《有关所谓"夏文化"的碳十四年代测定的初步报告》,《考古》,1983年10期,923~928页。

需要首先申明的是：其一，所谓"早期铜器"的概念是指新石器时代晚期（公元前三千纪前后）至青铜时代初期（公元前二千纪中叶）的遗留；其二，就新疆地区而言，本文的重点是东部地区的早期资料，本文所指的"东疆地区"的空间范围主要是吐鲁番以东的哈密地区，也包括东南部的罗布泊一带。其他地区因材料零散，文化谱系不清，将不作过多涉及；其三，为便于考察早期冶铜业在其发展过程中的整体性和延续性，本文对一些年代晚于公元前1500年的考古学文化也有所涉及；其四，本文给出的各考古学文化年代是根据已知碳十四数据估算的年代。

一、早期铜器的发现与各区域的阶段特征

从考古发现看，中国境内所发现的早期铜器分为两部分：一部分，也是绝大部分集中在甘（肃）青（海）地区和新疆东部一带，初步统计其总量超过1 500件；另一部分集中在黄河中游的豫西地区，大约200件。以下按地区和年代对这些发现作一概略性的介绍。

（一）甘青地区

其地理范围主要包括甘肃省兰州附近及以西地区、河西走廊、青海省的东部地区。在这一范围内，几乎所有的考古学文化都不同程度地发现有早期铜器，具体如下。

马家窑文化（公元前3300~前2650年），分布中心在甘肃省西部和青海省东部。近年来的考古发现证实，该文化的西界抵达甘肃酒泉市和黄河上游的青海同德县；南界已扩散到四川西北部的岷江上游地区，甚至大渡河流域。迄今为止，仅有一处地点发现了马家窑文化的铜器，即1977年在甘肃东乡族自治县林家遗址出土的1柄铜刀（77DXLF20：18）和数块冶炼残留的铜渣（77DXLH54）[1]（图一，1）。

---

[1] 甘肃省文物工作队等：《甘肃东乡林家遗址发掘报告》，《考古学集刊（4）》，中国社会科学出版社，1984年，111~161页。

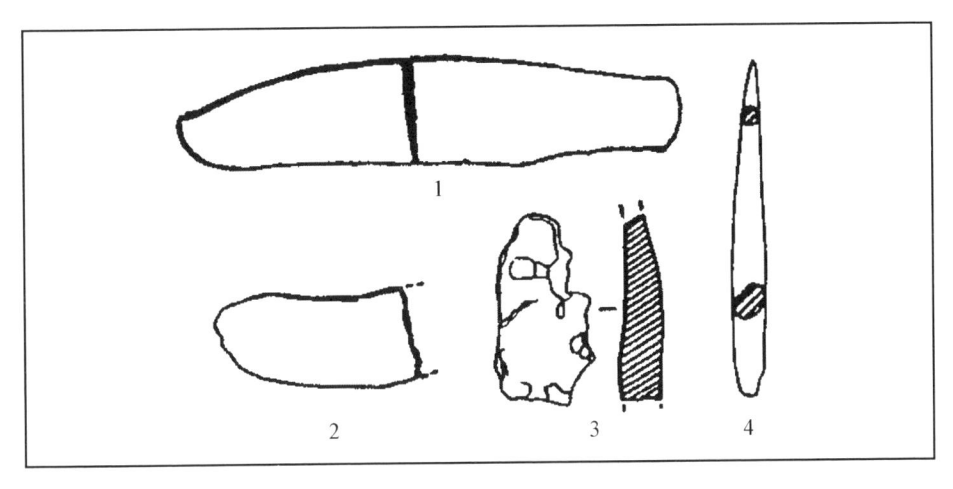

图一　马家窑文化、半山-马厂文化铜器

1. 刀（东乡林家）；2. 刀（永登蒋家坪）；3. 冶炼铜块（酒泉高苜蓿地）；4. 锥（酒泉照壁滩）　（1 为马家窑文化，余为半山-马厂文化）

半山-马厂文化（公元前 2650~前 2000 年），该文化是马家窑文化余脉，分布范围与马家窑文化接近。从半山时期开始，其文化南界退缩至洮河流域；马厂时期，文化东界与南界再次向北向西大幅收缩，惟西界继续扩张，最远已深入新疆东部的哈密地区。迄今为止，尚未在半山文化中发现任何铜器。马厂文化的铜器发现 3 例，即 1975 年甘肃省文物工作队在永登连城蒋家坪遗址发掘铜刀 1 柄（残留前半段，75YJX5T47∶③）[1]（图一，2）；1987 年北京大学考古学系与甘肃省文物考古研究所在酒泉高苜蓿地、丰乐照壁滩两地发现冶炼铜块、铜锥各 1 件[2]（图一，3、4）。

齐家文化（公元前 2200~前 1800 年），是从陇东向西迁徙的过程中逐渐演化而成，并最终占据了广大的河湟地区。该文化西界大致止于河西走廊东段的永昌县一带，在青海境内，其分布西界在黄河上游的同德县；该文化北界在内蒙古自治区

---

[1] 甘肃省博物馆：《甘肃省文物考古工作三十年》，《文物考古工作三十年（1949~1979）》，文物出版社，1979 年，139~153 页。

[2] 甘肃省文物考古研究所、北京大学考古文博学院：《河西走廊史前考古调查报告》，文物出版社，2011 年。

阿拉善左旗附近。

齐家文化的冶铜业呈现出迅猛发展的势头,铜器数量和种类均大幅增加,冶炼技术也大大超出前一时期。目前已统计在案的齐家文化铜器超过 130 件,种类包括斧、镜、刀、匕首、矛、锥、牌、钻、泡、镯、指环和骨柄铜刀等(图二)。值得注意的是,齐家文化出土铜器的地点大幅度增加,具体有甘肃广河县齐家坪、西坪,康乐县商罐地,临夏市魏家台子,永靖县秦魏家、大何庄,岷县杏林,积石山县新庄坪,临潭县陈旗磨沟,武威市皇娘娘台、海藏寺;青海贵南县尕马台,互助县总寨,同德县宗日,西宁市沈那等遗址。

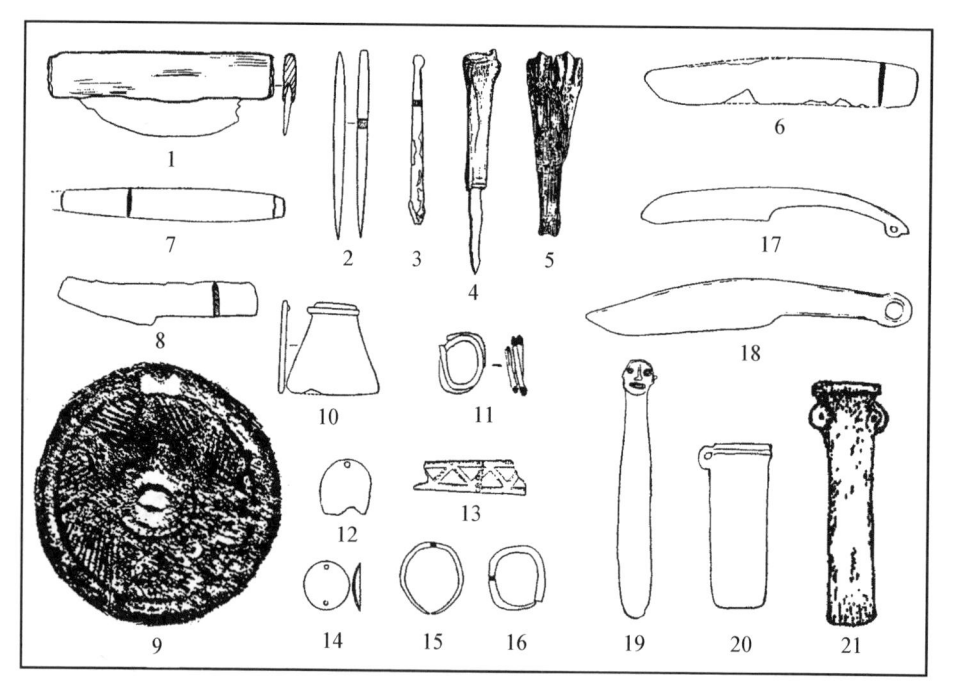

图二 齐家文化铜器

1. 骨柄铜刀(临夏魏家台子);2.10.12. 锥、斧、铜片(永靖秦魏家);3.13. 钻、刀柄(武威皇娘娘台);4~7. 锥、骨柄铜刀、刀 2 件(互助总寨);8. 刀(永靖大何庄);9.11.16. 镜、指环、耳环(贵南尕马台);14.15. 扣、镯(积石山新庄坪);17.20. 刀、斧(岷县杏林);18. 刀(康乐商罐地);19.21. 人面匕首、双耳斧(广河齐家坪)

四坝文化(公元前 1950~前 1550 年),前身是从河湟地区西迁至河西走廊的马厂文化。其分布范围基本局限在河西走廊偏西部地段,西界已进入新疆东部的哈密市。截至目前，在已发现的四坝文化遗址中，均程度不等地发现了铜器，总量达300件。重要的遗址点有：玉门市火烧沟、砂锅梁，酒泉市干骨崖，安西县鹰窝树，民乐县东灰山、西灰山等。该文化的冶铜业较之齐家文化更进了一步，种类也更加复杂丰富，包括斧（锛）、刀、锥、矛、匕首、镞、耳环、指环、手镯、扣、泡、牌、联珠饰、权杖头等（图三）。在这些铜器中新增加了一批以往所不见的新器类，如铜镞（在火烧沟墓地还发现有铸造铜镞的石范）、铜权杖头等。此外，还发现有少量的金、银装饰品。

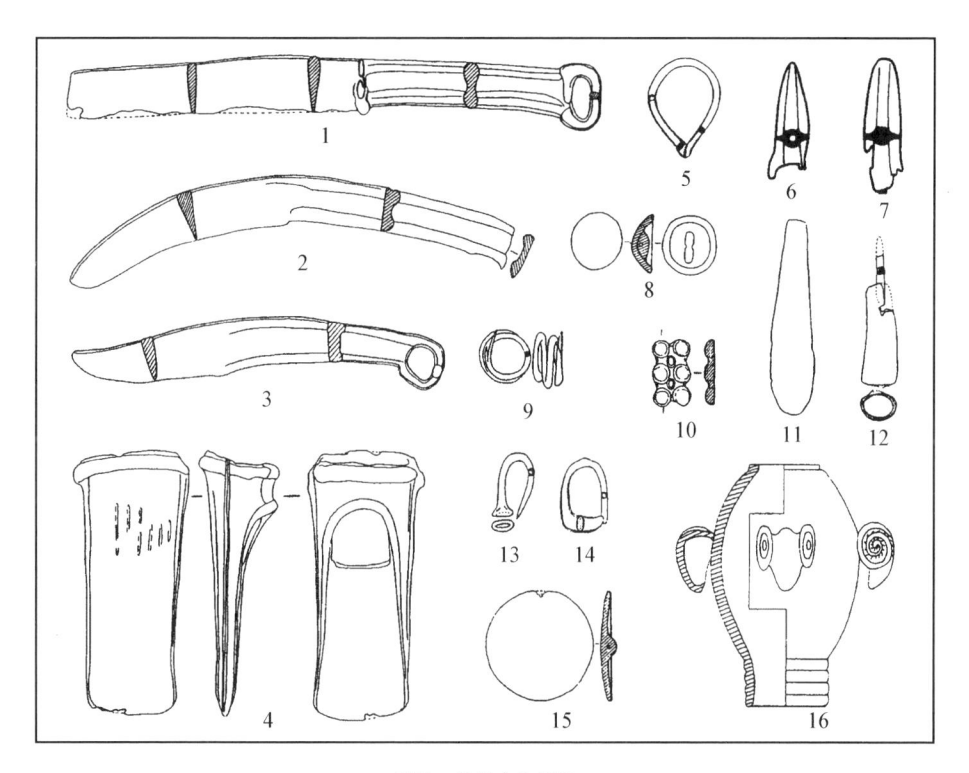

图三 四坝文化铜器

1~3. 刀；4. 管銎斧；5.13.14. 耳环；6.7. 镞；8. 扣；9. 指环；10. 联珠饰；11. 匕首；12. 骨柄铜锥；15. 牌；16. 权杖头（1~10、12~15. 干骨崖遗址，11.16. 火烧沟遗址）

在西北地区发现的早期铜器中，东乡林家马家窑文化遗址出土的铜刀是年代最早的标本。此刀长12.5厘米，系铸造而成，经检测为含锡6%~10%的锡青铜。碳十四检测结果显示，出土这柄铜刀的房屋（77DXLF20）年代在公元前3369~

前3098年之间[1]。因此,这件铜刀也是目前国内所知年代最早的锡青铜制品。另在林家遗址的一座灰坑(77DXLH54)内还发现有一些破碎的铜渣,经岩相分析,其成分为孔雀石组成的金属,内含铁橄榄石,其核心部位残留部分不规则形状的金属铜。冶金史专家认为,它们应该是铜铁共生矿冶炼不完全的产物[2]。

甘肃永登蒋家坪马厂文化遗址出土的铜刀,经激光微区光谱分析也是锡青铜[3]。酒泉照壁滩遗址出土的铜锥系热锻成型、局部经冷加工处理的红铜;高苜蓿地遗址所出铜块为铸造的红铜[4]。

上述早期铜器的发现为探索西北中国冶铜业的起源和发展提供了重要信息。它们以实物证实,在距今5 000年前后,马家窑文化的居民已经掌握了金属冶炼技术,并开始了冶炼合金青铜的最初尝试。化学检测结果证实,这一阶段的铜器中既有纯铜,也有青铜;在工艺技术上既有锻造,也有铸造,已经具备了一定的技术含量。但另一方面我们也注意到,在从马家窑文化到马厂文化近千年的时间里,冶铜业的进展速度比较缓慢,所见铜器数量的稀少也暗示了这一点。也就是说,当时的金属冶炼业尚处在最初的摸索阶段。但是,若考虑到铜金属具有再生加工利用的特殊性能,对这一阶段金属冶炼业的真实水平还有待给出实事求是的评价。目前,在国内外仍有学者对林家遗址出土的马家窑文化青铜刀表示出某种程度的怀疑[5],但多数学者则倾向于它是在冶炼共生矿时偶然获取的合金制品[6]。对此,有学者指出,在自然界极少发现铜锡共生矿存在,甘青地区是否蕴藏此类铜矿?尚无地质学方面的资料[7]。假如果真如此,此铜刀只能是当时的人有意为之的合金制品。总之,在没有确凿的证据之前,还不能轻易否定马家窑文化具有冶炼合

---

[1] 中国社会科学院考古研究所编:《中国考古学中碳十四年代资料集(1965~1991)》,文物出版社,1992年。

[2] 孙淑云、韩汝玢:《甘肃早期铜器的发现与冶炼、制造技术的研究》,《文物》,1997年7期,75~84页。

[3] 孙淑云、韩汝玢:《中国早期铜器的初步研究》,《考古学报》,1981年2期,287~302页。

[4] 同注[2]。

[5] 安志敏:《试论中国的早期铜器》,《考古》,1993年12期,1110~1119页。

[6] 同注[2]。

[7] 梅建军:《关于中国冶金起源及早期铜器研究的几个问题》,中国古代文明起源与早期发展过程学术研讨会论文,中国社会科学院古代文明研究中心,2001年8月。

金铜的实力。联想到同一时期世界上其他文明古国在冶金术方面取得的成就，在中国西北地区发现个把青铜合金制品并不值得大惊小怪。况且，冶金史专家在研究了林家遗址的"碎铜块"之后指出，此铜刀并非马家窑文化制造合金青铜的孤证[1]。

在经历了上千年的技术摸索与经验积累后，公元前三千纪末，甘青地区的金属冶炼业逐渐摆脱了相对停滞的局面，进入一个飞跃发展的时期，齐家文化和四坝文化即为这一阶段的代表。这一时期，不仅铜器数量猛增，种类也更加多样化。齐家文化已能铸造单耳、双耳竖銎铜斧、带钮铜镜、人首铜匕、环首刀等工艺颇复杂的铜器。特别是用于人体或服饰方面的装饰器件普遍出现，极大地拓展了铜器的应用领域。在工艺方面，齐家文化铜器既有锻造，也有铸造，而且铸造比例有随时间推移逐步增加的趋势。在合金工艺上，在最初送检的12件齐家文化铜器中有5件青铜，约占42%[2]。1997年检测的24件铜器有6件青铜[3]，加上青海贵南尕马台遗址所出铜镜，其青铜比例大致为30%。如果仅从这两次检测的结果分析，似乎齐家文化仍以红铜数量占优，但上述检测数字尚不足以反映齐家文化冶铜业的真实水平。以1997年送检的24件铜器为例，仅皇娘娘台遗址就占了13件，超过总量的一半强，而且这13件铜器经检测全系红铜。参照齐家文化的分期研究，皇娘娘台遗址恰恰处在该文化的早期阶段[4]。因此，上述检测结果并不代表齐家文化红铜与青铜的真实比率。如将上述统计对象改为遗址点，将会呈现完全不同的结果（表一）。从表一可知，齐家文化只出红铜的遗址有4处，既出红铜也出青铜的遗址2处，仅出青铜的遗址5处（未检测标本的遗址不在此列）。结果十分明显，单一出土青铜的遗址数量已超出仅出红铜的遗址，若加上二者兼而有之者，前者拥有的数量几乎超过后者一倍。

---

[1] 孙淑云、韩汝玢：《甘肃早期铜器的发现与冶炼、制造技术的研究》，《文物》，1997年7期，75~84页。
[2] 孙淑云、韩汝玢：《中国早期铜器的初步研究》，《考古学报》，1981年2期，287~302页。
[3] 同注[1]。另外，永靖秦魏家遗址出土的铜尖（KG3732②：27）原检测结果为青铜，在1997年表格中误为红铜。
[4] 张忠培：《齐家文化研究》，《考古学报》，1987年1、2期。

表一 部分齐家文化铜器统计表

省份	遗址	出土铜器（件数）	红铜（件）	青铜（件）	未检测（件）
甘肃省	武威皇娘娘台	30	13		17
	武威海藏寺	12			12
	永靖秦魏家	8	4	2	2
	永靖大何庄	2	1		1
	广河齐家坪	3	1	2	
	广河西坪	1	1		
	岷县杏林	2	2		
	康乐商罐地	1		1	
	临夏魏家台子	1		1	
	积石山县新庄坪	12		1	11
	临潭县陈旗磨沟	1			1
青海省	互助总寨	4			4
	西宁沉那	2		1	1
	贵南尕马台	49		1	48
	同德宗日	4			4
总计		132	22	9	101

总之，齐家文化金属冶炼业的发展演变趋势是清晰的。在其早期阶段，主要以制作红铜为主，晚期有以制作锡青铜为主。有鉴于此，曾有学者指出，齐家文化的冶铜业经历了从红铜向青铜演进的完整历程[1]。

从齐家文化冶铜业的突然兴盛联想到旧大陆几个著名的古代文明中心的文化演进历程，公元前三千纪恰好处在人类历史长河的一个关键时期，无论尼罗河文明、两河文明、克里特文明、印度河文明、黄河文明，莫不如此。这期间，文明要素相

---

[1] 张忠培：《齐家文化研究》（下），《考古学报》，1987年12期。

继出现,文字产生且逐步完善和系统化,城市化进程急剧加快,金属冶炼业进一步走向成熟,各个文明普遍进入到青铜时代。齐家文化尽管年代上略晚于近东及周边地区的青铜文明,但仍处在这一时期的末端。

整体观之,我们还只能把齐家文化摆在中国青铜时代发展的初期。首先,齐家文化的冶铜业经历了从红铜到青铜的演进历程,这一点决定了它处在金属时代初期的位置。其次,齐家文化基本不见制作和使用大消耗性远射程兵器——铜镞,这间接证明了铜器在当时社会中仍属于贵重之物。但值得注意的是,前几年在青海乐都柳湾聚落遗址发现1件锻造的铜镞,"长3.4、宽1.5厘米,体形扁薄,略起中脊,两翼稍长,铤部带三锋"[1]。在柳湾遗址范围内,既有半山—马厂文化,也有齐家文化,其年代下限均在距今4 000年左右。以往在柳湾遗址发掘了1 700余座原始社会末期的墓葬,从未有任何铜器发现的报道,因此尚无法根据这一件铜镞确定其文化属性。假如地层不存在问题,估计它属于齐家文化的可能性较大,那么,这将可能是迄今为止所见唯一的齐家文化铜镞。这一发现或许有可能改变对齐家文化金属制造业的评价。

目前,在对个别齐家文化铜器的认定上还存在一些疑问,尤其是近年新发现或征集到的几件形体较大的铜器。如青海西宁沈那遗址出土长达61.5、宽20厘米的超大号铜矛[2],入藏中国国家博物馆直径达14.6厘米、背面饰连续"勿"字纹的铜镜(图四)。沈那遗址的发掘简报尚未刊布,据《中国考古学年鉴(1993)》报道,该遗址"齐家文化为主要内涵,另有汉代遗存……该址发现有13组打破和叠压关系,根据地层资料,有早晚期之分,铜矛发现于晚期的灰坑内"[3]。但是,在几年前举办的一个大型文物展览会图录上,此铜矛被注明为"齐家文化—卡约文化(约公元前20至前11世纪)"[4]。可是,图录后面文字介绍则强调,此器为齐家文化铜器

---

[1] 肖永明:《乐都县柳湾新石器时代及青铜时代遗址》,《中国考古学年鉴(2002)》,文物出版社,2003年,394~395页。
[2] 中国文物精华编辑委员会编:《中国文物精华》,文物出版社,1997年,彩版38。
[3] 王国道:《西宁市沈那齐家文化遗址》,《中国考古学年鉴(1993)》,文物出版社,1995年,260~261页。
[4] 同注[2]。

中的珍品[1]。至于这中间为何冒出一个卡约文化？是沈那遗址确实发现有卡约文化的堆积吗？如果有这一时期的堆积，为什么《中国考古学年鉴（1993）》中竟一字不提？而所谓"晚期灰坑"又是什么概念？它到底晚到何时？这一切颇令人费解[2]。同样，入藏中国国家博物馆的"连续勿字纹铜镜"被收入到该馆的英文图录内，其性质被定为"齐家文化—卡约文化（公元前 1800~前 1000 年）"[3]。但又一直有学者将其作为齐家文化的遗物来介绍[4]，同样给人以模棱两可之感。据我们之管见，这种"连续勿字纹"在卡约文化中是颇有代表性的纹样，但在齐家文化中却非常罕见。总之，对上述铜器的文化性质还需要进行认真的考证。

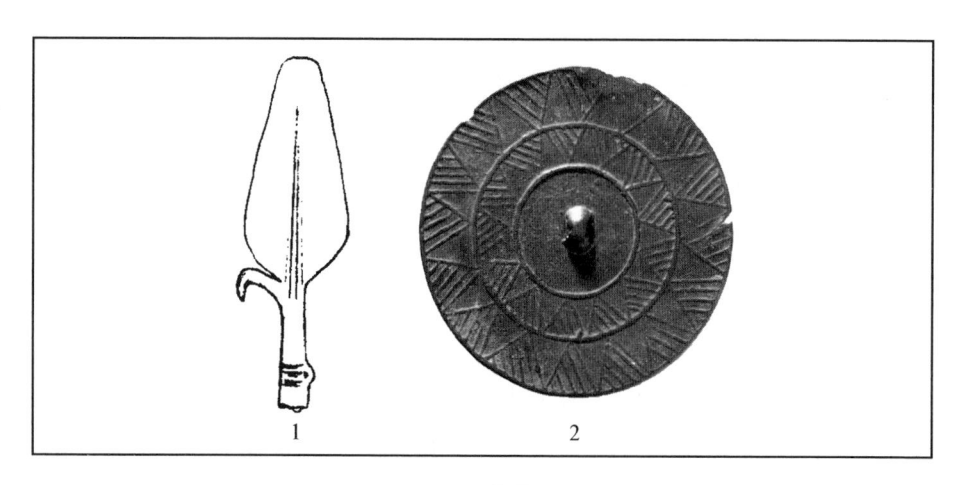

图四　铜器

1. 矛（西宁沈那出土）；2. 镜（中国国家博物馆藏）

四坝文化虽然在整体年代跨度上较齐家文化稍晚，但二者曾有一个阶段的并行。四坝文化的金属冶炼业表现出更加稳定、成熟的特征。这具体表现在：第一，

---

[1] 中国文物精华编辑委员会编：《中国文物精华》，文物出版社，1997 年，208 页。另在《中国考古学年鉴（1993）》中也提到，此铜矛是"齐家文化的重器"。
[2] 在《中国考古学年鉴（1993）》，沈那遗址条内未见该址有卡约文化堆积的报道。
[3] National Museum of Chinese History, A Journey into China's Antiquity, Vol.1, Palaeolithic Age-Spring and Autumn Period, p.267, fig.271. Morning Glory Publish, 1997.
[4] 石志廉：《齐家文化的铜镜》，《中国文物报》，1987 年 7 月 10 日；李学勤：《中国铜镜的起源及传播》，《比较考古学随笔》，广西师范大学出版社，1997 年，59 页。

铜器制作和使用更加普遍。在目前已知的四坝文化遗址均程度不等地发现了铜器，尽管在各遗址间还存在发展不平衡的现象（如火烧沟墓地出土铜器的墓占墓地的三分之一，干骨崖墓地占近二分之一，鹰窝树遗址清理的3座墓葬均出铜器，而东灰山墓地出有铜器的墓仅占6.4%。在制作工艺上，火烧沟遗址的铜器以铸造为主，干骨崖遗址铸造锻造各占一半，东灰山遗址则全系锻造），但铜器的普及已然成势。第二，铜器种类更加复杂多样。第三，经检测火烧沟墓地出土的65件铜器，其中纯铜30件，占45.5%，青铜比例已超过红铜。第四，铜器的合金成分比较复杂，除锡青铜外，还有砷铜、锡铅青铜及其他多元合金制品。第五，在制作工艺上，兼有铸造、热锻和冷加工技术，特别是铸造工艺逐渐占据统治地位。在火烧沟墓地检测的65件铜器中，仅4件为锻造，余皆铸造。第六，铸造工艺更加进步。一般的铜器小件用单范浇注，较大器物用合范技术，像四羊首权杖头则采用合范、分铸及镶嵌等复杂工艺，代表了四坝文化冶铸业的最高水平。第七，铜镞普遍出现。在火烧沟、干骨崖、鹰窝树等地点均有发现，而且被用于随葬。在火烧沟墓地还发现铸造铜镞的石范。镞为远射程兵器，发射后极难回收，在青铜时代初期，铜器属贵重之物，一般不大可能被用来制作此类高消耗性兵器。以上诸点说明，四坝文化时期，中国西北的冶铜业已经摆脱了初始阶段，开始步入成熟期。

冶金史专家经对酒泉干骨崖四坝文化墓地所出46件铜器取样，并作电子扫描电镜能谱成分分析显示，红铜3件，锡青铜22件，砷青铜10件。三元合金铜器中，铜-锡-砷5件，铜-锡-铁3件，铜-锡-铅2件。四元合金（铜-锡-砷-铅）1件。另选择这批铜器中的30件做金相检测，发现热锻与铸造的比例数大致相等。北京科技大学冶金及材料研究所检测了安西鹰窝树墓地出土的7件铜器，结果全部为青铜。在金相检测的4件铜器中，热锻与铸造各占一半[1]。据我们对四坝文化的分期研究，干骨崖与鹰窝树两处墓地均处在四坝文化的偏晚阶段，而火烧沟墓地的年代则略偏早[2]。

---

[1] 孙淑云、韩汝玢：《甘肃早期铜器的发现与冶炼、制造技术的研究》，《文物》，1997年7期，75~84页。
[2] 李水城：《四坝文化研究》，《考古学文化论集（三）》，文物出版社，1993年，80~121页。

张忠培先生对民乐东灰山四坝文化墓地作了深入研究,在比较了东灰山与火烧沟两处遗址后指出,四坝文化的金属制造业已呈现出明显的区域差异,这种差异不仅表现在铜器种类和数量多寡方面,也表现在质地和工艺方面。火烧沟墓地所出铜器不仅品位高、种类多,而且人均占有铜器量是东灰山居民的28.3倍。再结合其他方面的差异,说明四坝文化时期的社会贫富分化不仅表现在一个聚落内部居民之间,也表现在四坝文化的各个聚落之间,这种社会分野,是四坝文化居于文明时代的必备内涵[1]。

四坝文化冶铜业的一大特色是砷铜的出现与流行,这对于重新认识中国早期冶铜业的发展及区域特征有着重要的价值。经对民乐东灰山遗址所出16件铜器中的15件进行检测,有13件可确定成分。其中除1件为铜-锡-砷三元合金外,余皆为铜-砷二元合金。金相检测结果显示,有11件铜器具锻造组织,有6件为热锻后再经冷加工处理。结合墓地的分期研究,在东灰山墓地出土铜器的13座墓葬中,有6座可确定年代,出砷铜制品的M21被定为一期,M127、M157、M205和M26分别为二期和三期,出含锡量1.76%铜制品的M51,年代不早于二期,随葬含锡量1.42%铜制品的M23,年代为三期。可见含一定锡量的铜制品墓葬由无到有,且随年代后移比例增多。研究者指出,尽管依此现象做出结论的数据过少,但它或许暗示使用东灰山墓地的居民,存在一个单纯制作砷铜的时期和一个由此过渡到制造青铜的时期。四坝文化很可能经历了由红铜而砷铜再青铜的发展过程。检测结果证明,东灰山遗址砷铜合金的含砷量在2.62%~6.01%之间,平均达4.37%,而且全部系锻造加工,这一特征与西亚、东南欧及北非地区的早期砷铜制品相同,反映出四坝文化有可能与外界存在某种形式的联系,也可能与古代民族的迁徙或技术交流有关[2]。

我们曾就四坝文化的铜器进行过专门讨论,认为该文化的冶铜业经历了从制

---

[1] 张忠培:《东灰山墓地研究——兼论四坝文化及其在中西文化交流中的位置》,《中国文化研究所学报》,新6期,1997年,288~323页。
[2] 甘肃省文物考古研究所等编著:《民乐东灰山考古——四坝文化墓地的揭示与研究》,科学出版社,1998年。

作纯铜到砷铜再到锡青铜的发展历程。同时还指出,四坝文化砷铜的普遍除表明它可能与外界存在某种互动因素外,亦有可能与河西走廊的矿产资源配置有某种联系。当我们将四坝文化的遗址按空间位置进行排序后发现,位置偏东的东灰山墓地的铜器几乎全为砷铜,位置偏西的火烧沟、鹰窝树两地则以锡青铜为主。而位置居中的干骨崖墓地则呈现锡青铜与砷铜大略各半(后者包括三元合金)、锡青铜略优的局面。这一排序结果似乎给人以东面的砷铜明显强于西面的印象。对此我们也一度感到困惑,以至于无法判断这究竟是一种表征呢,还是历史的真实?我们曾大胆推测,当初冶金史专家在对火烧沟遗址铜器进行检测分析时,在方法和手段上可能存在一定缺陷,以至于有些数据未能检测出来,并为此建议冶金史专家能重新对火烧沟墓地的铜器进行检测[1]。后来,北京科技大学冶金及材料研究所再次检测了火烧沟墓地出土的37件铜器,其中13件样品砷含量超过2%[2]。这一结果证实了我们的疑问,同时亦表明,在四坝文化中,砷铜确实带有某种普遍性。

公元前二千纪后半叶,长期盘踞在河湟地区的齐家文化逐渐解体,继而分化为数支青铜文化,如辛店文化、卡约文化、诺木洪文化等。这几支文化依次分布在东起洮河、黄河上游、湟水谷地及柴达木盆地这一广阔的空间内。在河西走廊,自四坝文化消亡后,有过较长一段的时间空白,大约在公元前二千纪末,在走廊西侧出现了骟马文化和以安西兔葫芦遗址为代表的遗存[3];沙井文化则占据着走廊东段的民勤—永昌盆地[4]。

辛店文化、卡约文化和诺木洪文化的年代上限均可上溯至公元前1500年左右,其下限则晚至公元前一千纪上半叶或更晚一些。我认为它们的年代上限均与齐家文化下限衔接,而卡约文化的年代下限则晚至汉代纪年范围。从冶铜业在这一区域的延续状况看,这几支青铜文化均表现出较之齐家文化进步的因素,但与其

---

[1] 李水城、水涛:《四坝文化铜器研究》,《文物》,2000年3期,80~121页。
[2] 潜伟等:《古代砷铜研究综述》,《文物保护与考古科学》,2000年2期,43~50页。
[3] 李水城、水涛:《公元前一千纪的河西走廊西部》,《宿白先生八秩华诞纪念文集》(上),文物出版社,2002年,63~76页。
[4] 李水城:《沙井文化研究》,《国学研究(二)》,北京大学出版社,1995年,493~523页。

他地区相比,则又显露出某种停滞状态。首先,在数量和器类上,辛店文化的铜器数量并不突出,有些遗址点甚至不见任何铜器,墓葬中也鲜有随葬铜器者,说明铜器仍是当时人们所珍惜的物品。目前,考古所见辛店文化的铜器基本为小件的刀、锥、矛头、铃、扣、泡、联珠饰、钻、牌、带钩、镞等(图五,17~28)。但已有迹象显示,这一时期是有能力制作简单的容器的,如在永靖张家咀遗址发现一片铜器口沿残片(KG5T65∶2);甘肃临夏莲花台遗址出土 1 件双大耳小罐,高仅 3.5 厘米。经检

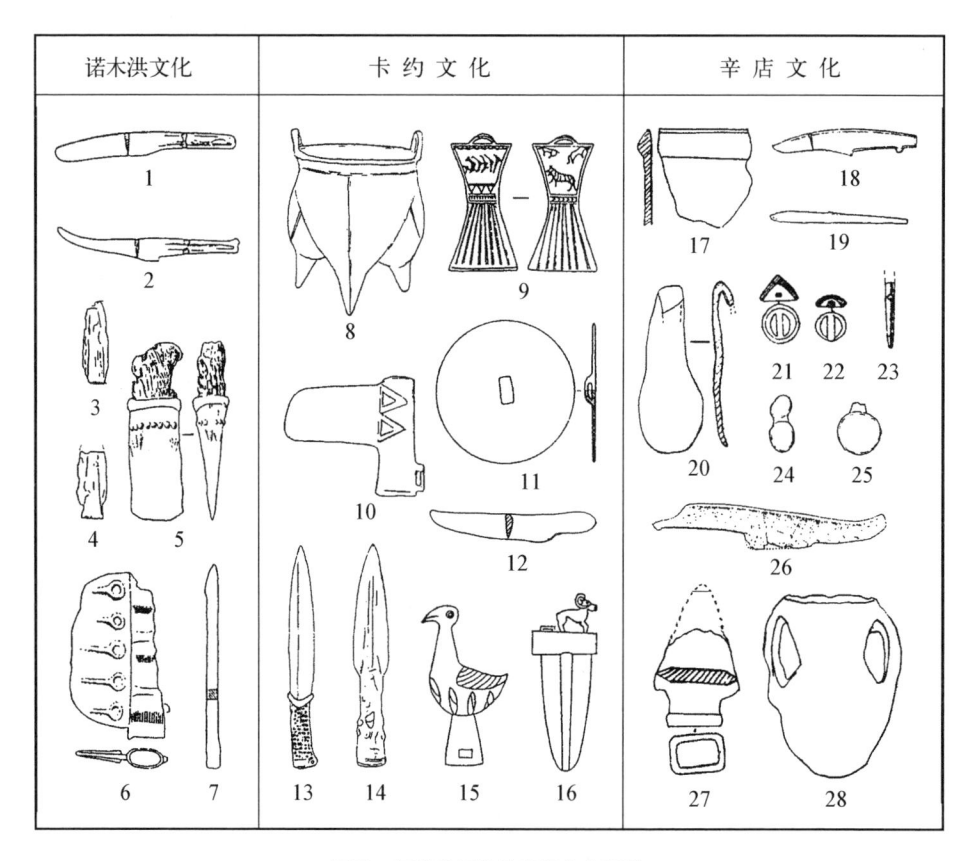

图五　河湟地区其他青铜文化铜器

1.2. 刀;3.4. 镞;5. 竖銎斧;6. 管銎钺;7. 锥(以上均都兰诺木洪遗址);8. 鬲(西宁大堡子);9. 牌(大通上孙家寨);10. 管銎钺(湟中下西河);11. 镜(湟源大华中庄);12. 刀(贵德山坪台 M23∶2);13. 短剑(民和官亭);14. 矛;15. 鸟形铃杖首(以上大华中庄);16. 管銎立兽戈(大通良教);17. 器口残铜片(永靖张家咀T65∶2);18.26. 刀(永靖黑头嘴、临洮灰嘴);19.23. 锥(灰嘴、永靖莲花台 H119∶1);20. 带钩(民和山家头);21.22. 扣(莲花台 H30∶4、H61∶2);24. 联珠饰(灰嘴);25. 铜泡(临洮四时定);27. 矛(永靖张家咀 T56∶9);28. 小罐(莲花台)

测,甘肃永靖张家咀遗址所出两件铜器中,一件为铸造铅锡青铜,另一件为含少量锡、铅、砷、锑的青铜[1],莲花台小罐为锡青铜(含铜92.5%,锡6.8%,铅0.25%,锌0.25%等)[2]。

诺木洪文化分布在柴达木盆地,出土铜器不多,仅有刀、镞、锥、镢和五孔长銎钺等(图五,1~7)。但以铜钺为代表的器类已表现出相当进步的成分,年代也略偏晚。在上述三支文化中,卡约文化的铜器数量最多,器类也最复杂,包括兵器类的刀、矛、短剑、戈、镞、钺、胄,工具类的十字镐(鹤嘴锄)、斧、镢、长銎斧、锥、钻,日用生活类的带钮镜、耳环、牌、泡、管、珠、铃首簪,礼仪用具的鸟形圆雕铃杖头、三人面杖头、鸠首牛犬杖头、铃等,另有1件铜鬲(图五,8~16)。此外,还发现一批当时用作货币的金贝,制作相当精致[3]。在上述铜器中,尤以发现在青海西宁大堡子乡鲍家寨西山根卡约文化墓地的铜鬲最引人注目[4],此器口沿铸一对半圆形立耳,直口、直领,袋足下有较高的圆锥形实足,"∧"形分裆,颈饰两股凸弦纹,裆饰简约的双线"人"字纹,其造型、花纹与商代二里岗上层同类器非常接近。众所周知,二里岗时期曾有过一次大规模的文化扩张行为。一般认为,此次扩张对西部的影响仅达关中盆地。这件铜鬲现身于湟水上游的卡约文化墓内,其造型与当地的传统陶鬲相去甚远,可见,早商时期中原文化的影响曾一度波及青海境内。

在河西走廊西部,骟马文化和兔葫芦类型遗存仅见于酒泉迤西的安西、玉门、敦煌等地,目前发现的遗址数量非常有限,所见铜器包括镞、有銎斧、鹰形牌饰、耳环、扣、泡、珠、牌、镜、凿、管等(图六)。

沙井文化分布在河西走廊的东段,该文化的铜器中亦不见容器,主要有刀、牌、泡、联珠饰、耳环、环、镯、管、锥、镞等小件兵器、装饰品、工具等,此外还发现少量铁舌、铁刀等。

---

[1] 中国社会科学院考古研究所甘肃工作队:《甘肃永靖张家咀与姬家川遗址的发掘》,《考古学报》,1980年2期,187~220页。
[2] 石龙等:《甘肃临夏莲花台发现辛店文化遗物》,《文物》,1984年9期,94~95页。
[3] 这批金贝出土于青海大通上孙家寨遗址,金贝长1.2、宽0.7厘米,中空,两端有孔,中间有一凹槽。见青海省文物处等编:《青海文物》,文物出版社,1994年,彩版77。
[4] 青海省文物处等编:《青海文物》,彩版65。

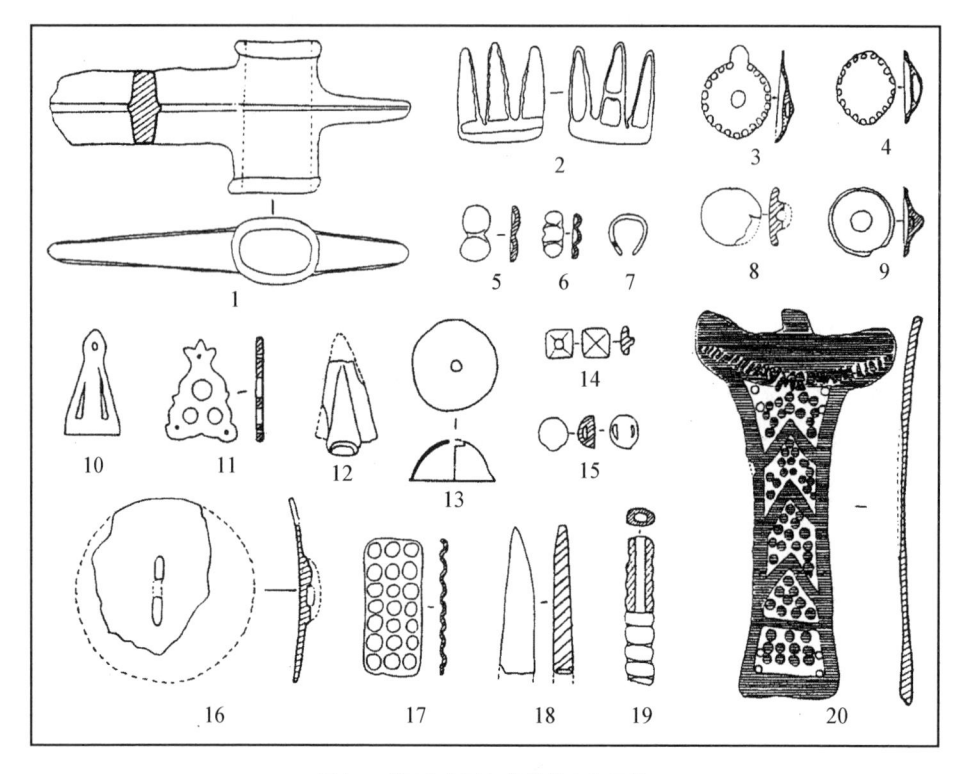

图六 骟马文化及兔葫芦类遗存铜器

1. 管銎斧;2."山"字牌;3.4.8.9.14.15. 扣;5.6. 联珠饰;7. 耳环;10. 铃;11.17. 牌;12. 镞;13. 铜饰品;16. 镜;18. 凿;19. 管;20. 鹰形牌(1.10.16~20. 玉门镇文化馆藏,余藏安西博物馆)

（二）新疆地区

新疆地域辽阔,民族众多,受地域和环境因素的影响,新疆的考古学文化表现出强烈的地域色彩,加之现有考古发掘资料的非系统性,目前还很难归纳出新疆各地区的文化发展谱系,这一点与甘青地区有很大不同。新疆境内发现的早期铜器不系统,而且在年代认定上存在较大争议。自1980年以来,不断有新的考古发现充实这方面的资料,尤其是新疆东部、天山中段和伊犁河—准噶尔盆地周边地区发现的早期铜器相对比较集中,而且各具特色。近年来不断有冶金史方面的专家开始涉足新疆地区的铜器研究,使得新疆在探索早期金属冶炼业的来源、发展及东西文化交流上的地位变得日益重要起来。

目前新疆发现最早的铜器基本限于帕米尔高原东麓一带,如在疏附县乌帕尔苏勒塘巴额遗址采集到的一批红铜器,计有铜珠、细铜棍(残)4件和小铜块12件。和铜器在一起发现的还有几何形细石器、磨制石镞、骨镞、粗砂红陶片等。发掘者认为,其文化特征与分布在中亚一带的克尔捷米纳尔(Kelteminar)文化类似[1],并据此推测这批铜器的年代约为公元前3000年[2]。类似的遗存在疏附县阿克塔拉遗址也有发现,采集到的铜器有小铜刀和残铜块[3]。经初步检测,这批铜器为红铜,而且含较多杂质,以锻造技术为主,器类均属小件铜器。也有学者认为,这批铜器的年代跨度在公元前3000至前2000年之间[4]。

以往曾有学者根据不同地理区域或典型遗址尝试对新疆地区的古文化进行区系研究,但尚未获得学术界的普遍认同,这充分反映出新疆地区古文化的特殊与复杂。鉴于本文所讨论的对象是早期铜器,我们仅根据这方面的资料将新疆大致分为三大区,即新疆东部、天山中段和伊犁河—准噶尔盆地周边地区。

1. 东疆哈密地区

地理范围主要指新疆东部的哈密地区,包括北侧的巴里坤草原及南面的塔克拉玛干盆地东缘—罗布泊地区,西界与鄯善为邻。年代较早的遗存有如下。

(1) 天山北路墓地(公元前2000至前1500年)

地点位于哈密市火车站以南。1988~1997年,这里共发掘清理古墓葬700余座。据新疆维吾尔自治区文物考古研究所、北京科技大学等单位发表的文章披露,

---

[1] 克尔捷米纳尔文化分布在中亚阿姆河下游,年代为公元前六千至前四千纪。参见 Dani A. H., Masson V. M.:《中亚文明史》第一卷,中国对外翻译出版公司,2002年。
[2] 新疆维吾尔自治区博物馆:《新疆乌帕尔细石器遗址调查报告》,《新疆文物》,1987年3期,3~15页。
[3] 新疆维吾尔自治区博物馆考古队:《新疆疏附县阿克塔拉等新石器时代遗址的调查》,《考古》,1977年2期,107~110页。
[4] 王博:《新疆近十年发现的一些铜器》,《新疆文物》,1987年1期,45~51页。

该墓地出土铜器超过1 000件[1]，可以说是迄今为止中国西部出土铜器为数最多的单一遗址。该墓地出土的铜器类别非常丰富，包括刀、锥、斧（镢）、锛、矛、凿、镜、镰、别针、管、手镯、耳环、扣、泡、牌、联珠饰等。除铜器外，还有少量金、银装饰品（图七）。总体看，天山北路墓地的铜器与四坝文化比较接近，但也有一些后者所不具备的新内容，如长方形铜牌、铜短剑、铜镰形刀、铜别针等。特别是这里出土的一件装饰辐射状花纹的铜镜与安阳殷墟妇好墓所出的铜镜非常接近。

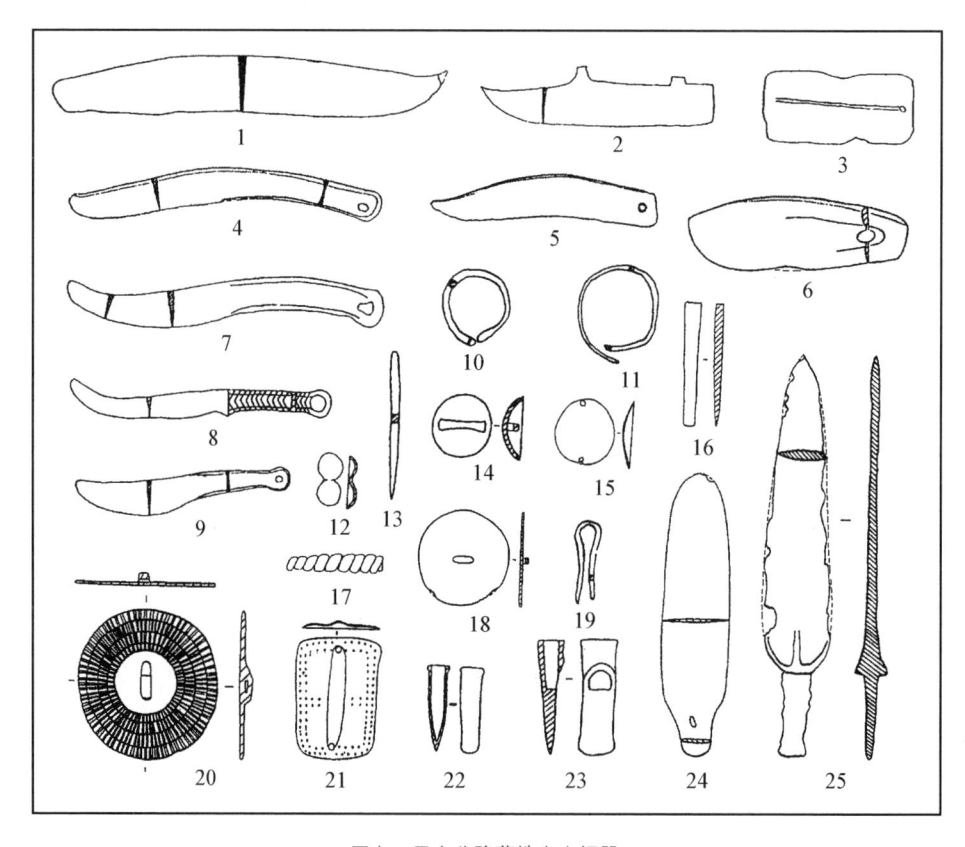

图七　天山北路墓地出土铜器

1.2.4.7~9.刀；3.21.牌；5.6.镰；10.11.耳环；12.联珠饰；13.锥；14.扣；15.铜泡；16.凿；17.管；18.20.镜；19.别针；22.竖銎斧；23.透銎斧；24.矛（匕）；25.短剑

---

[1] 北京科技大学冶金与材料史研究所等：《新疆哈密天山北路墓地出土铜器的初步研究》，《文物》，2001年6期，78~89页。据刘学堂同志介绍，天山北路墓地出土的铜器总数应在千件以上。

经学者初步整理,天山北路墓地被分作四期,每期都出有一定比例的铜器[1]。从已披露的资料看,该墓地所出铜器与四坝文化风格接近,这与陶器方面传递的信息一致。我们曾就天山北路墓地的文化因素问题作过初步分析,认为该墓地包含三种不同的文化元素(以陶器为准)。第一类属于"后马厂时期"。此类因素的年代大约在公元前三千纪末叶,其彩陶和素面陶特征与河西走廊一带的"过渡类型"遗存完全一致[2]。第二类因素暂称为"B"组遗存。其陶器风格独特,为以往所不见,典型器为腹部深浅不等的双贯耳彩陶罐,一般通体绘彩,所绘花纹主要为水波纹、折线纹等,或将这两类花纹组合在同一件器物上。属于此类遗存的素面陶是什么样子,目前还不清楚。我们初步推测,此类因素可能与新疆北部阿勒泰一带的原始文化有某种联系,但其传播方向和渠道还有待考察。第三类因素暂称为"A"组遗存。这也是该墓地的主体,其陶器形态、质地及彩陶花纹等与四坝文化的同类器非常接近,有的甚至完全雷同,难分彼此。正是通过对后一类遗存的识别,我们认为天山北路墓地的年代与四坝文化基本相同[3](图八)。至于该墓地是否存在年代更晚的遗存,只能待将来资料全部发表后方能知晓。

(2)古墓沟墓地(公元前2000至前1800年)

地点位于新疆维吾尔自治区巴音郭楞蒙古自治州的孔雀河下游地段。1979年,在此地发掘古墓葬42座,随葬品中发现少量红铜卷或装饰小件(器形不明)。据王炳华先生介绍,该墓地在建造过程中曾使用了大量木器,很多木制品上遗留着砍、凿、刻、削的清晰印迹,间接证明古墓沟人在建造墓地时曾使用金属工具来加工木料。据他的统计,共发现240组使用弧刃工具的砍痕,刃宽一般3~5、进深3~5、最深达10.5厘米。砍痕表面相当光洁,说明金属器相当锐利,否则不可能对那些质

---

[1] 吕恩国、常喜恩、王炳华:《新疆青铜时代考古文化浅论》,宿白主编:《苏秉琦与当代中国考古学》,科学出版社,2001年,172~193页。
[2] "过渡类型"遗存现已更名为"西城驿文化",参见本书《"过渡类型"遗存与西城驿文化》。
[3] Li Shuicheng (2002). The Interaction between Northwest China and Central Asia during the Second Millennium BC: an Archaeological Perspective, Ancient Interactions: East and West in Eurasian, pp.171~182, Edited by Katie Boyle, Colin Renfrew & Marsha Levine, McDonald Institute Monographs, University of Cambridge, UK.

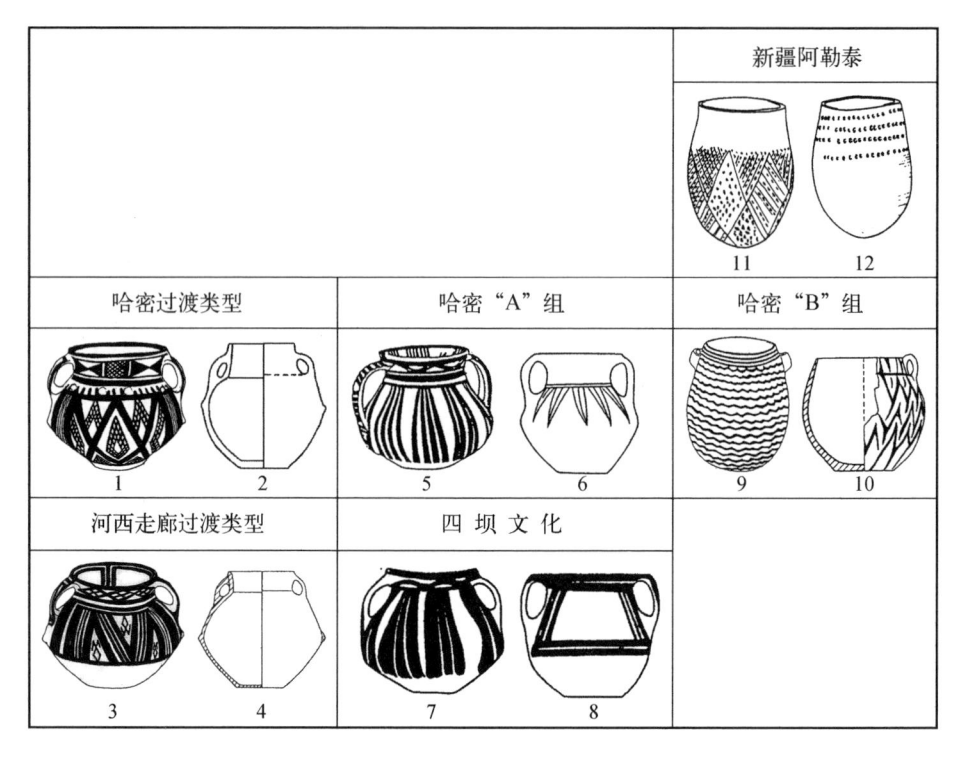

图八 天山北路墓地陶器比较

1. 彩陶双耳罐（皇75M30：1）；2. 素陶双耳罐（潘M3：4）；3.4. 彩陶双耳罐（四54.5.42、鹰86M1：2）；5. 彩陶双耳罐（天M550）；6. 素陶双耳罐（天T12M8：1）；7.8. 彩陶双耳罐（天89T10M1：14、天T12M2：1）；9. 双贯耳彩陶罐（天M221）；10. 单耳彩陶罐（天M采：34）；11.12. 深腹圜底罐（克采集、克M16：3）（皇=武威皇娘娘台墓地，潘=安西潘家庄墓地，四=山丹四坝滩遗址，鹰=安西鹰窝树墓地，天=哈密天山北路墓地，克=阿勒泰克尔木齐墓地）

地坚硬的胡杨木进行有效加工[1]。据体质人类学家研究，古墓沟墓地的人种特征与俄罗斯南西伯利亚米奴辛斯克盆地及东哈萨克斯坦一带的阿凡那谢沃（Afanasievo）文化、安德罗诺沃（Andronovo）文化的居民体质接近[2]。在这两支文化中，阿凡那谢沃文化处在铜石并用时代后期，安德罗诺沃文化处在青铜时代初期，它们均已普遍开始使用铜器了[3]。

---

[1] 王炳华：《孔雀河古墓沟发掘及其初步研究》，《新疆社会科学》，1983年1期，117~128页。
[2] 韩康信：《新疆孔雀河古墓沟墓地人骨研究》，《考古学报》，1986年3期，361~384页。
[3] 吉谢列夫：《南西伯利亚古代史》，新疆社会科学院民族研究所译，新疆人民出版社，1981年。

(3) 小河墓地(公元前 2000 年前后)

2002 年,新疆的考古学家正式发掘了罗布泊附近的小河墓地[1]。在墓葬和遗物中仅报道了个别铜片(M2∶16、MC∶109),但均不辨形状。这里还出土一批草编容器,其形状及编织花纹与安德罗诺沃文化的陶器装饰相同。这一发现证明,小河与古墓沟两个地点的年代范围大致靠近[2]。

(4) 南湾墓地(公元前 1600 至前 1100 年)

地点位于新疆巴里坤哈萨克族自治县奎苏乡。1981、1988 年,先后两次进行发掘,清理古墓葬百余座。目前仅在个别研究文章中透露了该地点出土的部分遗物,所出铜器的具体数目不详,见诸报道的有刀、锥、管銎斧、凿、镞、铃、镜、扣、管、耳环等。其中 1 件长柄管銎戈(斧),形态独特,非常罕见(图九)。

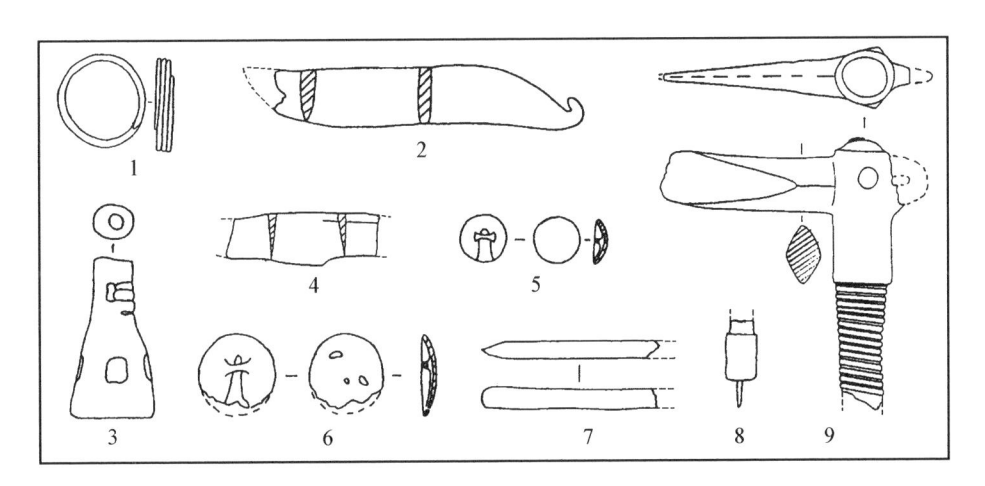

图九 南湾墓地出土铜器

1. 手镯;2.4. 刀;3. 铃;5.6. 扣;7. 凿;8. 锥;9. 管銎戈(斧)

学者将该墓地分作三期,认为南湾第一期的年代接近天山北路墓地第二期;第二、三两期与天山北路墓地第三、四期大致对应。通过研读这批资料,我们的总体认识是,南湾第一、二期陶器特征与天山北路"A"组遗存最为靠近,但也存在些许

---

[1] 新疆文物考古研究所:《2002 年小河墓地考古调查与发掘报告》,《新疆文物》,2003 年 2 期。
[2] 小河墓地的年代与古墓沟墓地基本一致。

差异，或许前者年代上限达不到天山北路第二期。出于这一认识，我们倾向于南湾第一、二期的年代仅相当于天山北路第三、四期。南湾第三期的陶器风格有明显改变，与第一、二期拉大了距离。从年代检测结果看，南湾遗址的碳十四年代大致落在公元前1600至前1100年之间[1]，这与我们的分析结果是吻合的。

根据已发表的资料，南湾墓地的铜器造型与天山北路墓地的同类器靠近，特别是铜刀、镂空铜牌、铜扣、铜环等器，考虑到二者地理位置毗邻，它们之间应该存在比较密切的文化联系。但南湾墓地所见长銎铜斧、铜铃等器为别处所不见，显示出某些独特的文化内涵。

（5）焉不拉克文化（公元前1300至前700年）

据现有的考古发现和研究成果，新疆东部的古文化发展轨迹已经有了一个大致的眉目，即以天山北路墓地为代表的遗存逐渐演进到以焉不拉克墓地为代表的遗存。后者在新疆东部地区有一定的分布面，典型遗址包括五堡水库墓地[2]、寒气沟遗址等[3]。焉不拉克文化的金属冶炼业延续了当地的传统。目前，该文化出土的金属器包括铜器、少量铁器和个别的金器。铜器仍以各类工具、兵器和装饰品为主，所见有刀、镞、锥、钻、镜、针、牌、刻刀、纺轮、戒指、耳环、管、泡、珠、铜片等（图一〇）。

目前对于焉不拉克文化的年代还存在不同意见。在经检测的12个碳十四数据中，有5个落在公元前1700年上下，4个落在公元前1300年左右，3个落在公元前700年前后（均经树轮校正）。发掘者认为，上述数据中前5个年代偏早，遂主张将该文化的年代划在公元前1300至前700年之间[4]。也许这一认识有些保守，该文化的年代上限有可能更早一些。

至今我们尚不了解天山北路墓地"后马厂时期"遗存的随葬品组合，但此类遗

---

[1] 吕恩国、常喜恩、王炳华：《新疆青铜时代考古文化浅论》，宿白主编：《苏秉琦与当代中国考古学》，172~193页。

[2] 新疆文物考古研究所：《新疆哈密五堡墓地151、152号墓葬》，《新疆文物》，1992年3期，1~10页。

[3] 新疆文物考古研究所等：《新疆哈密市寒气沟墓地发掘简报》，《考古》，1997年9期，33~38页。

[4] 新疆维吾尔自治区文化厅文物处等：《新疆哈密焉不拉克墓地》，《考古学报》，1989年3期，325~362页。

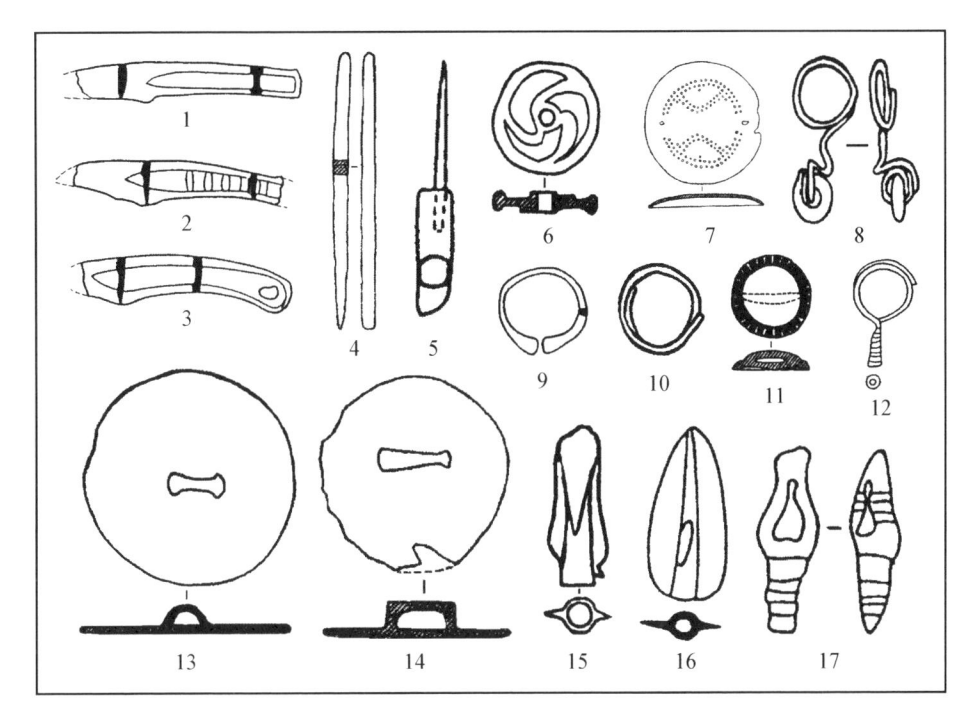

图一〇　焉不拉克文化铜器(焉不拉克墓地出土)

1~3.铜刀(M75∶16、M35∶2、M33∶1);4.铜刻刀(M68∶11);5.有柄铜锥(M53∶12);6.铜纺轮(M69∶4);7.大铜泡(M46∶1);8.10.12.铜耳环(M31∶7、M6∶9、M45∶4);9.金耳环(M68∶14);11.铜扣(M68∶15);13.14.铜镜(M64∶3、M45∶3);15.16.铜镞(M68∶3、M6∶2);17.铜管(M75∶23)

存在研究新疆地区学者的分期中被排在第一期,可见它在墓地中是年代最早的。但第一期也包括了"B"组遗存的彩陶,二者关系如何还不清楚。假如"后马厂时期"的随葬组合性质单纯的话,那么,此类墓葬是否也出铜器就显得非常重要了。假如有的话,那它们应该是新疆东部地区目前所知年代最早的铜器之一。

大约与天山北路墓地第一期同时或略早,孔雀河古墓沟、小河墓地曾发现个别的红铜小件(均不辨形状)。或许正如古墓沟墓地发掘者所猜测的那样,建造这些墓地的人是拥有锋利的金属工具的,但当时可能尚未发展到可以将贵重的铜器用于随葬的阶段。

1994年,孙淑云教授对新疆哈密及邻近地区16个遗址出土的234件铜器进行了系统的检测分析,其中重点检测天山北路、焉不拉克、南湾、黑沟梁等六处墓地出土的130件铜器。结果显示,哈密地区的冶铜业大致经历了三个发展阶段:第一阶段以天山北路墓地(公元前二千纪前半叶)为代表,检测的87件铜器以锡青铜为主要合金材质,红铜和砷铜占一定数量。第二阶段以焉不拉克墓地、南湾墓地(公元前二千纪后半叶)为代表,分别检测了16件和14件铜器,发现锡青铜仍占主要地位,砷铜比例增加,并出现砷含量高于10%的高砷砷铜。第三阶段以黑沟梁墓地(公元前一千纪前半叶)为代表。在12件铜器中发现锡含量达16%的高锡青铜,还出现了铜锌合金制品,砷含量下降,铅含量有所增加。以上各阶段的铜合金都含有较多杂质,有铸造也有锻造。冶金史学家通过对天山北路和四坝文化铜器的对比研究,发现二者在器物类型、材质和制作技术方面均具有相似性,尤其是与四坝文化晚期干骨崖墓地所出铜器最为接近。反映出这一地区在东西方文化,包括冶金技术在内的早期文化交流中占有的重要地位[1]。

梅建军博士与新疆的学者合作,在天山北路墓地的铜器中挑选了19件样品进行检测。这批铜器在制作工艺上采用了铸造、锻造、退火和冷加工技术,其合金种类分别为:锡青铜15件,红铜1件,其余3件含少量铅或砷。另外对哈密五堡水库墓地2件焉不拉克文化铜器的检测结果为砷铜(含砷量3%~4%),这在当时曾被认为是新疆首次发现的砷铜。在年代更晚的哈密腐殖酸厂遗址检测到1件铜砷铅三元合金的铜扣,含砷量显然不低,这也是当时在新疆唯一所见使用此类罕见合金成分的铜器。而在伊犁奴拉赛冶铜遗址冶炼的也正是此类合金。再有,经检测,在年代更晚的黑沟梁和庙尔沟遗址出土的2件铜镜为铜锡铅三元合金,且锡含量相当接近(22%~23%),这一比例与中原战国后期的铜镜非常相似[2]。

随后,北京科技大学冶金及材料研究所对天山北路墓地出土的89件铜器进行了科学检测,其中锡青铜61件,占检测铜器总量的69%;红铜11件,砷铜9件,分别占12%和10%;另有8件三元合金铜器(铜—锡—砷4件,铜—锡—锑1件,铜—锡—铅2件,铜—砷—铅1件)。此外,经对40件保存较好的样品进行检测,10件

---

[1] 孙淑云:《近年来冶金与材料史研究的新进展》,《冶金研究(2002)》,冶金工业出版社,2002年,378~384页。

[2] 梅建军等:《新疆东部地区出土早期铜器的初步分析与研究》,《西域研究》,2002年2期,1~10页。

为红铜,16件锡青铜(含锡量7%~10%),7件砷铜(含砷量2%~6%),其余7件为三元合金。在制作工艺上,铸造与热锻之比为35:44,热锻工艺略占优。这一组数据再次证明,天山北路墓地的铜器以锡青铜为主,砷铜次之,红铜仍在沿用,但为数不多。总体显示,天山北路墓地已进入比较成熟的金属冶炼加工阶段。该墓地铜器的另一特点是,砷铜器形比较固定,一般多被用来制作装饰品,而较少用来制作工具。此外,这里的多元合金被认为是冶炼共生铜矿过程的产物[1]。

上述一系列的检测分析有一些重要发现。首先,新疆东部一批年代在公元前2000至前500年的遗址内普遍发现有砷铜。其次,大部分砷铜的含砷量低于8%,少数超过20%,这表明,砷铜在新疆东部有比较广泛的分布面,是该区域早期铜器中常见的合金材质,而且延续时间甚久。第三,从天山北路墓地开始,铅锡青铜开始成为该地区合金铜的主流。

2. 伊犁河—准噶尔盆地周边地区

最近一些年来,在新疆西北部的伊犁、塔城、阿勒泰及准噶尔盆地周边地区新发现了一批年代较早的铜器,主要为各类工具、兵器和少量装饰品。常见器形有半月形铜镰、镰形刀、铜铲、透銎铜斧、弯头銎斧、有段扇刃铜斧、单耳竖銎铜镢、铜矛、铜锤、铜凿、长銎铜戈、铜短剑、带扣、镞、铜条、炼渣以及耳环、铜片、铜卷、项链、笄等装饰品等[2](图一一)。这些铜器在造型、器类和装饰纹样上带有明显的安德罗诺沃(Andronovo)文化印记。出土这些铜器的地点包括阿勒泰克尔木齐墓地、塔城地区卫校墓地、托里县萨孜墓地、石河子市水泥厂墓地、良种厂墓地、木垒县四道沟遗址等。

在伊犁河—准噶尔盆地周边地区发现的这批铜器,年代比较早的遗存大概在公元前二千纪中叶前后。已有学者对这批铜器中的一部分进行了检测,结果证明,其合金成分主要为锡青铜,锡含量在2%~10%,其化学成分特征显示出与安德

---

[1] 北京科技大学冶金与材料史研究所等:《新疆哈密天山北路墓地出土铜器的初步研究》,《文物》,2001年6期,78~89页。
[2] 李肖、党彤:《准噶尔盆地周缘地区出土铜器初探》,《新疆文物》,1995年2期,4~51页。

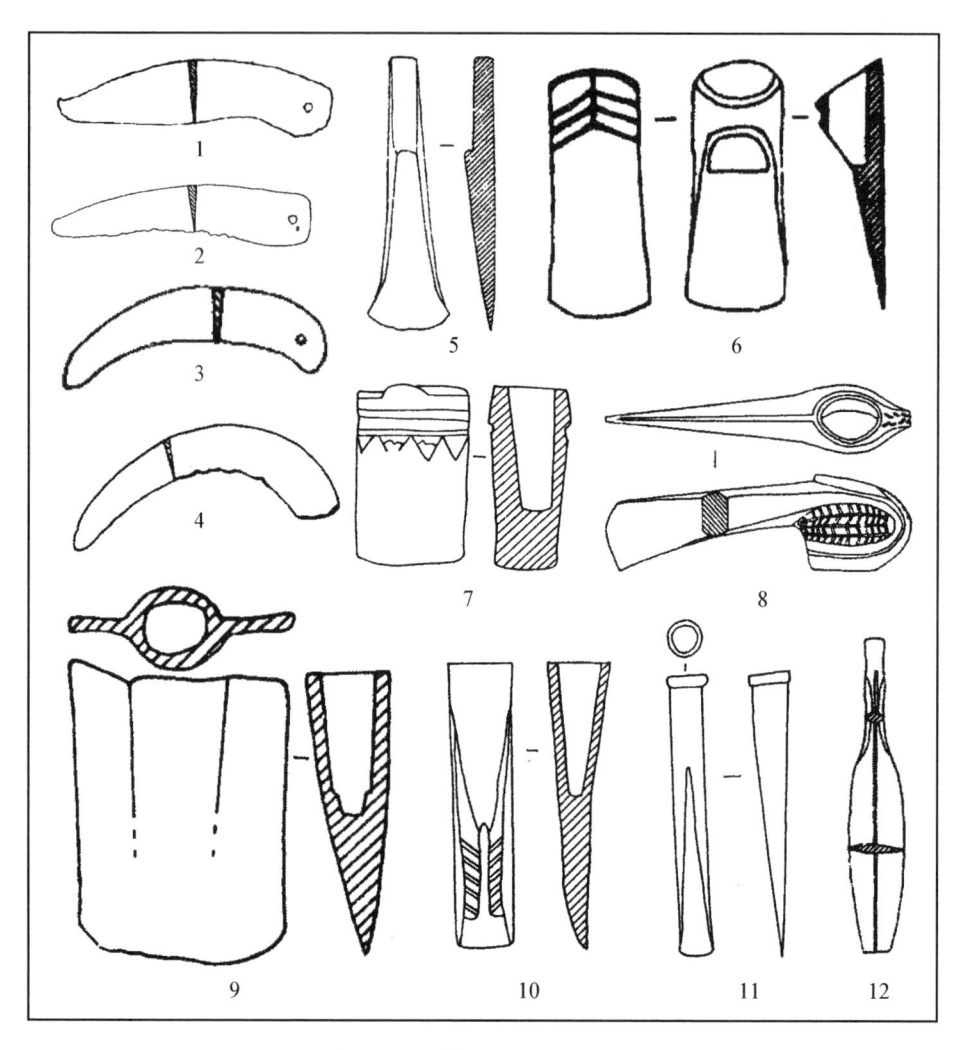

图一一 伊犁河—准噶尔盆地周边发现的早期铜器

1.2. 刀(0022、017,均藏塔城);3.4. 镰(藏特克斯县、藏阜康县);5. 有段扇刃斧(藏塔城);6. 透銎斧(92TS:1,塔城三道河坝);7. 竖銎锤(巩留县阿尕尔生);8. 弯头管銎斧(91TW:1,托里县沃雪特乡);9. 竖銎铲(86WS:1,藏塔城);10. 竖銎锛(84XYQW:1,新源县71团5连鱼塘);11. 竖銎凿(76GLA:7,巩留县阿尕尔生);12. 矛(藏塔城)

罗诺沃文化的联系[1]。这一地区在年代较晚的铜器(公元前一千纪前半叶)中发

---

[1] Mei Jianjun and Colin Shell (1999). The Existence of Andronovo Cultural Influence in Xinjiang during the Second Millennium BC. *Antiquity*, 73(281), pp.571~578.

现少量的砷铜制品,如尼勒克一带发现公元前 900 至前 400 年的铜锭,塔城出土公元前 700 至前 500 年的短剑等[1]。但总体上,这一地区从青铜时代到早期铁器时代的铜器绝大部分为锡青铜。据现有资料,新疆西北部早期铜器的合金成分并无明显的阶段性改变,从公元前二千纪中叶到前一千纪中叶,常常是红铜与锡青铜共存。有学者认为,当时选择红铜或青铜大概与器物的用途有关[2]。另一方面,这一地区的砷铜发展线索还不是很清楚,这大概与该地区冶金学的研究比较薄弱有关,这是今后需要重视的课题。

有学者指出,新疆伊犁河流域尼勒克县的奴拉赛遗址是我国最早使用"硫化矿—冰铜—铜"工艺,也是欧亚大陆唯一一处通过添加砷矿物冶炼高砷铜合金的古矿冶遗址,在冶金史上有重要意义。尼勒克县地处东西交通要冲,这里的硫化矿和高砷铜合金冶炼技术对于探讨中亚、西亚及我国其他地区同类技术的源流有重要参考价值[3]。中日学者曾通过对奴拉赛发现的矿石、炉渣和铜锭的分析,发现个别炉渣仅含铜或硫化铜颗粒,这一现象提示,在奴拉赛遗址可能还存在其他工艺流程或合金产品。经对 11 件奴拉赛的样品进行铅同位素比值测定,可划定奴拉赛铜矿及冶炼产品的铅同位素比值分布区,为今后探讨奴拉赛矿冶遗址的铜料去向奠定了基础[4]。上述研究对于追溯新疆地区早期砷铜的来源是有意义的,但毕竟奴拉赛遗址的年代偏晚[5],为深入研究这些问题,还需要在当地寻找年代更早的资料。

由于伊犁河—准噶尔盆地周边发现的早期铜器具有浓厚的安德罗诺沃文化因

---

[1] Mei Jianjun, Colin Shell, Li Xiao and Wang Bo, A Metallurgical Study of Early Copper and Bronze Artefacts from Xinjiang, China,〔日〕《金属博物馆纪要》,1998 年,第 30 号。
[2] 李肖、党彤:《准噶尔盆地周缘地区出土铜器初探》,《新疆文物》,1995 年 2 期,4~51 页。
[3] 梅建军等:《新疆奴拉赛古铜矿冶遗址冶炼技术初步研究》,《自然科学史研究》,1998 年 3 期,289~295 页。
[4] 梅建军等:《新疆奴拉赛古铜矿冶遗址的科学分析及其意义》,《吐鲁番学研究》,2002 年 2 期,289~295 页。
[5] 奴拉赛遗址的年代在公元前一千纪中叶左右,现有碳十四数据两例,即公元前 900 至前 413 年、公元前 481 至前 386 年;中国社会科学院考古研究所编:《中国考古学中碳十四年代数据集(1965~1991)》,文物出版社,1992 年。

素,故有必要提及该文化年代研究的新进展。早年,苏联学者一般将阿凡那谢沃文化定在公元前三千纪后半叶,其下限早于公元前 2000 年,但对安德罗诺沃文化的年代则存在分歧,如吉谢列夫(КиселЛев,С. В.)院士曾将其年代定在公元前 17 至前 12 世纪[1]。19 世纪 70 年代,苏联学者在乌拉尔河一带发掘了著名的辛塔施塔(Sintashta)墓地,发掘报告认为该墓地的年代为公元前 17 至前 16 世纪[2]。近些年来,随着一批新的碳十四数据的公布,对上述认识有所修正,而属于安德罗诺沃文化范畴的辛塔施塔—彼得罗夫卡(Sintashta-Petrovka)文化的年代上限可前提至公元前二千纪前半叶[3]。如此,安德罗诺沃文化的年代将在原有认识的基础上提早约 200 年。这一成果提示,新疆西北地区发现的这批铜器中有可能包含比较早的因素。前面曾提到,罗布泊附近的古墓沟和小河墓地的年代上限在公元前 2000 年前后,这中间包含有阿凡那谢沃文化晚期或安德罗诺沃文化早期的遗留。这一事实说明,公元前 2000 年前后,来自俄罗斯南西伯利亚或东哈萨克斯坦一带的族群曾沿额尔齐斯河、额敏河、伊犁河陆续进入新疆西北地区,其中少部分向东迁徙到塔里木盆地东缘的罗布泊一带。另有小部分穿越天山,到达天山南麓的和硕境内[4]。

3. 天山中段地区

地理范围指天山中段与塔里木河之间的山前地带和草原。20 世纪 80 年代以来,先后发现一批规模甚大的古墓群,最具代表性的是和静县的察吾呼墓地。这是一处包含 6 座墓地的大型氏族墓地,墓葬总数达一千数百座。其中 Ⅰ、Ⅱ、Ⅳ、Ⅴ 四处墓地毗邻,文化面貌类似,后被命名为察吾呼文化。发掘者将该文化分为四个发

---

[1] 吉谢列夫:《南西伯利亚古代史》,新疆社会科学院民族研究所译,新疆人民出版社,1981 年。

[2] В. Ф. Генинг, Г. Б. Зданович, В. В. Генинг (1992). Ситашта, Южно — Уральское книшжное нздателвство, Челябинск.

[3] David W. Anthony (1998). The Opening of the Eurasia Steppe at 2000 BCE, The Bronze Age and Early Iron Age Peoples of Eastern Central Asia, pp. 94~113, The Iustitute for the Study of Man in Collaboration with The University of Pennsylvania Museum Publications.

[4] 吕恩国:《新疆和硕新塔拉遗址发掘简报》,《考古》,1988 年 5 期,399~407 页。

展阶段,第一期到第四期所出铜器基本为小件兵器、工具和生活用具,从器形和类别上看不出明显的阶段性变化,也没有什么规律。其种类主要有大量的刀(分环首与直柄)、锥(均安装骨、木柄)、针、扣、管和少量的马衔、马镳、节约、镜(分带钮镜和手柄镜)、镞、匕、矛、带钩、戒指、笄、耳坠、牌、耳环、铃、纺轮、单耳斧、双联珠、三联珠、十字铜扣等。此外在Ⅰ号墓地还发现1件小铜碗[1]。

察吾呼墓地共检测了32个碳十四数据,年代多集中在公元前1200至前500年,考虑到其他方面因素,其绝对年代被定在公元前1100至前500年之间。与察吾呼文化面貌相同或比较接近的遗址在这一地区还有和静县哈布其罕墓地、巴勒其尔墓地,拜城县克孜尔墓地和轮台县群巴克墓地等。这些遗址所出铜器与察吾呼文化大同小异,年代略有早晚,但差异不大。其中在哈布其罕墓地发现的金、银鼻(耳)环与四坝文化的同类器非常相似[2]。

在塔里木盆地北缘、沿塔里木河岸一线分布有与察吾呼文化面貌完全不同的另一类青铜时代遗址,如和硕新塔拉、库车哈拉墩、阿克苏喀拉玉尔衮等遗址。这些遗址一般只出铜器,不见铁器,年代也比较早。已发现的铜器有双耳带銎斧、镞、锥、刀、针、环等。由于调查发掘规模有限,对此类遗存的年代和性质还缺乏深入了解,也不清楚它们与察吾呼文化的关系。从新塔拉遗址发表的部分遗存看,它与准噶尔盆地周边的青铜文化有接近的一面,像夹砂黑褐陶,器表压印的麦穗状纹、篦纹,以及铜器中的双耳竖銎斧等,这些因素很可能来自天山以北的准噶尔盆地周边地带。

(三)中原地区

中原地区[3]的范围主要包括河南省的西部和山西省的南部。这一地区以往曾发现一批年代较早与铜器和与冶铜工业有关的遗迹,个别地点甚至早到仰韶时代[4]。但

---

[1] 新疆文物考古研究所编著:《新疆察吾呼——大型氏族墓地发掘报告》,东方出版社,1999年。
[2] 吕恩国、常喜恩、王炳华:《新疆青铜时代考古学文化浅论》,《苏秉琦与中国当代考古学》,172~193页。
[3] 中原龙山文化的分布涉及河南、山西、河北及陕西等省区,本文的"中原地区"是个狭义概念,主要指嵩山周围及晋南一带,其他地区将不涉及,特此说明。
[4] 在陕西西安半坡、临潼姜寨遗址曾发现仰韶时期的黄铜残片。

总体看,中原地区发现的早期铜器在数量和遗址点上都比较少。此外,学术界对那些年代早于龙山时代晚期的铜器还存有较大的争议,有关早期铜器的报道不少仅停留在文字介绍上,至今仍未见相应的图像资料。有鉴于此,本文的讨论暂不涉及中原龙山时代晚期以前的遗物。

1. 中原龙山时代晚期文化(公元前 2190 至前 1965 年)

这一时期发现的铜器仅有数例。具体有河南登封王城岗遗址第四期出土 1 件残铜片[1],郑州董砦发现的与冶炼有关的遗迹[2]和杞县鹿台岗遗址发现 1 件疑为小刀的残片[3],淮阳平粮台遗址发现 1 块铜渣[4],山西襄汾陶寺遗址出土 1 件铜铃(M326)[5],以及最近发现 1 件齿轮形铜手镯(M11)[6](图一二)。此外还

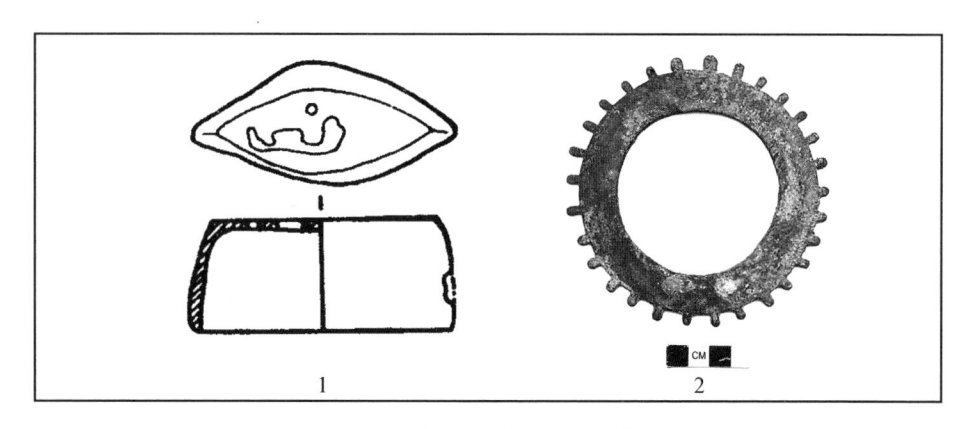

图一二 陶寺遗址出土的龙山时代晚期铜器

1. 铃(M326);2. 手镯(M11)

---

[1] 河南省文物考古研究所等:《登封王城岗与阳城》,文物出版社,1992 年。
[2] 河南省文物局文物工作队发掘资料,转引严文明:《论中国的铜石并用时代》,《史前研究》,1984 年 1 期,36~44 页。
[3] 郑州大学考古专业等:《河南杞县鹿台岗遗址发掘简报》,《考古》,1994 年 8 期,673~682 页。
[4] 河南省文物研究所等:《河南淮阳平粮台龙山文化城址试掘简报》,《文物》,1983 年 3 期,21~36 页。
[5] 中国社会科学院考古研究所山西工作队等:《山西襄汾陶寺遗址首次发现铜器》,《考古》,1984 年 12 期,1069~1071 页。
[6] 严志斌:《襄汾陶寺遗址》,《中国考古学年鉴(2001)》,文物出版社,2002 年,117~118 页;梁星彭等:《襄汾陶寺新石器时代遗址》,《中国考古学年鉴(2002)》,137~140 页;国家文物局主编:《2001 年中国重要考古发现》,文物出版社,2002 年,24~27 页。

发现一些与冶炼有关的遗迹现象。据报道,在河南郑州牛寨、安阳后岗、山西榆次等地曾发现炼渣、炼炉一类遗存,时代多属龙山时期。这其中令人多少感到困惑的是,在中原龙山晚期文化中,至今尚未发现完整的铜工具和装饰品小件。

上述龙山晚期的铜器中,陶寺所出铜铃经检测系含铜97.8%的红铜,此器出于一座小型墓,其造型与同一时期的陶铃相同[1]。齿轮形铜手镯经初步检测为砷铜合金制品[2]。河南临汝煤山遗址龙山文化曾发现2件坩埚(残件),经检测属于冶炼红铜的工具[3],王城岗出土的铜片经光谱定性分析,为铸造的锡铅青铜,含锡量大于7%,器体内还含有铅、锡和微量的银[4]。发掘者认为,此铜片似为一容器腹部残片。但有学者一直对其出土层位和年代表示怀疑[5]。

从检测结果看,这一时期的铜器既有红铜,也有砷铜、铅锡青铜,但多数为红铜。这表明,龙山时代晚期,中原地区的冶铜业尽管具备了一定水准,但仍处在冶铜业发展的初期。具体表现是出土铜器数量少,发现地点稀疏。考虑到中原地区的考古工作开始时间早,规模大,工作力度也较其他地区大得多,如果在这一量化的基点上与同时期中国西北地区的考古发现相比,中原地区的冶铜业显然不具备特别的优势。

有学者参考河南龙山文化遗存的分期(王城岗遗址)及加速器(AMS)碳十四检测数据的分析,将河南龙山晚期遗存分为三个阶段,第一段的年代为公元前2190至前2105年,第二段为公元前2132至前2030年,第三段为公元前2050至前1965年。如此,分布在嵩山周围的龙山晚期文化始自公元前22世纪,止于公元前20世

---

[1] 孙淑云、韩汝玢:《甘肃早期铜器的发现与冶炼、制造技术的研究》,《文物》,1997年7期,75~84页。
[2] 严志斌:《襄汾陶寺遗址》,《中国考古学年鉴(2001)》,117~118页;梁星彭等:《襄汾陶寺新石器时代遗址》,《中国考古学年鉴(2002)》,137~140页;国家文物局主编:《2001年中国重要考古发现》,27页。
[3] 中国社会科学院考古研究所河南二队:《河南临汝煤山遗址发掘报告》,《考古学报》,1982年4期,472~476页。
[4] 孙淑云:《登封王城岗龙山文化四期出土的铜器WT196H617:14残片检验报告》,《登封王城岗与阳城》,327~328页。
[5] 安志敏:《试论中国的早期铜器》,《考古》,1993年12期,1110~1119页;董琦:《王城岗城堡遗址再分析》,《中国历史文物》,2002年3期,15~23页。

纪[1]。晋南陶寺遗址出土的 2 件铜器属于该遗址的晚期，碳十四年代为公元前 1600±75（树轮校正 1885±130 年），大致落在公元前 19 世纪范围内[2]，属于中原地区龙山时代末期。

2. 二里头文化（公元前 1780 至前 1529 年）

二里头文化的分布中心在豫西和晋南地区。这一时期发现的铜器数量明显增多，据统计，总量已达 200 件，目前已正式发表 117 件[3]，它们中的绝大多数出自河南偃师二里头遗址，河南登封王城岗[4]、密县新砦[5]等遗址也有零星发现。二里头文化的铜器种类较龙山晚期大为丰富，小件工具有鱼钩、刀、锛、削、钻、纺轮、凿、锥、锯，兵器有镞、戚、戈、钺，乐器有铃，装饰品有泡、镶嵌绿松石圆牌、镶嵌绿松石兽面铜牌，礼器有爵、斝、盉、鼎等（图一三）。此外，在二里头遗址还发现了铜炼渣、炼铜坩埚（残件）及铸造铜器的陶范、石范及大型铸铜遗址等。

以二里头文化为代表的中原地区冶铜业的进步特征主要表现在铜器数量增加，器类大大丰富，尤其是青铜容器的出现集中体现了这一时期的冶铸水平。另一方面，青铜合金已占据统治地位，而且主要为锡青铜、铅青铜和铅锡青铜。早年，严文明先生曾作过统计，二里头时期的青铜合金比率接近 80%，红铜仅占 20% 稍强，这应是有意识进行人工合金的结果[6]。近年来，已作过化学成分检测并已发表检测数据的二里头文化铜器共有 52 件，其中红铜（包括 2 件锡、铅含量均低于 2% 的

---

[1] 方燕明：《早期夏文化研究中的几个问题》，《中原文物》，2001 年 4 期，46~50 页。
[2] 中国社会科学院考古研究所山西队等：《山西襄汾县陶寺遗址发掘简报》，《考古》，1980 年 1 期，18~31 页；中国社会科学院考古研究所山西队：《1978~1980 年山西襄汾陶寺墓地发掘简报》，《考古》，1983 年 1 期，30~42 页。
[3] 梁宏刚、孙淑云：《二里头遗址出土铜器研究综述》，《中原文物》，2004 年 1 期，29~39 页。
[4] 河南省文物考古研究所等：《登封王城岗与阳城》；洛阳东干沟中国科学院考古研究所洛阳发掘队：《1958 年洛阳东干沟遗址发掘简报》，《考古》，1959 年 10 期，537~540 页；驻马店杨庄北京大学考古学系等：《驻马店杨庄》，科学出版社，1998 年。
[5] 赵青春：《新砦期的确认及其意义》，《中原文物》，2000 年 1 期，21~23 页；山西夏县东下冯中国社会科学院考古研究所等：《夏县东下冯》，文物出版社，1988 年。
[6] 严文明：《论中国的铜石并用时代》，《史前研究》，1984 年 1 期，36~44 页。

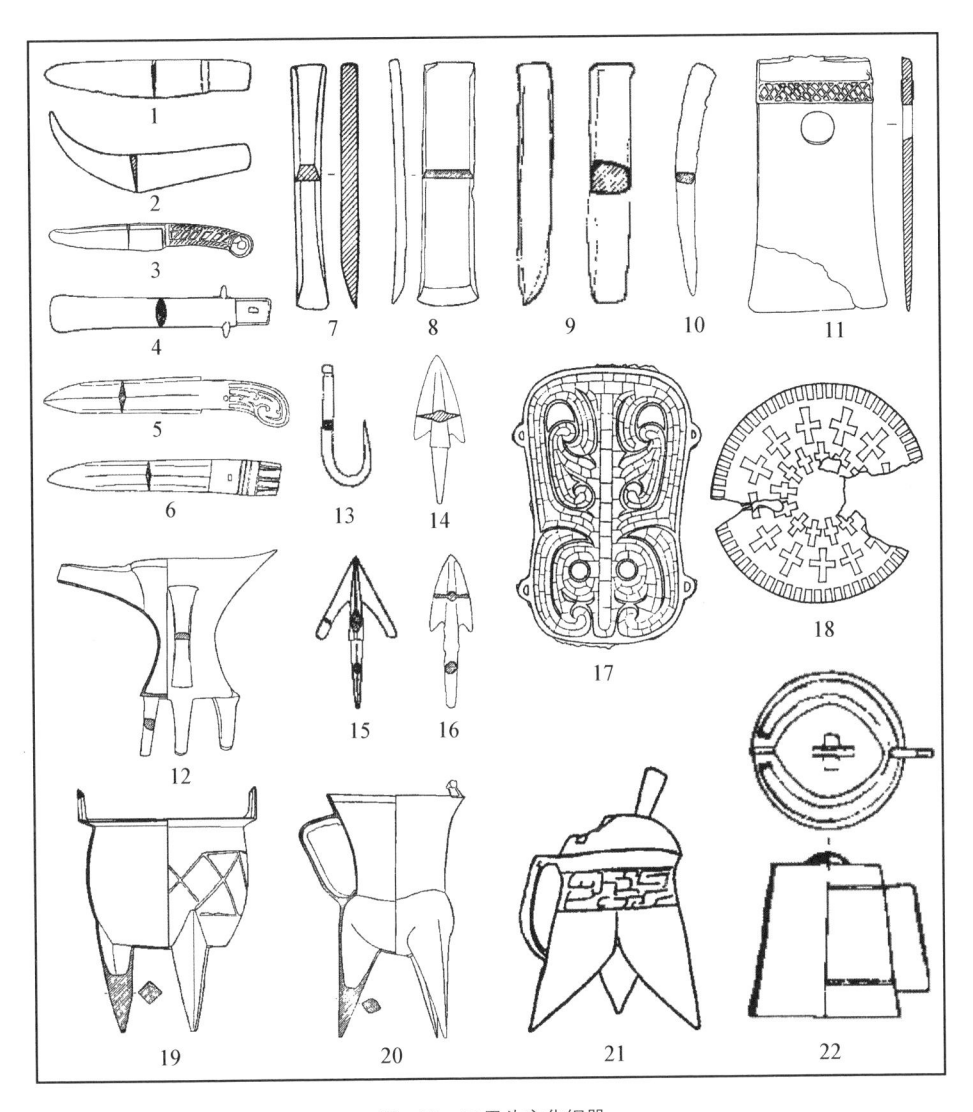

图一三　二里头文化铜器

1.2. 直柄刀；3. 环首刀；4. 戚；5.6. 戈；7. 凿；8.9. 锛；10. 锥；11. 钺；12. 爵；13. 鱼钩；14~16. 镞；17. 兽面牌；18. "十"字镂孔圆牌；19. 鼎；20. 斝；21. 盉；22. 铃（均出土于偃师二里头遗址）

低铅锡青铜）10件，锡青铜15件，铅青铜6件，锡铅青铜21件，另有1件砷铜铜渣[1]。这组新的检测数据所提供的红铜与青铜的比率仍在二八开之间。

---

[1] 梁宏刚、孙淑云：《二里头遗址出土铜器研究综述》，《中原文物》，2004年1期，29~39页。

金正耀博士等对二里头文化第二至四期的 13 件铜器进行了化学成分分析。结果为,属第二期的 4 件铜器有红铜 1 件、砷铜 1 件、锡青铜 2 件;第三期的 2 件铜器有类青铜(金文指锡和铅含量未达到 2% 的合金铜)1 件、锡青铜 1 件;第四期的 7 件铜器有红铜 1 件、类青铜 1 件、锡青铜 1 件,其余为铅锡青铜。可见青铜比例在持续稳步增长。这其中特别值得注意的是,在所检测的第四期的 4 件铜容器中,有 3 件含铅量高达 20%。这一发现证实,在二里头文化的后期,已经开始尝试铸造高铅含量的青铜。而高铅的合金配比可增强铜液的流动性,易于浇铸成型,这对于当时生产器壁甚薄、造型比较复杂的铜容器来说,应用这一技术是非常必要的。这也反映出二里头文化晚期对于铅金属的性质已有了充分的了解[1]。

目前,学术界在评估二里头阶段冶铜业的发展水平上仍存在分歧。有学者认为,二里头时期青铜铸造业所取得的成就仅仅是初步的,其铸造工艺仍带有一定的原始性,如青铜合金配比尚不稳定;铜器器形创新者少,多仿造同时期的陶、石器形态;铸造铜器中精致者甚少[2];特别是这一时期有不少小件工具(刀、镞、锥等)模仿早期的石、骨、蚌类工具,而礼乐器等技术含量较高的器皿不仅普遍出现年代偏晚,而且也仅见于个别中心聚落遗址。因此,这一时期尚未进入真正发达的青铜时代,只不过刚刚跨出了铜石并用时代的门槛[3]。另一种意见认为,以二里头为代表的青铜制作技术已经达到一定的发展高度,对青铜合金几种主要金属元素已有较多的认识。二里头早中期的锡青铜铸造、稍晚的铅锡青铜的发明,都是夏代青铜工艺取得的重要成就。可以说,青铜时代主要合金类型的锡青铜和铅锡青铜的配置技术,在夏代已经基本形成,并为商代青铜文明的高度发达奠定了基础[4]。

二里头文化冶铜业的进步突出地反映在青铜礼器的出现上。目前已发现的铜礼器有 20 余件,种类有爵、斝、盉、鼎等。但是,这些容器几乎全部出现在二里头文化第三、四期,而且多为薄胎素面,以三足器为主,无平底器,有个别圈足器。容器

---

[1] 金正耀:《二里头青铜器的自然科学研究与夏文明探索》,《文物》,2000 年 1 期,56~64 页。
[2] 陈旭:《河南古代青铜冶铸业的兴起》,《夏商文化论集》,科学出版社,2000 年,171~175 页。
[3] 严文明:《论中国的铜石并用时代》,《史前研究》,1984 年 1 期,36~44 页。
[4] 孙淑云、韩汝玢:《甘肃早期铜器的发现与冶炼、制造技术的研究》,《文物》,1997 年 7 期,75~84 页。

表面均保留着铸造痕迹,可以看出它们是由多块陶范模铸成型的,工艺比较进步。与此同时,也开始出现铜器装饰工艺,发现弦纹、乳丁、圆圈纹、云纹、网纹、镂孔以及单线条构图的饕餮纹等,简约而疏朗。另一个能代表当时铸造水平的是镶嵌绿松石兽面牌饰、镂空圆牌饰等,可见当时的工匠已熟练地掌握了镶嵌与冶铸结合的工艺。另外,二里头文化晚期的铜礼器和兵器形态已非常接近早商时期的同类器。

近年来,在二里头遗址Ⅳ区发现了面积达上万平方米的铸铜遗址,包括铸铜作坊、坩埚、铜炼渣、熔炉壁(残件)等遗迹和遗物,据说其使用时间从二里头文化第二期延续到第四期。在出土的 10 余块陶范中,个别雕刻有花纹,同时还发现制作镞、矛、斧、刀的陶范[1]。类似遗物在二里头遗址其他发掘区也偶有所见。这表明,二里头文化晚期的冶炼铸造业已形成一定规模。

在铸造工艺上,二里头文化普遍使用泥范铸造技术,根据不同器类选择单范、多范及组合范。冶金史学者通过观察二里头文化第三期的陶范,认为当时在铸造过程中曾对泥范进行预热处理,以适应冶炼某些复杂器类之需要。而此时技术含量最高的为铜盉与铜铃的铸造[2]。但也有学者指出,通过观察二里头第三期的铜爵(ⅧT22③:6),反映出当时铸造技术还比较原始[3]。上述截然对立的认识恰恰说明,二里头文化尚处在青铜时代发展的早期阶段,其冶铸工艺尚有不尽完善之处[4]。

很多学者注意到这样一个现象,即二里头文化的冶铜业存在明显的早晚差异,在二里头文化第一、二期,所见铜器全部为小件工具或兵器;从第三期开始,才能够制作一些较复杂的兵器、装饰品和容器,反映出二里头文化早晚阶段的青铜工业有一个巨大的转变。在山西夏县东下冯遗址第一、二期(相当于二里头文化第二、三期)尚不见铜器踪迹,从第三期开始,突然出现了铜器。另外,二里头文化的冶铜业

---

[1] 郑光:《二里头遗址的发掘》,中国先秦史学会等编:《夏文化研究论集》,中华书局,1996 年,66~80 页。
[2] 李京华:《关于中原地区早期冶铜技术及相关问题的几点看法》,《文物》,1985 年 12 期,75~78 页。
[3] Noel Barnard (1993). Thoughts on the Emergence of Metallurgy in Pre-Shang and Early Shang China and a Technical Appraisal of Relevant Bronze Artifacts of the Time,〔日〕《金属博物馆纪要》19 号,3~48 页。
[4] 黄克映:《谈谈中国早期铜器的锻造、铸造技术》,《中原文物》,1992 年 2 期,97~100 页。

也存在着明显的空间差异。以山西夏县东下冯遗址为例,该址第三期(相当于二里头晚期)出现少量铜器,器类仅有凿、镞等小件工具或武器,似乎暗示这样一些非中心性的遗址尚不具备制作复杂铜器的实力,其冶铜工业的规模也比较有限。其次,同样是在东下冯遗址,长期使用较落后的石范铸造术,因此也很难铸造铜礼器一类的复杂器物[1]。之所以出现这样的区域分化,或许说明当时作为重要手工业部门的铸铜业已经被国家所垄断,这也是国家王权政体出现后的一个必然结果。

有学者对二里头遗址第一至四期的 18 个碳十四数据重新进行了拟合,结果为公元前 1780 至前 1529 年,即二里头文化第一期开始于公元前 18 世纪,第四期止于公元前 16 世纪[2]。

除上面介绍的三个区域外,在公元前 1500 年前后,集中发现早期铜器的考古学文化还应包括分布在鄂尔多斯地区的朱开沟文化,分布在燕山以北、西拉木伦河流域的夏家店下层文化等。鉴于这两支文化均处在中国长城沿线以北地区,其冶铜业的产生和发展曾受到中国西部和中原内地的强烈影响,限于篇幅,兹从略。

二、早期冶铜业的不同工艺传统及演进趋势

以上涉及中国早期冶铜业的三个区域有着不同的文化背景和工艺传统,加之它们所处空间与周边其他考古学文化在交互作用及影响程度上的差异,导致不同地区冶金术的发展走向出现一定离异,具体表现在如下一些方面。

(一)铜产品的种类

早期铜产品的种类基本为各种小件兵器、工具和装饰品。由于生活在不同区域的族群有着各自的文化传统、经济形态和风俗习惯,这些又通过它们各自所生产的铜器类别和形态具体表现出来。在新疆伊犁河—准噶尔盆地周边地区,早期铜

---

[1] 中国社会科学院考古研究所等:《夏县东下冯》。
[2] 方燕明:《早期夏文化研究中的几个问题》,《中原文物》,2001 年 4 期,46~50 页。

器主要以镰形刀、透銎斧、竖銎方形铲、有段扇刃斧、弯头管銎斧、矛等为代表,其造型风格与中亚和南西伯利亚一带的安德罗诺沃文化同类器完全一致(图一四),而制造和使用这些铜器的族群主要从事以畜牧业为主的经济活动。在东疆哈密地区,天山北路—焉不拉克文化主要制作刀、锥、镜、牌、扣、锛(斧)等小件器物,其中有些器类明显来自新疆西北部,如镰形刀、透銎斧、短剑等,一方面表现出这两个地区的联系比较紧密,另一方面也说明它们的经济生活方式有类似的一面。在天山

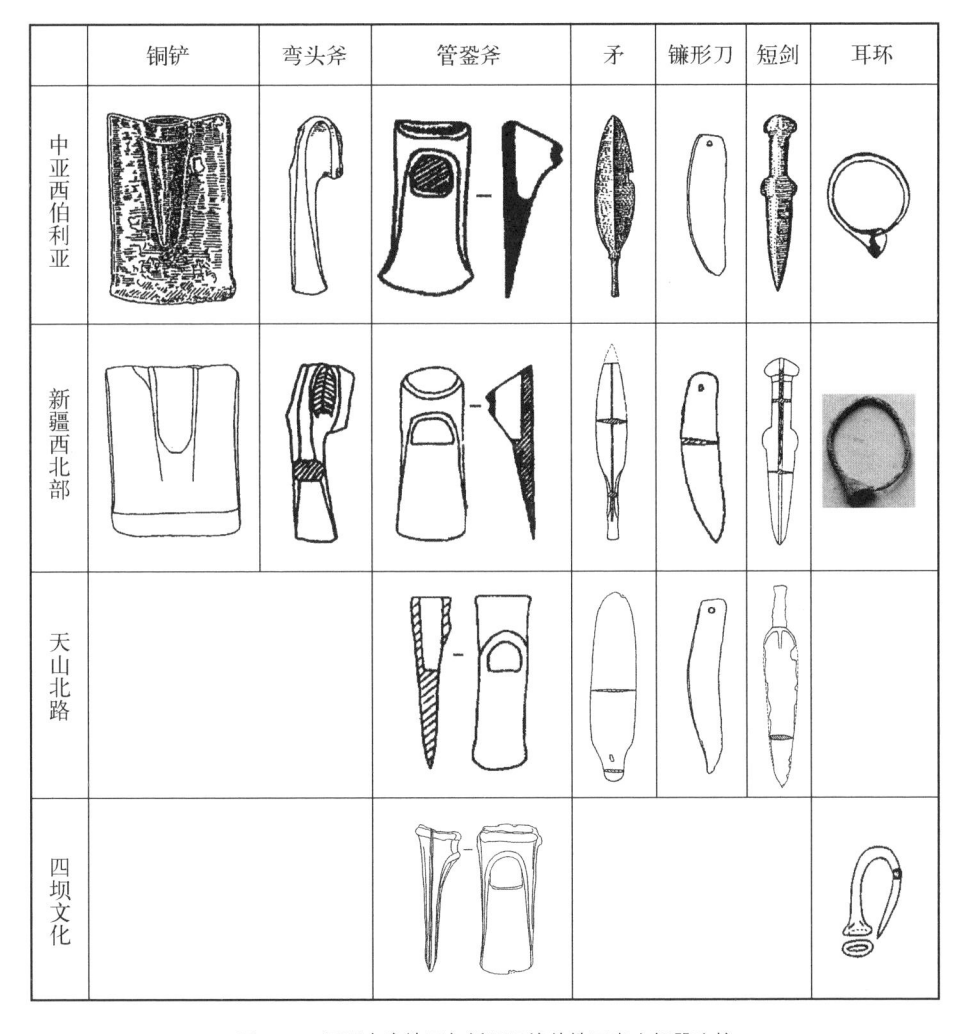

	铜铲	弯头斧	管銎斧	矛	镰形刀	短剑	耳环
中亚西伯利亚							
新疆西北部							
天山北路							
四坝文化							

图一四　河西走廊地区与新疆及境外地区出土铜器比较

中段地区,察吾呼文化的铜器最主要为小刀、有柄锥、扣、针,以及少量的马衔、镜等,同样具有浓郁的牧业文化特征,该墓地普遍流行的殉牲习俗进一步印证了这一点。大约在公元前一千纪中叶或稍晚,在天山以北的广阔地区出现一个比较大的变化,即开始出现少量的铜容器、武士俑及造型特殊的装饰品(对兽铜环)等。所见容器种类单一,仅有铜鍑(分圈足或平底)、方盘(分平底、三足、圈足,有的在盘内塑造圆雕动物,或名承兽盘)和三足釜。圆雕的武士俑作蹲跪的姿势,头戴弯头尖帽,面部呈明显的深目高鼻特征。容器的样式是欧亚草原地区出土铜器比较地区习见的,而使用它们的主人一般被认为是活跃在欧亚大陆的斯基泰人或塞人。这一时期在新疆还出现了一些明显属于俄罗斯南西伯利亚一带塔加尔文化风格的兵器,可以鄯善洋海等遗址出土的长銎铜戈为代表。此类新的文化因素从伊犁河—准噶尔盆地沿天山北麓一直向东覆盖到哈密和巴里坤草原[1]。

在河西走廊,四坝文化的铜器主要为刀、匕、锥、耳环、扣、镞、泡等小件,其整体风格与哈密天山北路墓地接近,甚至两地的铜器成分也一致。但是,河西地区毕竟是一个相对独立的地理区域,据我们研究,分布在当地的四坝文化主要为农牧业兼营的经济形态,这一传统一直持续到公元前1000年前后,如骟马文化、兔葫芦类遗存和沙井文化基本也都是制作和使用小件铜器,未见任何铜容器。由此不难推测,哈密一带以天山北路墓地为代表的文化遗存在经济形态上应该与四坝文化是类似的。

这里可以铜镞为例说明中原与西北地区铜器形态的差异。大致以河西走廊为界,在走廊及以西地区所见铜镞基本为镞底或铤部带銎孔者,可将箭柄(杆)插入銎孔内;而在走廊以东地区,所见铜镞则普遍为带铤镞,制作时需将镞铤插入箭柄(杆)内加固。在河湟地区,卡约文化发现的镞基本为有铤镞,而诺木洪文化则为有銎镞。这一空间差异或许与箭柄(杆)的选材有关。估计中原或周边地区多选用竹为箭杆,竹中空,利于将镞铤插入以固定;西北地处高寒地带。无竹,箭柄多用木质,也只能因地制宜,流行有銎镞,制作时将木柄插入镞之銎孔以固定。由此不难看出,

---

[1] 李肖、党彤:《准噶尔盆地周缘地区出土铜器初探》,《新疆文物》,1995年2期,4~51页。

有许多铜工具的形态特征往往与其所在地区的环境及材质方面的制约因素有关。

在河湟地区,自马家窑文化到马厂文化,仅发现数例刀、锥类小件工具。齐家文化的铜器种类虽然丰富,但仍未超出这一基本范畴,常见器类以刀、锥、镜子、指环、扣、带耳竖銎斧等为主,其种类及样式虽然与四坝文化有一些差异,但并不突出。而齐家文化基本是以农业为主要生业的族群,或许在偏西部地区或高海拔地带也有一些牧业经济成分,但并不代表齐家文化的主体经济。但有一点需要注意,即目前所见齐家文化的铜器主要集中出现在偏西部一带的遗址,这是耐人寻味的。在齐家文化以后,辛店文化、卡约文化和诺木洪文化基本延续着齐家文化的传统,但随着地理分布空间的变化及气候的改变,牧业经济的比重明显在加大,而且地理位置越来越西,特别是在那些不适合进行农业经济的地区,其牧业经济的比重愈高。在位置偏东的辛店文化曾发现极个别的铜容器,其口沿残片的形态与察吾呼文化的小铜碗非常类似。在西宁还发现了卡约文化的铜鬲,其造型与商代二里岗上层同类器相近,应是早商文化向西北渗透的证据。而在地理位置偏西的卡约文化及诺木洪文化中,畜牧业经济的比重已相当突出,后者的铜器种类和造型突显出这方面的特色。

在中原内地,尽管发现有早到仰韶时代的黄铜片,但因其出土层位、合金成分及冶炼工艺等诸多方面存在一些难以解答的疑问,一直有学者对其年代表示疑虑[1]。此后,直到龙山晚期以前的两千余年间,中原地区可以说没有特别明确的铜器资料发现,这一漫长的时间空白仅仅用工作力度不够来解释是不能令人信服的。我们注意到,中原与西北地区在早期铜器方面的明显差异在于,龙山晚期的铜产品中极少见工具、兵器类小件,即便是装饰品,也与西北地区差异甚大。到二里头文化早期,铜产品仍全部为小件工具、兵器及个别的装饰品,但它们在造型和器类上与西北地区的同类器也存在明显不同。如中原地区最常见的是镞、小刀、鱼钩、斧、锛、凿、戈、钺等,装饰品甚少,仅有环、镯、牌饰几类,绝少有西北地区广为流行的耳环、指环、镜、泡、珠、管、扣等物件,反映出两个地区在文化传统和风俗习惯

---

[1] 安志敏:《试论中国的早期铜器》,《考古》,1993年12期,1110~1119页。

方面存在巨大反差。二里头文化也曾出现个别舶来品,如二里头文化三期的环首刀(ⅢM2)等。二里头文化晚期,随着中原金属制造业的突飞猛进,已开始铸造形态各异的复杂铜礼器,中原与西北的差异进一步扩大。之所以存在上述差异,其根本原因在于,中原内地一直以农业经济为主,与西北地区长期经营半农半牧或牧业经济的传统迥异,这些差异势必影响各自的生活方式与文化习俗,包括两地制造的铜器及造型。这其中,齐家文化所在的河湟地区在资源环境方面既有别于中原,亦有别于河西走廊及以西地带,它基本维持着以农为本的经济形态,但在某些不适宜牧业的地区也开始逐步加强畜牧业经济成分,这使得它同时兼具东西两方面的特色,这一点与其所处的地理位置也相符合。在河西走廊及以西地区,由于地理环境和资源配置相似,使得生活在这一地区的族群在经济形态上产生很大的共性,这些又通过早期铜器的制作和造型等体现出来。

总之,中原与西北在金属制造业上存在的差异之根本原因在于,它们各自拥有不同的生活方式,由此造成的影响极其深远,这一现象直到汉武帝建河西四郡后才最终得以改观。

(二) 合金工艺

从冶铜业的发展趋势看,以上列举的三个地区都经历了从纯铜到合金青铜这一技术演变历程,但在合金材质的配比上却表现出不同的途径。东部中原内地的龙山—二里头文化、中部河湟地区的齐家文化均从制作红铜发展到冶炼锡青铜;西部河西走廊的四坝文化和哈密的天山北路—焉不拉克文化则从制作红铜到砷铜,再进而发展到锡青铜;伊犁河—准噶尔盆地周边地区青铜文化的演进脉络尽管不很清晰,但从文化传统看,也应是从冶炼红铜到砷铜再到锡青铜。目前,对于天山中段地区,在察吾呼文化及塔里木河沿线以辛塔拉遗址为代表的文化阶段,基本是以锡青铜为主。更早以前这一地区的情况,目前还缺乏了解。

齐家与四坝这两个毗邻的青铜文化为什么在合金材质的配比上经历了不同的途径?其原因可能非常复杂,但一个需要考量的因素是,这两个文化各自所处空间内的矿产资源存在差别。据现有地质资料,河西走廊西部沿祁连山北麓一线蕴藏丰富的有色金属矿藏,已发现硫砷铜矿(enargite)、砷黝铜矿(tennantite)和其他一些含砷铜矿[1]。这些矿脉自然会被长期生活在这一地区的四坝文化居民所发现、认识并利用,成为他们了解和冶炼砷铜的重要材料。而河湟地区的有色金属矿脉则与河西有着明显的不同,这里缺少含砷类有色金属铜矿,或许正是这个客观环境使得齐家文化未能经历砷铜合金这一阶段,同样,这一推测也适用于中原地区。但是,即便如此,我们却不能保证在齐家文化或二里头文化中绝对没有砷铜。事实上,在中原龙山晚期文化和二里头文化中已经发现了个别砷铜制品,或许将来也可能在齐家文化中出现类似产品;但我们相信砷铜大概不会成为这两支青铜文化的阶段性主流。

河西走廊与新疆东部毗邻,这两个地区长期存在文化交往,联想到砷铜产生的时空范围和历史背景,我们认为,四坝文化中的砷铜除了自然资源配置的因素外,也与公元前2000年前后东西方文化交流的加速有关。如在甘肃民乐东灰山遗址发现的砷铜合金的含砷量在2.62%~6.01%之间,平均达4.37%,而且全部系锻造加工,这一特征与西亚、东南欧及北非地区的早期砷铜制品相同,暗示四坝文化与外界之间存在某种形式的联络。

中原地区早期铜器的合金配比与西北地区表现出很大不同,这里在龙山晚期阶段基本是以红铜为主;到了二里头文化的早期阶段,铅锡青铜的比重逐渐上升;二里头文化晚期,铅锡青铜已占据绝对的统治地位。

我们知道,冶金的出现与发展有共性,也有个性。在冶金业出现的初期,铜产品在很大程度上受资源和工艺技术的制约。世界上每一个地区的文化发展都和当地拥有的资源条件息息相关,近东地区在公元前4000年左右开始出现铜砷合金,反映出当时人们所开采的铜矿大部分为含砷的硫砷铜矿(Cu_3AsS_4),这种矿石熔解之后总会有些砷残留在铜液中。但各地的铜矿资源存在差异,既有单生矿,也有共生矿。即便是共生矿,其有色金属成分也不尽相同。在发明合金铜的早期阶段,

---

[1] Sun Shuyun, Li Shuicheng and Xu Yongjie (1994). Study of Copper Artifacts of Siba Culture in Gansu, The Beginning of the Use of Metals and Alloys—3. pp.54~56, Sanmenxia, China.

人们并不知晓矿石所含的其他有色金属成分,工匠们也难以按其意愿有效地控制产品成色。这样在冶炼过程中,铜矿所含的有色金属杂质势必会转移到其成品中。从这一角度出发,一个地区如若没有含砷类有色金属铜矿,人们也无法了解砷的特性。那么,一旦在这个地区出现了此类产品,那么,首先应该考虑的就是文化交流的结果,这一认识或许适用于解释二里头文化出现的个别砷铜制品。

(三) 铸造工艺

金属铸造术的发明是与模范用具同步的,世界很多地区发明铸造术的同时即开始选择一种硬度不高、易于雕刻、耐高温的石料制作石范。另一方面,在范铸技术发明之前,曾有过一段使用锻造(打)技术的时期,以满足制作一些形态简单的铜器。但是,范铸法的出现并不能取代锻造术。事实上,这两种技术曾并行发展了相当长的时间,以服务于不同的目的,同时也有着地区间技术发展不平衡的因素。如四坝文化的铜器,有些地点以铸造技术为主,有的铸造、锻造各占一半,还有的全部使用锻造技术。中国西北地区的铸造业是从使用石范起步的[1],这种技术延续了很长时间,并一直与锻造工艺共存,这或许与西北地区的铜产品种类有着必然联系。因这里长期生产小件工具、兵器和装饰品等,上述产品用石范和锻造技术基本能够胜任。另一方面,受石范及锻造技术的制约,也使得中国西北地区长期未能发展出铸造复杂铜容器的能力。但在中原地区则有所不同,在龙山时代晚期,中原地区很可能也是使用石范模具的,这一传统一直延续到二里头文化早期[2]。但在二里头遗址以外的一些非中心性遗址,石范的使用则几乎贯穿整个二里头时代,甚至更晚。如山西夏县东下冯遗址,直至商代早期仍在延续使用石范工艺[3](图一五)。与这一技术条件相适应,在二里头文化早期,中原内地的铜产品也只是制作一些简单工具、兵器及小件乐器、装饰品等,与同时期中国西北地区的铜产品没有

---

[1] 在甘肃玉门火烧沟遗址发现有铸造铜镞的石范。
[2] 在二里头文化第一期遗存中至今未发现陶范,见梁宏刚、孙淑云:《二里头遗址出土铜器研究综述》,《中原文物》,2004年1期,29~39页。
[3] 中国社会科学院考古研究所等:《夏县东下冯》。

本质的不同。大约从二里头文化二期开始,在二里头这处大型中心聚落(或为都邑),逐渐扬弃了石范这种对铸造术发展有很大限制的模具,创造出在工艺上极具灵活性、技术含量甚高的泥(陶)范模具,这一变化极大地刺激并提升了中原地区金属冶铸业的水平。从社会需求的角度考虑,这种新工艺在很大程度上又是在迎合社会上层对某些专门礼仪用具的需求而出现的。到二里头文化晚期,又发明出高铅合金青铜,同样也是为了满足铜礼器的需求而创新的技术。随着上述一系列"高科技"的出现,使得中原地区的金属铸造业开始大踏步迈进,在铸造技术上将其他地区远远甩在了身后,一跃而跻身于当时世界金属铸造业的前列,为日后商周青铜文明的高度发达打下了坚实基础。

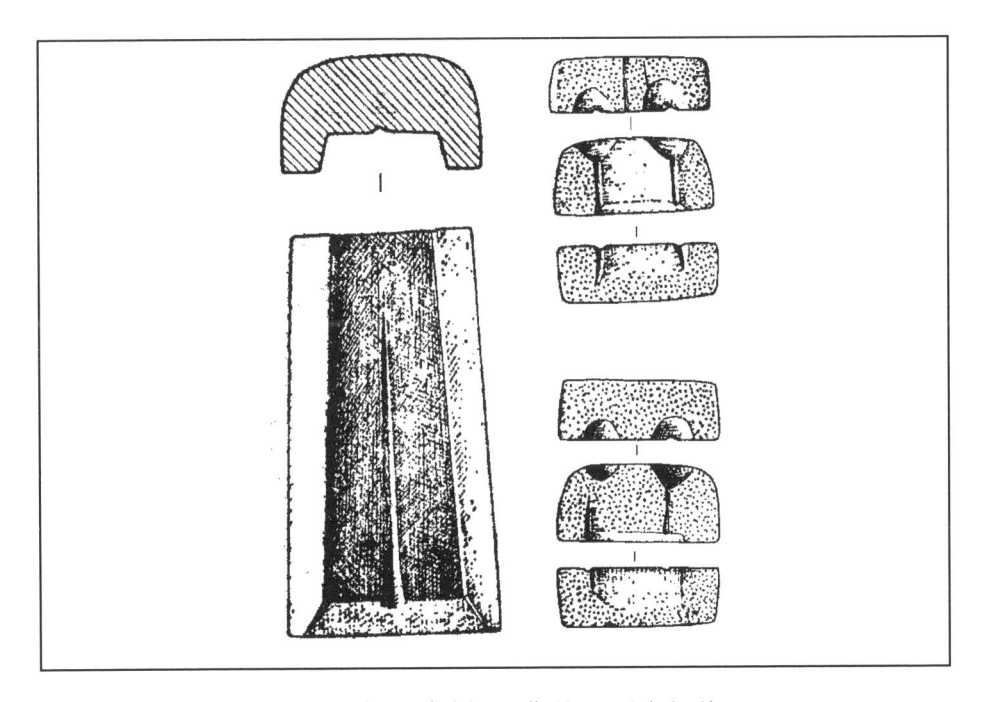

图一五　东下冯遗址出土石范(H501:1之2~4)

(四) 区域间的互动

综上所述,公元前二千纪前半叶,在本文涉及的空间内已形成若干冶金文化圈。包括中原的龙山—二里头文化圈,河湟谷地的齐家文化圈,河西走廊的四坝文化圈,新疆东部的天山北路—焉不拉克文化圈,伊犁河—准噶尔盆地周边的青铜文化圈,天山中段的察吾呼文化圈等。根据上述诸文化圈在合金材质演进上的不同发展趋势,从宏观上可以将其进一步整合为东西两大冶金文化区。东区以龙山—二里头文化、齐家文化为代表,这一地区从冶炼红铜直接发展到锡青铜;西区包括四坝文化、天山北路—焉不拉克文化、察吾呼文化和伊犁河—准噶尔盆地周边的青铜文化等,这几支文化基本是从冶炼红铜到砷铜再进而发展到锡青铜。可是,若以各文化圈产出的铜器种类为准,齐家文化虽然在合金材质的进化上与中原地区相同,但其铜产品的种类和形态却与河西走廊及以西地区一致,有一定的独特性。有鉴于此,或可将河西走廊与新疆整合为西区,齐家文化是为中区,龙山—二里头文化代表东区。这三个地区从比较早的阶段就开始发生了文化上的接触,并互有影响。

新疆在广义上已进入中亚范畴。从很早起,这里就与中亚、俄罗斯的阿尔泰、南西伯利亚等地存在千丝万缕的文化联系,这在两地发现的不少文物上都有所反映,也不断有学者就它们的关系等问题进行过探讨[1]。近年来,随着新资料的增加,有些问题逐渐变得明朗起来。如哈密天山北路墓地的文化因素就表露出既有来自河西走廊的成分(以"A"组遗存和更早的"后马厂遗存"为代表),也有可能与北疆一带的原始文化有接触(以"B"组遗存为代表)(见图八)。而罗布泊附近的古墓沟墓地、小河墓地的发掘和研究证实,南西伯利亚或中亚一带的古代居民早在公元前二千纪前后已进入该地区。

在哈密曾发现有鹿首刀、环首刀、有銎镞等铜器,年代上限大致可达商代晚期。与此类似的文物曾在鄂尔多斯、陕北、河北北部等地有发现,被归入鄂尔多斯类型。在天山以北的木垒县也曾发现一批被认为属于匈奴系的牌饰,如猪马相搏透雕牌、野猪透雕圆牌、几何纹透雕牌、虎型圆雕等[2]。与此风格雷同的铜器也经常见于

---

[1] Mei Jianjun (2000). Copper and Bronze Metallurgy in Late Prehistoric Xinjiang, Its Cultural Context and Relationship with Neighbouring Regions, BAR International Series 865, England. 林沄:《夏代的中国北方系青铜器》,《边疆考古研究》第1辑,科学出版社,2002年,1~12页。
[2] 王炳华:《新疆东部发现的几批铜器》,《考古》,1986年10期,887~890页。

南西伯利亚、蒙古及俄罗斯外贝加尔地区。考虑到这些铜器的出土位置,说明在公元前二千纪至前一千纪范围内,哈密及周边地区在东西方的文化角逐中确曾扮演了重要的角色。

在新疆西北一带发现的早期铜器带有明显的安德罗诺沃文化印记,其中像长方形铜铲、弯头管銎斧、镰形刀、透銎斧、矛、短剑、喇叭形耳环等与中亚地区和南西伯利亚一带的同类器几乎没有区别。此类文化因素又有一部分通过新疆西北部渗透到新疆哈密地区,由于哈密与河西走廊存在密切的联系,来自这一方向的影响又进一步波及河西走廊的四坝文化,甚至河湟地区的齐家文化(见图一四)。

四坝文化与齐家文化毗邻,二者一直是互有影响的。在四坝文化中已发现有个别齐家文化的因素。如在火烧沟等地曾发现少量双大耳罐(M98、M260∶7),这种独特造型的器物本为齐家文化所专有,尽管四坝文化在器形上略加改动,并绘画了四坝文化特有的花纹图案,但此类文化特质只能来自齐家。另外在火烧沟、干骨崖、东灰山等地还发现少量的夹砂堆纹口罐、绳纹罐、圜底罐和豆等,它们有的直接来自齐家文化,有的则为仿制品[1]。同样,在齐家文化的遗址中也发现极个别的四坝文化陶器,如在积石山县新庄坪遗址出土1件四坝文化所特有的双耳彩陶罐[2]。另有迹象显示,四坝文化与祁连山南麓的卡约文化也有过接触。如火烧沟墓地出土的腹耳小口壶(M143∶2)、折耳彩陶罐(M45∶2)、陶勺(M5∶1)等,其造型分别与青海大通上孙家寨卡约文化墓地所出腹耳壶(M13∶1)、折耳罐(M?)和湟源龙勃勃遗址[3]的陶勺非常相似。从二者的年代和交往途径考察,沿湟水谷地上溯可至海北藏族自治州,由此继续向北,穿越祁连山扁都口即达河西重镇张掖,也就进入了四坝文化控制的区域。总之,祁连山南北两侧的青铜文化存在较为直接的交往途径[4](图一六)。

追溯齐家文化的源头,它是中原龙山文化向西北地区扩张涟漪中的最外

---

[1] 李水城:《四坝文化研究》,《考古学文化研究(三)》,80~121页;张忠培:《东灰山墓地研究——兼论四坝文化及其在中西文化交流中的位置》,《中国文化研究所学报》N.S.No.6,288~323页。
[2] 甘肃省博物馆:《甘肃积石山县新庄坪齐家文化遗址调查》,《考古》,1996年11期,46~52页。
[3] 青海省文物考古队等:《青海湟源县境内的卡约文化遗迹》,《考古》,1986年10期,882~886页。
[4] 李水城:《四坝文化研究》,《考古学文化研究(三)》,80~121页。

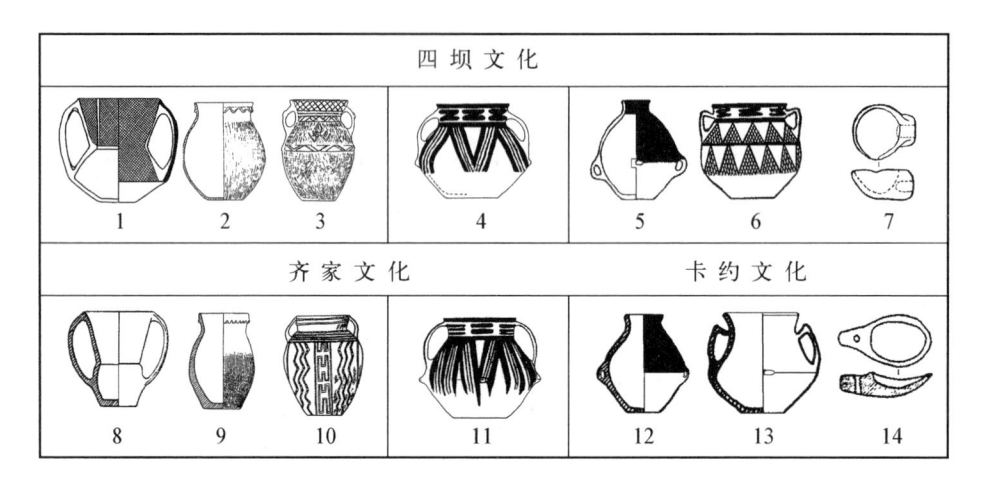

图一六　四坝文化与齐家文化、卡约文化部分陶器比较

1.8. 双大耳彩陶罐(火 M98：4、皇 M89：1)；2.9. 堆纹口夹砂陶罐(东 M9：1、秦 M86：1)；3.10. 双耳蛇纹陶罐(东 M181：2、齐 M58：3)；4.11. 双耳彩陶罐(火 M208：1、新采)；5.12. 腹耳彩陶壶(火 M143：2、上 M13：1)；6.13. 折耳陶罐(火 M45：2、上墓号不详)；7.14. 陶勺(火 M5：1、龙采)　(火＝玉门火烧沟，皇＝武威皇娘娘台，东＝民乐东灰山，秦＝永靖秦魏家，齐＝广河齐家坪，新＝积石山新庄坪，上＝大通上孙家寨，龙＝湟源龙勃勃)

一环。无论是在地缘上还是在文化传统上，齐家与中原内地均有着源远流长的血脉联系[1]。齐家文化不断向西北扩张，对当地原有的史前文化造成强大的冲击，并最终将马厂文化挤出了河湟地区。齐家文化占据这一地区后，可同时作用于东(中原地区)西(河西走廊)两个方向，并在二里头文化和四坝文化的互动中扮演了中介角色。这其中一个颇有意味的文化现象值得关注，即齐家文化所有的铜器均出土于洮河以西地区(东经104°)，至今未闻在洮河以东发现齐家文化铜器的报道。而且，即便是在洮河以西地区，位置偏西的齐家文化遗址往往出土的铜器数量偏多，如青海贵南尕马台遗址出铜器49件，甘肃武威皇娘娘台遗址出铜器30件，积石山新庄坪遗址出铜器12件。

---

[1] 李水城：《华夏边缘与文化互动：以长城沿线西段的陶鬲为例》，许倬云、张忠培主编：《新世纪的考古学：文化、区位、生态的多元互动》，紫禁城出版社，2006年，292～313页。

齐家文化与二里头文化的关系也是一个引人关注的问题。以往,曾在齐家文化的遗址中发现过二里头文化风格的陶器或仿制品。如封口平底盉是二里头文化的典型器,与此器相同或略加改造的陶器在甘肃庄浪县刘堡坪[1]、广河齐家坪（K5523、K5427）[2]等地均有发现。最近,二里头文化特有的镶嵌绿松石兽面铜牌也现身于甘肃天水[3]（图一七）。虽然目前尚未在二里头文化中发现十分典型的齐家文化遗物,但这并不重要,毕竟文化是互相影响的,在二里头文化向西扩展并

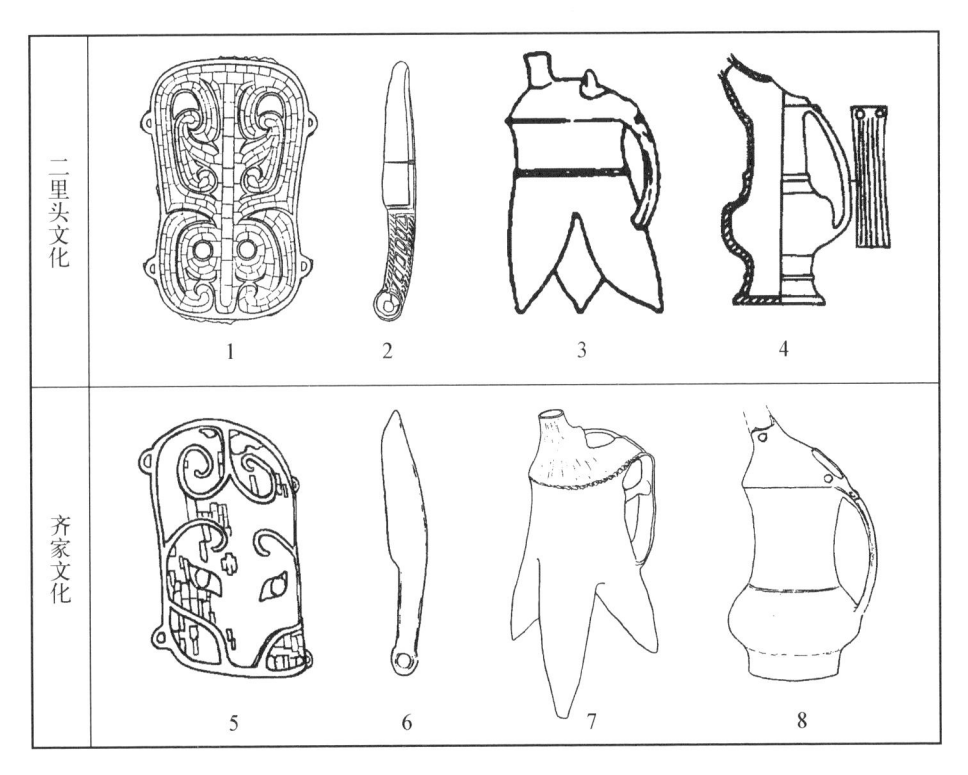

图一七　夏代时期甘肃与河南出土的相似器物比较图

1. 铜牌（二里头 M4∶5）；2. 铜刀（二里头Ⅲ M2）；3. 袋足封口陶盉（选自北京大学《商周考古》）；4. 假圈足封口陶盉（河南伊川南寨 T85M26∶2）；5. 铜牌（甘肃天水藏）；6. 铜刀（甘肃康乐商罐地）；7. 袋足封口陶盉（甘肃广河出土）；8. 假圈足封口陶盉（甘肃广河齐家坪 K5427）

[1] 张天恩:《天水地区出土的兽面铜牌饰及有关问题》,《中原文物》,2002 年 1 期,43~46 页。
[2] Andersson, J. G. (1943). Researches into the Prehistory of the Chinese. *BMFEA*. No.15, Stockholm.
[3] 张天恩:《天水地区出土的兽面铜牌饰及有关问题》,《中原文物》,2002 年 1 期,43~46 页。

接触到齐家文化的同时,也从后者汲取了它所需要的养分,其中就不排除有冶金术方面的信息交流和技术层面的沟通。我们相信,二里头文化早晚两期铜产品的类别差异暗示着这种可能性是存在的。只是到了二里头文化的晚期,随着泥(陶)范铸造技术的发展。中原地区的金属铸造业迅速脱颖而出。这也从另一方面显示出华夏文明深厚的文化底蕴和强大的文化吸纳能力。

综上所述,公元前2000年前后,从中原大地到广袤的大西北形成了三个金属冶炼中心,它们之间存在着密切的互动关系,具体表现形式为,中原地区与齐家文化作直接的接触,齐家文化与四坝文化发生直接联系,四坝文化与哈密地区进行直接的互动,哈密地区与伊犁河—准噶尔盆地周边和天山中段的青铜文化保持直接的联系,新疆西北部则又与中亚和南西伯利亚一带的青铜文化发生直接的联系。地理位置相互间隔的文化之间则表现为间接的互动关系。如中亚等地的外来因素首先作用于新疆西北部,继而通过哈密、河西走廊对河湟地区产生影响,最后波及中原内地时,其影响力已属强弩之末。反之,黄河文明对外界的作用力同样表现出类似的渐进模式。超越地理空间、跳跃式的文化接触不仅难以想象,也不切合实际,中国早期冶铜业的发展进程充分印证了这一点。

三、东西方早期冶铜术的传播与互动

有关西方对中国早期冶金术施加影响的说法早已有之,但大多数仅是停留在假说层面而缺乏实际的论证。近年来,随着考古新资料的不断累积,已经具备了讨论这一问题的基础。

1993年,安志敏先生提出:"目前的考古发现表明中国早期铜器的出现比较晚,大抵从四千年以前的龙山文化才开始出现铜器,嗣后经过一系列的发展,终于在二里头文化的基础上形成以中原地区为中心,独具特色的商周文明。至于早期铜器是如何起源的?还是一个未解之谜。不过铜器的起源,很可能是通过史前的'丝绸之路'进入中国的,例如处在西北地区的齐家文化,早期铜器的发展便远盛于中原地区,可能是首先接触到铜器的使用,并影响及龙山文化。"[1]此后不久,他再次撰文指出:"我们可以设想,最初导源于西亚的青铜器和铁器,首先影响到新疆地区,然后到达黄河流域,这标志着新疆处于金属文化东传的中心环节。"[2]

大约与此同时,美国学者菲兹杰拉德—胡博表示,二里头青铜文明的起源或许与中亚地区巴克特里亚(Bactrian)的冶金术东传有密切关系,而活跃在中亚和西伯利亚一带的塞伊玛—图宾诺(Seima-Turbino)文化现象、奥库涅夫(Okunevo)文化和安德罗诺沃文化等游牧民族在这中间扮演了重要的中介角色。这几支分布在欧亚草原的青铜文化首先进入新疆地区,既而通过河西走廊作用于河湟地区,最终通过齐家文化对中原的二里头文化施加影响。她还举例指出,齐家文化的弧背环首刀、单耳竖銎斧、镂空对三角纹刀柄、骨柄铜刀、骨柄铜锥等与塞伊马—图宾诺文化现象、奥库涅夫文化的同类器极其相似;而二里头文化第三期的十字镂空圆牌、齐家文化的七角星纹镜等也与巴克特里亚的十字纹和星形纹类似。对于二里头文化的铜爵、铜斝,她表示有可能与伊朗西南部沙赫德(Shahdad)遗址的带流罐和铜杯有某种联系,而且也是通过巴克特里亚影响到中国的;二里头文化某些器鋬上的铆钉装置也有可能是对巴克特里亚青铜工艺中铆钉技术的模仿[3]等。此文发表后,出现了截然相反的两种声音,或全盘否定,或基本接受。我个人认为,菲兹杰拉德—胡博是位严肃的学者[4],尽管她所列举的证据中有些还略显生硬,但并非捕风捉影之论,毕竟这是学术问题,可以也应该允许展开讨论。最近,梅建军博士就塞伊玛—图宾诺文化现象、安德罗诺沃文化与中国早期冶铜业的关系问题也发表了看法,他认为菲兹杰拉德—胡博的一些看法是有见地的[5]。

---

[1] 安志敏:《试论中国的早期铜器》,《考古》,1993年12期,1110~1119页。
[2] 安志敏:《塔里木盆地及其周围的青铜文化遗存》,《考古》,1996年12期,70~77页。
[3] Fitzgerald-Huber, Lousia G. (1995). Qijia and Erlitou: The Question of Contacts with Distant Cultures. *Early China*, 20, pp.17~67.
[4] 2000年我在哈佛大学访学时,曾与Louisa G. Fitzgerald-Huber(菲兹杰拉德—胡博)多次就中国西北地区考古及中外文化交流等问题进行过有益的探讨。
[5] Mei Jianjun (2003). Cultural Interaction between China and Central Asia during the Bronze Age. *Proceedings of the British Academy*, 121, pp.1~39.

其实，早在20世纪80年代，严文明先生就看到，甘肃西部地区同二里头文化在早期铜器的种类和形制上存在显著的差异[1]。同时，林沄先生也敏锐地察觉到东西方的文化互动迹象，他曾提出："我国北方地区的青铜器不仅应该和二里岗文化的青铜器曾有平行发展的关系，而且还可以推得更早……北方系青铜器在二里头文化晚期已经存在，而且对二里头文化的铜器产生了影响。"[2]此后，他将二里头文化第三期所出环首刀（ⅢM2）、"铜戚"（ⅥK3）归为北方铜器系统[3]。最近他又撰文，认为中国北方地区发现的一批喇叭形耳环、套管式锛（即透銎斧）等早期铜器是从中亚并经新疆影响到中国北方地区的[4]。

但时至今日，有关中国冶金术与外界的联系问题仍是个敏感话题，而学界对此问题的认识也一直存在分歧。本文无需为此着太多笔墨，但这又是本文无法回避的一个话题。我的看法是，讨论这个问题最好能将其放到整个世界的大背景下来考量，也只有这样才能对中国早期的冶铜业有一个比较清醒的定位。

据国外的考古发现，近东是冶金术最早出现的地区。1973年，沃尔泰姆在他的一篇谈冶金术起源的文章中列了一张表格，搜罗了当时在近东发现的一批最早的铜器，其中包括土耳其（7处）、叙利亚北部（3处）、伊拉克北部（6处）和伊朗（6处）四个地区（表二）[5]。从此表可知，近东最早的铜制品可追溯到公元前7000年，这时一般利用的是天然铜。如土耳其的查约纽丘（Cayönü Tepesi）发现的天然红铜钻、铜丝别针、孔雀石珠；伊朗中部锡亚尔克丘（Tepe Sialk）发现的红铜针等。这些出有早期铜器的遗址一般在公元前6000至前4000年之间，所见金属物除个别的铅、银和铁外，基本为红铜，种类不外乎小件工具或装饰品，如钻、锥、珠、指环、管、环、凿、权杖头、手镯、斧、印章、片、刀、小铲、扣等，而且绝大部分使用锻造技术。大

---

[1] 严文明：《论中国的铜石并用时代》，《史前研究》，1984年1期，36~44页。
[2] 林沄：《商文化青铜器与北方地区青铜器关系之再研究》，《林沄学术文集》，中国大百科全书出版社，1998年，262~287页。
[3] 林沄：《早期北方系青铜器的几个年代问题》，《林沄学术文集》，289~295页。
[4] 林沄：《夏代的中国北方系青铜器》，《边疆考古学研究》第1辑，1~12页。
[5] Wertime, T. A. (1973). The Beginning of Metallurgy: A New Look. *Science*, 30 Nov. Vol.182.

致就在这一时期,开始出现了与铸造有关的遗物,如坩埚、炼渣、矿石及冶炼遗迹等。大约公元前五千纪后半叶,与铸造术有关的遗物逐渐多了起来,如伊朗叶海亚等遗址发现人工冶炼品,年代为公元前4000年前后,器体内含有少量砷(0.3%~3.7%),也有的经过铸造、冷加工或退火处理[1]。

表二 迈东地区最早发现的铜器

国家	遗址名称	出土遗物	所在文化层	年代(BC)
土耳其(Turkey)	卡尤奴丘(CayÖnü Tepesi)	自然红铜钻、铜丝别针、孔雀石珠	"晚于第4层"	7000
	萨伯第(Suberde)	红铜锥	第9层	6500
	卡塔尔-休于克(Catal Hüyük)	铅和红铜珠	第9层	6400
		红铜珠(红铜片制成)、指环、管、铅珠和坠饰	第7层和第6层	6000~5700
		红铜"渣"	第6层	5900~5800
	拜色苏尔坦(Beycesultan)	窖藏:红铜工具14、银环1、凿或许为敞口铸型的铸件,其余红铜	五千纪后半叶	4500~4400
	哈斯拉(Hacilar)	红铜珠	第Ⅱa和Ⅰa或Ⅰb层	5400~5200
	哈逊纳文化(Hassuna)			
	堪-哈桑(Can Hasan)	红铜权杖头、红铜手镯	2b层3号房屋	5000
	莫辛第20~21层(Mersin)			
	莫辛(于缪克丘)[Mersin(Yümük Tepe)]	红铜别针2,红铜凿、	第22层	5000
		红铜凿、宽大的贴边、红铜斧	第7层	4600
		红铜印章1	?	?
		缠绕头的红铜别针、红铜凿、一些斧子、扁斧、金属矿石、磨光的金属工具或别针	第16层	4300

---

[1]《中国大百科全书·矿冶卷·冶金史》,中国大百科全书出版社,1984年。

(续表)

国家	遗址名称	出土遗物	所在文化层	年代(BC)
北叙利亚(Northern Syria)	阿莫克(Amouq)	有金属附着物的装饰石头	哈逊纳B期(Hassuna)	5500
	查尕-巴扎(Chagar Bazar)	红铜珠	哈拉夫第12层(Halaf)	4800
	哈拉夫丘(Tell Halaf)	红铜装饰品	彩陶层(哈拉夫时期)	4800
北伊拉克(Northern Iraq)	扎威-切米(Zawi Chemi)	红铜片(红铜矿石坠饰)		8500
	伊斯-梭万丘(Tell Es-Sawwan)	红铜珠、片、小刀	一层或"下二层"	5600~5400
	萨马拉(Samarra)	红铜片	"萨马拉"	5000
		像是工具、矩形端面的铁凿	"萨马拉"(哈拉夫?)	5000
	阿帕齐亚(Arpachiyah)	铅片	哈拉夫(Halaf)	4800
		红铜别针类装饰品2	哈拉夫(Halaf?)	4800(?)
	哈逊纳(Hassuna)	方铅矿装饰品	第Ⅰa层	5700
	高拉丘(Tepe Gawra)	小环、凿	第17层	4000
	北欧贝德文化(Northern Ubaid)			
伊朗(Iran)	阿里-科什(Ali kosh)	红铜珠	"阿里-科什期"	6500
	基延丘(Tepe Giyan)	红铜别针	基延5B	4500~4000
	锡亚勒克(Sialk)	红铜锥	Ⅰ-3期	5100
		红铜别针	Ⅰ-4期	4900
		红铜手镯、别针、小铲残件、铜钮扣	第2期	4600~4100
		红铜针,经退火处理	Ⅰ或Ⅱ期	5100~4100
	萨布兹丘(Tepe Sabz)	红铜	"上部"	4200
	巴亚特斯?(Bayat phase?)			

(续表)

国家	遗址名称	出土遗物	所在文化层	年代(BC)
伊朗(Iran)	勾丁丘(Godin Tepe)	红铜别针2,"似为铸造"	Ⅵ期,探沟B,第22层	3300
	塔尔-伊-艾布利斯(Tal-i-aiblis)	赤铁矿拨火棒	"早期"	4100
		红铜遗物、矿石块、少量的坩埚残块、冶炼红铜小坑	巴德西尔和拉累赫扎(Bardsir and Lalehzar=Iblis 0)	4100
		附着红铜渣的坩埚残片300	垃圾、艾布利斯Ⅰ	4000
		用于灰吹法的(?)黏土盒	拉累赫扎(Lalehzar)	4100
		带有白色粉末(或许为陶瓷)的地下熔炉堆积		3792(碳十四)

光谱分析结果证明,几乎在所有地区,砷作为一种合金成分较锡的使用为早。这在安那托利亚、南欧、克里特、以色列、伊朗及印度河流域都是如此。鉴于此,沃尔泰姆(T. A. Wertime)曾提出,人类在公元前4000或前3000年前,有一段"合金试验时期"。从金属冶炼的角度看,砷的氧化物沸点较低,易挥发,在还原条件下冶炼含砷的氧化铜矿石,产品中会保留一些砷,但一般不超过2%。砷的加入对合金冷加工后的硬度会产生一定影响。当砷含量低于2%时,冷加工后铜的硬度增加不明显;当砷含量达到8%~11%时,合金硬度会增加很多,但性极脆,表面会出现许多裂纹。含砷2%~6%的合金则具有较好的延展性,冷加工时在厚度减少60%~80%的情况下都不会出现裂纹,此种比例的合金硬度会随着冷加工的增加而明显提高。因此,从砷铜合金冷加工的工艺性能看,含砷2%~6%是最理想的成分范围[1]。

---

[1] 孙淑云、韩汝玢:《甘肃早期铜器的发现与冶炼、制造技术的研究》,《文物》,1997年7期,75~84页。

公元前 4000 年前后,地中海东岸的利凡特(Levant,今以色列、巴勒斯坦至黎巴嫩一带)地区形成了一个重要的金属冶炼中心,在已发掘的 40 处遗址中,出土铜器 6 065 件,其中仅在青铜时代中期(公元前 2700 至前 1700 年)的 21 处遗址就出土了 4 754 件[1]。这一时期冶铜业有一个很大的变化,即砷铜(或含锑)开始迅速取代红铜,成为人工金属制品的主流。仅以死海西岸著名的纳哈尔—米什马尔(Nahal Mishmar)洞穴窖藏为例,这里共发现铜器及象牙器 429 件,其中绝大部分为铜权杖头、节杖或王冠形器等宗教礼仪用具,有相当一部分使用了失蜡法铸造术,年代可上溯至公元前四千纪前半叶[2]。经金属检测分析,它们多为富含砷、锑等元素的合金制品,在经 X 荧光分析的 30 件铜器中,可确定 21 件为砷铜(平均砷含量 5.6%)[3]。

据俄罗斯学者阿维洛娃的研究,在利凡特发现的 6 000 余件铜器中选择了一部分进行化学成分分析。其中,青铜时代早期铜器检测 90 件,有红铜 35 件,占 39%;砷铜(含砷、锑)52 件,占 58%;铜+砷+铅 2 件,占 2%;锡青铜 1 件,占 1%。青铜时代中期检测 189 件,有红铜 39 件,占 21%;砷铜 71 件,占 38%;铜+砷+铅 4 件,占 2%;锡青铜 38 件,占 20%;铜+锡+砷 21 件,占 11%;铅锡青铜 16 件,占 8%。青铜时代晚期检测 6 件,其中红铜 1 件,砷铜 2 件,锡青铜 2 件,铜+锡+砷 1 件(表三)[4]。可见,砷铜在西亚整个青铜时代所占的比例非常之高。

据潜伟等人介绍,经检测近东地区出土的 2 000 余件早期铜器,在青铜时代早期(公元前 3000 至前 2200 年),砷铜的比例高达三分之二;青铜时代中期,砷铜比例略下降至四分之一至二分之一;在美索不达米亚地区仍保持三分之二的高比

---

[1] 这 40 处遗址从铜石并用时代(或红铜时代,公元前 4000 年前后)到青铜时代(公元前 3700 至前 1000 年)。详见 Л. И. Авилова Древние Бронзы Левант, Российская Археология, 2001, No.1, c.15~26.

[2] Moorey, P. R. S. (1988). The Chalcolithic Hoard from Nahal Mishmar, Israel. *World Archaeology*, 20.

[3] Shalev, S., Northover, J. P. (1993). The Metallurgy of the Nahal Mishmar Hoard Reconsidered. *Archaeometry*, 35(1), pp. 35~37.

[4] Л. И. Авилова Древние Бронзы Левант, Российская Археология, 2001, No.1. c.15~26.

表三 利凡特地区青铜时代铜金属化学成分分析

时代	分析铜器数量	Cu	Cu+As	Cu+As+Sb	Cu+Sb	Cu+As+Pb	Cu+Sn	Cu+Sn+As	Cu+Sn+Pb
早期	90/100	35/39	19/21	32/35	1/1	2/2	1/1		
中期	189/100	39/20	71/38			4/2	38/20	21/11	16/8
晚期	6/100	1	2				2	1	

注：分子(检测铜器数)/分母(占检测铜器百分比)。

例[1]。锡青铜在近东最早出现在公元前四千纪末，但最终取代砷铜则晚至公元前二千纪前后。从东南欧的多瑙河中游到乌拉尔山两侧，从青铜时代早中期开始，砷铜已占据统治地位，比例高达三分之二以上。同样，砷铜也广泛见于中亚和中亚以南的印度河流域。青铜时代晚期，在俄罗斯南西伯利亚一带的卡拉苏克文化中仍大量制作和使用砷铜[2]。可见，砷铜在整个欧亚地带有着极为广阔的分布面，而且延续时间甚久。

砷铜是人类最早掌握的二元合金技术，在人类冶金发展史上占有重要的一页。自公元前4000年前后，砷铜开始在安那托利亚(今土耳其东部)高原出现并流行，随着近东文化的扩散，冶金术随之外传，进入东南欧的多瑙河中游、高加索和中亚的广大地区[3]。公元前二千纪前半叶，在欧亚大陆交界的乌拉尔一带出现了砷铜的重要生产中心，并有继续东渐的迹象。这一现象对于了解砷铜在新疆及河西走廊的出现有重要价值[4]。总之，无论红铜还是砷铜，它们最早都出现在近东地区，并从那里向外扩散传播开来。

以往，由于中国东西部地理构造存在巨大差异，使得我们在看待东西方文化交流这个问题时，往往有些夸大西北地区的地理因素在东西方文化交往上的阻碍作

---

[1] Eaton, E. R., Mckerrell, H. (1976). Near Eastern Alloying and Some Textual Evidences for the Early Use of Arsenical Copper. *World Archaeology*, 8(2), pp.169~191.
[2] 潜伟、孙淑云、韩汝玢：《古代砷铜研究综述》，《文物保护与考古科学》，2000年2期，43~50页。
[3] 李延祥：《巴尔干半岛铜冶金考古》，《文物保护与考古科学》，1999年第2期，53~56页。
[4] 梅建军等：《新疆东部地区出土早期铜器的初步分析与研究》，《西域研究》，2002年3期，1~10页。

用。现在看来,地理环境因素固然重要,但它对东西方文化交往所造成的阻碍并非如想象得那般严重。这里我们不妨换个角度,即以日后出现的长城为界,将中国划分为内外两大块,一块面向海洋,另一块面向欧亚大陆。前者的地理范围包括黄河中下游、长江的中下游地区,这里是中国文明的起源地及文化核心区域。从史前时代开始,华夏文明体系逐渐在这里生成,并与外部世界保持相对距离而略显封闭。后者的地理范围包括长城沿线及以外地区,那里在气候、生态环境等方面与前者存在巨大反差;但是生活在那里的大多数居民是随黄河文明的扩散迁移(特别是在西北地区)出去的,他们与黄河流域有着千丝万缕的血脉联系和强烈的文化依附心理,并因此成为黄河文明的次生区。由于后者恰好处在黄河文明与中亚文明之间,它在延续和传播黄河文明的同时亦不可避免地受到西方文化的强烈影响,对外部世界的态度更加开放并具有较强的文化兼容性。中国的大西北正处在这一区域,它一方面是东西方文化交往的重要孔道和不同文化碰撞与接触的敏感地带,同时也是连接黄河文明与中亚文明的中介区域。

不少证据显示,东西方的文化接触肇始于公元前三千纪前后。譬如,从公元前三千纪开始,驯化的普通小麦出现在中国西部。目前,凡发现有小麦的遗址主要集中在中国西北地区。夏商时期,尽管小麦已流入中原,但一直未能取代中国本土的农作物,直至汉代以后,这一格局才逐渐改变。再如,还是在公元前三千纪前后,一种原创于近东地区的文化特质——权杖,现身于中国西北地区,数量虽然不多,但一直延续到公元前一千纪中叶,而且这种文化特质一直不为黄河流域的统治者所接受[1]。而冶铜业的状况与上述文化现象大体同步,如林家遗址的青铜刀恰巧也出现在公元前三千纪,而在此之前,则有很长一段的冶金空白,这该做何解释?从资源、环境和经济发展水平等诸多因素考虑,中国西北地区无疑大大落后于中原,但其冶金术的发展却表现出超乎寻常的进步,这又该做何解释?特别是新疆东部和四坝文化广泛使用砷铜的现象,除了应考虑河西及其以西地区蕴藏的矿产资源

---

[1] 李水城:《文化馈赠与文明的成长》,《庆祝张忠培先生七十岁论文集》,科学出版社,2004年,8~20页。

因素外,亦不可忽略东西方之间的交互作用。可以说,这其中既有频繁的贸易活动,也有技术层面的传播影响。总之,中国西北地区早期冶铜业的发达是与中亚地区保持文化互动为前提的。

中国广阔的大西北地区在地理上可归入中亚范畴,在文化上也与后者保持着很大的类似性。这其中,环境与经济形态方面的因素起到了不容忽视的作用。需要注意的是,中国西北地区对来自中亚及以远地区的冶金术并非全盘被动地接受,而是主动加以改造和利用,并不断形成自身的特色。从新疆西北部到河湟地区,早期铜器在器形和种类上一直在潜移默化地变幻,就充分印证了这一点。这种外来的影响力对于中原地区而言,经过一站站的中转、筛选和改造而不断地被弱化,而中原地区冶金术的真正崛起并形成独立的华夏风格,则是在二里头文化晚期才最终实现。

林沄先生在谈到东西方文化交流时有过一段精彩论述:"中央亚细亚的开阔草原地带,是一个奇妙的历史漩涡所在,它把不同起源的成分在这里逐渐融合成一种相当一致而稳定的综合体,又把这种综合体中的成分,像飞沫一样或先或后地溅湿着周围的地区。"[1]这段话形象而准确地描绘出了中亚大草原的游牧民族通过大范围的活动给予周边地区的强大文化辐射力。

2002年初定稿于北京蓝旗营寓所

初刊于《考古学报》,2005年3期

---

[1] 林沄:《商文化青铜器与北方地区青铜器关系之再研究》,《林沄学术文集》,262~287页。

13
中国境内考古所见早期麦类作物

20世纪50~60年代,有考古学家和农学家就中国麦类作物的来源问题进行探讨。但由于考古材料甚少,年代不很清晰,讨论只能限于浅表的层次。

随着考古发现的增多,中国境内早期麦类作物的发现地点也在逐步增加。目前已经发现的早期麦类作物大致集中在三个区域:即新疆(10处以上)、甘青地区(3处)及陕西与河南两省(各2处)。此外,在西藏的山南地区也发现一处。上述麦类作物的年代大多落在公元前二千纪范围,最早的一处为公元前2500~3000年(甘肃民乐东灰山遗址)。

目前已经发现的麦类作物经初步鉴定,其种类包括:小麦、大麦、黑麦和燕麦。其中,小麦的数量最多,其种属以普通小麦(*T. aestivum*)为主;也有一些可能是从普通小麦演变而来的圆粒小麦(*T. sphaerococcum*);以及一些小粒型的密穗小麦(*T. compactum*)。大麦(*Hordeum ulgare L.*)的种类有:裸大麦(*H. distichum var. nuduum*)、青稞(*Hoedeum vulgare L. var. nudum*)等。其他还有个别的山黑麦(*Secale montanum*)和裸燕麦(*Avena Nuda L.*)。

对于中国境内发现的麦类作物的来源,学术界有"外来说"和"本地说"两种意见。通过比较国内外的考古发现及其研究成果,本文认为,中国境内所见的早期麦类作物在空间分布、绝对年代和作物种属等方面并不具备本土起源的条件,它们很可能是在公元前3千年前后随着东西方之间文化交流的加强,首先从中亚一带辗转传入中国西北的新疆和甘青等地,约公元前二千纪前半叶传入中原内地。

本文所指的麦类作物包括如下几类:小麦族(*Triticeae dumort.*)中的小麦属(*Triticum L.*);大麦属中的栽培大麦种(*Hordeum vulgare*);黑麦属(*Secale L.*)以及

燕麦族的燕麦属(Avena)。

早在20世纪40年代末至50年代,就有报道在中国河南、山西和安徽等地曾发现史前时期的小麦,但对其真实性一直存有争议。第一,据安志敏先生介绍,在山西保德县王家湾遗址发现一块史前时期的陶片,上有谷粒及麦芒印迹,其形状颇似麦粒[1]。第二,1955年春,在发掘安徽亳县钓鱼台遗址时,在遗址南坡位置发现一处椭圆形红烧土台,在土台西侧发现有陶鬲和罐、碗、盘等器皿。其中,在陶鬲内盛放重约900克的小麦。因在遗址中出土有山东龙山文化的黑陶,因此,这批小麦的时代被定在新石器时代晚期。后来,这一发现在学术界,特别是农学界影响很大[2]。我国著名的小麦育种专家金善宝先生曾专门研究了钓鱼台遗址出土的炭化小麦粒,他认为,这些小麦属于古小麦的一种。鉴于最初的发掘报告认为这批小麦属于新石器的龙山时代,金先生据此推测,早在四千多年前,我国淮北平原已开始栽培小麦[3]。但是到了1963年,杨建芳先生撰文指出,钓鱼台遗址所出装有小麦的陶鬲形态接近西周时期,共存的陶罐也与殷周时期器物相似,因此,这些遗存应属西周时期,陶鬲内的小麦也应为西周遗留的粮食作物[4]。后来的碳十四检测结果证实,钓鱼台出土的小麦年代分别为距今2 440±90年和距今2 370±90年,属于春秋时期[5]。第三,还有学者提到,1957年在河南陕县东关庙底沟遗址出土的红烧土上发现有麦粒的印痕,但至今我们尚未找到相关的考古记录[6]。

壹、早期麦类作物的考古发现

以下是我们根据目前掌握的资料,对中国境内考古发现的早期麦类作物[7]按

---

[1] 安志敏:《中国史前时期之农业》,《燕京社会科学》,1949年2卷,36~58页。
[2] 安徽省博物馆:《安徽新石器时代遗址的调查》,《考古学报》,1957年1期,21~30页。
[3] 金善宝:《淮北平原的新石器时代小麦》,《作物学报》,1962年1期,67~72页。
[4] 杨建芳:《安徽钓鱼台出土小麦年代商榷》,《考古》,1963年11期,630~631页。
[5] 中国社会科学院考古研究所实验室:《放射性碳素测定年代报告(三)》,《考古》,1974年5期,333~38页;夏鼐:《碳-14测定年代和中国史前考古学》,《考古》,1977年4期,217~232页。
[6] 此材料李璠先生曾引用,见《生物史》(第五分册),科学出版社,1979年,19页,注①。
[7] 这里的"早期"是指绝对年代在公元前1千年前后及以远。

空间区域做一简要介绍。

一、新疆地区

新疆是我国目前所知考古发现早期麦类作物最多的地区。从空间看,发现有麦类作物的遗址多集中在新疆东部;另在轮台、和静等地也有发现。这些遗址的年代大多落在公元前二千纪范围内,个别遗址可以早到公元前2000年前后。

(一) 古墓沟墓地

地点位于塔里木盆地东缘巴音郭楞蒙古族自治州、罗布泊西北部、孔雀河下游北岸第二台地的沙丘上,地理坐标为E88°55′21″,N40°40′35″。1979年11~12月,新疆社会科学院考古研究所正式发掘了这处墓地,共清理墓葬42座。这里的墓葬一般随葬1件草编小篓,有的草篓内放有小麦,数量从10余粒至百余粒不等;有的小篓内还装有白色糊状物品,发掘者估计它们应是当时人们加工的谷类食物遗留[1]。

经碳十四检测,古墓沟墓地的绝对年代为距今4 000~3 800年[2]。

(二) 小河墓地

地点位于新疆罗布泊、孔雀河下游河谷南约60公里的沙漠内,地理坐标为E88°40′20.3″,N40°20′11″,海拔高823米。这处遗址于20世纪初为罗布猎人发现。1934年,瑞典学者博格曼(Folke Bergman)曾到该址调查,发掘墓葬12座,并命名为"小河五号墓地"[3]。2002~2004年,新疆文物考古研究所对该墓地进行正式发

---

[1] 王炳华:《孔雀河古墓沟发掘及其初步研究》,《新疆社会科学》,1983年1期,117~127页。
[2] 古墓沟的碳十四年代数据有如下一批,第38号墓棺木:3 660±80(树轮校正3 980年),毛毯:3 480±100(树轮校正3 765年),羊皮:3 615±170(树轮校正3 925年);第4号墓棺木:3 525±70(树轮校正3 925年)(以上北京大学年代学实验室)第12号墓木葬具:4 260±80(树轮校正4 730±135年)(以上国家文物局实验室)另在铁板河(孔雀河入罗布泊一河道)发现一具古尸,尸体上覆盖的山羊皮:3 580±70(树轮校正3 880±95年)(以上社科院考古研究所)
[3] Folke Bergman (1939). Archaeological Researches in Sinkiang Especially the Lop. Nor Region, Stockholm.

掘,在有些墓内发现小麦籽粒和粟粒等谷物。其中,小麦籽粒有的撒在墓主身下或身上;有的放在墓内随葬的木雕人像下面;还有的缝在墓主身着的毛织斗篷兜内(M2∶18、Mc∶1)。在小河墓地的发掘简报中,未对这些小麦的形态进行介绍,其种属估计与古墓沟墓地所出小麦类似。

小河墓地的绝对年代估计与古墓沟墓地接近[1]。

(三) 五堡墓地

地点位于新疆哈密市以西约 70 公里的戈壁荒漠中,海拔高 525 米。新疆文物考古研究所于 1978 年、1986 年和 1991 年分别对该墓地进行了三次发掘,共清理古墓 114 座。

五堡墓地有些墓葬开口用农作物的茎秆覆盖,其中包括有一些成熟的大麦穗植株,有些麦穗的大麦籽粒保存完好,颗粒丰满。1978 年首次发掘时,在有的墓内还发现有用小米制作的饼和青稞(大麦)穗壳[2]。1991 年发掘了 2 座墓。其中,在第 151 号墓的盖木和墓穴间缝隙处填充有谷物茎秆;在第 152 号墓的盖木上铺有一层大麦草。在墓内填土中发现有大麦穗、谷穗等农作物遗留[3]。

碳十四检测,五堡墓地的绝对年代为距今 3 200~2 960 年[4]。

(四) 兰州湾子遗址

地点位于新疆巴里坤哈萨克自治县兰州湾子村西南约 5 公里。地理坐标为 E92°57′58″,N43°34′08″,海拔高 1 808 米。1984 年,新疆社会科学院考古研究所东

---

[1] 新疆文物考古研究所:《2002 年小河墓地考古调查与发掘报告》,《新疆文物》,2003 年 2 期,8~64 页。
[2] 新疆维吾尔自治区博物馆、新疆社会科学院考古研究所:《建国以来新疆考古的主要收获》,《文物考古工作三十年(1949~1979)》,文物出版社,1979 年,172 页。
[3] 新疆文物考古研究所:《新疆哈密五堡墓地 151、152 号墓葬》,《新疆文物》,1992 年 3 期,1~10 页。
[4] 五堡墓地的碳十四年代数据有如下一批,检测号:78HWM4,距今 2 960±115 年;检测号:78HWM19,距今 3 265±140 年;检测号:78HWM26,距今 3 280±150 年;检测号:78HWM101,距今 3 300±150 年(以上国家文物局文物保护研究所实验室)。检测号:91HWM151,距今 2 810±70 年;检测号:78HWM152,距今 3 570±70 年(以上北京大学年代学实验室)。

疆考古队对该址进行了发掘,清理出 1 座巨石结构的大型房屋建筑。这座房屋的结构分主室、附室两部分,墙壁用巨大的卵石垒砌,保留下来的残墙体高约 2 米、厚达 3 米,总面积近 200 平方米。仅南侧的主室面积就有 100 平方米。在发掘时曾出土了若干炭化小麦粒,其形态和种属不详。

经检测遗址地层出土的木炭,兰州湾子遗址的绝对年代为距今 3 285 ± 75 年[1]。

(五) 盐池古城

地点位于新疆伊吾县盐池乡东南 1.5 公里处,地理坐标为 E94°18′27″,N43°18′52″,海拔高 1 958 米。古城平面呈方形,四周用卵石垒砌出城墙,墙体厚 1 米,总面积 6 400 平方米。在古城南部清理出一座平面作长方形的房屋建筑(编号 B),保存尚好,面积近 100 平方米(16×6 米)。在此房屋西墙部位有个洞,洞内出有小陶罐 1 件,罐内放有炭化(原文为"烧焦")麦粒若干。另在房内的东北部发现一些白色面粉[2]痕迹。

据发掘者报道,盐池古城所出陶罐与木垒哈萨克族自治县四道沟遗址所出早期陶釜的形态接近,二者有可能属同一文化或时代相近的文化遗留,年代估计相当于中原地区的商末周初时期[3]。

(六) 土墩遗址

地点位于新疆天山北麓巴里坤哈萨克自治县东南约 20 公里的石人子乡。新疆的考古工作者曾先后两次调查该址。1959 年还做过一次小规模试掘。在该址土墩中部文化堆积内出土了不少炭化的麦粒,形态保存较好,籽粒饱满,颗粒较大。

---

[1] 王炳华等:《巴里坤县兰州湾子三千年前石构建筑遗址》,《中国考古学年鉴(1985)》,文物出版社,1985 年,255~256 页;《哈密文物志》编辑组:《兰州湾子石结构建筑遗址》,《哈密文物志》,新疆人民出版社,1993 年,22 页。
[2] 原文如此。
[3] 《哈密文物志》编辑组:《盐池古城》,《哈密文物志》,新疆人民出版社,1993 年,65 页。

石人子乡土墩遗址的文化面貌与哈密五堡墓地相同。经碳十四检测,该址的绝对年代为距今 2 800 年[1]。

(七) 群巴克一号墓地

地点位于新疆轮台县西北约 18 公里的群巴克乡。在该墓地三号墓封土中发现有麦草,其间还夹杂有小麦穗和小麦籽粒。经检测,这些麦穗最大者残长 3 厘米,麦粒长 0.6 厘米,与现代新疆种植小麦的麦穗、麦粒大小、形态基本一致。另在一号墓内还发现有谷糠一类的农作物遗留。

群巴克墓地共检测出 3 个碳十四数据,经树轮校正,绝对年代大致在公元前 955~前 680 年,相当于中原地区的西周至春秋早期[2]。

(八) 察吾呼沟一号墓地

20 世纪 80 年代,新疆文物考古研究所等单位在和静县先后发掘了 5 座墓地。其中,一号墓地位于哈尔莫墩乡觉伦图尔根村 10 组以北约 2 公里的半荒漠戈壁内,墓葬总数近 700 座。1983 年、1984 年、1986~1988 年,新疆文物考古研究所、中国社会科学院考古研究所曾数次发掘该墓地。在一号墓地清理墓葬 240 座。其中,有不少随葬陶器装有粮食,种类包括大麦、小麦和粟米等。有些陶器内还放置有块状或粉状物,呈褐色,经定性分析,这些块状或粉状物含少量植物淀粉,经培养和对比观察分析,其成分应为小麦、大麦和小米的淀粉颗粒[3]。

经碳十四检测,察吾呼沟 1 号墓地的绝对年代为距今 2 800~3 100 年[4]。

---

[1] 吴震:《新疆东部的几处新石器时代遗址》,《考古》,1964 年 7 期,333~41 页。
[2] 中国社会科学院考古所新疆队、新疆巴音郭楞蒙古自治州文管所:《新疆轮台群巴克古墓葬第一次发掘简报》,《考古》,1987 年 11 期,987~96 页。
[3] 于喜凤:《察吾呼文化墓葬出土陶容器内残存食物的研究鉴定》,新疆文物考古研究所编著:《新疆察吾呼——大型氏族墓地发掘报告:附录二》,东方出版社,1999 年,413 页。
[4] 新疆文物考古研究所编著:《新疆察吾呼——大型氏族墓地发掘报告》,东方出版社,1999 年。

(九) 鄯善洋海墓地

地点位于新疆鄯善县吐峪沟乡火焰山南麓的荒漠戈壁上,地理坐标为 E89°39′~40′,N42°48′~49′。1988 年、2003 年,新疆文物考古研究所对洋海墓地进行了抢救发掘。在出土的随葬品中发现一些植物遗存,包括麦子和粟等,但有关资料至今尚未正式报道,有关小麦的鉴定工作也未进行。

洋海墓地的年代上限大致在公元前 1000 年上下[1]。

(十) 扎洪鲁克墓地

地点位于新疆且末县托格拉克勒克乡扎洪鲁克村南的台地上,地理坐标为 E85°28′29″,N38°07′16″,海拔高 1 270 米。1985 年、1989 年,新疆文物考古研究所曾两次进行发掘。1992 年,在该墓地出土一些农作物籽粒,包括粟和小麦等。另在墓中出土的羊毛口袋内发现有可能是用粟米制作的圆饼和圆棍状食物。与麦类作物有关的遗存未见进一步报道。

该墓地的年代上限可达公元前 1000 年。经检测的 5 个碳十四标本年代为距今 3 200~2 700 年之间[2]。

二、甘(肃)青(海)地区

(一) 东灰山遗址

地点位于甘肃民乐县城以北约 27 公里、六坝乡西北 2.5 公里的荒滩上,地理坐标为 E100°44′56.3″,N38°39′35.5″[3],海拔高 1 770 米。遗址为一灰沙土累积形

---

[1] 邢开鼎:《鄯善县洋海古墓葬》,《中国考古学年鉴(1989)》,文物出版社,1990 年,274 页;新疆文物考古研究所、吐鲁番地区文物局:《吐鲁番考古新收获——鄯善县洋海墓地发掘简报》,《吐鲁番研究》,2004 年 1 期,1~66 页。
[2] 巴州文管所:《且末扎洪鲁克古墓葬 1989 年清理简报》,《新疆文物》,1992 年 2 期,1~14 页。
[3] 这是 2005 年 8 月我们考察东灰山遗址时用 GPS 检测的新数据。吉林大学在发掘报告中发表的数据是 E100°46′,N38°41′,特此说明。

成的椭圆形土丘,当地人称"灰山子"。呈东北—西南走向,灰堆高出周围地表5~6米,总面积约24 000平方米(600×400米)。1973年,当地兴修水利,在土丘东侧开挖了一条宽3~6米的水渠,自南而北贯穿遗址东侧,对墓地造成严重破坏。

东灰山遗址最初发现于1958年[1]。此后,陆续有多次调查,除采集到大量文化遗物外,也曾多次发现农作物遗存。具体包括如下:

1. 1975年,张掖地区文化处复查东灰山遗址,在水渠两侧断面上发现少量炭化小麦粒[2]。

2. 1985年7月,中国科学院遗传研究所李璠等赴甘肃河西走廊进行农林生态考察。获悉东灰山遗址发现有炭化小麦,遂前往。在遗址内坑道(即水渠)剖面采集炭化小麦21粒[3]。

3. 1986年8~9月,李璠等再次前往东灰山遗址,调查并采集一批文化遗物(包括石器、陶器、骨器、木炭等),在遗址内坑道(即水渠)剖面2处黑色炭土层内再次采集到炭化麦、粟、稷等谷物和动物烧骨[4]。

4. 1986年10月,北京大学考古学系、甘肃省文物考古研究所在河西走廊进行史前考古调查,在调查东灰山遗址时采集到一大批文化遗物,未发现炭化小麦踪迹[5]。

5. 1987年5~6月,吉林大学考古学系在东灰山遗址进行发掘,全面发掘了遗址墓葬区,清理四坝文化墓葬249座。另在水渠以东挖掘探沟一条。在发掘过程中,在水渠断面上采集一批炭化小麦籽粒(2.5 mm试管1管)[6]。

---

[1] 宁笃学:《民乐县发现的二处四坝文化遗址》,《文物》,1960年1期,74~75页。
[2] 李璠等:《甘肃省民乐县东灰山新石器遗址古农业遗存新发现》,《农业考古》,1989年1期,56~69页。
[3] 同注[2],56页。
[4] 同注[2],57页。
[5] 甘肃省文物考古研究所、北京大学考古文博学院:《河西走廊史前考古调查报告》,文物出版社,2011年。
[6] 甘肃省文物考古研究所、吉林大学北方考古研究室等编著:《民乐东灰山考古——四坝文化墓地的揭示与研究》,科学出版社,1998年。

6. 1989年9月,中国西北部干旱地区全新世环境演变与人类文明兴衰研究组前往河西走廊进行古环境变迁、沉积环境与沉积区特征及人类活动状况考察,在东灰山遗址调查时,在4个土样中筛选出炭化小麦10粒,炭化粟、稷9粒[1]。

迄今为止,东灰山遗址的碳十四年代检测共4例:

（1）李璠等于1986年在东灰山遗址采集土样并交送中国科学院地理研究所碳十四实验室检测,检测结果为距今4 356±105年(半衰期5 568年)和4 484±108年(半衰期5 730年),树轮校正值为距今5 000±159年。

（2）甘肃省文物考古研究所和吉林大学考古系于1987年在该址取样2份,一例(87TG②采集木炭)送交国家文物局文物保护科学技术研究所检测,结果为距今3 490±100年,树轮校正为距今3 770±145年。另一例(炭化小麦)送交北京大学中子加速器(AMS)实验室检测,结果为公元前2280±250年(未校正)。

（3）中国科学院地理所王一曼等于1989年在该址采集炭化枝杆送交北京大学考古系年代学实验室检测,年代为距今4 740±150(树轮校正值)。

前不久,我们委托北京大学考古系吴小红博士对上述年代数据重新作了拟合,结果如下:

1. 1986年中国科学院地理研究所碳十四实验室检测样本的年代跨度为公元前3400~前2650年;

2. 1987年吉林大学与甘肃省文物考古研究所两个样本的年代跨度分别为:公元前3400~前1900年(炭化小麦籽粒),公元前1940~前1440年(87TG②采集木炭);

3. 1989年中国科学院地理所王一曼所取样本的年代跨度为公元前2900~前2200年(以上均经树轮校正)。根据上述拟合结果,东灰山遗址小麦的年代范围上限在公元前3000~前2500年,下限为公元前二千纪上半叶。

目前,学术界对东灰山遗址的小麦年代还有分歧。这或许与东灰山遗址的堆积成因有关,有关这方面的问题我们已有专文讨论[2]。

---

[1] 王一曼:《东灰山遗址的环境意义与河西走廊史前文化兴衰》,尹泽生、杨逸畴、王守春主编:《西北干旱地区全新世环境变迁与人类文明兴衰》,地质出版社,1992年,98~109页。
[2] 李水城、莫多闻:《东灰山遗址炭化小麦年代考》,《考古与文物》,2004年6期,51~60页。

（二）诺木洪遗址

地点位于青海省柴达木盆地南部、都兰县原诺木洪农场区域内。1959 年，中国科学院考古研究所曾在该址进行发掘，在第 16 号探方第 4 文化层发现麦类作物，但在后来发表的考古报告中，对这一发现仅一笔带过。今日对这批小麦的形态及种属问题都还不清楚[1]。

诺木洪遗址的年代估计在公元前 1000 年左右[2]。

（三）丰台遗址

地点位于青海省东部互助县城西北约 3 公里的丰台村。遗址坐落在湟水支流沙塘川河谷的西坡，海拔高约 2 500 米，面积数万平方米。2001 年夏，中国社会科学院考古研究所等单位对该址进行了小规模发掘，采用浮选技术获取植物籽粒 2 302 粒，其中谷物 1 609 粒，包括炭化大麦（*Hordeum vulgare*）、小麦（*Triticum aestivum*）和粟（*Setaria italica*）等。

目前，丰台该址的绝对年代尚不清楚。该址的文化性质属于卡约文化，该文化的年代跨度较大，上限大致在公元前二千纪中叶，下限达公元前一千纪中叶，甚至有学者认为该文化晚期已进入西汉纪年范围。这里我们暂且将丰台遗址的年代估计在公元前 1 千年上下。

三、陕西与河南

（一）赵家来遗址

地点位于陕西省武功县漆水河东岸第一台地上。1981～1982 年，中国社会科

---

[1] 青海省文管会、考古所青海队：《青海都兰县诺木洪搭里他里哈遗址调查与试掘》，《考古学报》，1963 年 1 期，17~44 页；赵信：《青海诺木洪文化农业小议》，《农业考古》，1986 年 1 期，86 页。

[2] 诺木洪文化的年代被定在公元前 1000 年左右（根据该址第 5 层出土毛布检测结果）。实际上该址的文化堆积和内涵应有早晚之别。估计该址最早的地层（即第 6~7 层）有可能早到公元前 1500 年。

学院考古研究所发掘了该址。在发掘到第 11 号房屋基址时,在一块草拌泥墙皮中发现植物茎秆印痕[1]。后来,参加发掘的黄石林将这些有植物印痕的墙皮送交西北植物研究所鲁德全鉴定,结果为:"墙土中的印痕,具有纵沟,沟痕较深,纹理较硬直而又较粗,与小麦秆对比观察,纹痕很相似,此系小麦秆印痕。"与此同时,黄石林还将同类样本送交陕西省农业科学院粮食作物研究所谢庆观、周瑞华,二人鉴定结果为:"墙土中掺合的禾秆为麦秆草。"[2]赵家来遗址 11 号房屋平面呈凸字形,半窑洞式结构,保存良好,室内墙壁和居住面均涂抹草拌泥和白灰面,面积 14.17 平方米。

赵家来遗址属于龙山时代的客省庄文化,绝对年代距今 4 400~4 000 年。

(二) 王家嘴遗址

地点位于陕西扶风县城南 13 公里的王家村台地嘴子上。2001 年,陕西省考古研究所、中国社会科学院考古研究所、北京大学联合发掘该址。在发掘中采用浮选技术获得各类炭化植物种籽 12 000 余粒,其中各类谷物达 6 978 粒,占获取植物种籽的 56%,初步鉴定有粟、黍、小麦、稻和大豆。上述标本以粟为数最多,达 6 437 粒,占总量的 92%;炭化黍 256 粒,占总量的 4%;炭化大豆 159 粒,占总量的 2.3%;炭化小麦 121 粒,仅占总量的 1.7%;另有炭化稻米 5 粒[3]。

王家嘴所出炭化小麦的年代为先周时期,绝对年代距今 3 200 年。

据中国社会科学院考古研究所赵志军介绍,上述炭化小麦中有 1 粒出自龙山文化层,并推断当地在龙山时代(客省庄文化)已开始种植小麦。但从该址堆积看,在龙山地层之上直接叠压先周文化层,因此也不排除这粒小麦有晚期混入的可能。

(三) 皂角树遗址

地点位于洛阳南郊关林镇皂角树村北,地理坐标为 E112°35′,N34°33′,海拔高

---

[1] 中国社会科学院考研究所编著:《武功发掘报告——浒西庄与赵家来遗址》,文物出版社,1988 年。
[2] 黄石林:《陕西龙山文化遗址出土小麦(秆)》,《农业考古》,1991 年 1 期,118 页。
[3] 周原考古队:《周原遗址(王家嘴地点)尝试性浮选的结果及初步分析》,《文物》,2004 年 10 期,89~96 页。

142 米。1992~1993 年,洛阳市文物工作队对该址进行发掘,使用浮选技术在 7 个单位(H42、H47、H48、H61、H90、H94、H108)的 16 个样品中发现农作物遗存,包括炭化小麦和个别炭化大麦。另在其他样品中还发现有炭化粟、黍、大豆等栽培作物。

皂角树遗址属于二里头文化。碳十四检测绝对年代为 3 660±150 年[1]。

(四)安阳殷墟

安阳殷墟为商代晚期都城。自 20 世纪 30 年代起,考古学家曾多次在殷墟发掘。后在商代晚期的地层中发现炭化小麦籽粒[2]。目前,有关资料尚未正式刊布,对这批小麦的形态和种属亦缺乏了解。

四、西藏昌果沟遗址

地点位于西藏山南地区贡嘎县昌果乡的昌果沟,此地位于雅鲁藏布江北岸,沟长约 13 公里,沟内有一条小溪流向雅鲁藏布江。1991 年 9 月,西藏文物普查队在山南地区进行考古调查,在沟内距江边约 3 公里的沙滩上发现一处新石器时代遗址,遗址所在地海拔高 3 570 米[3]。1994 年 7 月,西藏自治区联合考古队对该址进行发掘,在遗址内清理出一座大型灰坑(编号 H2)[4],中国社会科学院考古研究所科技实验研究中心对 H2 采集木炭样本进行检测,其绝对年代为公元前 1370 年(树轮校正值)[5]。

1994 年 9 月,西南农业大学傅大雄在西藏进行作物种质资源考察。他在昌果沟

---

[1] 洛阳市文物工作队编:《洛阳皂角树:1992~1993 年洛阳皂角树二里头文化聚落遗址发掘报告》,科学出版社,2002 年。

[2] 标本藏于中国社会科学院安阳殷墟工作站标本陈列室。

[3] 何强:《西藏贡嘎县昌果沟遗址新石器时代遗存调查报告》,《西藏考古》第 1 辑,四川大学出版社,1994 年,1~28 页。

[4] 1994 年联合考古队发掘资料至今尚未刊布。

[5] 中国社会科学院考古研究所:《放射性碳素测定年代报告(二三)》,《考古》,1996 年 7 期,66 页。

遗址 H2 底部坑壁的烧灰和地表堆放的灰土（应系 H2 内的堆积）中发现一批古青稞炭化籽粒[1]。1995 年 6 月，傅大雄再次来到昌果沟，并再次在 H2 灰土中采集到一批古作物标本。包括碎果核，颗粒较大的似麦类作物、籽粒细小的似粟类作物及少量难于识别的作物籽粒。前后两次在该址共获得炭化似麦类籽粒约 3 000 粒及炭化青稞茎节残块等。经初步鉴定，上述作物以青稞和粟米为主，另有个别炭化小麦粒[2]。

以上是截至目前中国境内考古发现的早期麦类作物的全部信息（见图一和表一）[3]。需要指出的是，上述情况很可能仅反映了历史实际的冰山一角。据我们所知，上述遗存中，除了河南洛阳皂角树、陕西岐山王家嘴、青海互助丰台遗址采用了浮选技术外，其他遗址的小麦籽粒基本是考古学家凭借肉眼发现的。当然，也有

图一　中国境内考古所见出土早期麦类的遗址点

---

[1] 傅大雄等：《雅鲁藏布江中部流域发现古青稞（*Hordeum vulgare L. var. nudum*）炭化粒》，《西南农业大学学报》，1994 年 6 期，576 页。
[2] 傅大雄：《西藏昌果沟遗址新石器时代农作物遗存的发现、鉴定与研究》，《考古》，2001 年 3 期，66~74 页。
[3] 截止于 2005 年 3 月正式发表的考古资料，特此说明。

些地点由于气候和埋藏环境特殊而保留下来,如新疆罗布泊古墓沟墓地和小河墓地的小麦籽粒是在极度干旱的气候下得以保存。可以想见,假若我们在考古发掘中更多地采用浮选技术,类似发现将远不止于此。

表一 考古所见早期麦类作物一览

省区	遗址点	麦类作物遗存				年代（距今年代）	备注
		小麦	大麦	黑麦	燕麦		
新疆	古墓沟	√				3 800~4 000 年	
	小河	√				4 000 年或略早	有粟粒
	五堡		√			2 960~3 200 年	有谷穗
	兰州湾子	√				3 285±75 年	
	盐池古城	√				3 000 年左右	发现面粉?
	石人子乡	√				2 800 年	
	群巴克	√				2 680~3 000 年	有谷糠
	察吾呼沟	√	√			2 800~3 100 年	有粟(小米)
	洋海墓地	√?				3 000 年前后	有粟
	扎洪鲁克	√?				3 000 年左右	有粟米食物
甘肃	东灰山	√	√	√		4 500~5 000 年	有粟、稷等
	火烧沟					3 950~3 550 年	有粟?
青海	诺木洪	√				3 000~3 500 年	
	丰台	√	√		√	2 800 年?	有粟
陕西	赵家来	√?				4 400~4 000 年	有粟
	王家嘴	√				3 200 年前后	有粟、黍
河南	皂角树	√	√?			3 660±150 年	有粟、黍、大豆
	殷墟	√				3 300~3 100 年	
西藏	昌果沟	√	√		√?	3 370 年	有粟

注：本表内麦类作物的鉴定只是初步的,有些并未经专业人员进行科学鉴定分析。其中,带?号者表示尚有存疑,特此说明。

另一点是，除了上述发现有麦类作物实物的遗址外，还有一些不为人们所注意，但又与麦类种植相关的其他发现。如 20 世纪 80 年代末至 90 年代，在新疆哈密市天山北路（即林雅墓地）发掘了一处大型氏族墓地，根据该址出土的某些文物，估计当时人们曾栽培麦类作物。其证据是，该墓地有些陶器上刻划有类似"松枝"的花纹图案，此类纹样多刻在陶罐颈腹部，此类图案很像是对麦类作物的摹写（图二）。

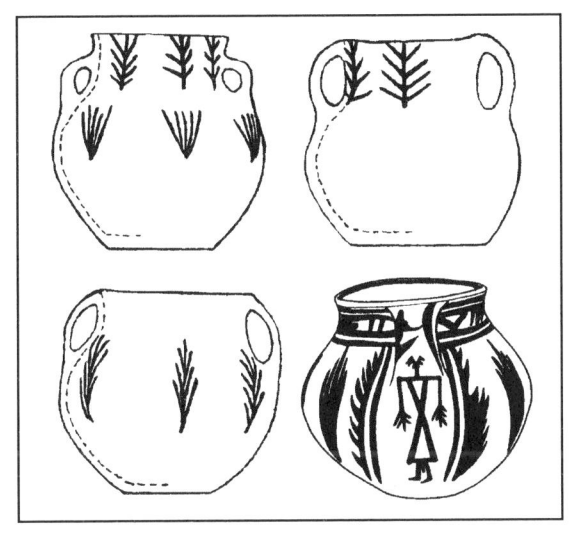

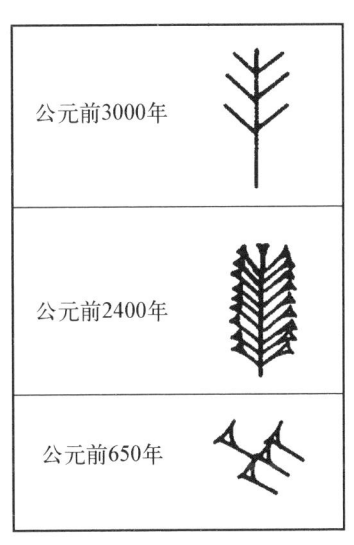

图二　哈密天山北路墓地出土绘画麦类作物的陶器　　图三　两河流域泥版文书中的"大麦"文字及其演变形态

同类纹样也曾见于近东。如美索不达米亚出土公元前 3000 年的泥版文书中，"大麦"（谷物）一字采用的是类似纹样。公元前 2400 年，"大麦"的楔形文字仍在延续这样的图形；随着文字的演进，到了公元前 650 年，这个字才逐渐变得抽象起来（图三）。

贰、考古发现的麦类作物种属研究

在上述考古发现中，仅有少数遗址所出的麦类作物送交有关专家作过种属方面的鉴定,结果如下。

(一) 小麦类

1. 东灰山小麦

李璠认为,甘肃民乐东灰山遗址所出炭化小麦可分为大粒型、普通型和小粒型三类。他认为:① 大粒型。粒长5.70毫米,粒宽3.75毫米,厚与宽接近,形状为椭圆形或卵圆形,炭化籽粒多数形态完整,胚部与腹沟都清晰可辨,籽粒尾端圆,可推断这种炭化小麦属于普通栽培小麦中的大穗大粒型。② 普通型。数量较多,粒长4.90毫米,宽3.35毫米,厚接近宽,籽粒形状为短圆形或卵圆形,籽粒尾端圆,籽粒大都形态完整,胚部与腹部也都清楚,籽粒尾端圆。可以推断这种炭化小麦是当时栽培较广的一种普通小麦。③ 小粒型。粒长4.05毫米,宽2.95毫米,厚与宽接近,籽粒形状短圆形或卵圆形,胚部与腹沟都清楚可辨,可以推断其为密穗小麦中的小粒型。从上述炭化小麦籽粒的测量结果可知,炭化小麦籽粒形状大都为短圆形,与普通栽培小麦粒形十分相似,属于普通小麦(*Triticum aestivum*),而其中小粒型炭化小麦籽粒则可能是密穗小麦(*Triticum compactum*)。

2001年5月,为进一步了解东灰山小麦的种属,我们曾委托以色列魏兹曼科学院结构生物学系的斯迪夫·威纳(Stephen Weiner)教授将几粒东灰山遗址所出炭化小麦带往以色列,请该研究所的古植物学家帮助鉴定。后经魏兹曼科学院的植物学家莫德恰依·基斯列夫(Mordechai Kislev)教授鉴定认为:"这些(东灰山)炭化麦粒很像是球粒小麦属(*Triticum sphaerococcum*)的籽粒。"[1]同年8月,斯迪夫教授来函告知,魏兹曼科学院费尔德曼(Feldman)教授在一篇文章中提到,"球粒小麦是一种六倍体(hexaploid form)小麦。这种小麦是从普通小麦(*T. aestivum*)单一突变而来,现今主要栽培在印度和巴基斯坦一带。他还提到,距今五千纪以来,

---

[1] *Triticum Sphaerococcum* means Sphere-seed wheat(球粒小麦)。球粒小麦可能就是圆粒小麦,一般指印度圆粒小麦,英文称印度矮小麦(India short wheat, India dwarf wheat)或印度硬小麦(India hard wheat),学名为 *Triticum sphaerococcum*。这是六倍体 AABBDD 小麦的一个驯化种,大类属于 *T. aestivum*,即一般所说的面包小麦(bread wheat)或普通小麦。

球粒小麦就存在于印度,但却从未在我们这个地区(指以色列所在的地中海东岸)发现过"。[1]

2. 古墓沟小麦

由于罗布泊地区气候异常干燥,新疆古墓沟遗址所出小麦保存非常完整,特别是麦胚保存良好,麦粒顶端毛簇仍清晰可辨。这些小麦籽粒不大,呈深褐色,但已不是很饱满。经四川省农学院颜济教授鉴定认为,古墓沟小麦的形态与现代普通小麦无异,应属于典型普通小麦。另有一些麦粒形态特征与普通小麦相似,但其背部紧接胚处有驼峰状隆起,当为圆锥小麦[2]。

3. 丰台小麦

青海互助丰台遗址仅发现 46 粒小麦籽粒,占所获谷物总量的 3%。据赵志军观察,这些小麦形态特征基本一致,麦粒作圆柱状,背部隆起,腹部较鼓,腹沟很深,但尺寸较小,长和宽在 5 和 3 毫米左右。有关这批小麦的种属和类别等细节尚有待植物学家进一步鉴定。

4. 王家嘴小麦

陕西岐山王家嘴遗址共发现炭化小麦 121 粒,占该址所出谷物总量的 1.7%。这些小麦断面呈圆柱状,背部隆起,腹沟很深。赵志军随机抽取了 20 粒进行检测,结果显示,王家嘴小麦籽粒长和宽的平均值分别为 3.39 毫米和 2.61 毫米,与现代

---

[1] 附:斯迪夫教授来信原文: Prof. Feldman at our Institute is the best person for me to address your question to. He however is on holiday right now. I did look up in a chapter he recently wrote and found that *T. Sphaerococcum* is a hexaploid form and it originated from *T. aestivum* by a single mutation. *T. Sphaerococcum* is nowadays cultivated mainly in India and Pakistan and is know to have been in India since the 5th Millenium BP. It has never been found in our region。

[2] 王炳华:《新疆农业考古概述》,《农业考古》,1983 年 1 期,102~121 页。圆锥小麦(*Triticum turgidum*),属于四倍体小麦 AABB(*T. turgidum*),由驯化种栽培二粒小麦(*T. turgidum var. dicoccum*)伴生出来的驯化种小麦。其差别在于,栽培的二粒小麦有稃,不易脱粒;圆锥小麦为裸粒,易脱粒。

小麦籽粒相比,尺寸略小。有关这批小麦的种属和类别还需植物学家进一步鉴定。

5. 皂角树小麦

发掘者指出,该址所出小麦籽粒呈矩圆形至卵形,腹面较平,中央可见自顶端至基部的一条纵沟,背面较腹面拱凸,基部胚区呈半圆形凹缺,长约0.88毫米、宽约1.06毫米,未见籽粒顶端簇毛。根据粒形大小可分为4个类型[1](见表二),以矩圆形大粒者为多。经与现代小麦籽粒对比,在粒长、宽及厚度上,前者均小于后者。

表二　河南洛阳皂角树遗址炭化小麦的不同类型　　　　(单位:毫米)

籽粒类型	籽粒大小	长	宽	厚
矩圆形:上、下端近等宽	大粒	3.01~4.07	2.12~2.90	1.86~2.62
	小粒	2.60~2.74	1.45~1.56	1.20~1.24
卵形:下端宽,向上渐窄	大粒	2.82~3.98	1.67~2.03	1.38~1.73
	小粒	2.18~2.72	1.43~1.50	1.23~1.32

注:引自《洛阳皂角树》发掘报告图七

(二) 大麦类

1. 东灰山大麦

李璠介绍,东灰山遗址所出炭化大麦籽粒为纺锤形,形态完整饱满,两头尖,胚部与腹沟都很清楚。绝大多数为裸粒,粒长5.21、宽3.00毫米,厚与宽接近。他还认为,这些大麦与现代中国西北地区栽培的青稞大麦形状十分相似,应属于栽培型青稞麦($Hoedeum\ vulgare\ var.\ nudum$)。此外,他认为还有个别的带壳大麦(有些模糊不清),并推测可能是皮大麦[2]。

---

[1] 不知这种类型划分的标准是什么。
[2] 李璠等:《甘肃省民乐县东灰山新石器遗址古农业遗存新发现》,《农业考古》,1989年1期,60~61页。

2. 五堡大麦

据王炳华等介绍,哈密五堡墓地大麦出土时色泽较深,籽粒呈棕褐色。穗轴每个节上各有3个能结实的小穗,内外颖近等长,外颖背面为扁圆披针形,尖端延伸为单一长芒,颖果与稃体易分离,颖果稃面具纵沟,顶部茸毛仍十分明显。大麦穗长4.3(去芒)、宽1.0~1.2厘米。粒长0.6~0.62、宽0.21~0.23厘米。初步鉴定,五堡所出大麦属四棱裸大麦,经与现代哈密地区普遍栽培的品种进行比对,除麦穗较短外,其他各方面特征基本相似。在新疆其他地区,如乌鲁木齐、库尔勒、库车、莎车等地,现代栽培大麦也是四棱大麦,其形态与五堡古大麦接近。另外,通过扫描电镜对五堡大麦进行了微观形态学鉴定和对比观察,古大麦芒上的小刺和脉纹与现代大麦相似;外颖壳上的微观结构有乳头状突起,也与现代大麦相似;从籽粒断面看,古大麦与现代大麦的蛋白质颗粒均呈长卵圆形。上述情况说明,五堡古大麦与新疆现代栽培大麦的农家品种有较近的亲缘关系[1]。

3. 丰台大麦

青海互助丰台遗址出土大麦1 487粒,占所获谷物总量的92%。据赵志军介绍,这批大麦形态特征比较一致,麦粒一端或两端略尖,呈梭形,背部弓起呈浅弧状,腹部扁平,腹沟较浅。在尺寸上,大致分两类,较大的一类粒长5~7毫米,宽3~5毫米;较小的一类粒长和宽在4和2毫米左右。经显微观察,这批炭化大麦绝大多数为裸粒,仅个别附带残存内稃。赵志军认为,丰台大麦以裸大麦为主,属于青稞(*Hordeum ulgar*)。

4. 皂角树大麦

据原发掘报告介绍,河南洛阳皂角树遗址仅发现两粒大麦籽粒。一粒系带壳大麦,椭圆形,中间宽,向两端渐尖,扁片状,被解释为属于一未成熟的带壳颖果,长

---

[1] 王炳华等:《新疆哈密五堡古墓出土大麦的研究》,《农业考古》,1989年2期,70~73页。

5.86~7.01 毫米,宽 3.24~4.02 毫米。靠下部有纵肋纹,中上部有横皱,但腹面破碎,未见大麦粒腹沟。另一粒稍小,形态完整,也未见腹沟特点,因此,定名暂存疑,还有待再发现材料提供证据[1]。看来,皂角树遗址所出大麦的真实性还有待进一步确认。

5. 昌果沟大麦

西南农业大学傅大雄在西藏昌果沟遗址发现近 3 000 粒古炭化麦粒及炭化青稞茎节残块。据他介绍,这些炭化麦粒与青稞种子形态分类特征吻合,也与他本人选育的现代裸大麦品系及西藏青稞农家品种的种子完全相同。因此可以认定它们是青稞种子的炭化粒。傅大雄所提供的照片经四川农业大学徐廷文教授鉴定,亦认为是青稞[2]。

(三) 黑麦类

李璠介绍,在甘肃民乐东灰山遗址还发现有炭化黑麦。其形态细长,颗粒较小,与黑麦籽粒相似,很可能就是现在西北高寒地带分布的山黑麦(*Secale montanum*)原始种。[3]

(四) 燕麦类

1. 丰台燕麦

在青海互助丰台遗址共发现燕麦属(*Avena*)个体 102 粒。其籽粒形态呈细长棍状,长 4~5 毫米之间,腹面有纵向深腹沟[4]。

---

[1] 洛阳市文物工作队编:《洛阳皂角树:1992~1993 年洛阳皂角树二里头文化聚落遗址发掘报告》,科学出版社,2002 年。

[2] 傅大雄:《西藏昌果沟遗址新石器时代农作物遗存的发现、鉴定与研究》,《考古》,2001 年 3 期,66~74 页。

[3] 李璠等:《甘肃省民乐县东灰山新石器遗址古农业遗存新发现》,《农业考古》,1989 年 1 期,60~61 页。

[4] 中国社会科学院考古研究所、青海省文物考古研究所:《青海互助丰台卡约文化遗址浮选结果分析报告》,《考古与文物》,2004 年 2 期,85~91 页。

2. 昌果沟燕麦

在西藏昌果沟遗址发现的炭化作物遗存中有 1 粒已破碎的炭化粒种子,似为裸燕麦(*Avena. Nuda L.*),但具体还有待进一步鉴定[1]。

叁、中国境内麦类作物的来源

20 世纪 80 年代以前,由于缺乏相应的考古资料,涉及中国麦类作物来源的讨论并不很多,其讨论范围也大多限于农学界和遗传学界。1980 年以后,开始有考古工作者加入进来。经检索参与讨论的各方面学者意见,大致可归纳为"本土起源说"和"外来传入说"两种互相对立的观点。

1. 外来说

1964 年,竺可桢撰文论述了气候与农作物的关系。在谈到麦类作物时,他特别强调指出:"华北地区若无灌溉设施,小麦产量年年要受干旱的威胁……所以,若无灌溉设施,华北地区种麦是不适宜的。"[2]

1977 年,美国芝加哥大学的何炳棣对竺可桢的上述看法表示认同。他认为:"中国肯定不是小麦的故乡,因为这些谷物原产于西南亚冬季降雨地区,而中国北方的气候和降雨方式同西南亚和东地中海地区截然不同。甚至今天小麦在中国北方的许多地区生长还有困难,因为这些地区降雨量不均匀,尤其是经常出现春旱。"为强调这一点,他特别引述了著名植物学家哈兰(Halan, Jack. R.)和邹哈瑞(Daniel Zohary)的观点,"鉴于西方对小麦和大麦的科学和考古学研究,特别是近年来的研究已非常精深,中国农业史学家已无必要再来

---

[1] 傅大雄:《西藏昌果沟遗址新石器时代农作物遗存的发现、鉴定与研究》,《考古》,2001 年 3 期,66~74 页。
[2] 竺可桢:《论我国气候的几个特点及其与粮食作物生产的关系》,《地理学报》,1964 年 1 期,4~5 页。

检验这两种粮食作物的起源"[1]。此外,何炳棣教授还从汉字的造字结构及古文献两个方面进一步阐发了他的论点:公元前 1300 年以后,"麦"字才出现在商代甲骨文中,小麦在甲骨文中有两个称谓,大麦则一个没有。考虑到小麦是一种"奢侈"谷物,而大麦却不是。……许多谷物的中文名称都采用'禾'字作偏旁,但与此形成鲜明对照的是,小麦中文名"来""麵"(麦),大麦中文名"麰"(牟),它们在文字学上全都从"来"字派生,并以"来"作偏旁部首。再比如,谷子(粟)的起源在中国早期的许多诗歌中都有生动反映,但提到小麦的却只限于很少的几首诗,而且总是说这种粮食是天神所赐。可见小麦并不起源于中国北方。但造字的聪明人又不知其原产何地,只好说它来自天上,因此也就有了"来"这一偏旁部首。如此,何炳棣强调:可以有把握地说,大麦和小麦很可能是在公元前 2 千年期间一起被引入中国的。而且,小麦和大麦被引进中国的一千多年里,在北方的发展似乎并不迅速,直至公元初,小麦和大麦仍作为旱地作物在中国北方种植[2]。他的上述观点在西方学术界颇有影响[3]。

1980 年代以后,随着学术交流的加强,战后在近东的一系列重要考古发现被介绍进来,新的考古发现和研究显示,小麦和大麦均起源于近东地区,其年代最早可上溯至公元前 8000~9000 年[4]。

黄其煦曾对新石器时代黄河流域的农耕文化及作物品种进行了系统的讨论[5]。在谈到小麦时,他根据西方学者的研究提出几个值得注意的问题:1. 小麦属于多型性作物,其早期种类有一粒小麦(*Triticum monoccum*)、二粒小麦(*Triticum dicoccum*)和普通小麦(*Triticum aestivum*)。通过西亚地区的考古发现与实验研究,

---

[1] Halan, Jack R., Daniel Zohary. (1966), *Distribution of wild wheats and barleys*. Science 153: 1074-1080.

[2] 何炳棣:《中国农业的本土起源(续)》,马中译,《农业考古》,1985 年 2 期,72~80 页。

[3] Edwin G Pulleyblank (1996). Early Contacts Between Indo-European and Chinese. *International Review of Chinese Linguistic*(国际中国语言学评论)Vol. 1, No. 1, pp. 12~13. John Benjamins Publishing Co.

[4] 日知:《关于新石器革命》,北京大学、东北师范大学历史系世界古代史教研室编:《世界古代史论丛》(第一集),三联书店,1982 年,234~245 页。

[5] 黄其煦:《黄河流域新石器时代农耕文化中的作物(续)》,《农业考古》,1983 年 1 期,38~50 页。

一粒小麦和二粒小麦的起源问题已基本解决,年代可以早到距今1万年左右;2. 中国仅发现普通小麦,不见一粒小麦和二粒小麦;3. 若要证明中国是小麦的故乡之一,除考古方面的证据外,还必须找到二粒小麦和方穗山羊草。尽管以往曾在我国中原地区发现过山羊草,但绝无二粒小麦的线索;4. 欧洲的六倍体小麦(即普通小麦)也来自近东地区,而非中国[1]。

早在黄其煦之前,国内已有遗传学家介绍,通过实验和研究证明,普通小麦不存在野生祖本,它的出现应与二粒小麦和方穗山羊草的多次杂交有关[2]。这以后,考古学家安志敏也明确表示了"小麦原产于西亚,商周以来才输入中国"的观点[3]。

前些年,西南农学院的傅大雄在研究了西藏贡尕县昌果沟遗址发现的炭化大麦后提出,西藏高原在新石器时代中晚期是粟与麦的东、西方农业文明的汇合部,也是栽培植物的次生起源中心……根据西藏昌都卡若遗址的发现,在新石器时代中期,西藏高原有粟而无麦,证明西藏高原原本没有麦子,并非青稞起源地。到了新石器时代晚期,西藏高原才辗转接触到西亚的"麦"(青稞)作文明。到吐蕃文化以前,青稞成为西藏高原的传统农作物,而粟则逐渐濒于灭绝[4]。

前不久,中国社会科学院考古研究所冯时对古文字中的"来""麦"作了精辟的考辨。他指出,"甲骨文中'来'字具有归来的独特意义以及'麦'字的独特构形,甚至古代文献中有关麦与周民族种种联系的记载,或许正暗示着麦类作物西来的史实"。"而中国西部地区恰恰可以作为麦类作物由其初生起源地西亚东传的中间地带"[5]。

---

[1] 早年,达尔文曾引用德隆卡姆的意见,认为"史前有三个小麦新种或变种由中国的蒙古引入欧洲,导致欧洲普通小麦兴起"。这一看法曾不断被一些学者引用。后来随着在近东地区发现年代很早的驯化普通小麦,证明欧洲的普通小麦是从近东传入的。
[2] 刘祖洞、江绍慧:《遗传学》(下),人民教育出版社,1979年,32~34页。
[3] 安志敏:《中国的史前农业》,《考古学报》,1988年4期,375页。
[4] 傅大雄:《西藏昌果沟遗址新石器时代农作物遗存的发现、鉴定与研究》,《考古》,2001年3期,66~74页。
[5] 冯时:《商代麦作考》,南京师范大学文博系编:《东亚古物》(A卷),文物出版社,2004年,212~223页。

2. 本土说

然而,也有一些学者坚持,中国的某些地区应该是小麦的驯化起源地之一。我在本文篇首提到,我国著名农学家金善宝通过对安徽钓鱼台遗址出土炭化小麦的观察,认为它们属于一种古小麦,并推测在四千多年前,淮北平原已有小麦栽培。但这一说法由于钓鱼台遗址所出小麦在年代判断上的失误已没有进一步讨论的必要。

1975 年,有农学家根据野外调查资料指出:"小麦从国外传入我国的说法与事实不符,因为我国现代种植的小麦品种主要为普通小麦。在我国西南和西北高原至今仍生长一种具有典型野生性状的原始小麦,它们与我国现有的普通小麦起源有密切关系。"[1]

1979 年,科学出版社出版了《生物史》,此书第五分册中介绍,1953~1954 年,我国的科学工作者曾对全国地方小麦品种进行普查,收集小麦品种 3 万余份,初步整理出 6 千多个类型,分属 86 个变种。其中,普通小麦种类(包括拟密穗类型)在栽培小麦中占绝对多数,并较集中地分布在黄河流域。其次还有密穗小麦、圆锥小麦、硬粒小麦、波兰小麦和东方小麦等不同栽培种。它们分别分布在高寒山区或边远地区,数量只占少数。我国地方小麦品种或变种之多和资源的丰富,可以说明我国是栽培小麦起源的最大变异中心之一。此书的作者还指出,栽培小麦起源于野生小麦。一般认为由于小麦具有多型性,它们的起源可能是通过多种途径实现的……普通小麦具有杂种性起源,与小麦亲缘最接近的属有羊草属(*Aegilops*)、黑麦属和鹅冠草属,而羊草属中的小麦草(*Aegilops Squarrosa*)被许多杂交实验证明与小麦有较密切的亲缘关系。以上各属的小麦近缘植物在我国黄河流域、西北高原和北方草原等地有分布。此书还介绍了这样一个"有趣的现象",在黄河流域的河南以及陕西地区,凡有史前遗址的地方,几乎都发现有小麦草分布……它们之间

---

[1] 邵启全等:《西藏高原农作物遗存进化的一些问题》,《遗传与育种》,1975 年 1 期,27~29 页。

似乎有一定的联系……考古材料证明,我国在史前时期已经栽培自由脱粒的普通小麦[1],而在相同时期的欧洲尚栽培着比较原始的二粒小麦和斯卑尔脱[2]小麦,它们都是带壳的和穗轴易折断的。直到公元开始或以后,自由脱粒的硬粒小麦和普通小麦才代替了带壳小麦的位置。作者还以达尔文(Darwin,C. D.)曾提到有三个小麦新品种或变种曾由中国传至欧洲,以及德康多勒(A. de Candolle)认为中国在史前时代可能就是栽培小麦故乡的观点作为旁证。最后,此书作者提出,"中国的普通小麦起源于黄河长江两流域,特别是中上游的西北和西南地区。中国是现在已知的普通小麦发源地,同时也是世界栽培小麦的最大变异中心之一"[3]。

1980年代中期以来,随着甘肃民乐东灰山遗址炭化农作物的发现,掀起了新的一轮对中国小麦起源的讨论。最初,李璠根据他所采集的碳十四测年样本认为,东灰山遗址属于公元前3000年以前的新石器时代,因此这批新材料具有填补空白的重要价值,并再次证明中国是普通小麦、栽培大麦和高粱的原产地和重要起源地[4]。此后,李璠就东灰山遗址出土炭化农作物发表了一系列文章,其观点在我国学术界,特别是在农学界、遗传学界产生了很大影响[5],也由此引发了对'中国小麦西来说'的反驳。有学者甚至提出了'六倍体普通小麦中国独立起源'的说法,认为"凡相信多倍体普通小麦栽培种全部来自近东那个唯一的驯化中心的人,大都出于对战后西亚史前考古编年和定性结论的过分迷信……凡是主张六倍体普通小麦栽培种属于杂种性起源的人,大都由于过分信赖西方的遗传学实验结果,从而夸大了普通小麦栽培种形成过程中的早期人工干预作用"[6]。

除此而外,还有一种较为折中的观点。1980年代初,王炳华先生认为,中国的

---

[1] 此处的史前普通小麦即指安徽钓鱼台遗址出土小麦。
[2] 即斯佩尔特小麦(*T.Speltoides*, *Aegilops speltoides*)。
[3] 李璠等:《生物史》(第五分册),科学出版社,1978年,21~28页。
[4] 李璠:《甘肃省民乐县东灰山新石器遗址古农业遗存新发现》,《农业考古》,1989年1期,56~69页;李璠:《从东灰山新石器遗址古农业遗存新发现看黄河流域五千年传统农业文化的起源和发展》,《黄帝与中国传统文化学术讨论会文集》,陕西人民出版社,2001年,167~182页。
[5] 张同铸等编著:《世界农业地理总论》,商务印书馆,2000年,52~53页。
[6] 陈恩志:《中国六倍体普通小麦独立起源说》,《农业考古》,1989年2期,74~84页。

小麦有可能最早在新疆种植。他在谈及古墓沟小麦时提到,新疆地区存在不少野生节节麦,据说它们与圆锥小麦进行自然杂交可形成普通小麦。他还提到,四川农业大学的颜济教授认为,圆颖多花类型的具有中国特色的普通小麦可能是这样产生的[1]。但他却未说明新疆栽培的古小麦又来自何处。

今天,当我们回过头来重新审视这段笔墨官司,不难发现,上述讨论确实带有很大的时代局限性。首先,这场争论是在没有任何可信的考古资料背景下展开的;其次,它们都或多或少地打上了一些时代的烙印。尽管如此,我们应该看到,上述争论为我们今天深入探讨这些问题奠定了一个最初的框架。

近50年来,国际上有关麦类作物起源的研究无论在考古学界还是在遗传学界都取得了重大进展。特别是近20年来,在中国境内陆续发现了一批早期麦类作物,为下一步的深入研究提供了考古学和年代学的基础。这也使得我们在讨论中国麦类作物起源时,能在更为广阔的比较观察视野下作客观、冷静的思考。因此,也特别需要了解近些年来世界各地的考古新发现及研究成果,看看人工栽培的麦类作物到底是在何时、何地出现的。

前不久,美国哈佛大学人类学系的巴尔·约瑟夫教授(Ofer Bar-Yosef)通过对新发现的考古资料进行研究后指出,收获谷物的活动在地中海东岸的利万特(Levant)地区起自距今 12 000～10 000 年纳吐夫文化(Natufian culture),这一活动后来逐渐演变成有目的的谷物栽培。在耶利哥(Jericho)遗址等含有纳吐夫文化晚期文化堆积的层位中发现有谷物和豆类植物,当时的石制工具遗留微痕也证实,约旦河谷一直存在小规模的野生谷物种植活动。考古发现还证明,近东地区至少在距今 10 000 年前已开始栽培大麦和小麦。而且在真正的栽培活动出现之前,已有过很长一段采集野生谷物的历史[2]。

距今 9 800～9 500 年前甚至更早,位于约旦河谷的耶利哥遗址和邻近大马士革

---

[1] 颜济教授的文章未见刊出,转引自王炳华:《孔雀河古墓沟发掘及其初步研究》,《新疆社会科学》,1983 年 1 期,117～127 页。

[2] Ofer Bar-yosef (1998). The Natufian Culture in the Levant, Threshold to the Origins of Agriculture. *Evolutionary Anthropology* 6(5), pp.159～177.

的阿斯瓦德(Aswad)遗址下层就出现了驯化的二粒小麦,这是目前所知有关驯化二粒小麦的最早记录。在阿斯瓦德遗址以北300公里、幼发拉底河上游的阿布-胡瑞拉(Abu Hureyra)遗址也出土了距今9 500~9 000年的栽培二粒小麦。进一步的研究表明,在阿斯瓦德和阿布-胡瑞拉两地,二粒小麦已属于最重要的栽培作物,并持续了若干世纪。距今9 000年前,除土耳其的查约努丘(Cayönü Tepesi)遗址外,在利万特的一些遗址也找到了这方面证据。距今8 500~8 000年,二粒小麦在新月沃地内的许多遗址都有发现,表明这一驯化成果已在很大范围内被推广。

驯化一粒小麦的早期记录和二粒小麦有紧密联系。无论是在阿斯瓦德遗址的早期地层(距今9 800~9 600年),还是在阿布-胡瑞拉遗址(约当距今9 500~9 000年),驯化一粒小麦和二粒小麦均相伴出现。同类现象也见于耶利哥遗址(距今9 800~9 500年)。但是,一粒小麦与二粒小麦同时栽培的现象在近东并不普遍。在格瑞提尔(Gritille)遗址仅发现一粒小麦,其他很多遗址则只见二粒小麦[1]。

普通小麦实物后来也陆续在西亚和东南欧等地被发现,这一发现填补了自19世纪以来的缺环,据黄其煦介绍,发现普通小麦的早期遗址有如下一些:

1. 叙利亚拉马德丘(Tell Ramad),在前陶新石器遗址发现有公元前7000年密穗小麦;

2. 土耳其萨塔尔-休于克(Catal Hüyük)第Ⅳ~Ⅱ层(公元前5850~前5600年),出土有普通小麦;

3. 伊拉克埃斯-萨万丘(Tell Es-Sawan),发现有公元前5800~5600年的普通小麦;

4. 伊朗沙布兹丘(Tepe Sabz),发现有公元前5500~5000年的普通小麦。

5. 希腊克里特岛克诺索斯(Knossos)遗址第10层,出土有公元前6100年的普通小麦[2]。

早期驯化大麦的分布范围与二粒小麦和一粒小麦有一定的重合。在"新月沃

---

[1] Bruce D. Smith (1995). The Emergence of Archaeology, A division of HPHLP New York.
[2] 转引自黄其煦:《黄河流域新石器时代农耕文化中的作物(续)》,《农业考古》,1983年1期,44页。

地",一些早期农耕定居点发现有两种驯化大麦,一种是二棱有稃大麦(*Hordeum vulgare* subsp. *disticbum*),另一种是六棱有稃大麦(*Hordeum vulgare* subsp. *bexasticbum*)。据研究,六棱有稃大麦是在二棱有稃大麦的基础上培育出来的。在阿斯瓦德遗址最早的地层(约距今9 800~9 600 年),驯化二棱有稃大麦与驯化一粒、二粒小麦结伴而出。到距今9 500~9 000 年,二棱有稃大麦逐渐消失,此后与一粒或二粒小麦共生的为六棱有稃大麦[1]。

上述发现证实,近东地区在距今1万年前后已开始栽培一粒、二粒小麦和二棱、六棱有稃大麦,到距今8 500~7 500 年,上述谷物的种植在当地已相当普及,而且培育出了最早的普通小麦,并陆续向欧洲、北非和中亚等地扩散。

从目前的考古资料看,中国境内考古所见的早期麦类作物大致集中在如下区域,即西北部的新疆、甘(肃)青(海)地区和中原的陕西与河南两省。从空间分布和遗址数量看,以新疆境内所见最多,达10 余处;在新疆以东,目前仅在甘肃发现一处,青海、陕西、河南各有2 处,另在西藏山南地区发现1 处(图一)。上述发现中,以甘肃民乐东灰山遗址所出小麦和大麦年代最早,约在公元前2500 年左右[2]。其次,处在公元前2000 年上下的有3 处,即新疆罗布泊附近的古墓沟墓地、小河墓地和陕西武功的赵家来遗址。公元前二千纪中叶的有洛阳皂角树遗址(夏代晚期,3 660±150 年)和西藏昌果沟遗址(公元前1370 年)。其余年代大都落在公元前1000 年上下,约当中原地区的商末周初时期。

上述遗址的年代整体呈现出西面早、东面晚,西部遗址多、东部少的格局。在中原内地,至今还很少见有早到公元前2千年的麦类标本。反观年代较早的东灰山遗址,它恰好处在中国西北与中亚之间的河西走廊中部,因此,这一发现具有特殊意义。对此已有学者指出,东灰山遗址的小麦是从西方传入的[3]。这一发现不仅牵涉到小麦在中国栽培的历史,也为探索中国境内小麦的来源、传播途径及

---

[1] Bruce D. Smith(1995). The Emergence of Archaeology, A division of HPHLP New York.
[2] 李水城、莫多闻:《东灰山遗址炭化小麦年代考》,《考古与文物》,2004 年6 期,51~60 页。
[3] 张忠培:《东灰山墓地研究》,《中国文化研究所学报》(Journal of Chinese Studies), N. S. No.6, Hong Kong, 1997.

东西方早期文化交流提供了线索。如前所述,以色列古植物学家的鉴定结果也从侧面提供了东灰山小麦西来的证据。更为重要的是,目前中国境内考古所见的麦类作物与近东地区最早的麦类作物还存在相当的年代差距。因此,仅就现有的资料,同时参考遗传学的研究,本文难以接受将黄河流域作为麦类作物一个起源地的看法。

另一问题是,有人根据中国现代地方小麦品种和变种甚多,并有普通小麦的野生祖本发现,因此提出中国是栽培小麦起源的变异中心或麦类作物一个起源地的说法。已有的生物学研究并不支持这种看法。早年,苏联著名植物学家瓦维洛夫(Nikolai Ivanovich Vavilov)曾在非洲埃塞俄比亚高原一个很小的孤立地区发现数百种古小麦的变体。他当时认为,既然栽培形式的多样性是人类长期刻意实验选择的结果,那么,埃塞俄比亚小麦的高度多样性就表明,这种作物在这个地区已被栽培了相当长的时间。为此他还进一步指出,"假如某一地区某种农作物的形式具有最大的多样性,这个地区很可能就是这个作物最早被栽培的地区"。但后来的生物学研究并不支持他的这个假设。考古发现证实,非洲的麦类作物是从近东地区引进的[1]。类似案例或许可以通过鹰嘴豆的驯化与传播过程作为说明。历史上,在地中海周边、北非埃塞俄比亚以及印度都曾种植鹰嘴豆,但今天世界上80%的鹰嘴豆产自印度。久而久之,人们竟然误以为鹰嘴豆起源于印度。实际上,鹰嘴豆的野生祖先只存在于土耳其东南部,而且也是在那儿首先被驯化的。最古老的考古记录来自土耳其东南部和叙利亚北部,年代为公元前8000年左右。直到距今5 000年以后,鹰嘴豆才被传播到印度次大陆一带[2]。可见,以现代作物品种变种多作为依据判断作物起源地的方法是不对的。

总之,根据目前的资料,本文的初步认识是,中国境内的麦类作物大体上是沿着中亚—新疆—河西走廊—陕西—中原这一途径自西而东逐渐传入的。约当公元

---

[1] Bruce D. Smith (1995). The Emergence of Archaeology, A division of HPHLP New York.
[2] 贾雷德·戴蒙德:《枪炮、病菌和钢铁——人类社会的命运》,上海译文出版社,2000年,80页。

前2500年或更早,小麦进入新疆至河西走廊一线。公元前三千纪后半段或稍晚,传至关中及邻近地区[1]。至二里头文化阶段(相当夏代),进入中原内地。从小麦的传播速率看,自公元前三千纪中叶小麦现身于中国西部地区,至公元前二千纪中叶抵达中原腹地,其间约经历了上千年时间,足见小麦传播速度相当缓慢。参照考古发现和有关的文献,小麦传入中土后,由于受土壤、气候、雨水、栽培技术等多方面的制约,在较长时间内都未能取代黄河流域的传统农作物[2]。有关麦类作物传入中原后的发展、传播及适应历史,已有学者作了专门梳理[3],此不赘。但有一点可以肯定,随着麦类作物的东传,对中国北方的农业经济和结构势必会产生影响,并对中国本土农业经济的发展起到重要的推动作用。

另有一点需要注意,假如公元前三千纪麦类作物进入中国西北地区,那么,它们在那一时期的作物中究竟占有多大的比例?这是个有待于研索的课题。据表一可知,西北地区几乎所有发现麦类作物的遗址都共存有粟(或黍)。特别是在那些主动做过浮选、统计工作较好的遗址资料显示,粟类作物普遍要高于麦类。这也从侧面暗示,即便在中国西北地区,麦类作物被引进后在农作物中所占比例仍不可高估,粟类作物仍占有较大比重。

近些年来,我们在探索农业起源和作物驯化时,比较多地侧重于水稻、粟和黍的研究,对麦类作物关注还不够,希望能有所改进。这一方面需要考古学家提高野外发掘技术,加强多学科的协作,也需要在麦类作物的种属研究上多下功夫,以期尽快扭转我们在麦类作物研究领域的薄弱局面。

后记:本文初稿曾在2004年9月中国社会科学院古代文明中心举办的"古代文化交流与考古学研究国际学术研讨会"上宣读。

---

[1] 尽管目前尚难以确认陕西武功赵家来遗址的植物茎秆是否就是小麦秆,但麦类作物在龙山时代东进到山西—陕西一带的可能性是存在的。

[2] 请参见本文中引述的竺可桢、何炳棣、黄其煦等先生的文章。

[3] 曾雄生:《麦子在中国的本土化历程——从粮食作物结构的演变看原始农业对中华文明的影响》,《2001年原始农业对中华文明形成的影响研讨会论文集》,北京,中国高等科学技术中心,119~134页。

2005年8月,我与美国哈佛大学人类学系付罗文博士(Rowan K. Flad)前往甘肃民乐东灰山遗址考察,在遗址东侧水渠内选择了一个断面,并分层取样,以便下一步浮选标本,进行碳十四测年研究,其结果有待日后刊布。在张掖考察时,得到市博物馆孙宏武、王康两位同志的大力帮助,在此向他们表示诚挚的谢意!

途经兰州期间,观摩了2005年甘肃省文物考古研究所在玉门火烧沟骟马文化遗址发掘出土的部分文物,包括在该址采集的一批炭化大麦,其时代约在公元前一千纪上下。

2006年定稿于北京蓝旗营

初刊于《亚洲文明》(4),三秦出版社,2008年

14
区域对比：环境与聚落的演进[1]

一、相关概念

聚落（Settlement）：一个地理概念。指人类在一个适当的地理环境内定居而形成的居所。聚落依大小分为两类：小者为乡村，大者为城市。也有学者提出第三种形式，即类城市聚落。聚落的位置选择、聚落的发展兴衰，在很大程度上受地理环境制约，如水源、地貌、交通、气候、资源及其他人文因素等。聚落的形成、形态受自然因素影响甚大，尤以水源、地貌和资源最为重要。

聚集（Agglomeration）：人文地理学用以表明聚落的集合度。地貌、给水、安全、生产方式等因素都会影响到聚落的聚集及密集程度。

聚落考古：20世纪50年代开始在考古学中流行的作业方式和研究方法。具体定义和作业方式为：在一定地域内进行大范围的考古调查、发掘，以了解古遗址的空间分布、遗址功能、遗址间的社群关系、人文与环境关系、人口规模、生业方式及社会组织结构等。

二、聚落演进：另类的观察

本项研究的工作范围和资料数据限定在中国北方地区，我们选取了以往工作较为成功，并且在地域和文化上颇具典型意义的三个区域（图一）分别进行，目的是从环境考古的角度解读聚落变化及发展的不同区域模式。

---

[1] 本项研究得到国家自然科学基金重点项目资助（项目批准号：49831008）。

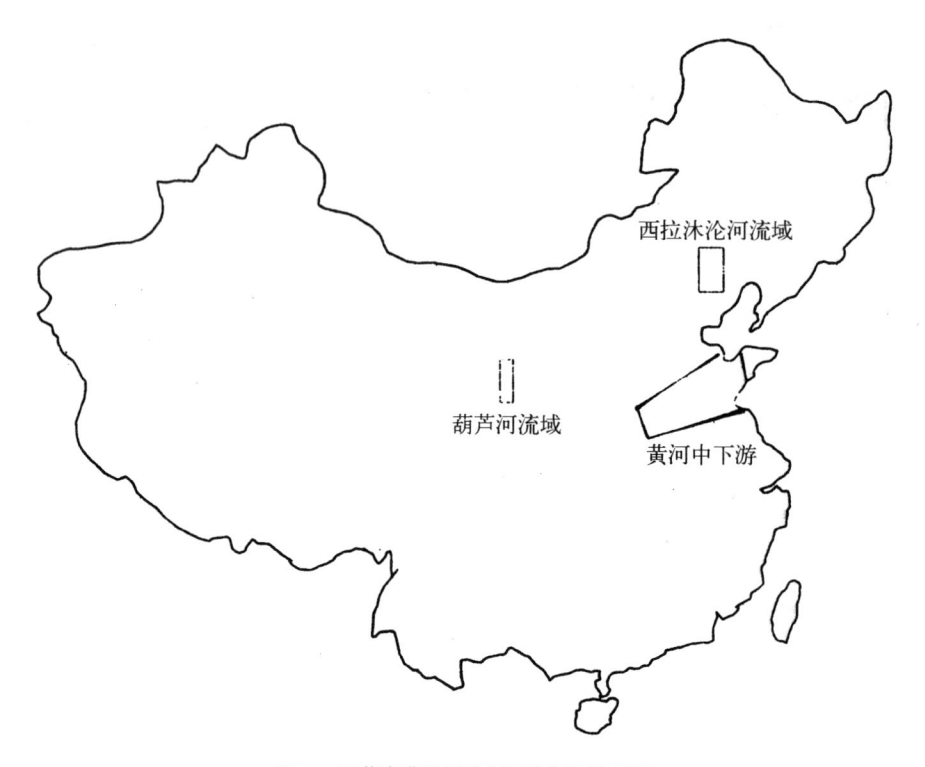

图一　聚落演进案例所在区域位置示意图

（一）渭河上游—葫芦河流域

1. 环境背景

葫芦河地处甘肃东部，是渭河上游的一条支流。流域范围东临六盘山，地理坐标为 105°30′~106°30′E，34°30′~36°30′N。流域范围属陇西黄土高原，流域地势北高南低（海拔高程 2 000~1 130 米），地貌形态主要表现为黄土梁、峁及少量的河川谷地。气候条件表现为：流域南部为半湿润区，年均温 7.9~10.5℃，年均降水 507~567 mm，理论上为森林草原区。流域北部为半干旱区，年均温 6.1~7.1℃，年降水 400~479 mm，理论上为草原区。该区域自南而北，农业的比重递减，畜牧业比重递增。

2. 考古学文化序列及聚落量值变化

渭河上游—葫芦河流域的考古学文化序列为：大地湾一期文化→仰韶文化（早—中—晚）→常山下层文化（马家窑文化）→齐家文化→寺洼文化→周文化→春秋战国文化→汉文化。

遗址数量及量值变化：大地湾一期遗址 1 处；仰韶文化早期遗址 21 处；仰韶文化中期遗址 47 处；仰韶文化晚期遗址 106 处；常山下层遗址 81 处，马家窑文化 5 处，齐家文化 374 处，寺洼文化 7 处，西周遗址 20 处，春秋战国遗址 6 处，汉代遗址 31 处（图二）。遗址量值变化直接反映了人类活动的规模和聚落的聚集程度。葫芦河流域内古文化整体演变趋势为：大地湾一期—齐家文化前期为上升繁荣期，表现为遗址数量直线攀升，聚落和人口密度加大，人类对环境的影响及作用力逐步提高。齐家文化后期步入衰退期，表现为遗址数量锐减，聚落离散，人口密度降低，人类对环境的影响及控制能力减弱[1]。

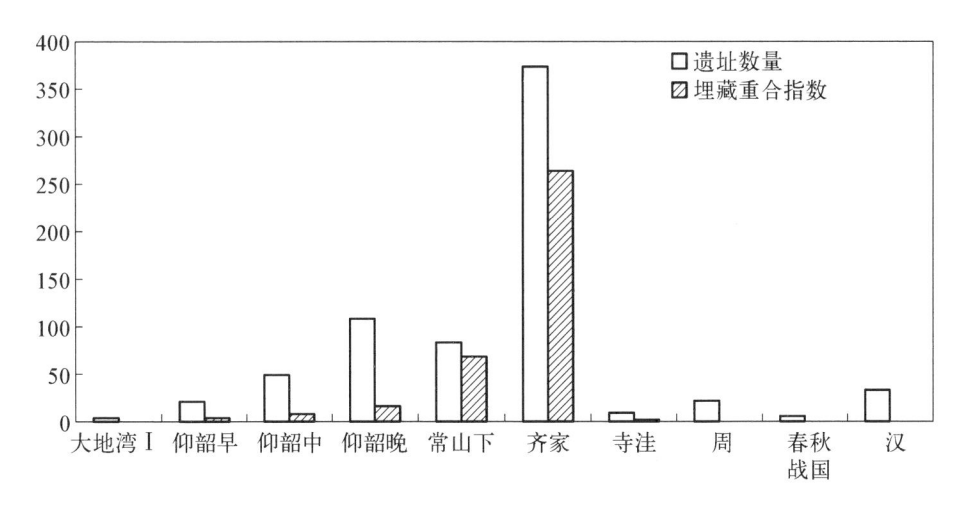

图二　甘肃葫芦河流域考古遗址数量及埋藏重合指数

---

[1] 李非、李水城、水涛：《葫芦河流域的古文化与古环境》，《考古》，1993 年 9 期，822~842 页。

3. 环境变化与聚落的移动

遗址量值变化与人类活动程度、聚落消长与移动强相关。大地湾一期—仰韶文化早期（8 000~6 000 aB.P.），遗址均坐落在河谷的一级阶地上；仰韶文化中期（6 000~5 500 aB.P.）上移至二级阶地；仰韶文化晚期（5 500~4 500 aB.P.）再上移至山腰地段；齐家文化（4 000 aB.P.前后）继续保持上移趋势，有些遗址甚至进入山梁顶部。寺洼文化—西周时期（3 500~2 700 aB.P.），遗址位置回落到河谷阶地；春秋战国时期（2 700~2 200 aB.P.）略有上移，但摆幅不大（图三）。

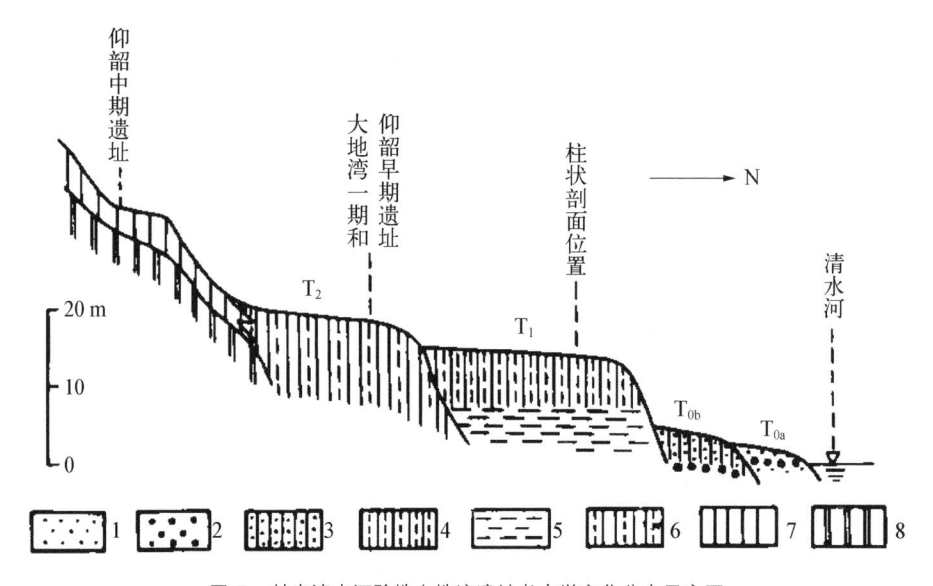

图三　甘肃清水河阶地大地湾遗址考古学文化分布示意图

1. 冲积砂层；2. 冲积砾石层；3. 冲积砂黏土；4. 全新世冲积次生黄土；5. 河湖相沉积；6. 晚更新世冲积次生黄土；7. 晚更新世黄土；8. 中更新世黄土

葫芦河流域内聚落的垂直摆动是气候变化的直接后果。大地湾一期—仰韶文化早期，处于全新世大暖期之初，气温偏低，降水较少，河谷深，地形陡峻，聚落多建在低阶地上。仰韶文化中期，气温升高，降水增加，河道淤积加快，聚落随之上移至二级阶地。仰韶文化晚期到齐家文化前期，气候从高温高湿期逐渐转向干冷，随着河道的淤积，地表水抬升，聚落移向山腰甚至山顶（亦不排除气候适宜、人口密度加大的因素)。齐家文化以后,气候明显干冷,降雨减少,河流下切,地表水下降,聚落从高处重新下移到河谷,直至春秋战国时期。

4. 文化埋藏重合指数

指不同时段遗存在同一区域的重合埋藏程度。

葫芦河流域不同时期的文化遗存共计527处(旧石器遗址除外)。其中,文化单一型遗址356处。分别占同期比为:大地湾一期0%;仰韶文化早、中、晚各期在13%~14%之间;常山下层高达81%(马家窑文化0%,属外来插入文化因素,不具指示意义);齐家文化70%;寺洼文化11%;西周—汉代0%(图二)。葫芦河流域文化埋藏的总体表现为,前期文化埋藏重合指数居高,后期(常山下—齐家)大幅降低,转为以文化单一型埋藏为主。值得注意的是,后期文化变动剧烈,是气候环境发生重大变化阶段。

(二)西拉沐沦河—老哈河流域

1. 环境背景

西拉沐沦河—老哈河流域地处蒙新高原东缘,是内蒙古东南部山地丘陵向辽河平原过渡的中间地带,也是农牧业交错带和黄土—沙地过渡带。该区域面积很大,我们将研究区域锁定在118°~120°E,40.5°~44°N(图一)。西拉沐沦河—老哈河及各支流河谷广泛发育有二级阶地。地貌以丘陵山地为主,海拔700~1 100米。可分为3个亚区:东南部、南部和西部为低山丘陵区;中部为黄土丘陵区;北部为沙丘、甸子地。流域范围地处中温带大陆性季风气候区,属中国北方半干旱半湿润区。年均温5~7℃,降水400毫米左右,集中在每年的6~8月(占全年降水70%以上)。该区域理论上属于森林草原景观,现实际为人工植被和草原景观。区域经济属半农半牧型。

2. 考古学文化序列及遗址量值变化

流域内的考古学文化发展谱系为:兴隆洼文化→赵宝沟文化→红山文化(富

河文化)→小河沿文化→夏家店下层文化→夏家店上层文化→燕文化→汉文化。

在我们锁定的研究区域内,遗址的量值变化为:兴隆洼文化遗址 25 处;赵宝沟文化遗址 17 处(实际数应等于或略高于兴隆洼文化,如敖汉旗一地就发现赵宝沟文化遗址 60 余处);红山文化遗址 101 处(富河文化遗址 28 处);小河沿文化遗址 23 处;夏家店下层文化遗址 489 处;夏家店上层文化遗址 293 处(图四),此后阶段数据缺失。以上数字显示,从 8 000~2 500 aB.P.该地区遗址数量直线攀升(夏家店上层文化遗址略有下降),聚落与人口密度加大,人类对环境的影响及控制能力不断增强。

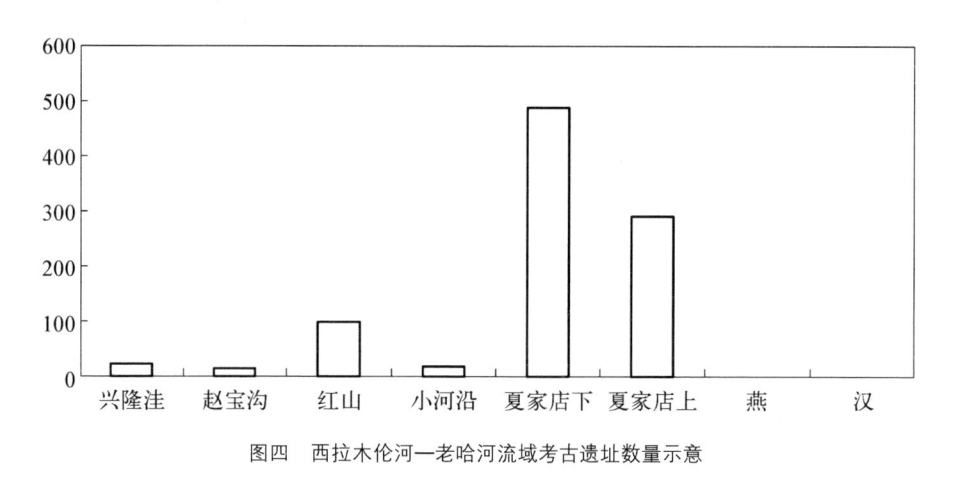

图四 西拉木伦河—老哈河流域考古遗址数量示意

3. 环境变化与聚落移动

初步统计,兴隆洼—赵宝沟时期,聚落点普遍选择在地势较高、位置较优越的黄土台塬及缓坡上,海拔 550 米上下。红山文化聚落除继续占据黄土台塬及缓坡外,开始进入地势略低的河谷阶地,海拔 400~500 米(高者达 1 000 米)。小河沿文化遗址发现较少,聚落所在位置与红山文化大致相同。夏家店下层文化聚落多位于海拔 400 米上下、依托山岭的河谷缓坡或阶地上(海拔 400 米以上位置仍有分布,最高达 1 000 米,后者多为山城)。夏家店上层文化聚落位置与夏家店下层文化接近。

西拉沐沦河—老哈河流域的聚落点依时代早晚由高向低垂直移动(图五)。这一趋势同样与气候变更有关。夏正楷、邓辉、武弘麟等提出：① 该地区古遗址的垂直迁移主要是受河流阶地发育影响。8 000～6 000 aB.P.时,系全新世大暖期之初,西拉沐沦河水系初现,地貌表现为宽广的山间黄土堆积平原。6 500 aB.P.以后,气候转暖,区域水系形成,河流将山间黄土堆积平原切割成台塬、阶地,红山文化居民开始进入新形成的河漫滩。4 000 aB.P.前后,河流继续下切,新形成的二级阶地、河漫滩为人类提供了更为适合的生存环境。② 聚落移动的另一原因是原始农业对黄土的强依赖性。8 000～6 000 aB.P.时,农业欠发达,对黄土依赖性低,聚落遍及整个流域,但离散度大。6 500 aB.P.后,农业有较大发展,人类开始向黄土地带靠拢(小河沿文化时期受气候变化影响,遗址进一步收缩到水热条件更好的地带)。4 000 aB.P.前后,定居农业形成,聚落向黄土地带集中。3 000 aB.P.前后,农业经济弱化,人类对黄土依赖性降低,聚落扩散到黄土地带以外区域[1]。

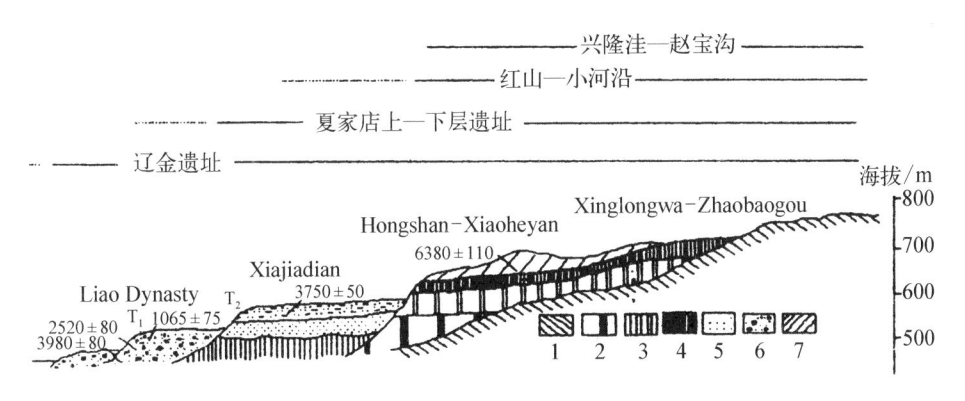

图五　西拉木伦河流域古遗址分布地貌位置示意图

1. 基岩; 2. 红土; 3. 离石黄土; 4. 马兰黄土; 5. 全新世黄土; 6. 河流沉积; 7. 风沙沉积

以上解释在理论上成立,并与我们对西拉沐沦河流域古遗址数据的读取结果完全吻合。

---

[1] 夏正楷、邓辉、武弘麟：《内蒙古西拉木伦河流域考古文化演变的地貌背景分析》，《地理学报》，2000 年 3 期，329~336 页。

4. 文化埋藏重合指数

西拉沐沦河—老哈河流域文化埋藏重合指数甚低。兴隆洼—赵宝沟时期，聚落绝大部分坐落于处女地上，且废弃后长期未被后人侵扰。红山文化时期，重合型遗址数量开始增加，但总比例仍不高，这种以文化单一型埋藏为主的现象一直持续到夏家店上层文化时期。参照崔之久、杨晓燕、夏正楷的数据统计，在赤峰地区，除红山区与宁城县外，遗址埋藏主要表现为文化单一型，其比例高达61.9%～100%；而文化重合型遗址仅为0%～38.1%。如果考虑到夏家店下层文化与夏家店上层文化为替代关系、而非文化传承关系，这里的文化单一型遗址比例将会更高[1]（表一）。而文化单一型埋藏的聚落特点则与该地区地貌演化密切相关。

表一 赤峰地区遗址类型统计（引自：崔之久、杨晓燕、夏正楷）

地区、县	遗址总量	重合型遗址		单一型遗址		史前重合型遗址		史前单一型遗址	
		数量	%	数量	%	数量	%	数量	%
松山地区	190	92	48.4	98	51.6	58	30.5	132	69.5
红山地区	2	2	100	0	0	2	100	0	0
元宝山地区	41	5	12.2	36	87.8	4	9.8	39	90.2
科右旗	22	—							
科左旗	46	8	17.4	38	82.67	0	0	46	100
林西县	21	9	42.9	12	57.1	8	38.1	13	61.9
巴林左旗	34	8	23.5	26	76.5	7	20.6	27	79.4
科旗	59	12	20.3	47	79.7	10	17.0	49	83.0
喀拉沁旗	267	96	36	171	64	65	24.3	202	75.7
宁城县	192	—				134	69.8	58	30.2

注：本表缺少翁牛特旗、敖汉旗、阿旗的资料，科尔沁旗新石器时代文化遗址没有进一步进行文化分类，故无法统计。

---

[1] 崔之久、杨晓燕、夏正楷：《初论古文化类型演替与传承模式的区域分异——以西拉木伦河和汶泗流域为例》，《第四纪研究》，2002年5期，434～441页。

（三）黄河中下游—华北平原区

1. 环境背景

空间范围主要包括河南省郑(州)洛(阳)以东广大的黄淮冲积平原及鲁西北冲积平原地区(图一)。河南境内的地势在海拔100米以下,山东境内的地势降至海拔50米以下(鲁中南丘陵区海拔200~500米)。这里的年均温在14℃上下,南北温差2℃左右;年降雨500~900毫米(夏季占全年降水的50%~70%),属湿润半湿润暖温带气候。地域经济为典型农业型。

2. 考古学文化序列及遗址量值变化

黄河中游—华北平原的考古学文化序列为：磁山文化→裴李岗文化→仰韶文化(郑州大河村遗址为代表)→龙山文化(洛阳王湾、安阳后岗遗址为代表)→二里头文化→商文化→周文化→汉代文化。黄河下游的考古学文化序列为：后李文化→北辛文化→大汶口文化→龙山文化→岳石文化→商文化→周文化→汉文化。

目前,尚缺乏该区域内遗址的数量及量值变化的详细数据。据《河南省文物地图集》[1]、《河南考古四十年》统计,河南省内：裴李岗文化遗址100余处；仰韶文化遗址800余处(另有大汶口文化、屈家岭文化遗址若干,忽略不计)；龙山文化遗址1 000余处；再后数据缺失(注意：以上数据来自河南省全境)[2](图六)。

黄河下游地区我们参考了日照两城镇考古调查资料,计有：龙山文化遗址34处；商代遗址2处；周代遗址31处；汉代遗址27处[3](图七)。该区域古遗址的总体变化趋势可表述为,新石器时代的遗址数量直线上升；夏商时期遗址减少；西周以后再度回升。

---

[1] 国家文物局主编：《中国文物地图集：河南分册》,中国地图出版社,1991年。
[2] 河南省文物研究所编：《河南考古四十年》(1952~1992),河南人民出版社,1994年。
[3] 中美两城地区联合考古队：《山东日照市两城地区的考古调查》,《考古》,1997年4期,1~15页。

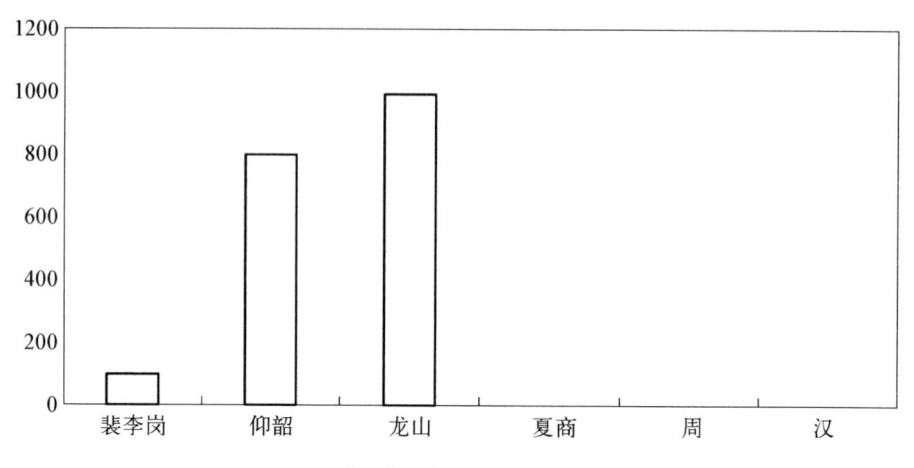

图六　黄河中游地区考古遗址数据示意

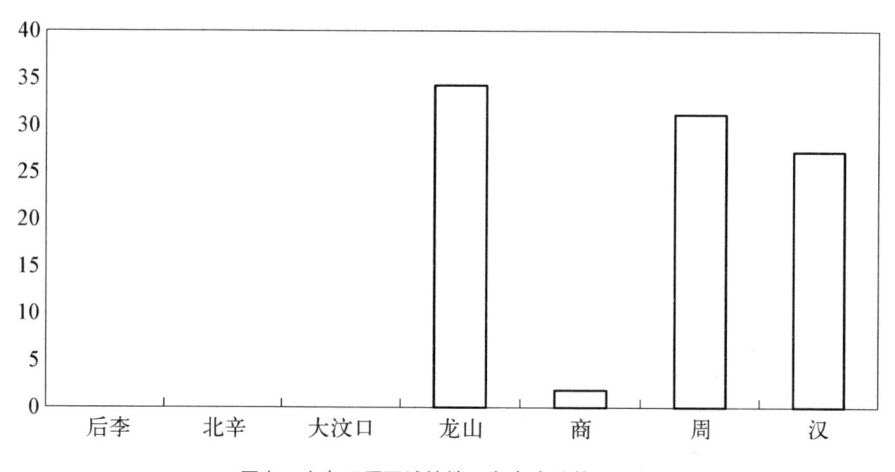

图七　山东日照两城镇地区考古遗址数量示意

3. 环境变化与聚落的移动

华北平原的地貌环境相对稳定。宏观地看，这里未出现有如葫芦河流域、西拉沐沦河流域那样明显的地形地貌变化。该区域的古聚落大部分坐落在大河两岸及各支流阶地内，人类活动空间长期稳定在同一范围，即便发生位移也只是小规模的、水平方向的摆动，鲜有大范围的变更。因此，在一些低海拔地区往往形成丰厚堆积的台形或土墩遗址。

4. 文化埋藏重合指数

黄河中下游地区古遗址的文化埋藏高度重合。以河南地区为例：郑州大河村遗址的文化堆积厚达 7 米，最深可达 12.5 米，含仰韶文化、龙山文化、二里头文化、商代 4 个时期堆积[1]。洛阳王湾遗址厚度不详，其文化内涵包括仰韶文化、龙山文化、西周、春秋、战国、晋、北朝 7 个时代堆积[2]。鹿邑栾台遗址的文化层厚 7~8 米余，包含大汶口文化、龙山文化、岳石文化、商代、西周、东周 6 个时段的堆积[3]。再看山东地区：泗水尹家城遗址的文化堆积厚 2.8~4 米，含大汶口文化、龙山文化、岳石文化、早商、战国、汉代 6 个时期[4]。广饶五村遗址文化层最深达 5.2 米，含大汶口文化、商代、周代、战国、汉代、唐代 6 个时期堆积[5]。青州凤凰台遗址文化层厚 3.5~4 米余，含龙山文化、商代、西周、东周、汉代 5 个时期堆积[6]。章丘宁家埠遗址文化层厚 2 米以上，含龙山文化、商代、周代、汉代、唐代、宋代 6 个时期堆积[7]。著名的城子崖古城曾先后为龙山文化、岳石文化、周代沿用[8]。在鲁中南地区：泰安大汶口遗址的文化层厚 3 米，含北辛文化、大汶口文化、龙山文化 3 个时段的堆积[9]。兖州西吴寺遗址文化堆积厚 1.2~1.5 米，含龙山文化、岳石文化、周代 3 个时期堆积[10]。该区域文化单一型遗址多见于新石器时代的偏早阶段（8 000~7 000 aB.P.）。

---

[1] 郑州市博物馆：《郑州大河村遗址发掘报告》，《考古学报》，1979 年 3 期。
[2] 北京大学考古实习队：《洛阳王湾遗址发掘简报》，《考古》，1961 年 4 期。
[3] 河南省文物研究所：《河南鹿邑栾台遗址发掘简报》，《华夏考古》，1989 年 1 期。
[4] 山东大学历史系考古专业教研室编：《泗水尹家城》，文物出版社，1990 年。
[5] 山东省文物考古研究所、广饶县博物馆：《广饶县五村遗址发掘报告》，张学海主编：《海岱考古》（第一集），山东大学出版社，1989 年，61~123 页。
[6] 山东省文物考古研究所、山东大学历史系考古教研室、青州市博物馆：《青州市凤凰台遗址发掘》，张学海主编：《海岱考古》（第一集），61~123 页。
[7] 济青公路文物考古队宁家埠分队：《章丘宁家埠遗址发掘报告》，山东省文物考古研究所编：《济青高级公路章丘工段考古发掘报告集》，齐鲁书社，1993 年。
[8] 张学海：《前言》，张学海主编：《纪念城子崖遗址发掘 60 周年国际学术讨论会文集》，齐鲁书社，1993 年，1 页。
[9] 山东省文物考古研究所：《大汶口续集》，科学出版社，1997 年。
[10] 国家文物局考古领队培训班：《兖州西吴寺》，文物出版社，1990 年。

三、区域对比结果

（一）聚落进化模式

1. 连续的进化模式

黄河中下游地区的聚落表现为连续发展的文化模式。自进入新石器时代以来,该区域内古遗址数量从少到多,聚落规模由小变大,古文化呈现连续、稳定、渐进的发展态势。因这里地处低海拔大河平原,地势平坦,受气候变化影响程度相对较小。聚落、人口密度相对较大,聚落位置比较稳定,摆动幅度小。不同时期的文化埋藏高度重合,乃至数千年来层层垒叠,形成丰厚的堆积。由于在地理、环境、资源配置、气候等多方面占有优势,从很早起就发展出较高水平的农业文明。这无疑会对周边文化产生强大的吸附力,增大文化兼容性,导致文化的辐集与人口聚集。长此以往的文化碰撞与融合,必将会在某些条件适宜区形成较大规模的聚落中心,进而发展出早期城市,并最终产生雏形国家。

2. 跳跃的进化模式

西拉沐沦河流域的聚落表现为跳跃式的文化演进模式。自进入新石器时代以来,该区域的遗址数量也表现为由少到多,聚落规模从小到大,但其演进方式呈现出跳跃、断裂的状态。由于地处丘陵地带,纬度较高,文化对环境及气候变化高度敏感。这里的聚落密度及人口规模均小于大河平原区,居民长期维系半农半牧的生业经济。受区域内地貌变化的影响,聚落频繁更迭,文化埋藏重合指数低,单一性质的遗址数量居多。受这些不利因素的制约,这里不仅很难对周边地区产生文化上的引力,反而易于受外界文化的干扰。尽管在这一地区也能形成一些较大的中心聚落,但很难进一步发展到大规模的城市文明。

3. 异化的模式

葫芦河流域的聚落演进模式既不同于大河平原,也有别于西拉沐沦河流域。

总体看,这里的文化既有连续、整合的一面,又表现出某种跳跃色彩,或可看作是一种异化的演进模式。8 000~5 000 aB.P.时期,该区域的文化演进是连续性的,遗址埋藏重合指数高,表现为农业为主的生业经济。在5 000~2 500 aB.P.阶段,跳跃性加强,遗址文化埋藏重合指数锐减,畜牧业经济比重有所增加。受区域内环境变化影响,不同阶段的聚落表现出反复的垂直迁移。该地区也可形成某些大的中心聚落,但很难发展出有规模的城市文明。

4. 小结

黄河中下游地区和西拉沐沦河流域分别代表着两种原生土著文化的不同演进方式,即大河农业文明和北方农牧业交错带文明。西北地区的葫芦河流域是为次生文化的代表,它源出于中原大河文明,但在向西传播扩散的过程中发生了异化。

(二) 环境与文化

环境与文化历来互为影响。自全新世以来,全球气候变化既有宏观的一般规律表现,也有微观小区域的特殊规律表现,由此产生的差异使得环境对文化的作用方式和影响程度大不相同,上述案例充分说明了这一点。

后记:本文结论还有待更多的数据统计分析检验。文中有些认识受到崔之久、杨晓燕、夏正楷的《初论古文化类型演替与传承模式的区域分异》一文启发,本文主要讨论的是古代聚落形态的演进、区域模式及文化与环境相互作用的关系。

西拉沐沦河流域遗址数据的读取得力于北大考古系博士研究生魏峻的细致工作,在此特别向他表示感谢!

初刊于《考古与文物》,2002 年 6 期

盐业考古

中国盐业考古 20 年

考古所见制盐遗址与遗物的特征

漫谈制盐陶器：Briquetage

中日早期制盐业的比较观察

15
中国盐业考古20年

中国各地拥有丰富的盐卤资源。东南部有漫长的海岸线,很早就有海盐制作的历史。广袤的大西北和青藏高原遍布星罗棋布的内陆湖泊,其中不少为咸水盐湖,天然成盐。在大西南的云、贵、川,蕴藏丰富的盐矿和盐泉,井盐的开发历史久远,并造就了中国最大的盐都——自贡。在其他各省区,也零星分布有盐泉、盐沼、盐土、盐膏等盐卤资源。

传说早在4 000年前,山东沿海的夙沙氏部族就煮海为盐。3 000年前,甲骨文已出现"卤""斥"等与盐有关的汉字。再后来,从周代金文、战国简帛到历朝历代的文史典籍都有盐业生产和盐政管理的记载,以及专业性的制盐技术资料,如(元)《熬波图》和(明)《天工开物》等。这还不包括在地下埋藏大量的制盐遗迹和制盐遗物。在一些边远地区,至今仍保留有形式多样的民族制盐技艺,如西藏芒康的盐井盐田、青海囊谦的山地盐泉盐田、海南岛西北的火山岩制盐等。在自贡等地则保留了一批近现代的民族工业制盐遗产。但遗憾的是,盐业考古在我国却长期空白,以至于1997年出版的《中国盐业史》(三卷本)中竟然没有一条盐业考古的资料[1]。这对于我们这个拥有丰富盐业资源和悠久制盐历史的文明古国来说,可谓是莫大的缺憾。

中国的田野考古是在西方影响下出现的。说到盐业考古,也只能将视野转向欧洲的法国、英国、奥地利和德国。

17世纪末,有一位法国皇家工程师前往摩泽尔河的支流塞耶河谷考察,在上游的河两岸发现很多隆起的高地,在土堆的下面埋藏着大量奇形怪状的陶器和烧

---

[1] 郭正忠:《中国盐业史》,人民出版社,1997年。

土,附近还分布有盐沼或盐泉。这位工程师推测,那些土堆可能与古代的制盐活动有关,遂将埋藏其中的各类异形陶器命名为"Briquetage"(制盐陶器)。1901年,德国人首次在塞耶河谷的马萨尔(Marsal)遗址进行发掘,证实那些土堆的下面就是古代的制盐遗址。

19世纪70年代,英国人注意到在东南海岸的艾塞克斯分布有大片红色的土丘,为了解这些红丘是如何形成的,1906年成立了一个"红丘研究委员会"。经过十年调查,证实这些位于海岸潮间带上的红土堆是铁器时代晚期(公元前100~100年)到罗马时代早期的制盐遗址。

1846年,一位名叫约翰·乔治·拉姆萨尔的盐业工程师前往奥地利的哈尔斯塔特寻找硫化矿,在矿区的山上发现一大批古墓,后在博物馆的资助下,他在接下来的16年里发掘了上千座古墓(公元前700~前500年),这是哈尔斯塔特盐矿开采期间死在当地的矿工或管理人员。其中有些墓主非常之富有。至今,哈尔斯塔特仍被作为欧洲青铜时代晚期到铁器时代文化的代表,犹如中国的仰韶文化一样带有标志性意义。

1903年,德国人为了解史前的制盐工艺,按照他们在法国塞耶河谷的发现,海尔布隆博物馆复制了一座煮盐的炉灶。其实,当时就在这座博物馆内收藏有真正的制盐陶器,但却一直被看作是冶炼金属的坩埚。1939~1940年,在德国南部的施瓦比什哈尔的施工过程中发现一座制盐遗址,在50平方米的很小范围内发掘出土了3万件制盐陶器残片。

上述工作,特别是法国塞耶河谷的考古发掘,标志着盐业考古的诞生。

自20世纪50年代以来,中国开始有零星的工作和研究触及制盐器具,但仅限于猜测,真正的盐业考古直到20世纪末才步履蹒跚地出现。经过十余年来的艰苦创业,不仅在盐业考古领域取得了一系列重要发现,也涌现出大批科研成果。以下将国内有关考古发现和研究分作几个区块做综合介绍。

一、中原地区

在中原腹地的山西运城盆地有座大盐湖。因其位于大河之东,故名"河东盐池"。关于这座盐池,《孔子三朝记》记载:"黄帝杀之(蚩尤)于中冀,蚩尤肢体身首异处,而其血化为卤,则解之盐池也。因其尸解,故名其地为解。"看来,早在史前时期,周围的部族就为争夺盐业资源引发争斗或战争。传说中的尧、舜、禹逐鹿中原也是为了获取"河东盐池"的控制权。而且在夺取政权后,将各自的都邑都建在了晋南地区。此即"尧都平阳""舜都蒲坂""禹都安邑"的由来。

"河东盐池"每年会随天气转暖和风力蒸发作用自然结晶成盐,不需炉火煎煮,因此很难留下人类生产有关的遗迹或遗物。如此,这里的盐业考古只能开启新的思路,另辟蹊径。2003年,国家博物馆等单位在运城盆地东部开展调查,发现大批史前遗址。在青龙河下游发现了以吕儒3号为中心的庙底沟二期文化的大型聚落,该址所在的土壤和水源均不利于农业生产和人畜饮用,这不由得让人想到该聚落是否与盐湖的开发有关。到了二里头文化,东下冯-埝掌7号聚落很可能就是为掠取食盐而建的。二里岗时期,东下冯-埝掌10号聚落似乎也具有同样性质[1]。

河东盐池的盐大量用于外销。在盐池以南的中条山中发现数条古代商道,有些应是早期的盐道。20世纪50年代以来,山西省考古研究所在芮城县寺里—坡头遗址发现一批规模大、排列有序的窖穴,年代早至新石器晚期的庙底沟二期文化,推测极有可能是仓储重地。至于储藏的是粮是盐,还有待研究[2]。2003年,山西省通过对遗址附近清凉寺墓地的发掘,发现这是中原地区殉人最多、葬玉最丰的史前墓地。发掘者指出,该墓地的厚葬,特别是大量外来玉器的出现暗示,此地居住了一个生活富裕、文化多元、性质特殊的群体。考虑到此地距河东盐池仅15公里,

---

[1] 中国国家博物馆田野考古研究中心等:《运城盆地东部聚落考古调查与研究》,文物出版社,2011年。

[2] 山西省考古研究所等:《山西芮城寺里—坡头遗址调查报告》,《古代文明》(3),文物出版社,2004年。

恰好处在通往黄河渡口的要道上,故该墓地应为史前时期控制"潞盐"外销的某个特殊群体[1]。

张光直很早就指出:"晋南除了铜矿以外,还有华北最为丰富的盐矿,在中国古代的确是一个富有战略性资源的地区。"[2]刘莉、陈星灿等循此思路提出,夏商将都邑建在洛阳-郑州一线的目的是出于防御和经济发展需要,特别是控制晋南的特殊资源——盐和铜矿。在夏县东下冯遗址城垣西南角发现40余座圆形建筑基址,形状与《天工开物》中的盐仓相似,很可能就是盐仓。如此,东下冯应为夏商时期中原王朝控制晋南盐和铜矿而设置的一处政治军事据点[3]。若果真如此,至迟在公元前两千纪中期,河东盐池的生产和分配已被纳入国家管理层面,这一策略也许是和早期国家同时诞生的。

冯时通过对商周古文字资料的分析,得出如下认识。1. "卤""斥"之别起自商周,西方称"卤",东方称"斥"。后以"卤"借为西方之名;2. 甲骨、金文"卤"(㢴)字象引池晒卤,形本晒"卤"所得之结晶盐;3. 盐系煎煮而成,殷时称"𣪠盐",即"散盐",用于祭祀待宾;4. 商周金文有盐字,初作"𪉟",为盐之本字,以像陶器煎煮卤水之形;5. 商代甲骨文"卤"作地名,读"盐"时特指河东盐池;6. 卜辞未见明确贡盐记录,可见当时王室已垄断了盐池和东方的海盐;7. 殷人祭祖献盐卤,祭自然神祇则无盐卤;8. 殷人觐见朝宗之礼也献盐卤,充为庭实;9. 商周时设有司盐之官,"卤小臣"专长盐池卤事;10. 商周之金文"𪉟"为氏名或族事关煮盐,以职为氏[4]。

陈伯桢先生认为,商代甲骨文有"取卤""致卤""献卤"或"戎卤"等内容,显示商代的盐除食用和祭祀,也涉及再分配。西周至东周,盐作为贵重物品在贵族间流动。西周和东周金文不乏下层贵族接受上层赏赐盐的记载。可见此时盐的流动仍牵扯到权力与资源再分配,并以此维系国家统治。战国时,盐作为重要资源,不仅

---

[1] 薛新明:《山西芮城清凉寺墓地与潞盐的初期外销》,《东方考古》12集,2015年。
[2] 张光直:《关于中国初期"城市"这个概念》,《中国青铜时代》,生活·读书·新知三联书店,1999年。
[3] 刘莉、陈星灿:《城:夏商时期对自然资源的控制问题》,《东南文化》,2000年3期;陈星灿、刘莉、赵春燕:《解盐与中国早期国家的形成》,李水城、罗泰主编:《中国盐业考古:国际视野下的比较观察》(二),科学出版社,2010年。
[4] 冯时:《古文字所见之商周盐政》,《南方文物》,2009年1期。

可增强国力,还可操控周边缺盐国家。随着跨国贸易的增强,交通及运输工具改善,盐的成本降低,将盐推向普及。"陈在楚、夏之交,通渔盐之货,其民多贾"(《史记·货殖列传》)这一记载显示,楚国很早便从事远程跨国盐业贸易[1]。

汉代制盐业有了突飞猛进的发展。元狩四年,改革盐政,实施专卖,全国设立35处盐官,从此盐被正式纳入国家管理体系,此举使得盐成为国家财政的命脉,而非少数贵族的"私房钱"。这一变化遂成为中国盐政史的重大转折点。

二、西南地区

1. 成都平原及周边地区

蜀地无盐泉出露,加之早期成都平原水患频仍,史前文化出现较晚。传说蜀地"有咸石,煎之成盐"。但成都平原是否有开采岩盐的历史,无从考证。据《华阳国志·蜀志》记,秦蜀守李冰"识齐水脉,穿广都盐井,诸陂池","蜀于是盛有养生之饶焉"。可见,川西平原的盐业开发至少可上溯到战国,天府之国的形成显然与盐铁的开发有密切联系。

1999年初,美国加州大学与北京大学、成都市文物考古研究所合作开展了"成都平原及周边地区古代盐业的景观考古学研究"的考古学与人类学调查,深入了解了这一区域的制盐遗址、古盐井、盐泉、近现代制盐工厂及传统制盐工艺,这项工作拉开了中国盐业考古的序幕[2]。

此前一年,成都市文物考古研究所对蒲江县窑埂村灰沙嘴遗址进行试掘,出土制盐铁锅残片、耐火砖、板瓦、砖及陶瓷器等,时代为晚唐至宋代[3]。

四川自贡市得名于"自流井"和"贡井"这两口盐井。此地的制盐业始于东汉。

---

[1] 陈伯桢:《中国早期盐的使用及其社会意义的转变》,(台湾)《新史学》,第十七卷第四期,2006年。
[2] 北京大学考古学系等:《1999年盐业考古田野调查报告》,《中国盐业考古:长江上游古代盐业与景观考古的初步研究》(一),科学出版社,2006年。
[3] 成都市文物考古研究所:《成都市蒲江县古代盐业遗址考古调查简报》,《中国盐业考古:长江上游古代盐业与景观考古的初步研究》(一)。

明清时，自贡成为全国盐业中心。在太平天国和抗日战争的两次"川盐济楚"中发挥了重大作用。考察队通过对"东源井"和"燊海井"的考察，了解到前者为宋代四川"小口井"的杰作，可同时开采卤水和天然气；后者为当时（1835年）在世界上开凿的第一口超千米深井。当地保留的传统制盐工艺成为盐业考古的宝贵参考资料[1]。2014年，四川省文物考古研究院组织多家单位对自贡的井盐和盐运古道进行考察。自东汉至今，自贡一带开凿盐井达13 000口。20世纪50年代尚保留1 000余口[2]。此次调查古盐井15处、水运系统10处、盐道4处、摩崖石刻4处、古墓葬1处、盐商建筑61处，这些文物多与盐业生产和营销有关。此外，还在传说大公井的位置清理一段剖面，在最下层发现南朝晚期至唐代的瓷片，与大公井开凿年代接近[3]。

2008年，成都文物考古研究所等单位对四川盐源境内的黑井和白井展开调查。在黑井所在的盐塘乡扯日沟发现3处遗址。第一地点位于沟口坡地上，可见厚70厘米的堆积，内含大量形制单一的夹砂红陶杯残片，不见其他器类。第二地点位于沟内中段，采集到与第一地点相同的陶片并发现大片烧土，内含白色结晶物。第三地点位于盐泉源头，发现人工砌筑卤水池等。通过调查认识到，黑井遗址采集陶片时代不晚于唐，甚至可能早到汉。但此地制盐规模小，产量有限。不过，采用陶器制盐是较古老的"积薪以齐水灌而焚之成盐法"更先进的工艺。白井所在的盐井沟盐矿质量不佳，含硝多。当地宋代以前用木材做燃料，明清改用煤。白井周边堆积大量焦炭废弃物，时代也较晚近。通过调查可知，盐源制盐出现在青铜时代，汉代设有盐官。唐末至宋，盐源的盐行销外地，并通过对盐的垄断控制滇西与川西南的经济命脉，当地发现大量战国至西汉的墓葬及随葬较多的铜器暗示出这一点[4]。盐作为一种战略物资，不仅促进了盐源的经济繁荣，也造就了当地的

---

[1] 北京大学考古学系等：《1999年盐业考古田野调查报告》，《中国盐业考古：长江上游古代盐业与景观考古的初步研究》（一）。

[2] 程龙刚：《古盐井——千年盐都的城市记忆》，《中国文化遗产》，2014年5期。

[3] 四川省文物考古研究院：《四川自贡井盐遗址及盐运古道考察简报》，《南方文物》，2016年1期。

[4] 凉山彝族自治州博物馆等：《老龙头墓地与盐源青铜器》，文物出版社，2009年。

多元文化[1]。

2. 渝东及三峡地区

重庆位于四川盆地的东缘,这里地下蕴藏丰富的盐泉,很早就被开发利用。据《华阳国志·巴志》记载,西周时,巴人曾向周天子供奉食盐。

1999年,中美盐业考察队在重庆及以东的涪陵、忠县、云阳、奉节、巫溪和巫山开展调查,重点考察了忠县㴐井、涂井,云阳云安,巫溪宁厂等地的近现代盐厂和一大批盐泉、盐井,了解到当地的制盐历史和制作工艺。考察期间适逢四川省文物考古研究所挖掘忠县中坝遗址,出土大量尖底杯、花边口圜底罐及涂泥坑池、长条"龙窑"等遗迹。当时的发掘者还没有将这些遗迹和遗物与制盐业相联系,后来才意识到与制盐业的关系[2]。美国阿拉巴马大学人类学系的巴盐教授在㴐井沟口的北大工作站对哨棚嘴、瓦渣地出土的200余件尖底杯进行了形态学的研究,确认它们是早期制作盐锭的模具[3]。

巫山在汉代属南郡巫县。《汉书·地理志》记"南郡,巫县有盐官"。地方志引《舆地广记》记,东汉永平七年(公元64年),从巫溪县宁厂镇到巫山的悬崖峭壁上开凿有上下两条"栈道",长达80余公里,推测是将宁厂镇宝源山下"白鹿盐泉"的卤水输往巫山制盐。这是在宁厂尚未形成规模化的制盐产业前,当地不惜耗费巨资和劳力开凿的"输卤笕道"。其中,通往长江的为"南栈道"。在巫溪以北还有一条供人力行走运输的"北栈道",可将巫溪之盐行销秦巴鄂三省交界地区,出现时间也可能早至汉代。

2000年,重庆市文化遗产研究院对大溪遗址进行发掘,在第5期遗存发现与中坝新石器时代晚期同样的花边口尖底缸,但未见制盐遗迹。有趣的是,该址发现一

---

[1] 四川成都文物考古研究所:《四川盐源县古代盐业与文化的考古调查》,《南方文物》,2011年1期。
[2] 四川省文物考古研究所等:《忠县中坝遗址发掘报告》,《重庆库区考古报告集(1997)》;《忠县中坝遗址Ⅱ区发掘简报》,《重庆库区考古报告集(1998)》;《忠县中坝遗址1999年度发掘简报》,《重庆库区考古报告集(2000·下)》,科学出版社,2001、2003、2006年。
[3] 巴盐著,陈伯桢译:《尖底杯:一种可能用于制盐的器具》,《中国盐业考古:长江上游古代盐业与景观考古的初步研究》(一)。

批存放大量鱼骨的圆坑,估计随着三峡地区盐业贸易的活跃,催生出腌制咸鱼或鱼酱的配套产业,鱼骨坑的发现为此类副业的存在提供了物证[1]。

奉节在汉代为鱼复县。《华阳国志·巴志》记:"巴东郡,鱼复县,有橘官、盐泉。"在奉节白帝城以西的长江岸边有处"臭盐碛",系季节性盐场,近代仍在制盐。在"臭盐碛"所在的长江对岸还有座白盐山,山下有"白盐碛"。

1993~1995年,吉林大学挖掘了奉节老关庙遗址,在该址原生地层出土一批花边口尖底缸残件,质地形态与中坝新石器时代晚期制盐陶器相同,但未见制盐遗迹,考虑到该址位置陡峭,空间有限,也没有盐泉,似乎不大可能是制盐遗址。但该址所出花边口尖底缸的比例较高,故也不排除有此可能[2]。

云阳在汉代属巴郡朐忍县。《汉书·地理志》记:"巴郡,朐忍县有盐官。"在云阳县云安镇的汤溪河谷很早就有制盐业,《晋书》《水经注》都有记载。云安的白兔井直径3.6米,传始凿于汉,为三峡各地诸盐井之祖。

2001~2003年,中国国家博物馆考古部和福州市文物工作队在云安镇汤溪河东岸的东大井发掘,出土一批宋代至明清时期的制盐遗迹,包括卤水澄滤池(槽)、灰沟、输卤管道、沉淀卤水槽、盐灶等。证实从南宋至民国的制盐设施在形制上有所变化,呈现不断进步的趋势,但制盐工艺的变化幅度似乎不大[3]。

忠县在汉代为临江县。《华阳国志·巴志》记:"临江县,有盐官,在监、涂二溪,一郡所仰;其豪门亦家有盐井。"直到清代雍正年间(1734年),当地仍有盐井35口,大多沿用到20世纪。

哨棚嘴-瓦渣地这两处遗址均位于㽏井河口,挖掘出土了大量制盐陶器,包括尖底杯、花边口圜底罐和个别的船形杯等。其中,哨棚嘴西周时期堆积所出羊角尖底杯的数量占到同期陶器的94%。东周时期的圜底罐占同期陶器的82%。可见其

---

[1] 重庆文物考古所等:《巫山大溪遗址勘探发掘报告》,《重庆库区考古报告集(2000·上)》,科学出版社,2007年。

[2] 吉林大学考古学系等:《奉节县老关庙遗址第三次发掘》,《四川考古报告集》,文物出版社,1998年。

[3] 高健斌:《重庆云安镇东大井区宋代至民国制盐遗址的发掘及相关研究》,《中国盐业考古:长江上游古代盐业与中坝遗址的考古研究》(三),科学出版社,2010年。

文化堆积及器物种类与中坝完全一致。在哨棚嘴遗址还发现了涂泥圆坑,坑底放置石块、残留陶器残片,形状和结构也与中坝遗址的遗迹没有区别[1]。瓦渣地遗址的堆积几乎全部由陶片组成,数量惊人。其中,圜底罐占同期陶片的95%强。在圜底罐堆积之下为羊角尖底杯堆积。此前曾发现放置"200余件尖底杯"的"窑",被作为烧造陶器的窑场。但此地的"窑"与烧陶器的窑差异很大。推测瓦渣地遗址或许带有双重职能,一方面为制盐工场烧制陶器,同时也制盐。特别是这两座遗址都处在河口位置,或许还兼有盐业贸易集散地和外销码头的角色。即将中坝所产的盐经水路运到这里,再沿长江输往其他地区[2]。类似瓦渣地的堆积在相邻的杜家院子遗址也可看到[3]。

1994年,在忠县汝溪河下游的李园遗址坡下发现两座残"窑",出土大批尖底杯残件,应为西周时期一处小规模的制盐作坊[4]。2001年,郑州大学在忠县新生镇邓家沱遗址一个面积不足60平方米、体积20立方米的单位内挖掘尖底杯2万余件,堆积厚达60~110厘米。这些尖底杯无明显层次划分,约1/3为完整器。发掘者认为可能是烧造陶器的场所,但也不排除存在制盐产业[5]。

1999年,在丰都县高家镇石地坝出土一批商周陶器。这批器物个体不大,厚胎夹砂,口唇略薄,底部圆缓厚重,造型似小船,故名"船形杯"。器口长径9~11、短径5~7、高4.5~6.5厘米。后来在丰都金刚村、巫山大溪、丰都玉溪村、忠县邓家沱、哨棚嘴、云阳丝栗包、合川弯桥村等地也有发现。其中,最大者长40、宽20厘米。中等长24、宽11.5厘米。在石地坝遗址还出有尖底杯、圜底罐和尖底盏。白九江等认为,船形杯是制作盐锭的模具,可反复使用[6]。

据《华阳国志·巴志》卷一载:"汉髪,有盐井。""汉髪"即《晋书·地理志》的

---

[1] 北京大学考古系:《忠县㽘井沟遗址群哨棚嘴遗址发掘简报》,《重庆库区考古报告集》(1997卷)、(1999卷),科学出版社,2001、2006年。
[2] 《忠县瓦渣地遗址发掘简报》,《重庆库区考古报告集(1998)》,科学出版社,2003年。
[3] 《忠县杜家院子遗址发掘简报》,《重庆库区考古报告集(2001)》(下),科学出版社,2007年。
[4] 孙华:《忠县李园战国及汉代遗址》,《中国考古学年鉴(1995)》,文物出版社,1997年。
[5] 李锋:《忠县邓家沱遗址西周时期文化遗存的初步认识》,《重庆:2001年三峡文物保护学术研讨会论文集》,科学出版社,2003年。
[6] 白九江、邹后曦:《三峡地区的船形杯及其制盐功能分析》,《南方文物》,2009年1期。

"汉葭县",位于今彭水县东九十里的郁山古镇,属涪陵管辖。东汉时,彭水已开凿出鸡鸣井、飞水井(公井)、老郁井(倒鹿井)、鹑井(后井)等盐井。2013年,重庆市文化遗产研究院与彭水县文管所发掘了中井坝遗址,清理出盐灶、蓄卤池、黄泥加工坑、墙、柱洞、排水沟等,出土各类文物200余件。其中,盐灶12座,分布密集有序。形态分为两型。A型长条状,为两灶共有一堵隔墙。由灶前操作间、火膛、火道及烟道组成。火膛马蹄状,残存底部及出渣坑。以4号灶为例,长12.54、宽1.08~2.94、深0.10~0.92米。B型长条状,两两相邻,共用一堵隔墙,由灶前操作间、火膛、火道及甑子组成。火膛马蹄形,火道与火膛相连,内侧放置成排的土球。甑子位于火道后部,周遭为红烧土,内铺土球。部分盐灶还附设沟槽、灰坑等。以1号灶为例,长9.72、宽1.32~2.44、深0.38~1.72米。两种灶的差别主要区别在灶的后部设计。A型灶的火道后面为烟道,B型灶在火道后面还设有甑子,可最大限度地利用热能,增加冰土产量。从工艺看,B型灶为A型灶的改进版,时代也稍晚。蓄卤池结构分两型。A型长方形,单池。以1号池为例,长9.30、宽5.04~5.96、深1.08~2.32米。四壁用长方石块错缝平砌,外部有用卵石砌的护墙,底部铺石板。东南角有方形石槽,四壁垒砌石板,内壁及底部为烧结的红烧土。B型为相连的双池,或平行,或曲尺状。以3号池为例,长方形,长4.82、宽2.20、深0.66~0.98米。周壁用卵石砌筑,中部有石墙分隔,墙底有孔洞相通,底部铺设黄黏土。后池的底部还有桶状坑,周壁用长条形木板围筑,底部平铺木板。黄泥加工坑为椭圆形,弧壁圜底,坑壁和底部涂抹夹小石子的黄黏土,长径2.04、短径1.57、深0.26米。排水沟长条形,从墙下穿过,顶部覆盖石板,两壁垒砌卵石或石块,底面涂抹黄黏土,长7.98、宽1.02~1.48、深0.2~0.9米。出土遗物主要为陶器、瓷器、铜器和铁器等,以陶、瓷类生活用具为主,也有少量工具,均为清代常见器,据出土铜币可确认其年代为清,民国仍在生产。

郁山一带的地下卤水浓度偏低,熬煮前需对卤水提浓。据发掘可知,当时的制盐工艺是将垒砌在灶内的土球先烧热,并不时泼洒卤水,蒸发的盐会留在土球上,待含盐饱和后结为冰土,再将其掘出、捣碎、浸泡、淋沥浓卤,煎煮制盐。进一步的调查表明,在郁山镇还发现有盐井、输卤笕道等制盐遗迹,对当地制盐遗址的分布、保存状况、凿井技术、输卤等有了基本的了解，也为寻找更早的制盐遗址提供了线索[1]。

3. 中坝的考古发掘与研究

三峡境内最重要的制盐遗址为浲井镇佑溪村的中坝遗址。2003 年，三峡水库正式蓄水后，中坝遗址被淹没到水下。孙智彬撰文介绍了 1997～2002 年四川省文物考古研究所中坝遗址的发掘收获。该址文化堆积达 79 层，厚 12.5 米，时代上迄新石器晚期，历经商、西周、春秋战国、秦汉、南朝、唐、宋，止于明、清，几乎囊括了中国历史上的所有王朝，延续时间长达 4 500 年。出土遗迹有房基 350、灰沟 79、灰坑 820、墓葬 69、涂泥水槽 30、窑 41、窖穴 2、灶 11、路 6、墙 4、地面 5。出土遗物有陶、石（玉）、骨、瓷、铜、铁、银等各类文物 268 442 件。此外还采集有动植物遗骸、人骨、钙化物、土壤等标本[2]。

1999～2003 年，中美盐业考古队派员参加了中坝的发掘，负责探方编号为 DT0202。据陈伯桢介绍，他们最初接手是从 18 层开始，至 69 层结束。考虑到该址的特殊性及三峡工程的时间要求，为尽可能多地获取信息，该探方采用了极为细致的挖掘和整理方法。即在每一文化层任意选择 1 立方米区域作为抽样区，此区内所有土壤全部经水洗并采集遗物。此区域外的土壤全部过筛（筛孔 = 0.4 cm）并采集遗物。每个文化层都要采集土壤样本，以便后期浮选检测。室内整理程序为，对抽样区以外采集陶片依质地、颜色和器型分类、记录，包括数量和重量等。抽样区以内采集陶片数量过大，只能随机抽样，观测记录 50% 的样本，包括质地、颜色、纹饰、重量、厚度、工艺、痕迹等约 30 项指数。此外，对石器、植物、动物、甲骨、孢子花粉等也都做了系统研究[3]。

（1）**先秦时期** 中坝先秦时期的文化堆积分为三段，以探方（99ZZAT0301）西

---

[1] 重庆市文化遗产研究院、重庆彭水县文物管理所：《重庆彭水县中井坝盐业遗址发掘简报》，《南方文物》，2014 年 1 期。
[2] 《重庆忠县中坝制盐遗址的发现及相关研究》，李水城、罗泰主编：《中国盐业考古：长江上游古代盐业与中坝遗址的考古研究》（三）。
[3] 陈伯桢：《浲井沟遗址群新石器时代晚期至汉代的盐业生产》，李水城、罗泰主编：《中国盐业考古：长江上游古代盐业与中坝遗址的考古研究》（三）。

壁地层为例,第 56~69 层为新石器时代,第 55~49 层为商周时期,第 48~18 层为东周时期。北京大学考古文博学院实验室与美国贝塔分析(Beta Analytic)实验室对中坝遗址采集的首批有机碳样本做了"串级加速器高能质谱技术"(AMS)检测。探方 99ZZDT0202 第 18 层以下样本的绝对年代(经树轮校正)分为三期:第一期属新石器晚期(第 69~54 层),年代为公元前 2500~前 1800 年;第二期属青铜时代早中期(第 52b~49b 层),年代为公元前 1800~前 800 年;第三期属青铜时代晚期至铁器时代早期(第 49a~17 层),年代为公元前 800~前 200 年[1]。

中坝遗址出土各类遗迹、遗物如下。

涂泥圆坑 在新石器时代地层发现 208 座。大口、圜底或小平底,口径 1~2、深 1 米余。坑壁和底部涂抹 20~30 厘米厚的黄黏土,坑底铺垫较平整的卵石,残留有陶器残件或石块。商代此类坑发现不多。周代发现 81 个,结构大致类似。

涂泥水槽 最早出现在春秋时期,战国时增多。共发现 32 个,均为长方形或不规则圆角长方形,弧壁,圜底。长 1~2 米余,宽 0.8~1 米,深 0.2~0.3 米,大小形态略有差异。坑壁和底部涂抹黄黏土,坑内堆积有完整的圜底罐、尖底盏、陶片或其他器物残件。

灶 新石器地层发现 6 座。平面长条状或近长方形。灶内堆积灰白色黏土、红烧土、炭屑和碎陶片等。以编号 Y15 为例,平面圆角长条形,长 9.20、宽 1.40~1.70、深 0.40 米,横切面为大口锅底形。灶内和底部断续存留厚薄不一的烧结面,显示灶内的温度不是很高。在青铜时代地层未发现炉灶。

房屋(作坊) 新石器时代的发现 7 座。大多残破,残留地面较纯净,柱洞排列无序。有些洞内残留陶缸残片。商代房屋仅有一座,结构形态与早期相同。西周至战国晚期的发现 299 座。平面为长方形或不规则形,地面较纯较硬,大多四周高、中间低,部分斜坡状。发现数量不等的柱洞,排列无序。有的局部范围柱洞密集,不像插立木柱的设施。房内还发现用火痕迹,个别屋内有不规则红烧土,以及成排的柱洞。这批房屋结构与一般居住址不同,应为制盐作坊。

---

[1] 吴小红等:《重庆忠县中坝遗址的碳十四年代》,《考古》,2007 年 7 期。

土洞 见于两周地层,数量非常多,西周早期尤甚。分布无序,有的探方内数量多达上千,形状、大小、深浅不一,口径 7~10、深 15~25 厘米之间。所在地表似经火烤。西周晚期以后的"土洞"密度降低,多见于屋内,有的洞内还发现有角杯、圜底罐残片及动物骨骼等。

陶器 新石器时代晚期的陶器有缸、瓮、罐、筒形器、瓶、壶、豆、盘、盆、钵、碗、杯、器盖、器座、釜等 40 余种。但以花边口尖底缸和罐为主,占同期陶器的 68.48%。不见完整器,推测其口径和高度都在 40 厘米上下。商代主要为角杯、罐和瓮等。其中,尖底杯、角杯占到同期陶器的 68.18%。口径 4~5、高 6~14 厘米。西周时期,圜底罐数量大增,至春秋战国时期的比例已占到同期陶器的 95%~98%。口径 10 余厘米、高 10~20 余厘米。形态分为三种:花边口圜底罐、束颈圜底罐和敛口圜底罐。

石器、骨器、铜器 中坝所出石器有斧、锛、凿等,制作技术分打制、琢制和磨制,很少见钻孔石器。特点是普遍较粗糙,这也是三峡地区石器的普遍特征。骨器少见。铜器仅见少量的鱼钩。还发现一些陶网坠。

甲骨 在 99ZZDT0202 出土数百件甲骨碎片和龟壳残片,可拼合为 182 块卜甲(骨),时代从新石器时代至秦代。这些甲骨均无文字,但有灼痕或凿痕。

动物和鱼类骨骼 在 99ZZDT0202 筛选收集 20 余万件动物骨骼。其中近 13 万件做了初步分析。鱼类和哺乳类动物占绝大多数,鸟类和两栖类爬行类较少。

植物遗存 浮选出的炭化植物遗骸有块茎植物残块、植物种子等。其中,植物种子 1 235 粒。包括黍、粟和稻等,计 1 166 粒,占出土种子总数的 94%。还有少量紫苏、商陆、豇豆属、蓼科的种子。

(2) **历史时期** 中坝发现汉代以后的遗迹有房址、灰坑、灰沟、墓葬、灶等。

汉代的盐灶发现 13 座。平面长条形,灶头大灶尾小,分为操作间、火门、炉膛、火道、烟道几部分。全长 13.5、宽 0.9~3.79 米。灶头操作间和火口位置较低,火门朝向河谷,头宽尾窄,上宽下窄,灶壁砌筑卵石和黏土加固。灶尾烟道和烟囱位置最高,形成一定的高差,有利于燃料的燃烧和提高炉温。

唐、宋时期地层与制盐有关的遗迹主要为制盐作坊和炉灶。其中,发现作坊基址25处。保存有地面、墙基槽、柱洞和炉灶等,屋内主要堆积有炭屑、烧土及釉陶、青瓷碎片等。盐灶8个,平面圆形,平底,残存灶底和部分灶壁。西南侧有宽35厘米的缺口应系火门,保留较厚的烧结面。灶底平整,铺设卵石或石块,直径135、内径110、壁厚10、残高10厘米。这些炉灶数个构成一组,排列较有序。有些炉灶周围散落有碎砖块和条石,系塌落的灶台遗留。

明清时期的盐灶发现2座,均系石材砌筑。其中,11号灶的灶口为葫芦形,分南北两部分,北部近圆形,灶壁烧成质地坚硬的青灰色,残余部分直径190、深64~70厘米,推测为储卤或预热设施。南部平面圆形,灶壁用规整的石条砌筑,有明显的火烧痕,残余直径170、深90~120厘米。时代已晚到清末至民国初年[1]。

4. 西南地区的制盐工艺

中坝先秦时期的制盐工艺经历了三个大的发展阶段,每个阶段都以一种特殊的制盐器具为代表。第一阶段为新石器时代晚期。制盐陶器以花边口深腹尖底(小平底)缸为代表。此器可复原为大敞口、斜直腹、尖底或柱状小平底,口径、器高均在40厘米上下。推测是将这些尖底缸一排排固定于条形炉灶内,煎煮制盐。本期发现大量涂泥圆坑就是用来储存、浓缩或沉淀过滤卤水杂质的设施。第二阶段为青铜时代。制盐陶器改用较小的尖底杯,未见这个阶段的炉灶。早期尖底杯形态矮胖短粗,晚期转为瘦高。两类杯子各自的容积接近。巴盐教授认为,改用尖底杯制盐的深层原因可能与新石器时代晚期超量砍伐森林(竹林)为燃料,导致周边植被破坏、环境恶化,出现了燃料危机,迫使制盐业不得不放弃传统的柴薪熬盐法。他还进而推测,这种制盐技术可能与美国东部林地基姆斯维克印第安人的制盐方法类似,即将尖底杯插在地上挖好的坑内,加注卤水,通过日晒蒸发和渗透压作用将水分析出,获得盐锭。这种方法的关键是不需要任何燃料[2]。与此不同,李峰

---

[1] 李水城、罗泰主编:《中国盐业考古:长江上游古代盐业与中坝遗址的考古研究》(三),科学出版社,2010年。

[2] 巴盐:《中坝遗址与南英格兰艾塞克斯红丘遗址出土制盐陶器的比较》,李水城、罗泰主编:《中国盐业考古:国际视野下的比较观察》(二)。

的观察发现,很多尖底杯下半部灰褐色、灰色或灰胎红皮,质地较硬。上半部红色或橘红色,火候偏低。这种现象的成因不可能是烧造时造成的,更有可能是盛入液体后再经加热烘烤使然[1]。白九江等人认为,尖底杯上下两半色泽和硬度明显不同的分界线靠近下部尖底处,推测杯子曾被插入尚有余温的灰烬,经再次受热使得插入灰烬的底部还原为暗色,暴露在外的上部保持原初的红色[2]。陈伯桢的推测较为理性,这些土洞既不是建筑用柱洞,也不适宜插放尖底杯,而是用来搭建烘烤盐锭的竹木支架遗留,可将尖底杯置于架子上烘烤制盐[3]。考虑到发掘中未见这一时期的炉灶,推测此时可能使用较大的陶容器熬煮卤水,待卤水开始结晶时,将湿盐移至尖底杯内形成盐锭。尖底杯属于一次性制盐模具,同时也是销售运输中的容器。这一时期在三峡还发现有制作盐锭的模具——船形杯,此类器的先进之处是可反复使用。第三阶段为青铜时代末期到铁器时代早期,制盐器具改为圜底罐,经对近 200 件圜底罐进行检测,其容积大致恒定在 500 ml 左右,特别是同期的圜底罐容积更接近。挖掘中未见这个阶段的盐灶,推测其制盐工艺延续了与尖底杯时期的方法,即用大型容器熬煮卤水,用圜底罐可制成更大的盐锭,制盐工艺有长足的进步,产量也大幅增加。

除上述考古研究外,我们还采用自然科学方法对中坝遗址的土壤和出土陶器进行了检测,得出的证据是:1. 同一地区地下卤水的化学成分与遗址中的制盐用具和制盐设施残留物相似。四川盆地东缘地下卤水的杂质特征是富含镁、钙和钾,中坝 F270、M75、F198、F226 等单位土样所含钙、镁也特别高。2. 中坝东周时期的圜底罐残留矿物成分与自贡制盐作坊煮盐平底锅的残留物、云阳盐场生石灰废料场的残留物相同。3. 圜底罐内壁残留的 Na 和 Cl 浓度很高,由内到外显示出浓度由高至低的清晰梯度,可确认这些陶器与煎煮卤水有关。

哈佛大学的傅罗文以独特的视角全面介绍并研究了中坝的制盐产业、工艺变

---

[1] 李锋:《忠县邓家沱遗址西周时期文化遗存的初步认识》,《重庆:2001 三峡文物保护学术研讨会论文集》。
[2] 白九江:《尖底杯在古代制盐工艺流程中的功能研究》,《盐业史研究》,2010 年 2 期。
[3] 陈伯桢:《漳井沟遗址群新石器时代晚期至汉代的盐业生产》,李水城、罗泰主编:《中国盐业考古:长江上游古代盐业与中坝遗址的考古研究》(三)。

革、专业化生产以及制盐业在三峡地区社会复杂化进程中所扮演的重要角色。此书是第一部由外国学者撰写的中国盐业考古专著。其研究成果不仅开创了三峡盐业考古的先河,也填补了中国产业考古遗址专业化研究领域的空白[1]。

到了汉代,三峡地区仍采用传统的煮盐方法,但制盐器具改为铁器,在四川蒲江出有汉代的大型铁"牢盆",口沿下有"廿五石"刻铭,器型大且厚重,由此可见汉代制盐业的规模。中坝挖出的汉代盐灶形态很可能与成都平原出土东汉井盐画像砖中的龙尾灶接近。近十余年来,在巫山麦沱[2]、黄膏泥[3]及忠县乌杨花二包、甘蔗丘墓地出土 1 批"陶灶"模型明器。灶的长度为 52~118、宽 16~24、高 10~15 厘米。其中,巫山和忠县出土的 5 孔陶灶平面舌形、较宽。灶面上的灶孔分两排。还有一批窄长条形陶灶,灶面的圆形灶孔仅有一排,有 8 孔、10 孔、12 孔之别。多数"陶灶"的灶口放置有陶钵。这批模型明器的出土弥补了中坝汉代龙尾灶灶台部分缺失的不足,为复原汉代炉灶提供了重要的实物资料[4]。

进入唐宋时期以后,三峡地区出土的炉灶结构及排列形态已非常接近现代制盐作坊的布局,制盐工艺仍保持煎煮的传统。

三、环渤海地区及山东半岛

20 世纪 50 年代以来,在山东省的渤海湾南岸发现大量的"盔形器",有人推测这是战国时期"齐国大规模'煮海为盐'的工具"[5]。1996 年,曹元启撰文指出,盔形器为制盐陶器,并将盔形器划分成 12 式,发展趋势从尖底到尖圜底,再到圜底,

---

[1] [美]傅罗文:《古代中国的盐业生产和社会等级制:中国三峡专业化生产的考古学研究》,"Salt Production and Social Hierarchy in Ancient China: An Archaeological Investigation of Specializations in China's Three Gorges",剑桥大学出版社,2011 年。

[2] 湖南省文物考古研究所等:《巫山麦沱汉墓群发掘报告》,《重庆库区考古发掘报告集(1997 年卷)》,科学出版社,2001 年。

[3] 《巫山县黄膏泥墓地》,《考古重庆(2015)》。

[4] 白九江、邹后曦:《制盐龙灶的特征与演变——以三峡地区为例》,《江汉考古》,2013 年 3 期。

[5] 《山东文物选集(普查部分)》,文物出版社,1959 年;《滨州地区文物志》,山东友谊出版社,1991 年。

个体逐渐增大,年代从西周时期延续到汉代。他还认为,滨海地区土质疏松,承重力弱,尖底或圆底的陶器可减轻对地表的压力,从尖底变为圆底可增大器物的受火面,提高燃料的利用率[1]。在此之前,林仙庭等人推测,山东半岛沿海发现的那些大型浅铜盘应为东汉或稍晚阶段煮盐用的"牢盆"[2]。

1. 先秦时期

2002年,北京大学与山东省文物考古研究所对鲁北及胶东沿海进行了一次大范围的考古调查,重点考察和检测莱州湾沿海各县市出有"盔形器"的遗址和博物馆收藏的盔形器。得出认识如下：1. 盔形器分灰陶、褐陶两大类,造型分圜底、尖圜底和尖底,演变趋势为球形圆腹、圜底—卵圆形深腹、尖圜底—陀螺形腹、尖底。2. 盔形器的年代为晚商至西周时期,器高为20厘米左右。部分高60厘米上下的大型盔形器年代已晚到东周。3. 盔形器的分布区域有两个。外区集中在莱州湾沿海一线,凡商周遗址均出有大量盔形器,系高密度区。内区位于济青公路一线,商周遗址仅零星出有盔形器,系低密度区。4. 盔形器为专门的制盐器具,但究竟用火煎法还是日晒法制盐,尚不清楚[3]。

2004年,方辉撰文讨论盔形器。认为此类器非鲁北传统,因来源于殷墟三期的陶尊,年代也应早到殷墟三期,下限至战国。通过与中坝制盐陶器的比较,推测盔形器与"收贮和加工天然卤水、摄取食盐"有关。并与国外资料比对分析了不同形态制盐陶器与工艺的关系。他利用古文字资料推测商王朝在山东滨海设有盐政机构,负责海盐生产供给,兰家村商墓的墓主可能是"卤小臣"或下属盐业官员。西周铜器免盘铭文最后一字可释尊,即盔形器。此器既是制盐器具,也是量器。如此可见,商代征伐"夷方"之说有其合理因素[4]。

李水城撰文介绍了日本的制盐遗址多分布在海岸线附近的低台地上,遗址中

---

[1] 曹元启:《试论西周至战国时代的盔形器》,《北方文物》,1996年3期。
[2] 林仙庭等:《山东半岛出土的几件古盐业用器》,《考古》,1992年12期。
[3] 李水城等:《莱州湾地区古代盐业考古调查》,《盐业史研究》,2003年1期;《鲁北-胶东盐业考古调查记》,《华夏考古》,2009年1期。
[4] 方辉:《商周时期鲁北地区海盐业的考古学研究》,《考古》,2004年4期。

堆积大量形态单一的制盐陶器残片,比例达 90% 以上,少见日常生活用具。制盐陶器仅将内壁加工,外观粗糙。遗址中常见炉灶遗迹,有学者据此提出日本早期制盐采用煎煮法。通过比较发现莱州湾沿海商周遗址与日本颇多相似,对于进一步认识此类遗址的性质非常重要。特别是日本列岛在盐业考古出现之前,制盐遗址往往被忽略,制盐陶器也被视为一般生活用具。可见双方都经历了大致相同的路程[1]。

2005 年夏,中美盐业考古队前往寿光双王城考察,并在临淄工作站对所藏盔形器进行系统的检测称重,对此类陶器的功能和特征有了进一步认识。与此同时,山东省文物考古研究所为配合南水北调工程在鲁北展开调查,发现沾化杨家,广饶南河崖、东北坞,寿光双王城、大荒北央,潍坊寒亭央子,昌邑利渔等一批大规模的制盐遗址群[2]。这些遗址群包含数十至上百座制盐作坊,大多属于晚商至东周时期,少量进入历史时期。如此大规模、保存完好的制盐遗址群在世界范围内都很罕见。

2001 年,山东大学试掘寿光大荒北央遗址。清理圆形小灰坑、灰沟和白色沉淀物硬面等遗迹。其中圆形圜底小灰坑内壁涂抹黏土,推测为保存淡水或卤水的设施。灰沟为不规则带状,推测为小河沟。该址出土盔形器占陶器比例达 90%。发掘者认为盔形器的演化是从尖底到圜底,再到圜底略平;腹部绳纹由粗到细。盔形器内壁白色沉淀物与盐有关。部分盔形器外表局部红色系二次氧化,可能与煮盐有关。但有大量盔形器没有二次氧化痕迹,也未见煮盐线索,两类盔形器应有不同用途。红褐陶盔形器的掺合料显示是用当地海相地层含盐高的土烧制的,夹细砂灰陶盔形器应是在鲁北山前地带烧造的输入品。在后来发表的报告中,大荒北央被认定为西周时期的制盐作坊,上述遗迹分别被定为卤水坑、淋卤坑、刮卤摊场和盐灶[3]。

---

[1] 李水城:《中日古代盐产业的比较观察:以莱州湾为例》,《考古学研究》(六),科学出版社,2006 年。
[2] 黄铭崇等:《晚商文化的分布及其意义——以山东地区为例的初步探索》,《东亚考古学的再思——张光直先生逝世十周年纪念论文集》,(台北) 中研院历史语言研究所,2013 年。
[3] 山东大学东方考古研究中心:《山东寿光市大荒北央西周遗址的发掘》,《考古》,2005 年 12 期。

2008年,山东省文物考古研究所与北京大学对双王城遗址进行发掘。这座遗址群调查发现遗址83处,后增至89处。其中,新石器时代晚期3处,晚商至西周时期76处,东周时期4处,金元时期6处。发掘揭露商周时期制盐作坊3处,金元时期制盐作坊群2处。

双王城014A作坊占地4000余平方米,这是一座保存完整的制盐作坊。布局以盐灶为中心。作坊西端有卤水井,大敞口,口径4.2~4.5米,斜壁,一米以下井壁垂直,直径缩至3米,深3.5米。井壁围绕苇编井圈,周边插立木棍加固,井底铺设芦苇,以防井壁泥土剥落并过滤卤水。井的周围有浅沟与沉淀蒸发浅池相连。灶膛左右挖筑长方形蓄卤坑,坑壁和底部涂抹黏土。作坊外的空场分布两排涂泥小圆坑,各16个,排列密集,坑壁和坑底涂泥,口径0.5~0.7、深0.5~0.8米。作坊中心的盐灶为亚腰葫芦形,长17.2、宽8.3米。分操作间、灶口、灶膛、火道、烟道、烟囱几个部分。炉灶周围为大片的平整地面。

双王城014B作坊占地约900平方米,布局也以盐灶为中心,左右大致对称分布有蓄卤坑、涂泥小圆坑、盐灶、废弃垃圾堆等,沉淀蒸发浅池部分未进行发掘。盐灶也是葫芦形,长13、宽9米。前端为细长的火道,顶端及左侧各有一烟囱。灶膛左右对称挖筑一对圆角方形蓄卤坑。在2号蓄卤坑底部存留10余件完整盔形器。尤为罕见的是有4件盔形器相互粘连作"88"状,器口间空隙用盔形器残片填充,极为难得地保留了盔形器在盐灶中的组合结构。另有个别盔形器底部黏附草拌泥烧土。上述迹象对于复原当时的制盐工艺非常重要。盐灶两侧的涂泥小圆坑呈不对称分布,个别坑内残存完整的盔形器,器口朝上[1]。

同一年,山东大学与山东文物考古研究所对东营市广北农场南河崖第一地点进行发掘,该遗址群发现制盐作坊60余处,总面积4平方公里[2]。发掘遗迹有蓄卤坑、圆坑、盐灶、房址、灰坑和废弃垃圾堆等。盐灶呈亚腰葫芦状,前端为"丫"字

---

[1]《南水北调东线工程山东寿光双王城水库盐业遗址调查与发掘》,《2008年中国考古重要发现》,文物出版社,2009年;山东省文物考古研究所等:《山东寿光市双王城盐业遗址2008年的发掘》,《考古》,2010年3期。

[2] 李水城、燕生东:《山东广饶南河崖发现大规模制盐遗址群》,《中国文物报》,2008年4月23日。

形,长 13、宽 3.75、残深 0.2~0.8 米,包括火口、灶膛、火道、烟道和烟囱几部分。盐灶两侧为圆角长方形蓄卤坑池、涂泥圆坑、房址、卤水池等。出土大量盔形器及少量的罐、鬲、簋、兽骨、鹿角、贝壳等,时代定为西周[1]。

2009 年,北京大学与山东文物考古研究所挖掘了双王城 SS-8 作坊遗址。出土卤水井、盐灶、蓄卤坑、圆坑及大量的盔形器残片。作坊的布局略有差异。卤水井位于盐灶右侧,结构与双王城 014A 的井相同。盐灶呈亚腰葫芦状,前端有两个并列的烟道。在灶膛内发现多处小的红烧土墩,应为当时支撑陶器的黏土。火道细长,烟囱周围用倒扣着的盔形器和黏土加固。灶膛两侧挖筑蓄卤坑,前端为沉淀蒸发浅池。涂泥小圆坑一排 13 个位于卤水井的东侧,弧状分布。另一排 10 个,位于烟道左右两侧[2]。

2009~2010 年,山东省文物考古研究所等单位对昌邑北部沿海展开调查,在市区西北发现两处制盐遗址群。其中,东利渔有制盐作坊 40 处,火道—廒里有制盐作坊 166 处。加上其他地点的发现,总计达 211 处。调查中发现有卤水井、盐灶及灰坑、灶窑、蒸发池等遗迹。在火道—廒里第 14 地点发现一字排开的卤水井 8 口。圆形井口,直径 1~5 米,井圈环绕苇编。调查中采集的陶片分为两类,一类为日常用具,如鬲、豆、盂、盆、罐等。大量为制盐器具,泥质灰陶,器形高大厚重,完整器高 60~70 厘米,造型颇似圜底盔形器的放大版。调查中还对火道—廒里 105 号遗址中一座暴露的盐灶做了发掘。盐灶平面呈三角凸字形,长 3.94 米,由工作间、火口、灶膛、烟道组成。工作间及火口部分破坏,底部残留大量深灰褐色土、草木灰和红烧土。灶膛梯形,烟囱部位向上抬升。由于上部破坏,残留的陶器仅存下半部,可分两类。一类胎体稍薄,口径 30~40 厘米,腹部拍印交错粗绳纹,内壁拍印圆点或不规则方格纹。另二类为厚胎,口径 33~37 厘米,外壁拍印粗绳纹,内壁拍印菱形纹或方格纹。据介绍,调查发现的这批遗址年代部分为春秋时期,大多已进入战

---

[1] 山东大学考古系等:《山东东营市南河崖西周煮盐遗址》,《考古》,2010 年 3 期。
[2] 山东省文物考古研究所等:《山东寿光市双王城盐业遗址 2008 年的发掘》,《考古》,2010 年 3 期。

国。这一发现进一步深化了对鲁北东周时期制盐业的了解[1]。

2. 历史时期

在鲁北地区,迄今尚未发现汉代的制盐遗址。考虑到汉代的4处盐官都设置在胶东半岛,或许此时制盐业的中心已向东转移。

2000~2002年,为配合朔黄铁路建设,河北省文物考古研究所等单位发掘了黄骅市海丰镇遗址,清理炉灶19座,出土十几粒莲子,证实了该址的制盐属性。这批盐灶平面为圆形,用半截砖砌筑,直径0.4~0.5米。烟道长条斜坡状,分砖砌和土筑两种。据称这批炉灶属于金元时期,但未见介绍其他相关物证。

2008年,山东省文物考古研究所和北京大学对寿光双王城宋元时期制盐作坊进行发掘。清理出盐井、盐灶、卤水沟、过滤沟、储卤池、工棚及各类灰坑。在SS-8地点清理2口卤水井,直径4~5米,深度不详。在双王城07地点清理制盐作坊30座,布局多为两两一组,由操作间、库房、灰坑、盐灶、烟道构成。另在现代排水沟中发现4口卤水井,口径超过4米,井壁用苇编井圈和木棍加固。这批作坊的占地面积3~10米,结构普遍为半地穴式,灶前设置方形或椭圆形操作间,底部较盐灶要深,两侧或一角设置灰坑或卤水缸。盐灶长方形或圆形。前者灶膛长1.5、宽1、深0.8~1米,后者直径在1米以内。根据出土的铁盘残块和灶口形状可知,煮盐器具为长方形铁盘或圆形铁锅,烟道长条形,由炉灶一侧倾斜伸出,个别烟道也设有圆形、方形小灶,系利用烟道余温的预热设施。在作坊区发现宽0.5~1、深0.4~0.8米的卤水沟和宽1、深0.5米的过滤卤水沟,后者在沟底等距离挖有长方小坑,间距1.5、长0.8、宽0.5、深0.6米。蓄卤坑设在盐灶旁,圆口圜底,坑壁加工规整,表面残留白色粉状物。在SS-8还发掘一座圆角长条形蓄卤坑,长5.15、宽约1、深0.25米,坑底挖有4个深0.4~0.6米的小坑,结构与过滤卤水沟相同。工棚为半地穴式窝棚,室内有炉灶及火炕等设施。作坊内出有宋元时期的瓷器残片和砖瓦等[2]。

---

[1] 山东省文物考古研究所、山东昌邑市博物馆:《山东昌邑市盐业遗址调查简报》,《南方文物》,2012年1期。
[2] 山东省文物考古研究所等:《山东寿光市双王城盐业遗址2008年的发掘》,《考古》,2010年3期。

3. 鲁北商周时期的制盐工艺

崔剑锋等通过对双王城遗址采集样本中的碳酸钙镁进行 XRD、锶同位素、氧碳同位素的分析,显示莱州湾的制盐工艺以地下卤水为原料,文火慢炖,在盔形器内逐步结晶成盐,温度仅有 60 度左右。宋元时期采用铁盘,温度可升至 100 度[1]。经检测,商周时期小圆坑内涂抹黏土残留的微量元素成分与蓄卤坑内的相同,证实二者都是用于储存和过滤卤水的设施[2]。

我们将莱州湾商周制盐工艺总结复原为,汲取井内的卤水入浅坑大池沉淀、提纯,利用风力和阳光蒸发初步提浓。坑池内的草木灰为吸附卤水中有害杂质的步骤。参照国内外资料,可能还要选用细沙土,灶旁的摊晒场上聚卤,再经淋滤提浓。淋滤设施包括蓄卤坑和涂泥小圆坑,后者可能近似菲律宾保和岛的淋滤设施,即将盔形器放在坑内承接过滤下来卤水,在有的涂泥小圆坑内放置完整的盔形器可以为证。双王城所出盔形器的底部多见二次氧化及破裂痕迹。在 SS-8 灶膛内发现有草拌泥烧土堆,与盔形器底部黏附的烧土相合。可知煮盐时先用湿的草拌泥将盔形器固定在灶膛。在 014B 作坊 2 号蓄卤坑发现 4 个相连的盔形器,器口缝隙用陶片封堵,再现了当初盔形器的组合形式,这很像是非洲尼日尔曼嘎地区制盐泥钵在灶内的摆放结构。目的是使炉灶形成封闭空间,以免热力流失,掌控炉温。加之盔形器普遍为尖圜底,下部可形成一定的空隙,利于火焰游走。由于盐灶为长条葫芦状,不同部位的火力温度会有差异,温度高的区域熬煮卤水,温度低的区域可以预热或烘烤湿盐,包括有的烟道也具有类似功能,达到充分利用热能,降低成本,提高功效的目的。挖掘时在蓄卤坑内常常发现有盔形器或残片,这表明陶器在制盐过程中若残破可将已经结晶的盐取出,再将破损陶器或残片扔入蓄卤坑析出附在陶器内外的盐,增加卤水的浓度。在双王城 SL9YZ1 盐灶曾发现圆柱状、长条状、方柱或扁柱状烧土块,此类遗物既可在灶膛内支撑稳定盔形器,也有类似三峡现代

---

[1] 崔剑锋等:《山东寿光市双王城遗址古代制盐工艺的几个问题》,《考古》,2010 年 3 期。
[2] 山东省文物考古研究所、山东昌邑市博物馆:《山东寿光双王城制盐遗址的科技考古研究》,《南方文物》,2011 年 1 期。

盐灶旁放置泥块的功能。因煮盐时不断要补充卤水,会将卤水泼洒到烧土块上,待土块废弃也会被放入卤水池内析出盐分。遗憾的是,当初在挖掘和随后的研究中存在一些失误。最不能原谅的就是将014B作坊2号蓄卤坑中4个相连的盔形器随意拆散,导致这组珍贵遗存被毁。再有,已发表的报告将制盐作坊两侧的涂泥小圆坑作为柱洞处理,并复原成房屋建筑模样。其实,只要稍有点建筑学常识就不会犯此低级错误[1]。

2001年,韩国首尔大学在始兴市乌耳岛(Oido)发掘时,在B区原三国时代的地层出土一批"U"形圜底陶罐。器高14~32厘米之间。但以高15.7~17.6厘米的最多。器表还有火烧痕迹。韩国学者最初认为此类陶器是自北部平壤地区的炊具。后有学者与山东莱州湾的盔形器比较,认为这批陶罐的造型与莱州湾的"盔形器"有异曲同工之妙,包括器表所饰绳纹、方格纹也颇近似,其功能也与盔形器相同,年代应为公元前1世纪早期。在遗址中还发现有像制盐作坊或盐灶一类的遗迹。这一发现对东北亚先秦时期的历史、考古和文化交流的研究非常重要。韩国学者指出,此类遗存突然出现,又突然消失,很可能与汉武帝实施新的盐铁政策引发的外流移民有关。特别值得重视的是,提出了从山东半岛经海路直接对韩半岛施加文化影响的论点[2]。

四、东南-华南沿海

1. 东南沿海

史前时期 2015~2017年,浙江宁波市文物考古研究所宁波所联合其他单位对大榭岛下厂村一处史前遗址进行发掘,在钱山漾文化地层发现最早的制作海盐遗迹。发掘盐灶27座、灰坑5个、陶片堆2处、废弃堆18处。由于遗迹距地表很浅,上层多有破坏,现存炉灶的结构分为两种:一种为单一型,即单灶一个灶眼,共

---

[1] 李水城:《中国盐业考古十年》,《考古学研究》(九),文物出版社,2012年。
[2] 李水城、艾婉乔:《先秦时期莱州湾与朝鲜半岛文化交流的新线索》,《中国文物报》,2016年7月15日六版。

有4座。保存较好的一组有2个,以YZ25为例,以圆角长方形,操作间和炉灶分别呈椭圆形。通长(包括灶体外侧火烧面)2.3、宽1.08米。一种为复合型,即单灶多个灶眼,共有23座。其中,有4个灶眼的一座,操作间近圆形,火口较窄,两侧砌筑石块。灶膛长椭圆形,前后有两个大灶眼,中间并列两个灶眼稍小。以YZ22为例,通长(包括灶体外侧火烧面)4.3、宽0.4米。7个灶眼的数量较多,平面长椭圆形,操作间不明。灶前有一大灶眼,后面并列三排小灶眼,每排各两个。以YZ1为例,通长(包括灶体外侧火烧面)1.62、宽1.02米。以上炉灶均未发现明显的烟道,炉灶周边被火烧成坚硬的橘红色。遗址内发现多处废弃物堆积,包含物单一,主要为大量红、白、橙、紫色的烧土块和白色钙质结核。经检测,白色钙质结核属碳酸钙,其成因与高温下淋滤滩涂的盐泥有关。其他还有陶器和少量石器、陆生及海洋动物骨骼等。陶器分为日用和制盐两类,前者不多,有鼎、豆、罐、盆、盘等,具有典型的钱山漾文化特征。制盐陶器主要有缸、盆和支脚等。其中,缸系夹砂陶,质地粗,个体大,厚胎,素面。大敞口、斜直腹,大平底。口径47、高18、底径39、壁厚2.5、底厚3.7厘米。陶盆分夹植物碎屑和夹贝壳碎屑两类。质地也较粗,个体大,器表饰线绳纹。大口、弧腹、圜底。口径36,高28,壁厚0.8厘米。此外还发现一批支撑用的陶棍。顶部有道浅凹槽,槽宽2、深1、器高17.5、直径5~5.8厘米。经碳十四检测该址绝对年代为公元前2400~前2100年。

  大榭制盐遗址的发现非常重要。这批盐灶形式多样、结构较复杂,灶口大小有别,显然制盐容器也有大小之别,有的可能用来预热或烘干,有的用于熬盐,制盐工艺已很成熟,此前还应有一个起源和发展阶段。如此,东南沿海的制盐业至少可前推至良渚时期。以往在舟山群岛曾发现有陶棍等遗迹,可见大榭的制盐在当地并非孤立现象。此外,大榭岛还发现有春秋时期的制盐遗物。其中,比较完整的有陶棍,顶部有一"马鞍形"下凹。顶面直径5、凹面深1.2、底面直径5~6、高7.5厘米[1]。

---

[1] 雷少:《我国古代海盐业的最早实证——宁波大榭遗址考古发掘取得重要收获》,《中国文物报》,2017年12月29日。

上述发现证实大榭岛的生业经济以制盐为主,所产之盐也绝非仅供岛上居民独享,背后应有相关的产业链和贸易活动,特别是与渔业的密切联系,将这些问题综合加以考虑,对于探索中国海盐制造的起源、发展以及浙东地区史前时期的社会复杂化和经济形态等提供了重要的研究资料。

历史时期 2013年,浙江温州市和洞头县文物保护考古所对九亩丘遗址进行发掘,出土了包括炉灶、储卤坑、和泥坑、作坊、摊场、引水蓄水设施遗迹及各类制盐陶器等。该址的堆积分早晚两期。早期发现有盐灶、储卤坑和摊场。其中,盐灶建在山麓缓坡上,下挖出圆形或椭圆形的灶坑,直径1.5~2、深0.3~0.5米。灶内堆积有蜃灰、陶支具、陶垫具等。储卤坑位于盐灶附近,圆口,圜底,弧壁,坑壁和坑底涂抹黏土。口径约1.5米、残深0.5米。摊场位于沙堤底部,堆积有厚度均匀、较纯净的草木灰层,推测应为摊晒淋滤场地。在其北侧的盆地为蓄水池。出土遗物有陶支具、陶垫具、瓷片等。陶支具为圆柱形,分长短两类。短支具直径约5厘米,长6~13厘米。长支具直径7~8厘米,表面平整,大多残断。完整的1件长23、直径7厘米。最长者仅残长就达37厘米。陶垫具为圆饼状,数量较多,手工捏制,端面有凹窝。直径4~6、高2~5厘米。陶支具应为在灶膛支撑箅盘的物件,因盐灶为圜底,支具故长短不一。陶垫具系垫塞的加固器具。早期出土瓷器显示的年代为南宋早期。

晚期发现有盐灶、储卤坑、和泥坑、卤水坑、房址等遗迹。盐灶为椭圆形,外侧用大石块围砌,内径5.5米。灶内还有用小石块垒砌的环形矮墙,直径3.5米,将灶室隔为内外两部分。中心为椭圆形灶室,底部有一凹坑,坑内堆积烧土。矮墙西部为连通内外灶室的火道。储卤坑位于盐灶附近,圆形,斜壁,平底。坑壁及底部涂抹10厘米的黄土和8厘米的海泥。直径4.2、底径约2.6、深0.92米。有的储卤坑底部残存泥块。和泥坑位于盐灶南北两侧。椭圆口、圜底。长径2.2米,短径1.3米,深0.4米。坑内残存多层黄土备料。房址位于沙堤东侧的山麓下面。1号房址朝西,石块砌筑墙基,居住面用黏土和卵石混合而成,门外用块石铺路。2号房址的房基不用块石。出土遗物有陶支具、陶垫具、陶碎块及带曲面的陶器等。圆柱形陶支具形态与早期相似,长短不一,有的个体更大,未见完整器。其中部分标本、特别是大型支具的断面可见贯穿的篾孔。陶垫具分为粗细两类。曲面器均系断块，内壁多见交错的竹篾孔，直径10厘米左右。晚期出土有皇宋通宝、开禧通宝等钱币，年代为南宋晚至元代之际。

九亩丘早期的盐灶口径1.5~2米，灶膛为圆坑状，灶内堆积蜃灰和石块等，结合文献推测，此时的煮盐器具可能为竹篾盘，表里涂抹蜃灰，底部用支具支撑，再用垫具塞牢。晚期灶口呈椭圆形，短径即达5.5米，可见制盐器具的个体大大增加。我国东南沿海用篾盘煮盐的方法古已有之。东晋裴渊《广州记》载："东官郡煮盐，织竹为釜，以牡蛎屑泥之烧用，七夕一易。"元代《熬波图》也有相关记载。九亩丘晚期盐灶发现大量带有篾孔的块状器和曲面陶器，有的篾孔相互交错。可见此时篾盘外表改用黄泥涂抹。因用量大，在盐灶两侧设有泥坑，可随时取泥修补篾盘。这种涂抹黄泥的大型篾盘传热慢，一旦起灶开煎，需持续多日，也需多人合力协作，恐非一家一户所能承担。这种篾盘制盐技术一直延续至近代，《浙江省盐业志》《镇海县志》都有记载。此次发掘为了解和研究东南沿海地区古代盐场、环境及布局提供了宝贵的样本。宋元时期，温州设有五大官营盐场[1]。九亩丘遗址规模不大，工艺简单，可能属于盐户的自营产业。由于揭露范围有限，很多问题还有待于廓清。这个发现填补了东南沿海制盐遗址的空白，为探索宋元时期的海盐制造提供了重要资料[2]。

2. 华南沿海

先秦时期 朱去非曾撰文提及，20世纪50年代在福建出有距今4700年的制盐陶器，进而猜测此时从山东至福建已开始煮制海盐[3]，但此说显然缺乏考古证据。李岩认为，华南沿海及周围诸岛的制盐可上溯至新石器晚期，并提及在广东发现过疑似制盐的遗址。其中，珠海淇澳岛东澳湾的遗迹现象就很值得关注[4]。容

---

[1]《温州市盐业志》，中华书局，2007年。
[2] 浙江温州市文物保护研究所：《浙江省洞头县九亩丘盐业遗址发掘述要》，《南方文物》，2015年1期。
[3] 朱去非：《中国海盐科技史考略》，《盐业史研究》，1994年3期。
[4] 李岩：《广东地区盐业考古研究刍议》，《华南考古》（一），文物出版社，1994年。

达贤将深圳咸头岭所出特殊的红烧土块,作为制盐篾盘出现的证据[1]。考虑到华南传统的制盐器具也以内外涂蜃灰的"篾盘"为主,新石器晚期尚未掌握蜃灰烧制术,只能在篾盘内外涂抹泥土,但这一推测还有待于考古发现的进一步证实。鉴于以往对盐业考古了解的欠缺,确有发现制盐遗迹或遗物而不认识的情况,如珠海宝镜湾出土一批"条形陶器",但报告编写者却不识此物的用途[2]。早年在华南沿海也曾发现类似制盐器具,至于这些"陶棍"如何使用,还需考古工作的证实。在华南地区有两类现象值得注意,一是遗址中发现的成片烧土,如深圳咸头岭、香港涌浪等遗址所见。二是不见烧土,但却有形制特殊的炉灶,或出有"陶棍"一类遗物。相比较三峡和鲁北地区,华南除了发现制盐遗迹或器物外,也常发现生活用具,或许此时三峡和鲁北已形成规模化的制盐产业和专门的生产场地,而华南地区的制盐场所仍选择在聚落附近,规模也较小使然。

历史时期 从20世纪30年代起,在香港的海岸沙堤就发现了一批古代窑炉,包括大批以海产牡蛎壳为原料烧制"蜃灰"的"壳灰窑"。有人统计,在香港大小岛屿59处沙丘发现的窑炉多达108座。这些窑炉下挖圆柱形灶坑,炉底铺设石板,炉膛砌砖。火门长条形,用石条铺设。围绕灶口一周用黏土修筑放射状条形沟槽,槽内安放陶板砖,以支撑容器,也便于排烟和空气流通。在窑炉内和周围普遍发现有火候不高的圆柱状、圆角方柱状、砖状、钉状支架,出土量每每以千计。经碳十四检测,这批窑炉的年代都落在了公元310~730年;热释光样本落在距今1 200~800年。证实其年代从南朝一直延续到唐代。对上述窑炉的功能有不同认识。李浪林撰文认为与制盐有关,并对窑炉及煮盐用具和方法做了复原。他还根据窑炉的特征推测,当时的制盐器具是华南沿海流行的篾盘[3]。

曾昭璇从方言及文字学角度分析了岭南的古代制盐业。如黎语的"番"即

---

[1] 容达贤:《深圳历史上的盐业生产》,《深圳文博论丛》,中华书局,2003年。
[2] 广东省文物考古研究院:《珠海宝镜湾——海岛型史前文化遗址发掘报告》,科学出版社,2004年。
[3] 李浪林:《香港沿海沙堤与煮盐炉遗存的发现和研究》,《燕京学报》,新24期,北京大学出版社,2008年。

"村","禺"即"咸"或"盐","番禺"二字合文即黎语之"盐村"。汉代以后,珠海、澳门、深圳、东莞、香港等地均隶属于番禺,可见这个广阔区域很早就以产盐闻名了[1]。

五、北方边远地区

史前——先秦时期 2005年,北京大学考古文博学院与美国加州大学洛杉矶分校、哈佛大学人类学系等机构考察了甘肃礼县盐官镇的盐井祠以及祠内保留的古盐井和土法制盐器具。至今,当地还将盐井祠后院卤水井边的空地作为摊晒场,将井中卤水泼洒在沙土上聚卤,通过淋滤提取浓卤水,用铁锅熬盐。

大约与此同时,甘肃省文物考古研究所等单位在西汉水上游开展考古调查。在盐官镇周边发现古遗址13处,采集遗物包括仰韶文化(早、中、晚)、常山下层文化、齐家文化、刘家文化、西周文化、寺洼文化、春秋战国及汉代等不同时期,但未发现制盐遗迹。调查者认为,常山下层文化和案板三期文化角逐于西汉水上游的现象发人深思。根据西安相家巷出土"西盐令承"封泥,可知礼县盐官镇的制盐史可上溯至秦,甚至更早的西周。但能否进一步前推至史前时期?值得探讨。关中地区不产盐,此地为陇山以西的重要食盐产地。从史前到周秦,各种文化因素先后出现,很可能与当地的盐业资源有关[2]。如果那里确为"非子居犬丘,好马及畜,善养息之"的大骆之地,盐对畜牧业的重要性则有目共睹。

甘肃省漳县的制盐业也可上溯到秦汉。在该县盐井乡、小井沟与盐水岔等地发现多处露头的盐泉和卤水井,历史上此地所产之盐主要行销于西北甘陕各地。2014~2015年,甘肃省文物考古研究所对漳县的古盐井、盐泉及周围的遗址展开调查,发现以盐井乡为中心的10公里范围内史前遗址分布密集,堆积厚,延续久。调查中采集大量仰韶晚期至齐家文化的陶片。据介绍,其中有种夹粗砂陶缸,器表饰

---

[1] 曾昭璇:《"番禺"意即"盐村"——广州古名一解》,《开放时代》,1985年5期。
[2] 甘肃省文物考古研究所等:《西汉水上游考古调查报告》,文物出版社,2008年。

粗绳纹,厚胎,个体较大,少见于甘青地区。特别是在有的盐井盐泉附近的遗址出土陶片带有白色盐碱,值得关注并需要开展进一步的工作。东周时期,甘宁一带的西戎文化繁盛起来,北方草原文化的扩张与西北至西南一线的盐业资源分布吻合,漳县的制盐业不仅促进了区域文化交流,也是西北戎人扩张的动力之一[1]。

历史时期 2013年,河北师范大学院等单位对位于康保、张北、尚县和内蒙古商都、化德五县交汇地带的西土城城址进行调查和试掘。发现在北城墙以北约2.8公里、南城墙以南约1.2公里各有一个大盐淖。根据此城的位置,不排除是为州城或金界壕内的州一级堡城。值得关注的是西土城的性质。发掘者认为此城的兴建可能因淖而设、以泺置城,而且当时的盐产量还比较大。目前在城南侧盐淖周边分布有数百块盐田,其中是否保留有金元遗留,尚需进一步工作证实[2]。

2012年,吉林大学等单位在大安县尹家窝堡发现一处辽金时期的制盐遗址。2014年对Ⅵ号土包进行试掘,发现淋卤坑5座、灶址2个、灰坑7个、墓葬1座。淋卤坑平面凸字形,长3.2米,分浅坑和深坑两部分。浅坑长方形,长2.3、宽1.98、深0.35~0.4米。北壁和西壁涂抹白膏泥,近底处有一直径0.10米的圆洞与深坑相连,坑底高于深坑坑口。底部白膏泥之上放置圆木6根,其上再纵向铺设木板,圆木与木板构成的木架将浅坑空间分为上下两部分。深坑也是长方形,长1.07、宽0.67、深0.23~0.4米。坑口用圆木加固,坑底铺设编织席子。这类淋卤坑的结构与《天工开物》和《熬波图》中所记"灰淋"和"卤井"设施相似。根据随葬的铜人坠饰和玉石棋子可知墓葬年代为金,晚于遗址,尹家窝堡制盐遗址的年代应不晚于金,所出遗物有陶罐、瓮、盆残件及仿定窑和定窑的白瓷片等。《金史·食货志》有"肇州盐"的记载。尹家窝堡所在地属金代的肇州,当地有产盐的历史,近现代仍保留有制作土盐的习俗,方法与辽金并无大别。这个发现填补了东北地区辽金时期制盐业的历史空白[3]。

---

[1] 甘肃省文物考古研究所:《甘肃漳县古代盐业与文化的考古调查》,《南方文物》,2016年1期。
[2] 河北师范大学历史文化学院考古系等:《河北省康保县西土城城址考古调查简报》,《草原文物》,2014年1期。
[3] 吉林大学边疆考古研究中心等:《吉林发现东北地区首个辽金时期土盐制作遗址》,《中国文物报》,2014年9月26日8版。

十几年前,盐业考古在中国考古界还是个陌生词汇。"成都平原及周边地区古代盐业的景观考古学研究"国际合作项目的实施,特别是三峡地区制盐遗址的考古发掘,填补了中国盐业考古的空白,也创建了这一新的分支学科。

目前已出版三部《中国盐业考古》文集(中英文),并在《南方文物》开办"盐业考古"专栏。还分别在英国、美国、德国和国内山东寿光举办了四次中国盐业考古国际学术研讨会。在法国外交部和文化部支持下,北京大学师生连续四年前往法国塞耶河谷参加制盐遗址的发掘。上述工作不仅使学界加深了对盐业考古的理解,积累了经验,扩展了视野,并在很短的时间里缩短了与国外在这一研究领域的差距,取得丰硕的研究成果,极大扩展了中国盐业考古的国际影响。这些成就不仅是考古工作者不懈努力的结果,也与国家文物局指南针研究项目的支持以及主动积极的国际合作交流背景是分不开的。近些年来,各地不断有新的盐业考古遗址被发现,使得盐业考古已经成为中国考古学中非常富有潜力的一个重要分支学科。

初刊于《中国考古学年鉴(2017)》,文物出版社,2018 年

16
考古所见制盐遗址与遗物的特征[1]

盐是一种易溶于水,在空气中可慢慢挥发的化学物质。地表土壤中的盐会随着雨水的冲刷而淡化消失。因此,除了盐矿,考古学家很难在土质遗址中找到古代的盐。从这个角度说,盐业考古有其特殊性。实质上,考古学家需要通过对某些特殊器具、特殊堆积、遗迹、残留的某些痕迹的观察来识别制盐遗址。此外,在制盐的卤水中往往会含有某些特殊的微量元素,考古学家也可借助现代科技手段检测、验证其结论的可靠性。

盐业考古是考古学的分支学科,所采用的方法和手段与一般的考古学并无特殊之处,所不同处在于,考古学家要了解和熟悉制盐的生产流程,通过对出土遗迹和遗物的观察,还原制盐活动的完整步骤。食盐生产是个相对程式化的操作链,包括获取卤水、沉淀、净化、提浓、煮(晒)制等,每个步骤都会涉及复杂的物理化学变化。[2] 因此需要认真分析和研究每一生产过程可能产生的遗痕、遗物和遗迹。

首先,制盐遗址的文化堆积现象超常。这是由制盐产业的性质决定的。人类在早期陶器制盐阶段产生的废弃物非常之多,堆积也非常深厚。以法国东部塞耶河谷的制盐遗址为例,其文化堆积最厚处达 12 米,从发掘出的地层剖面可清晰看到废弃的制盐炉灶、蓄卤坑池、陶棒搭建的栅格支架残留、大量烧土、草木灰、炭渣、层叠的活动面及海量的制盐器具残块等。制盐过程产生的大量垃圾及修补和更新制盐设施造成的废弃物只能就地消化,地表不断被平整翻新,再构建新的作坊、炉灶或其他生产设施,遗址所在位置也随之不断抬升,文化层则愈积愈厚(图一)。仍

---

[1] 本文部分参考了陈伯桢《由早期陶器制盐遗址与遗物的共同特性看渝东早期盐业生产》一文,见《盐业史研究》(巴渝盐业考辑),2003 年 1 期,31~38 页。
[2] [日] 松井元太郎著:《食盐及碱工业》,李敦化译,吕克明补译,商务印书馆,1951 年,2~13 页。

图一 法国塞耶河谷制盐遗址地层剖面

以法国塞耶河谷为例,这里的制盐业出现在公元前 800 年,一直延续到铁器时代末期,即公元前 100 年[1]。奥地利哈尔施塔特盐矿遗址的生产持续时间更为长久,从公元前 15 世纪到公元前 1 世纪,长达 1 500 年[2]。德国的巴德瑙海姆制盐遗址

---

[1] Olivier, Laurent and Kovacik, J. (2006). The 'briquetage de la Seille' (Lorraine, France): proto-industrial salt production in the European Iron Age. *Antiquity*, 80(109), pp.558~566; Olivier, Laurent (2000). Le 'Briquetage de la Seille' (Moselle): Nouvelles recherches sur une exploitation proto-industrielle du sel à l'âge du Fer. *Antiquités nationales*, 32, pp.143~171; Bertaux, Jean-Paul (1977). Das Briquetage an der Seille in Lothringen: Die jüngsten Sondierungen in Burthécourt, Dép. Moselle. *Archäologisches Korrespondanzblatt Mainz*, 7(4), pp.261~272; Keune, Johann Baptist (1901). Das briquetage im oberen Seillethal. *Jahrbuch der Gesellschaft für Lothringische Geschichte und Altertumskunde*, 13, pp.366~394.

[2] Stöllner, Thomas (1999). Hallstatt. II. Archäologisches. In *Reallexikon der Germanischen Altertumskunde*. Vol.13, pp.442~446. Berilin, New York: Walter de Gruyter; Barth, Fritz Eckart (1998). Bronzezeitliche Salzgewinnung in Hallstatt. In Bernhard Hänsel (ed.) Mensch und (转下页)

的持续时间为600~800年[1],遗址中与制盐相关的文化堆积厚3~5米[2]。中国重庆忠县中坝遗址的文化堆积多达79层,最深12.5米,跨越时代上迄新石器时代晚期,历经青铜时代(商代、西周、春秋战国)、秦汉、南朝、唐、宋、明、清,几乎囊括了中国历史上的所有朝代,延续时间长达4 500年[3]。

非洲尼日尔曼嘎地区的人类学调查表明,制盐设施和制盐器具的使用大多是一次性的,耗损量非常之大。在曼嘎,每烧一灶盐,便将制盐器具全都毁掉。一旦炉火熄灭,温度降下来,盐工们便将灶内熬盐的泥碗打碎,取出盐锭,包装起来,再运出去销售。接下来要将灶内用于煮盐的泥碗、支脚及燃料垃圾等清理出来,如此,很快便在盐场的四周形成堆积如山的废弃物(图二)。由此也就不难理解法国塞耶河谷为何会有那么厚的制盐废弃物堆积了。

其次,制盐遗址的堆积相对单纯,主要由各类制盐器具残件及相关的产业垃圾构成,这从法国塞耶河谷制盐遗址的剖面也可清晰地看出来。在日本,濑户内海喜兵卫岛发现的制盐遗址堆积厚度超过一米,其包含物几乎全部为制盐陶器残片,这些陶器基本出自同一地层,即便出自不同层位,也基本为同类的制盐器具。反之,日常生活用具却很少发现(图三)。

造成上述现象的原因是,制盐陶器的烧成温度较低,有一定的渗水性,在熬煮

(接上页) Umwelt in der Bronzezeit Europas (Abschlußtagung der Kampagne des Europarates: Die Bronzezeit: Das erste goldene Zeitalter Europas an der Freien Universität Berlin, 17 – 19 März 1997). pp.123~128. Kiel: Oetker-Voges Verlag.

[1] Kull, Brigitte (2003). Die Erforschung des Salinenareals seit 1837. In Kull, B (ed.) *Sole und Salz schreiben Geschichte: 50 Jahre Landesarchäologie, 150 Jahre archäologische Forschung in Bad Nauheim. Archäologische und Paläontologische Denkmalpflege Landesamt für Denkmalpflege Hessen*. p.156. Mainz: Philipp von Zabern; Jorns, Werner (1973). Bad Nauheim. In Beck et al. (eds.) 1973 – 2006, v. 1, p.589.

[2] Weißhaar, Hans-Joachim (1985). Ein Salineofen der Latènezeit aus Bad Nauheim. *Wetterauer Geschichtsblätter*, 34, 1 – 9; Jorns, Werner (1960). Zur Salzgewinnung in Bad Nauheim während der Spätlatènezeit. *Germania*, 38, 178; —— (1964). Vor- und frühgeschichtliche Salzgewinnung in Hessen. *Prähistorische Zeitschrift*, 42, 183; Schönberger, Hans (1952). Die Spätlatènezeit in der Wetterau. *Saalburg-Jahrbuch*, 11, 100.

[3] 李水城:《渝东至三峡地区的盐业考古》,《东亚考古学的再思——张光直先生逝世十周年纪念学术研讨会》,(台北)中研院历史语言研究所,2013年10月,379~412页。

图二　非洲尼日尔曼嘎地区制盐场周围的废弃物堆积

图三　日本濑户内海喜兵卫岛的制盐遗址堆积

制盐的过程中,卤水会逐渐渗入陶胎,甚至穿透器壁析出到陶器表面结晶。盐在结晶时会产生一定的膨胀系数,对陶器本体造成伤害,如脆化或撑裂等。此外,卤水和盐也会腐蚀陶器表面,造成器表的剥离、甚至粉化。在日本九州天草地方及爱知县的知多半岛、渥美半岛等地,出土的制盐陶器内壁从口缘以下至器底就常见有剥离化的现象[1]。此外,结晶的盐块会凝固在陶器内难以取出,那些用来制作盐锭的小型陶模具,取出盐锭时须将器物打破,使得制盐陶器的寿命非常之短,很可能只用来完成煮盐的某一道工序,故其耗损量极为巨大,导致遗址的堆积数量惊人[2]。

此外,制盐遗址出土的"陶器"碎片与一般的生活聚落遗址有很大不同,这里很少发现高质量的器具,普遍为做工较粗,火候偏低,胎体孔隙多,而且陶胎较厚重的夹砂陶或掺加其他有机掺合料陶器。这些特征是根据制盐需要和一次性使用的特殊性决定的。由于用量特别大,制盐器具的制作与日用陶器有可能因系统本身的不同而分道扬镳,成为一种规模化和专业化的特殊生产系统。

纵观世界各地的制盐陶器,尽管造型上有局部的差异,但总体会呈现诸多相似因素,人们似乎尤其偏爱一些器口较大、腹部较深、造型细高的中小型器皿,高度一般在10~25厘米之间,造型简单,流行圜底、尖圜底或尖底的造型。以欧洲中部史前时期的制盐遗址为例,制盐器具普遍个体偏小,厚胎,流行尖底、圜底造型,或加有矮的圈足、台座,而且同类器物的个体大小比较一致。有人猜测,器口大是为了便于取出结晶的盐块;尖底有利于插入土中,且不需要额外的支撑;圜底受热面大,有利于熬煮和卤水蒸发。此外,也有流行将器口边缘捏制出波浪状花边的现象,此类细节的设计应是长期生产实践得出的经验。如德国施瓦比什哈尔和法国大西洋沿岸的制盐陶器口部特别内敛,经实验分析表明,这种夸张的内敛口可有效地避免卤水熬煮时外溢,花边器口的造型可能也有同类功能。

---

[1] [日]近藤义郎:《知多—渥美地方制盐土器》,《土器制盐の研究》,(东京)青木书店,1984年,243~281页。
[2] de Brisay, K. W., and K. A. Evans (eds.) (1975). *Salt: the study of an ancient industry (report on the salt weekend held at the University of Essex, 20, 21, 22 September 1974)*. Colchester: Colchester Archaeological Group.

日本考古学家发现,制盐陶器往往表现为外表粗糙,鲜有装饰,内壁则相对光洁,并发现有用贝壳、手指或毛皮摩擦过的痕迹。这种刻意对内壁处理的用意是为了降低卤水熬煮时的渗透性,也有便于将结晶盐块从器具中取出来的考虑。考古发现还证实,为了达到上述目的,有时工匠还会在制盐陶器内壁涂抹一些特殊物质。如美国东部林地的印第安人会在大型煮盐锅的内壁涂一层陶衣[1]。在非洲尼日尔的曼嘎地区,盐工们会在制盐泥碗的底部涂抹一层牛粪[2]。

即便是大型煮盐器具,制作也较粗糙,流行大口、厚胎、平底或圜底的造型。其优点是受热面积大,轻易不移动,便于生产操作。在英国林肯郡(Lincolnshire)出土的大型制盐器具为平底浅腹的锅(或盆),口径达49.64厘米[3]。在德国北部也发现有类似制盐器具[4]。日本进入文献时代以后,普遍采用大型的平底浅腹锅(盆、缸)制盐,称"船冈式土器"。在北美东部地区,印第安人熬盐锅的口径在50.8~81.28厘米之间,最大的可达152.4厘米[5]。

很多制盐器具造型较特殊,这类陶器往往不被用来直接煮盐,而是用作模具,其用途是装入已经结晶的湿盐,通过进一步的烘烤或晾晒,得到干燥的盐锭。制盐模具往往个体较小,胎体较薄,内壁不仅不需磨光,还会刻意加入较多的有机掺合料,强化胎体表面的粗糙和多孔性,以增加水分流失的速度[6]。在法国东部塞耶

---

[1] Brown, Ian W. (1980). *Salt and the eastern North American Indian: an archaeological study (lower Mississippi survey)*. Bulletin No.6, Peabody Museum of Archaeology and Ethnology, Cambridge: Harvard University Press.

[2] Gouletquer, Pierre Louis (1975). Niger, Country of Salt. In de Brisay, K. W. and K. A. Evans (eds.) *Salt: the study of an ancient industry (report on the salt weekend held at the University of Essex, 20, 21, 22 September 1974)*. pp.47~51. Colchester: Colchester Archaeological Group.

[3] F. T. Baker (1975). Salt Making Site on the Lincolnshire coast Before the Romans, pp.31~32.

[4] Nenquin, Jacques (1961). *Salt, a study in economic prehistory*. Dissertationes archaeologicae Gandenses, VI 6. Brugge: De Tempel; Riehm, Karl (1961). Prehistoric salt-boiling. *Antiquity*, 35, p.183.

[5] Ian Brown (1980). *Salt and the eastern north American Indian — an archaeological study (Lower Mississippi Survey)*. Bulletin No.6, Peabody Museum, Harvard University Press.

[6] Kleinmann, Dorothée (1975). The salt springs of the Saale Valley. In de Brisay, K.W. and K. A. Evans (eds.) *Salt: the study of an ancient industry (report on the salt weekend held at the University of Essex, 20, 21, 22 September 1974)*. pp.45~46. Colchester: Colchester Archaeological Group.

河谷发现的制盐陶器颜色灰白,胎内和器表清晰地保留有黏附的谷物茎秆、外壳印记,质地粗糙,孔隙多,重量很轻。在东欧的黑海沿岸[1]、英国的林肯郡[2]及东南部的埃塞克斯沿海一带,人们还会在斗状长方形陶盒模具器口的一角另外开个小口,以加速湿盐内水分的溢出[3]。在近东美索不达米亚还发现有专门用来制盐的斜口陶碗,也有类似的功能[4]。有时,人们还会在制盐模具的某个部位特意留下刻痕,以便盐锭成形后,在有刻痕的地方将容器折断[5],目的是方便打破陶器,取出盐锭[6]。

通过考古发现了解到,早期制盐陶器的功能不外乎两种。一种是用来熬煮卤水的大型容器,待卤水结晶,将湿盐捞出,转入小型陶模具,再经文火煨干,或经日晒蒸发,形成盐锭。制盐陶模的形态各异,材质也不仅限于陶器。根据民族志资料,也广泛采用木器或植物枝条、叶子编织的器具盛放盐锭。但只有陶器能够保留到今天,得以让考古学家发现研究。不过,有时人们也会用小型陶器直接煮盐,不断地添加卤水,直至结晶盐将容器填满,形成盐锭。总之,不论使用哪种方法,最后结晶干燥的盐锭都将呈现坚硬的固态。因此,无论是煮盐或作模具的小型陶器只能被打破,才能取出盐锭。有时,盐锭也会与模具一起被运输交易出去。

德国的萨勒(Saale)河谷的制盐历史非常悠久。从青铜时代晚期(公元前1000年)开始后约600余年,这里的制盐陶器的演化可谓最佳化的极好例证。萨勒河谷大量采用传统的小型制盐容器和配套的支脚制盐,这些陶器均为孔隙较多的夹砂陶。按照时间先后,考古学家将这里的制盐陶器排比出了清晰的演化序列。最早

---

[1] Nenquin, Jacques (1961). *Salt, a study in economic prehistory*. Dissertationes archaeologicae Gandenses, VI 6. Brugge: De Tempel.

[2] Riehm, Karl (1961). Prehistoric salt-boiling. *Antiquity*, 35, pp.181~191.

[3] Jones, M. U. (1977). Prehistoric salt equipment from a pit at Mucking, Essex. *Antiquarites Journal*, 57(2), pp.317~319.

[4] Beatrice Hopkinson (1975). Archaeological evidence of saltmolding at important European salt sites and its relationship to the distribution of Urnfielders. *Journal of Indo-European Studies*, 3(1), pp.1~53.

[5] Nenquin, Jacques (1961). *Salt, a study in economic prehistory*. Dissertationes archaeologicae Gandenses, VI 6. Brugge: De Tempel; Riehm, Karl (1961a). Prehistoric salt-boiling. *Antiquity*, 35, pp.181~191.

[6] Riehm, Karl (1961a). Prehistoric salt-boiling. *Antiquity*, 35, pp.181~191.

阶段为加带矮圈足的豆形小杯，后将圈足部分改为较高的支脚，形状很像今天的细高脚杯。此类器具在煮盐时，器底经常会与盐灶地表烧结粘连，以至于盐工们不得不将支脚折断才能取出容器和盐。随着长期制盐实践的经验积累，人们将制盐器具从原来容器和支脚连为一体改为将两者分离，分别制作上部的容器和下部的支脚。这样一来，既便于收取上部的制盐器具，还能反复使用下部的活动的支脚，大大节省了资源和人力。接下来，支撑制盐器具的支脚高度也在发生变化，支脚被逐渐加高。因为工匠们最后察觉到，最佳的熬盐温度为 60~70℃。而支脚被加高的过程很可能是在摸索一个与最适宜熬盐温度相匹配的最佳高度[1]（图四）。

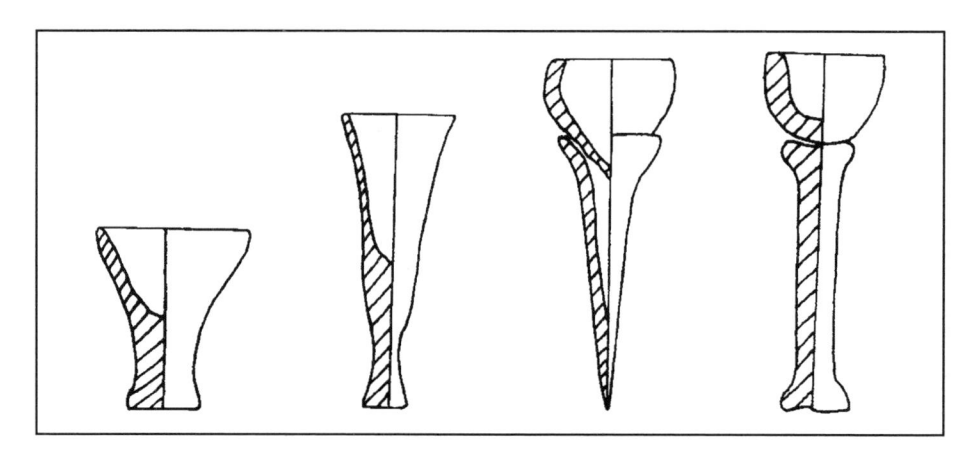

图四　德国萨勒河谷青铜时代的制盐器具演变

有趣的是，非洲尼日尔曼嘎地区的现代制盐工匠仍采用一种细长的支脚来支撑熬盐的泥碗制盐，其结构与组合方式与德国萨勒河谷青铜时代晚期的制盐器具非常相似。在越南南部的丘于厨（Gò Ô Chùa）遗址，也发现了与德国萨勒河谷一样的支脚，而且数量极为巨大。可见这种特殊造型的制盐器具和组合方式有着多么顽强的生命力。

日本最早的制盐活动出现在关东地区的绳纹时代晚期，制盐器具主要为大口

---

[1] Dorothée Kleinmann (1975). The salt springs of the Saale Valley. In de Brisay, K.W. and K. A. Evans (eds.) *Salt: the study of an ancient industry* (*report on the salt weekend held at the University of Essex, 20, 21, 22 September 1974*). pp.45~46. Colchester: Colchester Archaeological Group.

尖底罐或小平底罐,口径17~25、高28~30厘米。到了弥生时代中期,西日本的制盐陶器普遍加上了矮圈足,偏早阶段还流行大口圈足碗,口径最大可达32厘米。偏晚阶段转而流行大喇叭口圈足杯或瘦高的圈足杯,口径平均22厘米。到了古坟时期,制盐遗址面积扩大,早期的制盐器具仍延续弥生时代的圈足杯、大口圈足碗。晚期在西日本地区出现了较大型的圜底陶釜。在知多半岛、渥美半岛还出现了底部加带圆柱状长条支脚的钵形尖底器,口径20~30、高约14厘米,底部延伸出的支脚长6厘米[1]。在九州岛一带,出现了"天草式土器",其特点是上部容器为大口圜底钵的造型,下部加有细高的支脚,口径11~12、高16~19厘米,造型颇似中国古代的"豆"[2]。相较于同时期的生活用具,这些制盐陶器质地普遍较粗糙。进入文献时代以后(公元7~10世纪),日本的制盐业有了进一步的发展,制盐器具的变化很大,早期除了延续古坟时期的部分器类外,绝大部分器物个体增大,普遍出现了腹部较深的圜底釜、瘦腹缸、大喇叭口缸、大口平底盆、圜底釜等,还有一种所谓的"盐浜式"圆柱状支脚,两头粗中间细,以及粗大、中空、带孔的扁圆柱状支具。在知多半岛和渥美半岛一带,器底连带支脚的制盐器具延续了下来,但仅发现支脚,上部的容器形状不是很清楚。最为明显的变化是,古坟时期的圆柱状支脚变为细长的圆锥状支脚。

还有一个有趣的现象,即"制盐陶器"经常表现出形态大小一致的特征,特别是在某个遗址的某个时期尤为明显,这通常表明一种标准化或大规模生产方式的存在。就整体而言,"制盐陶器"在形态或烧造工艺上可以与日常生活用具类似,但从专业化生产的角度看,其形态则不必与日常用具完全相近。如果观察某个遗址同一时期制盐陶器的规格尺寸,以及不同时期的制盐陶器演化,会发现它们在制作上有个标准化或最佳化的选择趋势。所谓的标准化常常显示在直接用于熬盐的制盐模具上,最能体现这一现象的是同时期制盐器具的外形、容积大体相当,呈现出

---

[1] Kondō Yoshirō (1975). The salt industry in ancient Japan. In de Brisay, K.W. and K. A. Evans (eds.) *Salt: the study of an ancient industry (report on the salt weekend held at the University of Essex, 20, 21, 22 September 1974)*. pp.61~65. Colchester: Colchester Archaeological Group;[日]近藤义郎:《知多—渥美地方制盐土器》,《土器制盐研究》,243~281页。

[2] [日]近藤义郎:《知多—渥美地方制盐土器》,《土器制盐の研究》,295~319页。

标准化的趋势。这一方面与生产需要密切相关,如便于在盐灶上摆放,方便生产操作。但更主要的诱因是,同等大小的陶器便于量化,也利于盐的外销。据说,均一大小的盐锭可作为很好的交易单位,有时甚至能权充货币[1]。在奥地利的哈尔斯塔特,人们先是将岩盐开采到地面,在水中溶解后,再熬煮制成结晶盐锭,这一方面使产品的形状规整划一,同时也清除了岩盐中的一些有害杂质。

在很多制盐作坊的遗址地表会有一层硬面遗迹。以日本喜兵卫岛的东南浜遗址为例,在遗址中心一块长约 20、宽 7.5 米的范围内发现多块硬面遗迹。由于海水侵蚀,原有的硬面范围遭到破坏,原来可能要更大一些。这些硬面分为数十层,厚度达 1 米上下。硬面与硬面之间夹杂有泥土、砂石、碳渣、陶片、贝壳、兽骨等。制盐陶器残片的比例也很高,但生活用具的残片却很少见[2]。此类硬面是长期生产过程中,由掺杂钙化物、制盐陶器碎片、炭渣等逐渐形成的。经对遗迹表面土壤进行 X 荧光衍射分析,普遍含有较高的碳酸钙成分。考察现代制盐工场的车间,会发现盐工随时会将卤水表面泛起的泡沫捞出,泼洒在灶旁的地面上,久而久之,灶旁地面便积聚了一层碳酸钙的凝结物[3]。日本考古学家认为,在制盐遗址炉灶周围地表常发现有厚厚的钙化物残余,这类遗迹是判断制盐活动的一个重要证据。

在欧洲,罗马时期的制盐遗址常常发现一种绿色的残渣。研究表明,这是卤水蒸发时,其中所含钠离子与燃料中蒸发水分结合反应形成的钠羟化物。这种物质是玻璃的添加剂,会在盐灶的表面留下一层釉一般的物质[4]。类似现象在日本的

---

[1] Nenquin, Jacques (1961). *Salt, a study in economic prehistory*. Dissertationes archaeologicae Gandenses, VI 6. Brugge: De Tempel; Riehm, Karl (1961a). Prehistoric salt-boiling. *Antiquity*, 35, pp.181~191.

[2] [日]近藤义郎:《知多—渥美地方制盐土器》,《土器制盐の研究》,243~281 页。

[3] 1999 年 3 月,中美盐业考古合作项目组在四川自贡燊海井制盐作坊考察所见,见:北京大学考古学系、加州大学洛杉矶分校考古研究所、成都市文物考古研究所、阿拉巴马大学人类学系:《1999 年盐业考古田野考古报告》,李水城、罗泰(Lothar von Falkenhausen)主编:《中国盐业考古:长江上游古代盐业与景观考古的初步研究》(第一集),科学出版社,2006 年,30~113 页。

[4] Miles, A. (1975). Salt Panning in Romano-British Kent. In de Brisay, K. W. and K. A. Evans (eds.) *Salt: the study of an ancient industry (report on the salt weekend held at the University of Essex, 20, 21, 22 September 1974)*. pp.26~31. Colchester: Colchester Archaeological Group.

制盐遗址也有发现[1]。

贸易活动是人际交往和财富积累的重要方式。盐业贸易一度被看作古代人际交往中最重要的方式[2]。也被看作人类历史上最早的贸易活动[3]。传统观点认为,盐业贸易是一种生活必需品的和平交易。不过,盐的贸易除具有满足人的基本生活需求的经济功能外,也有重要的社会功能。盐的价值会随着与生产地点距离的增加而增加,这与盐的交换方式无关。即便在史前时期,盐的价值也更多地由运输、而非制盐成本所决定,因此,作为中介的商人往往赚得要比制盐生产者更多[4]。而产盐地也常常会在日后发展成拥有一定经济实力、多样化手工业生产和远程贸易的中心[5]。世界上有很多地区,通过盐业生产和贸易带动了区域间的物资交流,在某种程度上促进社会、政治、经济和文化的发展。特别是在史前时代晚期,盐业生产在财富积累、阶层分化,以及社会复杂化和文明化的进程中扮演着重

---

[1] [日] 近藤义郎:《知多—渥美地方制盐土器》,《土器制盐の研究》,243~281页。

[2] Hahn, Ed., and Peter Thomsen (1928). Salz. In *Reallexikon der Germanischen Altertumskunde*, v. 11, 193~194. Berlin: De Gruyter.

[3] Hehn, Victor (1873). *Das salz: eine kulturhistorische studie*. Berlin: Borntraeger; Zycha, Adolf (1918). Salinen. *Reallexikon der Germanischen Altertumskunde*, 4, pp.75~82; Riehm, Karl (1962). Werkanlagen und Arbeitsgeräte urgeschichtlicher Salzsieder. *Germania*, 40, 375; Bloch, Maurice R. (1963). The Social influence of Salt. *Scientific American*, 209(1), pp.88~96, 98; Filip, Jan (1969). Salz und Salzgewinnung. In Jan Filip (ed.) *Enzyklopädisches Handbuch zur Ur- und Frühgeschichte Europas*. V. 2. Praha: Academia and Stuttgart: Kohlhammer; Emons, Hans-Heinz and Hans-Henning Walter (1984). *Mit dem Salz durch die Jahrtausende: Geschichte des weißen Goldes von der Urzeit bis zur Gegenwart*. Leipzig: VEB Deutscher Verlag für Grundstoffindustrie; Kossack, Georg (1995). Mitteleuropa zwischen dem 13. und 8. Jahrhundert v. Chr. Geb.: Geschichte, Stand und Probleme der Urnenfelderforschung. In *Beiträge zur Urnenfelderzeit nördlich und südlich der Alpen*, p.42. Monographien des Römisch-Germanischen Zentralmuseums, v. 35. Bonn: Habelt.

[4] Adshead, Samuel Adrian Miles (1992). *Salt and civilization*. London: Palgrave Macmillan; Choroškevič, A. Leonidovna, Suraiya Faroqhi, and Jean-Claude Hocquet (1995). Salz. In *Lexikon des Mittelalters*, 7, pp.1324~1329. München: Lex MA-Verlag; Danielewski, Angelika (1995). Nutzung und Kontrolle von Salinen bei den Azteken. *Der Anschnitt*, 47(4/5), pp.159~167; Thiemer-Sachse, Ursula (1995). Die versteinerten Salinen von Tonatico in Mexiko. *Der Anschnitt*, 47(4-5), pp.148~158.

[5] [德] 弗里斯-克诺布兰赫(Janine Fries-Knoblach):《盐业生产对中欧铁器时代的影响》,李水城、罗泰(Lothar von Falkenhausen)主编:《中国盐业考古:国际视野下的比较观察》(第二集),科学出版社,2010年,260~283页。

要角色。

"制盐陶器"是用于煮盐和承载盐锭的器具,较之松散的盐,固化的盐锭更方便运输。有时,盐锭会装在煮盐器具中被运出去,盐锭的表面还会粘连残余的陶片,这也是在一些制盐地点以外的非产盐区发现制盐器具残片的原因所在。在欧洲铁器时代居址中,制盐容器经常以碎片的形态发现在聚落生活区的垃圾坑中,据说在整个盐的销售区域内都是如此,这也暗示了当时居民的盐消费以及加工某些生活用品的情况。

为何将盐放在煮盐器具中运输?制盐陶器本身相当粗糙笨重,将其与盐块一块运输,其体积和重量比单独运盐要增加很多,会大大增加运输的成本。但是,这些容器很有可能在起着某种商标的作用。根据非洲和南美的一些民族志记载,对于那些用于祭礼和传统的药物制作,用陶器制作的盐要比其他的盐更受人青睐[1]。但也有学者指出,在很多制盐遗址发现巨量的制盐陶器堆积,显示盐锭并未被装在容器中贸易出去,其中的原因还有待进一步探讨。

寻找史前盐业贸易的证据异常艰难,通过制盐遗址的分布和形态复原"食盐之路"也是困难重重。尽管如此,在欧洲,特别是以德国、法国和奥地利为代表的中欧地区,盐业考古学家一直在努力探讨制盐遗址与贸易路线的问题,有些方面的研究已相当深入,并开始尝试通过贸易路线解决一些史前史上的疑难问题。考古学家发现,在阿尔卑斯山东部的哈尔斯塔特(Hallstatt)和杜恩堡(Dürrnberg)这两个史前盐矿中心,有些矿工的墓内放置有十分丰厚的随葬品,包括大型铜器、琥珀、玛瑙串珠等外来奢侈品,还发现有凯尔特贵族的车葬,显示出掌控盐矿资源的人或家族,包括有些矿工作为盐业资源的创造者和受益者获取的财富,由此也引发了史前时期有关盐与远程贸易的讨论。

与此相关的研究涉及新石器时代晚期波希米亚中部和易北河上游一带戳印陶文化的大理石臂环交易。公元前5世纪小波兰西部的 Lengyel 文化与喀尔巴阡山

---

[1] Wörrle, Bernhard (1996). Vom kochen bis zum schadenszauber: das salz bei Indianern und Mestizen Lateinamerikas. *Münchner Amerikanistik Beiträge*, v. 31. München: Akademischer Verlag.

地区珍贵的碧玉、放射虫岩(radiolarite)、黑曜石[1]和燧石交易[2]。地中海东部与多瑙河沿岸新石器时代的海菊蛤贸易等[3]。甚至推测,英国沿海与欧洲大陆之间曾建有特殊的盐业贸易关系(图五)。

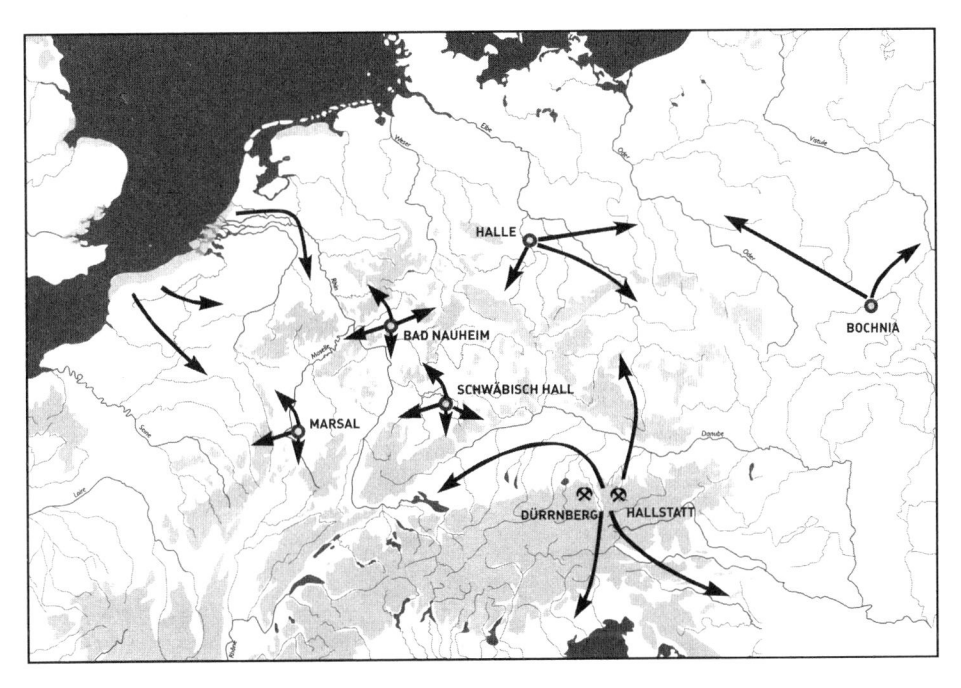

图五 欧洲铁器时代的盐业资源及相关贸易路线

还有学者提出,在新石器时代早期,威斯特伐利亚(Westphalia)和中德地区就

---

[1] Jodłowski, Antoni (1984). Von den Anfängen der Salzgewinnung bei Wieliczka und Bochnia bis zur Mitte des 13. Jahrhunderts. *Anschnitt (Der). Zeitschrift für Kunst und Kultur im Bergbau Essen*, 36(5-6), pp.158~173.

[2] Kaczanowska, Małgorzata (1985). *Rohstoffe, Technik und Typologie der neolithischen Feuersteinindustrien im Nordteil des Flußgebietes der Mitteldonau*. Warszawa: Państwowe Wydawnictwo Naukowe.

[3] Müller, Johannes (1997). Neolithische und chalkolithische spondylus artefakte: anmerkungen zu verbreitung, Tauschgebiet und sozialer Funktion. In Cornelia Becker, Marie-Luise Dunkelmann, Carola Metzner-Nebelsick, Heidi Peter-Röcher, Manfred Roeder and Biba Teržan (eds.). *Chronos: Beiträge zur prähistorischen Archäologie zwischen Nord- und Südosteuropa (Festschrift für Bernhard Hänsel)*. pp.91~106. Studia honoraria, v. 1. Espelkamp: Verlag Marie Leidorf.

开始用盐与外多瑙地区(Transdanubia)匈牙利的圣加尔(Szentgál)交易黑耀石和放射虫岩(radiolarite)[1]。再往前追溯,盐业贸易所扮演的重要角色甚至被推到更早的斯塔切沃-克勒什-克里什(Starčevo-Körös-Criș)文化时期。这个文化的核心区正处在巴尔干半岛的缺盐地带,必须从周边食盐富饶地区进口[2]。但也有学者对这一反向贸易的说法持有异议。

考古学家根据欧洲中部的考古发现,总结出制盐遗址的如下特征:首先,遗址规模较大;其次,遗址延续时间极为长久,连续性使用,大量废弃物堆积极为丰厚;第三,地貌环境特殊,甚至相对恶劣;第四,遗址功能区划分明显;第五,有着特殊的社会结构和富足的生活方式;第六,不断增强的劳力划分水准;第七,成功地营建了一批公共基础设施;第八,智力成就显著;第九,汇集了各种中心的职能,如经济、手工业产品交易、外来商品、祭祀等;第十,环境压力增加,大量燃料的消耗造成区域植被的破坏和环境污染。尽管上述现象未必在每个遗址都能体现出来,但同时出现其中的几个就足以将制盐遗址与其他普通的生活聚落区分开来[3]。

初刊于《盐业史研究》,2019 年 3 期

---

[1] Bánffy, Eszter (2004). *The 6th millennium BC boundary in western Transdanubia and its role in the Central European Neolithic transition (the Szentgyörgyvölgy-Pityerdomb settlement)*. Varia archaeologica Hungarica No.15. Budapest: Instituti Archaeologici Academiae Scientiarum Hungaricae.

[2] Tasić, Nenad (2000). Salt use in the early and middle Neolithic of the Balkan Peninsula. In L. Nikolova (ed.) *Technology, style and society: contributions to the innovations between the Alps and the Black Sea in prehistory*. pp.35~40. BAR International Series No.854. Oxford: Archaeopress.

[3] [德] 弗里斯-克诺布兰赫(Janine Fries-Knoblach):《盐业生产对中欧铁器时代的影响》,李水城、罗泰(Lothar von Falkenhausen)主编:《中国盐业考古:国际视野下的比较观察》(第二集),260~283 页。

17

漫谈制盐陶器：Briquetage

18世纪，法兰西皇家工程师鲁瓦耶·阿特齐·德拉索瓦热（Royer Artézé de la Sauvagère）[1]前往阿尔萨斯-洛林（Alsace-Lorraine）地区摩泽尔河（R. Moselle）的支流塞耶（R. Seille）河谷上游考察。他发现在河谷两岸的阶地上有不少大型的土丘，土丘内埋藏大量的烧土和奇形怪状的陶质器具，附近往往分布有盐沼或盐泉。德拉索瓦热就此推测，这些土丘及堆积物很可能是古代制盐产业的遗留。1740年，他撰文报道了这一发现，并将那些埋藏在土堆中形态各异的陶质器具命名为"Briquetage"[2]。这个法文单词的前半 Brique 即英文 Brick（砖或砖块）的词源，加上后缀便成了法文中一个特有的考古专业词汇，特指法国东部塞耶河谷埋藏的"砖"或"砖块"一类的制盐器具。如今，这个词汇已被世界各地的考古学家所接受。

1901年，在法国梅斯省（Metz）博物馆馆长主持下，对塞耶河谷的马萨尔（Marsal）遗址首次进行了考古发掘。证实那些高大的土丘为古代制盐业的遗留，土丘中埋藏的烧土和陶质器件为制盐器具。此次发掘也标志着一个考古分支学科——盐业考古的诞生[3]。

---

[1] 菲力克斯-佛朗索瓦-勒-卢瓦耶-德-拉索瓦热尔（Felix-Francois Le Royer de La Sauvagère, 1707~1782）是法国一位军事工程师和古董商，也是法国最早向地方政府和官员游说保护历史古迹的人之一。

[2] de La Sauvagère, R. (1740). Recherches sur la nature et l'étendue du briquetage de Marsal, avec un abrégé de l'histoire de cette ville, Et une Description de quelques Antiquités qui se trouvent á Tarquimpole. Paris.《关于对通常称为"马萨尔制盐陶器"种类和范围的研究，并附有这座城市历史的简介及对塔尔金波尔出土古物的描述》, 1740年，巴黎。

[3] Keune, Johann Baptist (1901). Das briquetage im oberen Seillethal. *Jahrbuch der Gesellschaft für Lothringische Geschichte und Altertumskunde*, 13, pp.366~394.

20世纪70年代,在中断60余年后,法国考古学家开始在塞耶河谷进行考古勘探和发掘,了解制盐遗址的堆积范围及与制盐陶器的特征及形态变化[1]。进入新世纪以来,法国国家考古博物馆实施了一项新的国际合作计划,目的是确定塞耶河谷铁器时代制盐作坊的时空框架及盐业资源开发对环境和社会的影响[2]。

通过多年的考古调查和发掘了解到,塞耶河谷是欧洲铁器时代最大的一处制盐遗址,地下埋藏有丰富的制盐遗迹和遗物,数量巨大。其中,制盐器具可大致分为以下三类。

第一类为制盐容器。早期使用个体较大的浅腹平底盘。前期形态为大敞口,花边口缘,腹部较深,口径50厘米。后期个体略微缩小,敞口或敛口,花边口缘消失,腹部变浅,口径35厘米。晚期改用小的陶杯。前期口径较大、斜腹,平底。后期口径变小,直腹,平底,形若直筒。这些陶杯的高度在12~20厘米之间(图一)。

第二类为"陶棍"形器。用于支撑或构成某种支架结构,长条棍状,中间较两端稍粗。横断面有方、长方、圆、椭圆、扁圆之分,大小、长短、粗细不一。多数较顺直,有些呈微曲弧状。个体最长达60厘米,短者仅10厘米上下,直径3~8厘米(图二：左)。

第三类为"连接纽"。个体短小,形态各异,多呈短小的"陶棒"或亚腰泥坨状,两端稍粗,两个端面呈马鞍状下凹,个体尺寸差异较大,长1~2至10厘米之间,直径2~5厘米之间。根据端面马鞍形圆弧下凹可知,此物是在未干的泥坨状态下

---

[1] Bertaux, J.-P. (1972a). Le Briquetage de la Seille. Sondages à Burthecourt, commune de Salonnes (Moselle). Etude du matériel technique (Hallstatt moyen). *Bulletin de l'Académie et Société Lorraines des Sciences*, XI (3), pp.178~200; — (1972b). Le briquetage de la Seille — sondages à Marsal (Moselle): quelques observations archéologiques et géologiques. *Bulletin de l'Académie et Société Lorraines des Sciences*, XI(3), pp.219~228; — (1976). L'archéologie du sel en Lorraine: 'Le Briquetage de la Seille' (état actuel des recherches). In Jacques-Pierre Millotte, André Thévenin, and Bernard Chertier (eds.) *Livret guide de l'excursion A7 Champagne, Lorraine, Alsace, Franche-Comté*. pp.67~70. 9ème Congrès de l'Union Internationale des Sciences Préhistoriques et Protohistoriques. Nice: éditions du CNRS.

[2] Olivier, Laurent (2001). *Le Briquetage de la Seille (Moselle): Prospection thématique et sondages de vérification des anomalies géomagnétiques. Campagne 2001*. Saint-Germain-en-Laye, Musée des Antiquités nationales.

漫谈制盐陶器：Briquetage　　317

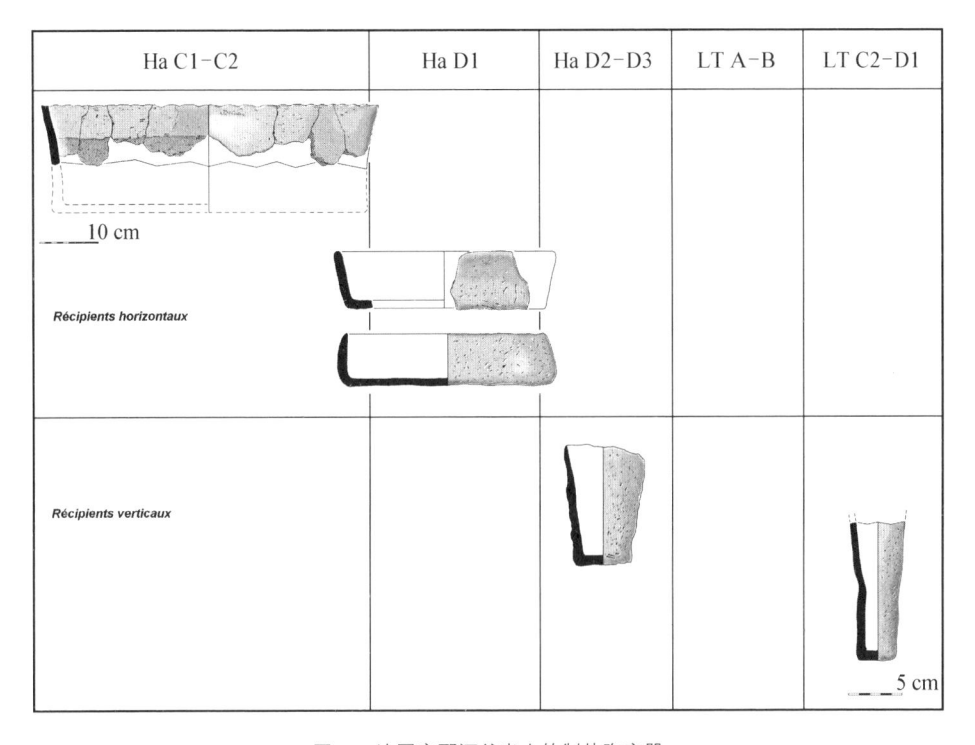

Ha C1-C2	Ha D1	Ha D2-D3	LT A-B	LT C2-D1
Récipients horizontaux 10 cm				
Récipients verticaux				5 cm

图一　法国塞耶河谷出土的制盐陶容器

(引自(法)奥利维尔,《中国盐业考古》2,2010)

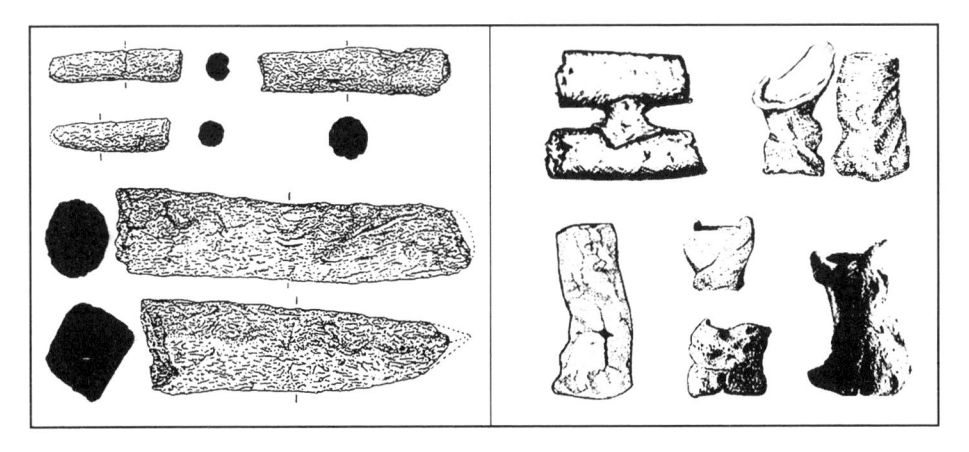

图二　法国塞耶河谷的制盐器具

用来连接、加固或支垫"陶棍"的器具,以搭建某种结构的支架。还发现有个别呈"三通"状或形状不固定的同类器件,大多是在现场根据需要,随手捏制而成(图二：右)。

在塞耶河谷的发掘中清理出很多盐灶,灶内堆满了密密麻麻的"陶棍""连接钮"和制盐陶器的残片。对于这些器具当初是如何在盐灶上结构的? 形状如何? 法国考古学家也没有得出一致的看法。不过,有考古学家做了一些想象性的复原,即用"陶棍"搭建出多层的"栅格状支架",形似烧烤的架子,"栅格"下面为炉灶,"栅格"上可放置大型陶盆,"栅格"之间的方形空隙可插放小型的陶杯,如此构成熬煮制盐的设施(图三)。

图三　法国塞耶河谷制盐器具的结构

以上介绍的三类器具便是德拉索瓦热所称的 Briquetage。这些陶器的特点是胎体较厚,质地也较粗。日后的考古发现表明,马萨尔遗址所见的这几类器具在世界其他地区的早期制盐遗址[1]中也有发现,而且有很大的共性。下面分别介绍一下相关考古发现,以及制盐器具的形态及功能等问题。

---

[1] 早期制盐遗址指处于使用陶器制盐的阶段。如今在世界上有些民族仍保留有这种技术。

人类最初发明陶器是为了满足日常生活中烹制熟食的需要。因此,世界上最早的陶器基本都是夹砂质地的炊具。通过长期的生产实践,人类对陶器性能的认识不断深化,陶器的功能也逐渐多样起来,制盐器具也是在这一背景下产生的。在一些拥有盐业资源的地方,人们了解到经加热蒸发便可使卤水结晶成盐的原理,于是开始尝试用陶器来煮盐。早期制盐规模较小,目的主要是满足自身部落群体的需求,或与周边群体做些交换。这个时期还没有专门的制盐器具,只能使用日常生活中烹煮食物的炊具代替[1]。不过,很快人们就发现,在用陶器煮盐的过程中,卤水会渗入陶胎内部,甚至会随卤水穿透并析出到陶器外表,形成结晶的盐粒。由于盐在结晶过程中会产生膨胀,加之氯化钠本身对陶器有一定的腐蚀性,这些都会降低陶器的使用寿命。特别是经过熬煮结晶的盐会在容器内凝结成块,无法取出,只能采取杀鸡取卵的方法,打碎陶器,取出盐块。如此,这种带有一次性使用的高耗损量迫使人类琢磨,怎样才能制作出造价低廉、适合制盐工艺需求的器具?专业制盐器具——"Briquetage"就是在这一背景下发明创造出来的。

迄今为止,在世界范围内尚未发现新石器时代早期的制盐遗址,也没有发现这个阶段的制盐器具。不过,有盐业考古学家根据人类对盐的需求推测,这个时期应该出现了制盐业,但具体采用怎样的方法,还有待于新的考古发现。

目前在世界范围内发现最早的制盐陶器为新石器时代中期,地点主要集中在东南欧地区。如在波斯尼亚-黑塞哥维那的图兹拉(Tuzla)出有完整的制盐陶器,造型为大口尖锥底或大口圆柱底的罐,上半部胎体厚薄适中,器底部位厚重,口径约为10、高15厘米左右,素面无纹。所见一批器底残件,均为胎体厚重的尖圆底器或圆柱底器。据残存的底部可知原器应为大敞口罐或杯子(图四:左)[2]。这类

---

[1] 对这个阶段的制盐情况还不十分了解,德国有考古学家根据新石器时代制盐遗址的一些发现推测,应该存在这样一个最早的制盐阶段。

[2] Benac, Alojz (1978). Neke karakteristike neolitskih naselja u Bosni i Hercegovini (De certaines caracteristiques des agglomerations neolithiques en Bosnie-Herzegovine). In *Naseljavanje i Naselja u Praistoriji* (*Installations et agglomerations à l'epoque prehistorique*, 10. Kongresu arheologa Jugoslavije, Prilep 1976). pp. 15~26. Materijali, Vol. 14. Beograd: Savez arheoloških društava Jugoslavije.

320　多维视野的考古求索

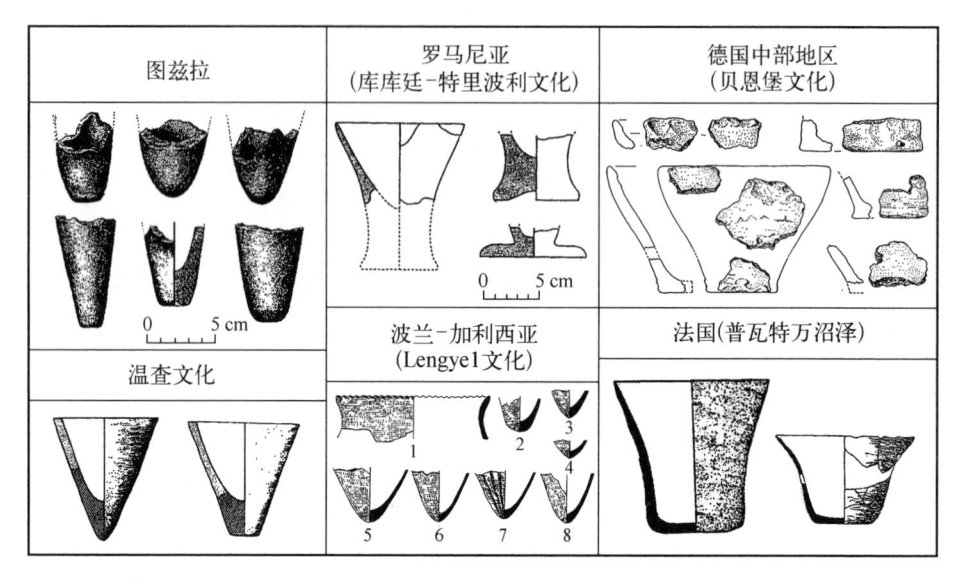

图四　东欧地区新石器时代的制盐陶器

遗存属于温查文化(Vinča)[1]，年代为公元前 5700~前 4500 年。

稍晚的制盐陶器在罗马尼亚的库库廷-特里波利(Cucuteni-Tripolje)文化[2]也有发现，造型似陶豆或带圆盘底座的杯子(图四：中上)，年代为公元前 4000 年前。在小波兰(Malo Polska)加利西亚(Galicja)[3]的巴雷奇河畔出土的制盐陶器全部为胎体厚重的敞口圆锥底罐，属于新石器时代中期的楞叶尔(Lengyel)文化[4]，年代

---

[1] 温查文化(Vinča)分布在东南欧至中欧部分地区新石器时代至红铜时代的考古学文化。
[2] 库库廷-特里波利(Cucuteni-Tripolje)文化分布在乌克兰、罗马尼亚和摩尔多瓦，年代为公元前 5500~前 2750 年。
[3] 加利西亚为波兰历史地区的旧名，位于波兰东南部、维斯瓦河中上游。这里历史上居住着西斯拉夫人的维斯瓦部落(Wishlanie 或 Vislanes)，公元 9 世纪形成部落公国。该区西部居民为波兰人，东部为路得尼亚人。历史上小波兰的范围包括小波兰(首府克拉科夫)、喀尔巴阡(首府热舒夫)、圣十字(首府凯尔采)、卢布林(首府卢布林)等省。这个地区长期被俄、奥两国争夺。1795 年波兰被第三次瓜分，西加利西亚被奥地利占据。第一次世界大战后，奥匈帝国瓦解，加利西亚归还波兰。
[4] Jodłowski, Antoni (1971). Eksploatacja soli na terenie Małopolski w pradziejach i we wczesnym średniowieczu (Die Salzgewinnung in Kleinpolen in urgeschichtlichen Zeiten und im frühen Mittelalter). *Studia i materiały do dziejów żup solnych w Polsce*, v. 4. Wieliczka: Muzeum Żup Krakowskich.

为公元前4600~前3000年(图四：中下)[1]。

新石器时代晚期的遗存可以德国的贝恩堡(Bernburg)文化为代表,这里的制盐陶器主要为大口平底碗(图四：右)。在法国西部沿海的旺岱省普瓦特万沼泽的(lingzai Poitevin) Marais 遗址出有完整的制盐陶器。一种为大敞口平底杯,口径约8、高10余厘米。另一种形似深腹平底盆,口径14、高12厘米上下[2]。这两处遗址的年代为公元前3200~前2800年。

有学者对中欧地区新石器时代的制盐陶器进行了深入的复原研究。其中,在波斯尼亚-黑塞哥维纳发现的制盐陶器可分为五种,年代最早的克勒什(Körös)文化仅有敞口平底圈足碗一种；属温查文化的有大口尖底杯、大口小平底杯、大口圜底小罐和大口凹底杯。楞叶尔文化的器物有大敞口圜底钵、大口尖底杯和大敞口尖底罐。属 Trichterbecher 文化和 Badener 文化的器物有敞口平底圈足碗、大口小平底杯、花边附加堆纹瘦腹罐和花边附加堆纹喇叭口罐。贝恩堡文化仅有敞口假圈足小碗。在德国黑森(Hessen)州的 Wartburg Gruppe 类型发现有大喇叭口平底碗。不难看出,这些器物的造型有很大的相似性(图五)。

进入青铜时代以后,在以往传统的基础上,欧洲制盐陶器种类增多,形态也有所变化。如在德国中部发现了器形较大,腹部较浅,大平底的长方形浅盘,其下部需用柱状支脚支撑,有学者称其为椭圆形柱槽,年代有可能从新石器时代末期延续至青铜时代早期[3]。

---

[1] Jodłowski, Antoni (1977). Die Salzgewinnung auf polnischem Boden in vorgeschichtlicher Zeit und im frühen Mittelalter. *Jahresschrift für Mitteldeutsche Vorgeschichte*, 61, pp.85~103.

[2] Joussaume, Roger (1979). Champ-Durand à Nieul-surl'Autize (Vendée). Site préhistorique fortifié. *Bulletin du Groupe Vendéen d'Études Préhistoriques*, 1, pp.15~37; Cassen, S.(1987). *Le Centre-Ouest de la France au IV millénaire avant J.-C*. Bristish Archaeological Reports, International Series 342, Oxford.

[3] Matthias, Waldemar (1976). Die salzproduktion：ein bedeutender faktor in der wirtschaft der frühbronzezeitlichen bevölkerung an der mittleren Saale. *Jahresschrift für Mitteldeutsche Vorgeschichte*, 60, pp. 373~394; Riehm, Karl (1984). Eine Vierbuckel-Tonstütze aus dem bronzezeitlichen Salzsiedergebiet am Giebichenstein bei Halle. *Ausgrabungen und Funde*, 29, 177; Simon, Klaus (1985). Zur Datierung des säulenförmigen Briquetages im Saalegebiet. *Jahresschrift für Mitteldeutsche Vorgeschichte*, 68, pp.263~277.

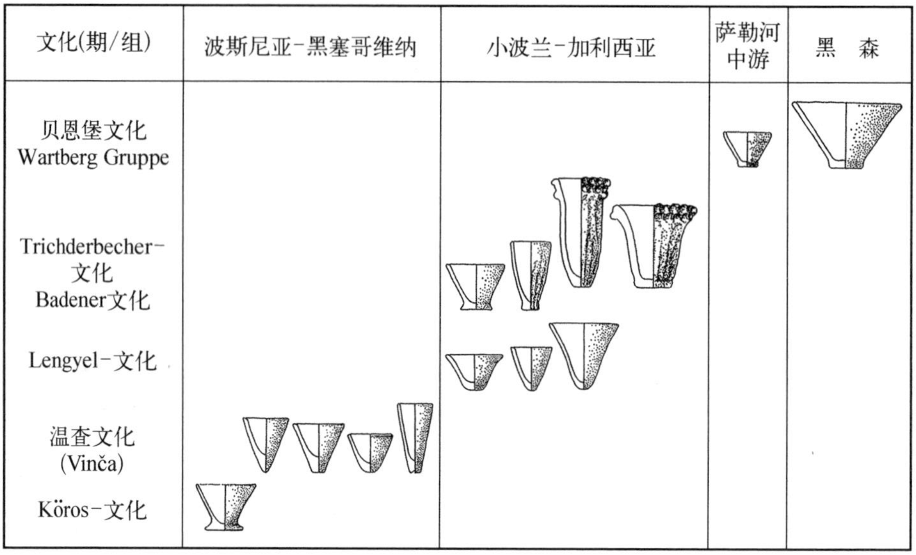

文化(期/组)	波斯尼亚-黑塞哥维纳	小波兰-加利西亚	萨勒河中游	黑森
贝恩堡文化 Wartberg Gruppe				
Trichderbecher-文化 Badener文化				
Lengyel-文化				
温查文化 (Vinča)				
Köros-文化				

图五 欧洲新石器时代的制盐陶器

青铜时代晚期到铁器时代，中欧地区的陶器制盐业走向繁荣。在小波兰的加利西亚，青铜时代晚期的制盐器具以形体瘦高的矮圈足杯为代表，分为敛口和喇叭口两种，还有深腹平底罐，器形较大。不过，后者究竟是制盐器具还是储盐器具，还不清楚，估计后者的可能性较大[1]。德国中部的制盐陶器分两类，一类为单体器，包括豆形杯、喇叭口尖底器及喇叭口或敞口高脚杯。第二类为组合式制盐陶器，包括制盐容器和支脚两部分。后者分为空心圆锥状或圆柱状。德国南部靠近法国洛林的制盐陶器形态较复杂，也分为容器和支脚两类。陶器有杯、碗(钵)和大口假圈足碗。支脚有圆柱体、片状、方柱体及顶部带三叉花瓣状突起的圆柱体。德国威悉(Weser)河谷的制盐陶器均为组合式。在德国萨克森-安哈尔特的哈雷，从铁器时代始，煮盐器具也分成两部分，包括一次性使用的煮盐容器和多次使用的支脚[2]，

---

[1] Jodłowski, Antoni (1977). Die Salzgewinnung auf polnischem Boden in vorgeschichtlicher Zeit und im frühen Mittelalter. *Jahresschrift für Mitteldeutsche Vorgeschichte*, 61, pp.85~103.

[2] Riehm, Karl (1961). Solbrunnen und Salzwirkersiedlungen im ur- und frühgeschichtlichen Halle. *Wissenschaftliche Zeitschrift der Martin-Luther-Universität Halle-Wittenberg: Gesellschafts- und Sprachwissenschaftliche Reihe*, 10, pp.849~858.

这种组合既有助于节省原材料,也缩短了制盐时间。总之,青铜时代晚期到铁器时代的前罗马时期,陶器制盐工艺在欧洲迅速普及,并达至顶峰(图六)[1]。

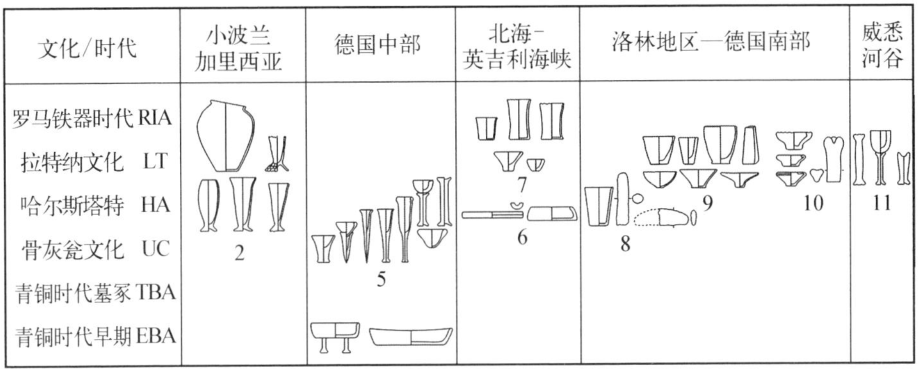

文化/时代	小波兰加里西亚	德国中部	北海-英吉利海峡	洛林地区—德国南部	威悉河谷
罗马铁器时代 RIA 拉特纳文化 LT 哈尔斯塔特 HA 骨灰瓮文化 UC 青铜时代墓冢 TBA 青铜时代早期 EBA	2	5	7 6	8　9　10	11

图六　欧洲青铜时代的制盐陶器

(据托马斯·塞尔,《中国盐业考古》2,2010,改制)

在大西洋沿岸的北海地区,这个时期的制盐器具流行桶形平底杯和斗形的长方形平底盒。其中,长方平底盒的制作比较特殊,它先是制成厚薄一致的泥片,然后再平铺卷折成梯形的大口平底盒。此类盒子的形态大小也有差异,在法国卢瓦省(Loire-Atlantic)Pays de Retz 遗址出土的盒子个体很小,长、宽、高仅5厘米左右。也有些器口狭长的扁体盒子,腹部很深。这个地区常见的制盐器具还有平底盘、深腹盆、舟形器、尖底杯、圈足碗、板瓦状器,以及形态各异的陶支脚和与法国塞耶河谷类似的小型连接器件。支脚分为圆柱状和方柱状,有的在顶部或底部带三个分叉(图七)[2]。

在北海沿岸的一些制盐遗址还发现有个体较大的制盐器具,而且形态各异。此类器具主要用在大型制盐炉灶的内部或上部,有些在炉灶内作为支撑上部构件的支撑件,分为圆柱状或方柱状,或下大上小的梯形。还有一些用在炉灶口部,用于搭建烘烤盐锭的支架,或呈长方砖形或呈中间大两头小的三角梯形、圆弧梯形

---

[1] Saile, Thomas (2008). Early salt-making in Central Europe: patterns of salt production and trade in the Neolithic. *Analec Ta Archaeologica Ressoviensia*, Tom 3, Rzeszów.
[2] Michael Tessier (1975). The Protohistoric Salt Making Sites of the Pays de Retz, pp.52~56.

324　多维视野的考古求索

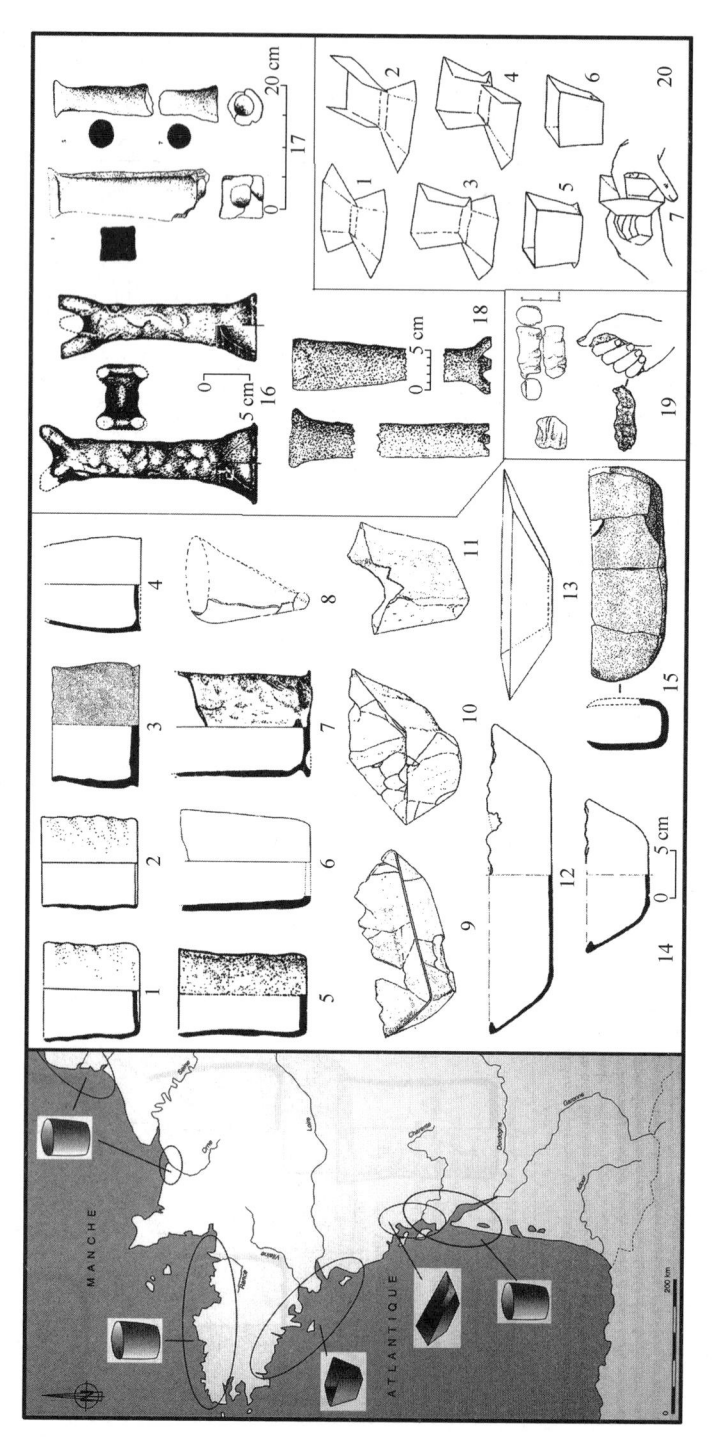

图七　大西洋沿岸北海地区的制盐陶器
（据 Marie-Yvane Daire，《富卢的盐》改制）

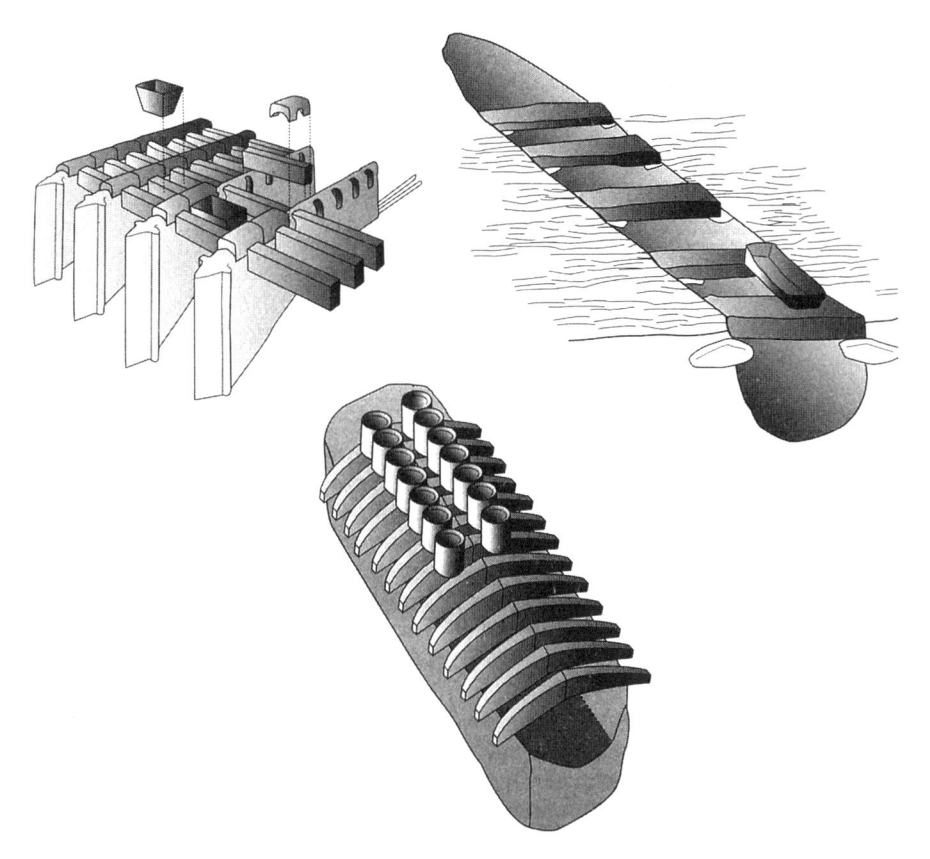

漫谈制盐陶器：Briquetage　　325

图八　北海沿岸设置在盐灶上的制盐器具及结构

（引自 Marie-Yvane Daire,《高卢的盐》,2003）

等,甚至更复杂的组合构件(图八)[1]。

以上是欧洲发现的早期制盐陶器,接下来再看世界其他地区的发现。

在亚洲,中国的盐业考古出现很晚,但却在较短的时间里取得了长足的进展,尤以长江三峡和鲁北莱州湾两地的考古发现最为重要。其中,重庆忠县中坝出土的制盐陶器呈现出明显的阶段变化。新石器时代晚期为形体较大的夹砂红褐陶花边口缸,特点是口缘和器底胎体厚重,腹部胎薄,口唇部捏塑大波浪花边,腹壁斜直,底部收缩为尖底、小平底,个别甚至向下延伸出一短圆柱(图九:1)。进入青铜

---

[1] Marie-Yvane Daire (2003). Le sel des Gaulois, editions Errance.

时代,一种个体很小的尖底杯取代了花边口缸。偏早的尖底杯造型粗短,形似陀螺,平均器高5.6、口径6~7厘米,年代约当中原地区的商代;偏晚的尖底杯造型瘦高,形似直立的羊角,平均器高11.5、口径5.9厘米,年代约当中原地区的晚商至西周。尖底杯以泥质红(橘红)陶、红褐陶为主,少量灰色。均为素面,薄胎,制作较粗糙(图九:2)。春秋战国时期,尖底杯被夹砂红褐陶圜底罐逐渐取代。此类器口缘外侈,束颈,腹部近球形,圜底,器表饰粗疏绳纹。其中,早期圜底罐器口捺压波浪状花边,平均器高11~12、口径10厘米左右;中期器口延续波浪花边,平均器高12~16、口径11~12厘米;晚期为直口,口缘花边特征消失(图九:4)[1]。此外,在三峡还有一批遗址出有船形杯。此类器个体不大,均系夹砂红陶或红褐陶,厚胎,口唇较薄,底部甚厚。器口两侧长边为直线形,短边一端较直,另一端弧状,腹部较

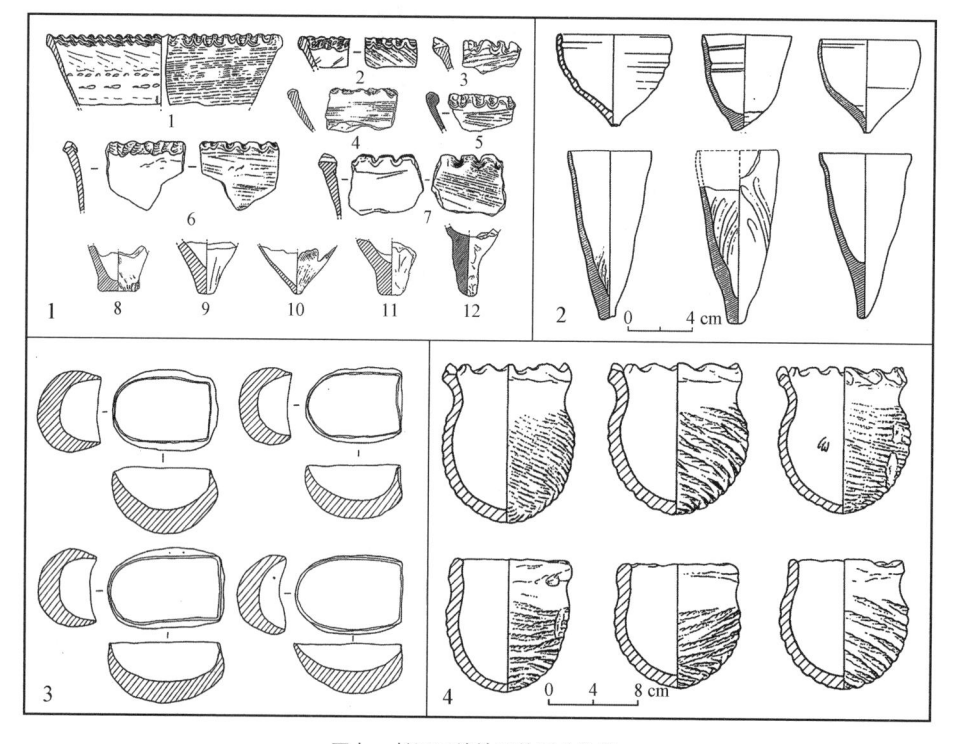

图九 长江三峡地区的制盐陶器

---

[1] 李水城:《渝东至三峡地区的盐业考古》,《东亚考古学的再思——张光直先生逝世十周年纪念学术研讨会》,(台北)中研院历史语言研究所,2013年10月,379~412页。

浅，底部圆缓，器口内敛，圜底。口长径9~11、短径5~7、高4.5~6.5厘米。年代大致相当于中原地区的商周时期(图九:3)[1]。

在黄河下游的莱州湾沿海发现大批商周时期的制盐作坊遗址，这里的制盐陶器主要为灰陶或褐陶盔形器，造型与三峡地区的圜底罐接近。其中，灰陶盔形器胎质较细，火候高，胎厚1厘米上下，底部稍厚，器表饰绳纹或交错绳纹，造型为圜底或尖圜底。褐陶盔形器胎内掺合料较粗，火候偏低，胎体厚1~1.5厘米，底部厚2~3厘米，器表饰宽粗绳纹，造型多作尖圜底或尖底。盔形器的演变趋势为：从圜底到尖圜底，再到尖底。器表装饰绳纹从较粗到粗，再到宽粗。另一特点是，盔形器的同类形制尺寸大小非常接近，绝大多数器高为20~22、口径16~18厘米，显示其容积较为恒定(图十)。进入东周以后，鲁北地区的制盐陶器仍延续盔形器的造型，

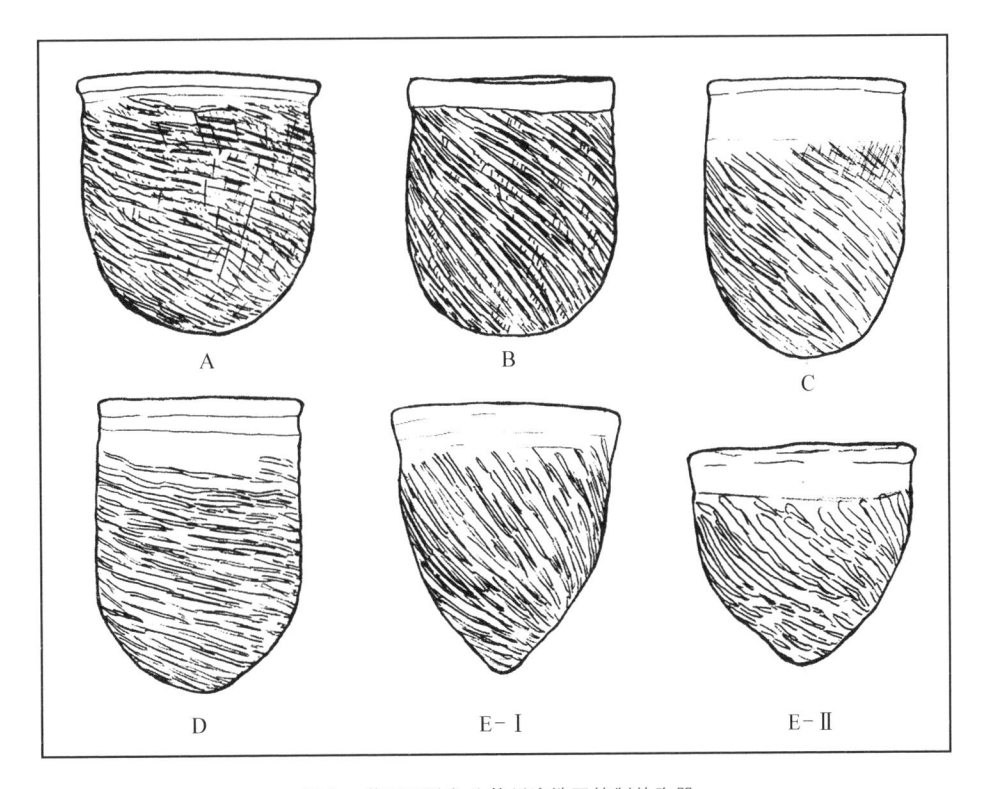

图十　黄河下游鲁北莱州湾地区的制盐陶器

[1] 白九江、邹后曦：《三峡地区的船形杯及其制盐功能分析》，《南方文物》，2009年1期。

但个体急剧增大,器高达 60~70 厘米[1]。

近年来,在浙江省大榭岛的下厂村发现一处国内最早的海盐制作遗址,属于新石器时代晚期的钱山漾文化,距今 4 300 年。这里的制盐陶器种类简单,仅发现大平底缸、圜底大釜和圆棍状支脚。其中,圜底大陶釜分为夹植物碎屑和夹贝壳碎屑两种,质地较粗。造型为大口,厚唇,微束颈,深腹,圜底,器表口缘下有稀疏的线纹。口径 36、高 28、壁厚 0.8 厘米(图十一:1)。平底缸个体很大,夹砂陶,质地粗,

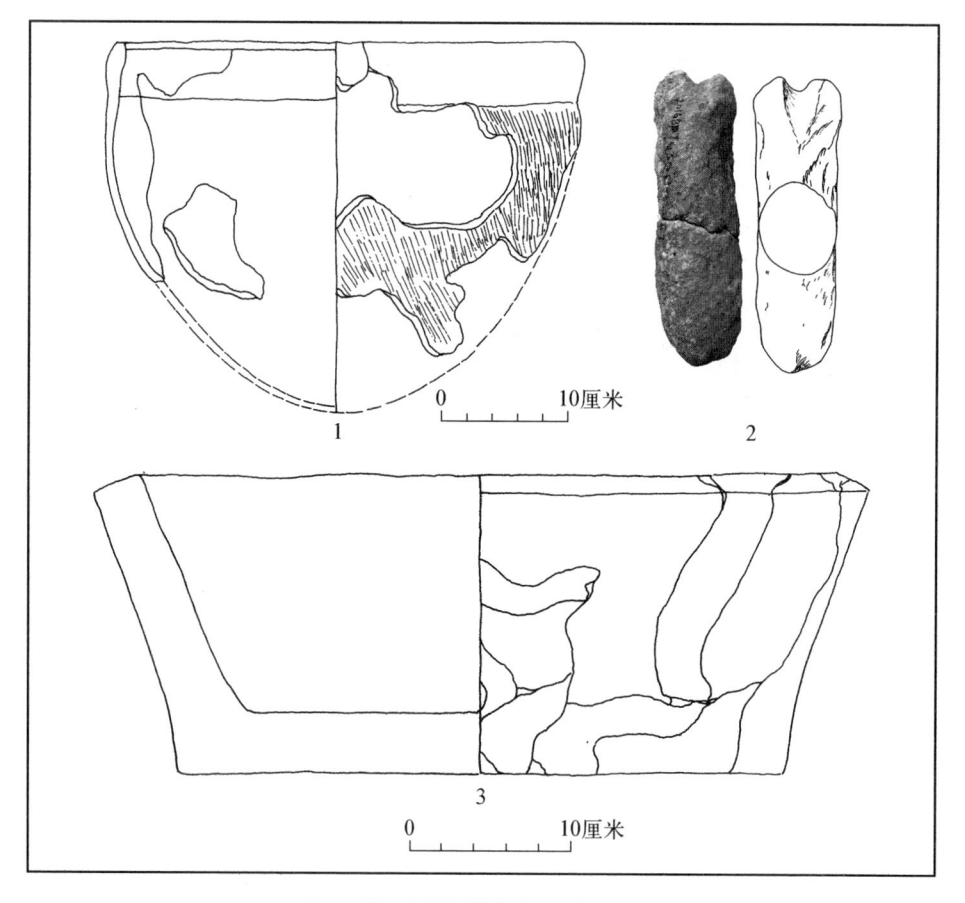

图十一　浙江宁波大榭遗址出土的制盐陶器

(资料来源:浙江宁波文物考古研究所)

[1] 李水城、兰玉富、王辉:《鲁北—胶东盐业考古调查记》,《华夏考古》,2009 年 1 期。

厚胎。造型为大敞口,方唇,斜直腹,大平底,素面。口径47、高18、底径39、壁厚2.5、底厚3.7厘米(图十一:3)。陶棍为夹砂灰褐陶,质粗,圆棍状,粗细一致,顶部有浅凹槽,底部圆缓。顶部凹槽宽2、深1、器高17.5、直径5~5.8厘米(图十一:2)。

日本的盐业考古出现在20世纪50年代。其中,考古发现最早的制盐遗址属于绳文时代,主要分布在关东和东北地区,偏早的遗址见于关东的旧霞ケ浦沿岸,为绳文时代晚期。再后来,制盐中心转移到东北地区松岛湾的小岛沿岸。这个时期的制盐陶器均为手制深腹器,普遍为大口、小平底或尖底造型的罐类器。其中,茨城县樱川村广畑贝冢绳文晚期遗址所出大口尖底罐形似陀螺,口径17~25、器高28~30厘米。东北部地区宫城县二月田贝塚所出大口尖底(平底)罐的口径为11~18、器高15~18、壁厚2~3厘米。松岛湾地区也以尖底或尖圜底器居多。青森县陆奥湾的制盐陶器多为底径7~8厘米的小平底器。进入弥生时代以后,西日本的制盐陶器普遍加有小圈足,所见有高圈足碗、深腹小圈足杯或大口尖底假圈足杯等,与绳文时代的器型迥异。其中,圈足碗口径最大为32厘米;圈足杯器形瘦高,口径平均在22厘米上下。据日本学者研究,弥生时代的制盐陶器呈现从高圈足碗向大口尖底圈足杯演化的趋势,器形从大变小,容积缩小,从较高的喇叭口圈足变为台座状矮圈足(图十二)[1]。

在越南南部的丘于厨(Gò Ô Chùa)发现一座青铜时代的制盐遗址,该址出土了巨量的圆棍状支脚,可分四个类型。类型1无任何装饰和修整,顶部为蘑菇头状,中部圆棍状,底部圆盘状(图十三:上1~2)。类型2无任何装饰,顶部有三叉锥角状突起,长约13厘米,中部圆棍状,足部为喇叭口(图十三:上3~6)。类型3的主干圆棍直径仅2~3厘米,顶部三叉状突起较类型2短,长2.5~5.5厘米,有捺压痕和稀疏的纹饰(图十三:下1~4)。类型4与类型3相仿,中部主干较粗,直径3.5~5厘米。此类支脚有5%的主干横截面呈六边形,饰有5种变体压印纹,有些顶部三叉状尖突长10厘米,半数支脚在三锥尖下有捺压的鼻孔状凹窝。约2%的支脚表面敷贴薄泥,系整修后二次使用(图十三:下3~6)。

上述陶支脚的器高在22~30厘米之间。其中,类型3、4最为常见。经统计,在

---

[1] [日]近藤义郎:《土器制盐の研究》,《陶器制盐的研究》(东京)青本书店,1984年。

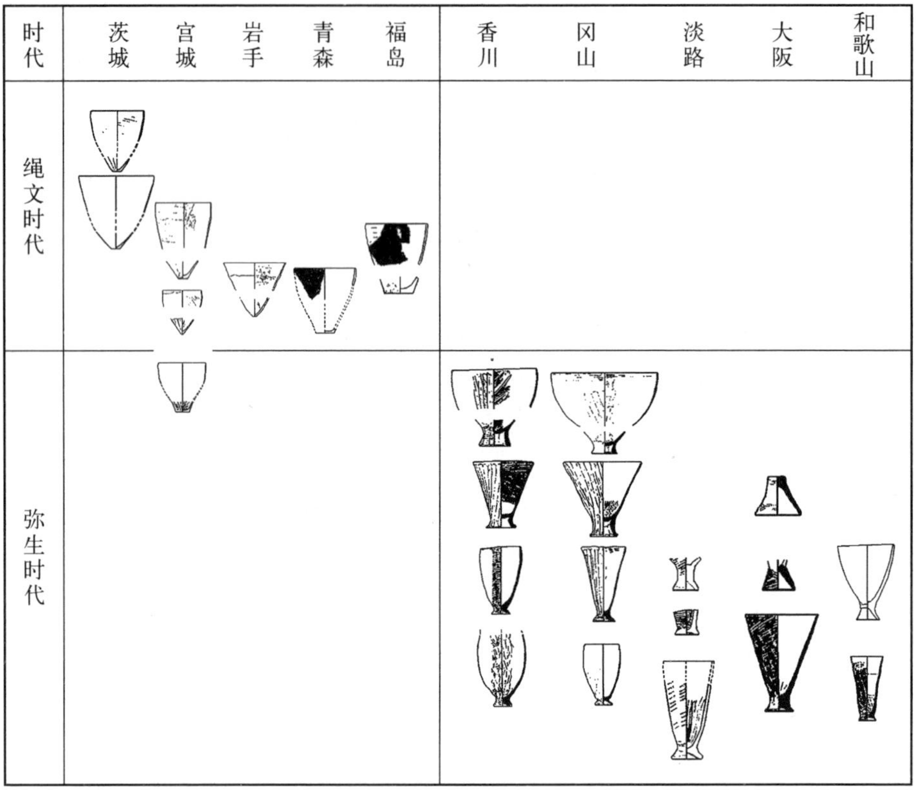

时代	茨城	宫城	岩手	青森	福岛	香川	冈山	淡路	大阪	和歌山
绳文时代	▽	▽	▽	▽	▽					
弥生时代			▽			🍶🍶	🍶🍶	🍶	🍶🍶	🍶🍶

图十二　日本绳文-弥生时代的制盐陶器

整座遗址 65 000 平方米范围内的三个土丘内,共出土支脚残件 1 千~2 千万块,大约代表了 200~300 万件完整支脚,这一数字显示出当时的制盐产业规模很大,延续时间也很长。经碳十四检测,丘于厨遗址的年代为公元前 1000~前 500 年。不过,在该址并未发现任何制盐容器[1]。

---

[1] Reinecke, and Nguyễn Thị Thanh Luyến（2007）. Das alte Vietnam: Auf den Spuren des Abbé Charles-Thomas de Saint-Phalle in Tunkin. Wiesbaden: Reichert; Evans, Ivor H. N.（1922）. Among Primitive Peoples in Borneo. London: J. B. Lippincott, p. 235；[德] 安德烈斯·芮内克:《越南盐业生产的早期证据:考古发现、历史记录和传统方法》,李水城、罗泰（Lothar von Falkenhausen）主编:《中国盐业考古——国际视野下的比较观察》(二),科学出版社,2010 年,136~158 页；[新西兰] 查尔斯·海厄姆:《东南亚大陆早期文化:从最初的人类到吴哥王朝》,云南省文物考古研究所译(蒋璐、孙漪娜译,曹楠译审),文物出版社,2017 年,172~173 页。

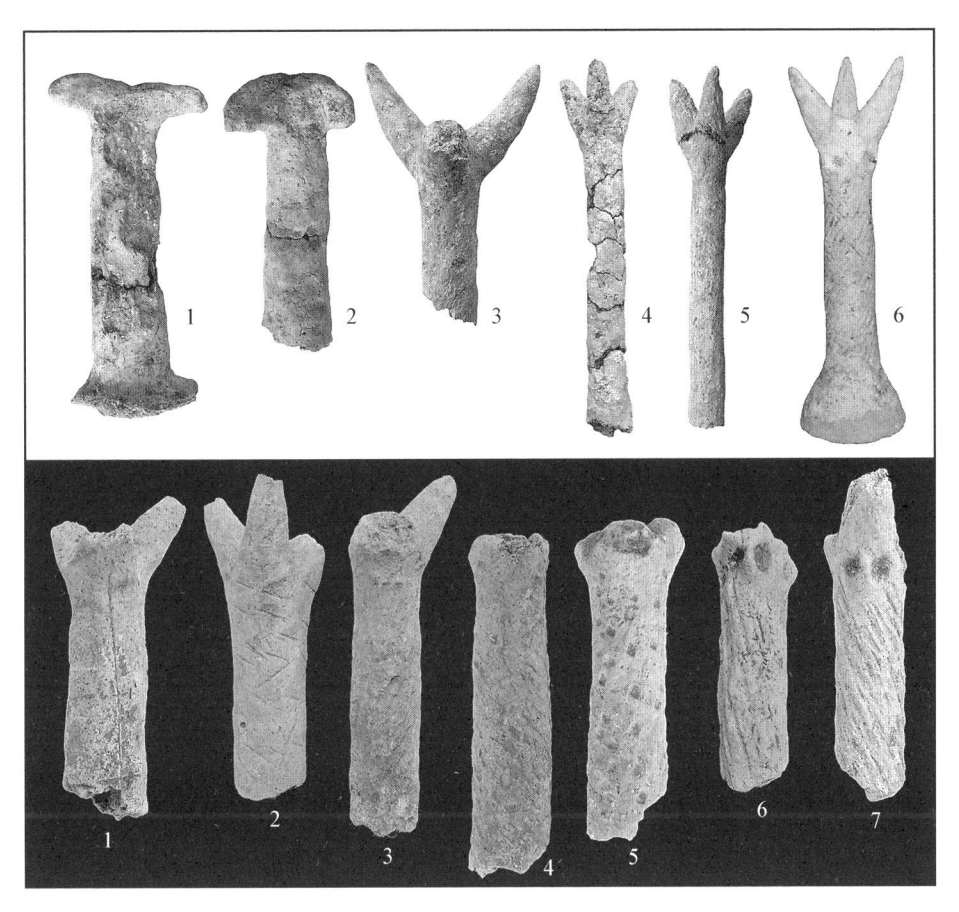

图十三　丘于厨遗址出土的陶支脚

(引自《中国盐业考古》2,2010)

美洲地区可以以伯利兹和墨西哥为代表。

在伯利兹南部海岸的 Paynes Creek 国家公园的潟湖 Punta Ycacos 区,考古学家在水下调查发现了 3 处制盐遗址,出土一批制盐器具,可分如下几类。1. "圆柱状陶棍",横截面圆形,略微弯曲,长 26.5 厘米。此器与法国塞耶河谷的陶棍很接近。2. "支撑座(socket)",用于支脚顶部和底部,其端面往往有下凹,系黏附于支脚与制盐容器之间的痕迹。此器是在现场用湿泥坨随手制成,比较随意,连接支脚和陶器,使其结合得更加稳固。3. "连接钮",小圆盘状,特点是上下两个端面均有内凹,系黏附在被架起来的制盐容器腹部,使其相互串联为一组,起稳定作用。玛雅人的制盐陶器主要为陶釜,造型为侈口、束颈、球形腹,圜底,有些口缘外侧带附加堆纹或花边。使用时用三个棍状"支脚"以倾斜角度将其支撑起来,陶釜间用连接钮黏接,在盐灶内构成悬空的结构,熬煮制盐(图十四:上)[1]。

在墨西哥普埃布洛州提华堪(Tehuacán)峡谷的扎波提特兰(Zapotitlan)遗址的制盐陶器有深腹罐和圜底盆,前者造型为大口、深腹、尖圜底,器表素面,口径和器高均在13厘米左右。后者为大口、浅腹、圜底,器表通体饰横向绳纹。口径约15、器高约8.5厘米。这里还有圆棍状支脚、人字支脚和连接钮等配套器具(图十四:下)。[2]

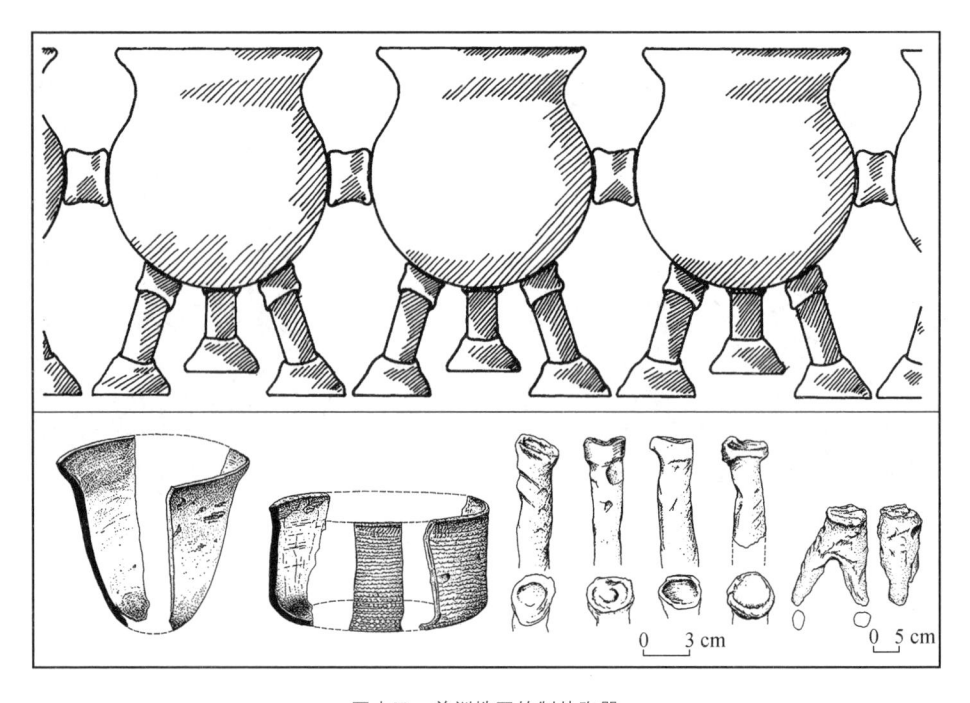

图十四　美洲地区的制盐陶器

---

[1]［美］海瑟·麦基洛普:《水下玛雅:中美洲伯利兹 Paynes Creek 盐场中制盐陶器和木构建筑的空间分析》,李水城、罗泰主编:《中国盐业考古——国际视野下的比较观察》(二),348~372 页。
[2] Blas Castellon Huerta（2008）. Technologie et enjeux de la production de sel dans les salines preispaniques de Zapotitlan, Puebla, Mexique, Weller, O., Dufraisse, A., and Pétrequin, P.（eds.）（2008）. Sel, eau et forêt, D'hier À aujourd'hui. Presses universitaires de Franche-Comte, pp.119~142.

综上所述，不难看出世界各地的制盐陶器基本不超出这三大类，即熬煮卤水或制作盐锭的容器、支撑用的支脚、陶棍（或其他特殊形态的支架）以及用于连接的小型器件。尽管它们在形态上存在一些区域差异和时代变化，但总体表现出诸多的共性。

首先，制盐陶容器的造型和质地与一般日常生活用具有很大不同。具体表现为质地较粗，陶胎内普遍添加粗砂或谷物碎屑一类有机掺合料，外观粗糙，火候偏低，鲜有装饰。即便有纹样，也选用宽粗的绳纹或压印纹。再就是器类单一，造型特殊，流行大口、尖底、尖圜底、圜底、小平底或加圈足的造型，同时期器物在造型和尺寸上比较接近。用于支撑的支脚、陶棍或连接钮的质地较粗，有些甚至是在制盐现场根据所需形状随手制成。由于制盐器具大多为一次性使用，故数量很大，耗损量也极大，这也是造成制盐遗址普遍堆积深厚、埋藏量巨大的原因所在。

由于陶器本身有透水性，煮盐时卤水会渗入器壁，在胎内或器表留下因盐结晶而撑裂或剥落的痕迹。以日本九州天草地方及爱知县知多半岛、渥美半岛的发现为例，制盐陶器的内壁从口缘以下到器底常有剥离现象。有些陶器因二次过火，器表呈现出褐、白、灰、紫等变色的斑驳痕。日本学者研究指出，变色有可能是海水中一些特殊元素成分使然，也有地下长期埋藏的因素[1]。在长江三峡出土的尖底杯器表呈现不同的色泽，有学者分析指出，这是将尖底杯插入燃烧灰烬中二次受火造成的[2]。在鲁北莱州湾，有很多灰陶盔形器底部因二次过火氧化为红色，并造成器底破裂。

此外，在重庆中坝遗址的花边口圜底罐和山东莱州湾的盔形器内壁都发现有白色或黄白色垢状物。经检测证实，这是卤水所含钙化物在熬盐过程中沉淀并附着于陶器内壁的底部。这是用陶器熬煮卤水普遍会有的附着物。

有些制盐陶器外观较粗，内壁较光洁，这是出于制盐工艺需要使然。如陶器直接用来煮盐，内壁相对光洁可降低卤水渗入，也便于将结晶盐块从陶器中取出。如

---

[1]［日］近藤义郎：《知多—渥美地方制盐土器》，《土器制盐研究》，243~281页。
[2] 白九江：《尖底杯在古代制盐工艺流程中的功能研究》，《盐业史研究》，2010年2期。

日本的制盐陶器就发现在内壁用贝壳、手指或毛皮等摩擦加工的痕迹。有些地方为达此目的，工匠们会在陶器内壁涂抹其他物质。如非洲尼日尔曼嘎地区的制盐工匠在煮盐前，会在制盐泥碗底部涂抹一层牛粪[1]。在美国东部，印第安人煮盐的大陶锅内壁往往施加陶衣[2]。目的都是增强器内壁的质密度，降低透水性。

以欧洲的考古发现为例，最早的制盐陶器普遍为大口、尖底或小平底罐。进入青铜时代，器高有所增加，器底多附加圈足或底座，流行瘦高的圈足杯，并在此基础上逐渐发展出用于支撑的圆锥尖足和圆柱足。在日本列岛也有相同的发展趋势，即从绳纹时代的尖底、小平底罐发展到弥生时代的圈足碗（豆）、圈足杯等。稍晚，开始出现带支撑性质的圆锥尖足或圆柱高足器皿。

德国的萨勒（Saale）河谷的制盐历史悠久。从青铜时代晚期（1000BC）开始后约600余年，一直使用小型制盐容器和支脚制盐，其质地均为孔隙较多的夹砂粗陶，按时间先后，考古学家将它们排比出一个清晰的演化序列。最早阶段为附加矮圈足的豆形小杯。后来，圈足逐渐演变为较高的支脚，很像是今天的高脚酒杯。此类器皿在煮盐时，底部常常与盐灶地表烧结粘连，迫使工匠只能将支脚折断才能将陶器和盐从灶内取出。后来人们采用分别制作制盐容器和下部支脚的方法。如此，既方便了陶器和盐的收取，也可循环利用分离的活动支脚，大大节省了资源和人力（图十五：左）。深入的研究还表明，将支脚逐渐抬高实际上是制盐工匠长期摸索得到的宝贵经验，因为熬盐的最佳温度为60~70摄氏度[3]。抬高支脚的过程是在寻找一个与最佳温度相匹配的最佳高度位置[4]。有趣的是，越南丘于厨遗

---

[1] Gouletquer, Pierre Louis, (1975). Niger, Country of Salt. In de Brisay, K. W. and K. A. Evans (eds.) *Salt: the study of an ancient industry* (*report on the salt weekend held at the University of Essex, 20, 21, 22 September 1974*). pp.47~51. Colchester: Colchester Archaeological Group.

[2] Brown, Ian W. (1980). *Salt and the eastern North American Indian: an archaeological study* (*lower Mississippi survey*). Bulletin No.6, Peabody Museum of Archaeology and Ethnology, Cambridge: Harvard University Press.

[3] Riehm, Karl (1961). Prehistoric salt-boiling. *Antiquity*, 35, pp.181~191.

[4] Dorothée Kleinmann (1975). The salt springs of the Saale Valley. In de Brisay, K. W. and K. A. Evans (eds.) *Salt: the study of an ancient industry* (*report on the salt weekend held at the University of Essex, 20, 21, 22 September 1974*). pp.45~46. Colchester: Colchester Archaeological Group.

址出土的制盐支脚竟然与德国萨勒河谷的形态完全一样,而且数量巨大。在非洲尼日尔曼嘎地区,制盐工匠至今仍采用细高支脚与熬盐的泥碗的组合,其结构也与德国萨勒河谷青铜时代晚期的组合近似(图十五:右)。可见,这种古老的制盐工艺和组合方式有着多么顽强的生命力。

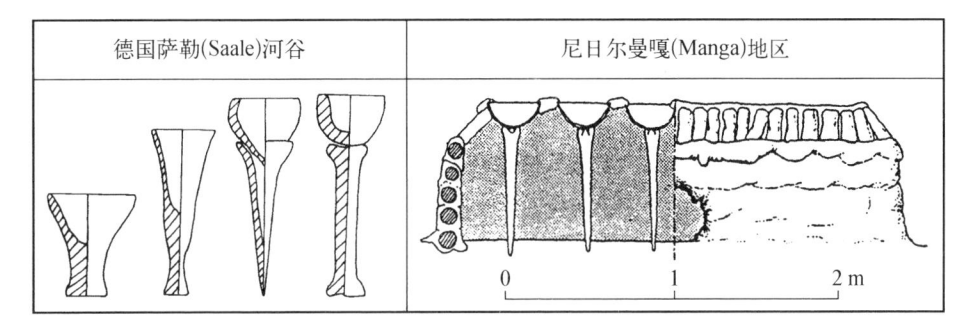

图十五 德国萨勒河谷青铜时代与尼日尔曼嘎现代制盐器具

用陶器制盐不外乎有两种方法。早期阶段用来熬盐的器具个体都不大,流行尖底、小平底和圜底造型,胎体厚重。有学者猜测,尖底的优势是便于将其插入土中,不需任何支架,圜底受热面积大,益于卤水蒸发。用来直接煮盐的陶器在熬煮时需不断添加卤水,直至结晶盐将其填满,兼有煮盐和盐锭模具的双重功能。随着制盐产业的发展和技术进步,改为用大型陶容器熬煮卤水,待卤水结晶时,将湿盐转入小型模具内,经慢火烘烤或自然风干为盐锭[1]。用来熬卤的大型陶器均为大口、厚胎、浅腹、平底或圜底造型,优点是受热面积大,不轻易移动,一次可熬制较多的卤水,可不断添卤、捞取湿盐,制作盐锭,循环操作,大大提高了生产效率,产量也大幅提高。

考古中会发现一些大型熬盐器具。如中国浙江宁波大榭遗址出土的新石器时代制盐陶器为圜底大陶釜和大口平底盆,口径分别为36和47厘米。在重庆巫山双堰塘遗址出土的大型花边口圜底釜(99H2:3),口径36、腹径32、高32.8厘米[2]。日本进入文献时代后改用大型"船冈式土器"制盐,个体也很大[3]。英国

---

[1] Riehm, Karl (1961). Prehistoric salt-boiling. *Antiquity*, 35, pp.181~191.
[2] 白九江:《巴盐与盐巴:三峡古代盐业》,重庆出版社,2007年,53页。
[3] [日]近藤义郎:《知多—渥美地方制盐土器》,《土器制盐研究》,243~281页。

林肯郡（Lincolnshire）的大平底浅腹锅（盆），口径49.64厘米。在北美东部，印第安人的盐锅口径达50.8~81.28厘米，最大可达152.4厘米[1]。在菲律宾保和岛的现代制盐作坊，灶前架设长方形大铁盘，灶后放置三排圜底釜。大铁盘用来熬制卤水，结晶湿盐捞到陶釜内结为盐锭。装满了盐的陶釜可直接外运销售，交换稻谷或其他产品。不同大小的陶釜还可起到识别产地的商标作用[2]。

用来制作盐锭的模具可谓形态各异，其特点是个体偏小，胎体薄，内壁不需打磨处理，有时还要刻意加入较多掺合料，以强化胎体的粗糙和多孔性，以加快水分流失的速度。如法国塞耶河谷的陶杯颜色灰白，胎体和器表可见谷物茎秆、外壳等掺合料，质地粗，孔隙多，重量轻[3]。在英国林肯郡和埃塞克斯（Essex），还有的在斗形陶盒的器口一角刻意开出个小口，以便湿盐内的水分溢出[4]。在近东美索不达米亚，发现有用于制盐的斜口小碗，也有同样的功能[5]。有些制盐模具还会在器身某部位刻意留下刻痕，以便盐锭成形后在有刻痕处将容器折断，取出盐锭[6]。有时，盐锭会和模具一起被交易出去，就像菲律宾的陶釜那样。制作盐锭的模具材质并不限于陶器。据民族志资料，还可用木器或植物（枝条、草、竹、芦苇等）编织的器具，但只有陶器可保留至今，为考古学家提供了实物证据。

还有个有趣现象，即"制盐陶器"常表现出形态和大小一致的特征。这在某个遗址的某一阶段会表现得更加明显，这通常表明一种标准化或大规模专业化生产的存在。就整体而言，"制盐陶器"的形态或烧造工艺可以和日常用具类似，但从专业化生产的角度看，其形态则不必与日常用具相近。如果仔细观察某个遗址同时

---

[1] 陈伯桢：《由早期陶器制盐遗址与遗物的共同特性看渝东早期盐业生产》，《盐业史研究》（巴渝盐业考辑），2003年1期，31~38页。

[2] [美] 严科夫斯基（Yankowski, Andrea）：《传统技术和古器物：菲律宾中部保和（Bloho）岛盐业生产和陶器制造的民族考古学研究》，李水城、罗泰主编：《中国盐业考古——国际视野下的比较观察》（第二集），160~181页。

[3] 本人在法国塞耶河谷考古发掘时所见。

[4] Riehm, Karl (1961). Prehistoric salt-boiling. Antiquity, 35, pp.181~191; Jones, M. U. (1977). Prehistoric salt equipment from a pit at Mucking, Essex. Antiquarites Journal, 57(2), pp.317~319.

[5] Beatrice Hopkinson (1975). Archaeological evidence of saltmolding at important European salt sites and its relationship to the distribution of Urnfielders. Journal of Indo-European Studies, 3(1), pp.1~53.

[6] Riehm, Karl (1961). Prehistoric salt-boiling. Antiquity, 35, pp.181~191.

期制盐陶器的尺寸,或不同时期制盐陶器的演化,会发现它们在制作上似乎有一个标准化或最佳化的选择趋势。所谓标准化常常体现在直接用于熬盐的制盐模具上,最常见的是,同时期制盐器具的外形、容积大致相当。这与制盐产业的需要密切相关,一方面是便于将它们在盐灶上摆放、方便操作。更主要的诱因是,大小均一的盐锭是有利于交易的最佳单位,有时甚至可权充货币[1]。

最后要强调的是,世界各地的制盐器具未必都包含以上三种器类,也有些遗址仅有其中的一类或两类。如在越南丘于厨发现了海量的陶支脚,却不见任何制盐容器的踪迹。发掘者推测,当时很有可能使用椰子壳一类有机质材料为熬盐器具,在东南亚一带的民族志中就有这方面记录[2]。

以中国为例,北方及内地的制盐遗址仅有制盐陶器和遗迹的发现,至今未见任何用来支撑或连接的制盐器具,从新石器时代到宋元时期都是如此。但南方地区却普遍有这类遗物的发现。如浙江宁波大榭岛和广东珠海宝镜湾[3]就出有新石器时代的制盐陶棍或支撑器件,这一传统不止延续到商周时期[4],甚至更晚的唐宋时期,在香港沿海的唐代制盐遗址[5]和浙江温州洞头九亩丘南宋制盐遗址[6]也发现有这类特殊器具,而且数量还不少。由此可见,中国北方和南方很早就形成了两种不同的制盐技术体系。

戊戌岁末定稿于海南

初刊于《南方文物》,2019 年 1 期

---

[1] 陈伯桢:《由早期陶器制盐遗址与遗物的共同特性看渝东早期盐业生产》,《盐业史研究》(巴渝盐业考辑),2003 年 1 期,31~38 页。

[2] [德]安德烈斯·芮内克:《越南盐业生产的早期证据:考古发现、历史记录和传统方法》,李水城、罗泰主编:《中国盐业考古——国际视野下的比较观察》(二),136~158 页。

[3] 广东省考古研究所、珠海市博物馆编著:《珠海宝镜湾——海岛型史前文化遗址发掘报告》,科学出版社,2004 年。

[4] 据浙江省宁波市文物考古研究所发掘资料。

[5] 李浪林:《香港沿海沙堤与煮盐炉遗存的发现和研究》,《燕京学报》,新 24 期,北京大学出版社,2008 年,239~282 页。

[6] 温州市文物保护研究所、洞头县文物保护所:《浙江省洞头县九亩丘盐业遗址发掘简报》,《南方文物》,2015 年 1 期。

18
中日早期制盐业的比较观察[1]

人类所在地球表面有一个显著特征,即自然资源在空间分配上的不均衡性。古往今来,不同的自然环境制约着人类的生产方式和生存方式,也造就了形形色色的地域文化。在生产力欠发达的古代,人类主要的,有时甚至唯一的活动是物质资料的生产,这种地域性的经济活动在人类早期的文明化进程中扮演了重要角色。《尚书·洪范》:"八政。一曰食,二曰货。"可见,从很早起,人们就意识到人类的生存与物质资料生产的依赖关系。物质资料的生产是有地域性的。一般来说,供养人类日常生计的一般资源主要来自各自生活的区域,而盐、铁及玉料等能够产生财富的特殊资源却不是任何地区都能轻易得到的。为了获取这些资源,人们大多要依赖贸易和交换,有时甚至不惜发动战争进行掠夺。

众所周知,人类对盐一直有着特殊的需求。特别是当人类进入农耕社会以后,随着动物类肉食的急剧缩减,每日必须要向体内补充一定比例的盐分[2]。尽管盐在世界各地都有蕴藏,但其空间分布并不均衡,加之古代生产技术和运输能力的限制,对盐的占有成为少数人的特权。因此,历代政府格外重视盐。在那些不产盐的地区,盐成为贵重的奢侈品。我国自有史书记载以来,盐铁制造便一直为皇家垄断,并成为国家赋税收入的主要来源。

长期以来,有关盐业生产史的研究在我国主要局限于史学界,并取得了大量研究成果。但盐业考古却长期处于空白状态,对其他国家和地区的盐业考古也缺乏基本的了解,这对于我们这个拥有丰富盐业资源的文明古国来说,不能说不是个缺憾。

---

[1] 本项研究得到日本住友财团基金(THE SUMITOMO FOUNDATION)财政资助,特此致谢!
[2] 盐是人类(动物)饮食中不可或缺的基本元素。尽管目前对于人体每日到底需要补充多少盐分尚有不同意见,但从人的生理生化指标看,一般而言,每人每日最低需摄入0.5~2克的食盐。

1994年,我们在进行三峡水库淹没区忠县地下文物的考古调查和发掘中,了解到三峡地区有悠久的制盐历史。在当地的古遗址中发现了一批形态特异的陶器及大量埋藏此类陶器的"特殊"堆积,特别是在这些遗址附近还发现有古代的盐井,隐约地感到这类遗址可能与历史上某种特殊产业(制盐业)遗留有关[1]。后来,通过与一些国外学者进行交流,得知我们在三峡一带的发现与国外一些制盐遗址的埋藏状况和出土物非常相似。1999年,北京大学与美国加州大学洛杉矶分校开始进行盐业考古的合作研究,经与国外盐业考古专家的进一步接触[2],对世界其他地区的盐业考古有了比较深入的了解,确认在忠县发现的部分遗址应该是古代制盐场所的遗留。在上述合作项目进行的同时,我们也开始关注沿海地区的盐业考古,并选择了渤海南侧的莱州湾作为切入点。这是因为:第一,莱州湾一带从古至今都是我国北方海盐的重要产地。第二,据文献记载,早在距今4 000年前,鲁北沿海就"煮海制盐"[3]。由此带来的"渔盐之利"为日后齐国成就霸业奠定了坚实的物质基础。第三,约从20世纪50年代起,在鲁北沿海就不断发现一种"盔形器"(或称圜底尊、将军盔),对此类容器的用途一直有不同的认识,有学者认为它们是古代用来"煮盐"的器具[4]。第四,山东省的考古工作基础扎实,为我们开展这项研究提供了可靠的保证。

　　下面我们简要介绍一下日本列岛的盐业考古情况以及我们在莱州湾进行盐业考古调查的收获,进而对中日两国早期海盐制造作一初步的比较观察。

一、日本早期(绳文时代—弥生时代)制盐遗址

　　日本是个岛国,四面环海。岛上基本没有岩盐蕴藏,天然盐泉也很少见。可以

---

[1] 李水城等:《忠县文物古迹保护规划报告》,国务院三峡工程建设委员会办公室、国家文物局编:《长江三峡工程淹没区及迁建区文物古迹保护规划报告》重庆卷(下册),中国三峡出版社,2010年,509~512页。

[2] 这些专家包括美国阿拉巴马大学教授Ian Brown,法国国家科学院研究员Pierre Goulet,Oliver Weller,德国图宾根大学教授Hans Uric Vogel等。

[3] 《世本·作篇》有"夙(宿)沙氏煮海为盐"的记载。传说夙沙氏为炎帝时人,生活在今胶东沿海一带。

[4] 王思礼:《惠民专区几处古代文化遗址》,《文物》,1960年3期。

说,自古以来,海水是日本获取食盐的唯一途径[1]。

据日本盐业考古学家近藤义郎的研究,日本的盐业考古肇始于1954年对喜兵卫岛(濑户内海中一小岛)遗址的发掘[2]。自那以后,日本的盐业考古逐渐扩展到整个沿海地带,并陆续发掘了数十处制盐遗址。经过长期的考古发掘研究,日本学者已经建立了每一区域内制盐陶器的编年序列,并对早期的制盐产业结构等问题作了深入研究。

在日本,使用小型陶容器制盐的遗址都分布在沿海地带(图一)。其特点是:1. 这些盐业遗址集中分布于距当时海岸20~30米处。2. 所有制盐遗址都堆积大量制盐陶器残件,厚度达1米左右。3. 在这类遗址中发现的日常生活用器远远低于制盐陶器。4. 除个别未曾使用或用于随葬的陶器尚保留完整形态外,几乎所有遗址的制盐陶器都非常破碎,难以复原。5. 这些制盐陶器在遗址中基本出自同一层位。如果出在不同的地层,也都属于同类器型。6. 所有的制盐陶器均系手工制作,陶胎内夹砂较多。再就是仅将内壁略作加工,外壁较粗糙,器表不着纹饰。7. 几乎所有的制盐陶器都存在二次过火现象。8. 在埋藏制盐陶器的堆积中往往夹杂灰烬、炭渣以及当时用来制盐的灶及工作面等遗迹。

日本最早的制盐遗址分布在关东和东北地区。比较早的遗址出现在关东的旧霞ケ浦沿岸,年代在绳文时代晚期。到了绳文时代的最后阶段,其产业中心转移到东北地区松岛湾的小岛沿岸。据初步统计,绳文时代的制盐遗址在关东地区发现了60处,主要分布在茨城、千叶、埼玉、东京都、神奈川和群马等县。早期用来制盐的陶器均为大口、小平底器或尖底器。这一时期,人们的经济活动基本停留在采集阶段,并辅之以渔猎[3]。近藤义郎认为,制盐是当时沿海一带居民从事的副业,他们利用其产品——食盐(或许也包括某些副产品)与远离海岸的山地居民进行贸易[4]。

---

[1] [日]近藤义郎:《土器制盐の研究》,陈伯桢译,《盐业史研究》,2003年1期,92~94页。
[2] [日]喜兵卫岛调查团:《谜の师乐式》,《历史评论》,1956年1月号。
[3] [日]寺門義範、芝崎のぶ子:《繩文後・晚期にみられる所謂"製鹽土器"について》,《常総台地》四,1969年;鈴木正博、渡辺裕水:《関東地方における所謂繩文式"土器製鹽"に関する小論》,《常総台地》七,1976年。
[4] [日]近藤义郎:《土器制盐の研究》,陈伯桢译,《盐业史研究》2003年1期,92~94页。

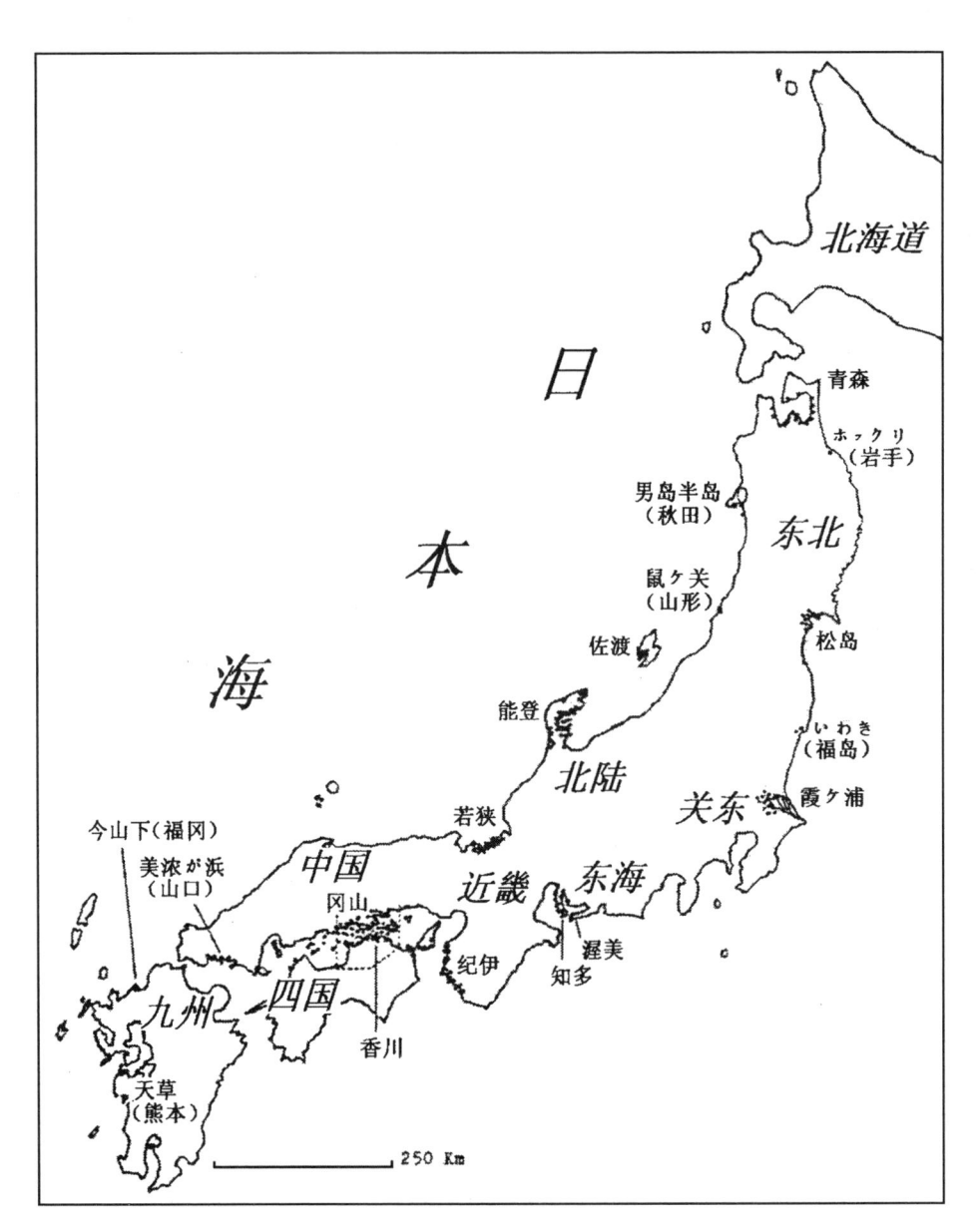

图一 日本列岛盐业遗址的分布

(选自近藤义郎《土器制盐の研究》)

从茨城县广畑贝冢和法堂遗址的所在位置看,日本早期制盐遗址多分布在地势较低的海岸阶地上,在聚落的附近都发现有制盐遗址。类似情况在前浦、后九郎边、尾岛等地也有所见。与此对应的是,那些出土制盐陶器较少的遗址大多位于海拔 20~30 米的洪积台地上。如土浦市上高津贝塚所在的台地海拔高 18 米。在已发掘的 16 平方米范围内出土陶器口沿 1287 片,其中 303 片为制盐陶器[1]。但在一般生活聚落,制盐陶器很少发现。

茨城县樱川村的广畑贝塚属于绳文时代晚期。从遗址剖面可见包含灰、炭渣及大量制盐陶器(残片)的埋藏。这一时期的制盐陶器主要为夹细砂褐色陶,其次为淡褐色、灰褐色或灰黑色陶,也有个别灰白色陶。其造型多为陀螺状深腹器,小平底、尖底或尖圜底;口径 17~25、高 20~28 厘米。特点是胎内掺杂细砂,内壁加工较细,外观粗糙[2]。在茨城县美浦村法堂、樱川村前浦等遗址也有类似发现。根据法堂遗址的试掘统计资料,制盐陶器(残片)在遗址中的比例为日用器的 2~5 倍[3]。

在东北地区,福岛县いゎき市、宫城县仙台湾、岩手县三陆北部、青森县陆奥湾沿岸都发现有绳文时代晚期的制盐遗址,出土物中包含大量制盐陶器。其中,以仙台湾、松岛湾沿岸及岛上、高城町西之浜、鸣濑町里、盐釜市盐釜神社内、七个浜町二月田、石卷市沼津等地的分布最为密集。所见十余处制盐遗址全部位于旧海岸线附近,海拔高仅 1~4 米。在七个浜町二月田贝塚和高城町西之浜贝塚,海拔高 5~10 米的台地上也发现有制盐陶器。

相比较而言,日本东北部的制盐陶器与关东地区无太大区别,两地都是以手制深腹器为主。宫城县二月田贝塚出土的制盐陶器口径 11~18 厘米(但以 15 厘米左右居多),器高 15~18 厘米,壁厚 2~3 厘米。松岛湾地区的制盐陶器以尖底或尖圜底居多,器表常遗留泥条连接痕迹。青森县陆奥湾发现的制盐陶器多为底径 7~8

---

[1] Takeru AKAZAWA (1972). Report of the Investigation of the Kamitakazu Shell-Midden Site. *Bulletin* No.4. The University Museum of the University of Tokyo.
[2] [日]近藤义郎:《師楽式遺跡における古代塩生産の立証》,《歴史学研究》223 号,1958 年。
[3] [日]户沢充则、半田純子:《茨城県法堂遺跡の調査—"製塩址"をもつ縄文時代晩期の遺跡—》,《駿台史学》18 号,1966 年。

厘米的小平底器。口沿除平缘外,也有带花边者(图二)。这种造型的陶器在岩手县ホックリ遗址也有所见,不同的是后者为尖底器。松岛湾地区的制盐遗址属绳文时代晚期后段;陆奥湾大浦遗址为绳文时代晚期前段;今津遗址属绳文时代晚期后段初期;岩手县ホックリ遗址属于绳文时代晚期后段中期。目前,日本学者的结论是:松岛湾地区是在关东地区制盐业衰退之后出现的,并不断发展兴盛[1]。

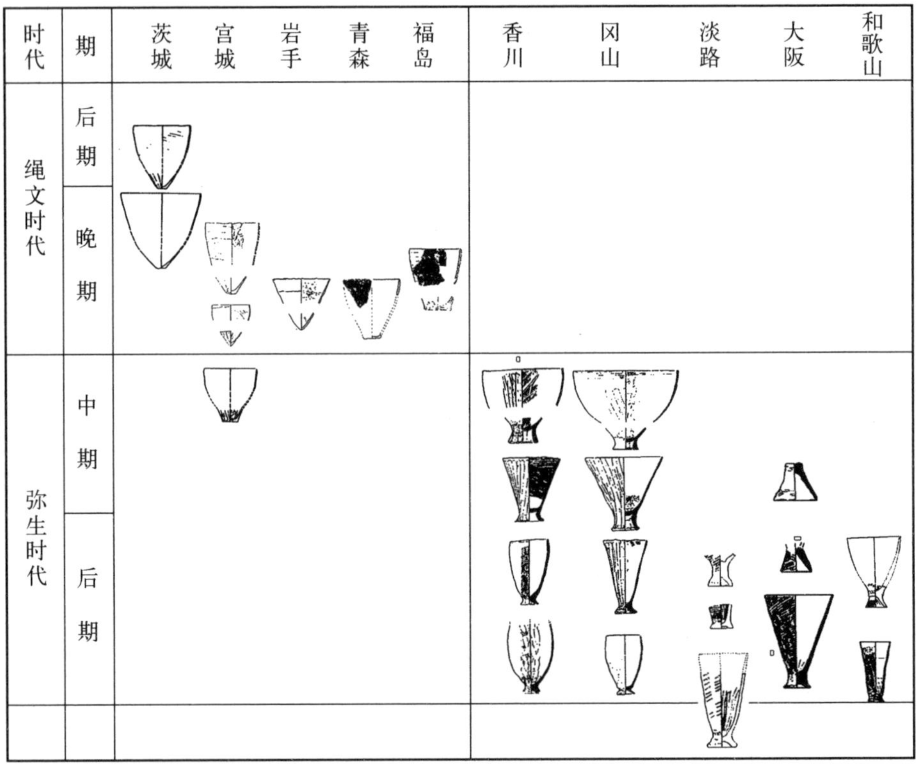

时代	期	茨城	宫城	岩手	青森	福岛	香川	冈山	淡路	大阪	和歌山
绳文时代	后期	▽									
	晚期		▽	▽	▽	▽					
弥生时代	中期		▽				▽	▽		▽	
	后期						▽	▽	▽	▽	▽

图二　日本早期制盐陶器

(据近藤义郎《土器制盐の研究》,《日本土器制盐研究》发表器物图改制)

在日本西部,制盐遗址在弥生时代中期后段出现。最早的遗址点在濑户内海的儿岛(今儿岛半岛)。近藤义郎认为,在西日本,弥生时代(一般认为与

---

[1] [日] 後藤勝彦:《東北における古代製塩技術の研究》,《宮城史学》二号,1972年;宫城县盐釜女子高等学校社会部(後藤勝彦指導):《宮城県七ヶ浜町二月田貝塚》(Ⅱ),1972年。

东北地区绳文时代最晚期同时)的居民最早从东北地区或韩国获取食盐(目前尚缺乏韩国方面的考古证据)。另一方面,在弥生时代中期晚段,日本的稻作农业有所发展,这大大刺激了西日本地区人口的增长,随着农业的发展,剩余产品增加,促使部分人口开始脱离农业,转入手工业领域。加之交换活动的频繁,也使得各地的贸易更加活跃。在这一背景下,当地人开始自己生产食盐。此即近藤义郎提出的所谓"備讚瀬户自生说"理论。依照此说,西日本也像关东、东北地区一样,在绳文时代至弥生时代前半期,沿海居民有可能使用日用陶器进行小规模的制盐业,并加工海产品。进入弥生时代以后,出现了远距离的贸易输出。弥生时代中期,随着各区域集团之间交流的增强,濑户内海沿岸的族群为适应需要加快发展了陶器制盐技术,从而导致具有一定产业规模、甚至专门化的制盐产业出现(图三)[1]。

西日本地区的制盐陶器主要为带圈足的小型深腹杯,这与绳文时代的制盐陶器迥异。在弥生时代中期中叶或后段,備讚瀬户首先在冈山县儿岛地区出现制盐陶器。这些陶器的容量与东日本地区绳文时代晚期的深腹钵类似,但一般在器底附加圈足,内外壁均作细致加工,陶胎内掺入1~2毫米的细砂,器壁较薄,素面无纹。但这些陶器表面常出现细小的剥离现象,这一特征与绳文时代的制盐陶器相同。此类制盐陶器除在儿岛地区比较集中外,在香川县丰岛、小豆岛等地也有发现。在儿岛发现的制盐遗址非常密集,应该是当时这个地区制盐业的中心[2]。

弥生时代晚期,西日本的制盐业扩展到和歌山县的纪伊海岸、香川县、德岛县和冈山县沿海一带。那里的制盐业似乎表现为一种副业活动。制盐遗址常常作为农业聚落的一部分,而且遗址中制盐陶器(残片)的堆积量也远低于后来古坟时期的制盐遗址[3]。

---

[1] [日]近藤义郎:《弥生文化論》,《岩波講座日本歴史》第一卷,1962年。
[2] [日]岩本正二:《弥生時代の土器製塩》,《考古学研究》第23卷第1号,1976年。
[3] [日]森浩一、白石太一郎:《紀淡、鳴門海峡地带における考古学調查報告》,1968年;近藤义郎:《古目良遺跡—目良式製塩土器の研究—》,《田边文化財》八号,1964年。

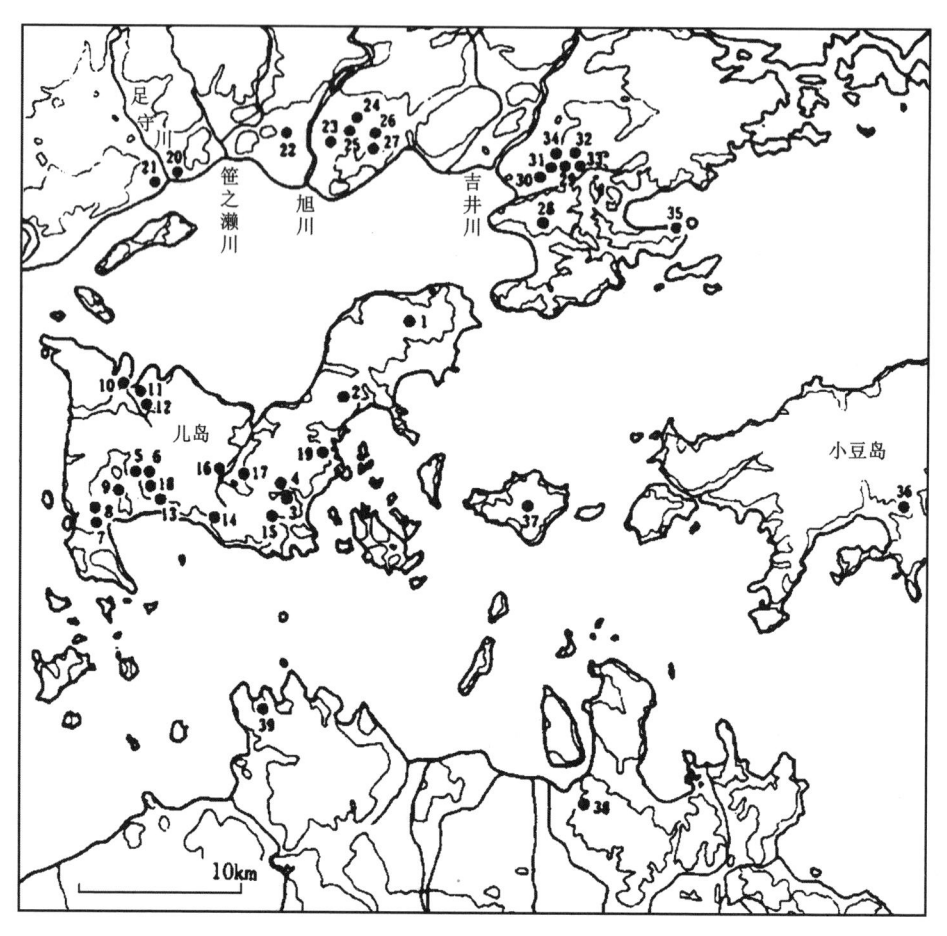

图三　備讃瀬户地区制盐遗址分布

（选自近藤义郎《土器制盐の研究》）

自弥生时代以后，大约公元前7~8世纪，濑户内海及纪伊地区的制盐陶器改为小型圜底器，遗址数量也逐渐减少，生产规模缩减。大约8世纪末，濑户内海沿岸已不再使用小型陶器制盐。在九州岛地区，陶器制盐法大约在7世纪早期便遭遗弃。据文献记载，日本最早的盐田出现在公元8世纪，主要用盐田来提高海水的盐浓度，再用大型平底锅煎煮获取食盐。平底锅分陶、石、黏土或金属等不同的质地。到了公元11世纪前后，新技术完全取代了以往的陶器制盐工艺，并经过不断改良,一直持续到近现代[1]。

二、莱州湾地区早期(商周时期)的制盐遗址

莱州湾位于中国山东省北部的渤海南岸,是渤海三大海湾[2]之一。其地理坐标为北纬37°17′~30′,东经118°55′~119°55′。莱州湾深入内陆约50公里,其西侧有黄河三角洲平原,南部是潍北平原,东面为胶东半岛低山丘陵区。莱州湾海区内水深均小于12米,为渤海三大海湾中水深最浅的水域[3]。20世纪80年代以来,经过科学工作者长达十余年的努力,证实在渤海、黄海沿岸的低地平原蕴藏有丰富的地下卤水资源[4]。特别是莱州湾所在的渤海南岸是高浓度卤水的重要分布区(图四)。经过长期的勘探,在渤海南岸区7个盐田获取的地下卤水浓度值普遍大于10°Be′[5],其周边地带为5~10°Be′,全区地下卤水浓度值平均在10~12°Be′以上,浓度最高值可达18~20°Be′。这一发现也为我们在莱州湾地区进行盐业考古提供了重要线索。

2002年8~9月,我们在莱州湾-胶东沿海考察了20个县市,大致了解了莱州湾地区历年的考古发现,特别是出有盔形器遗址的情况,包括遗址点的位置、埋藏特征、遗址景观以及古海岸线的变迁、现代盐场的布局等。这其中,重点考察了各地发现的盔形器以及盔形器的形态、种类、纹饰、尺寸、时代,以及它们在各个遗址中所占的比例等[6]。

---

[1] [日]近藤义郎:《土器制盐の研究》,陈伯桢译,《盐业史研究》,2003年1期,92~94页。
[2] 渤海的三大海湾包括渤海湾、莱州湾和辽东湾。
[3] 韩有松等:《中国北方沿海第四纪地下卤水》,科学出版社,1996,北京。
[4] 同注[3]。
[5] 水文地质中的矿化度(g/l)表示地下水的总盐量。但在盐业生产中则以波美度(Baume,符号为°Be′)表示海水与卤水的浓度(即含盐量)。1°Be′≈1%的含盐量≈10 g/l(矿化度),所以矿化度50 g/l以上即5°Be′以上称为卤水。目前,在第四纪地下水勘探及其有关的研究报告中,同时使用矿化度与波美度来表示地下卤水的浓度(据《中国北方沿海第四纪地下卤水》韩有松等著,科学出版社,1996年)。
[6] 李水城等:《莱州湾地区古代盐业考古调查》,《盐业史研究》,2003年1期,82~91页。

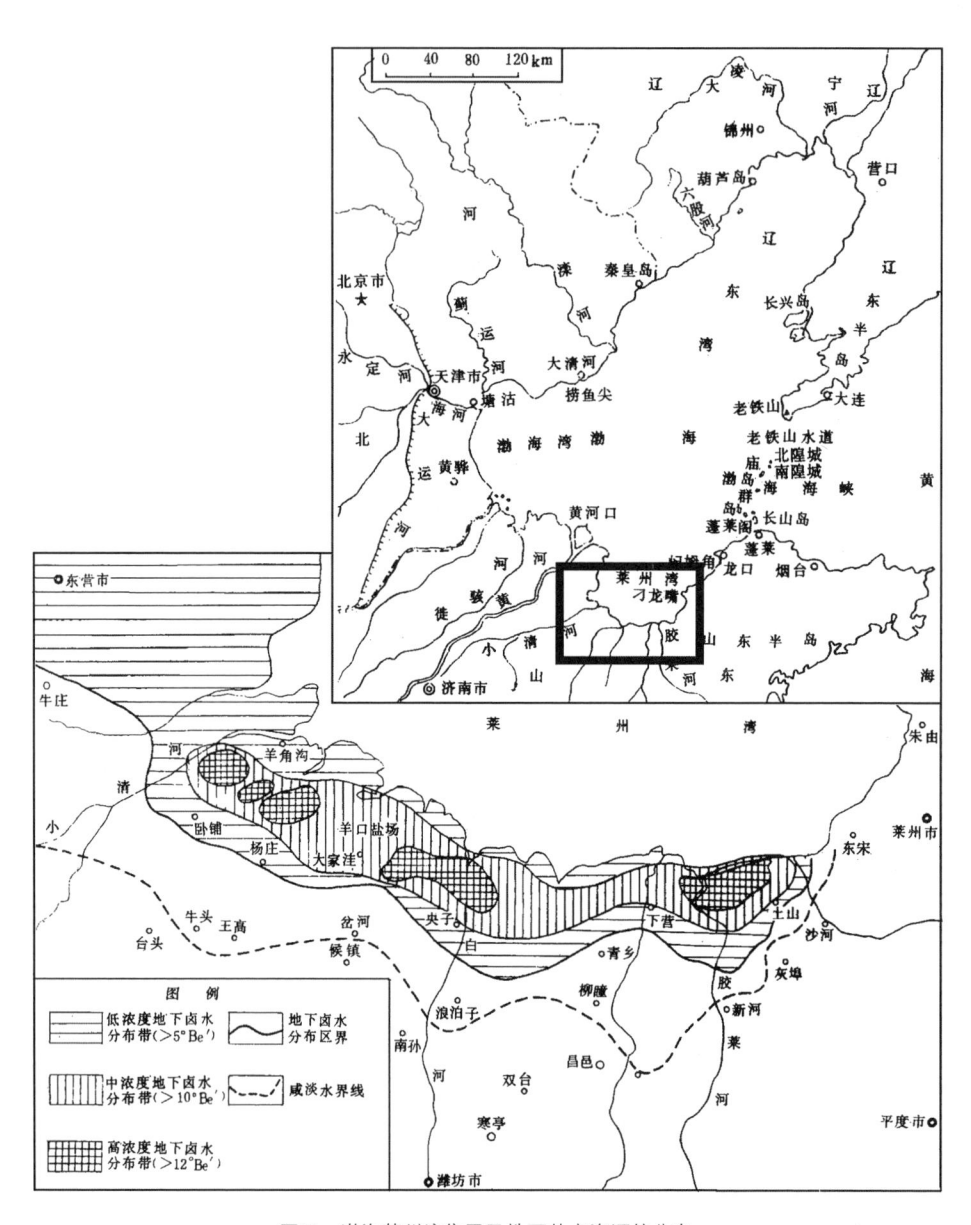

图四　渤海莱州湾位置及地下盐卤资源的分布

(据韩有松等:《中国北方沿海第四纪地下卤水》一图改制)

莱州湾地区的盔形器按质地粗略可分为三类。一类为夹细砂灰陶,质地比较细腻,火候较高。第二类为夹砂细砂红色陶,质地与第一类接近,但火候略低。第三类为夹砂褐色(或表皮褐色,内胎黑色)陶,胎内掺较大砂粒,质地较粗,部分火候偏低。盔形器高度在20~22厘米之间,口径18厘米上下,胎厚一般1~2厘米,器底往往加厚,最厚达3厘米。但也有少量盔形器尺寸超出上述范围。在装饰上,除器口和颈部以外,普遍在器腹至器底拍印绳纹,可分为宽窄两大类,较窄的绳纹宽0.3~0.4厘米;粗者宽度近1厘米。纹饰排列以斜向居多;也有的作网状交错;或整体斜向、平行交错;或局部横竖交错;还有的上下两段纹样作不同排列,有的斜向、有的竖列,还有的近乎平行状;也有个别呈一块块的编织纹形状。据介绍,还有个别的盔形器装饰方格纹[1],但我们在考察中未发现此类实物。

根据我们在考察中所见以及盔形器的形态差异,初步分为如下四型(图五)。

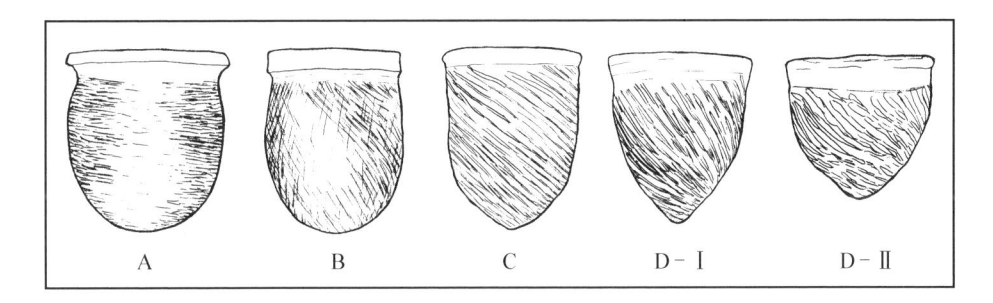

图五　莱州湾地区商周时期的盔形器及类型
A. 桓台;B.桓台;C. 沾化;D~Ⅰ.寿光;D~Ⅱ.寿光

A型:夹细砂灰色陶。器口外侈,有的器口近乎直立,器腹近球形,圜底;器表饰窄绳纹。

B型:夹细砂灰色或红色陶,器口多近乎直立,口沿面有的内凹,器腹呈卵圆形,圜底;器表饰窄绳纹。

C型:夹砂灰色或红色陶,器口直立,或微向外侈,器腹呈尖卵圆形,尖圜底;器表饰较粗的绳纹。

---

[1] 广饶县博物馆:《山东广饶草桥遗址调查》,《考古与文物》,1995年1期。

D 型：褐色夹砂陶，厚胎，直口或微侈口，整体呈三角陀螺形，尖底，器表饰宽而粗大的绳纹。根据器腹深浅差异，可再分为两式：

Ⅰ式：深腹，尖底。

Ⅱ式：浅腹，尖底。

除以上型式外，还有个别形态较为独特的盔形器，不赘。

检索 2002 年的调查资料，我们发现一个比较有规律的现象，即凡与晚商时期陶鬲（或其他器物）共存的盔形器均为 A、B 两型，即圜底盔形器。这在桓台史家、唐山、前埠以及阳信李屋等遗址都有反映。反之，这几处遗址却不见 C、D 型盔形器的踪迹[1]。另一个现象是，至今我们尚未见到 A、B 两型与 D 型盔形器共存的例证。由此可以推测，在确认 A、B 两型属于晚商的前提下，C、D 两型的年代应晚于 A、B 两型。如此，盔形器的逻辑发展趋势应该是从 A 型依次演变到 D 型。

根据调查可知，盔形器的分布主要集中在莱州湾沿海一带。其范围西起山东无棣县境内的马颊河下游，东止于昌邑市胶莱河下游，南界向泰沂山系辐射，大体止于胶济铁路（现济青高速公路）沿线。根据调查结果，可将这一区域内出有盔形器的遗址按出土量之大小分为两区（图六）。

1. 高密度区。本区位于距今日海岸线 15～20 公里处。该区域的遗址特点为，出土物基本以盔形器为主，不见或极少见日常生活用具。经初步统计，在本区发现出盔形器的遗址中，数量最多者占到陶器总量的 95%以上，如沾化杨家[2]等；数量低者也超过 50%，如广饶西杜疃[3]等。据当地文物部门的同行介绍，曾发现盔形器在出土时水平状排列摆放于地表，器口朝上[4]。有的遗址还发现"陶窑"遗迹，窑作圆形或椭圆形（结构不详），窑内摆放盔形器[5]。此外，还发现有的盔形器出

---

[1] 2002 年在山东省文物考古研究所临淄工作站观摩桓台县几处遗址的发掘出土资料所见。
[2] 山东利津县文物管理所：《山东四处东周陶窑遗址的调查》，《考古学集刊(11)》，中国大百科全书出版社，1997 年。
[3] 广饶县博物馆：《山东广饶西杜疃遗址调查》，《考古与文物》，1995 年 1 期。
[4] 考察中据王建国、曹元启等先生介绍，在广饶小清河、昌邑唐央等遗址有此类现象。
[5] 同注[2]。

图六　莱州湾地区盔形器分布区域

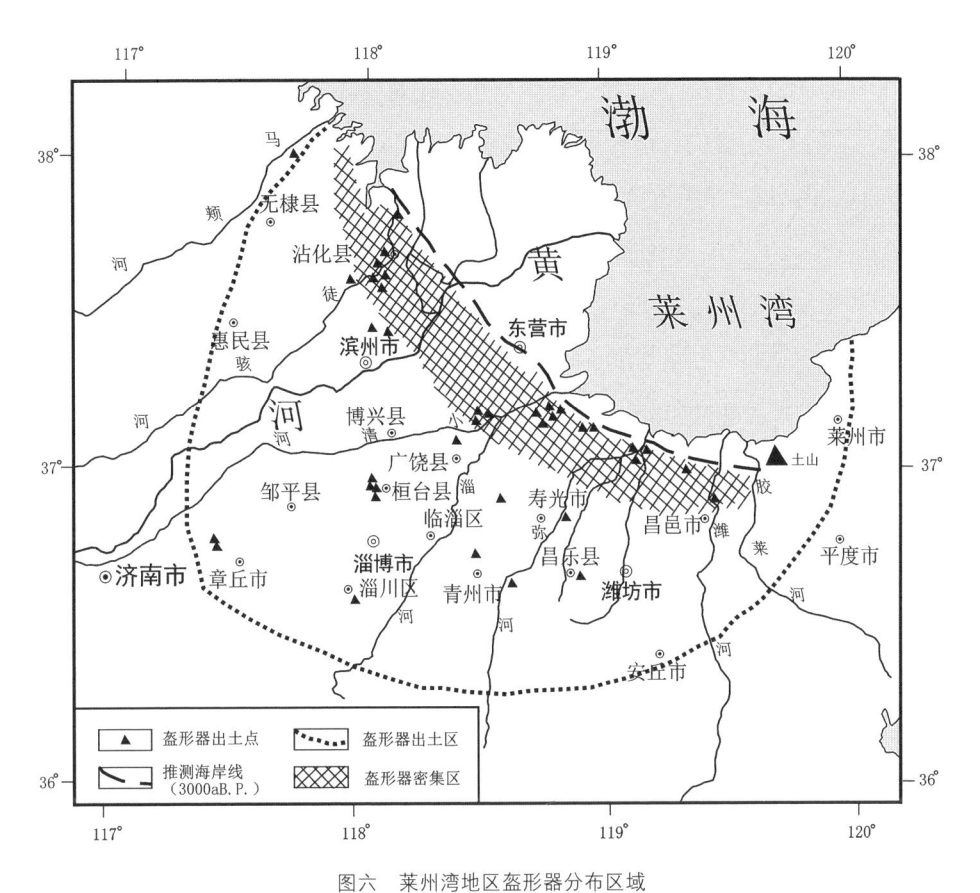

（北京大学城市与环境学院博士候选人王辉制图）

土时器底粘连红烧土；个别器物底部有二次过火痕迹[1]。

2. 低密度区。本区位于高密度区的外围。大致沿惠民—章丘—淄川—青州—潍坊—莱州形成一面向莱州湾的扇形圆弧。在这一区域，有些遗址曾零星出土过盔形器，少则1~2件、3~5件，多则10件、8件不等。它们或堆积在文化层，或出于古水井中，或散落在灰坑内，特点是均与日常生活用具混杂，甚至有个别盔形器用作随葬器皿[2]。

---

[1] 在山东大学考古系标本室参观寿光大荒北央遗址，发掘标本所见。
[2] 广饶县博物馆：《山东广饶草桥遗址调查》，《考古与文物》，1995年1期。

在高密度分布区,以往的发现大多限于一般性的考古调查,而且有相当一部分是在早年对河道进行疏浚、整治过程中偶然发现的,真正做过考古发掘的遗址寥寥无几[1]。鉴于此,我们对该区域内大量出土盔形器的遗址还缺乏实质性的了解。即便如此,根据目前掌握的资料,加上与国内外类似遗址进行比较,可以有把握地说,莱州湾地区集中出土盔形器的遗址应该与古代的盐产业有密切关系,盔形器就是当时用来制盐的专用器皿。这一点我们还会在后面论及。

若将我们在此次考察基础上制作的"莱州湾地区盔形器分布区域图"和"莱州湾地下盐卤资源分布图"进行比较,不难发现,我们所划定的高密度区与后者的中、高浓度卤水分布区高度重合。有趣的是,在地下卤水分布范围以外的胶莱河以东,盔形器也随之绝迹。这绝非巧合,它说明,早在距今3 300年前(或许更早),当地居民对莱州湾一带地下蕴藏的盐卤资源已有相当程度的了解,并开始有计划、有步骤地开发利用。

以往,鲁北地区的考古工作比较多地集中在盔形器分布比较低的地区。这一区域的遗址多属于一般的生活聚落,在这些遗址中零星发现的盔形器很难与制盐产业挂钩,它们有可能是当时随盐的贸易流通输出的[2],一旦脱离了制盐产地,其原初功能便随之消失,并被作为一般的陶器另作他用。因此也造成了对盔形器功能认识的偏差。

长期以来,对于盔形器的年代一直有不同的认识,具体有周代说;西周—汉代说;西周—战国说;春秋—战国说;晚商—西周早期说等。

早在1976年,山东益都(现青州市)博物馆在发掘赵铺遗址时曾发现商周时期的陶窑,在窑内出土了大批烧结的绳纹灰陶,器形有鬲、盆、豆、罐和盔形器[3]。20世纪80年代末以来,通过对邹平、桓台、博兴等县的调查发掘,在晚商地层或遗迹中也发现了个别的盔形器,遂将此类器物的年代前提到了晚商。2002年调查时我

---

[1] 1950年代曾对杨家遗址进行试掘,但在当地查阅档案时未见任何这方面记录,也未发表任何资料。
[2] 国外有研究发现,制盐陶器有时也会作为量器,随同食盐一同贸易输送到消费地点。因此,在一些聚落遗址中往往也会出现少量消费后废弃的制盐陶器。
[3] 青州市博物馆:《青州市赵铺遗址的清理》,《海岱考古》,山东大学出版社,1989年,第183页。

们注意到,在桓台县博物馆的陈列品中,史家遗址水井共出商代陶鬲和盔形器。在山东省文物考古研究所临淄工作站观摩桓台唐山、前埠遗址的发掘资料时,也发现了同样的共存关系。2003年,山东省文物考古研究所发掘了阳信李屋遗址,在晚商地层中,绳纹鬲、簋、豆、罐、盆等器物与盔形器共存。发掘者认为,李屋遗址的晚商地层分别相当于殷墟二、三、四期。最早的盔形器出现在殷墟二期,到西周早期以后匿迹[1]。

目前,已有相当一批材料证实盔形器的年代上限可达晚商时期。但对其年代下限仍有不同意见。我们推测,盔形器在西周时期可能继续在使用,但是否能延续到东周时期,还没有确切的证据。曾有学者指出,在昌邑唐央、寿光稻田等遗址发现战国时期的豆、罐、鼎、钵等与年代偏晚的盔形器共存[2]。

总之,到了东周,特别是到了战国时期,莱州湾地区的制盐技术有重大变化,很可能是金属容器的出现取代了制盐陶器。西周以后,盔形器的消失暗示了这一点。在实地考察中,我们在当地不少博物馆的藏品见到一种三足錾沿的大铜釜,也有少量宽缘浅腹大铜盘(或许就是"牢盆"),这些金属器应该是新的制盐器具。对此有学者作过专门介绍[3],此不赘述。而莱州湾沿岸出现盐田及晒盐技术则是更为晚近的事了[4]。

莱州湾一带的盐业开发究竟肇始于何时?目前在考古方面还没有任何线索。据古史传说,炎帝之时,当地已"煮海制盐"。夏代,东夷土著颇为强势,大约与其掌控丰富的盐业资源有关。这样,也就不难理解为何《禹贡》将食盐列为青州贡物之首。再后来,商人开始伐东夷。从考古发现看,早商时期商人的势力范围仅达孝妇河上游一带。晚商时期,潍河以西,特别是莱州湾西段沿海已基本纳入商人版图。由此不难看出,商人伐东夷的真正意图是冲着鲁北的海盐而去的。这与后来楚人溯江逆流而上掠取巴人的盐业资源有着异曲同

---

[1] 燕生东:《山东阳信李屋商代遗存考古发掘及其意义》,《古代文明研究通讯》,2004年20期。
[2] 曹元启:《试论西周至战国时代的盔形器》,《北方文物》,1996年3期,22~26页。
[3] 林仙庭、崔天勇:《山东半岛出土的几件古盐业用器》,《考古》,1992年12期。
[4] 至于何时在沿海出现田畦晒盐之法,目前有明代说、元代说和宋代说几种。见柴继光:《中国盐文化》,新华出版社,1991年。

工的性质。不过,目前在莱州湾所见的早期制盐遗址多数属于典型的商文化。那么,在商人控制莱州湾之前,东夷土著是如何制盐的?这是今后需要探索的一个重要课题。

三、中日早期制盐产业的比较观察

以上我们分别介绍了莱州湾地区与日本列岛的早期制盐遗址,试作比较,不难发现二者之间存在诸多相似之处。

1. 日本在开展盐业考古之前,沿海的制盐遗址往往被考古学家忽视,并将制盐陶器视为一般的生活用具。同样的现象也存在于中国,在没有认识到这类遗址的特殊性之前,我们也经历了大致相同的路程。

2. 根据对全新世气候和海面变化的研究,距今3 000年以前,莱州湾地区古海岸线的位置大致在今天海岸线以内15~30公里处,我们所划定的高密度区出有盔形器的遗址基本就分布在这个范围以内,说明当时的制盐遗址均位于海岸线附近的潮间带上,地势低洼,海拔在10米以下。时至今日,莱州湾地区的现代盐场也都建在这一区域。日本早期的制盐遗址多分布在距当时海岸线20~30米处的低地。东北地区绳文时代的制盐遗址几乎全部选择在与古海岸线交接的低台地上,海拔高1~10米之间。弥生时代的制盐遗址也多选择在海岸线附近的冲积低台地上,海拔高度不足2米;个别遗址距离海岸线数百米至1~2公里,海拔略高,在20~50米之间。

将制盐遗址选择在近海岸处的低地是由制盐产业的特殊需求决定的。从莱州湾沿海的地质结构看,首先,这一区域是地下高浓度卤水分布区,可为制盐业提供丰富的原料;其次,海拔位置低,加之潮水涨落影响,地表土壤高度盐碱化,根本无法进行农耕。从我们的实地考察看,今天莱州湾沿海一带基本都被现代盐场所占据。

3. 无论是中国的莱州湾还是日本沿海,所见制盐遗址的埋藏环境非常相似。如遗址中堆积大量制盐陶器的残片,器类单一,不见或少见日常生活用具等。在莱州湾,这种内涵单一的埋藏最厚达 2 米,日本早期制盐遗址的堆积也在 1 米左右。在长江三峡,制盐遗址的堆积甚至超过 10 米,这种现象与制盐产业的特殊性密切相关。因为制盐陶器的使用大多为一次性的,故其耗损量巨大。从已知的制盐遗址看,所堆积的陶器数量非常惊人。以莱州湾为例,在高密度分布区,遗址中盔型器的比例最高达 98%,一般也在 70%~80% 左右[1]。在日本,制盐遗址的制盐陶器在 90% 以上。在长江三峡的重庆忠县中坝、瓦渣地、杜家院子等遗址,制盐陶器的比例均在 95%[2] 左右。正是由于制盐陶器的高耗损性,使得这些陶器往往具有一些共同点,即制作较粗糙。在日本,制盐陶器大多仅将内壁略作加工,外观粗糙。莱州湾的盔形器也是内壁较平整,外表压印粗糙的绳纹。有趣的是,上述雷同的陶器风格和"超量"的埋藏现象不仅见于古代东亚的中国和日本,也普遍见于欧洲、北美及非洲的制盐遗址[3]。

4. 纵观世界各地的制盐陶器,其造型有很大共性。普遍表现为器口较大,器底偏小,而且多选择圜底、尖圜底、尖底造型,其目的是便于取出熬制的盐块。此外,据说尖底器有利于插入土中煎煮而不需要额外的支撑物,而圜底器则具有受热面积大易于蒸发的优势。其次,制盐陶器的器壁大多比较厚重,器底部犹厚,而且不少器口捏有花边,此类细节大概也与其使用功能的特殊要求有关。第三,制盐陶器的容积往往比较接近,呈现出标准化的趋势。据说,同等的陶器容量有利于盐的贸易输出,有时甚至可以直接作为量具使用[4]。

5. 日本的制盐遗址常发现炉灶一类遗迹。有学者据此提出,日本的早期制盐业采用的是煎煮法。在莱州湾地区尚未发现此类遗迹,但多次发现"陶窑",有的"窑"内还放置盔形器[5]。目前尚难证实此类"窑"是用来烧制盔形器的,还是与制

---

[1] 上述比例大多根据地表采集品统计,仅具有相对可靠性。
[2] 根据 1994 年我们在四川(今重庆)忠县考古调查发掘资料统计。
[3] SALT, The Study of an Ancient Industry, Report on the salt weekend, Held at the University of Essex, 20~22, September 1974, Edited by K. W. de Brisay, K. A. Evans, Colchester 1975.
[4] 陈伯桢:《由早期陶器制盐遗址与遗物的共同特性看渝东早期盐业生产》,《盐业史研究》(巴渝盐业考辑),2003 年 1 期,31~38 页。
[5] 在山东沾化县考察时当地文物干部介绍。

盐有关。估计莱州湾地区的制盐方法不外乎两类：一是火煎法,即与日本早期的制盐方法类似;二是日晒蒸发法,即利用沿海地区春夏季节阳光充足、风力大的气候特点,靠自然力蒸发卤水中的水分,增加盐浓度来获取食盐。据山东潍坊寒亭1959~1985年气象资料,当地年均温12.4℃;年均降水604.8 mm;年均蒸发量高达1 897.9 mm;年均相对湿度65%。区内主导风向为SSE、NE,平均风速45 mm/s[1]。这种气候条件完全适宜利用自然力获取食盐。联想到曾在有的遗址发现将盔型器集中摆放于地表的现象,或许就是利用日晒风吹法蒸发盐卤的遗留。在这方面,日本学者的某些猜想或许可以为我们思考莱州湾地区早期陶器制盐方法时提供参考(图七)。

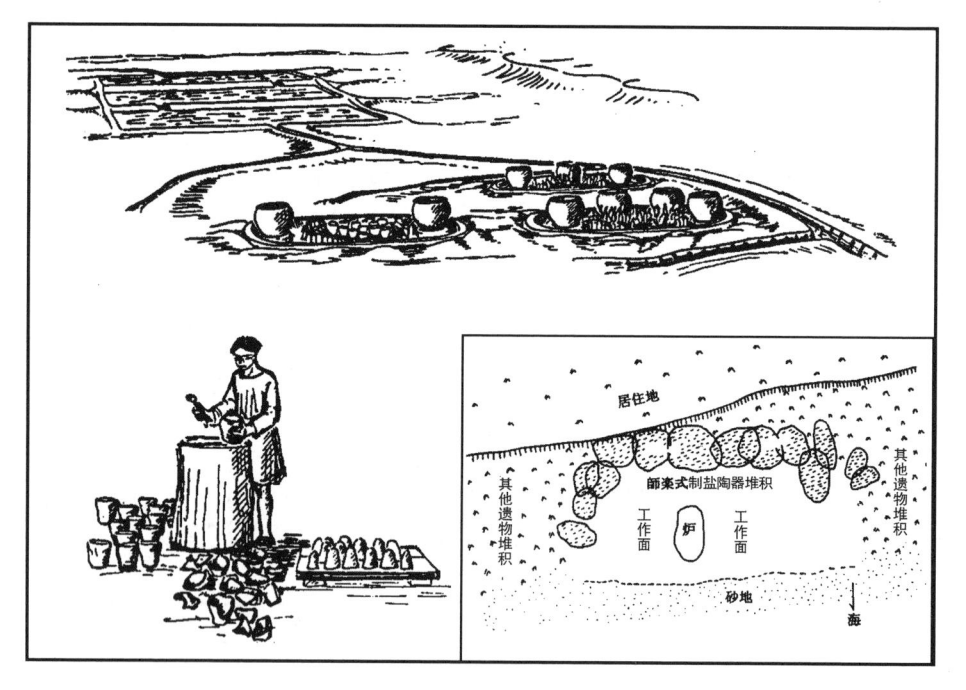

图七 日本喜兵卫岛制盐遗迹及绳纹时代后期制盐场所想象图

(据近藤义郎《土器制盐の研究》改制)

---

[1] 韩有松等:《中国北方沿海第四纪地下卤水》,科学出版社,1996年,60~61页。

6. 日本早期陶器制盐始于绳纹时代晚期,绝对年代为公元前 1 千纪中叶或略早[1]。莱州湾地区的盔形器最早出现在殷墟二期,绝对年代在公元前 1300 年左右。若以此为准,莱州湾陶器制盐的出现要早于日本。假若说农业的出现与人类主动进补食盐的需求具有同步性,日本的稻作农业恰好出现在绳纹时代晚期,这难道仅仅是巧合吗? 同理,依此类推,鲁北地区农业出现的时间显然要早过日本很多,其制盐业的出现时间也应该更早才对。这个问题是我们下一步要探索的目标。至于中日之间早期制盐产业是否存在影响或传播,从目前的资料还看不到任何迹象。

总之,无论中国还是日本,目前的考古发现还不能作为判定两个国家海盐制造业初始年代的依据。特别是莱州湾地区的盐业生产应远在商人伐夷之前就存在了。

谨以此文恭贺高明老师八秩华诞!

后记:鲁北莱州湾的考察得到山东省文物考古研究所的大力支持。本文个别线图由北京大学环境学院博士候选人王辉制作,部分日文资料的翻译由考古学系研究生胡明明完成,在此一并表示谢意!

2004 年暑假定稿于北京兰旗营

---

[1] 近年来,有关绳文时代的结束和弥生时代开始的时间在日本学术界还有争论。本文仍取旧说,即公元前 5 世纪左右。

早期东西文化交流

文化馈赠与文明的成长

新疆所见短柄石棒的来源及功能蠡测

中原所见三代权杖(头)及相关问题的思考

"牛角叉形器""铜旄"二器考

19
文化馈赠与文明的成长[1]

1920年代初,仰韶文化的发现使得中国文明来源的问题成为学术界关注的焦点。最初,安特生将仰韶文化视为中国文明的始祖,并将他在中国出版的第一部著作命名为《中华远古之文化》[2]。后来,在一些西方学者影响下,他逐渐接受了"仰韶文化西来"的观点,并为此前往中国西北地区寻找相关的证据[3]。

1949年至70年代,安特生因提出"仰韶文化西来说"招致中国学术界的批评。尽管他本人早在1943年就已承认这一理论是错误的,也认识到他早年在中国的工作存在失误[4]。可是,由于冷战时代的到来,学术问题往往泛政治化,中国学术界对安特生的批评也大大超出了学术范畴。直到1980年代以后,中国学术界才逐步给予安特生一个客观的评价[5]。这一过程也在某种程度上反映了中国考古学所走过的曲折历程。

"仰韶文化西来说"可以说是"欧洲中心论"衍生出的副产品。最初,这一理论曾得到很多外国学者,甚至有些中国学者的认同,但多数中国学者对它是持怀疑态度的。可是,面对极其有限的考古资料,尚无人能讲清楚黄河文明的来龙去脉,为此,寻找中国文明的来源遂成为中国考古学家面临的一个首要任务。正是在这一

---

[1] 本项目为中国教育部人文社会科学"十五"规划第一批研究项目(项目号:01JA780002)。
[2] Andersson, J. G. (1923).《中华远古之文化》,袁复礼译,《地质汇报》第五号第一册,京华印书局承印,1923年,北京(An early Chinese culture. *Bulletin of the Geological Survey of China* 5, Translated by Yuan Fuli. Peking: Jinghua Publishing House)。
[3] Andersson, J. G. (1925).《甘肃考古记》,乐森璕译,《地质专报》甲种第五号,1925年,北京 [Preliminary report on archaeological research in Kansu, *Memoirs of the Geological Survey of China* (Series A) 5, pp.1~51. Translated by Le Senxun. Peking]。
[4] Andersson, J. G. (1943). Researches into the Prehistory of the Chinese *BMFEA*. 15, Stockholm.
[5] 严文明:《纪念仰韶村遗址发现六十五周年》,《仰韶文化研究》,文物出版社,1989年,328~350页。

背景下,中国学者首先选择了对安阳殷墟、宝鸡斗鸡台等遗址的发掘。1950 年代以后,新的考古发现不断地否定"仰韶文化西来说";也为"中国文明本土起源说"的建立奠定了基础。

时至今日,尽管"本土说"已取代了"西来说"。但是,中国文明到底经历了怎样的一个发展进程？它是在一种完全封闭、孤立的状态下发展起来的吗？还是在发展进程中曾与外界有过某种接触？假如存在接触,那么,它对中国文明的成长起到了怎样的作用？等等。可以说,至今学术界在上述问题的理解上仍未取得共识。本文的目的是想通过对一些新发现的考古资料的梳理,就上述问题提出自己的初步看法,并希望透过这样的思考与学界内有识之士就此展开讨论。在切入正题前,还是先从中国的地理构造谈起。

中国地处欧亚大陆的东方,不同区域间的地理构造差异甚大,总体呈西北高、东南低的格局,即自西而东形成了三个落差很大的"台阶"。第一阶包括喜马拉雅山脉、青藏高原、帕米尔高原,平均海拔 4 000 米;第二阶自西南向东北依次有云贵高原、黄土高原、蒙新高原和大兴安岭,平均海拔降至 1 000～2 000 米;第三阶包括东北平原、华北平原、长江中下游平原和珠江三角洲,平均海拔再降为 200～500 米[1]。

其实,我们不妨换个角度,即以后来的长城为界,将中国广阔的内陆地区划为两大块,一块面向海洋,另一块面向欧亚大草原。前者的范围主要包括黄河、长江中下游地区,这一区域为中国文明的起源地及文化核心区。从史前时代开始,这里就逐渐形成了独特的华夏文明体系,并与外部世界保持相对的隔绝而略显封闭。后者即长城沿线及以外地区,那里尽管气候、生态和植被环境与前者有很大差异,但其考古学文化基本是黄河文明向外不断扩张的产物,或者说带有明显的文化殖民色彩。也正因为如此,这一地区与黄河流域有着千丝万缕的血脉文化联系和强

---

[1] Winker M. G., & Pao K. W. (1993). The late-Quaternary vegetation and climate in China. In: Wright H. E., Winker M. G., Kutzbach J. E., III Webb T, Ruddiman W. d., Street-Perott F. A., & Bartlein P. J., (Eds) *Global Climates Since the Last Glacial Maximum*. Minneapolis: University of Minnesota Press, pp.221~261.

烈的文化依附心理。如此,我们或许可以将后者视为黄河文明的次生区。另一方面,由于这一区域正好地处黄河文明与中亚文明之间,它在延续和向外输送黄河文明的同时亦不可避免地受到一些来自西方而来的文化特质的影响,与外界的关系更为开放并具有较强的文化兼容性(图一)。

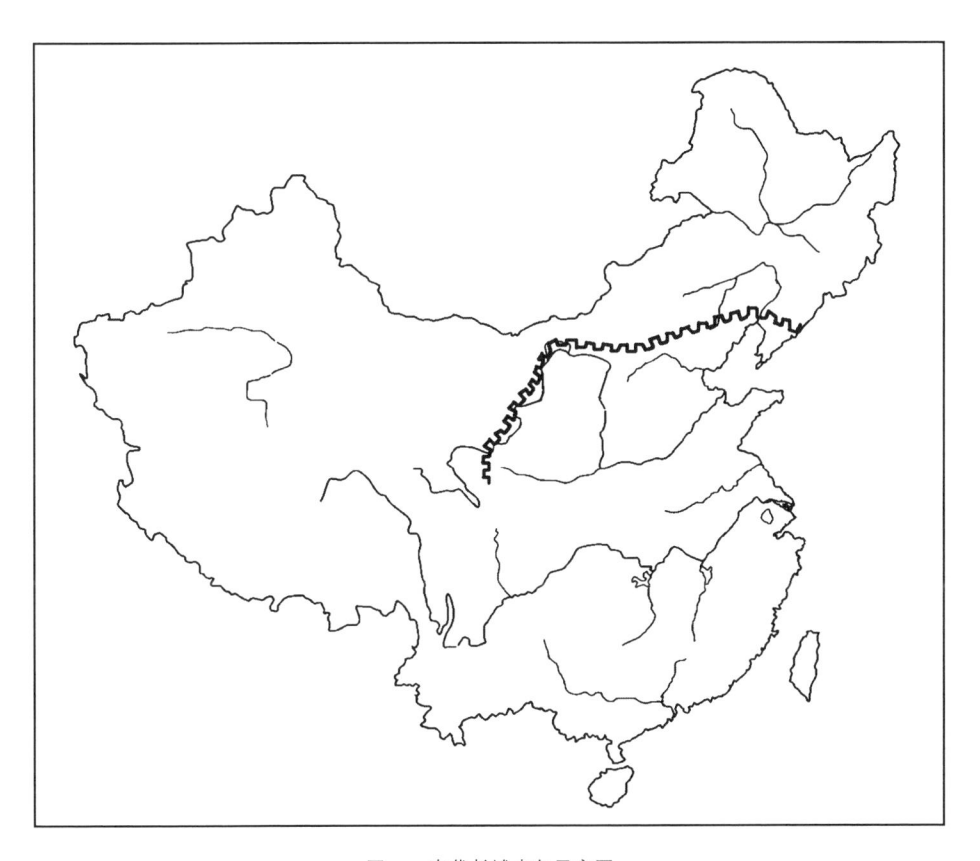

图一　秦代长城走向示意图

中国的大西北疆域辽阔,这里已属于广义的中亚范畴,它不仅是一条重要的交通孔道,也是不同地域文化发生碰撞与融合的敏感地带,因此也是探索黄河文明与欧亚文明的一个关键地区。中国的考古学家通过半个多世纪的考古工作已基本把握了这一地区史前—青铜文化演进的脉络。即距今8 000年前,在渭水上游一带首先出现了老官台文化,其农业和畜养业已初具规模;但在地理环境较逊色的青海贵德、柴达木盆地则零散分布着一些以使用细小石器及以狩猎—采集为生业的族群；距今7 000年以降，仰韶早期文化进入六盘山的东西两侧；距今5 500~5 000年，仰韶中、晚期文化扩展至青海东部，而且有一支沿甘川草原南下深入川西北高原，并延续至马家窑文化；距今5 000年以降，马家窑文化西进至酒泉境内的祁连山北麓；距今4 000年前后，带有明显后马厂风格[1]的彩陶现身于新疆哈密地区。随即，部分居住在河西走廊的四坝文化族群陆续移民东疆。这一历史进程对日后新疆境内原始文化的格局产生了深远影响[2]。

　　以上中国西部的文化西渐趋势是黄河文明一波又一波向外不断扩张的历史缩影。大约在此前后，也开始有部分来自中亚一带的族群经由新疆北部的河谷进入新疆内陆，导致东西方文化发生第一次面对面的碰撞。尽管目前我们对这一过程的某些细节尚缺乏了解，但是，随着近年来一系列新的考古资料的发现，大致显露出一个初步的轮廓，为深入探讨相关问题创造了条件，以下我们将择取几个不同的侧面就东西方的文化接触现象作初步介绍。

　　一、新疆北部的考古发现证明，公元前2千纪前后，部分自中亚草原而来的族群沿额尔齐斯河-伊犁河谷进入新疆北部，在伊犁至准噶尔盆地一线发现有安德罗诺沃文化的遗存可以为证[3]；类似遗存向南已越过天山，抵达博斯腾湖沿岸的和硕县[4]，并继续向东进入罗布泊附近[5]（图二）。

　　二、通过对新疆哈密林雅墓地（天山北路墓地）的初步分析，我们认为该墓地并存的两类陶器分别代表了来自不同区域的不同族群。A群陶器的文化特征与四

---

[1] 我在《四坝文化研究》一文中提出，暂称此类陶器为"过渡类型遗存"。
[2] Li, Shuicheng (2002). Chapter II: Interaction between Northwest China and Central Asia during the Second Millennium B.C: An Archaeological Perspective, In Katie Boyle, Colin Renfrew & Marsha Levine, eds. *Ancient interactions: east and west in Eurasian Steppe*, Cambridge, England: McDonald Institute Monographs, University of Cambridge. pp.171~180.
[3] 新疆文物考古研究所等：《石河子市古墓》，《新疆文物》，1994年4期，12~19页；李肖：《塔城市卫生学校墓葬和遗址》，《中国考古学年鉴（1991）》，文物出版社，1992年，328~329页；李肖、党彤：《准噶尔盆地周缘地区出土铜器初探》，《新疆文物》，1995年1期，40~51页。
[4] 吕恩国：《新疆和硕新塔拉遗址发掘简报》，《考古》，1988年5期，399~407页。
[5] 新疆文物考古研究所：《2002年小河墓地考古调查与发掘报告》，《新疆文物》，2003年2期，8~64页。

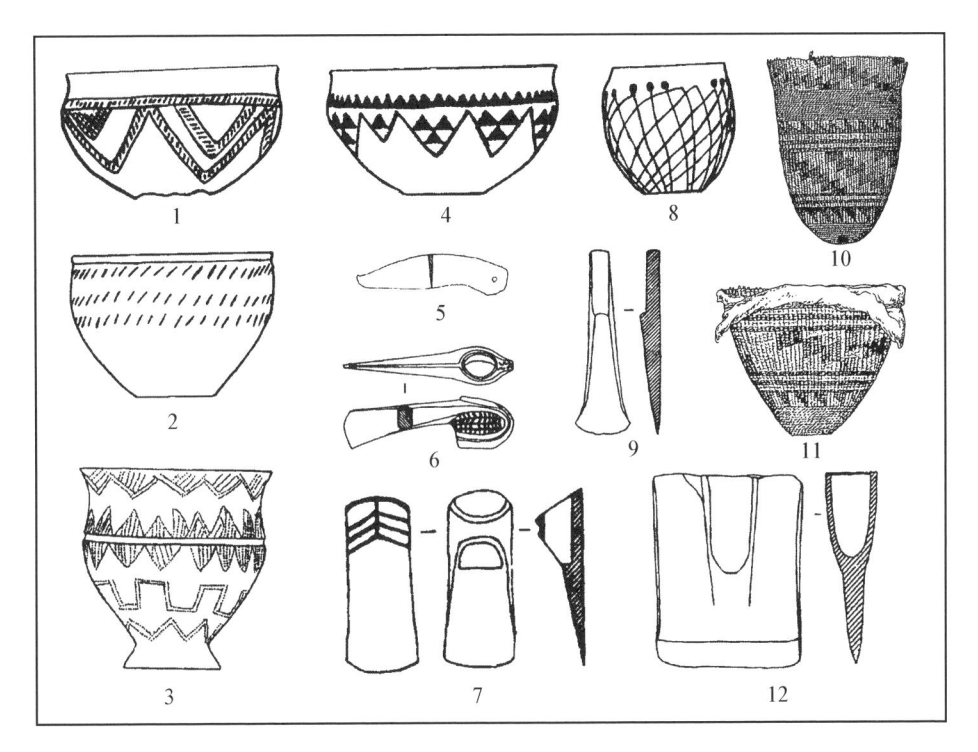

图二　新疆发现的小河文化、安德罗诺沃文化和卡拉苏克文化遗存

坝文化雷同,其源头当在甘肃河西走廊西部;B群陶器的风格特征暗示其来源可能来自新疆北部的阿勒泰草原及以北的境外地区(图三)。

三、体质人类学研究表明,新疆罗布泊附近古墓沟墓地的人种体质特征与俄罗斯南西伯利亚的阿凡那谢沃文化、安德罗诺沃文化同属于原始高加索人种[1]。2002年,新疆的考古学家正式发掘了当年瑞典学者贝格曼发现的小河墓地[2],这里出土的木乃伊和木雕人头像具有明显的欧洲人种特征(图四:1)。据发掘简报报道,小河墓地的整体面貌与古墓沟墓地接近,二者年代也大致相仿[3]。在新疆东部也发现有蒙古人种与高加索人种并存的地点,如哈密的焉不拉克墓地,但东部

---

[1] 韩康信:《新疆孔雀河古墓沟墓地人骨研究》,《考古学报》,1986年3期,361~384页。
[2] Folke Bergman (1939). *Archaeological Researches in Sinkiang Especially the Lop. Nor Region*, Stockholm.
[3] 碳十四年代检测结果证明,小河墓地的年代上限早于公元前2000年。

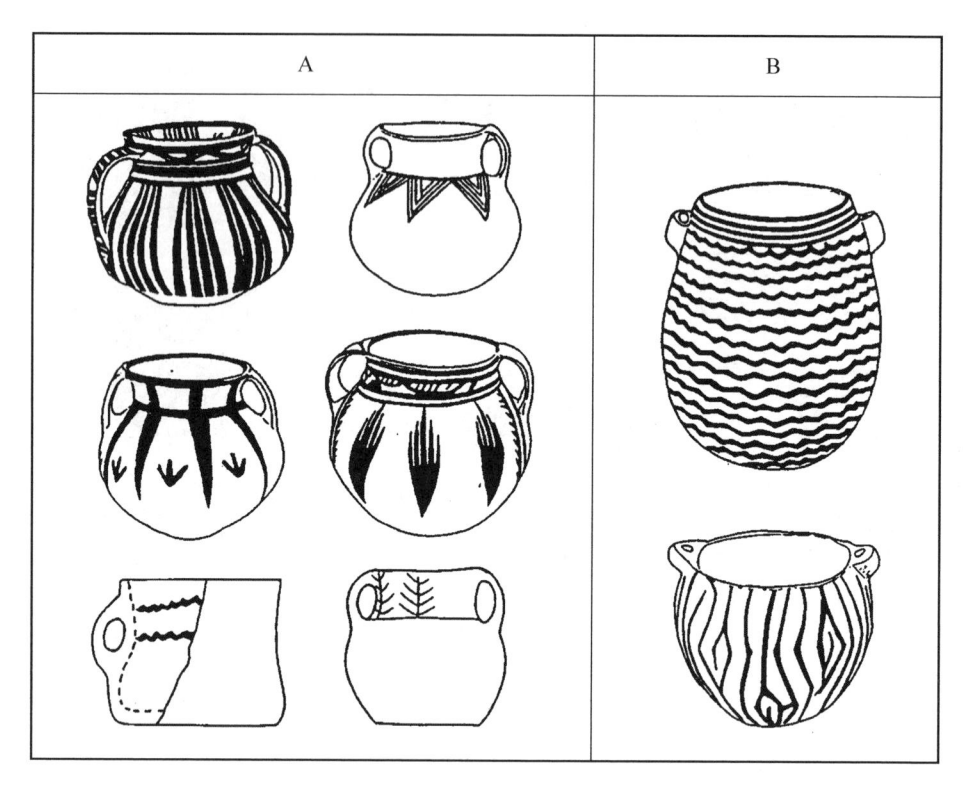

图三　哈密林雅(天山北路)墓地 A、B 两组陶器

蒙古人种在数量上占明显优势[1]。以上发现进一步说明,自公元前 3 千纪末,有部分原始高加索人东迁新疆,并一度扩散到东疆的哈密、罗布泊一线。约公元前 1000 年,另有部分自中亚而来的族群越过帕米尔高原,进入天山中部,并沿南疆一线向东蔓延,在这一过程中曾与蒙古人种有过密切接触,并由此造成新疆天山东段某些遗址点特有的文化混杂和人种体质的"淡化"现象[2]。

迄今为止,在新疆以东地区尚未发现任何欧洲人种的分布,这是否表明原始高加索人在其向东扩张时一直未能超越新疆?或可由此断定,东西方之间的实际接

---

[1] 韩康信:《新疆哈密焉不拉克古墓人骨种系成分研究》,《考古学报》,1990 年 3 期,371~390 页。
[2] 韩康信:《新疆古代居民种族人类学研究》,《丝绸之路古代居民种族人类学研究》,新疆人民出版社,1993 年,1~32 页。

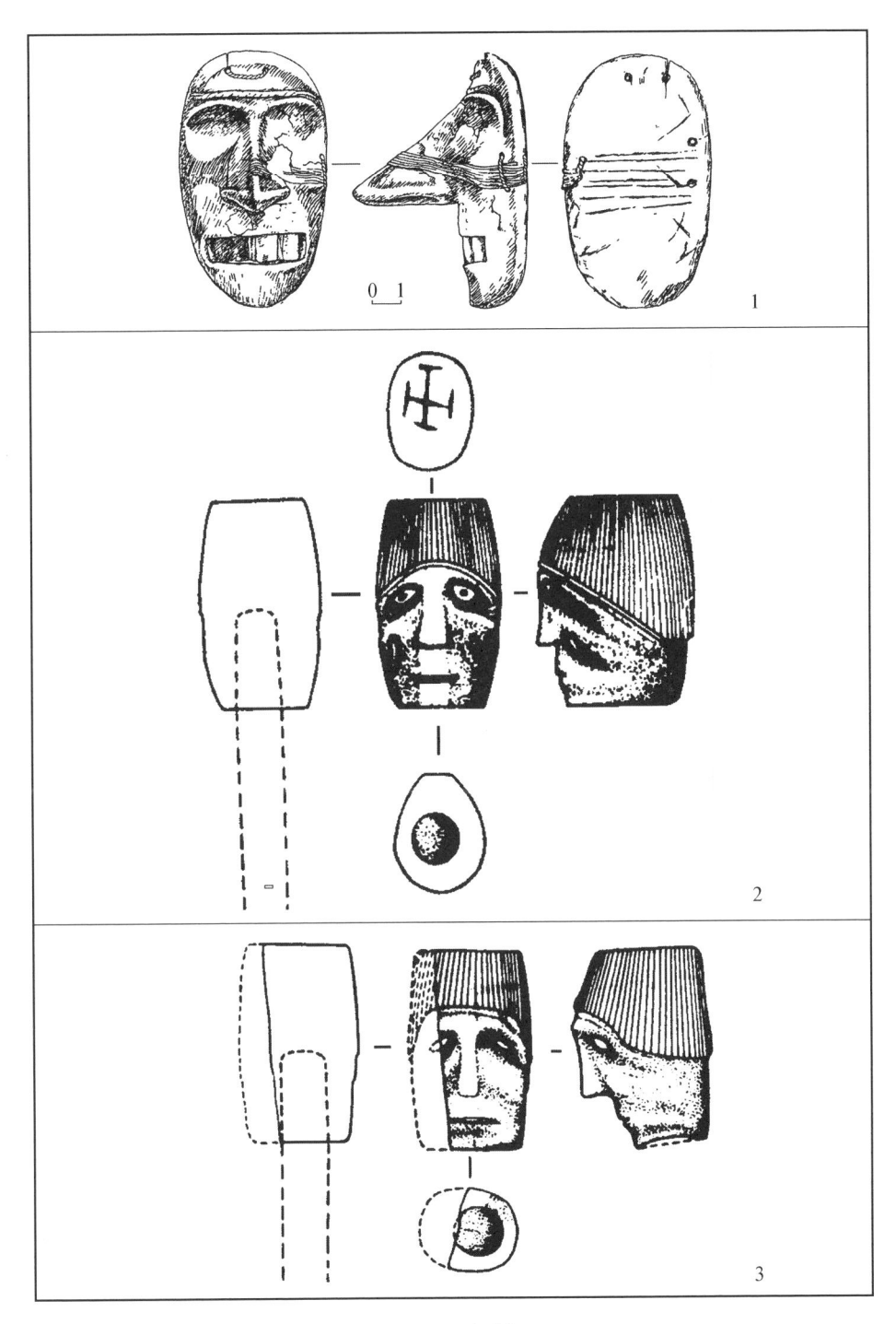

图四：人头雕像

(1. 新疆小河墓地；2~3. 陕西周原遗址)

触也仅仅限于新疆境内？答案是否定的。目前，从一些零星的考古发现看，至迟在公元前1000年左右，已有个别高加索人进入中国内地。如陕西周原遗址曾发现2件蚌雕人头像，其面部特征为典型的欧洲人；人像头顶还刻有"十"字（或"卐"字）图案[1]（图四：2~3）。近年来，一些新的发现进一步证实，在公元前二千纪初、甚至更早，部分自西方而来的文化特质陆续进入新疆及以东地区，有的甚至深入到中原腹地，它们从不同的侧面印证了东西方之间曾发生接触的史实。

四、小麦。多年来，考古学及驯化地理学、遗传学的研究表明，小麦和大麦被公认是最早在近东一带被驯化的农作物。最近，有学者通过研究地中海东岸里凡特地区的考古资料，深入分析了小麦、大麦最初的驯化区域及其传播过程。结果证明，那里至少在距今10 000年前后已开始驯化大麦和小麦。而且在此之前，已有过很长一段采集野生谷物的生产实践[2]。

目前，学术界普遍承认粟、黍和水稻等农作物是在中国首先被驯化的[3]。但小麦和大麦的驯化地点则不可能在中国，尽管在商代晚期的甲骨文中已有"麦"字，《诗经》中也有一些麦类作物的记载[4]。有的学者讲得更为明确，"因为在公元前1300年以后的商代甲骨文中发现有小麦的字形，而大麦很有可能是和小麦一起引进的，所以可以有把握地说，这些谷物是在公元前第2000年期间来到中国的"[5]。但是，也有部分持相反意见的中国学者对上述结论并不认同，坚持中国是小麦的起源地之一[6]。但实际情况到底怎样？小麦究竟是在何时出现在中国？是否一个地区发现小麦就具备原产地的资格？下面我们将通过考古资料做以下分析。

早在几十年前，曾报道在中国山西、安徽发现史前时期的小麦，但对其真实性

---

[1] 尹盛平：《西周蚌雕人头种族探索》，《文物》，1986年2期，46~49页。
[2] Ofer Bar-yosef (1998). The Natufian Culture in the Levant, Threshold to the Origins of Agriculture, *Evolutionary Anthropology* 6(5), pp.159~177.
[3] 严文明：《中国农业和畜养业的起源》，《辽海文物学刊》，1989年2期，22~30页。
[4] Edwin G. Pulleyblank（蒲立本）(1996). Early Contacts Between Indo-European and Chinese. *International Review of Chinese Linguistics*, (1)1, pp.12~13.
[5] 何炳棣：《中国农业的本土起源（续）》，马中译，《农业考古》，1985年2期，72~80、125页。
[6] 李璠：《中国普通小麦的起源与传播》，《世界农业》，1980年10期，44~47页。

和年代一直存有争议[1]。从目前掌握的考古资料看,中国境内所见先秦时期的小麦(含大麦)主要集中在3个区域,一是新疆;二是甘肃和青海;三是陕西、河南。在数量上,以新疆最多,接近10处;甘肃1处;青海2处;陕西、河南各2处。从遗址的年代看,新疆古墓沟、小河两处墓地为公元前2000年左右,其余多在公元前1000年上下。甘肃民乐东灰山遗址出土小麦的碳十四年代为公元前2500~3000年[2]。青海两处,其年代上限均不早于公元前2千纪中叶;陕西两处,一处为先周时期(公元前2千纪末);另一处属客省庄文化[3](公元前3千纪末)。河南两处,一处为夏代(公元前1600年),另一处为商代的安阳(公元前1200年)。上述发现清楚地显示,从新疆到内地发现的小麦遗址数量由多渐少,遗址年代则表现为西早东晚(图五)。

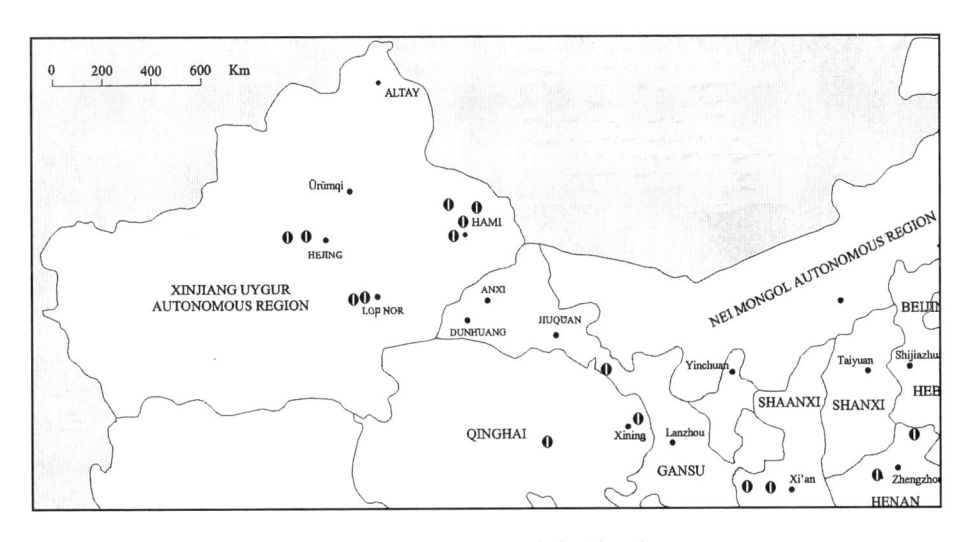

图五　中国西部发现小麦遗址点示意

[1] 安志敏:《中国史前时期之农业》,《燕京社会科学》,1949年,36~58页;杨建芳:《安徽钓鱼台出土小麦年代商榷》,《考古》,1963年11期,630~631页。
[2] 张忠培先生通过对东灰山墓地的研究,认为这里发现的小麦是从西方传入的。张忠培:《东灰山墓地研究——兼论四坝文化及其在中西文化交流中的位置》,《中国文化研究所学报》(Journal of Chinese Studies)新6期,香港中文大学出版社,1997年。
[3] 据报道在陕西武功赵家来遗址的房屋墙壁上有小麦茎秆印痕,是否确属小麦,还有待于进一步的研究。

因此,不难得出这一认识,即中国境内的小麦是循中亚→新疆→河西走廊→中原这一贸易通道自西方传入的[1]。从公元前3千纪前半叶小麦传入中国,到公元前2千纪中叶抵达中原腹地,其间经历了近千年时间,可见小麦东传的速度相当缓慢。而且,即便小麦传入了中土,因土壤、气候、种植技术等方面的限制,在很长时间内一直未能取代黄河流域的传统农作物[2]。

五、权杖头。权杖是原创于近东的一种文化特质。它既是权力和地位的象征,也是征战杀伐的武器。据考古发现,权杖最早出现在近东、北非一带。在死海西岸的纳哈尔·米什马尔曾发现一处洞穴窖藏,保存了一大批铸造的铜权杖头,说明至少在公元前4千纪前半叶权杖已在那里流行[3]。在古埃及、美索不达米亚及小亚等地,除发现大量的权杖头实物外,还有大量表现法老、国王等大人物手持权杖的精美艺术品,包括壁画、大型石雕和印章等。后来,随着近东文明的扩散,权杖逐步传播到东南欧及乌拉尔山以西的中亚草原。

类似权杖头在中国境内也有发现,但主要集中在新疆、甘肃和陕西西部一带(图六),其形态特征与近东和中亚的同类物完全一致,多选用质地较好的玉石和青铜制作,时代跨度为新石器时代晚期—青铜时代(公元前3000年~500年)。经初步的比较分析,我们认为此类文化特质不可能是黄河文明的原创,而是一种外来因素,其源头就在近东地区。首先,近东地区的权杖出现年代早、数量多;中国境内出土的权杖头年代不仅晚于近东,数量也少。其次,在空间上,中国境内发现的权杖头集中在西北地区,中原内地罕见,这是颇为耐人寻味的。第三,在近东等地,权杖是象征王权和身份地位的特殊礼仪用具;在中国黄河流域,很早就形成了一套东方独特的礼仪制度,即流行用玉和斧钺一类礼器,罕见使用权杖者[4]。经初步观

---

[1] 李水城、莫多闻:《东灰山遗址炭化小麦年代考》,《考古与文物》,2004年6期,51~60页;李水城:《中国境内考古所见早期麦类作物》,《亚洲文明》(第4集),三秦出版社,2008年,50~72页。

[2] 黄其煦:《黄河流域新石器时代农耕文化中的作物(续)》,《农业考古》,1983年1期,39~50页;《黄河流域新石器时代农耕文化中的作物》(三),1983年2期,86~90页。

[3] Michael Roaf, (1999). *Cultural Atlas of Mesopotamia and the Ancient Near East*, Fasts On File, Inc. New York, p.71.

[4] 据报道,在河南偃师二里头遗址曾出有一种象牙制的权杖。

察,近东地区的权杖向西、向北经小亚和高加索可传往东南欧、黑海及里海沿岸;向东越过伊朗高原即进入广袤的中亚草原。目前,我们基本可以认定,中国境内的权杖是经由中亚一带传入的,它们是东西方文化互动的产物(图七)[1]。

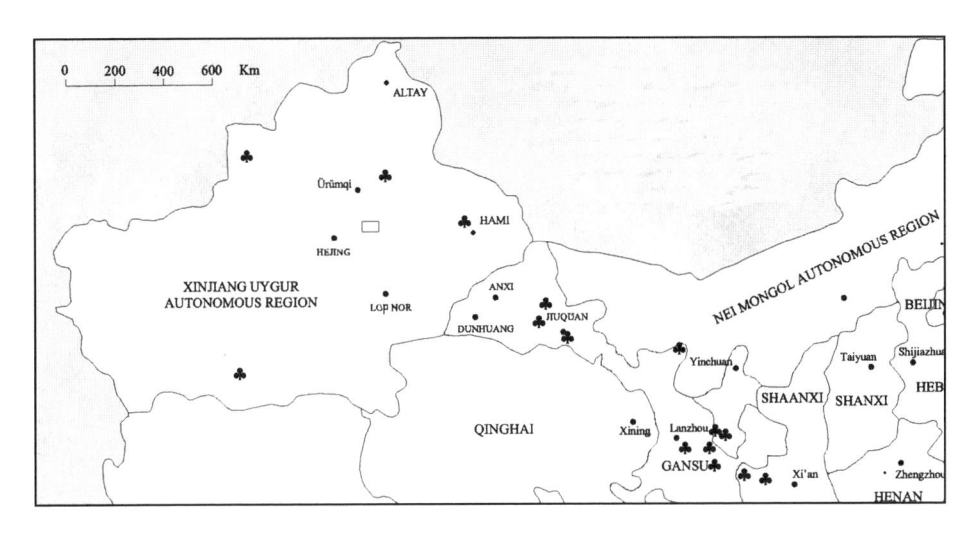

图六 中国西部发现权杖头遗址点示意

六、冶金术。西方的冶金史专家认为,人类开始用铜始于公元前6000年的安那托利亚地区。在进入真正的锡青铜时代以前,曾有很长一段时间使用红铜和砷铜。后来,以安那托利亚为中心的金属文明向各地传播,公元前2000年左右,金属冶炼技术经高加索或伊朗传入中国[2]。现在看来,这一推断与中国考古发现的实际并不相符[3]。

古代中国以拥有发达的青铜冶炼术而著称。商代晚期至西周时期,其冶铜工艺步入顶峰。但是,如果向前追溯,中国早期的金属冶炼中心并不在中原,而在西

---

[1] Li, Shuicheng. (2002a). The Mace-head: An Important Evidence of the Early interactions along the Silk Roads, *In commemoration of Completion of the Hyrayama Silk Roads Fellowships Programme UNESCO International Symposium on the Silk Roads 2002.* pp.157~160.

[2] Tylecote R. F. (1976). A History of Metallurgy, London: *The Metals Society.* p.11.

[3] 甘肃省东乡县林家马家窑文化遗址发现有公元前3000年的青铜小刀和冶炼铜器的炼渣。

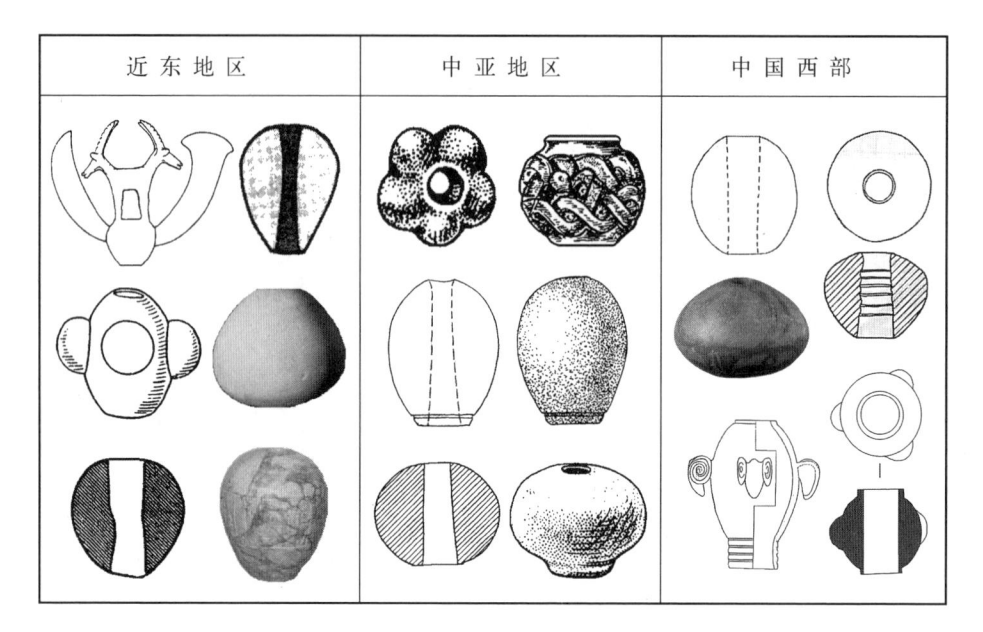

图七　近东、中亚、中国出土权杖头比较

北地区。那里不仅发现有中国最早的合金铜器[1]，也是早期铜器[2]发现数量最多的地区。经初步统计，其总量已超过1千件（图八）[3]。

公元前二千纪上半叶，中国出现了3个冶铜中心：若以考古学文化为代表的话，即有中原的二里头文化，甘青地区的齐家文化及河西走廊（包括新疆东部）的四坝文化。在工艺技术领域，这3个中心均经历了从红铜—青铜的发展历程。但在合金铜的配比上却走了各自不同的道路，如二里头文化和齐家文化从红铜—锡青铜；四坝文化从红铜—砷铜—锡青铜。之所以出现这一差异，推测有以下几方面的原因。

1. 不同文化控制区域内的铜矿成分存在差异。如河西走廊沿祁连山一线蕴藏丰富的含砷铜矿，四坝文化及新疆东部的居民在利用这些矿产资源时，会逐步掌握

---

[1] 甘肃省东乡县林家马家窑文化遗址发现有公元前3000年的青铜小刀和冶炼铜器的炼渣。
[2] 所谓"早期铜器"是指在时间上早于公元前1500年的铜器。
[3] 李水城：《中国西北地区的早期冶铜业及区域文化互动》，《吐鲁番学研究》，2002年2期，31~44页。

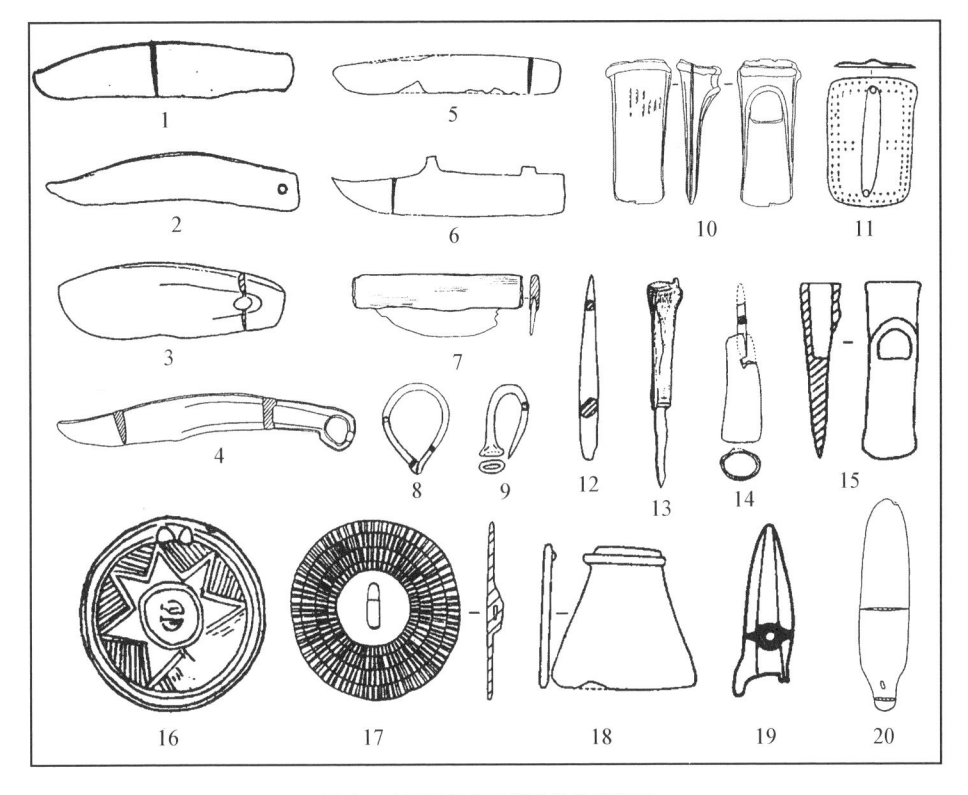

图八　中国西部地区发现的早期铜器

1. 东乡林家；2.3.6.11.15.17.20. 新疆林雅墓地；4.8~10.14.19. 酒泉干骨崖；5.7.13.16.18. 齐家文化；12. 酒泉照壁滩

砷铜合金技术。但在齐家文化和二里头文化分布区内则少见含砷类铜矿，这或许是造成后者不见或鲜见砷铜的原因之一。

2. 四坝文化所在的河西走廊与新疆东部毗邻，两地通过新疆西部、北部与中亚地区存在较密切的接触往来，砷铜有可能是这一文化互动的成果。据冶金史研究及考古的发现，砷铜是人类最早掌握的二元合金技术。公元前 4000 年左右，砷铜率先出现在西亚，后逐渐扩散到高加索及中亚。公元前二千纪前半叶，在乌拉尔一带出现了砷铜冶炼中心，并有继续东传的迹象。有学者就此指出，这一背景对于认识砷铜在新疆东部及河西走廊的出现、源流及中亚对后者的影响等具有重要价值。

看来,西部中国早期冶铜业的发达是个不争的史实。然而,有关这一地区冶铜业的来源依旧是个相对敏感的话题,学界对此众说不一,分歧甚大,有很多问题并未真正解决。从时间的角度考量,公元前2000年前后中国形成的3个冶铜中心似乎处在同一起跑线上,以至于很难讲到底哪个地区更为突出。若论外力的介入,新疆与河西走廊无疑首当其冲。就此已有学者通过对某些具有特殊造型的铜器的传播论证了西方冶铜业对中国境内的影响[1]。

这其中,唯一令人感到困惑的是河湟地区,截至目前,那里发现的一柄铸造青铜刀(马家窑文化,公元前3000年)仍是西部中国所有铜器中年代最早者,这是否暗示着这一地区在中国冶铜业的起源上占有特殊位置? 这还有待以后考古发现的检验。曾有西方学者推测,冶铜术可能是沿史前"丝绸之路"传入中国的,其根据是齐家文化冶铜术出现的时间要早于中原[2]。这一推测不是没有道理,但尚缺少某些中间环节的支持。我们所倾向的观点是,中国西部砷铜的出现与流行可能暗示着西方冶铜术的东传;同时,也不能忽视这一地区蕴藏含砷铜矿资源的背景。也可以说,中国的冶铜业既有外来影响的成分,也有独立起源的条件,并在发展中逐渐形成了不同的区域特色[3]。

以上我们分别从几个不同的侧面考察了东西方之间的文化互动,这些案例显示,东西方的最初接触肇始于公元前3000年的新石器时代晚期,到了公元前2000年以降,双方交往日臻频繁。而且这种交互往往表现为间接的方式,即来自西亚—中亚的文化首先进入新疆,继而透过河西走廊这一文化管道作用于河湟地区[4],并最终影响到中原内地。反之,黄河文明也是沿着这一通道向西扩张发展,并最终

---

[1] 梅建军、刘国瑞、常喜恩:《新疆东部地区出土早期铜器的初步分析和研究》,《西域研究》,2002年2期,1~10页;Mei, Jianjun (2000). Copper and Bronze Metallurgy in late Prehistoric Xinjiang, Its cultural context and relationship with neighbouring regions, *BAR International Series 865*, England;林沄:《夏代的中国北方系青铜器》,《边疆考古研究》(第1辑),科学出版社,2002年,1~12页。

[2] Louisa G. Fitzgerald-Huber (1995). Qijia and Erlitou: The Question of Contacts with Distant Cultures, *Early China*, 20, pp.17~68.

[3] 李水城:《西北与中原早期冶铜业的区域特征及交互作用》,《考古学报》,2005年3期,239~278页。

[4] "河湟地区"特指甘肃省与青海省交界的黄河与湟水流域。

以新疆为跳板向外部世界施加影响。

当年,中国考古界批判"仰韶文化西来说"无疑是正确的,但随之引发的负面效应是从一个极端走向另一个极端,即因噎废食,绝口不谈或很少正面谈论文化影响与交流。但是,"外来影响"始终是个无法回避的问题。而且任何一种文化都不可能处于绝对的孤立状态。在旧大陆,几个大的文明古国从很早就发生了文化接触,尽管其接触方式和影响程度不尽相同,时而彰显,时而隐约;或表现为激烈的军事征服或文化取代,或呈现涓涓细流般地和平渗透。无论如何,人类文明正是通过这样的交互作用成长起来的。黄河文明地处东亚的尽头,远离其他几个文明古国,加之地理格局的影响,与外界的接触方式可能有所不同,但长期老死不相往来是不可想象的。

夏鼐先生曾指出:"我以为中国文明的产生,主要是由于本身的发展,但这并不排斥在发展过程中有时可能加上一些外来的影响。这些外来的影响不限于今天中国境内各地区,还可能有来自国外的。"[1]但是,外来文明对中国文明核心区的影响毕竟是有限的,有学者就此指出,"中国本身是一个巨大的地理单元,它同外部世界处于一种相对隔离或半隔离的状态。这就决定了中国史前文化起源的土著性,决定了它在很长时期都基本上走着独立发展的道路,中国文明同邻近地区史前文化的联系只能保持在较低的水平上"[2]。上述认识是中国几代考古学家的努力工作得出的正确认识。与此同时,我们也要看到,外来文明往往带有积极、富有活力的一面,有这样一批新鲜血液的注入无疑会大大加速中国文明的成长。

中文稿 2004 年定稿于春北京蓝旗营

后记: 本文英文稿系应约 2003 年 11 月瑞典斯德哥尔摩远东古物博物馆举办

---

[1] 夏鼐:《中国文明的起源》,文物出版社,1985年,100 页。
[2] 严文明:《中国史前文化的统一性与多样性》,《文物》,1987 年 3 期,38~50 页。

的"欧亚考古学的新观察"会议的演讲稿(Li Shuicheng, 2005, *Ancient Interactions in Eurasia and Northwest China: Revisiting J. G. Andersson's legacy*, Bulletin No.75 of The Museum of Far Eastern Antiquities, Stockholm, pp.9~30)。中文稿初刊于《张忠培先生70寿辰纪念文集》,科学出版社,2004年。

20
新疆所见短柄石棒的来源及功能蠡测

一、新疆出土的短柄石棒

1963年，在新疆北部阿勒泰克尔木齐镇[1]附近的草原上发掘了一批石棺葬。其中，在21号墓出土1件雕有人面的石棒（M21∶1）。在石棒顶部用减地手法浮雕一人面及五官轮廓，形象为弯眉、圆眼、高鼻、厚唇，耳部不明显。人头像以下为圆棍手柄，底部近圆锥状。棒长16厘米（图一∶1）[2]。

除此之外，新疆其他地区也有类似遗物的发现。

新疆东北部的富蕴县出土3件。1件采集于喀拉通克乡，现藏布尔津市。棒顶浮雕一人面，头顶似戴圆帽（或表现发际），面部轮廓清晰，瓜子脸，双目凿成两个圆形孔洞，塌鼻、厚唇，口微张。石棒长21.5、直径3～4厘米，重470克（图一∶2）[3]。1件出自吐尔兴乡阔克塔勒村，棒顶圆雕人头，人面脸型瘦削，五官略显朦胧，眉骨较高，深目，高鼻，薄唇，大耳。其形象带有明显的印欧人种特征。石棒长24.5、直径4.5厘米（图一∶3）[4]。还有1件出自一座古墓，棒顶浅浮雕人面，圆脸，弯眉，小圆眼，高鼻，小嘴。石棒长35、直径4.4厘米（图一∶4）[5]。

1992年，呼图壁市博物馆在阿魏滩古城遗址采集1件，棒顶浮雕人面，头顶似

---

[1] 克尔木齐后依地名标准化改译的新地名为切木尔切克。参见新疆维吾尔自治区测绘局编制：《中华人民共和国新疆维吾尔自治区地图集》，中国地图出版社，1995年。
[2] 新疆社会科学院考古研究所：《新疆克尔木齐古墓群发掘简报》，《文物》，1981年1期。
[3] 这件器物经新疆文物考古研究所于建军先生核实系富蕴县采集品。见祁小山、王博主编：《丝绸之路·新疆古代文化（续）》，新疆人民出版社，2016年，322页。
[4] 新疆维吾尔自治区文物局编：《丝路瑰宝：新疆馆藏文物精品图录》，新疆人民出版社，2011年，286页。
[5] 祁小山、王博主编：《丝绸之路·新疆古代文化》，新疆人民出版社，2008年，229页。

戴小圆帽,用减地手法浮雕人面,五官清晰,弯眉,圆眼,高鼻,大嘴。与前述几件不同,在人像的上身位置简洁地雕刻衣领和双臂轮廓,双手合于腹部。石棒长31.3、直径4.3厘米(图一:5)[1]。

在新疆西部的博尔塔拉州农五师八十一团黑水沟出土1件,杖顶浮雕人面,五官清晰,头顶较平,圆脸,一对溜圆的深目,像戴了副眼镜,高鼻,嘴微启,圆耳。石棒长30、直径4.8厘米(图一:6)。在该州的哈日布呼镇还有1件采集品,棒顶浮雕绵羊头,双眼大而突鼓,弧状的大羊角从头顶向下弯曲至腮边。石棒长29.4、直径4.8厘米(图一:7),这是目前在新疆唯一所见雕刻动物头像的石棒[2]。

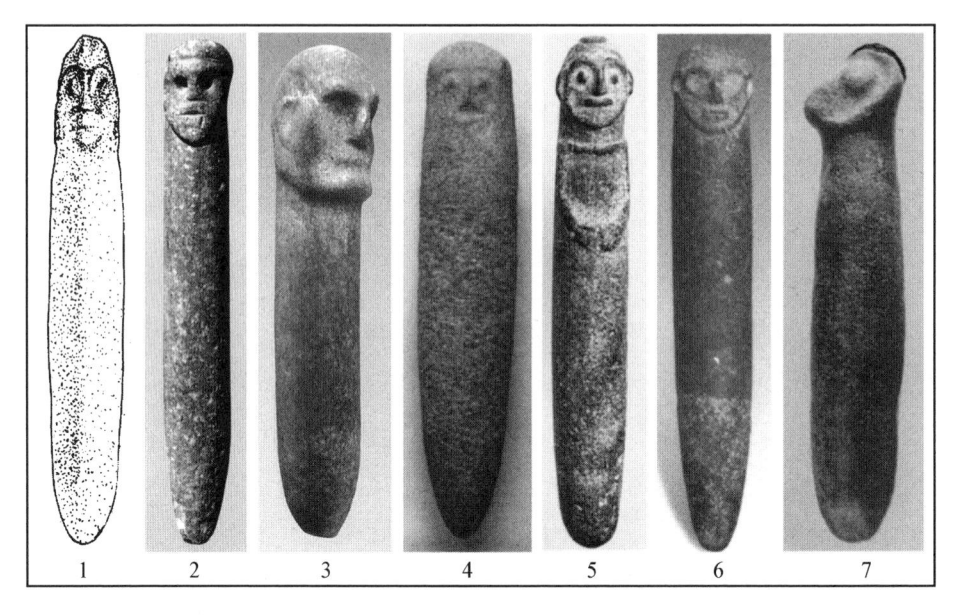

图一　新疆地区所出短柄石棒

1. 新疆阿勒泰;2~4. 富蕴;5. 呼图壁;6.7. 博尔塔拉出土石棒

在天山北侧的奇台县有1件征集品。棒顶部雕刻一圈突棱,表现人的面部轮廓和眼眉,再减地刻划五官,双目圆睁,直鼻,小口。杖柄圆柱状,长67、直径4.2厘

---

[1] 新疆昌吉回族自治州文物局编:《丝绸之路天山廊道——新疆昌吉古代遗址与馆藏文物精品》,文物出版社,2014年,82页。
[2] 祁小山、王博主编:《丝绸之路·新疆古代文化》,236页。

米,为目前新疆所见石棒中最长者(图二:1)[1]。另在奇台县西地乡出土 1 件石棒残件,仅残存棒顶的浮雕人面,瓜子脸,眉、眼、鼻、口俱全。头顶圆锥状,似戴风帽。残长 12、直径 5.6 厘米(图二:2)[2]。

以上短柄石棒的共同特点是,在石棒顶部浮雕或圆雕人面、人头或羊头,下接圆形或椭圆形器柄,底部为圆锥或圆弧,器表打磨光滑。除奇台县征集的 1 件较长外,其余的长度都在 20~30 厘米上下。根据现有的考古发现,表明此类遗存主要出自新疆北部、西北部,即准噶尔盆地的外缘周边。

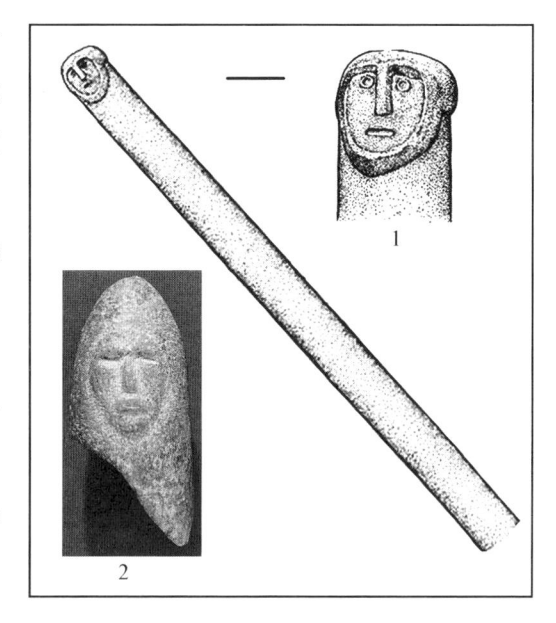

图二　新疆奇台县出土石棒及残件

根据克尔木齐墓地的发掘,可确定此类遗存应属切木尔切克文化,绝对年代为公元前二千纪初,属青铜时代早期[3]。但也有一些器物年代定得较晚,如奇台县出土 2 件被定为青铜时代晚期,考虑到以往在奇台曾发现切木尔切克文化的暗色压印纹陶器[4],这两件石棒也应属切木尔切克文化,不会太晚。

二、西伯利亚出土的短柄石棒

相同的短柄石棒在俄罗斯和蒙古高原也有发现。在西伯利亚西南部的鄂毕河

---

[1] 新疆昌吉回族自治州文物局编:《丝绸之路天山廊道——新疆昌吉古代遗址与馆藏文物精品》。
[2] 祁小山、王博主编:《丝绸之路·新疆古代文化》,72 页。
[3] 邵会秋:《新疆史前时期文化格局的演进及其与周邻文化的关系》,科学出版社,2018 年。
[4] 奇台县文化馆:《新疆奇台发现的石器时代遗址与古墓》,中国社会科学院考古研究所:《考古学集刊(2)》,中国社会科学出版社,1982 年,22~24 页。

(Обь) 与额尔齐斯河(Иртыш)流域的草原和森林草原以及南西伯利亚的米奴辛斯克(Минусинск)盆地发现一批相似的器物,俄国有学者将此类遗存称为"便携式艺术品"[1]。另外,在上述地点相邻的东哈萨克斯坦及图瓦和蒙古也有少量发现。按雕刻内容差异可将此类遗存分为两大类。

(一) 动物头像类

所见大多为侧视的马头和羊头圆雕。其中,马头圆雕石棒全部出自鄂毕河(Обь)与额尔齐斯河(Иртыш)流域,石棒顶部圆雕一马头,手法写实,五官和颈部鬃毛刻划精细。在苏联的谢米帕拉金斯克(Semipalatinsk)遗址[2]出土1件,马头较瘦长,昂首,环眼突鼓,长吻,立耳向上,杖柄中部稍粗,底部圆锥状。石棒长21、直径4.4厘米(图三:1)[3]。在施普诺沃5号(Shipunovo V)遗址出土1件。马头短粗,平视,立耳向上,短吻,圆柱器柄,底部圆钝。石棒长21.5、直径3厘米(图三:3)[4]。在鄂木斯克(Omsk)出土1件,马头粗短,环眼,平视,短吻,立耳朝前。马颈部圆弧弯曲,头顶和颈部鬃毛繁茂,器柄下部折断。残长12、直径2.5厘米(图三:4)[5]。

在哈萨克斯坦东部的乌斯特—卡梅诺戈尔斯克(Ust-Kamenogorsk)遗址出土2件。一件马头匀称,环眼,平视,立耳朝前,器柄粗细一致,底部圆弧。石棒长20、直径3.5厘米(图三:2)。一件马头粗短,环眼,平视,立耳向上,头顶和颈部鬃毛繁茂。长度不详,器柄直径约5厘米(图三:5)[6]。

---

[1] Kiryushin, Y. F., S. P. Grushin (2009). Early and Middle Bronze Age Portable Art Pieces from the Forest-steppe zone of the Ob-Irtysh Region. *Archaeology*, *Ethnology & Anthropology of Eurasia*, Vol.37:4.

[2] 这座遗址所在位置现属哈萨克斯坦,遗址名字改为塞米伊(Semey)。

[3] Черников, С.С. (1960). *Восточный Казахстан в эпоху бронзы*. Материалы и исследования по археологии СССР, № 88. М:, АН СССР.

[4] Кирюшин, Ю.Ф. (2002). *Энеолит и ранняя бронза юга Западной Сибири*. Барнаул: Изд-во Алт. ун-та.

[5] Мошинская, В.И. (1952). О некоторых каменных скульптурах Прииртышья. КСИИМК 43, pp.45~54.

[6] Славнин, П.П. (1949). Каменный жезл с головой коня. КСИИМК 25, pp.125~126.

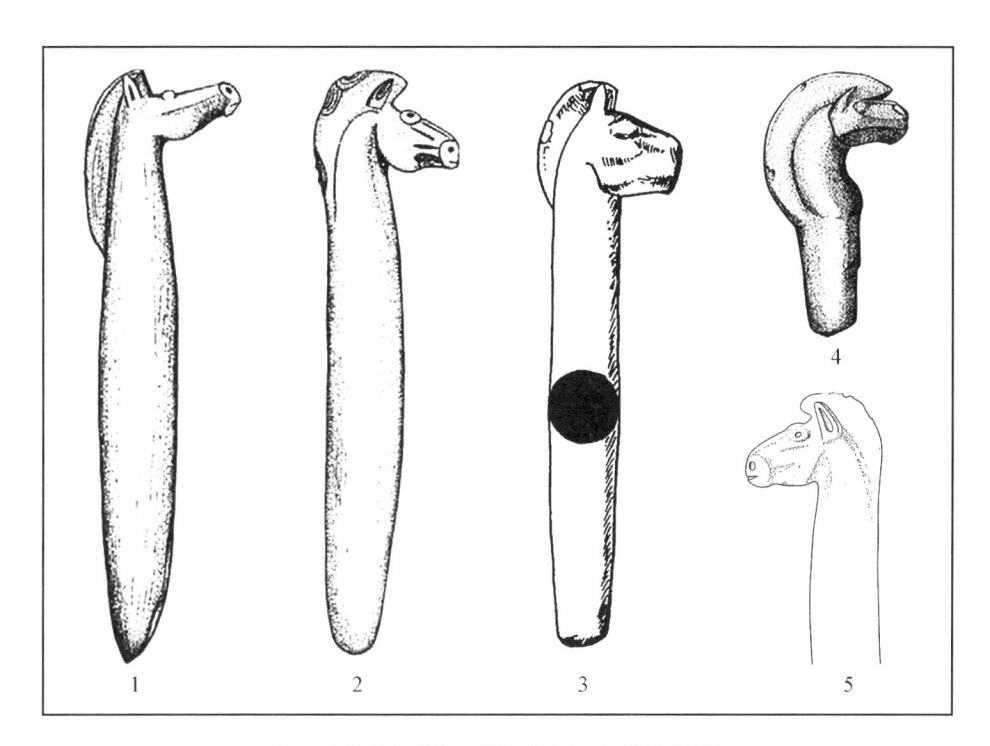

图三　鄂毕河和额尔齐斯河流域出土圆雕马头石棒

1. 谢米帕拉金斯克;2.5. 乌斯特-卡梅诺戈尔斯克;3. 施普诺沃 5 号遗址;4. 鄂木斯克

还有部分石棒顶部圆雕公羊头,刻划羊角和五官,器柄圆形或扁圆形。在施普诺沃 5 号遗址出土 1 件。棒顶圆雕羊头,五官较朦胧,仅浮雕出盘曲的大羊角,颈下有一周突棱,下接圆柱状手柄,底部圆锥状。石棒长 40、直径 5.5 厘米(图四:1)[1]。

在南西伯利亚的米奴辛斯克盆地出土 3 件,棒顶的羊头和五官雕刻较细。1 件羊口微张,椭圆眼,浮雕羊角和小耳。羊角沿颈部下垂再折曲向后,器柄扁圆形。石棒长 22.5、直径 3 厘米(图四:2)[2]。1 件出自阿巴坎城(г. Абакан)。环眼,椭

---

[1] Кирюшин, Ю.Ф. (2002). *Энеолит и ранняя бронза юга Западной Сибири*. Барнаул: Изд-во Алт. ун-та.

[2] Иванова, Н.О. (1991). *Древности урало-казахстанских степей: Каталог выставки "Красота и духовность мира вещей"*. Челябинск: б/и.

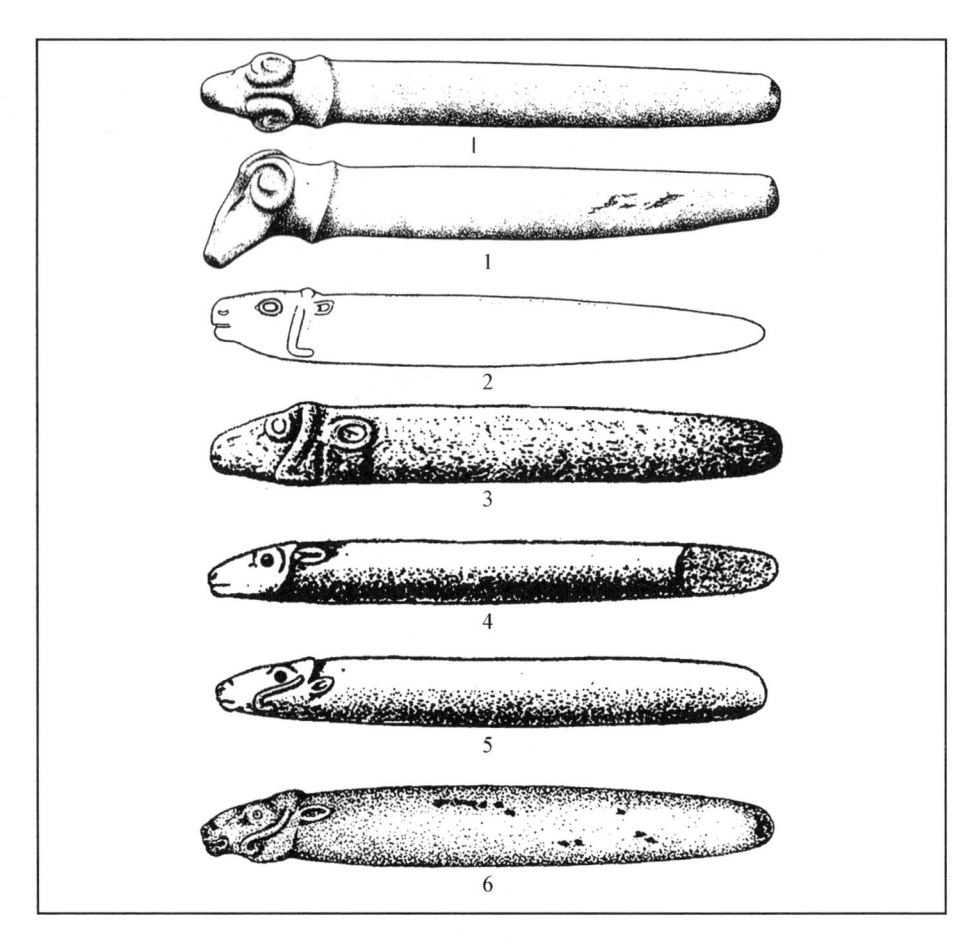

图四　西伯利亚和蒙古出土的圆雕羊头石棒

1. 施普诺沃5号遗址；2~4. 米奴辛斯克盆地；5.6. 蒙古科布多

圆耳,羊角沿颈部下垂再朝后折曲。尺寸不详(图四：3)。另1件出于塔尔拉什肯(Тарлашкын)遗址。环眼,尖小耳,羊角沿颈部下垂至腮边。器柄下部有少量剥落。尺寸不详(图四：4)[1]。

在与中国新疆东北部接壤的蒙古国科布多出土2件,棒顶圆雕羊头及五官形

---

[1] Михайлов, Ю.И. (2001). *Мировоззрение древних овществ юга Западной Сибири (эпоха бронзы)*. Кемирово：Кузбассвузиздат.

象与南西伯利亚所出相似。1 件出自阿伊马克(аймак)遗址。圆眼,尖小耳,羊角垂向前方腮边再后折。尺寸不详(图四:5)[1]。另 1 件出自满汗苏木遗址,小圆眼,尖耳,羊角向下沿腮边前伸再后折。石棒长 31.5、直径 1.4~4 厘米(图四:6)[2]。类似的圆雕羊头石棒在图瓦也有发现,仅残存顶部的羊头[3]。

有少量石棒顶部雕刻野生动物的头像。在伊特库里(Иткуль)遗址出土 1 件,棒顶雕刻熊头,五官不很清晰。在卜喇茨卡(Братска)附近和塔纳伊-4A(Танай-4A)这两处地点还发现有雕刻熊头和鹿头的石棒[4]。在施普诺沃 5 号遗址出土 1 件棒顶雕有竖列和横列突棱,较抽象。还有的雕刻鸟头[5]。

(二) 人头像类

此类多采用圆雕或高浮雕手法刻划人面及五官,石棒长 10~15 厘米,较前一类稍短。在伊尔河(р. Ир)[6]出土 1 件,棒顶圆雕两个人头,造型相同,相背,脸型瘦削,环眼,高鼻,尖下颏,长相带有明显的印欧人种特征。石棒长 18、直径约 4 厘米(图五:1)[7]。在谢米帕拉廷斯克遗址出土 2 件。1 件棒顶圆雕一人头,头戴形似趴卧野兽的皮帽,人面瘦削,深目,高鼻,颧骨较高,也是印欧人种的长相。石棒长 9、直径 4 厘米(图五:2)。另 1 件头像为圆脸,面部扁平,短发,高颧骨,塌鼻,系典型的

---

[1] Михайлов, Ю.И. (2001). *Мировоззрение древних овществ юга Западной Сибири (эпоха бронзы)*. Кемирово: Кузбассвузиздат, с.327.

[2] [蒙古] D.策温道尔吉等著,潘玲等译,杨建华校:《蒙古考古》,上海古籍出版社,2019 年,67~68 页。

[3] Михайлов, Ю.И. (2001). *Мировоззрение древних овществ юга Западной Сибири (эпоха бронзы)*. Кемирово: Кузбассвузиздат.

[4] Кирюшин, Ю.Ф. и А.А. Тишкин (под ред.). (2002). *Северная Евразия в эпоху бронзы: пространство, время, культура*. Барнаул: Издательство Алтайково университета.

[5] Kiryushin, Y.F., S.P. Grushin (2009). Early and Middle Bronze Age Portable Art Pieces from the Forest-steppe zone of the Ob-Irtysh Region, *Archaeology, Ethnology & Anthropology of Eurasia*, Vol.37:4.

[6] Кирюшин, Ю.Ф. (2002). *Энеолит и ранняя бронза юга Западной Сибири*. Барнаул: Изд-во Алт. ун-та.

[7] Мошинская, В.И. (1952). О некоторых каменных скульптурах Прииртышья. *КСИИМК* 43, pp.45~54.

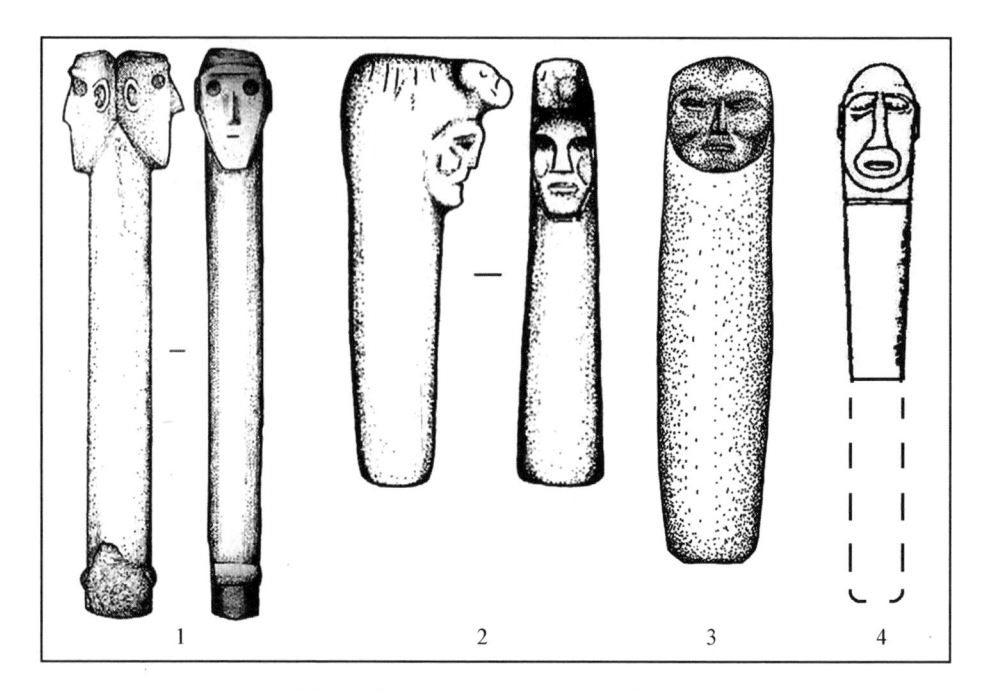

图五 西伯利亚和图瓦出土的人头圆雕石棒

1. 伊尔河；2.3. 谢米帕拉金斯克遗址；4. 图瓦阿尔然 1 号王陵

蒙古人种形象。棒长 13、直径 6 厘米（图五：3）[1]。在图瓦的阿尔然（Аржан）一号王陵出有 1 件，棒顶雕刻一光头人像，长脸，厚唇，器柄下部残断（图五：4）[2]。

三、时代及区域特征

蒙古学者将科布多出土的石棒定为铜石并用时代（公元前三千纪初），但并未交代这一推测的依据[3]。在西伯利亚，从鄂毕河上游到南西伯利亚之间，仅有鲍

---

[1] Маргулан, А. Х. (1979). *Бегазы-дандыбаевская культура Центрального Казахстана*. Алма-Ата: Наука Каз ССР.

[2] Марсадолов, Л. С. (2002). Курган и памятники эпохи бронзы. *Северная Евразия в эпоху бронзы: пространство, время, культура* — сборник научных трудов под ред. Ю. Ф. Кирюшина и А. А. Тишкина. Барнаул: Издательство Алтайсково университета.

[3] [蒙古] D. 策温道尔吉等著，潘玲等译，杨建华校：《蒙古考古》，67~68 页。

里什梅斯卡（Большемысская）文化[1]和阿凡纳谢沃（Афанасьево）文化属于铜石并用时代，但这两支文化均未发现此类石棒，可见对科布多石棒的年代推测有些过于乐观。俄罗斯学者将此类石棒的年代断在青铜时代早中期（公元前三千纪后半叶或稍晚）[2]。此前，曾在鄂毕河上游的叶鲁尼诺（Елунино）文化发现有此类石棒，该文化的年代恰好为青铜时代的早中期（公元前2500~前1700年）[3]。显然，后者的年代依据更为可信。

截至目前，发现短柄石棒的地点西起额尔齐斯河与鄂毕河流域，东至南西伯利亚的米奴辛斯克盆地，北抵森林草原，南达中国新疆的天山以北和蒙古国西部。青铜时代早中期，在鄂毕河上游分布有叶鲁尼诺（Елунино）文化，在南西伯利亚分布有奥库涅夫（Окунево）文化，在新疆北部至蒙古西部分布有切木尔切克文化。这几支不同的考古学文化均发现有此类石棒，可见生活在这一广阔空间的不同文化族群交往密切，并形成了一些共有的文化习俗。

不过，各地出土的石棒也有一些差异，这主要表现在雕刻内容上。额尔齐斯河与鄂毕河流域的石棒多雕刻马头、人头像。南西伯利亚的米奴辛斯克盆地（含图瓦和蒙古）则雕刻羊头。新疆北部则以人面雕像为主，也有个别雕刻羊头。从石棒出现的时间看，鄂毕河与额尔齐斯河流域要更早一些，并进而影响到南西伯利亚和新疆地区。值得关注的另一个现象是，在青铜时代早期，家马在欧亚大草原刚被驯化不久，此时豢养家马的区域主要是在东欧草原和乌拉山以东的中亚草原，与后者毗邻的额尔齐斯河与鄂毕河流域应是最早受到影响的地区，这也导致了雕刻马头的石棒率先出现在这一区域。由于家马传入南西伯利亚和新疆北部的时间要晚一个时段，这里的石棒雕刻主要表现的是更早阶段传入的家羊。

---

[1] 鲍里什梅斯卡文化主要分布在鄂毕河上游。见：Кирюшин，Ю. Ф. (2002). *Энеолит и ранняя бронза юга Западной Сибири*. Барнаул：Изд-во Алт. ун-та.

[2] Kiryushin, Y. F., S. P. Grushin (2009). Early and Middle Bronze Age Portable Art Pieces from the Forest-steppe zone of the Ob-Irtysh Region, *Archaeology, Ethnology & Anthropology of Eurasia*, Vol.37:4.

[3] Кирюшин，Ю.Ф. (2002). *Энеолит и ранняя бронза юга Западной Сибири*. Барнаул：Изд-во Алт. ун-та.

我们注意到,此类雕刻石棒的造型和艺术表现手法非常规范,趋于程式化,尤以马和羊的表现最为明显和充分,这也暗示,当时在西伯利亚、新疆和蒙古高原这一广阔区域内,活跃着一批具有专业素质的雕刻工匠,并遵循一定的规范来生产制作此类有着某种特殊用途的器具。

俄罗斯学者还注意到一个现象,在鄂毕河与额尔齐斯河流域,凡雕刻有马、羊的石棒,其出土地点均位于草原景观区域;反之,雕刻鸟、熊、鹿等野生动物的石棒则多见于森林草原区或林区。可见,生态环境的差异不仅决定了西伯利亚地区原始居民的生业取向,也影响到他们的艺术表现对象。从更深层次分析,在石棒上雕刻马和羊这两类家畜,充分显示出在经营畜牧业民族中,马和羊所占有的重要位置,这或许是创造此类雕刻石棒的深层原因。俄罗斯学者就此进而推测,"马崇拜"的习俗是在额尔齐斯河与鄂毕河流域产生的[1]。

四、来源及功能分析

对于此类文化特质的来源和功能,只能在更为广阔的时空背景下展开。

由此联想到,在东南欧喀尔巴阡盆地的特兰西瓦尼亚(Transylvania)和多瑙河(Danube)流域,进入铜石并用时代以后,出现一种造型独特的石权杖头。在诺乌尔斯克(Novoorsk)遗址出有圆雕马首杖头,颈部有纵向穿孔,可纳柲。马头长17、宽8厘米(图六:1)。在苏沃洛沃(Suvorovo)遗址出有颈部雕刻突棱凹槽的马首杖头,后部钻有小孔,可将杖头与木柄捆绑固定。马头长15、厚3厘米(图六:2)[2]。与此同时,在东欧草原还发现了一批与驯化家马有关的遗址。其中最重要的有两处:一处是位于第聂伯河下游的捷列夫卡(Dereivka)遗址,一处是位于哈萨

---

[1] Kiryushin, Y. F., Grushin, S. P. (2009). Early and Middle Bronze Age Portable Art Pieces from the Forest-steppe zone of the Ob-Irtysh Region, *Archaeology, Ethnology & Anthropology of Eurasia*, Vol.37:4.

[2] Anthony David W. (2007). *The Horse the Wheel and Language: How Bronze-Age Riders from the Eurasian Steppes Shaped the Modern World*. Princeton and Oxford: University of Princeton Press, p.235.

克斯坦草原的波太(Botai)遗址[1]。进一步的研究表明,家马最早在黑海北岸至乌拉尔山东部的欧亚草原被驯化,这里才是"马崇拜"最早出现的地区。尽管还无法证实西伯利亚的圆雕马头石棒与东南欧的马首石权杖头之间是否存在源流关系,但进入铜石并用时代以后,这个地区的居民曾先后向西伯利亚一带大规模迁徙殖民,家马和"马崇拜"的习俗也必然会随着这些人的迁徙而东传,这很有可能是雕刻石棒出现在西伯利亚的缘由。

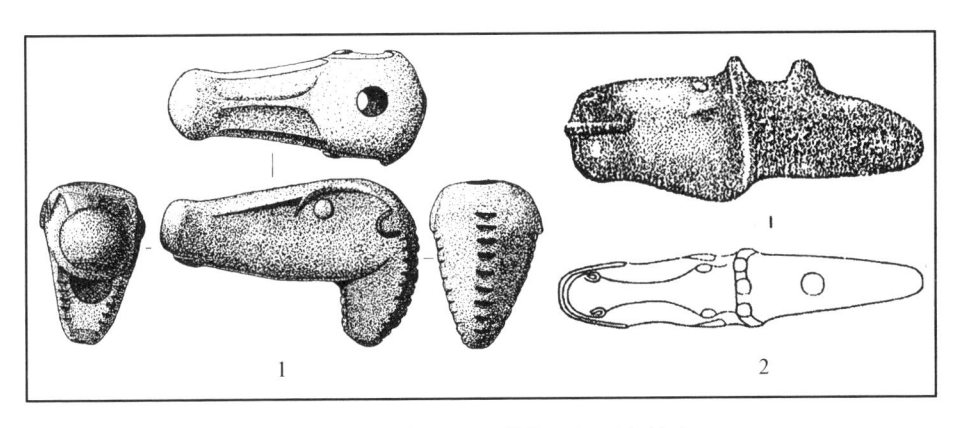

图六 东南欧喀尔巴阡盆地的石雕马头权杖头

1. 诺乌尔斯克遗址;2. 苏沃洛沃遗址

若再向前追溯,最早的短柄石棒出现在近东地区的前陶新石器时代(公元前10000~前7000年)。在安纳托利亚的哥贝克力丘曾出有类似短柄石棒,有的雕凿成人形,有的在棒顶雕刻鸟首(图七:左)。[2] 在土耳其的哈兰—切米丘(Hallan Çemi Tepesi)出有顶部雕刻兽首的石棒。[3] 在伊拉克的尼姆瑞克(Nemrik)遗址

---

[1] a. Vera Warmuth, et al. (2012). Reconstructing the origin and spread of horse domestication in the Eurasian steppe, *PNAS*, Vol.109; 21; b. Anthony David W. (2007). The Horse the Wheel and Language: How Bronze-Age Riders from the Eurasian Steppes Shaped the Modern World. Princeton and Oxford: University of Princeton Press, p.235.

[2] Oliver Dietrich, et al. (2012). The role of cult and feasting in the emergence of Neolithic communities: New evidence from Göbekli Tepe, south-eastern Turkey, *Antiquity*, Vol.333;86.

[3] a. Rosenberg, M, Hallan Çemi Tepesi (1999). Some Further Observations Concerning Stratigraphy and Material Culture. *Anatolia*,20;b. Rosenberg M, R. W. Redding (2000). Hallan Çemi and early (转下页)

出有雕刻人头、鹰首、兽首或兽蹄的短柄石棒。所见多雕刻鹰头,造型有的写实,有的抽象朦胧,鹰鸟的勾喙刻划得硕大夸张。也有的在杖首雕刻人头像和简洁的五官。此类石棒完整者长20、直径4厘米左右(图七:右)。[1] 以上遗存的年代均可早到距今10 000年前后。

哥贝克力丘(Göbekli Tepe)	尼姆瑞克(Nemrik)遗址

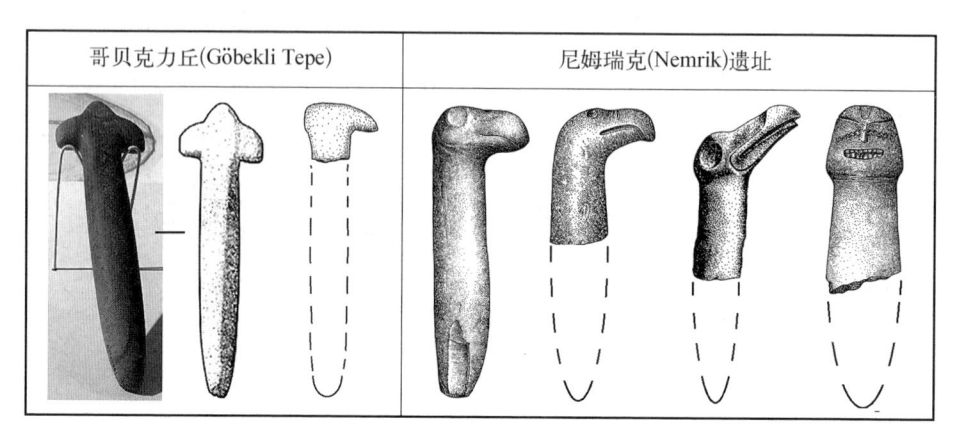

图七　近东地区前陶新石器时代的短柄石棒

五、小结

近东出土的此类短柄石棒与西伯利亚的同类器非常相似,但二者之间存在巨大的时空缺环,很难说它们之间存在直接的源流关系。相关的问题是,假如近东的这些短柄石棒是作为权杖出现的,那么,西伯利亚的短柄石棒是否也具有同样的功能？这是一个值得探讨的问题。考虑到近东和埃及在进入铜石并用时代以后,社会上层普遍流行将制作精美的权杖(头)作为祭品奉献给神庙,希望通过权杖这一媒介将人间的王权与天上的神权结合起来,达到君权神授的政治目的。在西伯利

（接上页）village organization in eastern Anatolia, in I. Kuijt (ed.) *Life in Neolithic farming communities. Social organization, identity and differentiation*, New York: Kluwer Academic/Plenum, pp.39~61.

[1] Kozłowski, Stefan Karol (2002). *NEMRIK: An Aceramic Village in Northern Iraq*. Warsaw: Institute of Archaeology Warsaw University.

亚地区，很早就盛行萨满教。作为萨满，他们是一些具有超常能力的人，不仅可操控超自然力，还能沟通天地神灵，为氏族成员祈福、禳灾、驱魔、除病、慰藉心灵，同时也有嫁祸于敌对族群的超常能力。推测西伯利亚的这类短柄石棒可作为萨满做法时所持的器具，更有可能作为部落首领或军事首脑大权在握的身份象征。

21
中原所见三代权杖(头)及相关问题的思考*

此前我曾就中国境内考古所见权杖及其来源发表过一些粗浅看法。在论述权杖这一外来文化特质的同时[1],也注意到权杖在传入中国的最初一段时间里,只是游弋在中原以外的华夏边缘,如西北地区和北方长城沿线。西周早期出现在陕西西部的宝鸡地区。这似乎暗示,中原王朝并未接受这一外来之物,甚至持有某种防范心理[2]。

事实果真如此吗?最近,陕西渭南澄城县刘家洼M2出土的金首铜樽权杖显然不支持上述看法。看来,要解决这个问题,还需要深入挖掘中原内地以往究竟有哪些相关的考古发现,使用权杖的又是哪些人。只有在了解了这些问题的基础上,才能说清楚中原王朝是如何面对权杖这一外来之物的。

下面按照时代早晚,对中原地区相关的考古发现做全面梳理。

一

20世纪80年代中期,在偃师二里头铸铜遗址附近曾出土一件象牙权杖[3]。此器保存完整,杖首为半圆蘑菇状,其下连接一小圆盘,再下为略呈弯曲的细长杖

---

* 本文得到国家社科基金重大项目"前丝绸之路东段青铜文化年代研究"(项目号:16ZDA144)资助。

[1] Li Shuicheng (2002). *The Mace-head: An Important Evidence of the Early interactions along the Silk Roads*, In commemoration of Completion of the Hyrayama Silk Roads Fellowships Programme UNESCO International Symposium on the Silk Roads 2002, pp.157~160.

[2] 李水城:《赤峰及周边地区考古所见权杖头及潜在意义》,中国考古学会、沈阳市文物考古研究所编:《庆祝宿白先生九十华诞文集》,科学出版社,2012年,20~25页。

[3] 许宏先生转告。

柄，全长47厘米（图一：1）。此器最初报道为象牙杖[1]，后在报告文集中改称象牙簪[2]。考虑到其长度近50厘米，尽管杖柄略微偏细，但作为簪来说还是太大了，应该是权杖。1982年，在偃师二里头遗址出土一件半圆蘑菇状骨器，下端凿刻榫槽，残高5厘米[3]。此器应为权杖的杖首部分。

1993年，在《早期中国：中华文明起源》这部图录中再次披露一件出自二里头遗址的权杖。此器为骨质，其形制、结构和尺寸与前述象牙权杖完全相同，惟杖柄笔直。此器杖头直径4.2、全长47.5厘米（图一：2）[4]。

1976年，中国社会科学院考古研究所在安阳殷墟发掘了小屯5号墓，在众多的随葬品中，有1件非常不起眼的球形权杖头（编号：86），石灰岩质地，器表打磨光滑，用蓝色彩绘三股横线条带，将球体均等地分成上、中、下三部分。纵向对钻一孔。器高4.8、直径5.9、孔径2厘米（图二：1）[5]。

1976年，在陕西省宝鸡竹园沟 M13 出土 1 件铜权杖头（BZM13：163）。球形，在器腹最大径部位铸3枚乳状瘤突，顶和底有矮銎箍，銎孔上下贯通。通高4.4、横径4.6、孔径2.2厘米（图二：6）。此器厚重，由一块内范、两块补范合铸而成，重350克。发掘者初定名为"异形兵器"，属"敲砸器"[6]。后有学者改称为"三钉殳"[7]。

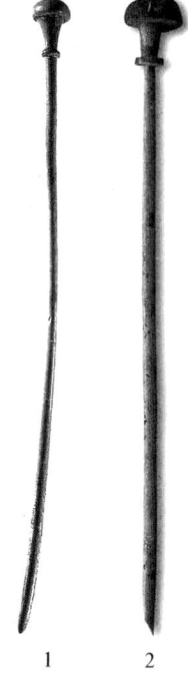

图一 河南偃师二里头遗址出土骨（牙）权杖

---

[1] 中国社会科学院考古研究所：《考古精华》，科学出版社，1993年。
[2] 杜金鹏、许宏主编：《偃师二里头遗址研究》，科学出版社，2005年。
[3] 中国社会科学院考古研究所二里头队：《1982年秋河南偃师二里头遗址九区发掘简报》，《考古》，1985年12期。
[4] 中华人民共和国科学技术部、国家文物局编：《早期中国：中华文明起源》，文物出版社，2009年，160页。
[5] 中国社会科学院考古研究所编著：《殷墟妇好墓》，文物出版社，1980年，203页，图版一七二。另见：中国社会科学院考古研究所、广东省博物馆：《妇好墓玉器》，岭南美术出版社，2016年，110页。
[6] 卢连成、胡智生：《宝鸡强国墓地》，文物出版社，1988年。
[7] 罗西章编著：《扶风县文物志》，陕西人民教育出版社，1993年，118~120页。

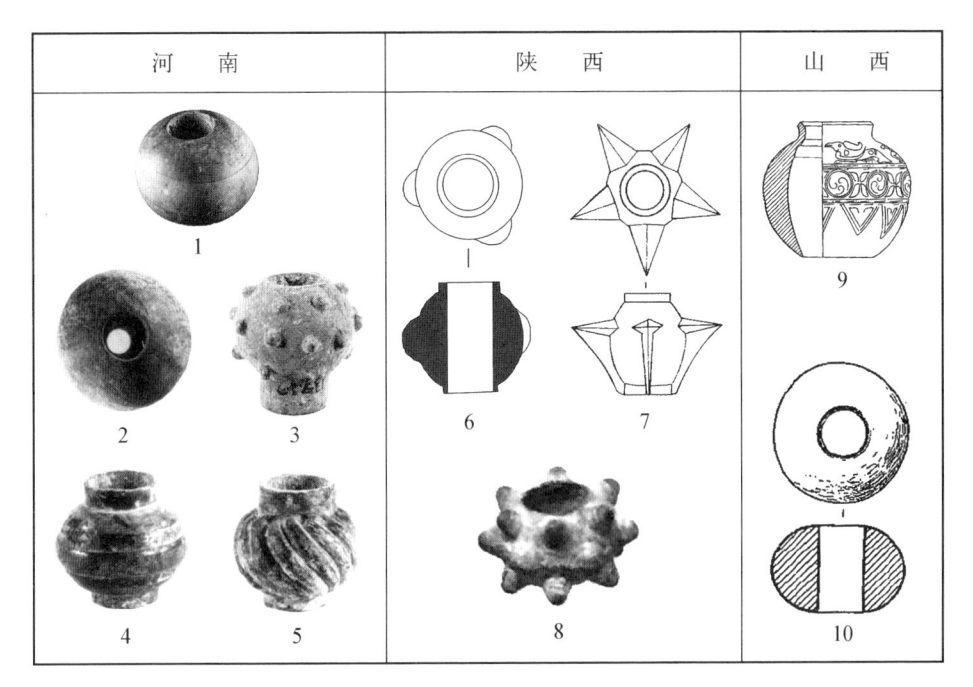

图二 中原地区出土的商周时期权杖头

1. 安阳小屯M5(86);2~5. 洛阳北窑(M306:1;M137:2;M52:15、16);6. 宝鸡竹园沟(M13:163);7. 扶风伯戜墓(055);8. 扶风(0317);9. 曲沃天马-北赵(M63:121);10. 侯马上马(M5218:32)

1975年,在陕西扶风法门乡庄白村伯戜墓出土1件铜权杖头(编号:055)。主体椭圆形,器表铸5枚放射状尖齿,俯视呈五角星形。顶和底有矮銎箍,銎孔上下贯通。通高6.2、孔径1.8厘米(图二:7)。此器系合范铸造,重470~500克。发掘者初定名为"五角状殳"[1]。后有学者将其归入棍棒头一类[2]。

20世纪50~70年代,在发掘河南洛阳北窑墓地时出土数件球形铜器。其中,属西周中期的M52出土2件,扁球形,顶和底有矮銎箍,銎孔上下贯通。1件(M52:15)器表饰平行瓦棱纹。高3.5、直径4、孔径2厘米(图二:4)。另1件(M52:16)器表饰弧曲斜向凸棱纹。高3.4、直径4、孔径2厘米(图二:5)。另在

---

[1] 罗西章等:《陕西扶风出土西周伯戜诸器》,《文物》,1976年6期。另见罗西章编著:《扶风县文物志》,118~120页。
[2] 安志敏:《西周的两件异形铜兵——略论商周与我国北方青铜文明的联系》,《文物集刊》(2),文物出版社,1980年,151~159页,70页。

M137 出土 1 件(M137：2)，上部为球形，下接圆柱状骹，器表铸 3 排乳钉，銎孔上下贯通。高 3.2、球径 3.2 厘米(图二：3)。这几件铜器均为实体，较重，可作为击打兵器，应为权杖头。但发掘者在报告中误将这些杖头归为车器的"犄饰"（车门或车舆转角纵向栏杆顶部的装饰）。实际上"犄饰"在北窑墓地也有发现，而且有些器形和尺寸与上述权杖头非常相似，如北窑 M132 出有 2 件，上部球形，下接长方形銎箍。M52 出土 2 件，上部为兽首造型，下接圆柱骹。不同的是，这些"犄饰"均用较薄的铜片制作，銎孔顶部未贯通，重量轻，不宜用来击打。

在北窑墓地还发现一件西周中期的石权杖头(M306：11)，石灰岩质地，銎孔上下贯通。直径 4.6~5.1、孔径 1.1~1.6 厘米(图二：2)[1]。

1977 年秋，陕西扶风博物馆在召公镇废品收购站拣选 1 件铜权杖头（编号：0317），俯视六角星形，侧视近菱形，銎孔上下贯通。器表从上到下铸 3 排螺蛳状乳突，每排 6 枚，计 18 枚。其中，中间一排的乳突稍大于上下两排。通高 4.5、孔径 2.8 厘米。重 800 克(图二：8)。此器初定名为"球刺状殳"，由于器表乳突数量较多，被定为西周晚期[2]。实际上，其外形特征与鄂尔多斯一带流行的铜杖头非常接近，年代应晚到春秋时期。

1993 年，北京大学和山西考古研究所在曲沃天马-北赵晋侯墓地挖掘了 M62、M63 和 M64 三座西周晚期大墓。在 M63 椁室西北角有件小铜盒（已朽），盒内放置一批精美玉器[3]。其中有件"玉罍"(IIIM63：121)，深绿色，小口，圆腹，器孔可见砣磨旋转的棱面，肩部饰阴线鸟纹，上半部饰浮雕涡纹间叶纹，下部饰三角垂叶纹。高 6.2、直径 6.9、孔径 3.3 厘米(图二：9)。此器无底，上下贯通一孔，应为权杖头。发掘者指出，此盒内存放玉龟、玉鹰、玉鸮、玉牛、玉熊等，与殷墟妇好墓所出同类玉器如出一辙，其中有些应为周人早年缴获的战利品[4]。不知是否包括这件玉权杖头在内。

---

[1] 洛阳文物工作队：《洛阳北窑西周墓》，文物出版社，1999 年。
[2] 罗西章编著：《扶风县文物志》，118~120 页。
[3] 此铜盒即先秦时期存放珍贵玉器的"椟"。
[4] 山西省考古研究所、北京大学考古学系：《天马曲村遗址北赵晋侯墓地第四次发掘》，《文物》，1994 年 8 期。

20世纪60~80年代,山西省文物考古研究所在挖掘侯马上马墓地时,在M5218墓穴的东南角出土1件"玉纺轮"(M5218:32)。此器扁球形,玉髓质地,棕色,器表打磨十分光滑,制作精细,应为权杖头。直径5、高3.1、孔径1.8厘米(图二:10)[1]。

2017~2018年,陕西省考古研究院在澄城县刘家洼遗址发掘两座遭严重盗掘的中字形大墓。其中,在M2墓室左上角随葬一件权杖,杖头系纯金铸造,扁球蘑菇状,下接圆柱状骹。杖顶圆面饰一组独立的蟠螭纹,周边环绕一圈绚纹。杖头其余部分满饰相互缠绕的蟠螭纹。杖头直径2.5、高6厘米。权杖下部铜镦长3.5、直径2厘米。木质杖柄已朽,据残留痕迹可知,此权杖长140~145厘米(图三)[2]。

图三 刘家洼M2随葬权杖的金杖首

二

以上是迄今为止中原地区考古所见夏、商、周三代的权杖(头),除去二里头遗址所出两件出处不明以外,其余均为墓中随葬品,经初步分析,这些使用权杖(头)的墓主应该包括了以下几类人。

一、诸侯国国君

陕西宝鸡竹园沟M13位于整座墓地的中央,墓室面积15.375平方米,为该墓

---

[1] 山西省考古研究所编:《上马墓地》,文物出版社,1994年,164页。
[2] 种建荣、孙战伟、石磊:《陕西澄城刘家洼芮国遗址》,国家文物局主编:《2018中国重要考古发现》,文物出版社,2019年,86~90页。

地 22 座墓中规格最高、面积最大者。墓内一椁二棺,殉一妾,随葬青铜器 183 件,其中铜礼器 26 件,规格为七鼎三簋。墓内所出铜权杖头为该墓地唯一所见。墓主应为西周早期强国的首领强伯[1]。

陕西澄城刘家洼 M2 全长 64 米(含墓道)、深 12 米。椁室长 7、宽 5 米。墓内残存各类文物 400 余件。包括鼎 7,簋、盘、鍑各 1,编钟、编磬各 2 套,建鼓 4、陶埙 1、木制琴、瑟等乐器及大量的车马器、漆器、铁器、兵器和少量玉器。其中,墓内椁室所出建鼓的铜柱套上刻写铭文"芮公作器",其下叠压的铜戈上有铭文"芮行人"。可证 M2 墓主系春秋时期芮国的某一代国君[2]。

二、国君夫人

河南安阳小屯 5 号墓规模不是很大,但墓内殉 16 人、6 条狗,随葬品更是多达 1 928 件。其中,铜礼器就有 200 余件,几乎囊括了殷墟以往出土的所有门类,包括偶方彝、三联甗等罕见的铜器精品。此外,还有精美玉器 755 件。此墓随葬的铜礼器多成双结对,其中 109 件有"妇好"铭文,是迄今为止唯一能将甲骨文与金文两个同名人物对应起来的王室大墓。据卜辞所记,妇好是武丁时期一位声名显赫的人物,她曾主持一些重要的祭祀,并多次统领军队征伐羌方、工方、巴方。商代卜辞所记用兵最多的一次即由妇好任统帅,兵力多达一万三千人。有学者猜测此人为商王武丁之妻,从年代看有这种可能。在这位大人物的墓内竟然随葬一件小小的石权杖头,很不起眼,却意味深长。

曲沃天马-北赵晋侯墓地 M63 是一座中字形大墓,有南北墓道,全长 35 米。墓室长方形,积石积炭,墓内一椁二棺,随葬品多达 4 280 件,仅玉器就有近 800 件。铜礼器包括鼎 3、簋 2、壶 2,爵、觯、方彝、盘、盉、鼎形方盒、筒形器各 1。根据与之相邻的 M64 出有"晋侯邦父"铭文铜器推测,M63 的墓主应系晋侯邦父的次夫人。

---

[1] 卢连成、胡智生:《宝鸡强国墓地》。
[2] 山西省考古研究所、北京大学考古学系:《天马曲村遗址北赵晋侯墓地第四次发掘》,《文物》,1994 年 8 期。

三、高级官员、军事首领或高等贵族

河南偃师二里头遗址出土两件完整的骨(牙)权杖,遗憾的是出土单位不明。鉴于这两件器物保存完整,质地贵重(象牙),形制相同,而且尺寸极为接近,显然是按一定之规制作的。迄今为止,在二里头遗址尚未发现大型墓葬,但在一些中型墓内随葬有铜礼器、玉器或其他高规格器皿。据此不难推断,这两件权杖的主人应为夏王朝的上层人物。

陕西扶风法门乡庄白村伯戏墓的棺椁遭扰乱,形制不明。墓内随葬铜礼器有鼎3、壶2、簋2、爵2,甗、饮壶、觯、盉、盘各1,以及铜"山"字形钺、有銎戈及权杖头等。通过对墓内所出铜器及其他传世铜器铭文的研究,可知戏系录国(非姬姓诸侯国)国君,穆王之世曾仕于西周王室,并参与伯雍父征伐淮夷的战争[1]。伯戏墓现身于扶风,可见王畿之内有他的采邑,身份不低。

河南洛阳北窑墓地随葬权杖头的墓均遭盗掘,仅残余少量兵器、车器或其他小件器物,墓主身份已不可考。

山西侯马上马墓地 M5218 是一座大型铜礼器墓,墓内一棺一椁,随葬品 400 余件。其中,铜礼器 17 件。包括鼎 5,鬲、簋、豆、壶、鉴各 2,甗、盘各 1,铜编镈 2 组 13 件,还有兵器、车马器、玉石器、骨器、陶器、漆器、铜器小件等[2]。此墓随葬 5 鼎,墓主应为晋国大夫一级的高等官员。

上述权杖(头)的出土地点集中在夏、商、周三代的王畿之地,而且均出自高等级墓葬,权杖的拥有者包括王侯、高官、军事首领或高等贵族一类。这表明中原王朝三代时期的社会高层已在一定程度上接纳了权杖这一外来器物,并将权杖与中国传统礼仪器具中的斧钺、青铜礼器并列,共同构成象征王权和等级身份的重要标志物(图四)。

---

[1] 罗西章等:《陕西扶风出土西周伯戏诸器》,《文物》,1976 年 6 期。
[2] 山西省考古研究所编:《上马墓地》,164 页。

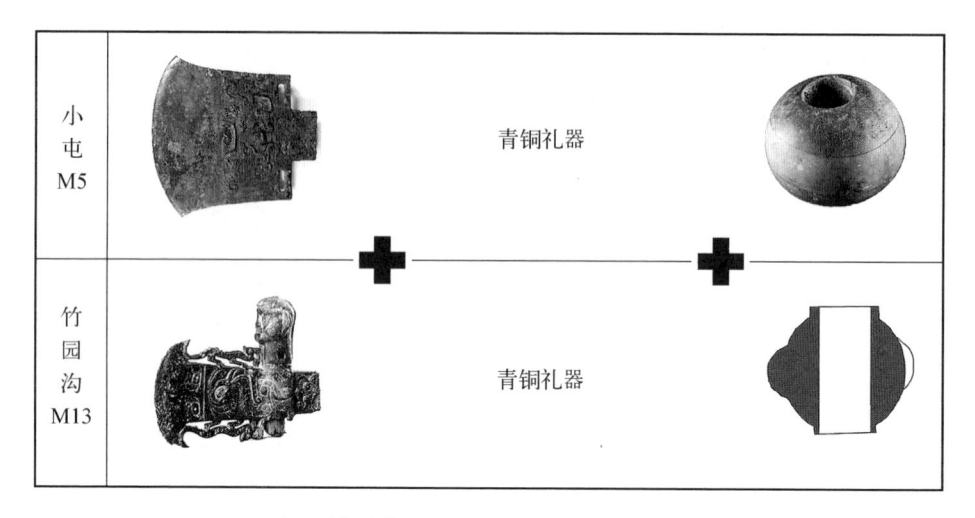

小屯 M5	[斧钺图]	青铜礼器	[权杖头图]
竹园沟 M13	[斧钺图]	青铜礼器	[权杖头图]

图四　商周时期随葬青铜礼器、斧钺和权杖的高等级墓葬举例

三

在中原地区,至今不见年代早于二里头文化的权杖(头)。反之,与二里头文化大致同时或年代更早的权杖(头)均发现在中国的大西北和内蒙古东南部的赤峰地区[1]。其中,西北地区的重要发现有如下一些。

1923 年,瑞典地质学家安特生(J. G. Andersson)在洮河流域进行考古调查,在广通县(今广河)一老者手中购得 1 件权杖头(编号 K1632)。此器为白色大理石质地,扁球形,器表打磨,纵向钻孔(图五:1)。据安特生记录,这件器物被定为石球,出售者告知出自广河县瓦罐嘴遗址,出土时放在墓主手边[2]。瓦罐嘴遗址属于半山文化。

20 世纪 70 年代,甘肃广河县博物馆征集 3 件石权杖头[3]。其中,2 件近球形

---

[1] 李水城:《赤峰及周边地区考古所见权杖头及潜在意义》,中国考古学会、沈阳市文物考古研究所编:《庆祝宿白先生九十华诞文集》,20~25 页。
[2] Andersson, J. G. (1943). Researches into the Prehistory of the Chinese, *BMFEA*. No.15, p. 124, pl, 70:7, Stockholm. 安特生曾在广河瓦罐嘴遗址发掘半山时期墓葬,可证该址应属半山文化。
[3] 感谢王辉先生提供资料。另据广河县唐士乾先生告知,这三件权杖头现藏广河齐家文化博物馆。

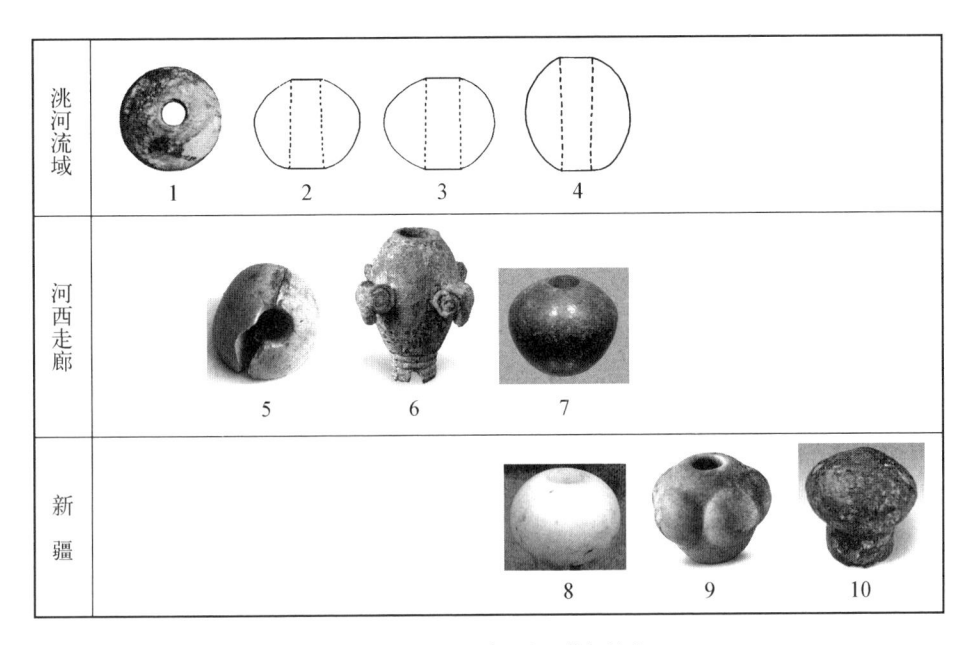

图五　中国西北地区出土的权杖头

1. 广河瓦罐嘴；2~4. 广河齐家坪；5. 张掖西城驿；6~7. 玉门火烧沟；8. 若羌小河墓地；9. 昌吉英格堡；10. 乌鲁木齐萨恩萨依沟口墓地

（图五：2、3），1件椭圆形（图五：4）。据称全都出自广河县齐家坪遗址，该址系齐家文化的命名地。

2009年以来，在甘肃张掖西城邑遗址发掘出土有石质、铜质权杖头。其中，石权杖头为球形（断裂），器表打磨光滑，纵向穿孔（图五：5）。铜杖头呈梯形柱状，器表铸有三股条带突棱[1]。该址属西城驿文化，年代为公元前2000年前后。另在该址还出有一件铸造铜杖头的石范，可证此类器是在当地铸造的[2]。

1979年，甘肃省博物馆在河西走廊的玉门镇发掘了火烧沟墓地，清理四坝文化墓葬312座。其中，在M310出土1件铜权杖头（76YHM310：7）[3]。此器为橄

---

[1] 陈国科、王辉、杨宜时：《河西走廊地区早期冶金遗址考古调查发掘主要收获》，《中国文物报》，2018年7月27日第7版。

[2] 陈国科、王辉、李延祥、张良仁、杨月光：《甘肃张掖市西城驿遗址》，《考古》，2014年7期。

[3] 甘肃省博物馆：《甘肃省文物考古工作三十年》，《文物考古工作三十年（1949~1979）》，文物出版社，1979年，139~153页。

榄形,纵向贯穿一孔。杖头顶部沿銎孔一周有微微凸起的窄箍,最大径处嵌铸了4枚长有螺旋盘曲大角的羊头圆雕,造型写实。杖头底部收缩成圆柱銎箍,有凹凸弦纹(图五:6)。近年整理玉门火烧沟墓地的发掘资料得知,该墓地有约10座墓随葬石权杖头,多为球形、扁球形,器表细致打磨(图五:7)。四坝文化的绝对年代为公元前1900~1550年[1]。

新疆境内发现的杖头数量很多,主要集中在天山南北两侧,以青铜时代最为集中。2002年,在若羌县小河墓地清理1934年瑞典学者贝格曼(Bergman)根据向导奥尔德克口述的那座"木房子"时,出土1件白色大理石权杖头,此器球形,器表打磨光滑(图五:8)[2]。据贝格曼记录,奥尔德克曾在这座"木房子"内挖出一具老年女性尸骨[3]。此次挖掘证实,这座所谓的"木房子"实际上是小河墓地最大的一座墓葬(BM28)。此杖头也是该墓地出土的唯一一件,年代上限为公元前2千年。

在新疆北部的昌吉县博物馆收藏一批权杖头。其中,在英格堡遗址征集1件,汉白玉质地,器表黄褐色,球形,最大腹径处雕凿5枚乳状瘤突,器表打磨光滑(图五:9)。

2007年,在乌鲁木齐市南郊板房沟乡萨恩萨依沟口墓地第45号墓出土1件铜权杖头(07WSM45:1)。蘑菇状,上部为扁圆"蘑菇头",下接圆柱銎箍(图五:10)。发掘者认为,此墓所出素面灰陶罐接近阿勒泰的切木尔切克文化风格,推测其年代为公元前1800~前1500年,属青铜时代早期[4]。

四

再向西进入中亚地区。这里最早的权杖出现在铜石并用时代(公元前3500~前

---

[1] 李水城:《四坝文化研究》,苏秉琦主编:《考古学文化论集(三)》,文物出版社,1993年,80~121页。
[2] 祁小山、王博主编:《丝绸之路:新疆古代文化》,新疆人民出版社,2008年,27页,图5。
[3] 贝格曼:《新疆考古记》,王安洪译,新疆人民出版社,1997年,77页。
[4] 新疆文物考古研究所编著:《新疆萨恩萨伊墓地》,文物出版社,2013年,55~56页。

3000年前后)。1903~1905年,美国地质学家拉斐尔·庞培里(R. Pumpelly)在土库曼斯坦挖掘安诺(Anau)遗址时出土一批石权杖头。其中,在第二文化层出土一件呈球形(编号:NK191),单面钻孔(图六:3)。在南土丘 C 文化层出土一件梨形(编号:SK156),属Ⅲ~Ⅳ段(图六:4)。同一层位还出有一件球形,底部带矮圈足台座(编号:SK132),属Ⅲ段(图六:5)。在上文化层出土的一件为亚腰圆柱状,似钟形(编号:SK67),属Ⅳ段(图六:6)。安诺遗址从中文化层开始进入铜石并用时代[1]。

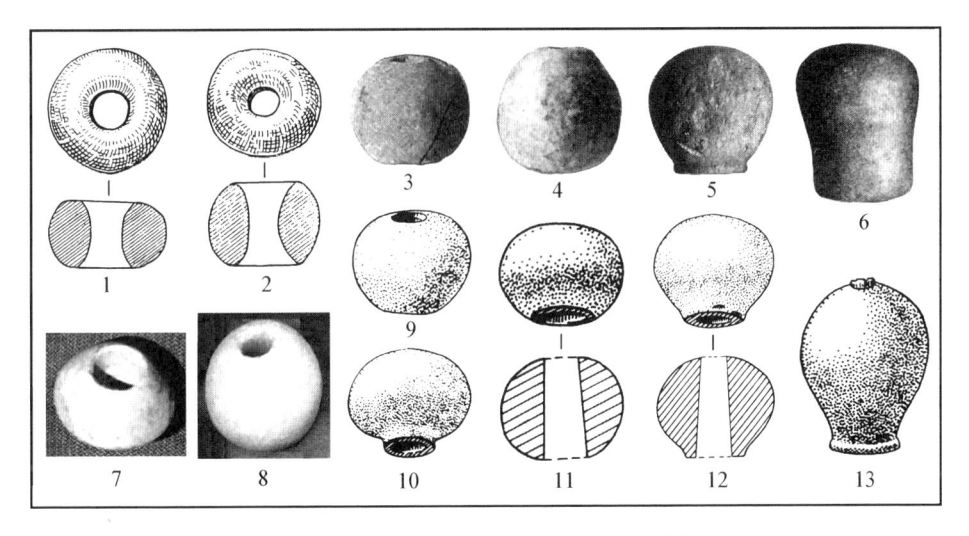

图六 中亚地区红铜时代至青铜时代的权杖头

1~2. 纳马兹加遗址;3~6. 安诺遗址;7~8. 萨拉兹姆遗址;9~13. 松巴尔遗址

在土库曼斯坦的纳马兹加(Намазга)遗址也出有铜石并用时代晚期的石权杖头,扁球形(图六:1~2),年代为公元前3000年前后[2]。

在塔吉克斯坦的萨拉兹姆(Sarazm)遗址出土一批石杖头,分为扁球形(图六:7)和球形(图六:8)两种,器表打磨光滑,单面钻孔。年代为公元前四千纪至前三千

---

[1] *Archaeological Excavations in Anau and Old MERV*, by Hubert Schmidt with A Note on the Occurrence of Glazed Ware at Afrosiab, and of Large Jars at Chiaur Kala, by homer H. Kidder (Excavated from Publication No.73, of the Carnegie Institution of Washington, Chapters Ⅵ-Ⅺ, Pages 81~216, Plates 7~56).

[2] «Археология» (Энеолит СССР). Издательство · Наука · Москва 1982.

纪,属红铜时代[1]。

土库曼斯坦的松巴尔(Sumbar)墓地不少墓内随葬石权杖头,除去球形(图六:9、11)以外,多见底部加带矮圈足底座的扁球形(图六:10)、球形(图六:12)和梨形(图六:13)。该址的年代为公元前十四至前十一世纪,属于青铜时代晚期。研究表明,此类遗存系伊朗埃兰文化影响的产物[2]。

年代更早的权杖主要集中在近东地区。1961年,以色列考古学家佩萨·巴尔-阿东(Pessah Bar-Adon)率领一支考古队在死海西岸一高耸的峡谷内发现了纳哈尔-米什马尔(Nahal Mishmar)洞穴,洞内窖藏了429件铜器和象牙器。其中,铜权杖头和铜权杖的数量就有近400件[3]。其中,绝大多数杖头为球形和梨形,有的在表面还加铸有乳状瘤突或刺状钉头,少量铸有野山羊、大角羚羊的动物圆雕(图七)。经碳十四检测,此窖藏的年代为公元前四千纪,属铜石并用时代[4]。

新石器时代的权杖(头)可以土耳其著名的恰塔尔休于(Çatal hüyük)遗址为代表。该址出土杖头较多,造型多为球形,个别椭圆形,器表打磨光滑,单面钻孔(图八:1~6)。年代为公元前7000~前6000年,属于有陶新石器时代[5]。

土耳其中南部的尼代省(Niğde Province)Çiftlik附近一处新石器时代遗址出土的石权杖头为灰色大理质地,质地较粗,球形,器表打磨,单面钻孔(图八:7),年代为公元前6400~前6000年[6]。

在土耳其南部乾-哈桑(Can hasan)遗址的2B层出土1件红铜权杖头。球形,

---

[1] Саразм (Sarazm), Душанбе, 2006.

[2] *Jungbronzezeitliche Gräberfilder im Sümbar-Tal, Sudwest-Turkmenistan*, Von Igor N. Chlopin, Verlag C. H. Beck Müchen, 1986.

[3] Bar-Adon, P. (1980). The Cave of the Treasure. Jerusalem, Israel Exploration Society.

[4] Michael Sebbane (2014). The Hoard From Nahal Mishmar, and the Metal-working Industry in Israel in the Chalcolithic Period, Israel Antiquities Authority, New York; Moorey P. R. S. (1988). The Chalcolithic hoard from Nahal Mishmar, Israel, in context//World Archaeology. 20.

[5] The pictures from the exhibition catalogue of the Great Exhibition in Karlsruhe "Vor 12.000 Jahren in Anatolien- die ältesten Monumente der Menschheit, Stuttgart 2007"(卡尔斯鲁厄大展图录《安纳托利亚12 000年来人类最古老的纪念物》,2007年,德国斯图加特,展览号:286926321)。

[6] BIÇAKÇI, E. (2016). Tepecik-Çiftlik Höyüğü (Niğde) Kazısı Işığında Orta Anadolu Tarihöncesi Kültürleri ile İlgili Yeni Bir Değerlendirme. TUBA-AR, 4(1).

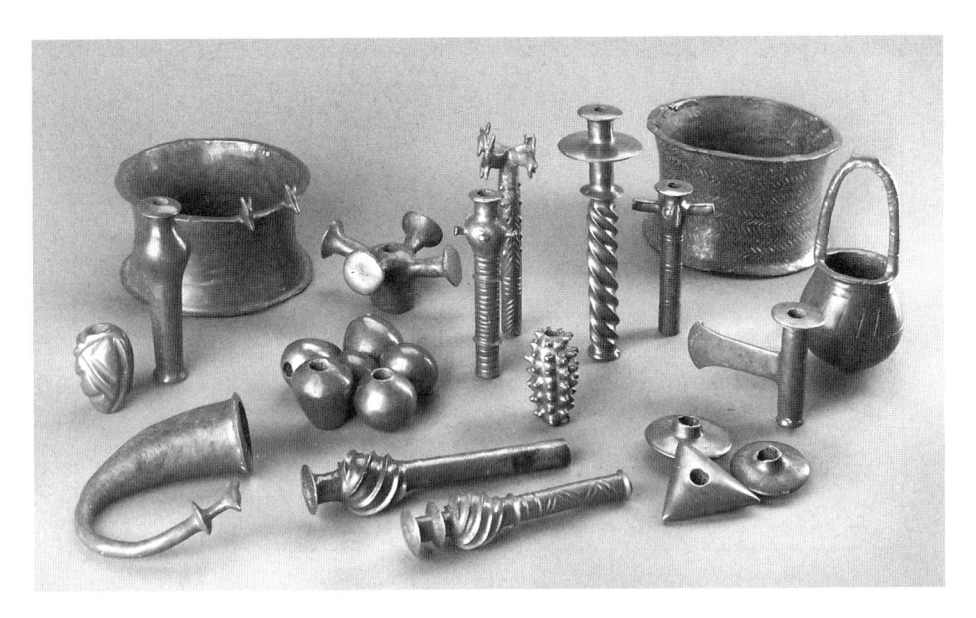

图七　以色列纳哈尔-米什马尔洞穴窖藏的铜权杖(头)

(引自 Michael Sebbane, 2014)

纵贯一孔。考古学家最初将其定在铜石并用时代早期向中期过渡阶段,后经测年,为公元前5750~前5500年[1],属于新石器时代晚期。这也是目前所知世界上最早用金属铸造的权杖头(图八:8)。

世界上年代最早的权杖和杖头均出自近东地区,包括安纳托利亚、两河流域和黎凡特南部,年代可追溯到距今一万年以前。以土耳其中南部的哈兰-切米丘(Hallan Çemi Tepesi)遗址为例。该址出土的石权杖头为扁圆形,器表经打磨处理(图九:1~2),属前陶新石器A阶段(PPNA),绝对年代为公元前9500~前8800年。该址还发现有连体式短柄石权杖,杖头雕成兽首状(图九:3)[2]。

---

[1] Steadman, S. R., & McMahonm G, (Eds.). (2011). The Oxford Handbook of Ancient Anatolia: (10,000 - 323 BCE). Oxford University Press.

[2] The pictures from the exhibition catalogue of the Great Exhibition in Karlsruhe "Vor 12.000 Jahren in Anatolien- die ältesten Monumente der Menschheit, Stuttgart 2007"(卡尔斯鲁厄大展图录《安纳托利亚12 000年来人类最古老的纪念物》,2007年,德国斯图加特,展览号:183/182)。另见:Rosenberg, M. (1999). Hallan Çemi Tepesi: Some Further Observations Concerning Stratigraphy and　(转下页)

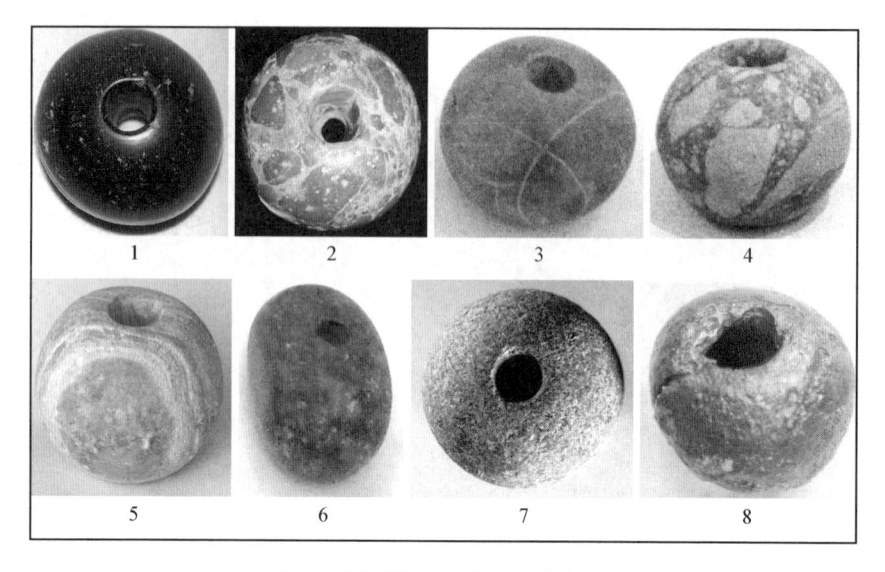

图八 近东地区新石器时代的权杖头

1~6. 恰塔尔休于遗址;7. Çiftlik 遗址;8. 乾-哈桑遗址

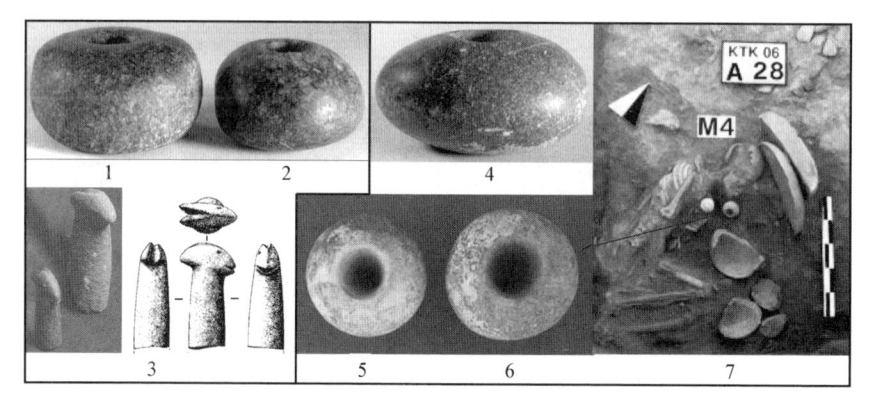

图九 近东地区前陶新石器时代的权杖和杖头

1~3. 哈兰-切米丘;4~6. 科尔提克丘;7. 科尔提克丘 M4

在土耳其的科尔提克丘(körtik tepe)也出有前陶新石器 A 阶段的石权杖头,扁

(接上页) Material Culture, Anatolia 20, pp.121~140; Rosenberg, M. & R.W. Redding. (2002). Hallan Çemi and early village organization in eastern Anatolia, in I. Kuijt (ed.) Life in Neolithic farming communities. Social organization, identity and differenziation, pp.39~61. New York: Kluwer Academic/Plenum.

圆形,器表经打磨(图九:4~6),年代为公元前9500~前8500年。在该址的M4,随葬的权杖头被放在墓主的胸口处(图九:7)[1]。

五

追根溯源,早在距今10 000年前的无陶新石器时代,近东地区的先民率先创造出权杖这一文化特质。从新石器时代开始,权杖逐渐扩散到近东的周边地区,相继传入欧洲、北非和高加索地区。距今6 000年前后,进入全新世气候大暖期的最佳时期,农业得到了突飞猛进的发展,也由此造成了人口压力。与此同时,随着铜石并用时代的到来,世界体系初步形成,社会复杂化进程加快,特别是对特殊资源的

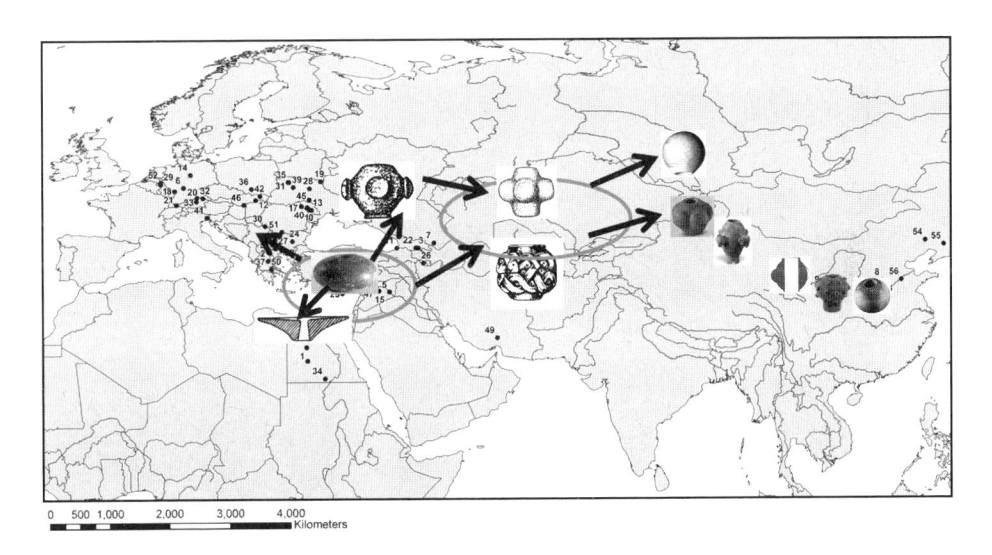

图十 权杖东传示意

---

[1] The pictures from the exhibition catalogue of the Great Exhibition in Karlsruhe "Vor 12.000 Jahren in Anatolien- die ältesten Monumente der Menschheit, Stuttgart 2007"(卡尔斯鲁厄大展图录《安纳托利亚12 000年来人类最古老的纪念物》,2007年,德国斯图加特,展览号:184)。另见:Rosenberg, M. (1999). Hallan Çemi Tepesi: Some Further Observations Concerning Stratigraphy and Material Culture, Anatolia 20, pp.121~140; Rosenberg, M. & R.W. Redding. (2002). Hallan Çemi and early village organization in eastern Anatolia, in I. Kuijt (ed.) Life in Neolithic farming communities. Social organization, identity and differenziation, pp.39~61. New York: Kluwer Academic/Plenum.

控制加剧了社会冲突和族群的迁徙,进而推动了不同区域文化交互进程的加快。正是在这个大背景下,权杖向东传入中亚南部的河谷绿洲,并继续向北、西北流动,相继进入哈萨克大草原、西伯利亚和中国的西北地区,公元前二千纪前半叶,进入黄河中游的中原腹地(图十)。

权杖为近东地区先民首创的文化特质,自西而东,从安纳托利亚最终传入中国,并被夏、商、周三代的社会高层所接纳,在权力政治的语境下,这一文化特质的传播与大麦、小麦、山羊、绵羊、牛、马等生活资料的引入有着不同的价值和意义,深化这一领域的研究将是早期东西文化交流的新课题。

后记:承蒙陕西省考古院副院长种建荣先生同意,本文使用了陕西澄城县刘家洼遗址 M2 出土金权杖头照片,在此向陕西考古研究院和种建荣先生表示感谢!

初刊载于《中原文物》,2020 年 1 期

22
"牛角形器""铜旄"二器考*

一、牛角形器

2000年12月至2001年2月,中国社会科学院考古研究所在安阳市西南、著名的小屯村南侧的花园庄村东商代墓地发掘了规模最大的一座竖穴土坑墓(M54)。此墓墓口长5.04、宽3.23~3.3、墓穴深7.16~7.38米。墓底有熟土二层台,中部有腰坑。墓内葬入木制棺椁各一,椁长3.82、宽2.2米;棺长2.45、宽0.7~0.85米。木棺表面雕刻精美花纹,髹朱黑二色漆,图案以夔龙为主,辅之以三角纹、方格纹。棺盖四周嵌贴金箔组成的图案花纹。墓主为男性,仰身直肢,35岁左右,据称,其死因可能与作战受伤有关。

M54随葬器物多达577件,其中仅青铜器就有265件。包括礼器类的鼎、甗、簋、瓿、爵、斝、方尊、牛尊、罍、觥、彝、斗,兵器类的钺、戈、矛、卷首刀,以及车马器、玉器(222件)、象牙器、陶器、骨器和竹器等。此外,墓内还埋葬有15位殉人和15条殉狗。

此墓出土杂器中有2件"铜鐏",分为两式。A式(M54:594)造型奇特,上半部为扁圆锥形的牛角,下接上细下粗的圆柱銎,銎箍顶部有道突棱,器表素面无纹,残存有布纹和线绳缠绕的痕迹。銎腔内残存纺织品包裹的木柲。高14、銎箍外径2.6~3.5厘米,牛角间距7.6厘米(图一:1上)。此器放置在棺椁之间西南侧的一位殉人身旁。B式(M54:265)为圆柱状,鐏形,中空,顶部略粗,饰蝉纹、云雷纹和

---

* 本文得到国家社科基金重大项目"前丝绸之路东段青铜文化年代研究"(项目号:16ZDA144)资助。

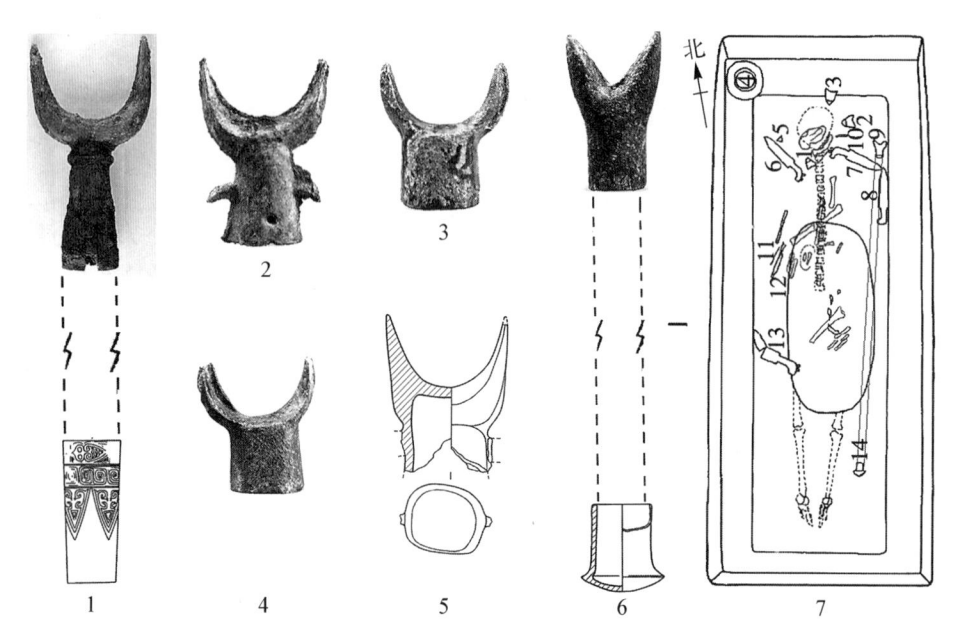

图一　殷墟花园庄出土"铜镈"和淇县大李庄出土"铜叉状器"

1. 花园庄(M54∶594、265); 2~6. 大李庄(M2∶1,M13∶6,M11∶1,M15∶17,M16∶9、14); 7. 大李庄 M16 平面图

倒三角纹,上部有销钉孔,镈腔内还残存有保存较好的木柲。长 9.4、镈径 3.2~3.8、厚 0.5 厘米(图一∶1 下)[1]。由于以往未发现牛角状铜器,用途不明,遂被定为铜镈。

2011 年 6 月,河南省文物考古研究院对鹤壁市淇县庙口镇大李庄商代墓地进行抢救性发掘,清理墓葬 19 座,出土"铜叉状器"5 件。此类器上半部作牛角状,下半部为镈,器表素面。发掘者根据此类器的形状差异分为两式。A 式 3 件,特征是牛角呈弧曲新月状。一件(M2∶1)牛角断面棱柱锥形,镈孔横截面扁圆,上有销钉孔,两侧各有一倒刺,似简化的牛耳;下部为喇叭状镈口。器长 6.7、镈径 2~3.1、壁厚 0.27 厘米,重 58 克(图一∶2)。一件(M11∶1)牛角断面扁圆形,下接直筒粗短镈,镈口旁有销钉孔。器长 4.1、镈径 2.3、壁厚 0.2 厘米,重 35 克(图一∶4)。一件

---

[1] 中国社会科学院考古研究所编著:《安阳殷墟花园庄东地商代墓葬》,科学出版社,2007 年。

(M13∶6)器形与M11∶1相似,銎孔内遗留一周麻布痕迹。器长4、銎径2.4、壁厚0.26厘米,重42克(图一∶3)。B式2件,特征为牛角外侧斜直。一件(M15∶17)牛角内侧弧曲新月状,断面棱柱扁锥形,下部圆柱銎横截面椭圆,两侧原有倒刺(残),銎口部残。残长6、銎径2.7~3.4、壁厚0.3厘米,重69克(图一∶5)。一件(M16∶9)牛角呈圆锥状,内侧夹角斜直近80度,下接圆筒状銎(M16∶14)。器长6.7、銎径2.6、壁厚0.3厘米,重92克(图一∶6)[1]。

大李庄墓地出土的这批"铜叉状器"在墓中的位置介绍比较详细,同时还出有一批铜鐏,这对于深入了解此类器物的用途很有帮助。

大李庄M16的"铜叉状器"放置在墓主的左肩处,銎孔朝下。在墓主左小腿的胫骨外侧还放有一件铜鐏,銎孔朝上,我们用线将这件"铜叉状器"与铜鐏相连,恰好可将二者衔接起来,可证它们原本是一件器物的首尾两端。"铜叉状器"在上,铜鐏在下,中间是相连的木柄,总长度约1.5米余(图一∶7)。M13出土的铜鐏放在墓主头部左侧,銎孔朝下。"铜叉状器"放在墓主的左小腿外侧,銎孔朝上。若用线相连,亦可将二者完美地对接起来,其长度也是1.5米左右。不同的是,M13的"铜叉状器"与M16的放置正好相反,牛角在下,鐏在上。M15也随葬了一组同类器物,摆放位置与M13相同,其间的木柄长1.6米。M2和M11也随葬有"铜叉状器",均放在墓主下肢的外侧,未见铜鐏。其中,M11放置铜鐏的位置恰好是一个盗洞,铜鐏可能被盗走[2]。

大李庄墓地的发现证实,殷墟花园庄M54所出A、B式铜鐏也应是一组配套器物。由于此类器物出土频率不高,目前学界对其用途还不了解,命名也很不统一。尽管大李庄墓地的发掘者已注意到牛角铜器与鐏配套出土的现象,但并未就其用途给出任何解释。根据上述发现,可知牛角形器的组装形式应与商周时期的戈、矛、钺等兵器相同,在木柄顶端置牛角形器,底部套以铜鐏,完整器的总长度在1.5~1.6米之间,恰好相当于一个成年人的身高。鉴于此类器并无锋利的刃部,加

---

[1] 河南省文物考古研究院:《河南淇县大李庄商代晚期墓葬发掘简报》,《考古》,2018年5期。
[2] 同上注。

之商代已有戈、矛、钺等相当成熟的兵器，故此器用作铜兵的可能性微乎其微，推测它极有可能是礼仪活动中使用的仪仗用具，并可用于随葬，可称之为"牛角杖首"。

相较上述两地的考古发现，殷墟花园庄 M54 出土"牛角杖首"形体较大，质地厚重，造型写实，制作工艺也较精。而淇县大李庄出土的"牛角杖首"尺寸仅及前者的一半，造型简化，做工也较粗放。初步分析二者的差异很可能反映了墓主身份等级的不同。花园庄 M54 墓穴规模大，棺椁俱全，装饰华丽。墓内有大量殉人、殉狗，随葬大量青铜器、玉器，与墓主身份有关的就有 40 件铜礼器，含觚、爵 9 套及大量兵器，也是目前所知出土铜钺（7 件）最多的，暗示墓主是一位握有军权、久经沙场的将军。结合铜器铭文可知，墓主是"长"姓贵族，生前受到王室器重，死后葬在宫殿区，应为殷商王室的高等贵族。墓内随葬的"牛角杖首"由一位殉葬的亲信执掌，可能带有某种特殊寓意。反观大李庄商墓，墓葬规模都比较小，绝大多数单棺，随葬陶器为主，墓主多为普通士兵或平民。此外，我们也注意到，即便是在大李庄墓地，有"牛角杖首"随葬的墓在规格上也相对要大些，个别墓甚至棺椁俱全，随葬少量铜礼器、兵器和玉器，应属于身份较低的贵族。这也从另一侧面表明，随葬"牛角杖首"的墓主身份明显要高一些。

从两地所处的时代看，花园庄 M54 属于殷墟二期的偏晚阶段，大李庄墓地属于殷墟三期偏晚至四期的晚段。这似乎表明，除去墓主的身份地位差别，商代末期的"牛角杖首"已趋于明器化，并最终衰亡。

此前曾有人在网上介绍私家收藏的 2 件"牛角杖首"。一件上部为牛角，下部为圆柱銎，但在銎的顶部表现牛头面部，双眼为乳突状，两侧有斜向伸出的牛耳，銎基部饰繁缛的花纹。器高 18、牛角间距 8 厘米，重约 200 克（图二：1）。另一件上部双角饰水牛角纹，銎的顶部饰兽面纹，五官俱全，以像牛头。与此器配套的有铜鐏一件，短圆柱状，器表饰花纹（图二：2）[1]。这两件"牛角杖首"的个体更大，花纹也更为繁缛精细，时代或许较花园庄 M54 还要早一些。

---

[1] 这两件器物发表在网上。一次署名：2015-04-15 疯狂收集者宝坤自耕斋；另一次署名：天津冯宝坤：《殷商牛族青铜权杖》。

据现有考古资料,"牛角杖首"不见于商代早期,西周时期也未发现,很有可能是商代晚期出现的一种新器类,并随着商王朝的灭亡而绝迹。那么,此类器物究竟来源于哪里？这是本文下面将要探讨的问题。

1961年,新疆伊犁自治州特克斯县在修建农田水利设施时出土一批小件铜器,其中就有一件类似"牛角杖首"的器物。这批遗物中有一件圆雕的"公牛头杖首",中空,头上有硕大的犄角,弯曲上扬,牛眼突鼓,颈部为筒状銎,牛额部和颈部一侧有销钉孔。器长8.8、銎深6.8厘米(图三:1)。"牛角杖首"形似环形弯月,角尖稍残,牛角断面菱形,下接圆銎。銎中部有球形突起,似像牛头。双角间距8、銎孔残深1.5厘米(图三:4)。另有三件"弯月镰形杖首",造型相同,杖首扁平,下接銎(皆残)。一件弯月表面有三道突棱,环径7.5、厚0.5、宽1~2、銎残深0.9厘米(图三:2)。一件銎部有球状突起,环径7.2、銎残深1厘米(图三:3)。一件弯月表面带凹槽,环径6.5、厚0.3、宽1~1.5、銎残深1.5厘米(图三:5)[1]。考虑到这批遗物均系红铜铸造,属青铜时代的可能性较大。

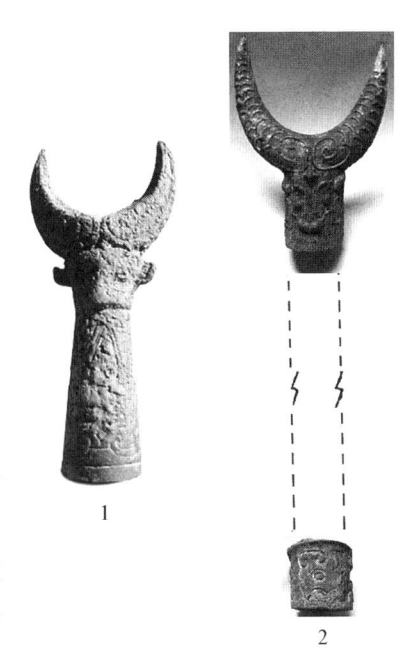

图二 民间收藏的牛角杖首

若进一步拓宽视野,类似新疆特克斯县的牛头杖首可追溯到乌拉尔山以西的北高加索和东南欧地区。在俄罗斯克拉斯诺达尔边疆区的特里(Tli)墓地出土2件青铜铸造的牛头杖首,造型写实,牛头和前肢部分圆雕,后部躯体为銎。一件牛头呈平视状,硕大的牛角朝前再向上弯曲,间距10、高9厘米(图四:1)。另一件牛头高昂,面向右侧,牛角弯曲向后,间距9、高7.5厘米(图四:2)。特里墓地的年代

---

[1] 王炳华:《特克斯县出土的古代铜器》,《文物》,1962年7~8期。

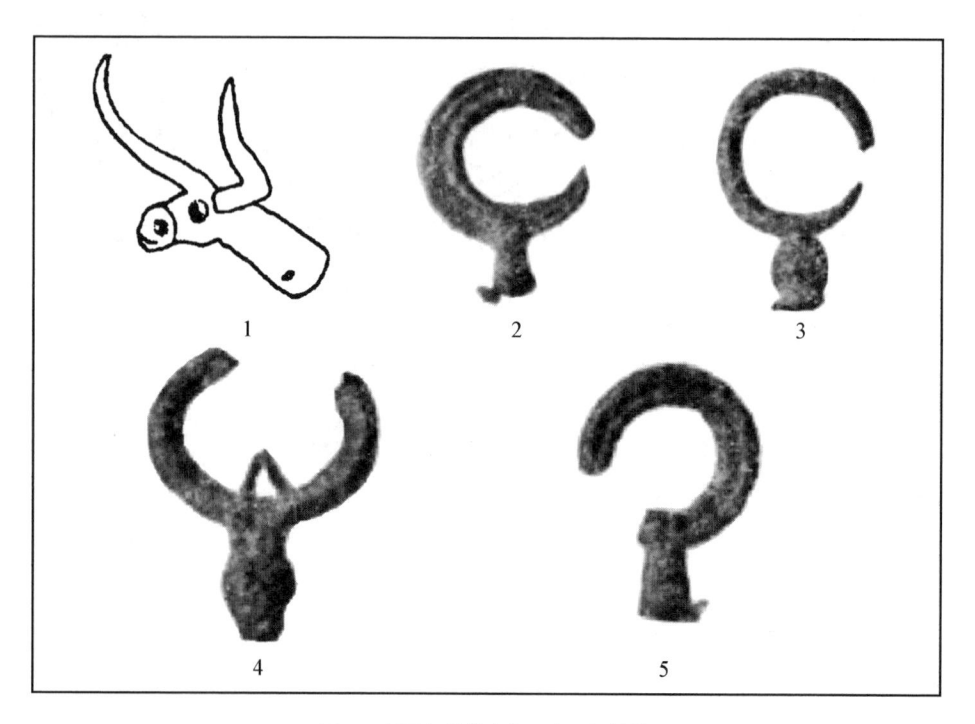

图三　新疆伊犁特克斯县出土铜杖首

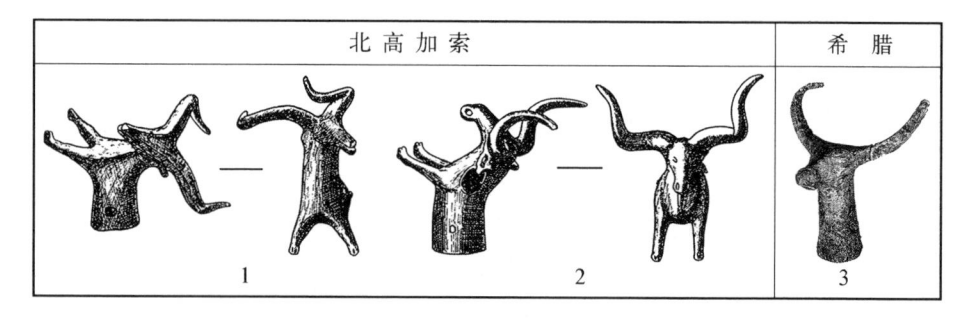

图四　北高加索和东南欧出土的牛头杖首

为公元前 2 千纪后半叶，属于青铜时代晚期的库班(Kuban)文化[1]。

在希腊南部伯罗奔尼撒半岛的皮洛斯(Pylos)，前些年发掘的狮鹫勇士墓也出

---

[1] Chernykh, E.N. (1992). *Ancient Metallurgy in the USSR: The Early Metal Age* (Trans. by Sarah Wright).Cambridge：Cambridge University Press. p.282.

有一件牛头杖首(SN24-151),造型与新疆特克斯县的非常相似,青铜铸造,牛角弧曲向两侧弯曲,颈部为銎。发掘者认为这是墓主生前使用的权杖。(图四:3)[1]。

"牛角杖首"主要分布在北高加索的库班河和捷列克河(р. Терек)流域,其造型为牛头的简化,上部为硕大的牛角,下接圆柱管銎,器孔上下贯通以纳柄。在新斯瓦波德内伊一号冢(курган 1 у ст-цы новосвободной)出土3件。一件牛角向两侧斜伸,再上扬。高7.8、宽8厘米(图五:1)。一件牛角向两侧水平延伸,再90度上折,向后向下弯曲。高约7.8厘米(图五:4)。一件牛角向两侧水平延伸,再向上折曲,角尖朝前内收。高8.5、宽13.5厘米(图五:6)。同一地点的31号冢(курган 31)出有2件。一件牛角向两侧弧曲上扬,合拢近椭圆,下部銎柱表面呈螺旋状。高10.5、宽10厘米(图五:2)。一件牛角向两侧弧曲上扬近椭圆,銎柱表面铸凹凸纹。高8.2、宽9.8厘米(图五:3)。在巴穆特村冢墓(курган у с. Бамут)出土1件。

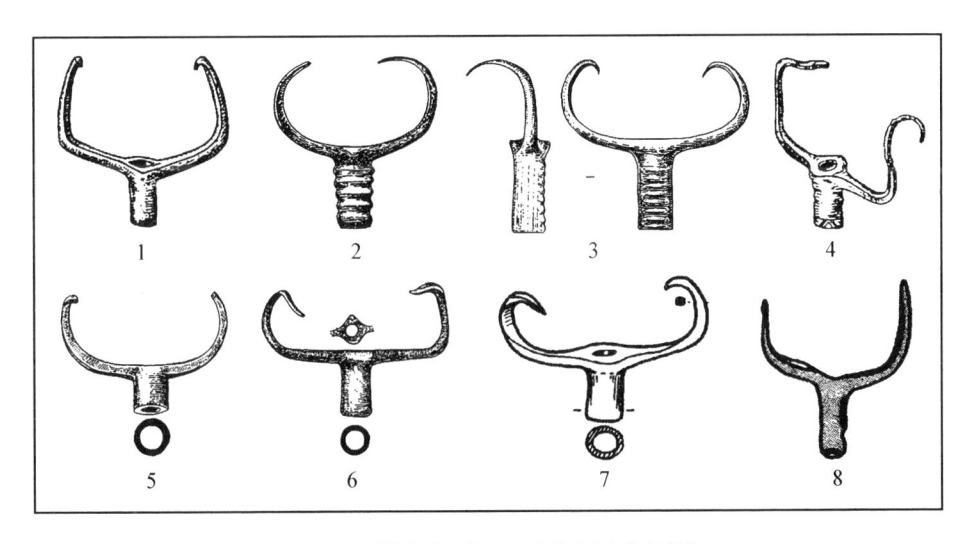

图五 迈科普文化和颜那亚文化的"牛角杖首"

1.4.6. 新斯瓦波德内伊1号冢;2.3. 新斯瓦波德内伊31号冢;5. 巴穆特村;7. 普谢鲍伊斯克伊冢墓;8. 颜那亚文化

---

[1] Stocker, Sharon R. and Jack L. Davis. (2017). The Combat Agate from the Grave of the Griffin Warrior at Pylos. *The Journal of the American School of Classical Studies at Athens* 86(4), pp.583~605.

牛角向两侧弧曲上扬、角尖前伸内卷。高7、宽10厘米(图五:5)[1]。在普谢鲍伊斯克伊冢墓(курган у ст-цы псебойской)出土1件。牛角向两侧弧曲上扬,角尖向内弯卷。銎箍顶面为菱形。高约9、宽12厘米(图四:7)[2]。这批"牛角杖首"的年代为公元前3000年前后,属于迈科普(Maikop)文化(铜石并用时代晚期至青铜时代早期)。

同样造型的"牛角杖首"也见于黑海北部、东欧草原至乌拉尔的颜那亚(Ямная)文化[3](图四:8),年代与迈科普文化大致相同[4]。俄罗斯学者将此类器物称作"长銎杖首"(Втульчатая клюка)[5]。

"牛头杖首"和"牛角杖首"的出现和流行反映出人们的"牛崇拜"心理。这一文化现象最早出现在近东。对人类而言,牛是一种神奇的瑞兽,野牛孔武蛮横,力大无比,狮虎难敌。驯化后则温顺驯服,可为人类提供高蛋白的奶、脂和营养丰富的肉食,牛粪可作为燃料和有机肥。牛是最早被人类役使的力畜,可耘田耕地、驾车、提供拉曳动力,大大提高了运输的效率,成为人类生产生活中的重要帮手。正是因为家牛具有的上述属性,在近东地区,自新石器早期就出现了以牛为表现对象的艺术品,并建造有塑造牛或牛头的宗教祭祀场所,以至于很长一段时间人们都将牛和狮子作为艺术表现的对象,折射出人类对牛的依赖和强烈的"崇拜心理"。

随着近东农耕文化的四外扩散,家牛传入欧洲,以养牛为代表的畜牧业率先在东南欧、多瑙河流域、高加索和南俄草原得到发展。距今6 000年前后,在乌克兰和罗马尼亚的库库廷-特利波里(Cucuteni-Tripoli)文化出现了陶塑的"牛头杖首",有

---

[1] Археология СССР(Эпоха бронзы Кавказа и Средней Азии. Ранняя и средняя бронза Кавказа). Издательство Наука Москваа 1994.

[2] Chernykh, E.N. (1992). *Ancient Metallurgy in the USSR: The Early Metal Age* (Trans. by Sarah Wright). p.75. Cambridge:Cambridge University Press.

[3] 颜那亚文化于公元前3600年出现在黑海北部和伏尔加河之间。

[4] Chernykh, E.N. (1992). *Ancient Metallurgy in the USSR: The Early Metal Age* (Trans. by Sarah Wright). p.75. Cambridge:Cambridge University Press;Chernykh, E.N. (2017). *Nomadic Cultures in the Mega-structure of the Eurasian World* (Trans. by Irina Savinetskaya and Peter N. Hommel), Brighton, Mass:Academic Studies Press.

[5] Chernykh, E.N. (2017). *Nomadic Cultures in the Mega-structure of the Eurasian World* (Trans. by Irina Savinetskaya and Peter N. Hommel), Brighton, Mass:Academic Studies Press.

些还在器表绘画黑彩花纹(图六)[1],可看作"牛崇拜"在东南欧地区的滥觞。随后在北高加索迈科普文化的高等级大墓中随葬有纯金和白银打造的公牛圆雕,腹部有纵向穿孔,可插入银质或木质的器柄。与此同时,"牛角杖首"也开始在北高加索和东欧大草原流行[2],昭示着"牛崇拜"传入这一地区。

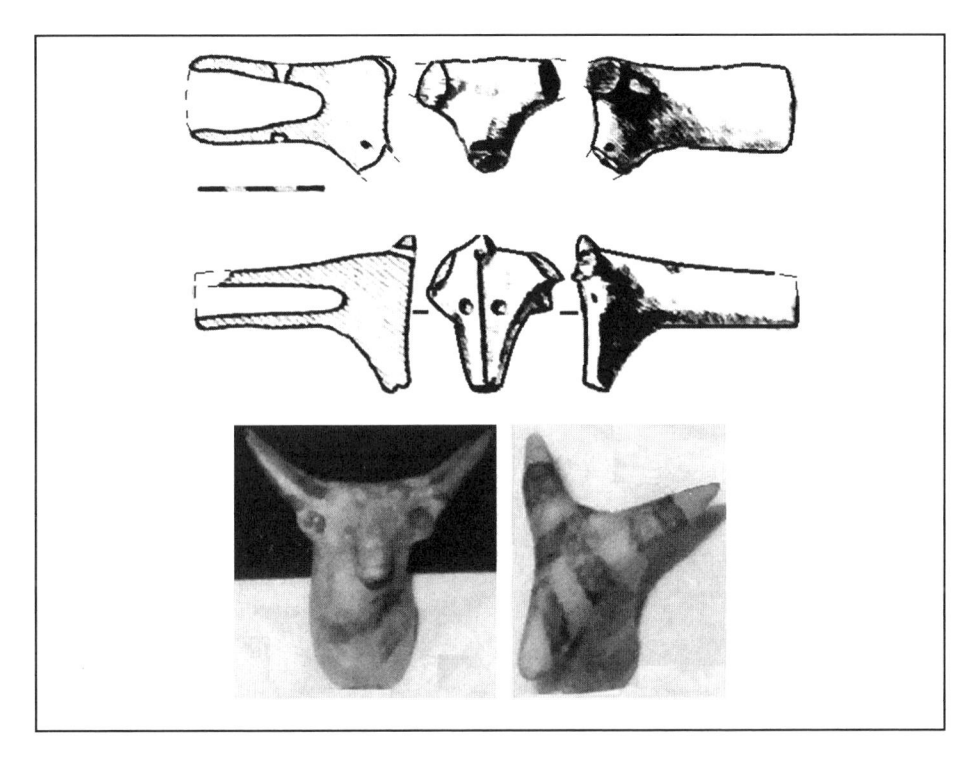

图六　库库廷-特里波利文化的陶塑牛头杖首

俄罗斯冶金考古学家切尔奈赫(E.N. Chernykh)研究指出,公元前三千纪前后,分布在乌拉尔山以西的颜那亚文化开始向东迁徙,第一步进入中亚草原,第二步东进至西伯利亚、阿尔泰及南西伯利亚的米奴辛斯克(Minusinsk)盆地[3]。俄

---

[1] Lazarovici, Cornelia-Magda, Gheorghe-Corneliu Lazarovici and Senica Turcanu. (2009). *Cucuteni—A Great Civilization of the Prehistoric World*. Iași: Palatul Culturii Publishing House.

[2] Kohl, Philip L. (2007). *The Making of Bronze Age Eurasia*. Cambridge: Cambridge University Press.

[3] Черных, Е. Н. (2009). Степной пояс Евразии: Феномен кочевых культ ур.— М.: Рукописные памятники Древней Руси.

罗斯考古学家库兹敏娜(Kuz'mina)认为,公元前 2 千纪前半叶在欧亚草原形成了两个大的文化实体,即东欧草原与森林草原之间的木椁墓(Srubnaya)文化和中亚北部的安德罗诺沃(Andronovo)文化。公元前 2 千纪中叶,安德罗诺沃文化发起第二波移民潮,东进天山、跨越帕米尔高原[1]。随着上述两波大规模的迁徙浪潮,家牛也随移民经中亚传入西伯利亚和中国西北地区,以"牛角杖首"为标志的"牛崇拜"观念也随之东进,并在商代晚期一度现身于中原内地(图七)。

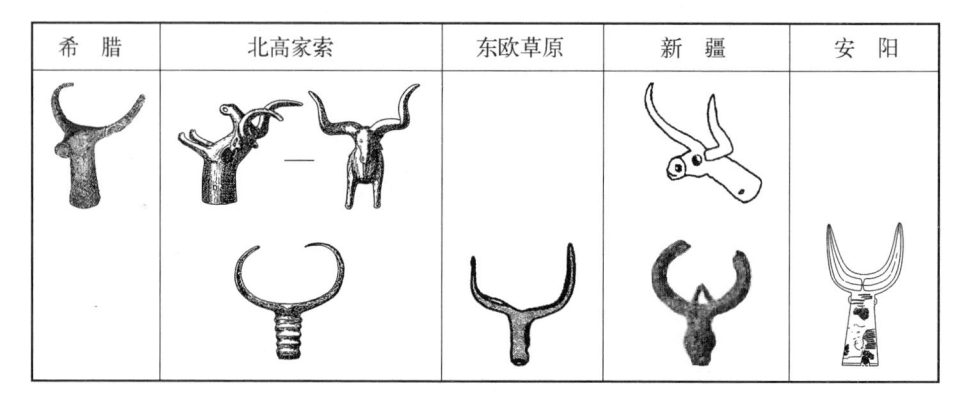

希 腊	北高家索	东欧草原	新 疆	安 阳

图七　牛头-牛角杖首东传示意

二、"铜旌"

20 世纪 70 年代在陕西宝鸡发掘了一批西周早期墓地,出土了几件造型怪异的铜器,发掘者称之为"铜旌"。此类器由三部分构成,旌首为鸭头(或鹅、雁一类)圆雕造型,底部为铜鐏,中间为连接旌首和铜鐏的木柄。此类器物在竹园沟墓地出土 2 件。一件出自 M13(BZM13∶10),在墓内与青铜礼器一起放置在漆案上。旌首为中空的鸭头,嘴微启,下喙有圆缺和长条穿孔,额顶饰虎头纹,双耳处有销钉孔,后部为椭圆銎。长 13、銎径 3.5~3.9 厘米。铜鐏圆柱状,有对称的销钉孔,底端实,器表饰涡纹。长 4.9、銎径 3.2 厘米。木柄朽,直径 3~4 厘米。据残存遗痕可知原器长 45~50 厘米(图八∶1)。一件出自 7 号墓(BZM7∶19),放置在墓内头前的二

---

[1] Kuz'mina, E.E. (2007). *The Origin of the Indo-Iranians*. p.234. Leiden, Boston: Brill.

层台上，造型与 M13 同。鸭嘴上喙及额顶饰兽头纹，有销钉孔，两耳饰盘曲夔龙纹，下喙有三角孔。后部銎口桃形。长 18.5、銎径 3.4~5.1 厘米。铜镈圆柱状，器表饰鳞纹，有销钉孔。底封闭，饰凤鸟纹。长 5.6、銎径 3.5、柲径 4 厘米。原器长约 50 厘米（图八：2）。

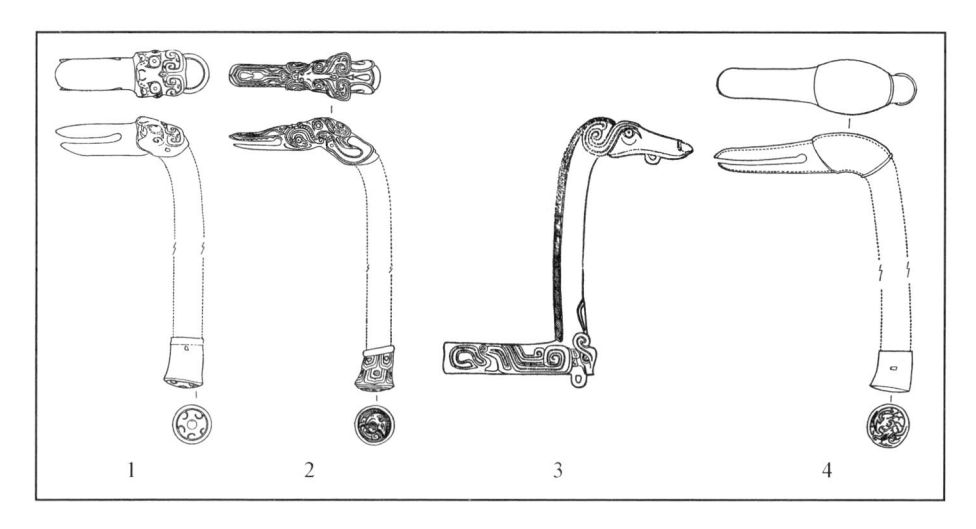

图八　宝鸡竹园沟、茹家庄出土"铜旄"及铜镈

竹园沟 4 号墓（BZM4：137）出有一件造型呈反向"Z"形的"鹅形铜饰"，发掘者将其归入杂器类。此器在墓内放置在妾室的棺盖上，顶部亦为圆雕鸭头造型，喙下有一半圆环，长颈，微曲。颈身相交处呈 90 度直角，角端外侧饰浮雕羊首，羊角上扬卷曲，颈下有一半圆环。横置的椭圆管为动物身躯，管内遗有朽木柲。器高 18.8、銎径 1.8~2.2 厘米（图八：3）。此器未见配套的铜镈，推测其性质应与前述"旄"相同。

宝鸡茹家庄 1 号墓乙室也出有一件"鸭形铜旄"（BRM1 乙：72），在墓内与青铜礼器放在一起。鸭头素面，后部銎口椭圆形。长 14、銎径 2.8~3.2 厘米。铜镈圆柱状，底端实，饰蜷曲夔龙纹，有方形销钉孔。高 3.2、銎径 2.9~3.1 厘米（图八：4）[1]。

宝鸡这几座随葬"铜旄"的墓规模较大。其中，竹园沟 M13 位于墓地中央，墓室面积 15.375 平方米，为该墓地 22 座墓中规格最高、面积最大者。墓内葬有一椁

---

[1] 卢连成、胡智生：《宝鸡强国墓地》，文物出版社，1988 年。

二棺，殉一妾。随葬青铜器 183 件，其中礼乐器 26 件，规格为七鼎三簋，墓主为西周早期強国首领強伯。M7 位于 M13 南侧，墓室面积约 13 平方米。墓内葬有一椁二棺，殉一妾。随葬青铜器 356 件，其中礼乐器 20 件，规格为三鼎二簋。墓主为強伯各，身份略低于強伯。M4 位于 M13 东南，墓室面积约 14 平方米。墓内葬有一椁二棺，殉一妾。随葬青铜器 152 件，其中礼乐器 23 件，规格为四鼎二簋。墓主为強季。茹家庄 M1 是一座单墓道的甲字形墓，墓室面积 44 平方米，系该墓地面积最大、规格最高者。木椁长方形，分甲乙二室，分别葬入墓主和妾，另有 7 个未殉人。随葬青铜器 194 件，其中礼乐器 52 件，规格为五鼎四簋。墓主为強伯。

发掘者根据《尚书·牧誓》"甲子昧爽，武王朝至于商郊牧野，乃誓，左杖黄钺，右秉白旄以麾"的记载，认为上述铜器即武王在牧野之战中所执的"铜旄"。旄首可附璎珞，在墓中与青铜礼器放在一起，应为仪式活动中使用的仪仗用具，也是具有较高政治地位的贵族权力象征[1]。这一认识很有见地。但问题是，商周时期的"旄"究竟是什么样子？是用铜铸造的吗？

商代甲骨文无"旄"字。此字初见于西周，金文作"󰀀"，说文作"󰀁"，秦篆作"󰀂"。"旄"为形声字。金文从㫃，毛声，用为人名，假借"毛"。《说文》："旄，幢[2]也。从㫃，从毛，毛亦声。"朱骏声《说文通训定声》："按，旄旗竿饰也。本用犛牛尾，注于旗之竿首，故曰旄。后又用羽，或兼用犛与羽焉。"这里的"犛牛"即牦牛，"旄"字本意是指旗杆头装饰的牦牛尾。《说文》训为"犛牛尾"的犛，也泛指舞蹈或指挥所用的犛牛尾[3]。

如此看来，将上述鸭头铜器对应于古文献记载的"旄"似不通。根据《书·牧誓》"武王左杖黄钺，右秉白旄以麾"的语境，此物颇似后世用牛尾或羽毛制作的"拂尘"一类。宝鸡所出这批铸造的鸭头铜器结构与杆头饰非常类似，可称为"鸭头杖首"，系仪仗一类用器，或可作为王侯或贵族身份的象征，也被用来随葬。宝鸡

---

[1] 卢连成、胡智生：《宝鸡強国墓地》。
[2] "幢"（chuáng）字有如下之意。1. 古之原意，指支撑帐幕、伞盖、旌旗的木竿，后借指帐幕、伞盖或旌旗；2. 刻有佛号或经咒的石柱，如经幢、石幢。
[3] 张亚初编著：《殷周金文集成引得》，中华书局，2001 年。

茹家庄 1 号墓乙室（BRM1 乙：67）和 2 号墓（BRM2：22）还出有男女立人小铜像[1]，其功能亦应属于此类。

我们特别注意到，宝鸡竹园沟 M13 还随葬了一件人头圆雕銎内铜钺和一柄带三枚瘤突的铜权杖头，均系竹园沟墓地中唯一所见。将这几件器物一起葬入 M13 的目的是想进一步强调強伯的身份和地位比单纯随葬"鸭头杖首"的墓主更高。

本文定稿之际，看到湖北随州叶家山墓地 M111 二层台的东北角也随葬了一件"鸭头杖首"（M111：134），其造型、大小、装饰花纹与宝鸡竹园沟 M13 所出相同。唯一不同的是，鸭头后部为圆台状的凸榫，有穿。配套的铜鐏呈弧曲状，底端实，顶端亦为凸榫，有穿（图九）。M111 是一座单墓道甲字形大墓，位于整座墓地

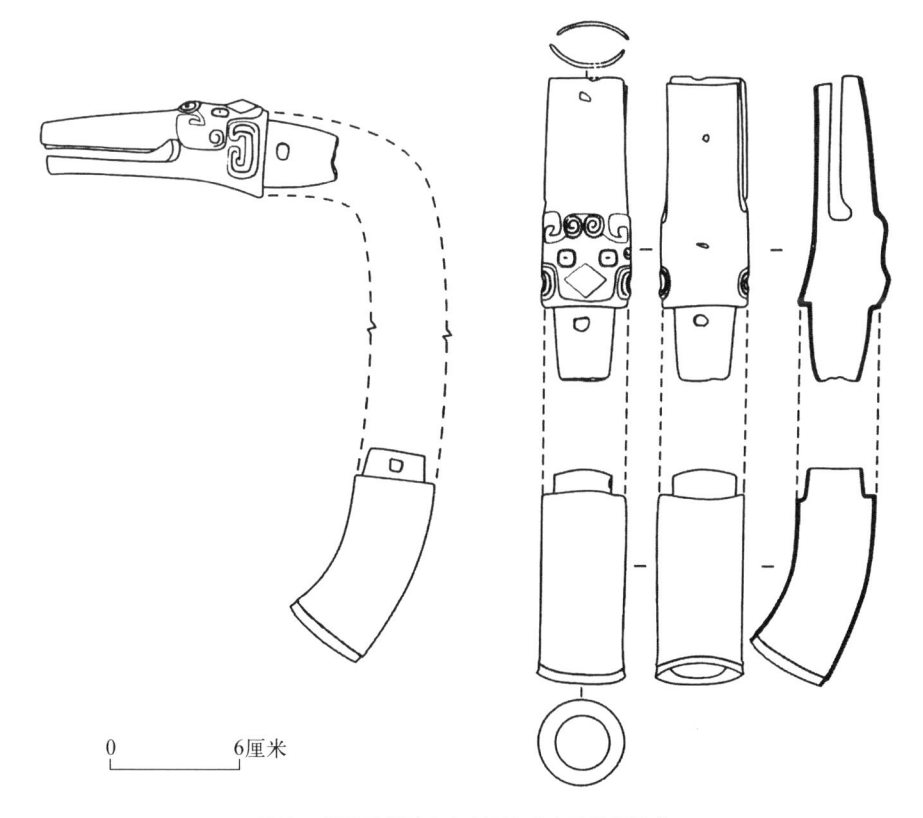

图九　湖北随州叶家山 M111 出土鸭头铜杖首

[1] 卢连成、胡智生：《宝鸡強国墓地》。

的中心,墓口长 13.08~13.18、宽 10.10~10.28、墓道长 4.9~5.28,墓深 9.14~9.26 米。墓内随葬品多达 2 867 件。此墓不仅在叶家山墓地规模最大、随葬品最多,也是迄今为止所见西周早期墓葬中规格最高者。在此墓随葬的 72 件铜礼器中,带"曾侯"铭文的有 15 件,可知墓主系西周昭王时期的曾国国君,即曾侯犹[1]。

以往考古所见的"鸭头首杖"仅限于陕西宝鸡地区,出土量很有限。叶家山 M111 的发现大大扩展了此器的分布范围,而且进一步证实,"鸭头铜杖首"应为西周早期诸侯王或高等级贵族在重要场合宣示权力和教谕的信物,其用途应与近东地区和古埃及王侯所持权杖类似,具有象征王权的重要功能。

后记:感谢林小安先生、何毓灵先生提供相关的资料!

庚子年初夏定稿于北京蓝旗营

初刊于《中原文物》,2021 年 1 期

---

[1] 湖北省文物考古研究所、随州市博物馆:《湖北随州叶家山 M111 发掘简报》,《江汉考古》,2020 年 2 期。

西伯利亚考古

《西南西伯利亚的红铜时代和早期青铜时代》
——跨文化读书笔记

从新疆阿依托汗一号墓地的发现谈阿凡纳谢沃文化

奥库涅夫文化的确立及相关问题思考
——跨文化读书笔记

23
《西南西伯利亚的红铜时代和早期青铜时代》[1]
——跨文化读书笔记

2000年,俄罗斯著名考古学家基留申(Кирюшин Ю.Ф.)[2]撰写的《西伯利亚西南地区的红铜时代和早期青铜时代》这部考古研究专著在阿尔泰边疆区首府巴尔瑙尔的阿尔泰国立大学正式出版(俄文)。

此书讨论的地理范围以西伯利亚西南部鄂毕河(Обь)上游为中心,包括阿尔泰边疆区、阿尔泰共和国北部、新西伯利亚的奥布拉斯特南部这一广阔区域,局部涉及哈萨克斯坦共和国东部的额尔齐斯河(Иртыш)流域的一部分(图一)。书中所涉及的材料集中于上述区域调查发掘的红铜——早期青铜时代遗址及出土文物,是一批全新的考古资料。

基留申教授在书中首先对20世纪末(1980~1990年)西伯利亚西南部的考古发现和研究做了综述性介绍,然后进入主题。第一章主要论及西伯利亚西南部红铜时代遗址的考古发现和研究。内容包括:1. 介绍并讨论"红铜时代"这一考古专业术语的概念、性质和时间范畴;2. 巴尔瑙尔-比斯克(Варнаул-Бийск)两城之间鄂毕河流域考古发现的红铜时代遗址及出土遗物;3. 新西伯利亚一带鄂毕河流域考古所见红铜时代遗址及出土遗物。这两节分别介绍了红铜时代遗址出土陶器、石

---

[1] 本项研究得到国家哲学社会科学重大项目"早期东西文化交流研究"(项目号:12&ZD151)资助。
[2] 尤里·费多洛维奇·基留申(Кирюшин Ю.Ф.)教授1969年毕业于俄罗斯托木茨克国立大学。1977年在阿尔泰国立大学获博士候选人。1987年以论文《鄂毕河左岸上中游地区的铜石并用时代和青铜时代早中期》获得历史学博士学位。他曾任职于俄罗斯联邦高等科学研究院,并先后荣获教育领域俄罗斯联邦总统奖(2002)、阿尔泰国立大学优秀教授奖(2003)等。1988年创立阿尔泰国立大学考古学、民族学和历史学专业,并任专业负责人。1991~1996年在高校从事科研教学,主要研究西伯利亚史前史、古代史及史前社会经济文化的重建等。1997~2011年任阿尔泰国立大学校长,2011年被选为校董。迄今已出版专著20部,论文500余篇。

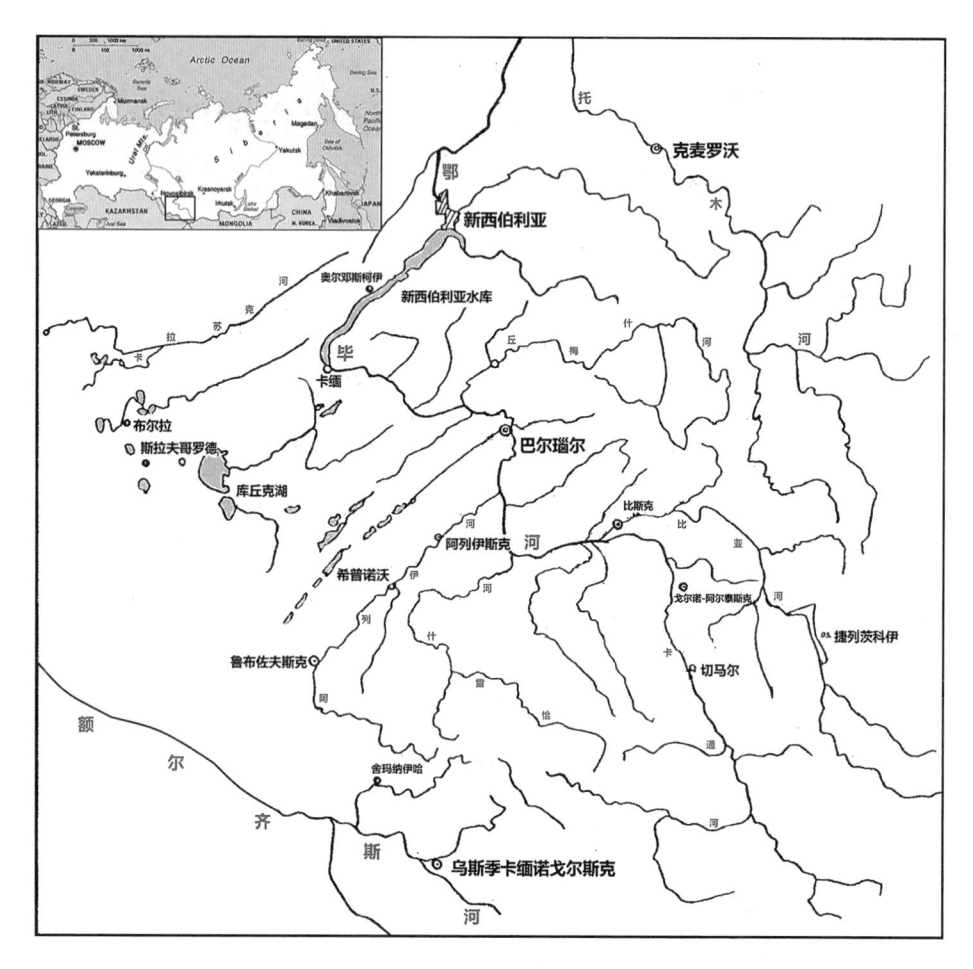

图一　西伯利亚西南部的地理位置

器、骨器、金属制品和装饰品,包括对墓葬葬仪、体质人类学、房屋聚落、艺术品和年代等问题的初步研究。第二章为西伯利亚西南部早期青铜时代遗址的考古发现与研究。内容包括:1. 巴尔瑙尔-比斯克两城之间鄂毕河流域考古所见早期青铜时代遗址和出土遗物;2. 年代讨论;3. 关于克洛哈列夫斯基式(Крохалевский)遗存问题。第三章集中讨论红铜时代和早期青铜时代经济形态的问题,主要针对诸遗址与经济活动有关的遗迹和遗物展开讨论。最后为结语。文后附有考古遗迹和遗物插图、文献索引和检索等。

作者通过对考古出土资料的分析,认为西伯利亚西南部的史前考古学文化与俄罗斯其他地区的文化发展进程基本一致。西伯利亚西南部大致在公元前4千纪上半叶(公元前4000~前3500年)进入红铜时代,这一转变在时间上与当地农业的发展和产业构成变化造成的人口增长趋势相对应。考古发现表明,在红铜时代以前,整个大草原的新石器时代遗址表现为,遗址规模一般不大,有较好的文化堆积,但大多属于短期季节性聚落。伴随着养牛业的出现,西伯利亚大草原及部分森林草原的新石器部落逐渐进入红铜时代。阿尔泰丘陵区的考古发现表明,红铜时代的遗址数量远远超过新石器时代,暗示了人口规模有明显增长。

截至本书出版,在西伯利亚西南部调查发现的古遗址数量超过100处。其中既有普通的定居村落,也有短期临时营地,还发现有墓地和埋藏贵重物品的窖藏。已完成全部资料整理的有伊特库尔湖畔的波尔绍伊-穆斯克封土墓,作者在该墓地的研究基础上命名了鲍里什梅斯卡(Большемысская)红铜时代文化。其他研究相对透彻、属于该文化的遗址还有:康斯捷科瓦-伊斯布什卡、利阿普斯金-梅斯、科洛维亚-普林斯坦Ⅲ、果洛金谢Ⅰ,伊特库尔湖边的科马罗沃Ⅰ、马洛乌戈列聂沃(小乌戈列聂沃)、叶尼塞斯科伊、切巴什哈和比亚河畔的卡梅绍克Ⅰ、杜尔尕亚-格利瓦、奥金错夫卡、布斯特茹伊-伊斯托克、沃尔奇哈、茨伊甘科沃-索普卡、新阿尔泰斯克、费尔索沃ⅩⅣ、丘丹斯卡娅-果拉,鄂毕河畔的费尔索沃Ⅱ等。此外,对分布在阿尔泰西南部和哈萨克斯坦共和国东部的一处红铜时代大型遗址的出土遗物也做了整理研究。

上述遗址出土了一大批陶器,种类较单一,造型几乎全都是大口、圜底或尖圜底陶罐,腹部圆弧或圆鼓,整体呈矮胖的陀螺或"U"形,器口可分为内敛、直口或敞口,也有少量侈口微束颈。口径多在12~14厘米间,最大17~18厘米;器高多在12~15厘米间,最高20厘米(图二)。

鲍里什梅斯卡文化的陶器普遍通体施纹,特点是在口唇部施压印或刻划的短线、斜三角、椭圆、梭形构成花边口沿。领部常常戳印三角凹窝或刻划、压印的单线、复线三角折线、篦点短弧线、斜条短带纹;也有个别在器表贴塑短的竖泥条附加堆纹。腹部普遍压印或刻划条带几何纹,从上向下一排排直至器底,纹样复杂多

图二 鲍里什梅斯卡文化陶器

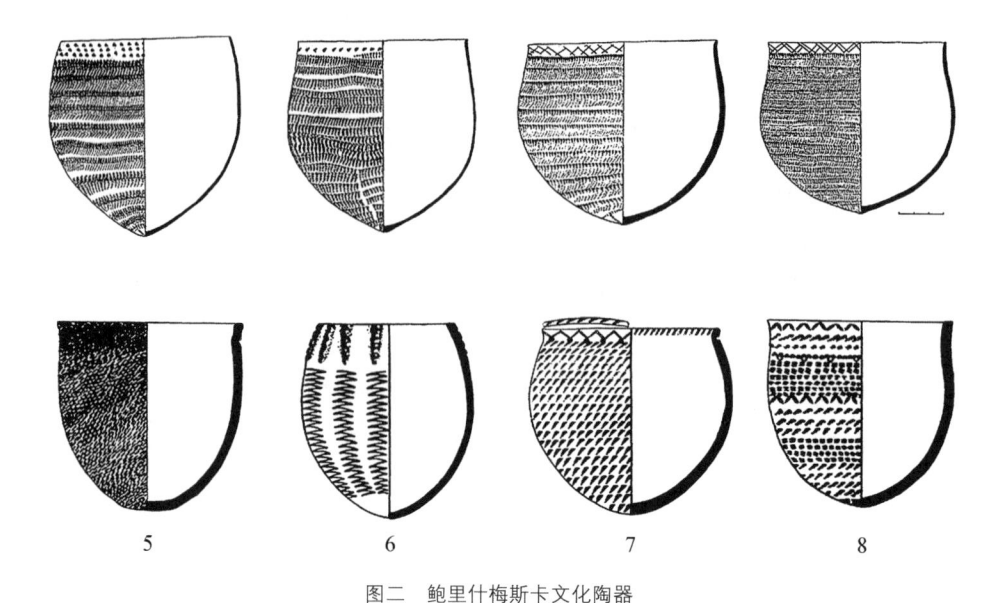

变,线条流畅,有些排列密集,相互无间隔;有些相互略有间隔。常见纹样有直线或曲线篦梳纹,横、竖或斜向排列的之字纹,直线、弧线、斜线或波浪篦点纹,压印"＜"纹,斜线连珠纹,小方格纹或绳索状压印纹,戳印楔形纹,滚压麻点纹等。从纹样结构判断,施纹工具比较复杂,可分为刻划细线、压印篦点、小方格、横"U"字、三角形、楔形凹窝等不同的器具。此外,在陶器颈、腹部常见由外向内戳印的三角形、圆形、椭圆形凹窝,个别甚至穿透成孔。也有个别从内壁向外戳,但都不戳穿,在器表形成圆形小乳突饰(图三)。

鲍里什梅斯卡文化的生产工具和武器有石器、骨角器和部分铜器(图四)。

石器以打制石器为主,包括细石器和少量粗磨石器。细石器分为石镞、石叶、桂叶状石矛等。石镞种类较多,分为三角形、近梭形和长条三角形几种,多数凹底或直底,个别凹底较深。还发现有个别带短铤的石镞。打制石器主要是砍砸器、各类刮削器等。磨制石器分两类:一类仅将刃部粗磨,器表布满打制疤痕,器型主要有条形或舌形石斧。另一类为穿孔石斧,通体打磨精细,侧面呈条状或梯形,中部或略靠上部钻一圆孔以纳柄,钻孔一面呈锥形或梭形。

骨、角、牙器种类较多,主要有骨标枪头、骨锥、骨管等。其中,钻孔兽牙制作的

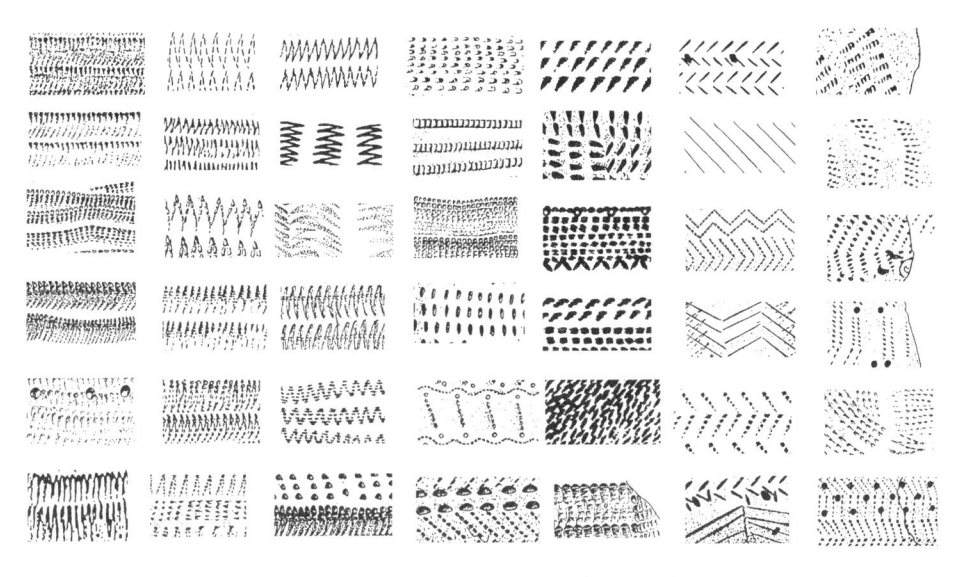

《西南西伯利亚的红铜时代和早期青铜时代》 427

图三 鲍里什梅斯卡文化陶器装饰纹样汇总

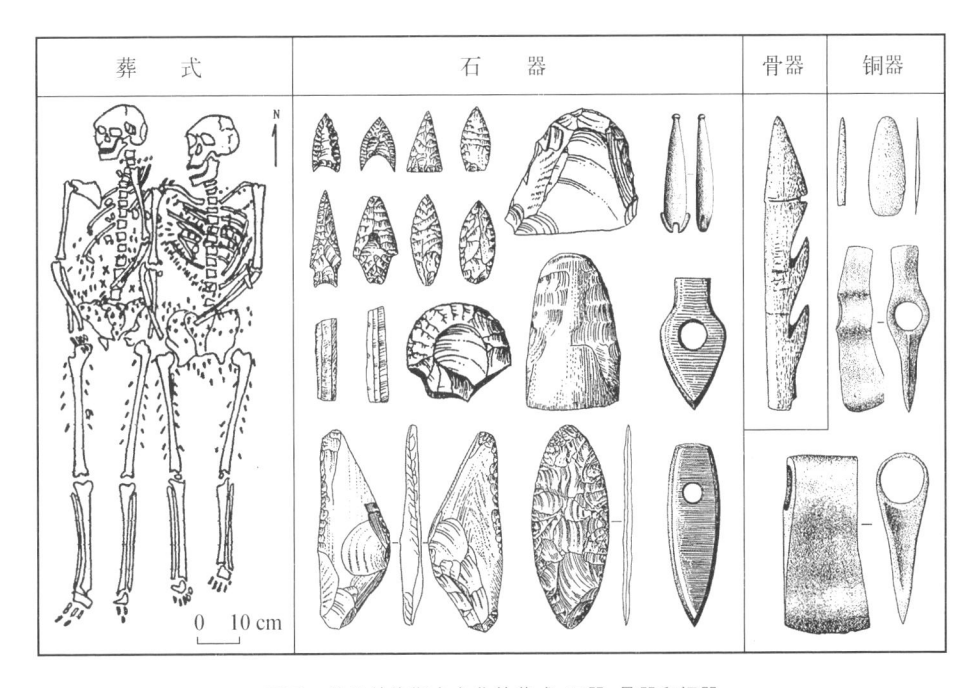

图四 鲍里什梅斯卡文化的葬式、石器、骨器和铜器

装饰品较多。也有用野猪大獠牙制作的束发器。

铜器仅有锥子和扁斧。锥子系锻造,后半部横截面方形,前半部圆锥形,装有木柄(已朽)。扁斧均系铸造,有銎孔。造型略有差异,有些銎孔置于后半部,有的置于中部。

鲍里什梅斯卡文化的墓葬流行仰身直肢葬,头向东或东北。墓内随葬大量用土拨鼠、獾、狐狸、貂、河狸、鹿、马的犬齿或门齿制作的装饰物。体质人类学研究表明,墓主体质形态带有明显的蒙古人种和印欧人种长期混杂造成的变异和混血现象。

基留申教授认为,鲍里什梅斯卡文化是由来自中亚西南部凯尔捷米纳尔(Кельтеминарская)文化的移民与西伯利亚当地土著交互作用形成的。在这个文化融合进程中,有部分来自戈尔诺-阿尔泰的阿凡纳谢沃(Афанасьево)文化的族群参与其中。基留申特别强调,正是阿凡纳谢沃文化居民的加入,给鲍里什梅斯卡文化带来了养牛和冶炼红铜的新技术。

书中介绍了少量在这一区域发现的阿凡纳谢沃文化陶器,种类也很单一,几乎都是侈口束颈尖底罐,状若橄榄。也有个别侈口鼓腹平底罐。陶罐口径一般在10厘米上下,器高16厘米左右。最矮的仅12厘米,最高可达20厘米。器表通体压印几何纹,特点是线条纤细,结构疏朗。常见纹样有压印或刻划之字纹,横向、斜向,或竖向排列,特别流行将几种不同纹样集于一身,从上向下一排排直至器底。除了之字纹以外,还有篦点、斜线、水波、三角折线、斜向栅栏等纹样(图五)。

碳十四数据表明,鲍里什梅斯卡文化的绝对年代从公元前四千纪下半叶到公元前三千纪的中叶(公元前3500~前2500年),属于红铜时代。阿凡纳谢沃文化的年代也应在这一区间内。

从公元前三千纪中叶开始,西伯利亚西南部进入早期青铜时代。基留申教授指出,这个大的变化与新一轮的移民浪潮有关。这批新移民主要是来自地中海以东的印欧人种,他们长途迁徙进入西伯利亚,与当地的土著居民融合,大约在公元

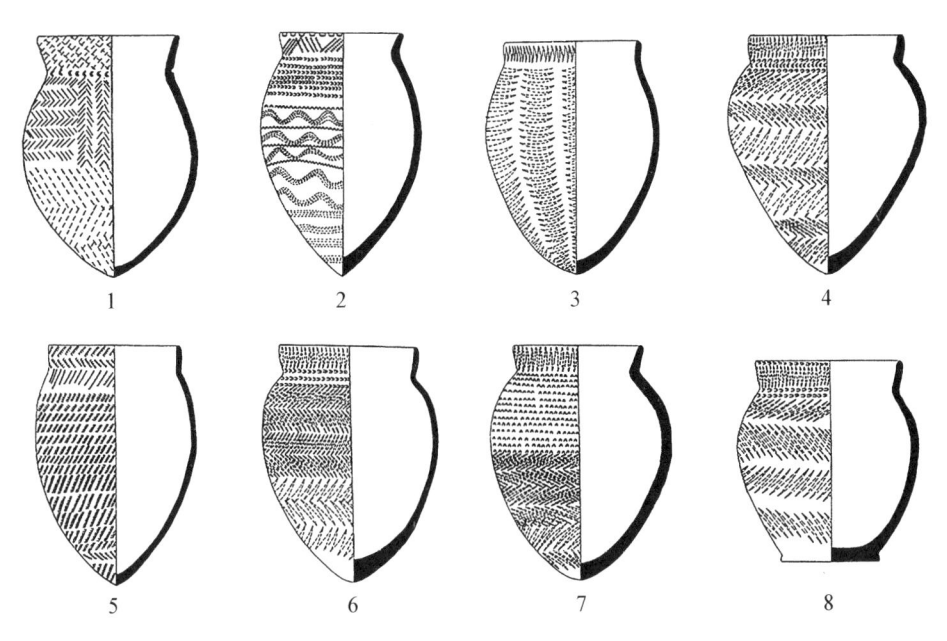

图五　戈尔诺-阿尔泰出土的阿凡纳谢沃文化陶器

前三千纪末发展出了叶鲁尼诺（Елунино）文化。该文化得名于叶鲁宁斯卡村附近发掘的坟丘墓及出土遗物。

经调查和发掘的叶鲁尼诺文化遗址包括生活聚落、季节性营地、坟丘墓等。著名遗址有：康斯捷科沃-伊斯布什卡、科洛维亚-普林斯坦Ⅰ~Ⅲ、奥泽尔基-沃斯托奇内耶、叶鲁尼诺Ⅰ号坟丘墓、捷列乌茨基-乌斯沃斯、斯塔罗阿列伊卡Ⅱ、茨伊甘科沃-索普卡、施普诺夫卡村附近的坟丘墓等。

上述遗址发掘出的遗迹和遗物提供了叶鲁尼诺文化的原初形态和演变轨迹。与鲍里什梅斯卡文化相比，最大变化是此时的陶器全部变为平底，器类依旧单一，以大口弧腹桶形罐为主，形态略有不同，可分为敛口、直口和侈口，唇部或方或圆，高矮胖瘦也有一些差异。器口径在12~16厘米之间，器高大致也在这一范围。此外，还发现少量带领的侈口鼓腹平底罐及个别的盆、盘等（图六）。

叶鲁尼诺文化的陶器通体施纹，花纹结构复杂，富于变化。口唇部流行用压印或刻划的篦点、椭圆凹窝、连续小方格等构成花边。器表流行压印或刻划几何纹，

图六　叶鲁尼诺文化陶器

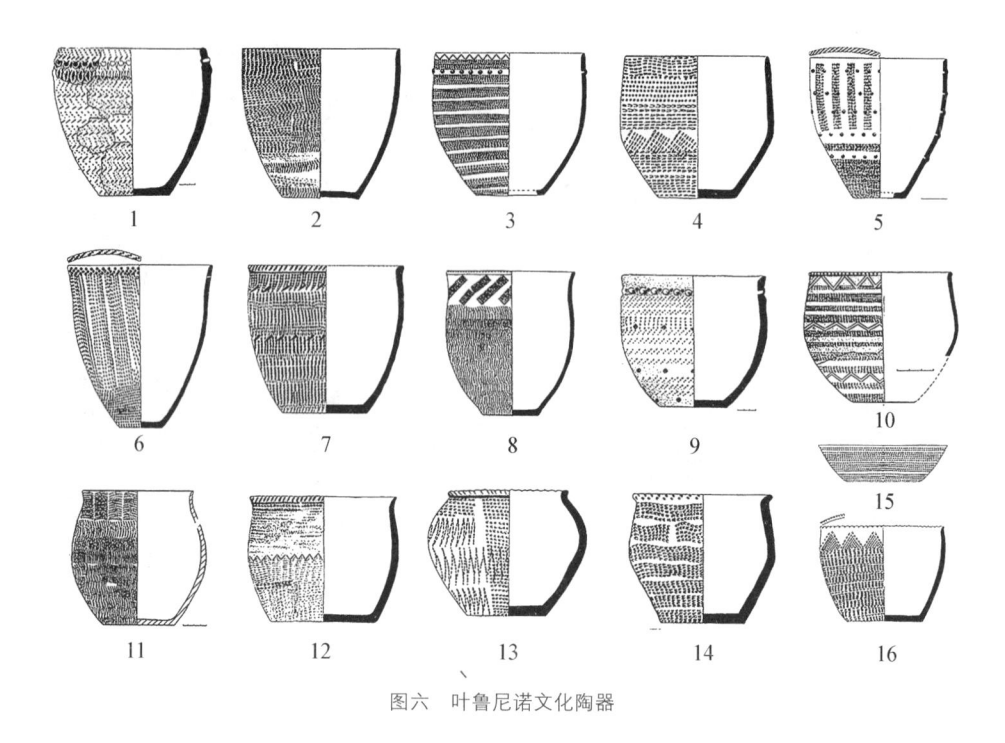

线条流畅，特点是将几种纹样结合，构成复合花纹，从上向下一排排直至器底。常见有篦点、折线、直线、波浪线、之字及连续小方格、菱格、"U"形凹窝等纹样。部分陶器在颈部和腹部戳压凹窝，多从外向内戳压，个别戳透成孔。也有的由内向外戳压，在器表形成小的圆形乳突。还有个别在器颈、肩部贴敷齿状泥条附加堆纹。据基留申教授研究，这个阶段的装饰有一个大致的演变趋势，即早期的锯齿线条比较纤细，晚期线条变得粗放（图七）。

叶鲁尼诺文化的生产工具和武器主要有石器、骨角器和铜器（图八）。

石质工具和武器分三类：第一类为打制。器表大多布满打制疤痕，器形有斧、砍砸器、锯、弧刃刀、砺石（磨石）等。其中石斧分为梯形和桂叶形两种。第二类为细石器，主要为石镞，凹底或直底，三角形为主，个别桂叶状。其他细石器有石叶、各类刮削器、矛头等。第三类为磨制石器。主要有梯形扁斧，特点是刃部粗磨，周边保留打制疤痕。其他还有石雕人物、动物（熊）及圆雕有羊头、马头的指挥棒（权杖），以及铸造铜器的石范等。

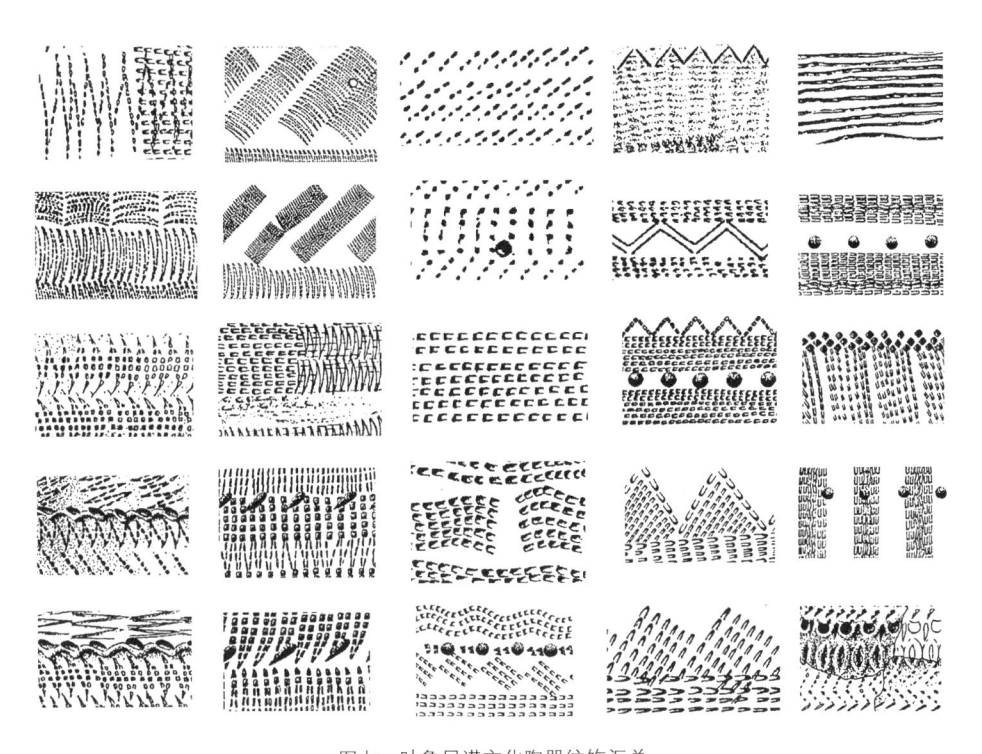

图七　叶鲁尼诺文化陶器纹饰汇总

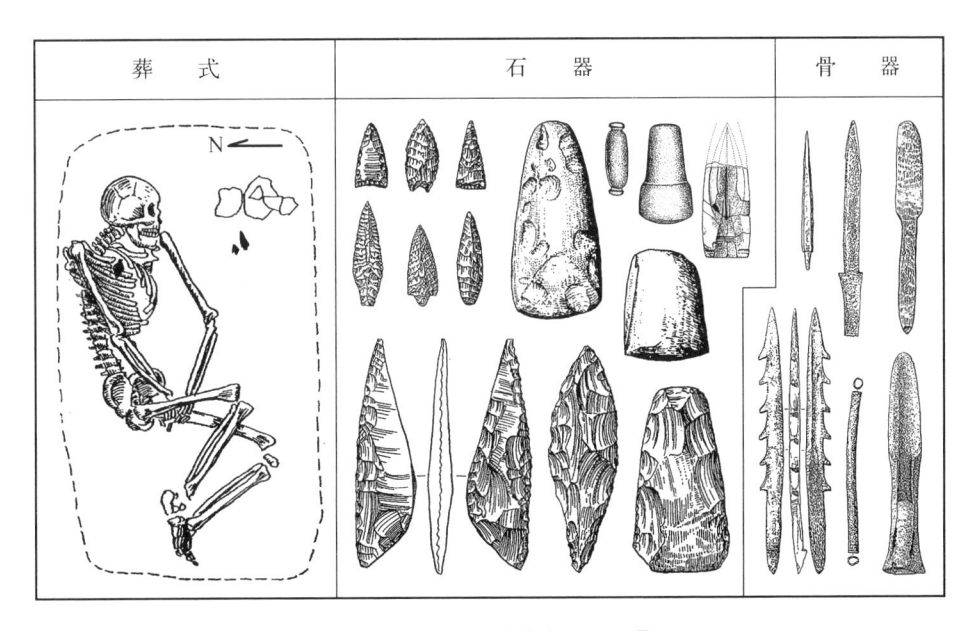

图八　叶鲁尼诺文化的葬式、石器和骨器

叶鲁尼诺文化的骨制品非常复杂，尤以骨雕工艺最为发达。器类主要有标枪头、矛（包括有銎骨矛）、刀、刮刀、匕首、钻、锉刀、角锤、骨管（针筒）、锥、镞、凿、匕、羊距骨和骨雕艺术品等。在别列佐瓦亚－卢卡聚落遗址出有矛头、鱼叉、骨镞和一种多面体的器物，以及下部狭窄的带柄器、双刃骨梗刀、单刃弓背刀、骨标枪头等。

青铜器分工具和武器两类。如柄首铸造马头的刀子、矛头、带钩矛、斧、镞、锥子和其他一些装饰品等（图九）。不难看出，此时的青铜铸造业已达到较高水准。

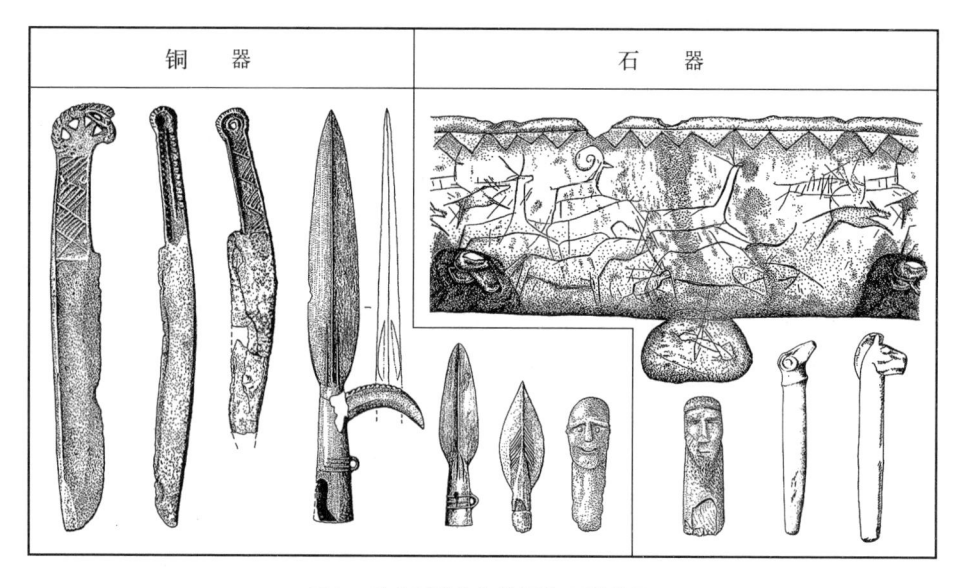

图九　叶鲁尼诺文化的铜器、石雕作品

此外，还发现少量雕凿而成的石质罐类容器，器表刻划有狩猎图案，表现携带弓箭的猎人和家犬一起狩猎野牛、马、赤鹿和狍子。画面中，猎人朝野兽怒吼，试图恐吓和控制狂野的公牛（图九）。

叶鲁尼诺文化早期遗存在形制、装饰等方面还保留有个别鲍里什梅斯卡文化的孑遗，显示出该地区早期青铜文化与红铜文化之间的承继关系。但该文化的丧葬习俗变化显著。墓主全部改用向左侧屈的埋葬方式，鲜有右屈或仰身直肢者，头一律朝东或东南，显示出特别统一的葬仪。再就是发现用火烘烤墓穴或往死者身上播撒赭石粉的习俗。

叶鲁尼诺文化居民的体质形态具有从蒙古人种向印欧人种混杂渐变的特征,而且演变轨迹非常清晰。该文化早期居民的容貌部分保留了蒙古人种的特征,晚期已完全蜕变为印欧人形象。但在一些女性头骨上还保留有少量的蒙古人种特征。据称,这个时期的外来移民主要来自地中海东部地区,大多为25~30岁之间的青年男性,可见人种的混杂渐变是由外来印欧人种男性和当地土著蒙古女性婚配使然。

这个时期出现了一些引人注目的社会现象。比如,因暴力死亡的人数明显递增,在坟丘墓中随葬特殊的艺术品,重视祭祀仪式,透露出宗教信仰的滥觞。墓中随葬有雕刻战车的画面及圆雕石人,显示出对武士和精英阶层的崇拜心理,祭祀对象往往是能够保卫家族牧场和水源的男性武士,以及那些敢于在极端环境下冒险、为夺取新的领地或寻找可能的社会新伙伴而迁徙远征的精英。一批象征威权的武器、兽首铜刀、指挥棒和权杖的出现,暗示凌驾于一般社会成员之上的特殊人物的存在。总之,以独特造型的武器、祭祀、战争等新的社会元素出现为标志,显示复杂社会进程的加快。

在经济形态上,畜养业开始在叶鲁尼诺文化中扮演重要角色。在冬季营地,畜牧业比例大大超越狩猎。以别列佐瓦亚-卢卡聚落遗址为例,该址出土的家畜骨骼占动物遗存的99%,种类以山羊和绵羊居首,马居次席,第三是牛。在夏季营地,家畜骨骼占到50%~80%,种类的比例与冬季营地相差无几。人们在春天向阿尔泰草原和部分森林草原迁徙。秋天重新返回戈尔诺-阿尔泰上游河谷,畜牧业的季节性显示出巨大的经济活力和机动性。

在别列佐瓦亚-卢卡聚落遗址发现保存3米厚的泥沙堆积,时间长达数十个世纪,这些堆积非常难得地记录了该地区频发暴雨、山洪等自然灾害的恶劣气候。在捷列乌茨基-乌斯沃斯坟丘墓使用了大量木材,残存遗迹也证实了这一点。

碳十四检测数据明确了叶鲁尼诺文化的绝对年代始于公元前三千纪下半叶的中期,延续至公元前16世纪中叶,这个时间表揭示了叶鲁尼诺文化在西伯利亚西南部草原、局部森林草原和丘陵地带的发展历程。再接下来,强势的安德罗诺沃(Андроново)文化扩张到该地区,将叶鲁尼诺文化居民驱赶到了北方鄂毕河与额尔齐斯河之间的森林草原。他们在那里与当地原住民重新融合出了新的考古学文化-克洛托夫卡(Кротовская)文化。此后,这两个文化群体在空间上一南一北,交流互动,从公元前二千纪中叶延续到公元前 13~12 世纪。

此后,西伯利亚西南部进入青铜时代晚期和铁器时代,兹不赘。

以往,我国考古界对西伯利亚[1]史前文化的了解基本来自苏联学者吉谢列夫(Киселев, С. В.)的《南西伯利亚古代史》[2]一书,所涉空间范围也仅限于叶尼塞河(Енисéй)的中游,特别是米奴辛斯克盆地,最熟悉的考古学文化序列是:阿凡纳谢沃文化、奥库涅夫文化、安德罗诺沃文化、卡拉苏克文化和塔加尔文化。但是,吉氏这部博士论文完成于 20 世纪 40 年代,当时发现的考古遗址不是很多,研究也多有语焉不详之处。实际上,西伯利亚的地域极为广阔,各个地区甚至不同河流水系的考古学文化差异很大,关系错综复杂,相互间不仅存在交往互动,而且常有大范围的族群迁徙和文化替代现象,这一点在西伯利亚西南部表现得非常充分。

西伯利亚西南部与新疆西北部、蒙古西北部和哈萨克斯坦东部毗邻,是史前文化交汇和族群互动频发的地区,也是我国考古界比较缺乏了解的地区,尤其是对鄂毕河中下游新石器时代和青铜时代文化的了解相对欠缺。鉴于这个地区从铜石并用到青铜时代的形成与欧亚大草原的族群迁徙和文化互动有密切关系,加之与我国新疆北部毗邻,因此,加强对这个地区史前文化的了解,尽快弥补这块短板,对于深化我国北方、特别是新疆北部及早期东西文化交流领域的研究有积极的意义。

最后提几点需要注意和进一步思考的问题:

第一,在我国北方,特别是内蒙古东部、辽西和整个东北地区,早在距今 8 000~7 000 年开始出现大口平底筒形罐为代表的史前文化,器表流行刻划或压印的之字

---

[1] 西伯利亚的地理概念在不同时期有所变化。沙俄时期将乌拉尔山以东地区统称为西伯利亚,并分为西西伯利亚、东西伯利亚和远东三各部分。苏联时期,远东被分单独分出,成为新的地理概念,其分界线是以太平洋为分水岭,以叶尼塞河为界,分为东西伯利亚和西西伯利亚两部分。详见薛君度、陆南泉主编:《俄罗斯西伯利亚与远东:国际政治经济关系的发展》,世界知识出版社,2002 年。

[2] 吉谢列夫:《南西伯利亚古代史》,新疆社会科学院民族研究所译,新疆人民出版社,1981 年。

纹，也有少量篦点之字纹，如兴隆洼文化、赵宝沟文化、新乐下层文化、小珠山文化、红山文化等，直到小河沿文化才逐渐匿迹。此前曾有学者指出，鉴于大口平底筒形罐和之字纹装饰在东方出现时间早、流行时间长，推测此类因素是"东方起源的一种文化传统"。作者还指出，"在叶尼塞河和鄂毕河中上游发现的平底筒形器，无论就器形和纹饰而言，都比较接近红山文化的平底筒形器"，"在绝大部分是尖圜底或圜底的阿凡纳谢沃文化陶器上，可看到一个奇妙的现象：有相当多陶器的纹饰都可以在草原地带东端的新石器时代陶器纹饰中找到对应的关系。除了习见的之字纹、平行弦纹、席纹、席纹和之字纹的组合、纵横两种之字纹的组合、复线之字纹等也有出奇的相符性。这些纹饰，是兴隆洼文化、赵宝沟文化、左家山一期、小珠山下层等遗存中流行的纹饰，而在红山文化中已经衰落。因此，这些文化因素的西渐，应始于比红山文化更早的时代"。应当说这是个相当大胆的推测，毕竟在内蒙古东南部、西辽河到南西伯利亚之间横亘着蒙古国广袤荒凉的戈壁沙漠和图瓦地区高耸的萨彦岭。对此作者也意识到，"从相差约3 000年、相距3 000公里的文化相似性来谈文化因素的传播。是否能为人所接受？"但他又强调这"只不过是为了提供一种可供选择的思路"。作者相信，"草原地带的游牧文化起初是由草原边缘的原始居民从各个方向进入草原而奠基的。从这个意义上说，内蒙古东南部很早就发展起原始农业而从事定居生活的新石器时代居民，正是后来驰骋草原的游牧人的重要来源之一"[1]。

作者还提到另外一个相关的文化现象，此即我们前面也说起过，在南西伯利亚地区，阿凡纳谢沃文化被奥库涅夫文化所取代，前者居民的体质形态属于欧罗巴人种，后者则为蒙古人种，这一现象可以说为上述东方文化传统向西扩散的猜想提供了人类学的证据。对此，尽管还无法给出明确的解释，但却是个值得深入思考的问题。要解决这个问题，最好是在公元前四千纪的世界体系格局框架下，结合中国西北地区的族群迁徙和文化变迁做全方位的深层思考[2]。

---

[1] 林沄：《两个现象，一个假设》，《林沄学术文集》，中国大百科全书出版社，1998年，246~259页。
[2] 李水城：《前丝绸之路的诞生：欧亚草原与中国西北的族群迁徙与交互》，罗丰主编：《丝绸之路考古》第1辑，科学出版社，2018年，76~81页。

第二，西伯利亚西南部所在的鄂毕河上游和戈尔诺-阿尔泰与新疆北部地区毗邻，额尔齐斯河位于此区的西南一隅，尽管这两条河分属不同水系，但两地之间应有文化传递的孔道。目前在新疆境内并未发现早到鲍里什梅斯卡红铜时代的文化遗存，但近来在新疆北部已挖掘数处阿凡纳谢沃文化的墓葬，显示出距今 5 000 年前后，新疆北部与阿尔泰山地的文化联系。但传播的孔道在哪里？额尔齐斯河在这中间扮演了怎样的角色？值得关注。

第三，有俄罗斯学者指出，新疆境内发现有叶鲁尼诺文化的陶器[1]。对此我们尚不知其所指为哪类遗存，是否真的属于叶鲁尼诺文化？这都有待核实。特别需要对以往发现的那些暗色压印纹平底陶器做进一步的甄别，开展相关的比较研究，摸清家底。以往我们惯于将新疆北部的压印纹平底陶器归入切木尔切克文化，该文化与分布在南西伯利亚的奥库涅夫文化时代相同，年代都晚于阿凡纳谢沃文化。其中，属于蒙古人种的奥库涅夫文化在南西伯利亚取代了阿凡纳谢沃文化。切木尔切克文化的族属还说不清楚，该文化与新疆境内的阿凡纳谢沃文化应为承继关系，并有可能受到奥库涅夫文化影响。假如新疆北部还有叶鲁尼诺文化的遗存，问题将进一步复杂化。

第四，根据现有考古资料，新疆最早的史前文化是从北部传入的，即阿尔泰山地和额尔齐斯河流域。在叶鲁尼诺文化中发现有塞伊玛-图宾诺的典型铜器，如带钩矛和兽首铜刀等，联想到此类铜器在新疆、甘肃、甚至中原内地的河南等地都有发现，它们是如何从西伯利亚西南部传入内地的？传播的渠道在哪里？年代关系如何？这些都需要加强对西伯利亚西南部的了解，这也是关系到早期东西文化交流的重要问题。

后记：本文是 2004 年写就的读书报告，已搁置多年。2016 年春，应罗森教授之邀我前往牛津大学讲学，她希望我能就"早期东西文化交流"研究给他们做几个讲座。遂翻捡出此文，结合以往对中国西北地区的研究写出了《世界体系下的边际

---

[1] 俄罗斯学者科瓦列夫先生见告。

效应：中国西北与欧亚草原的族群迁徙与文化交互》的演讲稿。通过这个研究过程也让我意识到，将中国西北地区的文化变迁与西伯利亚结合起来思考是个很有内容的话题。同时感到，基留申的著作对我们了解西伯利亚西南部的史前文化及早期东西文化交流的研究是有启示的。此次在旧作的基础上新增了西伯利亚西南地区出土的文物线图，以期引起学界对这一区域的关注。

恭贺郭大顺先生八十寿辰！

> 2004年初稿，2017年夏改于加拿大，2018年定稿于北京蓝旗营
> 初刊于《庆祝郭大顺先生八秩华诞论文集》（上册），
> 辽宁省文物考古研究所编，文物出版社，2018年

基留申：《西南西伯利亚的红铜时代和早期青铜时代》，阿尔泰大学出版社，2002年，巴尔瑙尔。（Кирюшин Ю. Ф, Энеолит и ранняя бронза юга западной сибири, Издательство алтайского университета, Варнаул, 2002.）

24
从新疆阿依托汗一号墓地的发现谈阿凡纳谢沃文化

一

2014年,新疆文物考古研究所在配合哈巴河县的工程建设中,正式挖掘了阿依托汗一号墓地,共27座古墓。其中,在墓地中心位置有2座矮冢石棺葬与众不同,编号分别为M21、M22。这两座墓的结构基本相同,地表都有用土石混合堆筑的圆形封土堆。其中,M21封土高0.7、直径10.3米;M22封土高1、直径12.3米。封土堆的周边栽立一圈片状石块,构成石围。封土下为墓穴,M21墓深0.4米,M22墓深1.1米。其建造程序为,先挖出方形、长方形墓穴,在穴壁贴附石板,构成石棺。石板上部少量裸露于地表。待墓主下葬后,用石板封盖墓口,再堆筑封土。

这两座矮冢下的墓穴数量不同。

M21封土下的中间位置有3座石棺墓,呈"品"字形分布。墓穴大小不一,石盖板均已破碎。其中,A墓存有零星的人肢骨,墓内西南角随葬陶罐1件。B墓葬有一成人,骨架不全,从保留部分可辨为屈肢葬,头朝西。C墓葬一婴儿,仰身屈肢,周身洒满红色颜料。B、C两墓均无随葬品(图一,1:左上)。

M22封土下仅有一座石棺墓穴。此墓有移位,形成两层石棺板,在石棺上层发现有被扰上来的残指骨,可见其多次被使用。石棺下层严重变形,平面呈不规则状,内置2具人骨,分上下两层。上层为一成年男性,骨架基本完整,仰身屈肢,头朝西,头骨两侧随葬穿孔砺石,右侧前端有铜环4枚。成人男性之下的下层有一具成年女性,二者间隔约10厘米,墓主仰身屈肢,头朝西,周身洒满红色颜料,身下随葬豆形陶器1件,头骨一侧放置陶罐1件(图一,1:左下)。

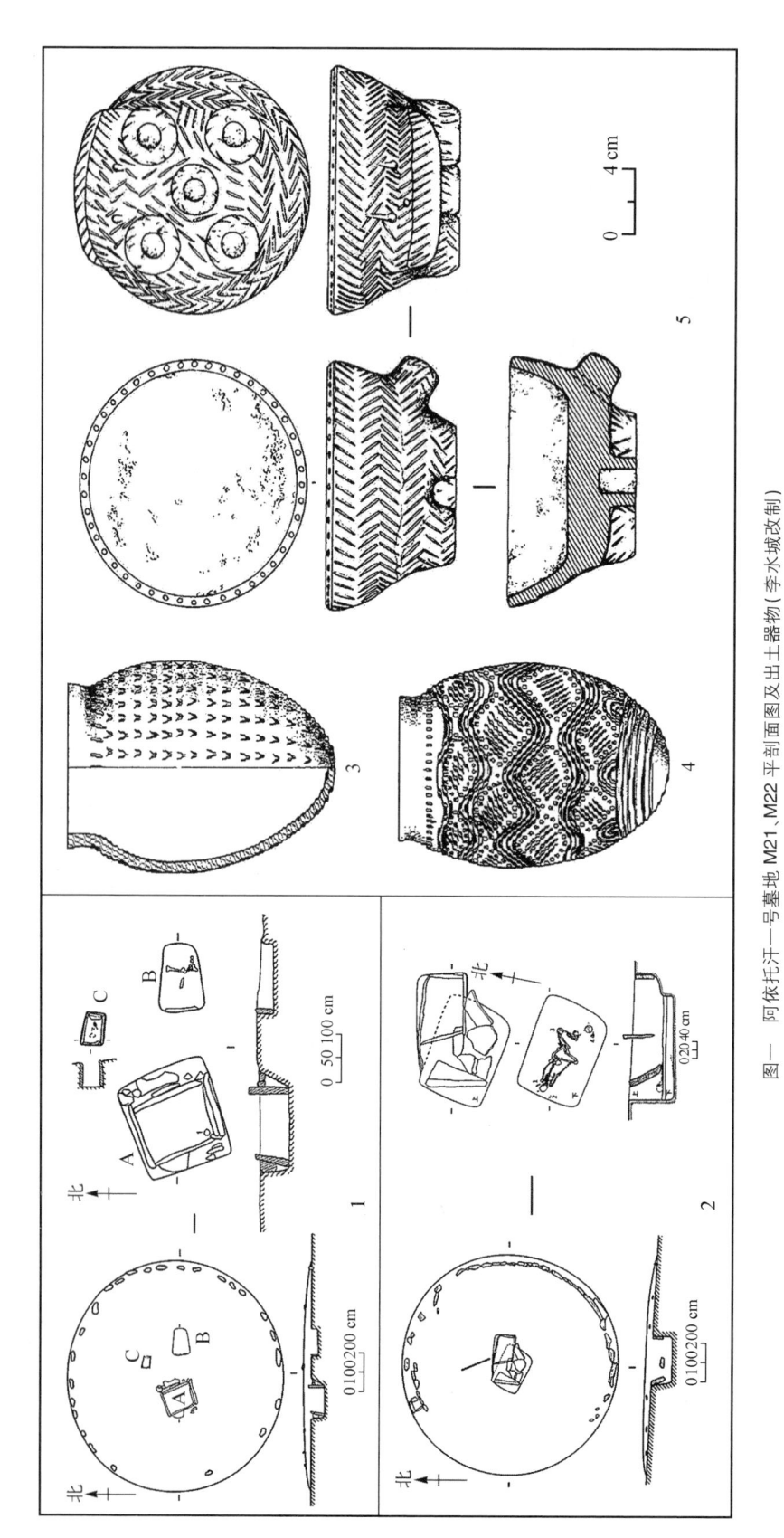

图一 阿依托汗一号墓地 M21、M22 平剖面图及出土器物（李水城改制）

1. (M21); 2. (M22); 3~4. 蛋形圜底罐 (M21:1; M22:1); 5. 豆形器 (M22:2)

两墓内的随葬遗物如下。

蛋形圜底罐 2件。标本M21∶1。手制,夹砂红陶,器表泛灰褐色。小口,方唇,短直领,卵圆腹,尖圜底。腹部通体戳印成排的"V"形纹,直至器底。通高20.6、口径13厘米(图一∶3)。标本M22∶1。手制,夹砂红陶,器表泛灰黑色。侈口,圆唇,束颈,卵圆腹,圜底。颈部饰戳压短线纹,肩至颈部饰压划水波纹4组,每组间刻划短线和戳印圆点,下部刻划一组凸弧纹,近底部刻划凹弦纹6周。器高25.5、口径14.3厘米(图一∶4)。

豆形陶器[1] 1件(M22∶2)。手制,夹砂红陶,大口,方唇,斜直腹,底部置管状器足5个,近器底一侧置厚重的横向錾钮,钮上有戳透的三个小孔。器表通体饰刻划波折纹,口沿位置戳印圆圈纹,豆盘内壁表面残留烟炱痕。器高7、口径15厘米(图一∶5)。

铜环 4枚(M22∶4)。用扁圆的铜丝弯曲而成,呈不规则圆形,长径1.5~2.5厘米。经检测,质地为砷铜。

砺石 1件(M22∶3)。长条状,宽窄不一,表面有磨擦痕。长9.3、宽1.2~1.7厘米。

发掘者指出,这两座墓是在我国新疆北部首次发现的阿凡纳谢沃文化遗存。经对M22墓主骨骼进行检测,年代不晚于距今4 500年。体质人类学检测数据表明,墓主体质形态趋向印欧人种。遗传基因组分析表明,墓主应来自欧亚大陆西部。稳定同位素分析显示,其食物构成明显有C4植物(粟、黍)摄入。发掘者认为,这个发现证实在青铜时代早期,新疆阿勒泰地区存在一支与当地的切木尔切克文化不同的考古学文化,这一发现丰富了该地区的史前考古文化体系[2]。

---

[1] 此类器皿俄罗斯学者均称之为"香炉",本文也称其为"香炉形豆"或"豆形器"。
[2] 新疆文物考古研究所:《哈巴河县阿依托汗一号墓群考古发掘报告》,《新疆文物》,2017年2期,19~39页。

二

阿凡纳谢沃文化最早发现于 20 世纪 20 年代。苏联考古学家捷普楼霍夫（Теплоухов С. А.）在南西伯利亚的巴帖尼村（с. Батени）附近发现一批古墓，由于墓葬位于一座名叫阿凡纳谢沃的小山下，遂有阿凡纳谢沃文化的命名。该文化一直被认为是新石器时代之后出现在西伯利亚的地方性文化，处于红铜时代或早期青铜时代。

1945 年，苏联考古学家吉谢列夫（Киселев С. В.）在其博士论文中提到，米奴辛斯克盆地和阿尔泰地区已发现阿凡纳谢沃文化遗址 80 余处，其中绝大多数为墓地，这些墓地一般分布在河旁阶地或高台地上，个别散见于河谷附近的山坳。据说在米奴辛斯克盆地还发现有沙丘遗址，但未见相关的发掘报道[1]。下面将对南西伯利亚的米奴辛斯克盆地、阿尔泰及周边地区已发掘的阿凡纳谢沃文化遗址及所出遗物作简要介绍。

（一）米奴辛斯克盆地（Минусинская котловина）

米奴辛斯克地处西伯利亚东部，克拉斯诺亚尔斯克边疆区的最南端，系西伯利亚南部山地与东、西萨彦岭、库兹涅茨克与阿巴坎之间的一座山间盆地，海拔 200～700 米。盆地内地势起伏，属温带大陆性气候，叶尼塞河上游流经整个盆地，主要支流有阿巴坎河、图巴河等，水资源非常丰富，是西伯利亚最重要的农业区。俄罗斯考古学家在米奴辛斯克盆地对阿凡纳谢沃文化所做的考古工作主要在 20 世纪 50 年代以前，此后的相关发现和报道不多。

1. 巴帖尼村附近

该址为阿凡纳谢沃文化命名地。共发现墓葬 25 座，主要分布在从码头通往村

---

[1] 吉谢列夫：《南西伯利亚古代史》（上册），新疆社会科学院民族研究所译，新疆人民出版社，1981 年。以下凡涉及俄罗斯境内未加注明的资料，均出自本书。

庄的路旁高台地上,相对比较集中。捷普楼霍夫曾在 1920、1921、1923 年做过发掘[1]。其特点是,每座墓的地表用石块堆有圆台状矮冢,直径 2~7 米,高 0.5~0.8 米。每座冢下有椭圆或大体呈四角形[2]的墓穴一座,面积 0.5~16 平方米,深 1.5 米,墓穴大小根据所葬人数多寡而定。墓壁略呈倾斜,其内堆满石块,无其他设施,墓口以圆木为盖。单人葬的比例高达 73%。考虑到还有一些上下叠压的合葬系不同时期葬入的单人[3],单人葬比例还要更高。合葬较少,主要为父母与子女或母婴合葬,后者约占到合葬的 50%。流行侧身向右的屈肢葬,头朝西南,非常一致,大部分墓内有血滴石[4]染色现象。随葬品以尖底蛋形罐和圜底蛋形罐为主,比例高达 79%。其他还有双贯耳尖底罐、球形圜底罐、双贯耳圜底钵、平底罐、豆形器等。工具武器类有石棒槌形器、石研磨器、石杵、燧石镞、骨锥、骨针筒、骨针、鹿角器、马镳、项饰(用江蚬壳[5]、鹿角、野猪牙等组合而成),以及形状各异的铜片、铜锥、铜环、红铜锻块、泥岩珠子和铁泡组成的手链等。此地还发现有很小的金珠。兽骨发现有金花鼠、狐、狍、鹿、麋、野牛、梭鱼、大蜗牛及少量的牛、羊、马等家畜。1925 年,在巴帖尼村附近的山坳发掘 5 座墓,外表建有圆台,但均被盗空(图二)。

2. 帖西村附近

遗址位于格奥尔吉耶夫山南坡的黄土台地上,发现墓葬 15 座,相互挨得较近。另在通往米奴辛斯克城的大道旁发现墓葬 5 座、其他地点零星发现 2 座,总计 22 座。吉谢列夫于 1928、1932 年两次发掘。其特点是在地表堆筑有直径 10、高 0.9 米的封土堆,土冢周边用 2~3 层平放的砂岩石板砌出石围,有些石围被竖埋的石板再分隔为几段。墓葬结构和葬俗较巴帖尼村复杂。据统计,在 20 座土冢的下面,

---

[1] Теплоухов С. А. (1927). Древние погребения в Минусинском крае. Материалы по Этнографии. т. III, вып.2 ст.57~112.
[2] 吉谢列夫文的论文又言:"全部葬坑均呈椭圆形或圆形。"见其文注 1,17 页。
[3] 有 4 座分两层,1 座分数层。
[4] 血滴石是一种暗绿色不透明或微透明的碧玉,为玉髓的变种,属于硅氧矿物,表面散布棕红色斑点,犹如血滴,故名。
[5] 江蚬(*Corbicula fluminalis*)。

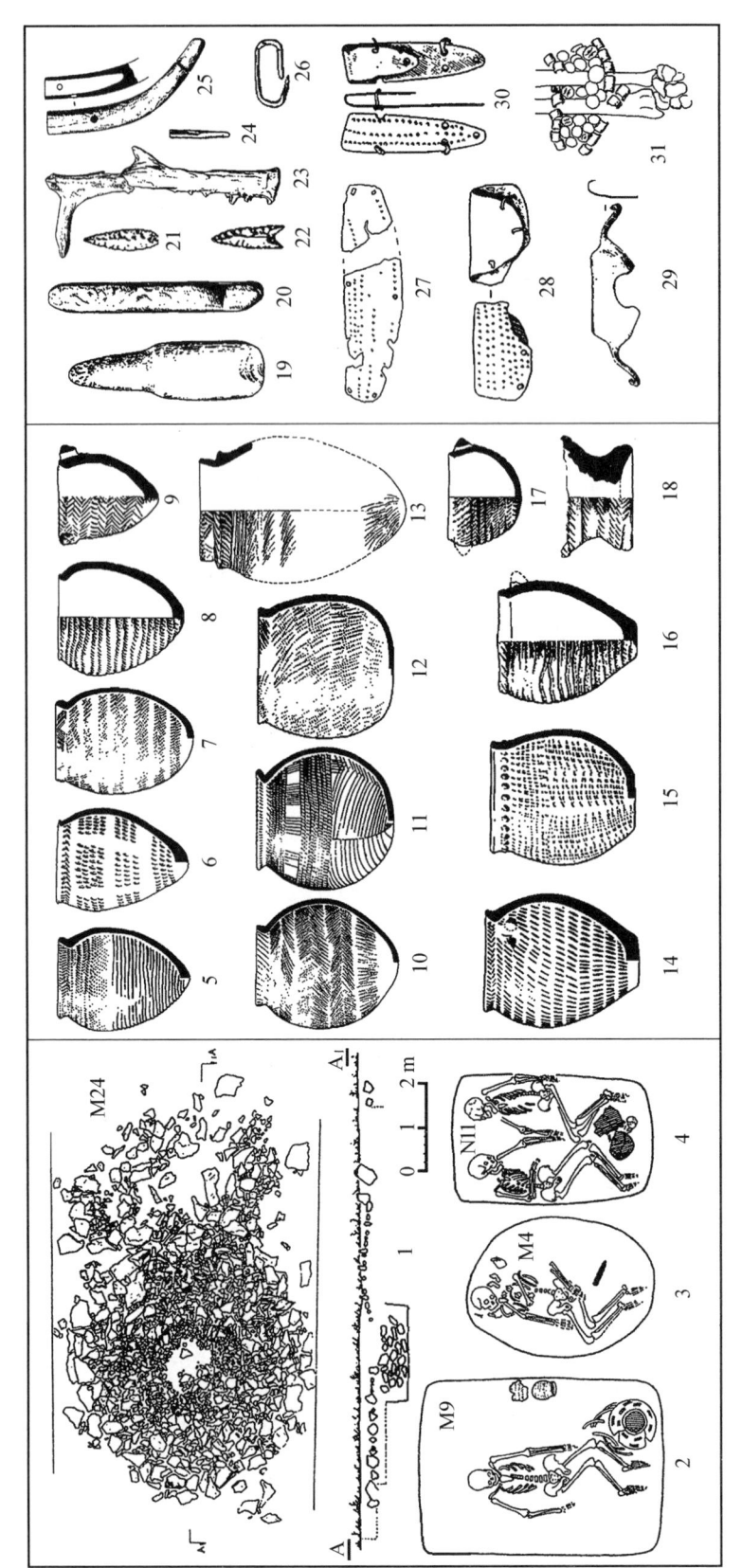

图二 捷普楼霍夫1920~1923年在巴帖尼村附近发掘墓葬及随葬品（李水城改制）

1~4. 墓葬结构及葬式；5~18. 陶器；19~22. 石器；23、25. 骨角器；24、26~30. 铜器；31. 装饰品

有 2 座墓穴者 5 座，上下 3 人叠压的合葬墓 1 座。墓穴均呈四角形，坑壁陡直，墓口用圆木或砂岩石板覆盖。其中，3 座墓底有简易木制葬具[1]，1 座用砂岩石板构成箱状石棺，还有的在人骨下铺设桦树皮。葬式以单人为主，双人、多人合葬各 1 座，另有火葬墓 2 座。流行侧身向右的屈肢葬（个别向左侧身），另有 4 例仰身屈肢葬，双膝向上弯曲。头向主要朝西（或偏北或偏南），个别朝东。随葬陶器均置于墓主腿部。其中，尖底蛋形罐为数最多，占 52%。其他还有平底罐、香炉形豆[2]、大缸，磨制石斧、带柄石斧、饼形石斧（盘状器）、石杵、石球、三角砺石、燧石镞，匕首状骨坠，骨针（针眼上还穿有两股毛线）、红铜螺旋耳环、红铜针筒、红铜刀（矛、镞）3 件、红铜柳叶刀片、红铜片等（图三、图四）。

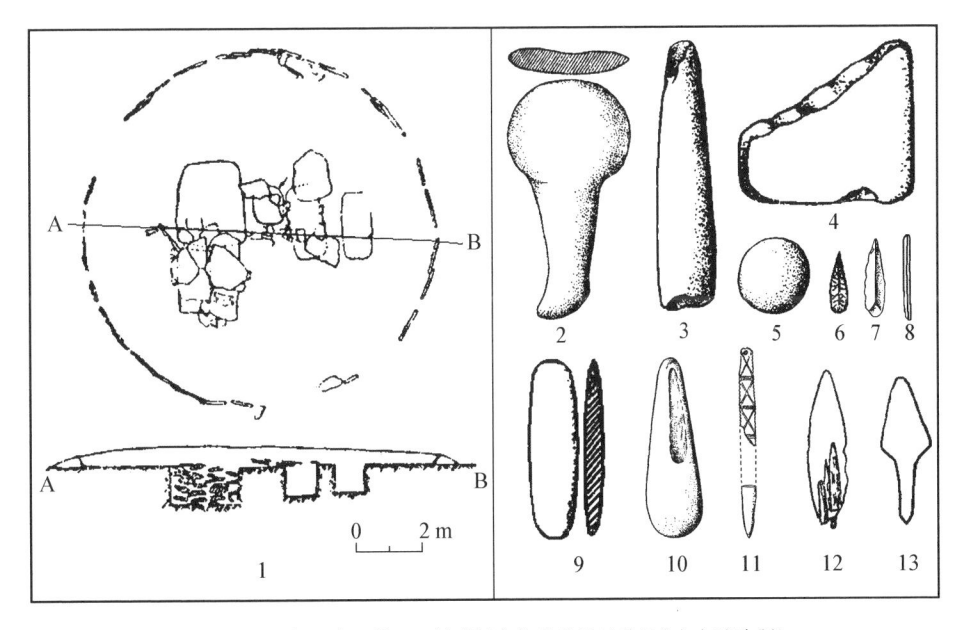

图三　米奴辛斯克盆地阿凡纳谢沃文化墓葬及随葬品（李水城改制）

1. 小科比内村附近的墓葬；2. 带柄石斧；3. 石磨棒；4. 石磨盘；5. 石球；6. 燧石镞；7.12.13. 红铜刀；8. 红铜锥；9. 石斧；10. 石锤；11. 匕形骨坠（2~13：帖西村附近）

---

[1] 在吉谢列夫的《南西伯利亚古代史》中此类均被译为"木椁"，估计只能是简易的木制葬具。
[2] 此为俄罗斯学者对此类器的称谓，本文沿用，本文的豆形陶器也指此类器。

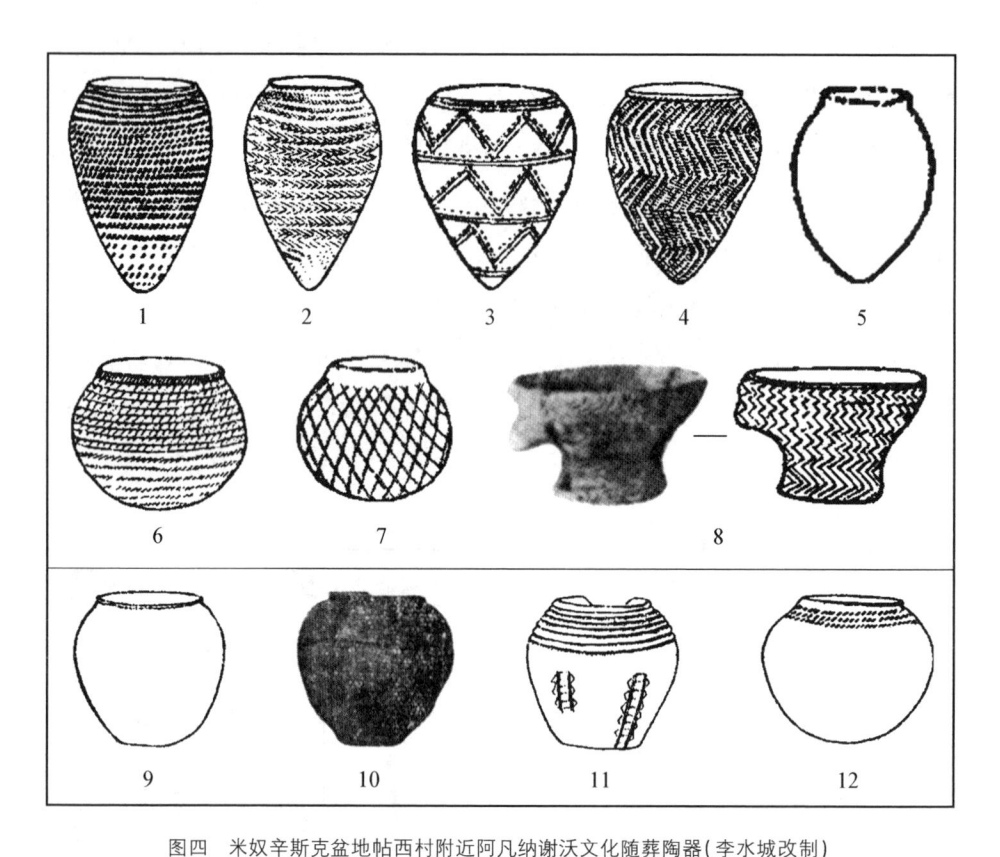

图四　米奴辛斯克盆地帖西村附近阿凡纳谢沃文化随葬陶器（李水城改制）

1~5. 尖底蛋形罐；6.7. 球形圜底罐；8. 香炉豆形器；9.10. 陶缸；11. 平底罐；12. 圜底大罐

3. 斯达村附近

1929 年，吉谢列夫在该村西部的高台地发掘墓葬 7 座。特点是在封土之上再用石板砌出围圈。其中，封土之下有 1 座墓穴者 4 座，有 2 座墓穴者 2 座，有 3 座墓穴者 1 座。墓穴均四角形，四壁陡直，墓口用厚砂岩石板覆盖，也有的用芦苇席遮盖。墓穴内无其他设施。以单人葬为主，多人合葬（3 男、?、2 女、1 女、1 婴）、母婴合葬各 1，后者随葬品较丰富。流行侧身屈肢葬，向左或向右几乎各占一半。另有仰身屈肢葬 1 座，双膝朝上。头向多朝西（西南）。随葬陶器主要为尖底蛋形罐（13 件，占 50%）、球形圜底罐、平底罐、香炉形豆、厚胎大缸、石磨盘、石棒槌形器，骨针筒、骨镞、鹿角号筒、红铜螺旋鬓环、红铜块和绵羊距骨等。

4. 克拉斯内伊雅尔村附近

遗址位于哈卡斯阿巴坎区克拉斯内伊雅尔村附近、奥格拉赫提山南坡的河旁高阶地上。1930年,列瓦邵娃(Левашова В. П.)在此挖掘4座土冢,封土直径12米以内,高0.6米,冢上用碎砂岩块砌成石围,墙身厚达1米,有的在石圈上再铺石板,整体近乎圆盘状。另有3座封土石圈一侧连接有石块砌就的四角平台,石台下无遗迹现象。其中,封土下有1座墓穴者3座,有3座墓穴者1座。墓穴均为四角形,墓壁稍倾斜。其中,2座穴内有用圆木搭建的简易葬具,墓口以圆木覆盖。1座墓穴用砂岩围成四角石棺。单人葬为主,多人、双人合葬各1。流行向右侧身的屈肢葬,头朝北或西南。随葬品有尖底蛋形罐、圜底罐、平底罐、豆形器、小方盘、石棒槌形器、燧石镞、骨锥、红铜片等[1]。

5. 小科比内村

1940年,叶芙秋霍娃(Евтюхова Л. А.)在此发掘墓葬1座(图三:1),封土直径12米、高0.6米,周边竖栽大小不一的薄石板一圈,矮冢下有墓穴3。其中,南穴葬女性(?)1,侧身,头朝东,腿部随葬2件尖底蛋形罐。中部墓穴被盗。北墓穴面积4.8平方米,破坏严重,墓口有圆木盖板痕迹,穴内不同层位散见人骨、陶片、骨珠及用兽牙和鲟鱼鳞片串成的项饰,肋骨制作的匕首状骨坠等。

6. 阿斯基兹村附近

此地仅发掘1座石棺墓。重要的是在墓主头前随葬1件香炉豆形器,豆盘内加有弧形小横隔,将豆盘分割为大小两个空间,造型有别于阿凡纳谢沃文化的同类器,却与分布在伏尔加河、德聂伯河之间的洞室墓所出同类器一致。

---

[1] Левашова В. П. Раскопки близ улуса Красный Яр Чарковского района 9 – 15 августа 1930 г. (хранится в архиве ГАИМК, дело No 137 за 1931 г.)

(二) 阿尔泰地区(Алтайский район)

阿尔泰系蒙古语,意为"金山"。此地泛指坐落于中国新疆北部、蒙古国西部、延伸至俄罗斯南西伯利亚和哈萨克斯坦东部的阿尔泰山脉,绵延2 000余公里,西北—东南走向,西部宽高、东南窄低,海拔3 000~3 500米。夏季温暖多雨,冬季严寒,为典型大陆性气候。地带植被垂直分布,1 100米以下为山麓草原带,1 100~2 300米为森林带,2 300米以上为山地草甸或亚高山草甸带。当地原住民为阿尔泰-基济人,也有俄罗斯人、哈萨克人等。生业方式主要畜养马、牛和羊,在山间低谷盆地有少量农业。

俄罗斯有两个加盟共和国位于阿尔泰地区。一为阿尔泰边疆区,首府巴尔瑙尔。另一为阿尔泰共和国,首府戈尔诺-阿尔泰斯克。鄂毕河(Обь)流经这两个共和国的大部地区,其上游河段称卡通河(Катунь),是阿凡纳谢沃文化的重要分布区。俄罗斯学者在阿尔泰对阿凡纳谢沃文化所做的工作始于20世纪20年代。1929年,霍洛施赫(Хороших П. П.)在乌斯季—库尤姆(Усть-Куюм)墓地发现两座被毁的古墓,揭开了阿尔泰地区阿凡纳谢沃文化研究的序幕。此后,该地区一直有阿凡纳谢沃文化的考古工作[1]。

1. 库尤姆

1936年,索斯诺夫斯基(Сосновский Г. П.)在卡通河畔的库尤姆发掘墓葬11座。墓冢不高,用泥土和石块垒就。单人葬为主,合葬均系儿童与成人女性。幼童在墓穴中与女子并列,头骨置于女子两腿之间。流行仰身屈肢葬,墓主双膝朝上。还发现1座俯身直肢葬。其中,4座墓有赭石染色现象。随葬品有尖底蛋形罐、骨锥、红铜带柄刀片、羊骨等(图五)[2]。

---

[1] Кирюшин Ю. Ф. (2010). Грушин С. П. Семибратов Тюрина Е. А. Афанасьевские погребальные комплексы Средней Катуни, Варнаул.

[2] Археологические исследование в РСФСР 1934~1936 гг. Л., изд. ИИМК, 1941, стр. 304.

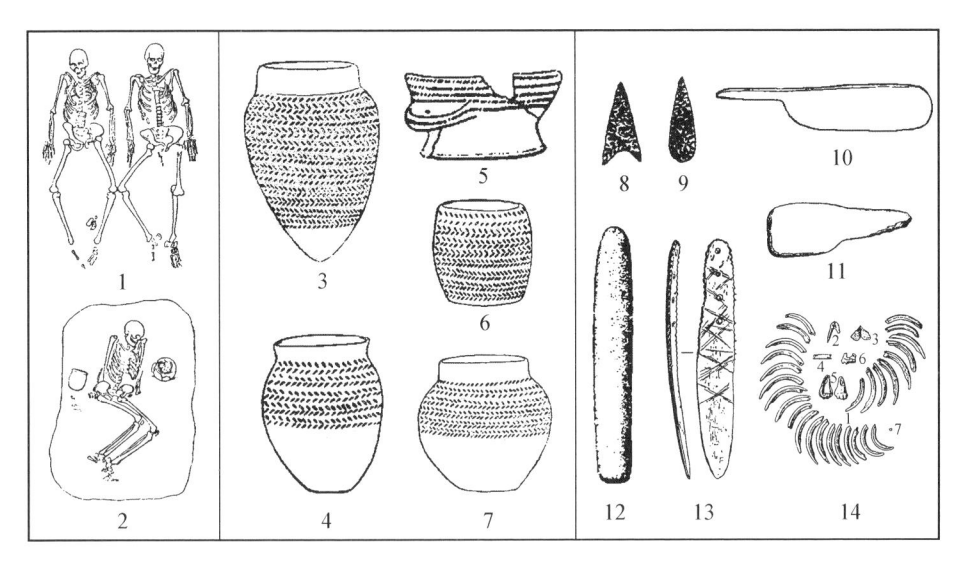

图五 阿尔泰地区阿凡纳谢沃文化墓葬及随葬品（李水城改制）

1、2. 墓葬平面图；3. 尖底罐；4. 7. 平底罐；5. 豆形器；6. 筒形器；8、9. 燧石镞；10、11. 石刀形器；12. 磨棒；13. 骨匕形坠；14. 兽牙项饰（1~7、9、10. 库罗塔村附近；余：库尤姆村附近）

2. 库罗塔河岸

地点位于戈尔诺-阿尔泰的库罗塔河东岸与乌尔苏尔河交汇处。共发掘墓葬7座，2座带石圈封土，其中1座构筑双重石圈（M2）。墓穴四边形，底部常有一薄层黏附着物，似为某种铺垫物的残留。有的墓口加盖几块厚石板。死者身上常见播撒红颜料痕迹。单人葬为主，少量双人或3人合葬，墓主或侧身屈肢，或仰身屈肢，双膝朝上。头向多朝东，少数朝西。不少墓主骨架被磨得很细的矿物染成红色。随葬陶器多置于墓主肩部，主要有蛋形罐、香炉形豆等。其他还有石棒槌形器、石杵、角戒指、小杓、骨铲（纺织工具？）、红铜鬓环等。还有个别疑似牦牛骨或鹫爪的兽骨和猛禽骨。M1墓穴有用圆木棍搭就的简易葬具，墓口有盖板。沿着墓口用圆木搭建有一近五角形的木框，钝角处压放大石块，此类简易葬具和木框结构可能是对当时居所的模仿，应为后来迈埃米尔和巴泽雷克墓内普遍发现的木构"房屋"的祖型。

3. 耶兰达村附近

此地位于卡通河中游的耶兰达村附近。2006 年以来,在河岸两侧台地(主要在河东岸)发掘古墓 7 座。多数墓空无一物,仅 2 座有随葬品。墓葬结构大体一致,在地表用石块堆出圆形矮冢,直径 10 米上下、高 0.5~0.7 米,石冢下的中心位置挖有圆角长方形墓穴,有的墓穴不规整,或带二层台,深 1~1.5 米。单人仰身屈肢葬为主,双膝朝上(微屈或屈甚),头朝东。另有一座二次葬。此外,墓内普遍播撒赤铁矿粉(图六:1、2)。随葬品仅见 2 件圜底蛋形罐、1 件平底筒腹罐。另在当地博物馆收藏一批采集的磨制穿孔石斧(图六)[1]。墓葬的年代上限为公元前 3400~前 3100 年,下限为公元前 2600~前 2300 年。

4. 其他

俄罗斯学者基留申(Кирюшин Ю. Ф.)教授在其所著《西南西伯利亚的红铜时代和早期青铜时代》一书中介绍了阿尔泰发现的一批阿凡纳谢沃文化陶器[2]。这批遗物出土地点不明,从其完整性看,应为墓中随葬品。据注释,可推测其出土时间在 20 世纪 80 年代以前[3]。这批陶器几乎全都是侈口束颈尖底蛋形罐,个别侈口鼓腹平底罐。口径 10、器高多在 16 厘米上下,有些略高或略矮。通体刻划压印几何纹,特点是线条纤细,构图疏朗。其中,之字纹最为常见,分横向、斜向、竖向几种排列形式,常将几种纹样集于一身,从上向下一排排至器底。除之字纹外,还有

---

[1] Кирюшин Ю. Ф. (2010). Грушин С. П., Семибратов В. П., Тюрина Е. А., Афанасьевские погребальные комплексы Средней Катуни, (результаты исследований Катунской археологической экспедиции в зоне строительства и затопления Алтайской ГЭС в 2006~2007 гг.) Барнаул.

[2] Кирюшин Ю. Ф. (2002). Энеолит и ранняя бронза юга западной сибири, Издательство алтайского университета, Барнаул.

[3] Кирюшин Ю. Ф., Посредников В. А., Фирсов Л. В., Абсолютный возраст некоторых помятников неолита и бронзы Западной Сибири, Проблемы Западно-сибирской археологии. Эпоха камня и бронзы. — Новосибирск. 1981. — С. 28~32;Абдулганеев М. Т., Кирюшин Ю. Ф., Кадиков Б. Х., Материалы эпохи бронзы из Горного Алтая, Археология и этнография Алтая. —Барнаул, 1987. С. 67~68.

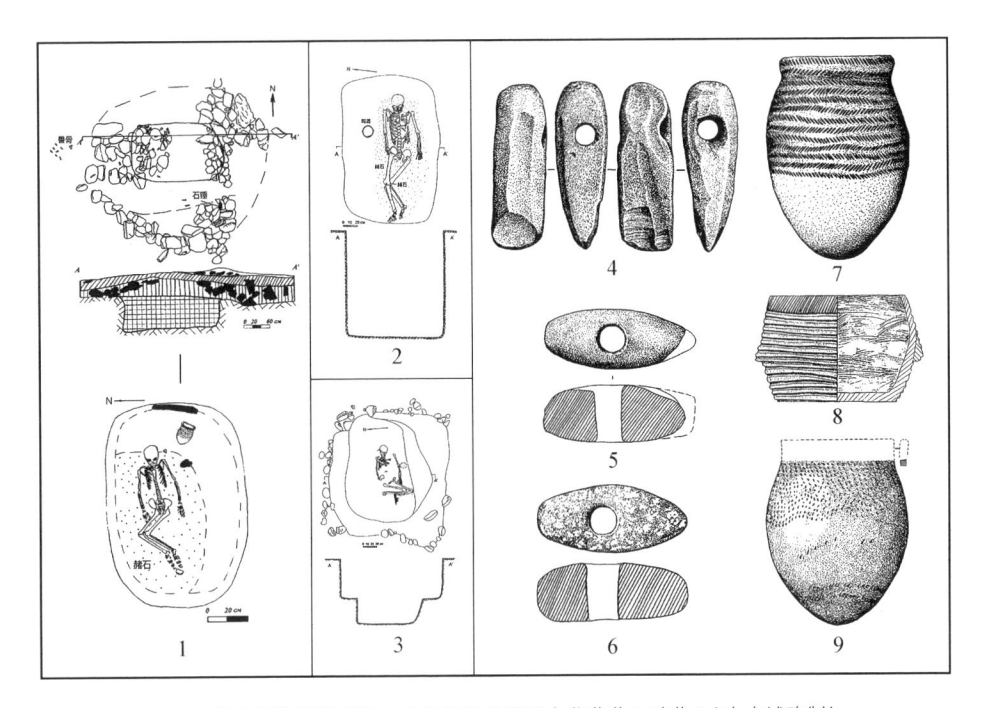

图六　阿尔泰地区耶兰达村附近阿凡纳谢沃文化墓葬及随葬品(李水城改制)

1.(第特基斯肯-Ⅵ,95 号冢平剖面图);2.(别尔修科塔-Ⅰ,1 号冢平剖面图);3.(乔不拉克-Ⅰ,1 号冢平剖面图);4~6.磨制穿孔石斧(卡通河支流必卡河采集品、恰雷施斯基乡土博物馆藏品、阿尔泰边疆区采集品);7.蛋形圜底罐(第特基斯肯-Ⅵ,95 号冢出土);8.平底筒腹罐(别尔修科塔-Ⅰ,1 号冢出土);9.蛋形圜底罐(乔不拉克-Ⅲ,1 号冢出土)

篦点、斜线、水波、三角折线、斜向栅栏等纹样(图七)。

(三) 蒙古国西北部

2001 年,俄罗斯与蒙古国考古学家组成的联合考古队在蒙古国西北部调查发掘 3 座阿凡纳谢沃文化墓葬。据科瓦列夫(Ковалев А. А.)介绍,他们在 Хуурай Говь[1] 发掘一座地表堆有大量砾石的石冢墓,冢径达 10 米,高 1 米余,周边用石板栽立成石围。石冢下正中位置挖有圆角长方形墓穴,上层可见残存的木质葬具,其下为母子双人合葬。成年女子仰身屈肢,双膝朝上微屈,婴儿并排安放在成人右

---

[1] Хуурай Говь,蒙古语,意为"干旱的戈壁"。

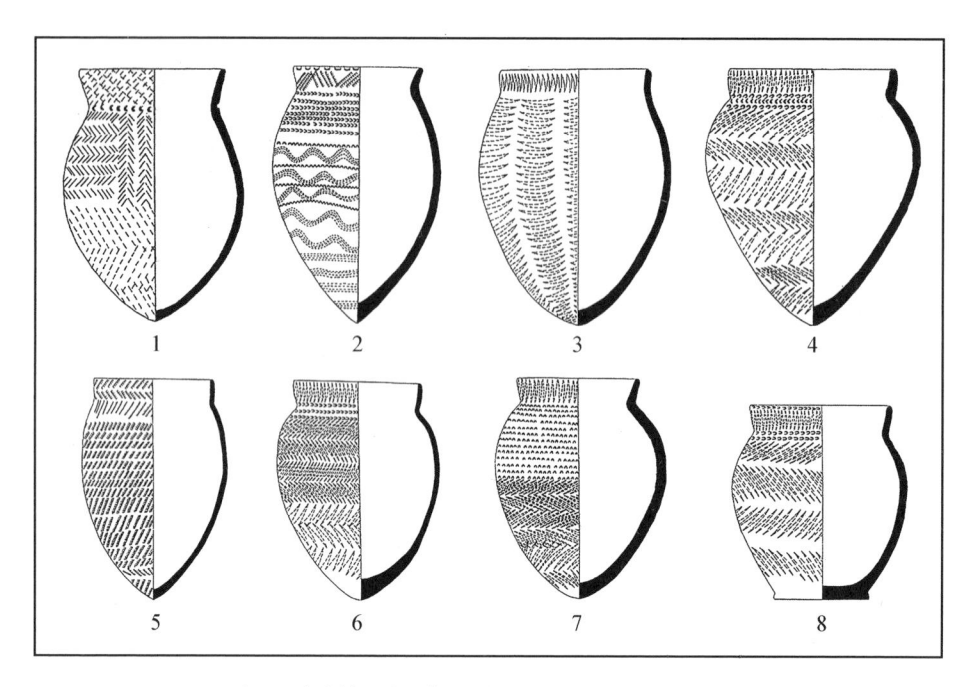

图七　阿尔泰地区出土的阿凡纳谢沃文化陶器（李水城改制）

侧。随葬品有圜底蛋形罐、石器、木镞、木器、骨镞、骨坠、骨牌、铜刀、铜锥等（图八）[1]。据科瓦列夫的研究，蒙古国西部阿凡纳谢沃文化的绝对年代集中在公元前2800~前2500年。

三

以上是本文介绍的部分阿凡纳谢沃文化考古资料，需要说明，这批资料几乎全都来自墓葬，大多数为俄罗斯学者早年的收获。通过对这些遗迹和遗物的整理分析，现将其文化特征做如下归纳。

---

[1] Древнейшие Европейцы в Сердце Азии Чемурчекский куртурный феномен часть 1. Составитель и научный ретактор, А. А. Ковалев, Санкт-Петербург, 2014.

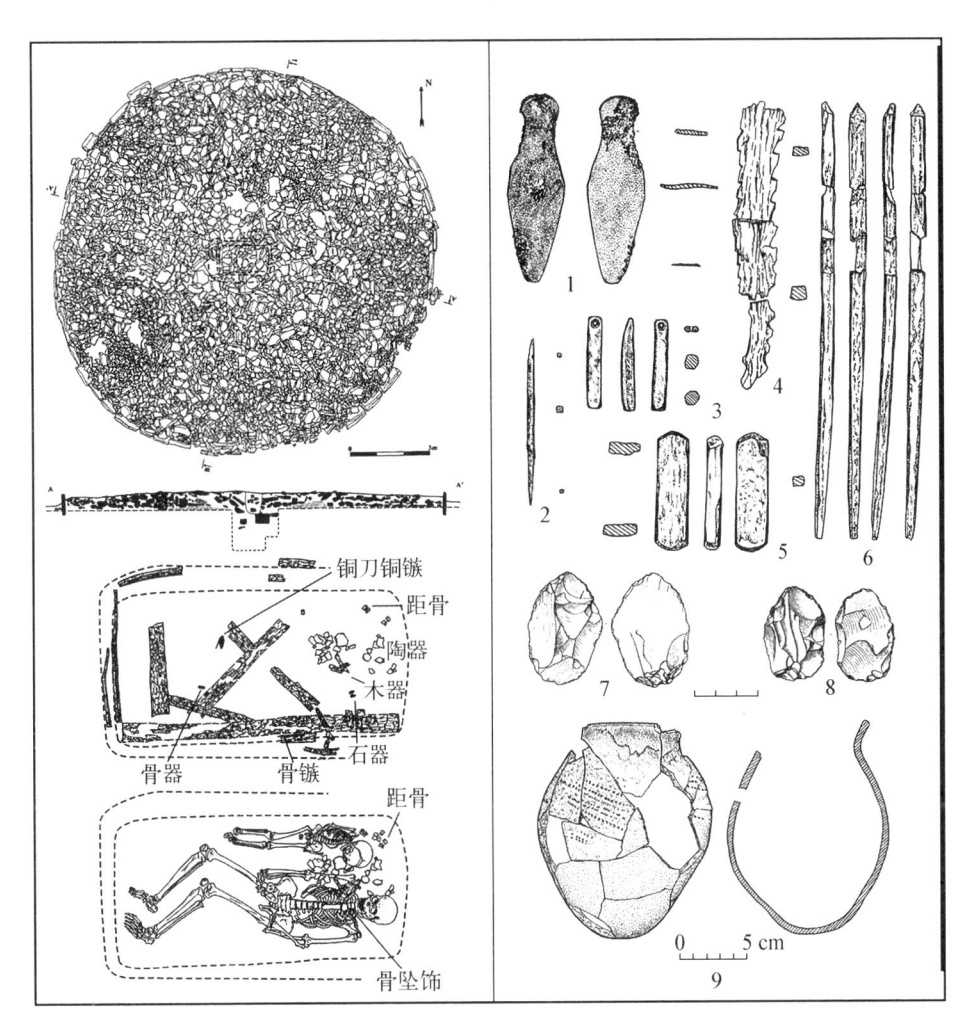

图八 蒙古国 Хуурай Говь 的阿凡纳谢沃文化墓葬及随葬品（李水城改制）

1.铜刀；2.铜锥；3.骨坠；4.木器；5.骨片；6.木镞；7.8.石器；9.陶器

（一）遗迹、遗物

1. 聚落

据称早年在米奴辛斯克盆地发现阿凡纳谢沃文化的沙丘遗址，但至今未见有关资料。在叶尼塞河流域，阿凡纳谢沃文化的墓葬主要分布在河流两岸（包括支流下游)的高台地上。俄罗斯学者推测,此时的居民应定居在林木丛生的河谷,在河旁高地上营建不大的村落,经营渔猎—采集经济,并开始豢养家畜。鉴于墓内随葬陶器平均达2件左右,可见其生活较安定,流动性不大。在阿尔泰的库尤姆墓地下部发现有阿凡纳谢沃文化的聚落遗址,地层中出有陶片、燧石镞、燧石片和兽骨等,未见其他遗迹现象。目前对阿凡纳谢沃文化的聚落了解比较有限。近年来俄罗斯学者开始整理过去的发掘资料,也有一些资料发表,希望能在这方面尽快有所突破。

2. 埋葬习俗

阿凡纳谢沃文化的墓地规模都不很大,显示其族群规模相对有限。在米奴辛斯克盆地发现有一二十座相对比较集中的葬地,也有零星的墓葬。在阿尔泰等地,目前较多看到的是零星墓葬,相互间有一定距离,但也不排除在环境较好的河谷有规模性的墓地。看来在环境较好的区域,人群相对集中,生活较安定。在环境较差的山区,如阿尔泰山地,人群居住相对松散,生活有一定的游动性,这或许也是不同经济形态的反映。

阿凡纳谢沃文化流行在地表构筑土石结合的矮冢。其建造程序为:先下挖方形或长方形土圹墓穴,或一冢一穴,或一冢数穴。或为一次性行为,或为不同时期数次所为。如有些合葬的墓主在穴内上下叠压、甚至三层叠压,表明墓冢和墓穴曾几次被打开使用。新疆阿依托汗一号墓地 M22 的发掘也证实了这一葬俗的存在。

除土圹墓穴外,也有在墓穴四壁贴附石板构成石棺,或在墓内搭建简易木质葬具。石棺的特点是上部出露于地表,下葬时再堆筑土石掩埋成冢。冢的高度不超过1米(现存高度),直径大者10余米,小者仅数米。多数在石冢周边栽立石板,或用石块垒成石围,甚至在石围上再铺石板,构成圆盘状石台。还有的在石围一旁再加建相连的方形石台[1]。

阿凡纳谢沃文化流行向右侧身的屈肢葬和仰身屈肢葬,墓主头向多朝西。以

---

[1] 在米奴辛斯克盆地的克拉斯内伊雅尔村附近和巴帖尼村附近报道有这类墓葬形式。

单人葬居多,合葬有双人和多人之别。其中,母婴合葬的比例较高,暗示了产妇的高死亡率。随葬品不多,每座墓随葬1、2件陶器再加些小件工具、武器或装饰品,也有些墓空无一物。比较特殊的是,母婴合葬墓的随葬品往往较丰富,与一般的墓形成较大反差,加之合葬墓的随葬品也常常摆放在女性一侧,显示出社会对女性的尊重习俗。另一点是流行在墓主身上播撒赤铁矿粉染色,母婴合葬墓尤甚。随葬品主要有陶器、石器、骨角器、木器、铜器和装饰品等。

3. 陶器

阿凡纳谢沃文化的陶器均系手制,采用泥条盘筑,做工和质地略粗,特点是器内壁常见用草或某种齿形器修抹的痕迹(图六:8)。仅从俄罗斯学者的报道,很难有对陶器质地的介绍。据新疆阿依托汗墓地的发现,可知该文化的陶器普遍夹砂,内胎红褐色,器表灰褐或灰黑色。但香炉形豆的器表往往为红色,有俄罗斯学者认为是染色所致,但似乎不是陶衣所为。陶器的种类和造型较简单,典型器有尖底或圜底蛋形罐,比例很高,在米奴辛斯克盆地,此类器的随葬比例高达80%。也有少量蛋形罐在器口外置双贯耳或器錾,在颈部堆塑一周附加堆纹。另一类典型器为香炉形豆,此类器数量不多,但颇有特色,其上部为敞口浅盘造型,下部加有喇叭状矮圈足,或置数个圆柱或圆管状器足,豆盘下常安置有横向短錾,或锥状錾,其上有纵向穿孔数枚。个别在豆盘内加一弧形横隔,将豆盘分割成大小两个空间,较别致。其他常见器类有球形圜底罐、平底罐、大缸等。在上述遗址都不同程度地有少量的平底罐,其造型与蛋形罐差异较大,它们是否为同时期的遗存?还需要做进一步的了解。

陶器表面普遍有装饰,特点是通体施纹,从器口贯通至底。也有些靠近器底部为素面,或仅在肩部施纹。其中,广为流行的是俄罗斯学者称之为"杉针纹"的装饰,据说是用一种齿形模具拍打而成[1],纹样的排列较复杂,或斜向,或竖列,或为连续"〉"或"V"形。还有相当数量的"之"字蓖点纹。其他还有刻划网格纹、折线

---

[1] 此类纹样在我国也常称之为"篦纹"或"蓖点纹"。

三角纹、波浪线纹,压印三角点纹等。特点是压印纹一般较规整有序,刻划纹则显得有些凌乱。另在帖西村出土1件大型平底罐,腹部用白彩绘画5道垂直的白色梯格加三角折线,也有人称"毛虫"纹,比较罕见。此外,也有少量的纯素面陶器,有大缸、平底罐、尖底蛋形罐等。

4. 石器

石器分为三类。一类为打制,种类有砍砸器、盘状器、带柄手斧、石锤等,此类用于随葬的不多。第二类为细石器,常见燧石镞,形态分三角凹底形、三角带铤形、柳叶弧底形几种。在个别遗址地层内发现有刮削器、石核、刀形石片、嵌刃石器等,可见当时有较多的细石器使用。第三类为磨制,种类有磨制石斧、石棒槌形器、石磨盘、磨棒、穿孔石斧、穿孔石锤、砺石、带柄圆盘斧、石锤、石球、带柄刀形器等。

5. 骨、角、木器

骨角器数量很多,种类有骨锥、骨针筒、骨针、骨棒、骨坠、骨牌、骨片、骨镞、骨(角)镖等。还有一种用动物肋骨制作的所谓"坠饰",形似短剑或匕首,器表雕刻繁缛的几何纹,据报道,此器出土时曾挂在项饰上,故名。但它很可能为骨匕一类,或为纺织用的器具。角器和木器不多,有鹿角锤、木镞、齿边木片等。还发现有用兽牙、鱼鳞、鱼椎骨、蚬壳、骨料、石料、甚至金属组合的装饰串珠。

6. 金属器

此类大部分为铜器,且普遍为红铜。新疆阿依托汗所出铜环经检测为砷铜。种类有铜刀、铜短剑、铜矛、铜镞、铜锥、铜扣、螺旋铜环、长方形铜丝、铜片、铜片带扣(?)、小铜珠、铜针筒等。有些铜片在一面捶打,在另一面形成突起的连珠纹。铜片周边往往钻孔,可用于包裹木器,起加固和装饰作用。另在巴帖尼村的墓中发现用小铁泡和泥岩石珠串成的手链,还有个别的小金珠制品。

(二) 分布范围、年代与分期

据现有资料,阿凡纳谢沃文化的分布主要集中在俄罗斯南西伯利亚的米奴辛斯克盆地和阿尔泰地区。在中国新疆北部、图瓦、蒙古国西部也有零星发现。目前,对阿尔泰山区以西的分布面还不清楚。据俄罗斯学者称,在巴尔瑙尔以上的鄂毕河沿岸和额尔齐斯河畔的谢米帕拉丁斯克[1]附近曾发现阿凡纳谢沃文化的陶片。可以设想,该文化的分布有可能达到西面更远的地方[2]。

阿凡纳谢沃文化是南西伯利亚地区继新石器时代之后的红铜时代文化,以往认为其年代从公元前三千纪到公元前二千纪初。基留申教授认为,该文化与分布在鄂毕河流域的鲍里舍梅斯卡(Большемысская)红铜时代文化基本同时,绝对年代应在公元前四千纪下半叶至公元前三千纪中叶(公元前3500~前2500年)[3]。

迄今未见有关阿凡纳谢沃文化的分期研究。早年,吉谢列夫在其博士论文中曾就阿凡纳谢沃文化的年代早晚有过论述,部分涉及分期。但他只是将该地区的墓葬笼统地分为两组,偏早一组以巴帖尼村为代表,特点是一冢一墓,随葬最古旧的尖底蛋形器,数量占陶器总量的79%。墓葬上方建有圆形石台。另一组以帖西村、斯达村和小科比内村为代表,特点是一冢数墓。其中,帖西村随葬的尖底蛋形器下降至52%,葬俗和随葬品也有变化,如陶器形态多样化,造型相对复杂。斯达村墓地出现平底陶器、齿形器压印的几何纹装饰和石板围成石墓圈等,被认为具有安德罗诺沃文化的因素,年代偏晚[4]。

阿凡纳谢沃文化陶器中最典型的是尖底或圜底蛋形罐,也有球形圜底器和部分平底器,这些不同形态的器类关系如何?尖底和圜底器与平底器是否共存?或者说形态的不同分别代表年代早晚?若吉谢列夫的分析不差。那是否可以说,陶

---

[1] 现今哈萨克斯坦的边境城市塞米伊。
[2] 吉谢列夫:《南西伯利亚古代史》(上册),新疆社会科学院民族研究所译,新疆人民出版社,1981年。
[3] Кирюшин Ю. Ф. (2002). Энеолит и ранняя бронза юга западной сибири, Издательство алтайского университета, Барнаул.
[4] 同[2]。

器的形态演变存在一个类型学的演进趋势：即从尖底到圜底,再从圜底到平底。根据基留申对鄂毕河流域史前文化的研究,鲍里舍梅斯卡红铜时代文化的陶器均为尖圜底大口罐,进入青铜时代的叶鲁尼诺（Елунинская）文化以后,则全部被平底大口罐取代,这也成为红铜时代进入青铜时代的突出标志[1]。阿凡纳谢沃文化是否也经历了类似的演变途径？还不清楚。

（三）经济形态

阿凡纳谢沃文化的居民经营定居式渔猎经济。在巴帖尼村附近的墓葬发现有野生动物、鱼和软体动物骨骼,包括金花鼠、狐、狍、鹿、麝、野牛、梭鱼、大蜗牛等,可见狩猎和捕鱼是当时重要的生活资料来源。但在有些墓地,也发现有少量的家畜骨骼,如牛、羊和马等。可见,除了狩猎和捕捞,新兴的畜牧饲养业已初步发展起来,但此类经济尚处于萌芽阶段。具体到牛、羊和马在畜群中的比例关系,也还不清楚。

根据米奴辛斯克盆地阿凡纳谢沃文化墓内随葬一定比例的陶器和狩猎捕鱼工具,吉谢列夫认为,该文化的居民依附于林木丛生的河谷地带,在叶尼塞河及支流两岸建有不大的村庄,生活相对稳定,畜牧业尚未发展到取代渔猎经济的地步,尚不能作为生活的主要来源。也正因为畜群不大,利用生活居址附近的草场足以满足放牧的需要。总之,渔猎经济和畜牧业共同构成了阿凡纳谢沃文化的生活基础。

迄今尚未看到阿凡纳谢沃文化任何有关农业的证据,甚至从未有过农具的发现。但在该文化普遍发现有石磨棒,且均放在女性墓主的骨架一侧,但这无法证明当时是否有农业存在。考虑到居民的居住相对稳定,对初期农业的发展应该比较有利。新疆阿依托汗一号墓地出土阿凡纳谢沃文化人骨的稳定同位素分析结果表明,其食物构成明显有 C4 植物（粟、黍）的摄入[2]。这说明,阿凡纳谢沃文化可能存在有限的锄耕农业。

其他方面的经济活动还有：制革、毛纺织、骨木雕刻及制作石器、陶器、采矿、

---

[1] 吉谢列夫：《南西伯利亚古代史》（上册）,新疆社会科学院民族研究所译。
[2] 其实,人骨的 C4 信号并不表明当时确已开始食用粟、黍类农作物。很多苋科植物也是 C4 信号。从阿凡纳谢沃文化随葬的石磨盘、磨棒看,当时有很大可能采集加工野生的植物果实和籽粒食用。

冶炼和制作红铜器等行业。其中,铜矿在叶尼塞河流域分布很广,但采矿、冶炼和铜器制作应系铜矿附近的居民产业。在阿凡纳谢沃文化中普遍发现石棒槌形器,形态独特。此类器在古铜矿附近也有发现,故被推测为一种采矿工具。在巴帖尼村的墓地出土有铜矿石块,证实了采矿和冶炼金属加工业的存在。但此时的冶金水平较低,未见任何模具铸造的器物,所有铜器都是冶炼后锻打的薄片。值得注意的是,在巴帖尼村的墓中发现一些用纽扣状铁泡串就的手链和个别的小金珠,还发现有螺旋形的银指环(耳环),表明这一时期不仅对铜有了深入认识,对铁(陨铁?)、金和银等金属矿藏也有了初步认识,并开始利用。

(四)文化源流

对阿凡纳谢沃文化的来源,俄罗斯学者持有对立的两种看法。一派以吉谢列夫为代表,认为从旧石器时代开始,以叶尼塞河为界,东面分布着蒙古人,其体质类型近于通古斯人。西部(起自米奴辛斯克盆地、横跨阿尔泰、西伯利亚和哈萨克斯坦的大草原)为起源于欧洲的克罗马农人(即古欧罗巴人)的后代,阿凡纳谢沃文化就是这些人,其体质形态不同于原始森林附近的通古斯人。二者的物质遗存也有很大差异,陶器的相似点更少。

反对派以奥克拉德尼科夫(Окладников А. Л.)为代表。他认为,叶尼塞河流域的阿凡纳谢沃文化遗物有不少因素与西伯利亚原始森林地带的新石器遗物相似,二者之间的文化联系不能轻易否定。但这个前阿凡纳谢沃文化的主人是谁?解决这个问题单靠考古资料还不够,需要借助古人类学资料。阿凡纳谢沃文化的形成是个长期过程,除西来因素,本地因素也起了不小作用。很不幸,体质人类学的研究表明,阿凡纳谢沃文化形成的长期性是构成欧罗巴人种类型全部特异性的原因,也正是这个特异性,反驳了奥克拉德尼科夫认为阿凡纳谢沃文化起源于本地的认识。

在阿尔泰地区,旧石器时代晚期之后即为阿凡纳谢沃文化,两者之间相隔一个新石器时代,无法衔接。有学者指出,该地区的新石器文化较复杂,既有北西伯利亚的特点,与中亚西南部也存在联系。在萨彦-阿尔泰地区,这方面的联系直到较晚阶段一直未断。萨彦-阿尔泰新石器时代居民同西方和西南方的文化联系也使得阿凡纳谢沃文化同乌拉尔西部的特点相当近似。在卡通河畔的库尤姆曾发现叠压在阿凡纳谢沃文化墓葬之下的遗址,出土陶器的纹饰很有特点,特别是一件饰衫针纹的容器残片,器壁磨光,内壁无草擦痕,与阿凡纳谢沃文化的陶器明显有别,却与托尔斯托夫(Толстов С. П.)1939年在中亚发现的凯尔杰米纳尔文化(Кельтеминарская)的特征接近,包括共存的燧石制品。在阿尔泰边疆区巴尔瑙尔附近楚达茨山发现的墓葬不出陶器,所出侧面修整的刀形石片与库尤姆遗址下层和凯尔杰米纳尔文化的同类器接近。但也有学者指出,不应排除阿尔泰地区阿凡纳谢沃文化的本地基础。两地的新石器时代文化都参与了阿凡纳谢沃文化的形成过程[1]。

从陶器观察,阿凡纳谢沃文化广为流行的蛋形罐、香炉形豆、石棒槌形器在伏尔加河与德聂伯河之间的洞室墓文化中都有发现。特别是阿斯基兹村附近石棺墓出土的香炉形豆,豆盘内加有一道弧形横隔,与洞室墓的同类器完全一致。在叶尼塞河沿岸,也发现有从咸海输入器物的线索。总之,从考古发现和相关的研究看,阿凡纳谢沃文化外来的可能性非常大,其来源可分别追溯到乌拉尔山以西的南俄草原和中亚的阿姆河流域,甚至更远的黑海沿岸。体质人类学研究表明,阿凡纳谢沃文化居民的体质形态也与西部居民接近。但是该文化是何时迁徙到西伯利亚的?是什么原因导致这场大规模的群体迁徙活动?在迁徙之时,西伯利亚一带是否有其他的文化群体?这些都是需要深入探讨的课题。对此,基留申教授对鄂毕河流域的研究或许有一定的参考价值。

至于阿凡纳谢沃文化的去向,也有几种说法。早年,吉谢列夫等人明确指出,叶尼塞河流域的安德罗诺沃(Андроново)文化有可能是在其前驱"阿凡纳谢沃"时期在本地所孕育,从畜牧业、冶金业、石圈墓、屈肢葬、平底陶器的出现几方面都可以看出来[2]。后来,马克西缅科夫(Максименков Г. А.)认为,在阿凡纳谢沃文化之后,南

---

[1] 俄罗斯学者认为,阿凡纳谢沃文化同西方、西南方存在文化联系的证据可分别从器物输入、随葬品和一些器物的形态,以及同竖穴-洞室墓、中亚地区的陶器形态等方面的比较得到证实。
[2] 吉谢列夫:《南西伯利亚古代史》(上册),新疆社会科学院民族研究所译。

西伯利亚地区继起的是奥库涅夫(Окуневская)文化,其后才是安德罗诺沃文化[1]。从绝对年代考虑,从阿凡纳谢沃文化消亡到安德罗诺沃文化出现,其间还有一大段时间空白,插入奥库涅夫文化是恰当的。唯一不好理解的是,据体质人类学研究,奥库涅夫文化的居民体质特征为蒙古人种,与阿凡纳谢沃文化之间显然不是直接的承继关系,而是取代关系,这从奥库涅夫文化一变而为平底陶器的特征也可看出。

在阿尔泰地区的鄂毕河流域,阿凡纳谢沃文化有可能是被迁徙到这里的叶鲁尼诺(Елунинская)文化所取代,其文化演进过程可参考基留申的有关著述。但也存在另一种可能,即该地区阿凡纳谢沃文化的后继者是切木尔切克文化。

四

最后谈谈新疆阿依托汗阿凡纳谢沃文化墓葬发现的意义及引出的问题。

阿依托汗 M21、M22 的墓冢封土、石围圈、石棺结构、死者的埋葬方式等以及随葬品等都具有典型的阿凡纳谢沃文化特征。其中,M22 随葬的圜底蛋形罐与阿尔泰地区乌斯季-库尤姆 M6 所出尖底蛋形罐极为相似,包括器表所饰花纹都几乎如出一辙,唯一不同的是一为尖底,一为圜底。M22 随葬的豆形器与米奴辛斯克盆地小科比内Ⅱ M9 所出香炉形豆相似,所不同的是后者为实心圆柱状足,而且数量多达 7 枚(一枚残失)。另在米奴辛斯克盆地 Малиновый Лог 墓地 M1 出有带四枚管状器足的香炉形豆[2],器足的样式与阿依托汗 M22 的豆形器一样。通过比较可进一步印证阿依托汗 M21、M22 的阿凡纳谢沃文化性质,两座墓的物质文化特征分别可见于米奴辛斯克盆地和阿尔泰地区(图九)。

---

[1] Г. А. Максименков, Современное состояние вопроса о периодизации эпохи бронзы Минусинской котловины, Первобытная археология Сибири, Акатемия Наук СССР Ордена Трудового Красного Знамени Институт археологии, Издательство «Наука» Ленинградсков отделение Ленинград 1975.

[2] Вадецкая Э. Б., Поляков А. В., Степаннова Н. Ф. (2014). Свод памятников Афанасьевскай культуры, Монография, Барнаул.

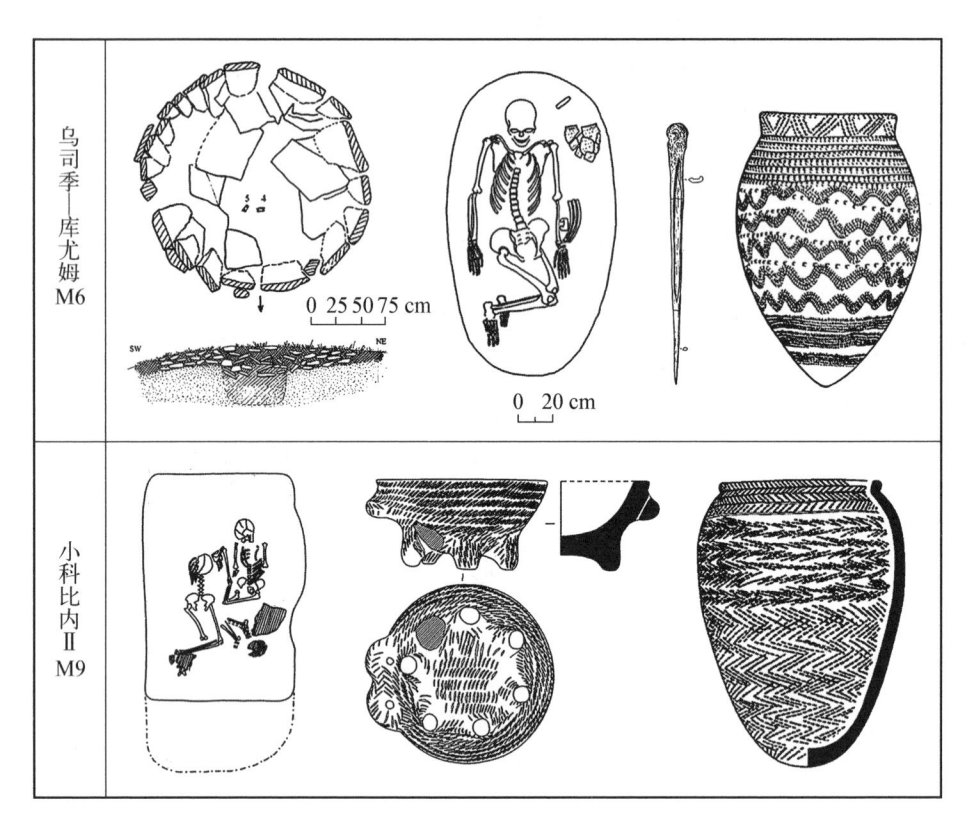

图九　米奴辛斯克盆地和阿尔泰地区的尖底蛋形罐和香炉豆形器（李水城改制）

尽管此次仅发现 2 座阿凡纳谢沃文化的墓葬，但其价值和意义却非比寻常。首先是确认了阿凡纳谢沃文化的分布范围已进入新疆维吾尔自治区的北部，其次是将新疆的史前文化推早到距今 4 500 年以前，这是新疆境内目前所知年代最早的史前文化，对建立和完善新疆史前文化的发展序列有积极意义。

阿依托汗墓地的发掘者还指出，这个发现证实，青铜时代早期，新疆阿勒泰地区存在一支与切木尔切克文化不同的考古学文化。但作者没有描述这两支文化的关系。实际上这个发现还有另一层意义，即对以往在新疆北部以圜底罐为代表的史前遗存的性质和归属有一定的甄别作用。

首先看阿凡纳谢沃文化与切木尔切克文化，这是两支年代不同的考古学文化，前者年代距今 5 500~4 500 年之间(下限或稍晚)[1],后者年代距今 4 000 年前后。二者的物质遗存有明显差异,如切木尔切克文化普遍制作和使用石质容器,流行人头石棒[2],在墓上建有大的石人造像,这些在阿凡纳谢沃文化中是绝对不见的。此外,二者的陶器造型和装饰也明显有别,如切木尔切克文化绝不见阿凡纳谢沃文化的尖底蛋形罐,但有少量圜底罐,特点是绝少有折沿,此外还流行一种直口或内敛口的桶形罐,装饰纹样线条较粗放、稀疏。阿凡纳谢沃文化的圜底蛋形罐口部普遍带有窄折沿,装饰纹样线条较纤细、紧凑。还有一点,根据科瓦列夫(Ковалев А. А.)近年来所做的大量工作[3]可知,切木尔切克文化是没有陶豆的,因此,凡出现此类器,或为阿凡纳谢沃文化性质,或为阿凡纳谢沃文化的孑遗或影响。前者如布尔津石棺葬,随葬品组合为罐和豆,罐为尖圜底,器口有外折的窄沿,器身满饰刻划的几何大三角斜线纹;豆为浅盘喇叭圈足,豆盘下置一鋬,盘内刻划网格,器表刻划斜线,明显属于阿凡纳谢沃文化(图十:上)。后者如克尔木齐 M16,此墓出土 1 件浅盘喇叭圈足豆,器表戳印粗放的逗点纹,豆盘下部的器鋬已经消失,共存的器物如圜底罐、石罐等均为切木尔切克文化的典型器,此墓所出陶豆应继承自阿凡纳谢沃文化(图十:下)。

由此推导出的结论就是,在阿尔泰地区(包括新疆),切木尔切克文化应是阿凡纳谢沃文化的后继者。目前,俄罗斯学者一般都将切木尔切克文化的圜底器归入阿凡纳谢沃文化[4]。但我认为,切木尔切克文化的圜底器在造型上已有了较大变化,这显示在此类器皿的口缘和颈部,这类新的特征或许正是在阿凡纳谢沃文化向切木尔切克文化转变的过程中逐渐形成的,特别是这些墓葬的年代已不在阿凡纳谢沃文化的框架之内了。

---

[1] 以往也有学者认为,阿凡纳谢沃文化的年代为距今 5 000~4 000 年。
[2] 人头形石棒也流行于叶鲁尼诺文化、奥库涅夫文化。
[3] Ковалев А. А. (2012). Чемурчекский культурный феномен исследования последних, Санкт-Петербург.
[4] Ковалев А. А. Афанасьевская культура в Синьцзяне, Краткий сообщения института археорологии, Издаются с 1939 года, Выпуск 247, Главный редактор Н. А. Макров, Издательский дом ЯСК, Москва 2017.

图十　新疆阿勒泰的阿凡纳谢沃文化和切木尔切克文化（李水城改制）

之所以得出上述认识，还因为在奥库涅夫文化中也发现有个别的豆形陶器，而且豆盘内也有一小弧形隔断，这一特征与米奴辛斯克盆地阿斯基兹村附近的阿凡纳谢沃文化石棺葬所出豆形陶器完全一致，此类器只能从阿凡纳谢沃文化继承而来。从文化发展谱系看，奥库涅夫和切木尔切克文化是阿凡纳谢沃文化在不同地区演化出的后裔，豆形陶器可作为其中一个重要指标，为探索它们之间的关系提供了线索。

说到豆形陶器，这里不妨多说几句。前文介绍了俄罗斯学者在论及阿凡纳谢沃文化的来源时，认为香炉豆形器来源于乌拉尔山以西的竖穴—洞室墓文化。经查阅有关文献，了解到竖穴—洞室墓文化的豆形器普遍为盆形豆，豆柄较高，下部为四足相连样式，有的豆盘内也设有小的弧形隔段，器表和口沿装饰压印或刻划篦点、条带、交叉斜线等纹样。阿凡纳谢沃文化的豆形器圈足降低，有些像是圈足碗，但很多在豆盘腹壁上安置了一个横向的器錾，有些豆柄还保留了竖穴—洞室墓文化的四足并列样式，甚至将器足增加到 5~7 枚，它也因此成为阿凡纳谢沃文化的一个特色器种。进入奥库涅夫文化和切木尔切克文化阶段,豆形器已非常罕见,仅有少量的孑遗(图十一)。

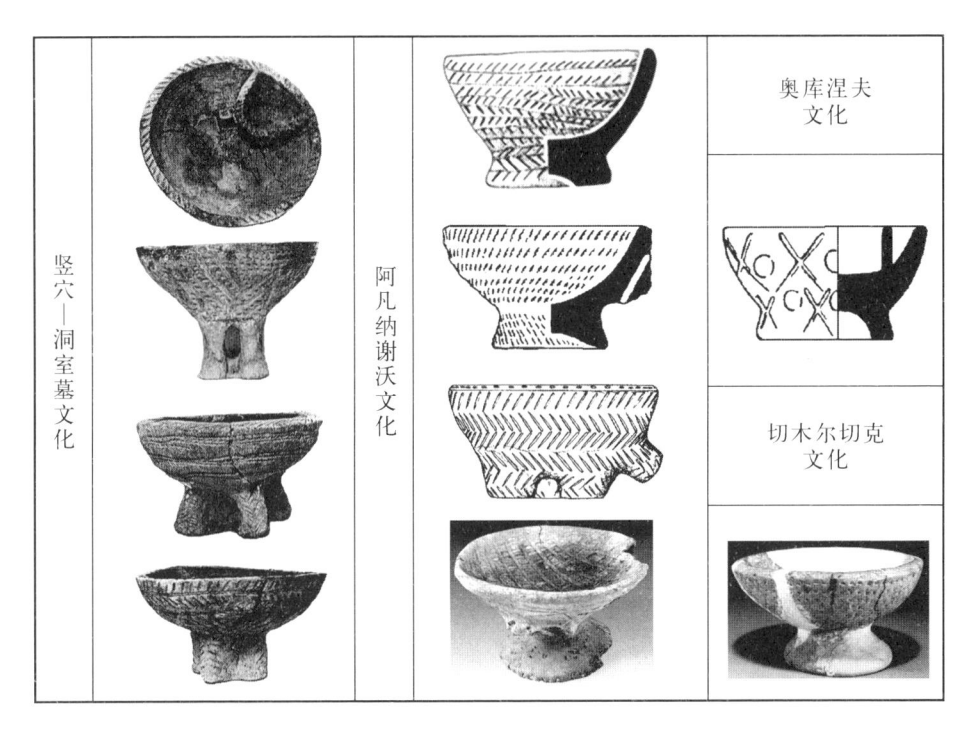

图十一　伏尔加河—西伯利亚的豆形陶器的发展(李水城改制)

最近,在尼勒克县的巩乃斯河流域再次发现阿凡纳谢沃文化墓葬,年代也进一步前推至距今4 900年,将阿凡纳谢沃文化的分布向南推进到伊犁河流域[1]。这一系列的考古新发现价值在于,它将彻底扭转以往学术界在探讨早期东西文化交流时遇到的窘困局面,即新疆的史前文化的年代普遍偏晚的不利因素。上述阿凡纳谢沃文化的新发现以及年代框架,为探讨东西文化的交互提供了扎实的年代基础,这也使得接下来的讨论会更有说服力。如阿凡纳谢沃文化率先发展出金属冶炼业和畜牧业经济,是否随着该文化扩散到中国的新疆,进而对中国西部地区产生

---

[1] 新疆文物考古研究所等:《新疆伊犁州墩那高速公路尼勒克段沿线古代墓葬的发掘》,《新疆考古》(第一集),科学出版社,2021年,243~268页。

一定影响？同样的问题还涉及大麦和小麦。尽管此类谷物不大可能在阿凡纳谢沃文化时期出现在阿尔泰和米奴辛斯克盆地,但随着该文化进入新疆的伊犁河流域,这条河谷成为中转站的可能性大为增加,或许早期麦类作物就是沿此通道传入新疆,继而扩散到中国西北地区的。由此联想到阿依托汗墓地人骨的稳定同位素分析,显示其食物构成明显有 C4 植物（粟、黍）的摄入,这也连带着牵扯出东方的传统谷物向西方传播的史实。由此可见,早期东西交互出现的时间和节点就在阿凡纳谢沃文化时期。

后记：本文依托阿依托汗墓地的新发现,对阿凡纳谢沃文化发现的历史、文化内涵、遗存特征及其他相关问题做了梳理和探讨,限于篇幅,很多方面只能点到而止,有些疑难问题将另文再做讨论。

谨以此文恭贺李零先生 70 寿辰！

2017 年 11 月初稿于北京蓝旗营,12 月定稿于蜀都蓉城

初刊于《新疆文物》,2018 年 1~2 期

正式刊于《中国早期数术、艺术与文化交流：李零先生七秩华诞庆寿论文集》,浙江大学出版社,2021 年,29~53 页

25
奥库涅夫文化的确立及相关问题思考
——跨文化读书笔记

1928年,俄罗斯考古学家捷普劳霍夫在米努辛斯克盆地的奥库涅夫村(с. Окунев улус)附近挖掘了一处墓地。直到1947年,这座墓地的发掘资料才由科马洛娃(М. Н. Комарова)整理出版。墓地规模不大,仅有8座长方形石板墓,排列很紧凑,地表堆筑有矮冢。墓主的葬式为仰身屈肢葬(膝盖上屈)。墓内随葬品不多,出土遗物有陶器、骨针筒、獐牙、铜钻、铜刀(矛状)、铜耳环及一些铜珠的残渣等。其中,陶器仅出土3件,均为桶形平底罐,通体施压印或刻划的竖条、篦点、网格、带状纹,有的器底也施纹(图一)。

科马洛娃在报告中指出,奥库涅夫墓地还保留有很多阿凡纳谢沃文化的特征,如长方形的竖穴土坑墓,单人仰身屈肢葬式等。对于墓地仅出土的桶形平底罐,以往俄罗斯学者认为其形态与阿巴坎参议会附近墓地[1]、"亚尔基"墓地[2]和阿巴坎城内教堂广场附近墓地[3]出土的所谓"小型缸形器"特征相同。科马洛娃主张将这类陶器归入安德罗诺沃文化的最早阶段,可称之为安德罗诺沃文化的奥库涅夫类型[4]。但

---

[1] Левашова В. П. (1939). Из далекого прошлого южной части Красноярского края. Красноярск, стр. 16.
[2] Теплоухов С. А., Древние погребения Минусинского края (табл. IX, рис.6). —В записках С.А. Теплоухова, хранящихся в Гос. Музее этнографии, имеется черновой рисунок сосуда с хорошо выраженной шейкой и "тоновым" орнаменом из деткого погребения в Ярках, раскопаного Ермолаевым в 1913 г.
[3] 吉谢列夫:《南西伯利亚古代史》,王博译,新疆人民出版社,2014年,67页。
[4] Комарова М. Н. (1947). Погребения Окунева улуса, К вопросу о хронологическом разделении памятников Андроновской культуры Минусинского края, Советская археология, IX, Издательство Акатемии Наук СССР, Москва, Ленинград, с.47~60.

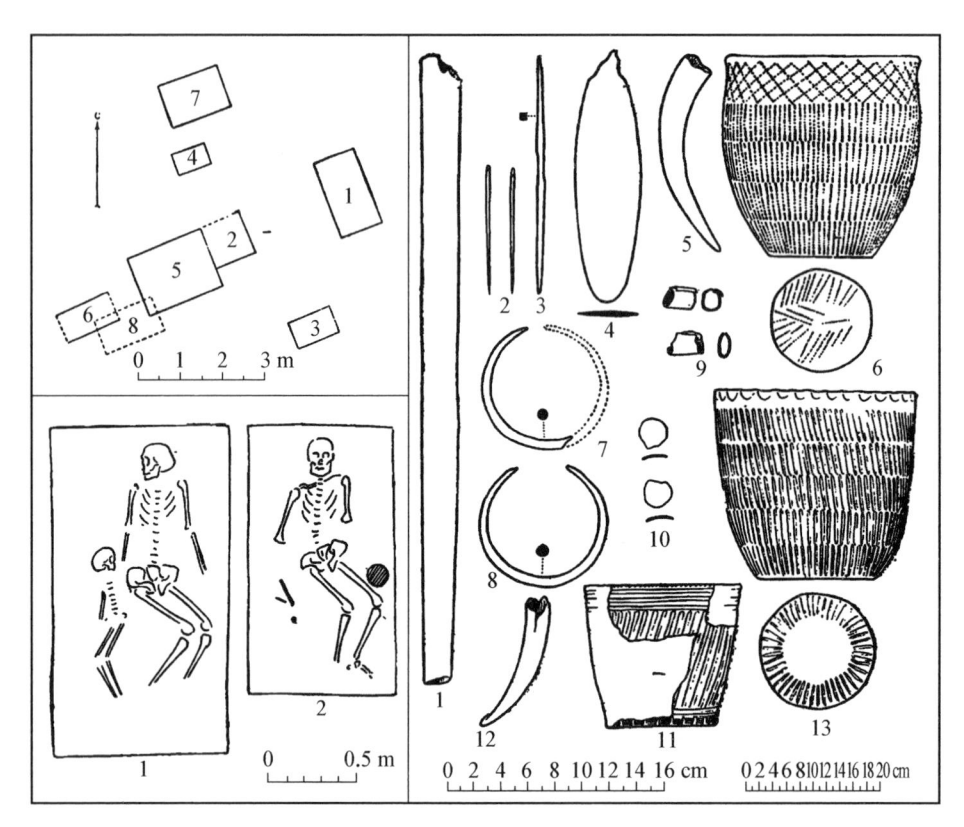

图一　奥库涅夫村附近墓地、墓葬及随葬遗物

（根据科马洛娃，1947，改制）

也有学者提出不同的意见，并将此类遗存视为阿凡纳谢沃文化的晚期[1]。

20世纪50～60年代，为了配合叶尼塞河大规模的水电工程建设，考古学家在当地展开了近十年的调查和发掘，发现大批史前遗址，为构建和完善米努辛斯克盆地的史前文化序列铺平了道路。其中，考古学家马克西缅科夫在哈卡斯（Хакасия）发掘了文化性质单纯的切尔诺瓦雅八号墓地（Черновая Ⅷ）[2]。这座墓地规模

---

[1] Липский А.Н.（1961）. Новые данные по афанасьевской культуре. Вопросы истории Сибири и Дальнего Востока. Новосибирск，с. 269～278；Kyzlasov L. R.（1986）. Drevneishaya Khakasiya. Moscow：Izd. Mosk. Gos. Univ.

[2] Максименков Г. А.（1965）. Впускные могилы окуневского этапа в афанасьевских курганах. Советская археология，№ 4. с. 204～211.

比较大,墓葬形态和出土遗物的特征与捷普劳霍夫在奥库涅夫村附近发掘的那座墓地完全相同,文化特征突出,性质单一,遂被命名为奥库涅夫(Окуневская)文化[1]。

马克西缅科夫在他的博士论文中对奥库涅夫文化的陶器设定了严格标准:"器物计有四种:弧壁的罐[2],敞口器(器形似截锥体,底部小于口部),其他器形有,仪式用'香炉'(带间隔的圈足碗)。大部分器物纹饰是个别性的,并且是分区进行装饰(口沿部位、器身,下部和底部)。"[3]

1975 年苏联科学院出版了《西伯利亚原始时代考古》这部文集。书中收录了马克西缅科夫撰写的《关于米奴辛斯克盆地青铜时代分期问题的现状》一文,以下是他提出的新的分期认识。

第一期,阿凡纳谢沃文化。米奴辛斯克盆地年代最老的文化,属铜石并用时代早期。

第二期,奥库涅夫文化。该文化墓葬叠压或打破阿凡纳谢沃文化墓葬,年代晚于后者,属铜石并用时代晚期。

第三期,安德罗诺沃文化。属青铜时代早期。

第四期,卡拉苏克文化。分早、晚两个阶段。早段称"卡拉苏克期"(或"卡拉苏克文化""巴帖尼系");晚段称"石峡期"(或"鲁加夫卡文化""别亚系")。属青铜时代晚期。

第五期,塔加尔文化。属铁器时代(图二)[4]。

---

[1] Максименков Г. А. (1964). Окуневская культура. Материалы по древней истории Сибири (Древняя Сибирь. Макет 1 тома Истории Сибири). Улан-Удэ, с. 243~248;Максименков Г. А. (1968). Окуневская культура и её соседи на Оби. История Сибири. Т. 1. Л., с. 165~172.

[2] 即奥库涅夫文化早期阶段的圜底罐。

[3] Максименков Г. А. (1975). Окуневская культура. Автореф. Дис. д. и. н. Новосибирск.

[4] Максименков Г. А. Современное состояние вопроса о периодизации эпохи бронзы Минусинской котловины, Первобытная археология Сибири, Акатемия Наук СССР Ордена Трудового Красного Знамени Институт археологии, Издательство «Наука» Ленинградсков отделение Ленинград 1975;另见《关于米奴辛斯克盆地青铜时代分期问题的现状》,林沄译,莫润先校,《考古学参考资料》(6),文物出版社,1983 年,81~103 页。

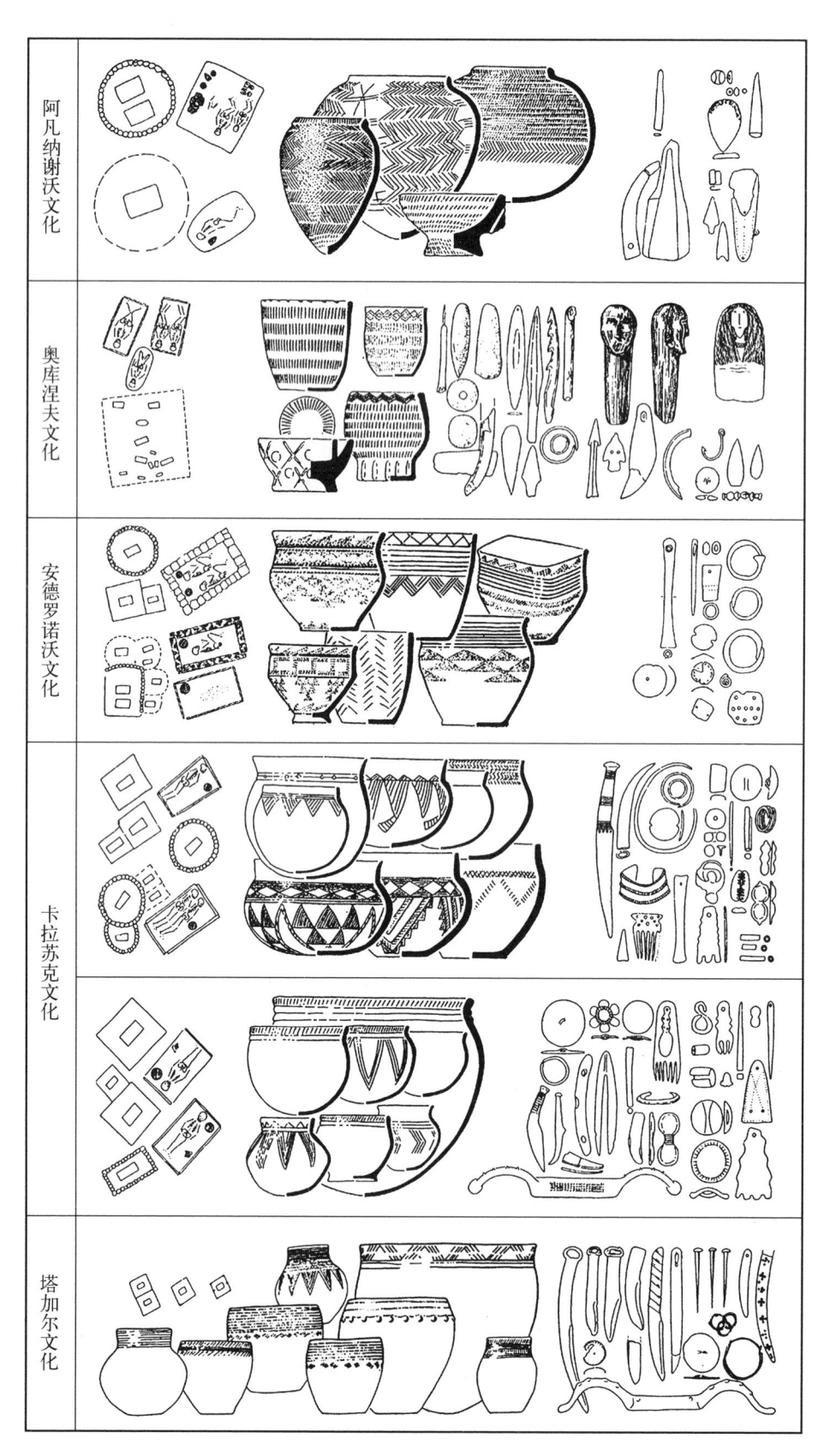

图二　马克西缅科夫对米努辛斯克考古学文化的分期

（引自马克西缅科夫，1975）

奥库涅夫文化的特征可归纳为：墓地规模不是太大，墓地表面普遍有用石板建造的方形墓围，墓围内葬入一墓或多墓，墓穴均为长方形，分竖穴土坑和石棺两种形制。墓主流行下肢上屈的仰身屈肢葬，单人葬为主，有少量合葬。随葬陶器绝大多数为平底桶形罐，敞口或直口，腹部斜直或微鼓，也有少量圜底罐、弧腹平底罐和香炉形器等。器表通体施有戳印或刻划的横条带、斜条带、竖条带几何纹，具体分为篦点、逗点、椭圆点、折线、竖条、斜条等。器口下常由内向外戳印一周突鼓的连珠纹，部分陶器底部施纹。其他随葬器物有石斧、石锛、石镞、石权杖头、骨柄铜锥、骨柄铜刀、铜矛、铜耳环、铜鱼钩、铜泡、铜珠、骨镖、骨镞、骨针筒、骨针、骨锥、串珠、小型石雕人头像、刻划女人像骨牌、短柄小石棒等（图三）。此外，在地表发现矗立的大型纪念性石柱、石雕，推测可能是与墓地配套的祭祀设施，石刻上的雕刻纹样表现出奥库涅夫文化族群的宇宙观和原始宗教的崇拜对象[1]。

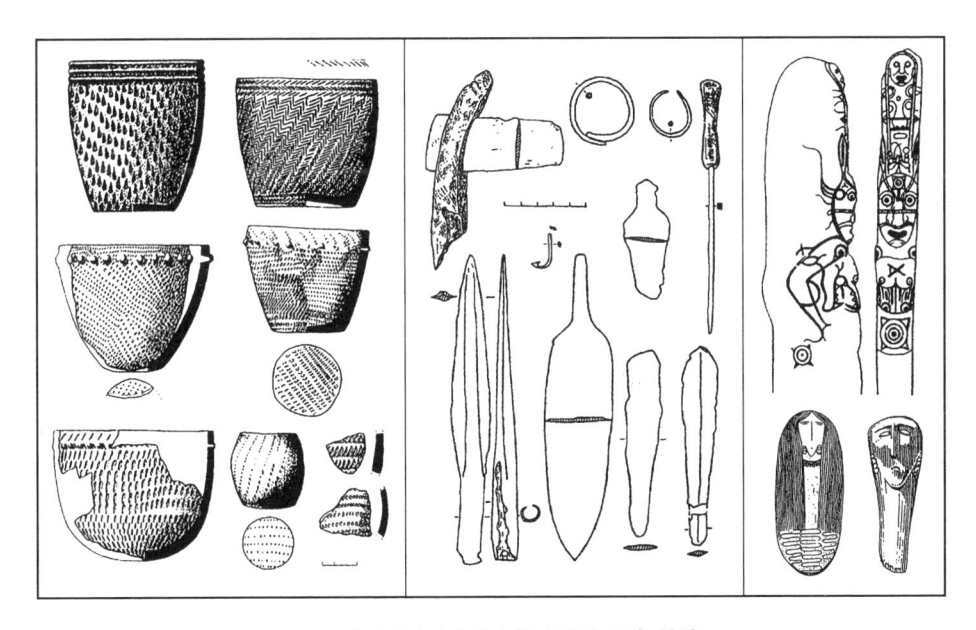

图三　奥库涅夫文化的陶器、铜器和石雕、骨雕

---

[1] 此类大型石雕基本都已移送博物馆收藏，是否原来矗立在奥库涅夫文化的墓地之上有待证实。推测此类石雕艺术应与祭祀活动有关。

1986年，瓦杰斯卡娅(Вадецкая Э. Б.)出版了《叶尼塞河中游草原的考古遗存》一书。此书一方面延续了马克西缅科夫对米努辛斯克盆地的文化分期认识，另一方面对学术界在奥库涅夫文化石刻和石雕认识上的混乱现象进行了梳理，以往这类遗物或被归属于新石器时代，或认为属于阿凡纳谢沃文化，更多地被归入安德罗诺沃文化和卡拉苏克文化。尽管马克西缅科夫在他的分期中已将一些小型石雕人像和线刻女性人像骨牌定性为奥库涅夫文化。但是对很多的岩画、石刻艺术和大型纪念性石雕还缺乏明确认识。早在20世纪60年代，瓦杰斯卡娅就坚持这些艺术品应属于奥库涅夫文化[1]。日后的考古发现也证明，她在这方面确实有着非凡的学术眼光和超前的艺术感知力(图四)[2]。

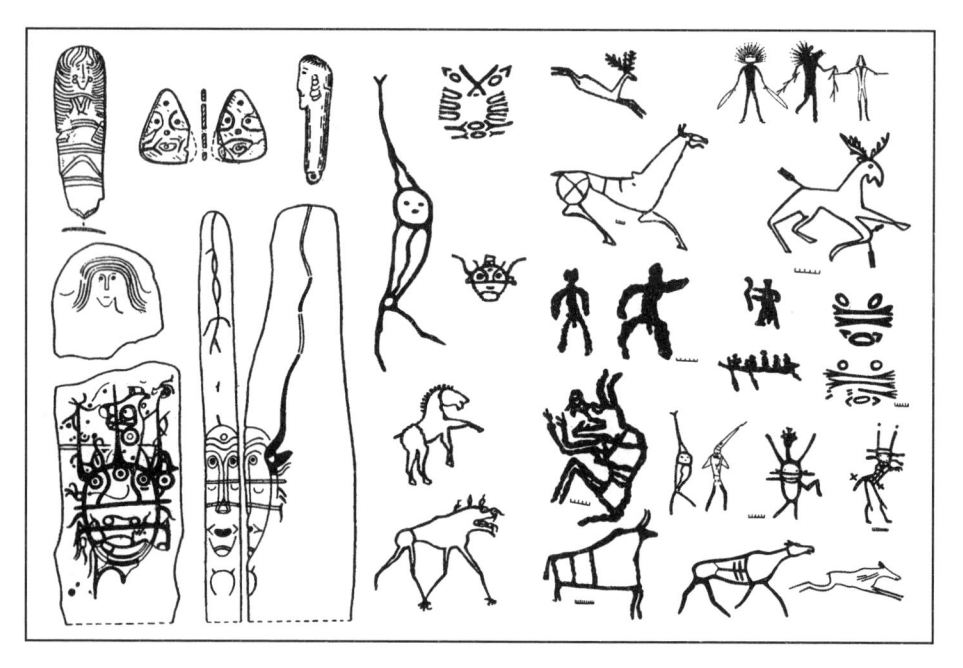

图四 奥库涅夫文化的造型艺术

(根据瓦杰斯卡娅，1986，改制)

---

[1] Вадецкая Э. Б. (1967). Древние идолы Енисея Ленинград; Вадецкая Э. Б. (1980). Извания окуневской культуры, Памятники окуневской культуры. Ленинград.

[2] Вадецкая Э. Б. (1986). Археологические памятникая в степях среднего Енисея, Ленинград, Наука.

20世纪90年代,俄罗斯学者通过对乌依巴特河谷(Р. Уйбат)考古新发现的研究,将奥库涅夫文化分为乌伊巴特和切尔诺瓦亚(Черновая)早晚两期。后来又有学者根据新的考古发现和年代检测数据,扩增为三期,晚期为拉兹利夫(Разлив)期[1]。

进入新世纪以来,俄罗斯考古学家对米努辛斯克盆地的考古资料重新加以梳理,编纂出版了一大批新的资料,特别是随着大批高精度碳十四年代数据的发表,极大地推动了当地的史前文化研究。近些年来,一些学者通过类型学研究,对奥库涅夫文化重新进行了分期。

2007年,索科洛娃(Sokolova, L. A.)搜集了75处墓葬及出土遗物组合,将奥库涅夫文化的陶器分为四个类型。A型为圜底器。有圜底钵、微圜底筒形罐,系奥库涅夫文化最早的陶器形态。B型为平底器。主要有大口(或敛口)斜腹筒形罐、直口微弧腹筒形罐等,这是奥库涅夫文化最具代表性的典型器,数量也最多。C型为圈足器。主要是香炉(豆形器)。D型为平底器或假圈足器。有敛口弧腹筒形罐、矮领侈口弧腹罐、侈口弧腹假圈足罐等(图五)。C、D两型陶器为数不多,都是带有阿凡纳谢沃文化遗风的器形。

索科洛娃根据所选墓葬的结构、形态并结合随葬器物组合,将奥库涅夫文化分为四期五组:

第一期Ⅰ组:墓上建方形石围,或建附属标志,如沿着石围四角用石块铺设X对角线,或砌筑平台。石围内仅有一座较深的竖穴土坑墓,地表堆筑封土。随葬A、B两型陶器。其中,A型圜底罐占52%,此类器与叶尼塞河中游新石器时代陶器形态相仿,年代也最早。本期相当于科马洛娃提出的前阿凡纳谢沃阶段[2]。

第二期。按墓围形态差异分为两组。

Ⅱ组:方形石围内用砂岩石板套建圆形石围,石围内一墓或多墓,竖穴土坑或

---

[1] Поляков А. В. (2019). Лазаретов И. П., Современная хронология эпохи палеометалла Минусинских котловин. Прошлое человечества в трудах петербургских археологов на рубеже тысячелетий (к 100 - летию создания российской академической археологии). СПб. с. 188~202.

[2] Komarova M. N. (1981). Svoeobraznaya gruppa eneoliticheskikh pamyatnikov na Enisee. In *Problemy zapadno-sibirskoi arkheologii: Epokhakamnya i bronzy*. Novosibirsk:Nauka, pp.76~90.

| A | B | C | D |

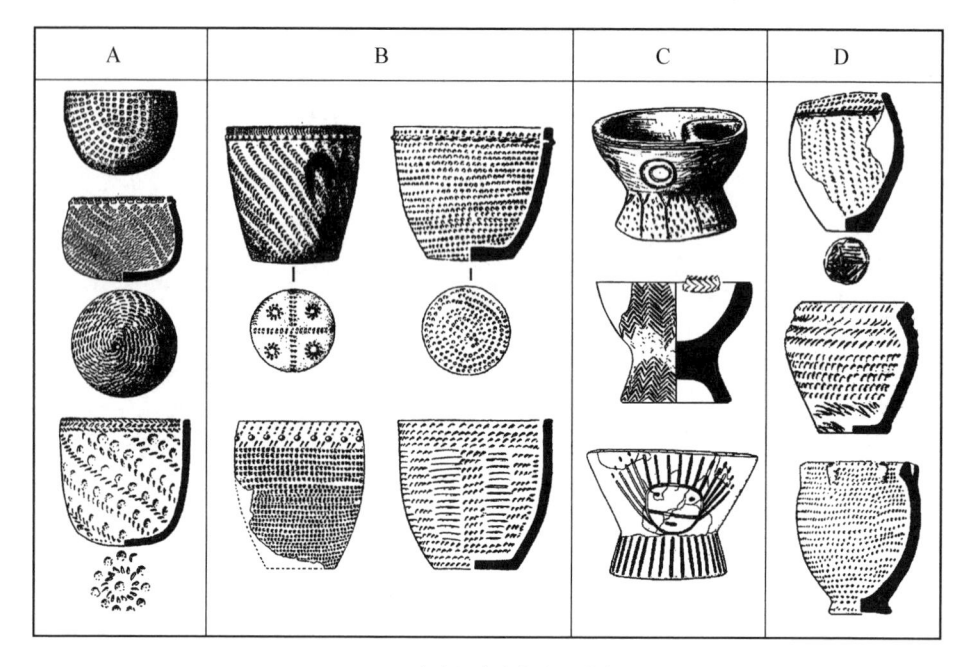

图五　奥库涅夫文化陶器分类

（引自索科洛娃，2007）

石棺。方形墓围为奥库涅夫文化特征，圆形墓围系阿凡纳谢沃文化特征，本组系兼有两种文化风貌的"混血"或变体。随葬 B、C、D 三型陶器，且往往有阿凡纳谢沃遗风的陶器共存。

Ⅲ组：方形石围中心堆筑墓冢，冢下有多座较深的墓穴，东西排列，多竖穴土圹石棺，也有竖穴土坑墓。随葬 B1~B3 型陶器，器表装饰有过渡色彩。

第三期Ⅳ组：平面布局与Ⅲ组接近，冢下有多座石棺，特点是墓穴开口于地表，有些石棺上部甚至略高出地表，再堆筑矮冢。墓向分两种，一种部分南北向，部分东西向。第二种均东西向。本期部分石围四角竖埋大型石柱，随葬 B3、B4 型陶器，器表装饰标准化，流行刻划平行凹弦纹、竖直或斜向篦纹，器底施纹减少。

第四期Ⅴ组：仅发现少量独立石棺葬，传统石围冢墓衰落。随葬 B4 型陶器，器表多饰清晰、锐利的篦点纹。需要说明的是，独立的墓在奥库涅夫文化一直存在，并非第四期独有(图六)。

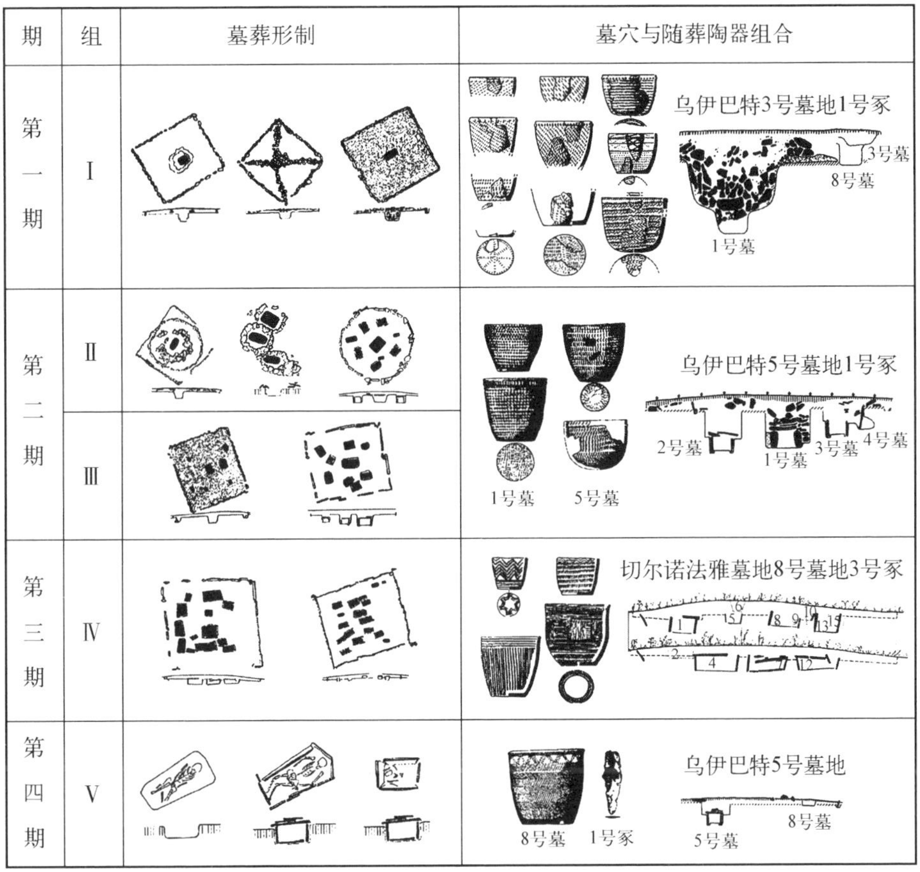

期	组	墓葬形制	墓穴与随葬陶器组合
第一期	I		乌伊巴特3号墓地1号冢 3号墓 8号墓 1号墓
第二期	II		乌伊巴特5号墓地1号冢 2号墓 1号墓 3号墓 4号墓 1号墓 5号墓
	III		
第三期	IV		切尔诺法雅墓地8号墓地3号冢
第四期	V		乌伊巴特5号墓地 8号墓 1号冢 5号墓

图六 奥库涅夫文化分期

(据索科洛娃,2007,改制)

在上述分期的基础上,索科洛娃进而讨论了奥库涅夫文化的来源及其与阿凡纳谢沃文化的关系。她特别强调,以往有很多学者并未察觉奥库涅夫文化从后新石器时代延续到青铜时代中期的史实。马克西缅科夫所识别的奥库涅夫文化仅相当于她所划分出的第三组(即二期三段)。她认为奥库涅夫文化并非一成不变,而是动态的、变革的和有所发展的。

通过对陶器及纹样装饰的分析,索科洛娃认为,奥库涅夫文化最早的陶器与当地新石器时代的乌斯特-别拉雅(Ust-Belaya)文化相似,其共同点是二者共有的圜底器。奥库涅夫文化第一期的圜底器占比达到52%，纹样也与乌斯特-别拉雅的陶器相仿：1）通体施纹至器底；2）器口内外壁施刻划纹；3）口沿下饰成排的凹点（乌斯特-别拉雅文化），相同部位饰成排的戳点（奥库涅夫文化早期）。二者陶器的主体纹样均为平行排列的戳印水滴、新月、方形或篦点等（图七）。

同时，索科洛娃也注意到二者之间存在的不同。其中差异最大的是器物的尺寸。奥库涅夫陶器的容量平均为0.5~1.5升，新石器时代陶器的容量为3~5升。造成如此差异的原因或许因时代不同，但更有可能是乌斯特-别拉雅的陶器均出自聚落遗址，为日常生活用具，而奥库涅夫的陶器全部都是随葬品[1]。

索科洛娃认为，奥库涅夫文化早期曾与阿凡纳谢沃文化有共存，前者早期圜底器占比较高也暗示了这一点。奥库涅夫文化中的少量香炉（豆形器）为阿凡纳谢沃文化的特有元素，可见二者之间是有一定传承的。不过，要证明以上的推测还需年代学验证，特别是乌斯特-别拉雅文化、阿凡纳谢沃的年代下限和奥库涅夫文化的年代上限。

进入新世纪以来，新的分期认识维系了奥库涅夫文化的三期说。以墓葬为例，在乌伊巴特阶段的早期，方形墓围的中央仅葬有一座大墓（图八：1）；晚期的偏早阶段，在中心大墓周围出现了祔葬的小墓（图八：2А）；偏晚阶段，中心大墓周围祔葬小墓增多，围绕中心墓的一侧呈弧形排列（图八：2Б）。切尔诺瓦亚阶段早期，中心大墓消失，墓围内的墓葬数量增加，中心位置的墓葬排列成行，左侧的墓呈弧状排列（图八：3）；晚期，墓围内的墓葬数量增加，成组排列，井然有序（图八：4）。到了拉兹利夫阶段，墓围内的墓数持续增加，排列已略显无序状（图八：5）。奥库涅夫文化的陶器演变趋势为，早期有一定比例的圜底器及带有阿凡纳谢沃遗风的器物，如香炉等。晚期圜底器被平底罐全面取代。

奥库涅夫文化的分布范围仅限于叶尼塞河中游一带，尤其是在河的西岸、库兹涅茨基阿拉套和西萨彦之间的阿巴坎河谷上游分布最为密集，发现大量的墓葬、石

---

[1] Sokolova L. A. (2007). Okunev cultural tradition in the stratigraphic aspect. Archeol. Ethnol. Anthropol. Eurasia 30, pp.41~51. 参见：[俄] L. A. 索科洛娃：《地层学视角下的奥库涅夫文化传统》，王泽祥译，刘文锁审校，《新疆文物》，2018年1~2期。

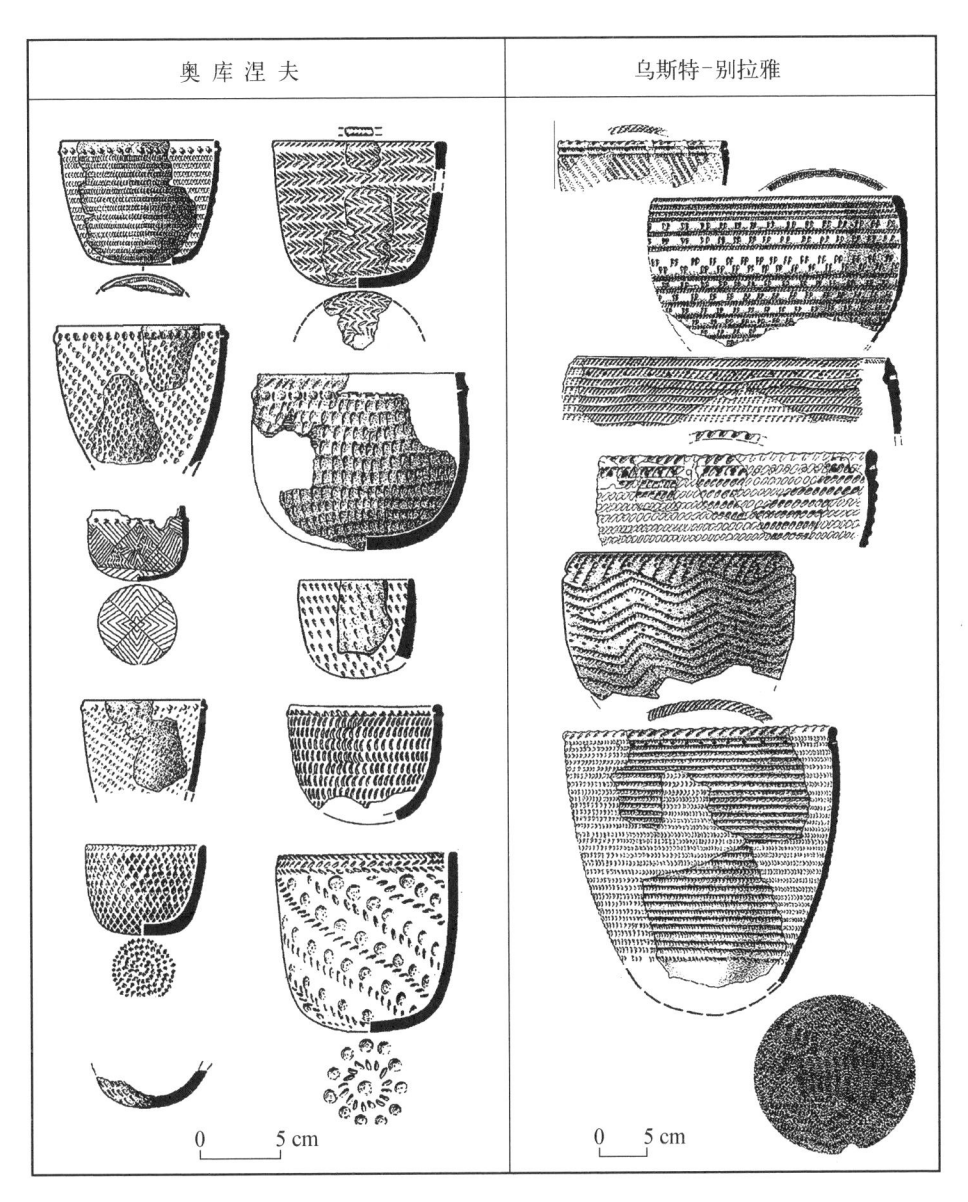

图七 奥库涅夫文化与乌斯特-别拉雅文化的陶器比较

（引自索科洛娃，2007）

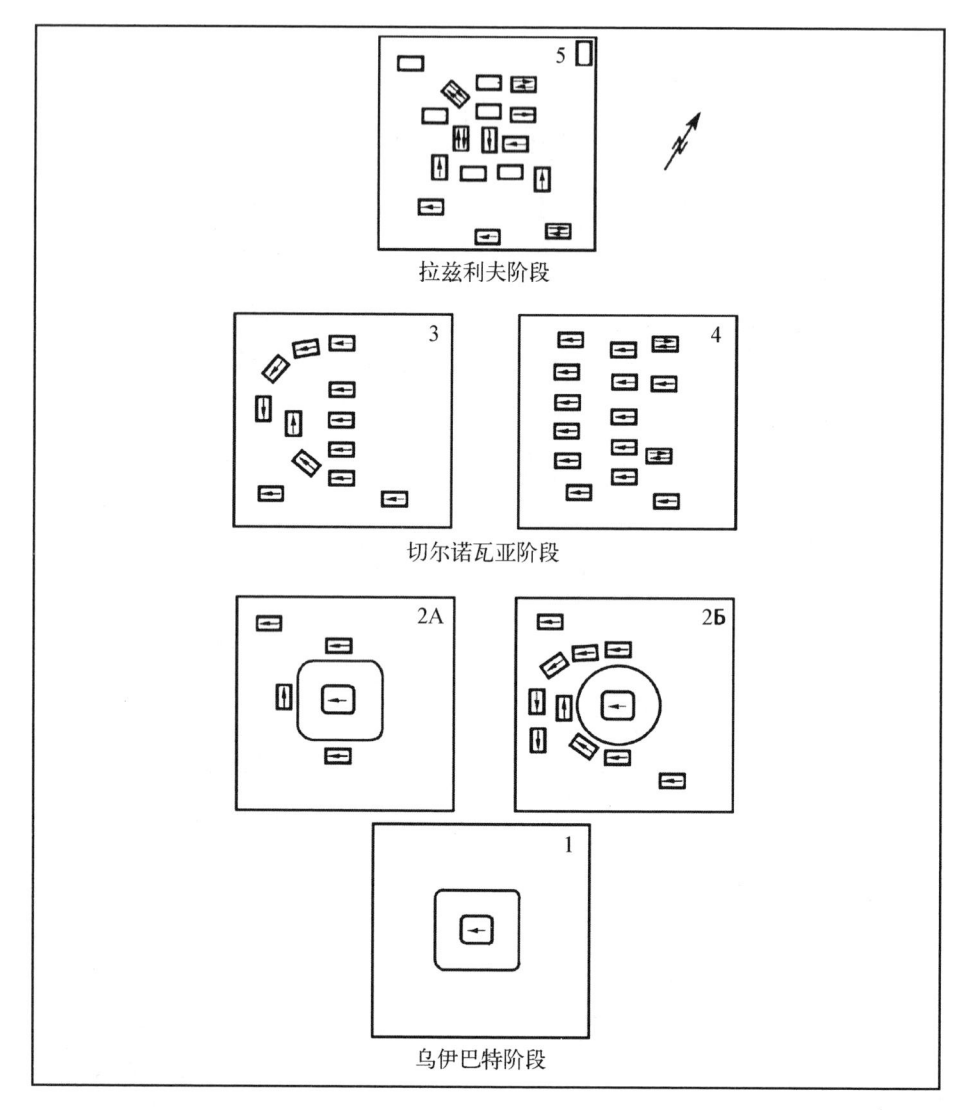

图八　奥库涅夫文化墓葬结构的演变

（依据鲍利亚科夫，2022）

雕人(神)像、石碑和岩画等。经碳十四检测分析,奥库涅夫文化的绝对年代为公元前 2600 年~前 18 世纪(表一)。

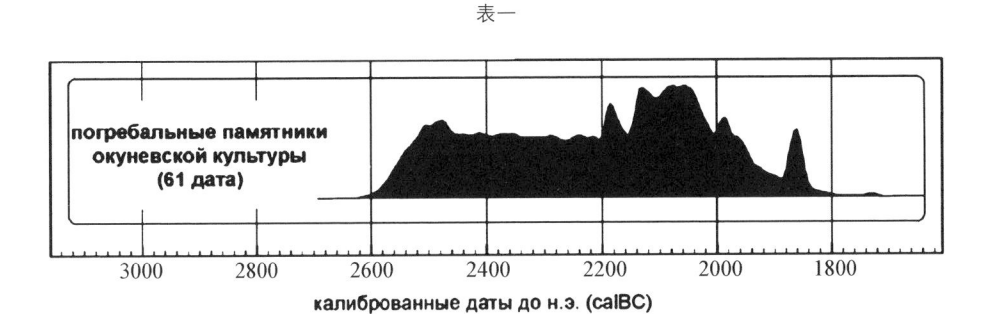

表一

[图表：погребальные памятники окуневской культуры (61 дата)，横轴为 калиброванные даты до н.э. (calBC)，范围 3000 至 1800]

马克西缅科夫在他的博士论文中指出,奥库涅夫文化的居民属于蒙古人种[1]。索科洛娃研究指出,奥库涅夫文化是从米努辛斯克的新石器时代文化发展出来的,早期曾与阿凡纳谢沃文化有过共存,进而强调了奥库涅夫文化的土著性[2]。近年来的人类学及遗传学研究结果是,早期奥库涅夫文化居民由欧亚大陆西部的男性和米努辛斯克盆地的女性构成,也就是说,该文化的形成与外来移民有关[3]。

基留申(Кирюшин Ю. Ф.)教授结合阿尔泰以西、鄂毕河上游青铜时代早期人骨的体质形态研究也得出了类似认识。即公元前三千纪的后半叶,新的一拨来自地中海东部的印欧移民再次涌入西伯利亚,这些人大部分为青年男性,年龄在 25~30 岁之间。进入鄂毕河上游后与当地土著结合形成了叶鲁尼诺(Елунинская)文

---

[1] Maksimenkov G. A. (1975). Okunevskaya kultura. D. Sc. (History) Dissertation. Novosibirsk.

[2] Sokolova, L. A. (2007). Okunev Cultural Tradition in the Stratigraphic Aspect, Archaeology, Ethnology & Anthropology of Eurasia, 2 (30).

[3] Козинцев А. Г. (2012). Из степи-в пустыню: ранние европеоиды Восточного Туркестана по данным · 665 · генетики и антропологии. Культуры степной Евразии и их взаимодействие с древними цивилизациями. Кн. 1. СПб., с. 122~126; Чикишева Т. А. (2012). Динамика антропологической дифференциации населения юга Западной Сибири в эпохи неолита-раннего железа. Новосибирск, с. 89. Тур С. С., Солодовников К. Н. (2005). Новые краниологические материалы из погребений каракольской культуры эпохи бронзы Горного Алтая. Изучение историко-культурного наследия народов Южной Сибири. Выпуск 1. Горно-Алтайск, с. 35~47.

化。在考古学上的表现是，以往红铜时代流行的圜底罐和蛋形罐被以平底罐为代表的青铜文化所取代。叶鲁尼诺文化居民的体质形态为蒙古人种向印欧人种转变的混合渐变型，但很多女性的头骨还保留有蒙古人种特征[1]。如此看来，这一波新的移民浪潮并未止步于西部的鄂毕河流域，而是继续向东进入米努辛斯克盆地，对奥库涅夫文化的群体形成产生了影响。

与奥库涅夫文化大体同时，在新疆北部出现了切木尔切克文化，加上鄂毕河上游出现的叶鲁尼诺文化，三支文化中都曾发现雕刻人头或兽首的短柄小石棒，可见它们之间是有文化交往的，并因此产生了某些共同的信仰和习俗[2]。切木尔切克文化的墓地表面建有方形墓围，并矗立大型石人雕像，与奥库涅夫文化的葬俗暗

| 切木尔切克文化 | 天山北路墓地 | 奥库涅夫文化 |

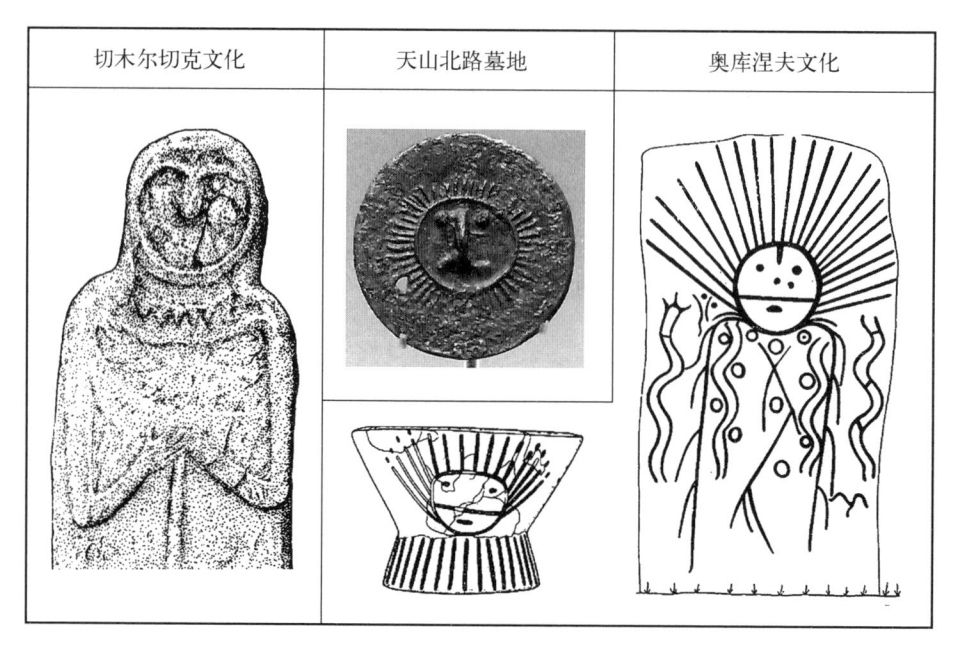

图九　天山北路墓地浮雕人面铜镜

（与奥库涅夫文化太阳神像和切木尔切克文化石雕人面的比较）

---

[1] Кирюшин Ю. Ф（2002）. Энеолит и ранняя бронза юга западной сибири, Издательство алтайского университета, Барнаул.
[2] 李水城：《阿尔泰周边所见短柄石棒来源及功能蠡测》，《四川文物》，2020年4期。

合,但二者的艺术表现内容和形式有所不同,但背后显然也有着某种共同的价值体系存在。前不久有学者研究了哈密天山北路墓地出土的一面铸有浮雕人头像的铜镜[1],认为这种四周带有太阳光芒[2]发型的人头像应来自奥库涅夫文化[3]。如果仔细观察,铜镜上的人面五官形象似乎更接近切木尔切克石雕人头像(图九)。这个发现表明,奥库涅夫文化的某些艺术元素已渗入新疆境内,并与切木尔切克的艺术产生了一定的融合。

2018 年 11 月初稿于海南

2021 年底定稿于蓉城

---

[1] 刘学堂:《彩陶与青铜器的对话》,商务印书馆,2016 年,167 页。
[2] 俄国有考古学家称此类人面造型艺术表现的是太阳神。
[3] 吴晓筠:《商周时期铜镜的出现和使用》,《故宫学术季刊》(三十五卷二期),台北故宫博物院,2017 年,1~66 页。

北京大学考古学丛书

◈ 旧石器时代考古研究
　　王幼平　著

◈ 史前文化与社会的探索
　　赵辉　著

◈ 史前区域经济与文化
　　张弛　著

◈ 多维视野的考古求索
　　李水城　著

◈ 夏商周文化与田野考古
　　刘绪　著

◈ 礼与礼器
中国古代礼器研究论集
　　张辛　著

◈ 行走在汉唐之间
　　齐东方　著

◈ 汉唐陶瓷考古初学集
　　杨哲峰　著

◈ 墓葬中的礼与俗
　　沈睿文　著

◈ 科技考古与文物保护
原思训自选集
　　原思训　著

◈ 文物保护技术：理论、教学与实践
　　周双林　著

上海古籍出版社

图书在版编目(CIP)数据

多维视野的考古求索 / 李水城著. —上海：上海古籍出版社, 2022.8
(北京大学考古学丛书)
ISBN 978-7-5732-0297-0

Ⅰ.①多… Ⅱ.①李… Ⅲ.①考古学—文集 Ⅳ.①K85-53

中国版本图书馆 CIP 数据核字(2022)第 107521 号

北京大学考古学丛书
多维视野的考古求索
李水城　著
上海古籍出版社出版发行
(上海市闵行区号景路 159 弄 1-5 号 A 座 5F　邮政编码 201101)
(1) 网址：www.guji.com.cn
(2) E-mail: guji1@guji.com.cn
(3) 易文网网址：www.ewen.co
苏州市越洋印刷有限公司印刷
开本 710×1000　1/16　印张 30.75　插页 3　字数 465,000
2022 年 8 月第 1 版　2022 年 8 月第 1 次印刷
ISBN 978-7-5732-0297-0
K·3162　定价：148.00 元
如有质量问题，请与承印公司联系